作者简介

胡德海 1927年生，浙江金华人。西北师范大学教育学院教授、博士生导师，中国教育学会教育学分会学术顾问，甘肃省教育学会教育学研究会名誉理事长，甘肃省中小学教材审定委员会副主任委员。1953年北京师范大学教育系毕业至今一直在西北师范大学任教。1986年曾以访问学者身份在美国康涅狄格州州立中央大学教育学院讲学，考察美国教育一年，并被康涅狄格州新不列颠市授予荣誉市民。曾任全国教育科学规划领导小组及教育基本理论学科规划组成员、国家教委中小学教材审定委员会审查委员、甘肃省高等学校教师高级职称评审委员会委员、《教育研究》杂志编委等职。曾荣获西北师范大学教学名师奖和甘肃省高等学校教学名师奖。著有《教育学原理》、《人生与教师修养》、《雷沛鸿与中国现代教育》、《教育理念的沉思与言说》等。论著曾获省、部级奖多次。《教育学原理》一书先后荣获第四届国家图书奖提名奖、第一届全国教育图书奖一等奖、中国教育学会优秀科研成果一等奖及第四届甘肃省优秀图书奖特别优秀奖。2005年，此书入选教育部学位管理与研究生教育司遴选、推荐的研究生教学用书。《雷沛鸿与中国现代教育》在第七届中国西部地区教育图书评奖中荣获汉文教育图书一等奖。

研究生教学用书

- ●现代教育论（第二版）　　黄　济　王策三　主编
- ●教育学原理（第三版）　　胡德海　著
- ●外国高等教育史（第二版）　贺国庆　王保星　朱文富　等　著

○《教育学原理》是教育部学位管理与研究生教育司推荐的研究生教学用书。

○本书也可供高等院校教育学本科生和中高级教育管理干部学习时选用。

○本书荣获国家图书奖提名奖、全国教育图书奖一等奖、中国教育学会优秀科研成果一等奖、中国大学出版社优秀教材一等奖、全国教育科学研究优秀成果二等奖、2021年首届全国教材建设奖（全国优秀教材·高等教育类）二等奖。

责任编辑　刘　捷
封面设计　李宏庆

研 究 生 教 学 用 书
教育部学位管理与研究生教育司推荐

教育学原理

Elementary Principles of Education

（第三版）

胡德海 著

人民教育出版社
·北京·

图书在版编目（CIP）数据

教育学原理/胡德海著. —3 版. —北京：人民教育出版社，2013.11(2023.7 重印)
研究生教学用书
ISBN 978-7-107-26536-5

Ⅰ. ①教… Ⅱ. ①胡… Ⅲ. ①教育学—研究生—教材 Ⅳ. ①G40

中国版本图书馆 CIP 数据核字（2013）第 274181 号

研究生教学用书 教育学原理

出版发行	人民教育出版社 （北京市海淀区中关村南大街 17 号院 1 号楼 邮编：100081）
网　址	http://www.pep.com.cn
经　销	全国新华书店
印　刷	人民教育出版社印刷厂有限公司
版　次	2013 年 11 月第 3 版
印　次	2023 年 7 月第 6 次印刷
开　本	787 毫米 × 1 092 毫米 1/16
印　张	33
插　页	1
字　数	525 千字
印　数	15 001~18 000 册
定　价	54.90 元

目 录

第一编 教育学概论

第二编　教育基本理论

第三编 教育活动

第四编　教育事业

前　言

20世纪对中国来说，是一个风云激荡，经历着数千年来未有的大转折时期。中国五千年文明史，不论在政治、经济还是在文化方面，在这一百年里都发生了翻天覆地的大变化。这种社会大变局的动因是始自19世纪中期以后出现的“西学东渐”即西方文化的传入。其在教育方面的反映和表现：一是在教育体制领域经历了“废科举、兴学堂”的空前变革；二是在教育理论层面出现了前所未有的教育学。其结果则是使中国的教育从实践形式到理论形式由自发到自觉、由被动到主动地走向世界、走向现代化。这使中国教育在20世纪的前几十年里，从其形貌到理念，与世界主要发达国家基本趋于一致，大体完成了如现在人们所说的与世界主要是欧美国家接轨的历史任务。

20世纪的中国文化处在转型期，这在学术方面，正如钱穆在其《现代中国学术论衡》一书的“序言”中说的“民国以来，中国学术界分门别类，务为专家，与中国传统通儒之学大相违异”。事实确是如此。中国社会在进入20世纪以后，由于西方文化的传入和不断影响，人们以西方现代学术为参照系，分哲学、史学、政治学、伦理学、宗教学、心理学、经济学、教育学等，在大学先后开设了这些课程并进行各自门类的学术研究。与此同时，也就自然地产生出了一批迥异于传统文人的各类不同的专家学者。百年来，在历史已进入21世纪的今天，我们可以看到，我国社会除了理、工、农、医等自然科学门类外，无疑还存在着一个由文、史、哲、政、经、法以及社会学、伦理学、人类学、心理学、教育学等众多学科门类所组成的学术界。而教育学就是其中的一个组成部分，并且已历百年之久。

教育学作为一门学问，一门在大学开设的新型课程在中国出现，如果从1901年罗振玉创办了《教育世界》这本杂志之时算起，至今已有112年的历史了。在20世纪中国教育学术领域，在其前半个多世纪的时间里，曾先后从三个不同国家输入了教育学：首先是在20世纪初期，从日本引进了德国赫尔巴特的教育学；其次是在1919年五四运动前后，以美国教育家杜威为代表的实用主义教育学传入中国；最后是在50年代初，凯洛夫等的教育学从苏联介绍进来，并一时在中国师范教育学界广为流行，其影响比前二者更为深远。

所以可以说，尽管我国是个文明古国，兴办学校教育事业历史悠久，尊师重教之风源远流长，著名教育家代不乏人、流传于世，具有历史价值的教育论著不少；但是，此时出现的教育理论并不是中国历史上固有教育的反映和产物，而是一种来自国外，主要展示现代教育面貌的“舶来品”。而以欧美主要发达国家为代表的现代教育，可以说是以科学知识为主要内容，以满足个体和社会的世俗需要为主要目的，以大众化为主要发展方向，以理性启蒙为主要理念的教育。现代教育的基本精神就是科学主义、功利主义和客观主义。

1949年9月，我从家乡浙江金华到北京，进入北京师范大学教育系就读，成为教育专业领域的一名求学者。同在这年的上半年（1949年2—7月），我应家乡一所中学之聘，在那里当了一个学期的教师，是为我此生从教生涯迈出的第一步。这样，1949年这年，对我来说，实已表明，我从事实到理论，从行动到思想都已走着一条为师从教之路。我此生与教育实践和理论的结缘也就在这个时候开始了。

从1949年到现在，已经64个春秋过去了。当年我从浙江金华到北京，4年后又从北京到兰州。命运使我在地理空间上走了一条和现在人们所说并蔚为时代潮流和风气的“雁南飞”、“孔雀东南飞”、“一江春水向东流”完全相反的“不归之路”。如今，我居住在兰州这个地方又已60年了。60年来，我以教师为职业，在西北师范大学从事着主要以教育学的教学和研究为主要内容的工作。

我的职业和工作内容决定了60年来我的耳朵听得最多、眼睛见得最多、笔下写得最多、嘴里讲得最多的就是“教育”和“教育学”一类名词概念。由于见得多、听得多、接触得多，在我的头脑里对“教育”和“教育学”这些概念和有关方面的问题也思考得最多。

教育学作为教育的理论形式，把它作为一种学问来研究，作为一门专业来学习，甚至把它作为一种事业来追求，可以说，这是我从进入大学读书那天起就从思想上解决了的，即已认识到是十分必要的。这里不存在什么“老王卖瓜”的问题，而是由我所认知的教育在人类社会中所具有的重要作用和地位决定的。不仅如此，在我看来，教育学在中国学术界，不仅应有一席之地，而且还应是其中的一门显学。它在中国学术之林中，不应只是一棵平常的树，而应是一棵参天大树。但是，从我当学生时直到现在，不仅是我，在人们的心目中，它并不枝繁叶茂，并不挺拔高大。在我看来，教育学在今天，的确存在着一个“应然”和“实然”之间的矛盾：它应大而未大，应壮而未壮，应显而未显；并主要表现在其宏观教育学的见事不明、说理不清、概念混乱、结构无序、理性不足，其微观教育学又严重脱离实际，对教育实践指导十分乏力以及其公众形象欠佳等方面。

由于教育在人类社会生活中存在的广泛性，教育学的知识、理论也是十分丰富多样的。因此，在我看来，这些有关教育的知识、理论绝对不是一本书包容得了的，而必然是由多门学科组成的一个学科群方能承担。而这个学科群是由宏观、中观和微观这三个不同层次组成的。不同层次教育知识、理论之间，不仅相互制约、密切联系，而且有各自不同的性质、作用、地位和任务。就宏观的教育知识理论来说，其任务是统观教育全局，明确研究对象，确定研究范围，厘定术语概念，阐明客观事实，揭示教育规律。其微观层次的教育知识、理论则必须密切结合教育实际，对教育实践具有切实的指导作用。前者以富有理论性为主要特点，后者则以强调实践性为主要特点。然而，多年来，人们对于这些并无清晰明确的认识，而是“胡子、眉毛一把抓”，把有关教育的知识、理论统统纳入一本叫《教育学》的书中。其结果只能导致就宏观言，见事不明，说理不清，概念含混，结构无序，理性不足；就微观言，脱离实际，对教育实践指导十分乏力。这不能不说是今天教育学真正的现实和其不能不使人感到难堪和尴尬之处。

以上所述，便是我在教育学问题上经常思考的重要内容。思考当然不是目的，思考的目的在于言说，在于正面发表意见，在于用自己的思想和理念去说服人。从事教育理论研究，思考有关存在的重大问题有其必要性，正面的言说则尤为重要。海德格尔就曾经阐述了存在、思考与言说三者之间的关系。在他看来，言说之所以可能和必要，是人们出于对思考的表达，他思考是对存在的思考，他言说是对思考的言说。在我看来，任何一本比较严肃的学术著作，无非是作者向读者对其所同样关心的问题作的一次有准备的、系统的发言。现在呈现在读者朋友面前的这本《教育学原理》也应作如是观。张扬理性，讲清问题，给读者以明白、通晓的教育理论知识，同时，在文字上具有真正的可读性，不致使人读后感到晦涩难明、不知所云，是本书坚持的主要宗旨。

我的这本《教育学原理》作为一本阐述宏观教育问题的教育理论

专著，它所反映的就是多年来我对“什么是教育”、“什么是教育学”之类教育理论问题所作思考与言说的结果。其实不仅如此，我一生所走的学术道路乃至人生道路也同是这样。回眸往昔，我以为我就是从对教育学术、教育理念进行不断思考、求索与言说这条路上走过来的。在这里，我还想在此表述一下个人如下的一些见解，那就是：学习、研究宏观教育理论问题，在思想方法上先识其大体、立乎其大者最为重要。这就要求我们在思想上能统观全局、高处俯瞰、把握整体、予以概括，要有哲学头脑。这也就是我所理解的孟子所说的“先立乎其大者，则其小者不能夺也”一语的意思。这些话，北宋时期著名文学家欧阳修也说过。他说：“得其大者可以兼其小，未有学其小而能至其大者也。”这些话，我都十分服膺，视为是指导我进行学习和学术研究的金科玉律和至理名言。把这话说得更明白点，那就是：在我看来，我们宏观的教育学，首先应当把研究的重心放到人身上，更加注意研究人，研究人性，研究人心，研究文化，发展人学和文化学；只有把人、人性、人心和文化研究透了，我们才能懂得“什么是教育”和“什么是教育学”之类问题，才算得上入了教育学此类学问之门。并且，我以为，用人、人性和人心生产出来的文化来解释社会和历史，人类才会真正懂得自己所处的社会以及自己开创的历史。我走的这条路，既为我所面临的不堪的教育理论现实所迫使，也为我固有的好作思考的思想习性所导致。我至今无悔于数十年来走这条坚守孤独与寂寞的“沉思”与“言说”的求索之路，乃至认为此正是我一生所抱的学术旨趣之所在。而其结果怎样，则要由历史和公众来评价和论断了。

《教育学原理》一书，在15年前就已面世，就已走向教育学术界了。如今，经过一番更细致、周密修改和在内容上比过去有更多增删变动的第三版又将在人民教育出版社出版。这对本书和本书作者来说都是件大事、好事，我甚为此感到高兴。现在2013年春节已过，在为此书撰写这篇“前言”之际，举眼窗外，见天上白云悠悠，春光灿烂，心旷神怡，所以此刻天上的云彩与遍地的春光也就和欢快的情绪一起凝诸此间的笔端，留驻心间，并引发了我不少的遐思。

胡德海

2013年2月26日于西北师范大学

第一编　教育学概论

第一章　教育学的对象、性质、任务和体系

一、教育学的研究对象

(一)界定研究对象的意义

每一门科学和学科都有自己的研究对象。怎样界定研究对象，对于科学理论的表现和建设具有首要的意义。因为，理论总是关于某种对象的理论，不存在无对象的理论，对象是理论的主体和核心，全部的理论分析都是围绕着这个核心而展开的，所有的逻辑论证都是为了说明对象而进行的。只有明确了对象，才能进行科学研究；只有科学地界定了研究对象，也才能建立起严格的科学理论及其体系。

任何一门科学和学科的形成与建立都是人类对某一领域的知识和认识走向成熟的标志。各门学科之间的不同，说到底都是由于研究对象的不同，研究对象的不同决定了学科走向的不同。“对象”是什么？对此，我们还要认识到，“对象”并不等同于“客观存在”，“对象”始终是一个被意识到的客观存在。它既是客观的又是主观的，它既具有客观性又有主观性。所谓客观性，就是说它以客观存在为依据；所谓主观性，就是说它以人的意识存在为条件。“客观存在”可能成为人们的认识对象，也可能不成为人们的认识对象，只有意识到的存在才能成为人们的认识对象，从而可以成为科学的研究对象。既然认识对象具有主观性，对于对象的认识必然要以人的认识能力为转移，并随着人的认识能力的发展而变化。

不少科学，其对象是在不断发展的。而科学理论的发展程度是和人们对研究对象的认识水平相一致的。人们把研究对象明确到什么程度，也就把科学理论发展到什么程度；人们怎样研究对象，也就怎样去构建科学的理论和体系。

当然，科学对象的变化归根到底是由人类的社会实践决定的。人类实践发展到什么程度，科学对象也就被明确到什么程度。正因为如此，社会科学的对象还与对象自身的成熟程度相联系。只有这种对象发展成

熟了，人们才能把它确定为研究对象；对象自身成熟到什么程度，人们也就把这种对象明确到什么程度。社会科学也就是对人类社会实践自身的理论思维，任何一种社会科学的形成和发展，都是以特定的研究对象成熟为条件，也就是以人类在特定领域的实践活动发展为条件。这是社会科学对象形成的特殊条件，也正是教育学研究对象被确定的必经之路。

（二）教育学的研究对象

多年来，在我国教育理论界，对教育学研究对象问题的回答并不一致，在某些教育学著作中，对此问题或缺少应有的表述，没有申明自己的见解，或只申明“这本《教育学》所研究的主要是学校教育这一特定的现象，研究在这一现象领域内所特有的矛盾运动的规律”[①]，而没有对一门称之为教育学的科学，其研究对象何以不是人类社会全部教育现象而只是学校教育这一特定的现象的理由作必要的交代和阐述。

如果说，教育学真有什么迷惘之处，应该说，这倒是其中的一个迷惘，而且是必然会使人感到的第一个迷惘。应当明确地说，教育学理论的贫困和不够成熟，其重要的原因和显著的标志，首先就在于其研究面狭窄和研究对象长期以来没有得到明确的界定和合理的说明。

在今天，不论在我国或在世界教育学术界面前，明显摆着的一个现实是：教育学研究对象在理论上的确切界定，直接取决于在理论上对教育学概念的正确定义。因此，当前首要的任务便是重新定义教育理论的中心概念“教育学”，并且建立一个以这个概念为中心的新的教育学体系。这是因为，从世界情况看，对教育学这个概念的认识是普遍欠明确的，有的则根本不准确。而在我国，长期以来教育学概念之所以没有得到明确和正确的界定，究其根本原因，很明显地，就在于人们对教育学概念缺乏必要的深究，存在着以偏概全的普遍的误解与误用。

给一个事物下定义必须满足这样三个条件：首先，这个定义必须能准确地概括出该事物的本质内容而不是非本质内容；其次，必须在逻辑上站得住脚，概念的内涵和外延要相符合；再次，定义的文字须具有高度的概括性，而不是一般的描述和类比。在当今社会，教育学要彻底地解释自己的对象，还必须坚持教育学就是教育科学，是诸种教育学科的总称这一理论观点。以此为理论前提，教育学才能在研究对象问题上避免

① 南京师范大学教育系编：《教育学》（第三版），人民教育出版社2005年版，第1页。

陷于内涵和外延不一致的逻辑矛盾和严重的理论混乱状态。而如果我们把"教育学"和"教育科学"视为同义词、同义语，则说教育学是一门以教育问题为研究对象，或说它是一门研究人类教育这种特定的社会现象的科学，自然是理所当然、顺理成章、合乎逻辑的了。教育这种特定的社会现象自然也就是社会中特有的教育现象。教育现象在这里是指人类社会中教育的总体现象，教育现象是教育的外部表现形式，而教育规律则是指教育与其他社会现象之间以及教育内部即教育这一现象领域内各要素之间的本质联系和关系。因此，教育学是专门研究教育的科学，是人们对教育现象认识的概括和总结。这正如语言学是研究语言的科学，经济学是研究经济的科学一样。

教育学，广义地说，它是关于教育的学问，即人们对于教育这一社会现象的知识、学说或理论。这里值得注意的有以下两点：第一，教育学不是把教育与社会、文化、人生等现象一起作为研究对象，而是把教育作为一种独立的社会现象，单独对它进行理论考察与研究；第二，教育学不是关于教育的零散知识和见解，而是把教育作为一个整体，对它进行系统、全面的考察研究和概括。因此，严格地说，教育学是以教育为独立研究对象的知识系统和科学体系。

经过对教育学概念作了以上逻辑的阐述，教育学的研究对象自然要被确定为人类社会所存在的全部教育现象，而不能有任何例外，也不允许有任何人为的、任意的割裂和取舍。从时间上讲，它包括人类自古及今乃至未来一切纵向存在的教育现象；从空间上讲，它包括地球上一切国家、一切民族、所有地域内所存在的教育现象、教育问题；而从教育的对象来讲，它存在于社会所有个体从生到死的全过程之中。人们不仅要看到它的普遍性、广泛性，又要注意把它和别的事实、别的社会现象区别开来，把它纳入一个统一的系统之中。

（三）教育学研究对象的发展过程和主要特点

教育学作为一门研究人类教育的学问和科学，其研究的对象是历经变化和发展的，并具有显著的历史特点。首先，历史地看，教育学的研究对象和研究范围，是由小到大、由局部到总体，不断扩大的。这就是说，教育学从其产生到今天，其研究对象是随着人类教育实践的不断发展而发展的，并经历了一个长期的历史发展过程。其次，教育学理论，从根本上说，它是植根于学校教育的土壤，即在学校教育的实践基础上产生和发展起来的。在很长的历史时期里，人们习惯于把教育现象、教育问题只局限于学校教育领域进行观察和思考，视学校教育为教育的总体，故教育学研究的对象也就被囿于学校教育的范围之内。但是，随着人们视野的扩大，客观存在于人类社会中的一切教育现象终于为人们所不断注意到、认识到，并作为教育学的研究对象，这是教育理论、教育学发展的必然。这也就是说，教育学以学校教育的实践为起点，又不为学校教育领域的实践和思想观点所限，从而从学校教育就是教育的一切的迷惘中摆脱出来，终于把全部教育现象作为教育学的研究对象，乃是教育学研究对象发展的又一主要特点。

从人类认识史上讲，任何概念都有着一个进化的历程。概念的进化是一种深化过程，深化的方式有许多，其中之一就是扩展旧概念的含义。概念得到扩展之后，具备了新的含义，但概念的旧含义并没有被废弃，而是仍在特定的范围内使用着，从而出现了同一概念的新旧含义并存的局面，这也就是同一概念的广义与狭义并存的局面。旧含义是狭义的，而新含义则是广义的，教育概念的演变就是如此进行的。目前，人们关于“教育”一词的狭义理解，基本上是关于教育的传统理解，而大教育的概念则基本上是20世纪中期以后的产物。

人们为了论证一个概念含义的合理性，往往从词源上去找论据，或者从人们的自发运用上去找论据。实际上，这样找到的多半是该概念的传统的含义。

下面让我们对教育学研究对象发展的历史过程作一简略的考察和回顾。

在西方，最早出现的“教育学”一词通常是指古代希腊语中的pedagogue，其原意为教仆。教仆在古代希腊系指奴隶主家中某种有专门职务和身份的成年奴隶，专门为奴隶主到学校负责接送孩子，帮助携带学习材料、学习用品，并监督他们在学校中的行为举止等。“教育学”一词，首先和“教仆”一词联系在一起，并且是由“教仆”一词派生而来的。可见，教育理论、教育学的萌芽不仅是以学校教育为前提条件，是在学校教育实践的基础上得以产生和获得发展的，并且，照此词源的意思，教育学在其初始萌芽时期，是曾经仅仅被视为一种关照儿童、监护儿童学习的学问。历史事实也正是这样，教育学在其开始时期，只是被作为一种教育教学中的“引导术”来考虑和对待的。引导术、教育术便是那个时期被赋予的教育学的对象和范围，人们所认识到的教育现象、教育问题由此产生。

现在，在一些英语国家中，pedagogy一词已很少出现，而普遍以education一词代之。这就是说，在这些国家“教育”和“教育学”几乎已成为同义词。而欧洲大陆国家，则把教育（education）理解为对儿童培养的过程，把教育学（pedagogy）理解为研究教育儿童的学问。

在近代，教育学从古代哲学中分化出来进入独立发展的阶段，成为独立的科学，是以学校教育在一些资本主义国家开始普遍发展为实践基础的，是以资本主义社会商品经济和文化的初步繁荣，科学生产及其劳动的内部分工日趋细化，人类抽象逻辑思维的发展为条件的。在此时代背景下，刚刚独立的教育学，还是一个包罗万象的“教育知识总汇”，并容纳于只有一个学科的教育学之中，人们的教育视野仍然严重局限于学校教育范围之内。教育学的对象虽然有所扩大，但仍仅被理解为是关于儿童的教育、教养的学问，仍仅限于对青年人的学校教学活动。

从18世纪下半叶开始，近代自然科学分化的趋势一直占优势，新的学科不断从旧学科中分化出来。到19世纪上半叶，自然科学的分化已达到相当精细的程度。从19世纪中叶开始，日益分化的自然科学已经作为一种把一切自然过程联系成一个整体的科学出现，科学发展中的综合趋势越来越明显。19世纪末20世纪初，科学的分化与综合这两种趋势明显加快。现代自然科学发展的鲜明特点是既高度分化又高度综合。社会科学的发展也是这样，已经出现了分化与综合的高潮。自然科学与社会科学两大领域，以及门类繁多的各个学科，日益相互渗透，紧密地联系在一起，形成一个统一的科学体系。

教育学领域的情况也与上述情况相适应。在科学的第二次大分化、大分工和大改组中，近代教育学趋于解体，即近代教育科学被“扬弃”，而分化出一大批现代教育分支学科，如教育哲学、教育经济学、教育社会学、教育管理学等，使得教育科学形成学科系统，教育科学因此进入了一个发展成熟的现代阶段。现代教育科学的发展同样以学校教育为土壤，以学校教育在现代资本主义各国的普遍发展的实践为基础，以现代资本主义和社会主义的商品经济、文化全面繁荣，教育、科学、生产及其劳动的分工，人类辩证逻辑思维的发展为条件。所不同的是，在今天，随着科学技术和社会生产力的进一步发展，人们的教育视野从学校扩展到全社会，认识到教育现象在人类社会有着十分广泛和普遍的意义，它是一个包括各个教育阶段、多层教育关系的整体。教育学必须以教育现象的总体作为自己研究的对象，对于教育的全面的包罗无遗的研究，需要一个拥有众多分支的学科群来实现。因此，教育学必然并且应该是一个学科群，一个由众多教育学科组成的科学体系。

1913年，在美国教育家孟禄（P.Monroe，1869—1947）主编的《教育百科全书》中，出现了以education代替pedagogy的倾向。他认为新的“教育学”（education，这里是指教育学而非“教育”），至少有两点不同。第一，教育学的范围变广了，内容充实了，远不限于教学方法和学校管理这两方面。它探讨社会的所有教育功能和教育机构，既一般又具体地探讨教育目的和课程，也研究教育与公共福利之间的关系。第二，教育学使用了更为完善和科学的研究方法，一方面注意吸收更为广泛的基础科学的研究成果，另一方面认真地寻找事实材料，探讨实际问题①。在20世纪50—60年代，西方关于教育学是不是一门科学的讨论中，明确地用education一词指称“教育学”②。日本在解释“教育学”时，把它的英文对应词定为education③。

西方国家近几十年来已出现了一个新词用以指代教育学，即educology。这是由于西方学术界认识到，pedagogy主要是指教学的方法和艺术，而education一词又“一身兼有两义”，既表示教育活动，也表示教育学科，在讨论问题时常因人们的理解不同造成语义上的混乱。因此，1951年美国俄亥俄州立大学哈丁（L.W.Harding）教授按学科构词的惯例，以education为字根，创造出了educology一词④。此词于20世纪60年代经由美国印第安纳大学的斯坦纳（M.E.Steiner）等人的大力提倡，而逐渐推广开来。

法国的一些研究者如阿拉雷等人为了消除“教育学”（pedago-gie）一词的歧义和不科学性，曾从瑞士借用了“教育科学”（sciences de education）这一术语，用复数形式的教育科学取代单数形式的教育科学⑤，这种变化表明对教育学学科性质的认识发生了转变。

教育学在今天，其研究对象不能局限在对儿童的引导术、教育术之类方式方法问题上，也不能只理解为研究如何教育儿童的学问或科学，它以人类社会一切教育现象及其规律为研究对象。

从根本上说，教育学是人类在学校教育的实践基础上，对社会的教

①③ 瞿葆奎主编，瞿葆奎、沈剑平选编：《教育学文集·教育与教育学》，人民教育出版社1993年版，第297—298、320页。

②④⑤ 郑金洲：《教育学终结了吗？——与吴钢的对话》，《教育研究》1996年第3期。

育本质的认识。教育科学的发展史，也就是人类基于学校教育的实践，对教育本质认识的发展史。教育科学对象及教育理论的产生，以学校教育的存在为前提：奴隶社会有了学校教育，也就有了教育理论的萌芽；从资本主义社会开始，人类进入学校教育的新时代，教育科学也就产生了。人们把学校教育当作教育学的研究对象，这自然是不可避免的，而随着人类教育实践范围的扩大，教育学对象的外延也扩大了，这又是教育学对象发展的另一显著特点。

海德格尔（M.Heidegger）在其《存在与时间》一书中说："真正的科学'运动'是通过修正基本概念的方式发生的。"①

恩格斯在马克思《资本论》第一卷之《英译本第一卷编者序》中也说道：任何一种科学，每当有新解释提出时，总不免要在这个科学的术语上发生革命。

英国学者席勒（F.C.S.Schiller）在其《人本主义研究》一书中指出："一个真正的定义要恰如其分，确乎牵涉到对被定义之事物性质的全面认识。"他又说："当我们必须从事那些我们的认识或它们的性质正在迅速发展以至我们的定义刚下定便过了时的题材的时候，恰如其分地下定义的困难便无限增加了。虽然如此，那些致力于这些题材的人的责任，就是利用每个机会，首先解释它们意味着什么，并且当知识的增长扩大了它们的概念时，决不要厌倦重新界定这些概念。"②

无疑，根据以上阐述所展现的是一种真正意义上的大教育学观和大教育学的理论体系。它的确是通过修正其自身的基本概念的方式发生的，在对教育学这个基本术语的认识上，人们真正要经历根本性的改变。其实，在今天，也不仅仅教育学这门科学是如此。

现代社会的明显标志是从"小生产"发展到"大生产"，从"小经济"发展到"大经济"，从"小科学"发展到"大科学"，社会传媒从"小媒质"发展到"大媒质"，等等。与这一切发展的情况相适应，人类教育必然会随之由"小教育"发展到"大教育"，"小教育学"也必然会随之发展到"大教育学"。这种"大教育观"和"大教育学"的出现，在今天，乃是历史的必然趋势。这里所说的"小"，不是指"渺小"、"微小"，而是指"单一"、"分割"、

---

① ［德］海德格尔著，陈嘉映、王庆节译：《存在与时间》，生活·读书·新知三联书店1987年版，第12页。

② ［英］席勒著，麻乔志等译：《人本主义研究》，上海人民出版社1996年版，第2页。

"孤立"和"封闭";这里说的"大",不是指"伟大"、"高大",而是指"系统"、"整体"、"开放"、"进化"。从简单到复杂,从单一到系统,从局部到整体,从孤立、封闭到开拓、开放,正是今天的教育事业和教育科学存在和发展的基本特色。凡此,都存在着深刻的经济、社会原因,以及文化背景和科学理论根据。这一发展过程正是今日大教育学所要研究的,并且正是大教育学之所以出现在20世纪中期以后的最终的客观依据。总之,有了大教育的客观事实,才有人们主观上的大教育观,也才有可能出现当代的理论上的大教育学和现代庞大的教育学体系。大教育学建立在大教育观的基础之上,而大教育观又正是今天客观存在的大教育现实在人们思想观念上的反映。

当代教育学,是人类对自己基本存在方式的自觉的产物。在21世纪的今天,一个既具有鲜明时代特征,又能够超越现实局限,且符合当今世界实际和我国国情的教育学理论体系的建立,正为整个教育界、教育学界所期待。这是一个填补空白的时代,也是一个社会主义教育理论工作者理应有所作为和建树的时代。

二、教育学的性质

教育学的性质这方面的内容,一是要阐明教育学理论的主要特性,二是要为教育学这门学科定性,指明其学科性质,即把教育学作为一门科学来研究的根据和独具的特点。

(一)"性质"一词的界说

从现代科学的观点看,任何事物都可被视为一个"性质束"。换句话说,任何事物都是由若干特性组成的集合体,离开诸多的特性,任何事物都会化为乌有:基本粒子是电磁、质量等若干物理特性的集合体;原子、分子是诸多的化学特征(化合、分解)的集合体;生物则是新陈代谢、信息转换等许多生命特性的集合体。

事物的特性虽然很多,但不是杂乱无章的。事物的特性是该类事物所独具的,而事物中包含的非独具的性质不能算作特性。事物具备的特性众多,但可进行多层次的划分。从与事物自身的关系讲,这些特性可划为三个层次。其一是普通特性。这种特性较多,且时常变化流动。其二是主要特性。这种特性与事物本身关系较密切,在事物诸多特性中表现较为突出，往往成为辨认事物的主要标志。其三是根本特性。这种特性直接关系事物的存在与否，成为事物的基本规定性，因此也叫本质特性。由于它直接表征事物，人们时常干脆把它叫作事物的本质（而不再叫“本质特性”或“根本特性”）。这三种特性以本质特性为根基，以主要特性为主干，以普通特性为枝叶，使一类事物表现为一棵活生生的“性质之树（束）”。

教育学理论的特性同样具有上述三个层次或类别。普通特性是多方面的，数量也是很多的，只要专为教育学所有，都可列到这一类中。教育学的根本特性就是我们已阐明的教育学的定义，即是指人类教育的理论形式或人类对教育的理论概括。介于普通特性和本质特性之间，有数量不多的主要特性。教育学的主要特性是以教育学的本质特性为基础的，或者说它们都从一定侧面和程度上表现乃至参与组成教育学的本质特性。教育学的主要特性都是其他事物所不曾具备的，在很大程度上都可作为教育学的特殊标志，所以，为了切实把握教育学的本质，需要进一步认识教育学的主要特性。在这里，我们仅就教育学以下三个主要特性作简要讨论。

（二）教育学理论的主要特性

1. 综合性、跨学科性

各门学科之间相互联系、相互渗透、相互转化，是现代科学发展的共同特征，不过在教育学理论中表现得更为突出，是教育学理论的第一个特征。从历史上看，几乎所有的人物所提出的教育思想，都是从哲学、政治学、伦理学、心理学和社会学等学科吸取材料，加以消融、综合和统一，构成其理论基础的。不少人物的教育思想就是他的哲学、政治学、心理学、社会学思想的一个组成部分。中国的孔子、孟子是如此，西方的柏拉图（Plato, 前427—前347）、亚里士多德（Aristotle, 前384—前322）也是如此。这种情况造成了教育学理论具有综合的、跨学科的主要特性，并呈现出内涵丰富、多元的特色。

教育理论和其他科学理论一样，都是一种历史的产物，在不同的时代具有非常不同的形式和内容。在漫长的教育学史上出现的多种教育理论，都是当时社会生活和政治生活的一个组成部分，受当时社会、政治、经济和文化传统等因素的制约。在国外，有的教育家要求把教育问题和经济、政治、宗教等问题联系起来进行考察，也是这个意思。特别重要的是，教育是以人为对象，国外有的教育家甚至认为，教育的概念和人的概念是统一的，提出“教育是什么”的问题，就等于问“人是什么”。为了从一切方面教育人，必须从一切方面了解人，包括受教育者身心发展规律以及社会对他的需求和期望，然后构想教育的目的、过程和方法，并付诸实践。因此，当任何一种教育理论呈现在我们面前而要加以考察时，就必然要充分估计到这种理论本身发展的规律性及其所涉及的种种因素的复杂性。

教育理论的更新和发展必须依靠其他学科，这不是说，它必须从其他已具规范的学科寻求现成的答案，而是说，它必须尽可能吸取其他学科的成果，很好地加以综合，然后成为教育理论的内容，应用于教育实践。

教育学不能缺少整个社会科学和自然科学基础知识的支持，这个特性决定了所有研究教育学并真正出色的，除了实践，他还要有高深的学术基础。就是说，教育学不能脱离其他学科，教育学家要有自己坚实的理论基础。

2. 实践性

马克思主义哲学已经为人类正确阐明了实践在认识中的决定作用。这具体讲来包括如下四个方面的内容：第一，认识产生于实践的需要；第二，实践提供了认识的可能；第三，实践是认识的目的；第四，实践是检验认识之真理性的唯一标准。教育学理论作为人类的一种认识成果，它的实践性特征所展现的丰富内容，无一不包括在以上四个方面的内涵之中。首先，教育学理论的产生和发展，完全是由于人类教育实践需要的结果；其次，只有在教育实践中，才有产生教育学理论的可能，也只有在教育实践中才能使教育学理论得到创新和丰富，不断发展起来；再次，教育学理论的产生和发展，其目的完全为了指导教育实践；最后，教育学理论的正确与否，教育实践是其唯一的检验标准。总之，实践是第一性的，也是最终的；实践是开始，也是结局。说教育实践是开始，因为它提出问题，只有这些问题能使研究具有教育的意义和性质；是结局，因为只有实践能检验、证实、修改和发展这些研究的结论。因此，教育科学是一项实践性很强的理论研究工作，它的理论来自对教育实践经验的归纳和总结，并最终要接受教育实践和广大教育实践者的检查和鉴定。把教育作为一门科学来研究，必须正确地处理理论与实践、基础研究与应用研究的关系，并认真总结古今中外的教育实践经验。

3. 层次性

教育学理论发展到当代，它不是平面地而是分层次地存在的。教育学理论的层次性从综合性这个特点而来，教育学理论的综合性的特点表明教育学理论内容的丰富性、多样性，而教育学理论的层次性则表明其内在结构的系统性、有序性及不同的功能。

（三）教育学的科学性质及其特点

在今天，人们是把教育学作为一门科学来研究和对待的。但是，作为一门科学的教育学在性质上仍有其独具的特点，这也是人们准确把握教育学性质的一个十分重要的方面。

教育学的科学性质是由它所研究的对象——教育的性质和特点决定的。如果认为教育是自然现象，就会把教育学归到自然科学中去；如果认为教育是社会现象，就会把教育学划到社会科学中去；如果认为教育既是自然现象，又是社会现象，就会把教育学看成是自然科学与社会科学的综合，是一种接缘性科学或跨界科学。根据马克思、恩格斯关于自然界、人类历史和精神活动的理论，应当确认，教育既是一种社会现象，也是一种认识现象或称心理现象。

把教育看作是一种社会现象，这是从社会角度着眼，从教育的总体上说的，就是说，教育只存在于人类社会之中，社会之外并没有什么教育。教育是为人类所特有，为社会所需要，并为社会所制约。但是，教育这种社会现象和其他社会现象又是不同的。教育区别于其他社会现象的主要特点在于：教育是以人为对象的，教育作用于人的是社会知识文化，是人类精神财富，而其目的和结果在于造就人、发展人，所以，教育活动是一种文化活动，是精神领域、知识领域的活动。如此，教育现象就集中地表现为人的认识现象和心理现象。如果不从总体上把握教育这样一种社会现象，而局限于从具体的教育活动、教育过程方面来认识这种认识现象和心理现象，就不可能准确把握教育学的性质，就会给教育学研究带来片面性、盲目性，陷入形而上学的境地。

教育既是一种社会现象，又是一种认识现象。作为一种社会现象，它在社会中有着十分重要的地位和作用，它与其他社会现象存在着有机的联系和相互作用。因此，它的发展不能不受社会诸因素的制约。作为一种认识现象，教育发展又有它的内在逻辑，有它相对的独立性。

把教育作为一种社会现象来研究，具有越来越重要的意义。我们看到随着社会的向前发展，教育在社会中的地位和作用日益突出。教育日新月异的发展，使社会的经济、政治、文化各领域都相应地发生了不同程度的变化，并在一定程度上改变了世界的面貌。我国正在努力实现社会主义现代化和中华民族的伟大复兴，深知科学技术的现代化是关键，而教育是基础。但另一方面，我们看到教育的发展又受各种社会因素的制约，其中最重要的是受社会经济因素的制约。社会的需要是教育发展的强大动力，尤其是教育发展为社会性事业以后，社会因素对教育的制约作用更加明显了。

把教育作为一种认识现象来研究，就要承认教育发展的内在逻辑和相对独立性。教育实践成为独立的实践活动，教育实践和教育理论之间的矛盾运动，不同学科之间的相互渗透和相互作用，教育传统的继承和教育改革的交替是教育发展的内在动力。可以说教育这只船有两台发动机，一台在社会，另一台在教育内部。社会因素这台发动机既可以从外面推动教育之船前进，又可提高内部发动机的效率和作用。在前一种场合，我们看到的是社会对教育事业的人力、财力、物力的支持和教育事业所需的场地、校舍、设备的保证。而在后一场合，则是社会因素作用于教育系统中的经验和隐性因素，影响教育的结构、内容和发展方向。这就使教育发展呈现出错综复杂的图景。

确认教育既是一种社会现象，又是一种认识现象、心理现象，首先，有助于明确教育学的发展方向。由于对教育的社会的、认识的、心理的特点有较充分的认识，无疑会使教育学从囿于一隅的框框中解放出来，使教育学的容量得到合理的扩充，从而使教育研究工作者认识到必须更多地利用社会科学、思维科学和自然科学的某些成就去发展教育科学，与此同时，也会认识到教育科学对社会科学、人文科学和思维科学也应该作出自己的贡献，打破长期以来故步自封、自我封闭的局面，进而认识到，未来的教育学工作者应当努力用社会科学、思维科学、自然科学等方面的新成就把自己武装起来。

其次，有助于教育科学体系的正确建立。教育是一种客观存在，人们对教育的认识是不断深化的。教育学的发展反映了人们对教育的认识程度在不断加深。教育既是社会现象，又是认识现象、心理现象，反映在教育学中就形成了教育学发展的不同阶段。从教育既是社会现象，又是认识现象、心理现象这个特点出发，对教育学的研究就需要紧紧把握住社会整体和社会个体这两个基本的方面，并在此基础上建立起完整的教育科学体系。

关于教育学是一种什么性质的科学，这曾是一个有争议的问题。根据以上分析，我们认为，教育学并不是单纯的社会科学，它是一种二重性科学，或叫跨界性科学。科学可分为两大类，即自然科学和社会科学。

许多科学既有自然科学性质，又有社会科学性质，教育学就是这样一种横跨自然科学和社会科学，即具有二重性的科学。有些科学，表面上看属自然科学或社会科学，实际上也并不那么单纯，教育学正是这样。教育学从整体上看属社会科学的性质，但也有自然科学的性质，如教育学中的教学法分支、教学手段分支以及学科教育学等均具有自然科学的性质。科学的分工本来就是人为的，它不是绝对的、一成不变的，随着社会实践的发展，人类认识世界不断深入，二重性科学会越来越多，把教育学的性质作如此认识，也正是人类教育发展和人的认识能力提高的必然结果。

把教育学作为一门科学来对待和研究，其根本意义是在探求隐藏在教育背后的客观规律。应当肯定，教育的规律性是客观存在的，但对这个规律的认识和把握尤其困难，特别在对人的教育活动和教育过程中更是如此。个别差异性和普遍性、共同性都同时存在。因为，一个人生来无“知”，但生来有“欲”，“欲”比“知”更内在，更深刻。人的行为不仅受理性支配，而且受情绪、愿望、兴趣、意志、个性、本能的支配，这些非理性的因素处在意识的更深层，是人类行为的原动力。认识外部世界依靠理性，而认识内心世界（把握人自身），却离不开体悟、体验和直觉。中国传统哲学侧重于“向内用力”，因而在总体上表现出非逻辑主义的倾向，这是很正常的。因此，从根本上说，教育的过程，不仅是科学的过程，还是一个人文的过程，或者说，是一个文化的过程。把教育尤其是道德教育只当作一种科学，应该说是教育观念上的一个误区。科学从广义上说，是主观对于客观的符合，它与“真理”构成一对体用关系；从狭义上说，科学强调的是主客的二元对立，强调对象性、客观性。可见，说教育学是一门科学，其隐含的意义是说教育学作为一门学问，追求的是教育的真理。但如果对它进行狭义的理解，又必须把教育的客体对象化或者把主客体都对象化，从而使科学成为可能。然而，科学只是达到真理的途径之一，对于人来说，教育不只具有科学的本质，更重要的具有人文的属性，由于这种人文的属性，教育同时又必须遵循文化的逻辑。如果说，科学需要的是对象化的主客体的对立，人文需要的就是主体对于客体的投入和二者的一体化。作为教育的主客体的人，当然有其生理与心理的基础。但从根本来说，人不是生物性的存在，而是文化的存在物，人之所以成为人，主要是由文化所塑造的。因此，教育作为一门“科学”，其基础的理念是把“人”作为生物性的存在；而作为一种“人文”，则是把“人”作为文化的存在物。科学与人文构成教育的双重本质，科学过程与人文过程的统一，才构成健全的教育过程。

教育学的性质问题，这是在教育理论和实践上经常出现的一个问题。在教育思想史上，可以看到，不少教育家对这个问题都曾在不同程度上表述了自己的观点。夸美纽斯（J.A.Comenius，1592—1670）曾宣称，"大教学论"就是"阐明将一切事物教给全人类的无所不包的艺术"①。他说到教育人是艺术中的艺术，而"描述这种艺术的艺术，是一件烦人的事，它要求有罕见的批评"②。康德（I.Kant，1724—1804）认为："教育是一种艺术，这种艺术的实践必须经过许多世代才趋于完善。用前一代人的知识装备起来的每一代，总是能提供一种教育，适当地和有目的地发展人的一切能力，引导整个民族向着它的目标前进。"③乌申斯基也说："教育学不是一门科学，而是一种艺术，是一切艺术中最广泛、最复杂、最崇高和最必要的一种艺术；因为教育学作为一种艺术，它追求的是永远要求达到而从来没有充分达到的一种理想，即追求一个'完人'的理想。"④马卡连柯在长期从事流浪儿童的教育工作中得出这样一个信念："教育学是最复杂、最灵活的一种科学，也是最复杂、最多样化的一种科学。"⑤杜威（J.Dewey）并不反对使用"教育科学"这个词。他为了论证教育科学的性质和特点，专门写了《教育科学的资源》一书。他称教育的实践为"社会工程学"，并强烈地指出，像教育这样一种事业，必须谨慎地和谦虚地使用"科学"这个词，没有一门自称严格符合科学的学科会比教育更可能遭到假冒科学的损害。他说，教育作为一种艺术，它比普通工程学的各部门，如土地测量、桥梁建筑和铁道建设等要落后得多。教育的艺术是"一切人类艺术中最困难和最重要的一种艺术"，这就是他的结论⑥。特别引人注意的是，皮亚杰（J.Piaget）在探讨教育学本身的性质时指出："人们没有意识到教育问题的复杂性，并不知道教育学是一门可与其他科学相比较的科学，而且由于它涉及各种因素的复杂性，这门科学大致是十分困难的科学。"⑦

---

①② ［捷］夸美纽斯著，任钟印译：《大教学论·教学法解析》，人民教育出版社2006年版，第5、9页。

③ E.F.巴克纳编译：《康德教育学说》，费城，1904年英文版，第112—113页。

④ 张焕庭主编：《西方资产阶级教育论著选》，人民教育出版社1979年版，第506页。

⑤ ［苏联］马卡连柯著，刘长松、杨慕之译：《论共产主义教育》，人民教育出版社1955年版，第238页。

⑥ 赵祥麟、王承绪编译：《杜威教育论著选》，华东师范大学出版社1981年版，第12页。

⑦ ［瑞士］J.皮亚杰：《教育科学与儿童心理学》，纽约，1970年英文版，第12页。

加里宁（M.I.Kalinin,1875—1946）曾讲过：教育学既是一门科学，又是一门艺术。但后来苏联教育学界不提了。据说，怕强调教育学是艺术，就意味着掌握它需要天才，普通人是不容易掌握好的。强调是科学，那么人人都可以掌握。

而有的人说教育学是艺术，意思是说教育学不能提到科学地位，充其量只能是一种艺术而已。

19世纪末，德国赫尔巴特（J.F.Herbart,1776—1841）首倡教育学是一门科学。赫尔巴特认为教育学有两个基础：一是伦理学，决定它的目的和任务；一是心理学，决定它的方法、技术。当时就有一个哲学家反对，那个哲学家认为伦理学、心理学都不是科学，所以教育学也不能成其为科学。

上述教育家关于教育是科学还是艺术，意见纷纭。其中共同之点都在于力图论证教育理论本身的性质多么复杂，要全面理解、掌握它，并运用于实践，是十分艰难的事。但是，在我们今天看来，在肯定教育学是科学的同时，并不影响肯定教育学又是哲学，即肯定教育学曾孕育于哲学家、思想家的哲学思想之中。在许多哲学家、思想家的哲学著作中，包括了一些教育方面带有根本性问题的主张。可以说，教育学从一开始就与哲学有着密不可分的血缘关系。我们在肯定教育学既是科学，又是哲学的同时，还应肯定教育学既是技术，又是艺术。之所以如此说的根据是：教育学体系中的应用教育学部分，其中有很大部分是属于方法、技术的。

"教有法，而无定法"这句话是说，规律是客观存在的，它是一切正确方法的依据，然而方法是可以因人而异的。这因人而异之处，就有着手段高明与不高明的分野，就有着个人在教学技术、技巧与艺术等方面不同层次、不同水平的存在。正如宰牛是屠宰工人的一种本领和技术，不同水平的屠宰工人，其宰牛的技术是有高下的不同。而如《庄子》中记载的庖丁解牛，其动作竟然有音乐一般的节奏，他的游刃有余的技术，则显然已进入神乎其技的艺术境界。

在应用教育学部分，其中不仅有属于科学规律的东西，尤有方法、技术的东西，并必然有达到炉火纯青地步的技术即艺术的出现。然而，艺术不离技术，技术不离规律，特殊的规律又不离一般的规律。由于教育学理论层次的不同和其实践特殊性的存在，说教育学既是科学，又是哲学，既是技术，又是艺术，并说是这四者的综合，虽也表现了其不同的着眼点和看到其中的某一侧面的特点，但仔细分析起来，是有其客观事实上的依据的。

教育学是科学，又是哲学，是技术，又是艺术，是四者的综合。因此，现代教育理论应当建立在现代科学、现代哲学、现代技术、现代美学的基础上。应放眼各门学科来思考教育科学，通过观察世界各国教育来探索中国教育。而教育学理论工作者也需要具备哲学、科学、文化、技术、艺术等多方面的素养，并真正具有理论联系实际的"动手"能力，才算具有较全面的条件。

三、教育学的任务与意义

（一）教育学的任务

概括地讲，教育学的任务在于研究和揭示人类教育存在和发展的规律，为人们提供一个观察与认识教育现象、从事教育实践的指导性工具，提供一个可以推动教育进步的思想武装。

教育学在当代的根本特点是不断充实内容，不断完善体系，使之日益精细、完善。

教育学是一种科学理论，是一种社会科学。科学理论，是科学文化的一个主要组成部分，科学文化与人的关系，一个很重要的方面就是体现在科学理论与人的关系上。因此下面对此方面的问题不妨再作一些一般性的阐述。

科学理论对人的作用是重要的，这种重要作用是一种什么性质的作用呢？科学理论是一种意识性文化，包括有关自然、社会的各种知识以及关于人类改造世界的活动的知识，不管怎么说，它主要是一种知识，一种具有鲜明意识性的文化。这种意识文化对于人所具有的作用，必然也是意识性的，不少人由于科学理论对于人的作用是意识性的，而忽视这种作用，认为它是软的，无关紧要。特别是还有人把科学理论作了进一步划分，认为有关自然的科学理论还有点作用，而有关社会的科学理论则根本无用，因此很是低估社会科学。

科学理论对人的作用，最突出地表现在它是现代人所不可缺少的知识。不论什么科学理论，都向人们提供了一种相关的知识。人们只有掌握了相关的知识，才会形成相关的认识能力。一个对天文学知识毫无所知的人，是不可能进行天文学研究的；一个没有地理学知识的人，也不可能具有认识地理活动的能力。现代科学的兴起，为人们提供了大量的科学理论，扩大了人们的视野，也为提高人的认识能力创造了条件。科学理论的知识之所以有用，很重要的原因就在于它是形成科学认识能力的要素。认识能力包括多方面，从性质上讲，有感性认识能力，也有理性认识能力；从认识对象上讲，有认识自然的能力，还有认识社会的能力。

平时，人们对自然科学知识的重要作用还能够认识到，这是因为他们觉得认识自然的能力十分必要，否则就不能认识自然和改造自然了。还有一个很重要的原因，这就是自然科学已达到十分严密的程度，人们对自然的认识与改造必须严格遵守自然科学知识，否则就会招致失败。人们对社会理论的作用，则往往认识不足。这有两方面的原因。其一，人在社会生活中不自觉地形成和获得了一些经验性的社会认识，他在社会中做事主要是依靠这些社会经验去进行的。由于这些经验在很大程度上还能奏效，于是形成了一种抵制本能和下意识，即以为凭着经验完全可以认识社会和办社会中的事，对于学习系统的社会科学知识就缺乏紧迫感，甚而认为没有必要。当然，这也不能全怪人们学习的自觉性不够，而要怪社会科学至今未能形成像自然科学那样严密、定量的体系，致使许多人对社会科学的作用不甚重视。其二，人在社会中认识事物、办事情，是直接牵动着自己的主观情感的。因此，认识与实践活动均掺杂着情感因素。人的这些情感因素往往与科学认识并不一致，甚至直接对立。在这种情况下，人往往以情感代替科学认识，按情感办事，不理睬科学。因此，在很多场合，人们会感到社会科学的理论认识不合自己的口味（情感），于是把社会科学的认识抛于脑后，或者直接对着干。人们之所以能够如此，原因在于社会中的事是人的事，人本身既是认识和实践的客体，又是认识和实践的主体，其随机性、能动性很大。有人曾认为，在自然科学里，绝对真理多一些；在社会科学里，相对真理多一些。其意思是，在自然科学中人们的认识较一致，并且认识较稳定，标准也较清楚；而在社会科学里，人们的认识很不一致，并且认识多变，标准不清楚。这种说法，清晰地反映出社会科学的复杂性。

尽管如此，社会科学对于形成人的认识能力的作用还是明显的。现代社会中的科学文化日益庞大，社会结构日趋复杂，对社会的科学认识和科学管理将越来越困难。社会科学有责任充分揭示出社会中的各种规律，为人们形成科学认识能力服务，为社会认识和社会管理的科学化开辟道路。按这个要求看，目前的社会科学状况十分不适应，教育科学的状况尤其显得不适应。

科学理论对于人的作用，还表现在形成人的科学信念中。人没有信念是不行的，文化水平越高的人，信念也就越坚定。在宗教文化时代，人已开始形成信念。宗教文化信念的特点是盲目性、教条性以致使信念绝对化，成为空洞的信仰。宗教文化衰落之后，科学文化代之而起，给人的信念带来新的内容与生机。科学文化不是一般地反对信念，而是反对盲目、教条的宗教信仰，反对这种凌驾于科学知识之上的绝对信仰。科学文化坚持真理，倡导以真理为基础的科学信念。所以，在科学文化时代，由于科学文化的作用，使人们普遍树立起科学的信念。

科学信念与宗教信仰不同。科学信念是建立在广泛的科学知识的基础之上的。宗教信仰以传统的信条为信仰对象，不准以知识抗拒信条，反而要知识服从信条，在信条与知识发生对立时，要以信条为标准来修正、解释乃至抛弃知识，这就使人越来越愚昧。在20世纪50年代末至70年代极“左”路线猖獗盛行的20多年里，我国所流行的蒙昧主义和个人迷信，其实质与流毒所及正与此完全相一致。“知识越多越反动”、“知识越多越愚蠢”之类奇谈怪论，正是在此种时代背景下出现的。科学文化与之相反，它坚决反对僵化不变的教条，坚持科学真理至上，一切信念都必须建立在科学真理的基础上，凡与以科学知识为根据的信念相悖的都要遭到抛弃。科学信念不是依靠强加于人来给予的，而是靠学习和掌握大量科学知识来自觉建立的。学习科学知识，掌握科学知识，坚持科学知识的过程，也就是树立科学信念的过程。除此之外，别无他途，这就从根本上保证了信念的科学性。科学信念，说到底是一种世界观、人生观，是人的精神支柱，这一点也离不开广泛的科学知识作依托。以知识为建立信念的手段而不是以情感为手段，这就从根本上避免了信念的任意性，使信念有一个坚实的客观基础，大大提高了信念的支柱作用。

科学信念突出独立思考。宗教信仰的最大特点，就是不允许信仰者问一个为什么，只是一味地接受，毫无保留地相信，越虔诚、越盲目、越狂热越好，显然突出了主观情感的特性。科学信念是在科学知识的基础上由独立思考而形成的，思考越透彻、越独立越好。科学信念要通过独立思考才能建立起来，这否定了任何先于知识的绝对权威的存在，否定了任何思想禁区的存在，坚持了实事求是。独立思考是一种理性表现，要求一切信念都要经过怀疑、分析、论证等环节，符合理性思考的要求。只有坚持独立思考，才能保证信念的科学性。凡经不起独立思考和害怕独立思考的信念，都是必须抛弃和需要修正的。独立思考与盲目信仰针锋相对，坚持了独立思考，盲目信仰不攻自破。通过独立思考形成的科学信念，在思想上扎下了很深的根，一般不易动摇，具有坚定性，能经得起大风大浪的考验。

科学信念具有实践性。宗教信仰以自我克制为特征，要求自己坚持，在思想上树立起对神灵的虔诚崇拜。科学信念不以自我为目的，而是为实践奠定了坚实的基础。科学信念具体的内容，主要包括对外部世界的某种稳定的认识。因此，科学信念一旦建立起来，便会促使人去行动，去把认为应该实现的目的付诸实践。从这里可以看出，坚定的科学信念对于人的实践是多么重要。在与宗教的斗争中，许多科学家正是在自己经过独立思考而获得的科学信念的支撑下而显示了大无畏精神。他们相信这是在实践自己的信念，自己的信念没有错，一定会在斗争中胜利。

在科学信念的形成中，社会科学具有突出的作用。科学信念与世界观、人生观、未来观密切相关，这往往又与社会科学理论有着密切关系。对社会科学的认真学习和研究，大大有益于树立科学的信念。信念总要与社会、个人相联系，如何认识社会和个人也就显得十分重要。具有正确而深刻的社会科学素质，是建立科学信念的必要条件。

（二）教育学的意义

教育学的意义和教育学的任务之间有密切的联系，教育学的任务主要是回答教育学是干什么的，而教育学的意义则主要回答人们学习教育学有什么用。这主要从以下三个方面来说明。

1.从学习者方面来说

（1）给予学习者以基本的教育理论知识，使之懂得并掌握教育、教学工作的一些基本规律。在社会生活中，人民的实际需要具有决定性意义，凡是为人民所需要的，人们总要去研究它，以达到满足这种需要的目的。人们之所以研究教育学，首先在于对教育学有需要，在于有对教育进行深刻认识和掌握其客观规律性的需要，有为人们自己的社会生活服务的需要。理论的作用在于指导实践，教育学的任务就在于指导教育实践。

教育活动、教育事业和其他活动、其他社会事业一样，始终都是按照它自身固有的客观规律在运行。教育学的根本任务就是要探索教育规律，辨明理论上的是非正误，以指导教育实践。新中国成立后的历史经验证明，按照教育规律办事，教育就会在数量上获得发展，在质量上得到提高，就会取得良好的效果；反之，就会出现数量上的大起大落，教育质量就会明显下降。历史经验告诉我们，只有开展教育科学研究，学习者才能发现和掌握教育、教学工作的客观规律，教育实践呼唤着教育理论的指导，这是普遍存在的事实。

学了教育、教学理论知识有什么好处？概括地说，可以明确方向，统观全局，在具体的教育、教学工作中，能使我们站得高些，看得远些，看得比较全面些。

然而，与此同时，我们也常常可以听到不少对教育学所存在的问题的批评意见，甚至责难，认为长时期来，教育理论本身显得苍白无力，不能解决教育实践中所遇到的各种问题。对此，我们如果抱着实事求是的态度，无疑应当承认这是客观存在的事实。

但与此同时，我们也还需要明白指出，限于教育学自身的特点，教育理论即使更加进步发展，教育学估计也不可能得到像自然科学、工程学那样应用无讹的公式。首先，这是因为自然科学、工程学的对象是一些无生气的物质，而教育工作的对象是活生生的人，这里包含着一个人生理和心理的变化，一切社会关系的历史文化的影响，以及此前已接受的教育、教养。由于这种发展过程是如此复杂丰富且变动不居，就不可能产生出何时何地都可通用的公式、模式和规律。其次，教育学和工程学、农学、医学等不同，它不能成为单纯的应用科学。因为教育学所要解决的不仅是单纯的技术问题，还包括了一个复杂的价值问题、目标问题。工程学的目标是建屋造路，农学的目标是培植农作物，医学的目标是恢复健康、治疗疾病，它们的目标是单纯而没有争议的。唯有以造就人为目标的教育学，要把人造就成一个怎样的人，便不是一个单纯而简单的问题了。它必先从一个宇宙观出发，先决定人在宇宙、社会中的地位，然后再从人在宇宙、社会中的地位来考虑人生的理想与价值。人在宇宙中不是孤立的存在，人还生活、生存于一个集体之中，要决定人生的理想，还要同时决定社会的理想，然后才能答复教育要造就怎样的人，才能决定教育目标。教育目标不能单靠社会科学，还要靠哲学（宇宙哲学、社会哲学和人生哲学）来决定。至于对每个具体的学生来说，还必须涉及生理学、心理学等方面的知识。其中不仅要关注一般性的规律，而且要看到个别差异性所表现的种种不同的特点，所以，教育学的科学化，不管如何进展，还有它的限度。将来的教育学包含教育的科学之外，还要包含教育哲学。除了科学的方法外，还要用哲学的方法。教育学不能像医学、工程学、农学等那样合理化的另一个大原因，还在于教育学的基础科学——心理学还没有达到像生物学、物理学、数学那样的准确程度，所以教育学自身的科学化也必然要受到限制。总之，人的复杂性和社会的复杂性，决定了教育的复杂性。探索复杂性，必须应用多种多样的科学方法，需要我们从多种角度去进行研究。教育学之不易受人重视，其主要原因就在于此。

人们对于教育学的对象、性质、特点和基本规律的认识是逐渐清楚的。对于教育工作者和教育科学研究人员来说，按照通晓教育科学，能够按教育规律办事的要求，重要的是要用科学的态度、实事求是的方法，严肃认真、长期地去研究，探索存在于教育现象背后的诸多教育规律，建立起能令人比较满意的理论体系，而不能以轻率的态度去看待教育和教育科学，更不能轻率地去否定教育客观规律的存在。

黑格尔（G.W.F.Hegel）在《小逻辑》一书中，曾经提到两种对于哲学的错误观念：一种是认为哲学难懂；一种是把哲学这门学问看得太轻易。关于后一种错误观念，他说："他们承认要知道别的科学，必须先加以专门的研究，而且必须对该科学有专门的知识，方有资格去下判断。承认要想制成一双鞋子，必须有鞋匠的技术……唯有对于哲学，大家都觉得似乎没有研究学习和费力从事的必要。"①

哲学从来被当作一门专门的学问来研究，甚至被当作一门最高级的学问；真正把哲学看得太容易，如黑格尔所说的人恐怕不太多。但把教育学这门学问看得太轻易的人，的确是相当多的。仿佛鞋匠必须学习了制鞋的技术才能从事鞋子的制作，而教师是无需教育学的修养就可以从事教育、教学工作的。俄国教育学家乌申斯基曾说：一个人越是以为它是一种易懂易干的事，他就越显得在理论上或实践上对它是陌生的人。人们对教育和教育学的情况，常常就是这样。

（2）给予学习者以方法、技术方面的原则指导。一个教师应该掌握他所教学科的教材，也应该熟悉他所教学科的教法。他应该知道教什么，也应该知道怎样教。在师资培养上，偏重怎样教而忽视教什么是不对的。但是，在掌握了教材之后，或在掌握教材的同时，也学习一些教育、教学的方法与技术，这肯定对教育、教学工作有用处，因而这样的学习是必要的。

---

① ［德］黑格尔著，贺麟译：《小逻辑》，商务印书馆1980年版，第42页。

幼儿园教师必须掌握教育、教学工作的方法与技术，这点最早获得人们的承认。稍后，人们也认识到教学方法的修养对于小学教师的必要性与重要性。后来，中学教师的教学法修养问题也被提到议事日程上了。现在，大学教师的教学法修养问题实际上也是尖锐地存在着，这就是说，大学教师同样十分需要具备教学法的修养。但是，在这方面一向存在着争论，到今天还存在着争论。教学法在教学工作中的地位似乎是随着年级的递升而递降。在幼儿教育阶段，教学法的地位最突出。教学法在初等教育中的地位还是很重要的。在中学阶段，教法的掌握比起教材的掌握来，就好像退处次要的地位了。至于在大学阶段，似乎只要有学问，什么教法都用不着考虑了。

马卡连柯曾明确指出过：高等师范学校应该用其他方法来培养我们的教师。比如，怎样站，怎样坐，怎样从桌子旁边的椅子上站起来，怎样提高声调，怎样看……这一切，对教师来说都是很必要的。如果没有这些技巧，那就不能成为一个好教师。马卡连柯在这里实际上涉及了在当今教师学习教育学的普遍意义问题。不仅如此，就是教师的口才和讲话，都是值得作一番专门的培养的。

教师可以而且应该在教学工作实践中逐步摸索与掌握教学工作的方法与技术，这个摸索过程还是必要的。而教师尤有必要从教育学中知道一些从前人经验中总结出来，在较长的实践过程中经过检验，而且有些是经过科学论证过了的教学方法与技术。这样，可以缩短一些教师在实践工作中的摸索过程，减少这一过程中的盲目性，避免走许多不必要的弯路。

教育学不限于教学法，它不是教学方法、技术的汇编。除了教学方法与技术，教育学还阐述指导教学方法、技术的运用的原理、原则，以及这些原理、原则所根据的教学工作中的规律。这些原理、原则、规律的知识，对实际教学工作的作用，看来似乎更为间接。如果不跟具体的方法、技术联系起来，它们是空洞的、没有实效的。但只要联系实际，教学原理、原则、规律的知识，确实可以帮助教师把自己的教学工作，从经验主义、手艺作风的状态中解放出来，建立在科学的基础上。

（3）提高学习者从事教育工作的信心和决心，也就是培养学生的专业思想和敬业精神。通过对教育学的学习，对未来教师从事教育工作的信心和决心，是有所帮助的。学习教育学应使学生对教育事业有更大的兴趣，使学生感到教育事业大有可为，这有助于教师素质的不断提高，培养起为教育事业的献身精神。

政策和理论并不是一回事。政策是受理论指导的，它要回答的是要做什么，不要做什么；用的语言是应当如何，不应当如何。它要根据时间、条件的变化加以调整、修订。理论则不同，它反映事物内在的规律，它要讲的是是什么，不是什么；用的语言是为什么是这样，而不是那样。因此，政策教育不能代替理论教育，教育理论应当是师范院校的一门主课。

2. 从社会、国家方面来说

（1）教育学要为现实的教育改革探索新的道路。现在，我国已进入一个新的历史阶段，教育要随着社会的进步而发展，但它要有教育科学研究作“探子”，探索教育发展的客观规律，遵循教育发展的规律。因为教育改革中有大量的理论问题和实际问题亟待研究解决，在这种新的形势下，教育科学研究如果落后于教育改革的需要，其矛盾就会愈加尖锐起来，对此缺乏应有的认识，必将影响我国教育事业的发展。

教育改革为教育科学研究开辟了广阔的用武之地，对于教育科学研究既是很大的压力，也是很强的动力。教育科学研究部门应该围绕教育改革来开展课题研究，特别是要集中主要精力认真研究教育改革中提出的重大理论问题和实际问题，探索我国教育规律。

（2）预测未来教育。我国教育的前景如何？现代化的教育世界如何向前发展？这是广大教育科学工作者很有兴趣的研究课题。在这里，马克思主义认识论为我们预测未来教育提供了锐利的思想武器，深入、科学地剖析世界教育发展的过去和现在，就可能看出现代教育的大趋势。

3. 从教育学自身的建设方面来说

教育科学要能对学习者学习教育科学知识、认识与掌握教育规律、学会一定的技术方法、培养专业思想等方面，有切实的帮助和教益，并在教育改革中发挥应有的作用，它面临着一个十分艰巨的自身建设问题。这是因为教育科学的贫乏已经成为普遍的反映和共同关注的问题，而造成教育科学落后的缘由大致有以下几个方面。

（1）历史的原因。长期以来，“双百”方针在教育领域未能真正地加以贯彻执行。新中国成立初期，由于只注意了学习、引进苏联凯洛夫等的教育学说，从而使得本来就先天不足的教育科学更为单薄。加之20世纪50年代后期，教育界一再受到“左”的思想的冲击，“文革”十年中尤受到毁灭性的破坏，造成了我国教育科学后天的发育不良，出现了“文革”后所面临的理论荒芜的状态。

（2）教育科研人员素质上的缺陷。这方面总的情况是：教育科学研究工作者思想解放不够，进行理论创造的思维水平不高；而没有独立的理论创造，就谈不到有任何科学。教育科学工作者谈解放思想，不仅对极“左”的思想禁锢要敢于突破，在专业理论上也要破除迷信，发扬独创精神。理论固然重要，但科学研究归根结底要凭借事实，当理论与事实发生了冲突的时候，要敢于突破旧的理论，建立新的理论。要研究新情况，概括新经验，回答新问题。这也是使教育科学研究现代化不可缺少的思想前提。

解放思想不但是个有破有立的过程，还需要观点与材料的统一。既要眼睛向下，联系实际，也要眼睛向外，多方面、有重点地了解一些国外教育发展的现状和趋势，关心各国新兴教育学科，包括多科性结构的边缘学科的成长和发展。多学习，多思考，有批判，有借鉴，经过比较，思路就会活跃起来。

（3）心理学的落后。作为教育科学重要基础的心理学几经沉浮，其发展水平远远落后于教育科学整体发展的需要。据估计，我国心理学水平至少落后国外30年。这就无形中限制了教育科学的发展。

（4）紧扣当前教育改革和理论建设需要的教育科研课题仍嫌不足。

（5）学科建设滞后，在研究方法上没有根本性的突破。虽然我国教育科学已有了一定的基础，但是总起来看，基础还是不牢的，尤其是一些建立较晚的学科，基础相当薄弱，还有一些学科需要建立。因此，应当强调大力加强教育学的学科建设，包括学科的基本理论建设、基本文献资料建设和学术梯队建设。

对于原有基础较好的学科，应在系统地总结我国教育实践经验和吸收本学科及相关学科最新研究成果的基础上，大力提高理论水平，更新学科内容，补充学科中的缺门，形成具有我国特色的学科体系，编写出具有较高水平的学术著作。

对于基础比较薄而又与教育决策、教育改革关系密切的学科（如教育社会学、教育经济学等），应以开展有关的科研为先导，并广泛地收集、系统地研究国内外有关文献资料，努力打好学科基础，逐步形成本学科的体系。对于在我国刚开始探索的学科，应根据实际情况，积极地、有步骤地建立和发展。

在教育学科建设上，要统筹兼顾，突出重点。传统学科，要注意逐步形成特色，发挥优势；要扶持新兴学科，加强边缘学科。

教育科学学科建设的关键是队伍问题。这支队伍的中坚力量是专职科研人员。要大力加强教育科研队伍的建设，切实解决有关他们的实际问题。

我国的教育学在当前要从困境中彻底摆脱出来，其出路何在呢？我以为：我国的教育学出路，从根本上说，已不再是在传统的“四大块”中修修补补，挑挑拣拣，而应是从根本上进行职能性的转变，对现实的教育改革实践的挑战作出回应，把教育学研究从政治的抽象说教、烦琐的论证、时尚的术语中解放出来，彻底改变教育学体系陈旧、内容受条条框框分割和语言表述干巴巴的教育政策学、教育政治学的局面，改变那种脱离我国教育实际，崇尚“时髦教育学”的局面。教育学研究的出路要面对现实，深入历史，归于实践。为了达此目的，我们的教育学研究应当首先清除在知识构成、研究兴趣上的片面性和隔阂，应当使教育学著作在基本概念和原理、编排体系、论证方法、表述形式、文字风格、思维水平上，都有适应当今教育改革实践所要求的突破和进步。因此，用时代和实践的标准来衡量当前我国教育学研究状况，势必使人们在教育改革的总趋势中作出深刻的、全面的反思，势必促使每个研究者采取兼容并包的治学态度，开阔视野，克服各自的弊端或不足，保留和完善各自独立的长处或优势，共同建构起不负我们时代和变革实践所期望的教育学理论。

教育学主要是一门理论科学，理论科学所担负的主要职能是在认识方面。在教育学的认识功能中，关键是形成人们的教育思维。不同的人对同一客观事物会有不同的看法，这里面起决定作用的就是不同的思维方式。教育思维就是从教育学的角度来观察、思考教育事实。目前的教育学著作，恰恰对这一点注意不够，因而不能形成人们正确的教育认识，不能使人深入把握教育规律。教育学的认识功能是至关重要的，它有助于加深人们对教育在社会中意义的正确理解，加深人们从事教育活动的自觉性；有助于人们在各种纷繁复杂的教育思想、教育学说、教育现象中辨别是非，把握真理；有助于人们对教育决策的正确理解和灵活贯彻。加强教育学的认识功能，应是当前教育学教材改革的重要任务。

指导实践是教育学的另一重要功能。因为教育学所揭示的正是教育中的客观规律，通过掌握这些客观规律，就能使人们正确把握教育的运行轨迹，从而使教育实践更加自觉，更加有效。这种功能主要包括指导人们直接从事教育工作和对教育工作从宏观上作出决策。

四、教育学体系

(一)现代教育学体系发展的特点和原因

1. 教育学体系的含义

教育学体系是指教育学研究的范围和学科，是教育学的各个分支学科构成的一个有机联系的整体。

任何一门科学既要有其明确的研究对象，又要有其体系，而界定一门学科或科学的研究对象，其根本的意义也就在于为其确定研究的范围，所以，体系的问题是和对象的问题密切联系着的。一切科学都有自己的研究对象，没有对象，科学就失去独立存在的权利。认不清研究对象的界限，也会造成科学体系的混乱或内容上不必要的重复。一门成熟的科学或学科，其理论体系和层次总表现得比较清晰和有条理。有人以为，体系问题仅仅是个形式问题，这种看法是不对的。列宁讲：真理只是在它们的总和中以及在它们的关系中才会实现。现代系统论也告诉我们，体系和结构不同，科学理论的性质和功能也不同，所以，只有把教育学体系置于一定的结构和关系之中，形成一个相对完整的理论体系，才能更深刻、更正确地揭示其研究对象的本质和规律，才能更有效地指导我们的教育实践。因此，对教育学体系问题进行研究，不仅是教育科学发展的需要，而且对于教育事业的发展亦有重要的实际意义。开展教育学体系的研究，已成为教育理论和实践的客观要求，不断地建构、完善和发展教育学体系，是当今教育理论建设的迫切任务。

教育学是一门古老而又年轻的科学，其理论体系的建立和发展比较缓慢，教育学体系或教育科学分支学科的划分问题，在国内外教育学著作中尚没有比较明确、一致的观点。教育学从哲学中分化出来成为一门独立的科学以后，它就处于一种混沌的综合状态。但是，在今天，随着科学的发展，人们对教育现象认识的不断深入，它的分类在不断变化。分得越来越细，人们终于可以比较正确地把握教育学体系。教育学作为人类教育活动的理论形态，是在人类教育思想和理论思维有了相当发展之后逐步形成的，而其体系的确立，则只有在一定的历史阶段才有可能。

2. 现代教育学体系发展的特点和原因

在现代教育科学的全部历史进程中，一直存在着两种经常起作用的趋势：一种是学科不断分化的趋势；另一种是学科不断综合的趋势。这是当前教育科学发展的显著特点，也是教育学体系发展的重要标志。

教育科学的分化趋势，是指人们对教育领域的某一分支领域，或某一具体事物的本质进行专门研究，得到较深和较细的专业知识，从而在原来相对独立的一门学科基础上，再发展出两门或两门以上的新的分支学科。教育科学不断分化的趋势，标志着人们对原来的研究对象开始深入了一步，人们开始深入到研究对象的不同侧面、不同层次。经过分化后的新学科，与原来的学科相比，其研究对象的范围显然缩小了，但认识的内容更加具体和详细了。因此，教育科学不断分化的趋势，实质上是人类对教育现象的认识由粗到细、由浅到深的体现，它是教育科学的整体研究向分散研究发展的标志，又是新分支学科产生的重要形式。

教育科学的综合趋势，是指人们在原有学科分化的基础上，由于认识到各个分支领域和各种不同的运动形式之间的相互依存和相互转化的必然联系及其具有的特征，因而又形成了一些具有新质但内涵更丰富的学科。

教育科学的发展不但有分化，同时又有综合。当人们对各门学科进行分门别类的研究以后，就会发现原来的研究对象不仅需要深入研究，而且它们中的任何一个教育现象都不是孤立的，而是同其他现象相互联系、相互作用的，越深入研究，它们之间的联系也就越密切，于是，人们又需要在更高水平上重新进行综合。教育科学综合的趋势，就是人们从若干方面的局部性认识发展成为整体性认识的过程，它是一种从多角度对研究对象的不同特点、不同功能、不同关系进行整体的、综合性的研究的过程。经过综合后的新兴学科，其认识程度也就更全面、更深刻了。如果说教育科学分化是人们对教育的认识向纵深方向发展，那么，教育科学的综合研究则是人们对教育的认识向广延方向发展。

教育科学的分化与综合两者有着明显的质的区别，它们各以不同的方式推进教育科学的发展。教育科学的分化使人们对教育的认识越深入，其知识就越专门化，分化也就越迅速；教育科学的综合使人们对教育科学的认识越来越全面，通过各个学科互相补充、互相结合、互相渗透，发挥各种分支学科的整体效应，以获得对研究对象的完整和全面的认识。

教育科学既不断分化又不断综合的辩证运动，有其历史的发展进程。在古代，教育科学是以初级综合知识为主，这种初级综合的形式，表现在教育科学上是人们对教育领域的认识都包含在少数科学之中，这与当时人们活动范围的狭小有关。到了近代社会，由于人们活动范围的扩大，教育现象和事物也越来越复杂，这就需要人们对各种教育现象和事物进行细致的研究，这便导致了教育科学的初级分化。

现代教育科学沿着不断分化与不断综合两个方向发展，这里面有以下两个原因。

一是教育科学的研究对象，即教育领域本身就是一个不断分化与不断综合的有机整体。教育科学不过是对教育领域中的各种事物现象的反映，而这种反映一方面必须是逐步深入采取分科研究的办法，另一方面又必须是完整地、全面地反映事物的本质，这又必须采取整体综合的办法进行研究。

二是人的认识方法有一个发展过程。在古代，人们对教育现象的认识是朴素的、笼统的和直观的，到了近代，形而上学的思想占了统治地位，它只注意部分及细节的认识，而忽视了对教育领域的整体认识。只是到了现代，人们才开始既从部分上认识，又从整体上认识，表现在教育科学中出现了分化与综合的两种趋势。

总之，教育科学的发展是一个学科不断分化与不断综合的过程，这两个过程既对立又联系，科学分化是以科学综合为基础，而科学综合又是以科学进一步分化为前提。

（二）教育学体系构建的原则和方法

1. 教育学体系构建的基本原则

教育学体系的构建，总的要求是：体系既要有层次性，又要有完整性。

教育科学是一个内部结构具有层次递阶性的独立系统，可以采用系统分类法进行学科分层。第一层次子系统包括基础学科和应用学科。第二层次是从第一层次子系统中派生出来的子系统。首先，基础学科派生出理论学科和一般学科两个子系统。其次，由于应用学科把教育基础理论应用于不同的领域，同时，又采用不同的研究方法，吸收了不同的学科成果，因而，派生出部门教育学科、区域教育学科、专业教育学科三个子系统。第三层次子系统是从第二层次系统专业教育学科派生出来的跨部门教育学科和职能教育学科两个子系统。上述系统分类法具有以下几个方面的优点：①能够明显地透视教育科学体系的层次结构；②能够看清各子系统学科之间相互联系和相互区别的关系；③能够较为科学地对教育学内部学科进行有序的分类。

在这里，层次性对教育学体系来说，具有重要的支柱作用。在20世纪60年代才兴起的科学学告诉我们，科学体系和科学研究是按不同层次而存在和得以进行的，认识和把握其存在的不同层次，不仅可以提高科学研究水平，而且是人类对科学把握能力的反映。过去，人们一般只把科学研究分为宏观的基础理论研究和微观的应用研究。近些年来，不少科学家鉴于基础理论研究和实际应用研究之间相隔太远，难以使理论起直接的指导作用，主张在宏观的基础理论研究和微观的应用研究之间增加一个中观研究，或称发展研究。这就是说，科学体系和科学研究应该由宏观、中观、微观或由基础理论研究、中间性研究和应用研究这三个相互补充和相互促进的不同层次所组成。这是由于中间性研究可以使基础理论技术化、可操作，使应用理论的研究为实际应用奠定直接而现实的基础。中间性研究的这种居中转化机制，使得它在科学研究中具有无可替代的作用，也使得它在科学体系的构建中具有重要的价值，并具有普遍的意义。

社会科学之所以需要中间性研究，也就是需要在各门社会科学的基础理论与该门科学所涉及的实际生活和实际问题之间建立起科学而便利的通道，以及确立把抽象理论转化为提高认识和解决实际问题的科学方法论体系和步骤。目前，社会科学中的许多学科力图进行层次划分，目的就是在促使其体系在科学研究中的合理性、科学性。

不论自然科学还是社会科学，坚持按不同层次的视角来看待科学研究和科学体系本身，这种思路对我国教育科学研究和教育学体系的构建，无疑具有很好的启发意义和借鉴作用。教育学作为社会科学的一大分支，其体系的构建不仅可以分别从不同的层次来进行，甚至可以说，教育学体系只有首先把握其宏观、中观、微观的不同层次，才算真正找到了支撑教育学体系大厦的骨架和支点。

2. 教育学体系构建的基本方法

作为一门科学，其体系与内容应是按逻辑的要求去推导、演绎，这样才符合一般人的思维特性。因此，教育学体系构建的基本方法是，首先对教育现象和其存在形态作深入细致的研究分析，然后再作实事求是的归类，以构成一个全面完整的体系。其推导、演绎的方法大致如下：

——依据教育现象、教育形态和其在社会生活中存在的空间形式，于是就可产生家庭教育学、学校教育学、社会教育学等不同学科或门类；而依据学校教育现象存在的特点和层次，还可进而产生幼儿教育学、初等教育学、中等教育学、高等教育学以及特殊教育学等学科。

——依据学校教育中不同专业、不同教学内容的要求，于是就可产生语文教育学、外语教育学、音乐教育学、体育教育学之类不同学科。

——依据教育现象、教育形态以及教育思想在社会生活中存在的历史，于是便产生了教育制度史、教育思想史等有关教育历史的教育学科以及教育未来学之类的学科。

——依据教育现象和其他社会现象的关系，于是就产生了教育政治学、教育经济学、教育社会学、教育文化学等不同学科。

科学理论科学知识体系的一个重要特点就是它是自成体系的，科学体系由它所研究的领域所构成。一方面，各门科学所研究的客观领域各不相同，这就决定了不同科学有不同的体系；另一方面，科学知识、科学体系是人对某一客观领域中的事物和关系的主观反映。不同的人，即使是训练、修养有素的科学家，也会由于角度不同、观点不同、思想方法不同或知识背景不同，对事物有不同的认识和反映。因此，同一门科学知识体系会因不同的学者、专家的认识视角不同而有所不同。

总之，在人类社会中，教育现象、教育形态存在和发展的时间、地点、条件、形式、内容、手段、方法、特点等方面的问题，都应是教育学研究的范围。教育的对象是人，有关人的心理、生理、思维以及有关活动和管理，同样也是教育学研究的范围，都必须纳入教育学的体系之中。

3. 教育学体系的总体结构

目前教育学的体系中，形成了理论教育学、部门教育学、边缘教育学和应用教育学。而理论教育学、部门教育学、边缘教育学、应用教育学，则是现代教育科学系统的基本结构。它具体体现着“理论—应用”这一科学基本秩序。由于现代教育科学系统的形成，人们对教育的认识将进入全面、深刻、具体的认识阶段，教育科学也将由此进入成熟发达的阶段。现代教育学的发展不仅以学校教育在现代社会中的普遍发展为实践基础，也以教育的终身化、教育的社会化为其实践基础。

教育学从近代到现代的发展，是人类对教育认识发展的一个“圆圈”，它必然要分化出理论教育学。在近代，人们对教育的认识还是笼统的，人们从外部联系上描绘教育运动的总过程，这是一种不自觉的理论思维，但没有很好地解决教育现象认识中的主观和客观、思维和存在的矛盾。现代教育学开始对教育现象进行分门别类的认识，在此基础上，人们逐步认识到主观和客观、思维和存在这一认识论的基本矛盾，并以科学地解决这一矛盾，建立科学的理论教育学，揭示“社会教育和人类思维运动的普遍规律”而告终。总之，现代教育促使教育学形成科学系统，也促使教育科学趋于发达和成熟。教育学体系的总体结构如图 1–1 所示。

- 教育学体系
  - 宏观层次——理论教育学
    - 教育学原理
    - 教育基本理论
    - 教育哲学
    - 教育史学等
  - 中观层次
    - 部门教育学
      - 高等教育学
      - 中等教育学
      - 初等教育学
      - 幼儿教育学
      - 特殊教育学等
    - 边缘教育学
      - 教育心理学
      - 教育社会学
      - 教育经济学
      - 教育政治学等
    - 教育活动与过程
      - 教学论
      - 学习论
      - 课程论
      - 教师论
      - 学生论等
  - 微观层次——应用教育学
    - 教育管理学
    - 教育统计学
    - 教育工艺学
    - 教育卫生学
    - 教育评价学
    - 教育测量学
    - 教育建筑学等
    - 各种专业教育学，如
      - 语文教育学
      - 数学教育学
      - 音乐教育学
      - 美术教育学
      - 历史教育学
      - 生物教育学等

图1–1　教育学体系的总体结构

（三）教育学原理在教育学体系中的地位和作用

任何一项科学的研究工作，最困难和最有意义的部分莫过于其基本原理的研究了。这个部分的研究是任何一个学术体系的基本建设性工作。教育学的情况也正是这样。

1. 教育学原理的根本性质和含义

我们首先应当明确认识到，教育学原理在今天之所以作为一门必不可少的教育课程、教育学科出现，其根本的理由是它在教育学体系中占据着其他教育学科不能取代的独特地位，并有重要作用。其原因归根结底是由于它具有一种独特的哲学的性格。

哲学的性格是一种什么样的性格呢？是一种宏观的性格，统观全局的性格。目前国内学术界对什么是哲学和在哲学研究的对象问题上尽管在认识上还很不一致，但是，不论持何种观点的人对哲学具有宏观的性格和统观全局的性格，总体还是一致的。一般认为，“哲学是世界观的学问”，而“世界观就是人们对世界的总的看法和根本观点”，所以哲学研究的对象是整个世界的最一般问题，或曰“世界观问题”。这种对哲学的见解，就反映了哲学所具有的宏观和统观全局的性格。

教育学原理对于人类教育现象领域来说，也具有哲学所具有的那种宏观的特性和统观全局的性格。教育学原理实际上有如教育现象、教育理论领域的“哲学”。它所形成的对教育问题、教育现象的一些基本看法，即一般的教育观，也就相当于哲学上的世界观。如果说哲学是对自然、社会知识和思维成果的概括和总结，那么，教育学原理则是对人类有关教育的一切理论成果进行抽象、概括而形成的。

教育学原理中的教育观，是对社会生活中教育现象的根本观点和看法。同哲学产生的情况一样，人们为了生存和发展，总要同社会中的教育现象、教育问题接触、打交道，而在此过程中形成对教育的认识。一开始，这种认识也只能是局部的、具体的，以后这种认识不断积累，就会形成对教育的总体认识，这些对教育的总体看法就是教育观即教育思想。教育观每个教育者都会有，人们就是按其教育观来行事的，只是一般人的教育观并不总是自觉的，也远非全面、系统的；并且，人的教育观、教育思想，也是分层次的。全面、系统的教育观、教育思想就反映在教育学原理的著作和课程内容之中，各门教育学科也可以给人以某种教育观，但它比起教育学原理来，其教育观属较低层次。可以说，其他各有关学科理论的终点，恰恰就是教育学原理理论上的起点，教育学原理无疑是其中最高的一个层次。教育学原理就是在认识的一定阶段，人们的教育观经系统化、理论化而形成一门科学，它是对人类一切教育理论成果进行抽象、概括的结果。因此，教育学原理是关于教育观、教育思想的学问，是对人类教育知识、教育实践、教育理论的成果，是基于一定的哲学世界观理论和某些相关基础学科的成果所作的理论概括和总结。

2. 教育学原理的地位、作用与任务

教育学是人类社会一切教育现象的理论形式，也就是人们研究各种教育现象、各种教育问题和各种教育规律的各有关教育学科的总称。那么，在教育科学体系亦即教育学体系中，教育学原理究竟具有何种地位与作用呢？

教育学原理在教育学体系中是一门十分重要的必不可少的基础学科。我们知道，作为一种社会现象的教育有自己的普遍规律，也有自己所属各个领域的特殊规律。教育学原理就是研究教育的普遍规律，各门其他教育学科则是研究教育的特殊规律。因此，可以说，教育学原理是关于教育的普遍规律的学问，它既是具体教育学科最基本的概括和总结，又是指导各门具体教育学科的专业基础理论。教育学原理也可称为一般教育学或理论教育学。一般教育学、理论教育学是教育学的理论基础。

从教育学原理在教育学体系中所占据的基础地位而言，教育学原理所阐明的理论观点对教育学中的其他分支学科或教育学的其他课程来说，是共同适用的，它对其他分支学科或课程具有普遍指导意义。就其意义和作用来说，它有助于我们了解教育学的总体情况和基本格局，各门分支学科在其中所占据的地位及其与其他学科间的关系等，从而有利于人们去了解、学习其他学科和课程。因此，应当说，教育学原理是人们学习教育科学亦即教育学的一门必不可少的专业入门课。并且，由于教育学原理的建立，各门特殊教育学也就不致各自分散游离，彼此无所统属，而可联结成为一体，成为一门大的综合性教育科学门类。

用辩证逻辑的话来说，教育学体系与教育学原理等各门分支学科之间是整体与局部的关系，教育学原理与教育学体系中的其他各门分支学科之间是普遍与特殊的关系。整体与局部，普遍与特殊，是两对既同又异的范畴。教育学原理在教育学体系中所居的是主干的、基础的地位，我们既不能把教育学原理和教育学混同起来，也不能把教育学原理同其他各门分支学科等同起来，这是正确把握教育学原理在教育学体系中的地位的基本要求，也是正确构建教育学体系、认识教育学原理的作用与任务的重要前提条件。

理论之所以能够对实践有普遍的指导意义，是因为它对研究现象的科学抽象，这种抽象不是模棱两可的思辨，而是从一定的逻辑起点出发，透过现象对事物本质联系的分层次的升华。这样才能使理论指导实践成为可能。

教育学原理作为基础理论学科，是有自己的研究对象的，它的研究对象，首先，应是教育学自身，或者说是教育学体系本身，其任务是理顺教育学体系本身的一些概念和理论关系，如教育学研究的对象、范围、体系、性质，教育学的基础以及教育学和其他科学的关系等。我国教育学从其名称、概念到体系可以说长期以来乱麻一团，不深不透，亟须从根本上予以清理。而理顺、弄清其中的种种关系，明确其性质、任务等，只能由教育学原理这门学科来承担。教育学这个概念，尽管长期在我国广泛流行和使用，但由于对其内涵和外延等逻辑方面的问题并没有予以必要的深究，可以说人们多年来完全陷入一种盲目的状态。也可以说，人们多年来误用了这个概念，在今天应该是“拨乱反正”的时候了。其次，教育学原理以教育为对象，也就是它要以人类社会的全部教育现象为研究对象。其任务是要阐明教育学的基础理论、基本方法和教育现象的普遍规律。由于教育现象是发展的，而随着对教育现象研究的深入和发展，教育学出现了许多分支学科。它们各自研究教育的某一特定的现象、方面和具体过程，或从不同的角度研究同一教育现象。教育学原理的研究也会涉及这些学科的内容，并需要在这些学科研究的基础上，不断丰富和发展自身。但是，教育学原理又是应当与这些学科有区别、有分工的。第一，它不仅应把教育作为唯一的研究客体，而且要把各种教育现象联结起来，作为一个整体加以研究，而不是只专注于教育的某一现象、关系、方面和特性。第二，它在研究中所揭示和阐发的，应是人类教育各种现象之间及其同其他社会现象之间最本质的关系和最普遍的联系。因此，它阐释的是人类教育发展的最一般的过程和规律，是人类教育生活中一些最重大的理论问题。第三，它应当是从一定的世界观和方法论出发，来研究、理解和阐释教育，揭示各种教育问题的世界观实质，而不是简单地描述和概括教育现象，或者仅仅给予教育现象以某种常识性的说明。因此，在上述意义上可以说，教育学原理应当具有哲学的某些特征，即要从总体上和联系上，把教育作为自己的研究对象。总之，教育学原理是对教育所作的总的思考。

教育学原理的对象是人类教育的总体，由此对象所决定，教育学原理的研究必须动用自然科学、社会科学和哲学诸领域的知识。这就形成了教育学原理研究的科学一体化原则。

第二章　教育学的基础

一、教育学基础的含义

如上章所述，教育学在今天是以一个由众多教育学科所组成的学科群的面貌出现在学术界和呈现在世人面前的。没有众多教育学科与时俱进地先后出现，就没有今天教育学体系可言。那么，这众多教育学科又是如何出现，怎样成为教育学体系中的组成部分的呢？其机制和原因是什么？这正是本章所要表述的内容，并且也正是教育学基础一词的含义和意义之所在。

任何科学，它的基础不外乎两方面，即它的研究对象的实践（包括实验）基础和它的理论基础。科学就是这两大基础相互运动、相互依存、相互促进的产物，忽视或缺乏任何一方，科学就会停滞。教育学的情况也是这样。教育学的基础包括教育的实践基础和它的理论基础这两个方面。改革开放以来，教育学界对教育学的这两大基础进行了回顾和反思，总结了历史经验和教训，对第一方面，即教育实践和教育实验方面的不足和存在的问题，已经引起了普遍的关注。但是，反思不能仅限于教育实践一方面，教育科学落后，还有其理论基础薄弱这个重要原因。

两极相通，忽视理论和忽视实践，很可能有着同样的无视科学和无视教育文化的极左的世界观根源。

在这个问题上，最深刻的辩证法在于：当实践作为检验真理标准的"特权"被剥夺的时候，理论也必然落入庸俗化的陷阱和实用主义的圈套。理论一旦丧失"超前"的性质和预测未来的功能，对实践来说也就失去了任何科学的价值。对理论的重视来源于对实践需要的深刻理解。理论如果以趋炎附势为荣，满足于解释和论证现存的一切，那只预示着理论的堕落和不幸。

越是重视实践就越要重视理论。实践越是具有探索的性质，越是触及社会的深层和人们文化心理结构的深层，就越要强调理论对实践的指导作用。而要真正实现理论对实践的指导作用，关键是善于捕捉实践活动无法绕开的实质性问题，并善于以科学的方式把实践的问题转化为理论思维的课题。这也就是通常所说的，要善于科学地提出问题。

二、教育学的实践基础

教育学的目的是解决教育实践的问题，而教育实践又是教育学得以产生和发展的基础。从马克思主义观点看来，人的认识只能从社会实践中来，实践是一切知识、理论的来源。历史告诉我们，世界上一切科学都来源于实践，教育学同样如此。

教育学理论的实践性特征，还表现在历史上很多教育家就是实际教育工作者，或者就是教师。他们把自己的一生献给了人类的教育事业，教育实践为他们所探索的问题提供重要的资源条件，也为他们的研究成果的价值作出最终的检验和评价。他们所创造的教育理论的花朵是在他们教育实践的土壤上长出来的。

瑞士教育家裴斯泰洛齐（J.H.Pestalozzi）是教育史上一个典型的实际教育工作者。他主张的教学理论和方法是他的长期教育实践的总结。同样的，德国教育家赫尔巴特在青少年时期当过三年三个孩子的家庭教师。他的致学生家长的一系列书信，是他的教学实践的总结，也为他的教学理论奠定了基础。

教育史上不少杰出的人物，他们在实际活动中不仅开拓了教育事业的新领域，而且促进了教育理论的发展，美国的富兰克林（B.Franklin）和贺拉斯·曼（Horace Mann）都是其中著名的人物。

教育学史上不少教育家，为了探求新的教育理论，还开办了各种不同形式的实验学校。这表明教学实验从来是人类教育实践的一种重要形式，也是发展教育学理论的一种重要手段。捷克教育家夸美纽斯在匈牙利沙洛斯、波托克开办泛智学校，还写了《泛智学校》一书，概述了这个学校的教育方针、课程设置和学校组织准则等，可以说是开了教育实验之先河。德国哲学家康德在哥尼斯堡大学开设教育学讲座时就打算建立一所实验学校，附属于该大学所在的系。裴斯泰洛齐的布格多夫和伊弗东学院，从性质上说，也是一种实验学校。赫尔巴特在哥尼斯堡继承康德的讲席讲授哲学和教育学时，也开办了教育研究班和附属实验学校。英国空想社会主义者欧文（R.Owen）在纽拉纳克进行的教育活动，改变了整个地区生活的面貌，他进行的教学与生产劳动相结合的实验，受到马克思的高度评价。19世纪末20世纪初，实验学校成为推进教育运动的一种普遍形式。“芝加哥实验学校”是美国哲学家、教育家杜威预先拟订严密的计划并按照计划有步骤、有组织地进行的一个实验。杜威的一部极重要的著作《学校与社会》一书，就是对这个实验的经验总结。此外，如凯兴斯泰纳（G.Kerschensteiner，1854—1932）的“劳作学校”，德可乐利（O.Decroly）的“隐修学校”，蒙台梭利（M.Montessori）的“儿童之家”，沙茨基的“生活夏令营”，以及尼尔（A.S.Neill）的“萨默希尔学校”，都是著名的实验学校，并根据一定的教育理论和方法，进行了长期的教育实验。杜威在《明日之学校》一书里所记述的各种不同形式的教育实验，也属于这一类。上述实验学校，都根据实验的结果，提出种种可贵的经验和理论，对世界各国教育的革新和发展产生了难以估量的深远的影响。在苏联，苏霍姆林斯基从1947年起直到1970年逝世止，在帕夫雷什中学任校长，几十年如一日，勤奋耕耘，根据他长期的教育工作经验，发表了一系列的重要著作，丰富了关于人的全面发展的理论。

教育实践按人类实践的时间和空间的形式来划分，主要有如下三个方面。

（一）现实的教育实践

教育学从教育实际中去吸取营养，现实的教育实践是必须首先考虑到的重要方面，现实的教育实践主要可分为两个方面。

1. 千百万教育工作者的教育实践和经验

教育学理论来自人类普遍的教育实践和经验，特别来自学校教育实践和经验，来自重点中小学、工读学校，来自模范教师、特级教师的教育实践和经验。教育学只有注意并保持和广大教育工作者极广泛的教育实践和经验的联系，并且把这些实践经验总结、吸收到自己的理论体系中来，才能不断发展，根深叶茂，具有旺盛的生命力，也才能反过来对实践起推动、指导作用。我国是世界上学生人数最多、学校最多、教师最多的国家，在这样一个广大的教育实践的基地上，完全有可能获得更多的教育科研成果。

把千百万教育工作者的教育实践和经验总结、概括起来，使之系统化，上升成为教育理论，这项工作可以组织、动员教育科研人员到基层帮助这些教师去总结、去挖掘，也应当鼓励教师自觉地参与到教育科研中去，由自己去整理、总结。在这里尤其要看到特级教师实践经验的特殊性及其具有的特殊意义。特级教师制度是中国特定历史阶段的产物。特级教师是国家为了表彰特别优秀的中小学教师而特设的一种既有先进性、又有专业性的荣誉称号。特级教师们应是师德的表率、育人的模范、教学的专家。

自20世纪80年代以来，全国特级教师和其他学术上有成就的教师一道，为教育研究、尤其是在教育理论的应用研究上，作出了巨大的贡献，弥补了我国教育研究的薄弱环节，也起到了“补缺”、“填空白”的作用。

2. 教育实验

教育理论界自改革开放以来，可以说不断呼唤着教育实验。早在20世纪80年代初，中国教育理论界就已明确指出“教育科学的生命在于教育实验”。以后，呼声日高，不断受到人们的重视，并大大推动了教育实验活动，各种教育实验广泛兴起，呈现出空前的繁荣，推动着我国教育、教学改革向前发展。这也是我国教育实践与理论发展的必然趋势。

教育实验作为一种教育学的研究方法，其重要意义在于探索符合中国国情的教育理论。正如教育家陶行知所说：“非实行试验不为功，盖能实验则能树立，能自树立，则能发古人所未发，明今人所未明。”[①]因此说，教育实验是教育理论的源泉，具有中国特色的教育理论的产生，不能离开在中国土地上进行教育实验这一重要途径和方法。教育实验既是一种科学研究的方法，又是一种更高形式的教育实践活动。而从教育学发展的历史过程来看，它不仅具有较长的历史，而且明显地存在着两类性质不同的教育实验：宏观的教育实验和微观的教育实验。宏观的教育实验指以改革社会教育活动、教育事业为手段，旨在对社会进行改革的实验；微观的教育实验则旨在教育事业内部，在教育活动、教育过程中进行的改革、实验。从历史上看，这几种类型的实验都存在过。

宏观的教育实验，即以社会教育活动为手段，探索对社会进行改革的实验。在西方，可以裴斯泰洛齐和欧文两人为代表；在中国，可以陶行知、梁漱溟、晏阳初、雷沛鸿等人为代表。

18世纪瑞士教育家裴斯泰洛齐最初所进行的教育实验是一种探索社会改革性质的教育实验。1768年，他买了一个庄园，称涅伊果夫（新庄），打算办一个模范农场，以教导农民合理地经营土地。1774年，新庄

① 华中师范学院教育科学研究所主编：《陶行知全集》第1卷，湖南教育出版社1984年版，第72页。

的“孤儿院”实验，虽然由他亲自教儿童读、写、算，另由手工业工人教儿童如何织布，使教育与生产劳动结合，对儿童进行多方面训练，但实验目的仍然是企图通过对农民子女的合理教育来帮助农民。此后，1798—1800年，他又创办了三所实验学校，虽然涉及儿童教育和教师训练内容，但实验目的也是想不通过人民自己的社会运动，而通过有教养的人的仁爱工作改进人民大众的生活。他在幼年时就对封建制度下农民悲惨境况寄予深切的同情，改善农民生活境况成了他的社会理想。因此，从总体上看，裴斯泰洛齐的教育实验是属于探索社会改革性质的。

此后，英国空想社会主义者欧文于1825年在美国开创了共产主义移民区“新和谐村”社会实验。一方面，实验共产主义社会，即宣布财产公有，成员共同劳动，按劳分配产品，所有成员享有同样的饮食、衣服、居住和教育；另一方面，在移民区开办了许多学校，进行以科学教材为基础的智力教育、新道德规范的教育、体育和劳动教育，实行教学跟农业、工业劳动的结合。

欧文的实验具有明显的社会改革性质，这是由他的空想社会主义思想决定的。他认为不必通过革命，只需用和平方法、教育方法，用成立共产主义的形式就可建立新的社会制度。虽然，他的社会实验归于失败，但从他的教学跟生产劳动相结合的实验里，马克思看到了未来教育的萌芽。

到20世纪20—30年代，我国一些教育家开展了与上述实验非常相似的实验。

陶行知的“新教育实验”就是一例。他的实验虽然接触到教育内部的具体问题，如他提出“教学做合一”，即教法、学法、做法是应当合为一体的，以后又完善为“生活教育”体系，包括“生活即教育”、“社会即学校”和“教学做合一”三部分内容，但从他实验的主导思想和实验的组织形式看，仍然属于社会改革性质。他实验的主导思想是企图通过改变教育的办法来解决中国社会问题，达到改造社会、富国救民目的。他的实验的组织形式是他创办的“乡村工学团”。这种形式突破了学校范围，将工场、学校、社会打成一片，实施军事、生产、科学、认字、民权、生育等多方面教育和训练。这和裴斯泰洛齐、欧文的实验十分相似。

晏阳初的实验，其社会改革性质更为明显。他于1929年在河北定县开展了长达7年的以整个县为对象的实验。他针对农民存在的愚、穷、弱、私四大问题而提出了文艺、生计、卫生、公民四种教育，采取了学校教育、社会教育、家庭教育三大方式。他想通过这样的教育改革，将教育与经济建设、社会改造统筹起来，综合治理农村，以谋求农民经济、文化、思想、政治、生活的根本改善。他的实验是他的"平民教育"思想发展的结果。

雷沛鸿的社会理想是"教育为公，天下为公"。他在《我的自白》中说："愿以有生之日，为穷而失教之劳苦大众教育事业而奋斗。此一心愿，为海外十年工读生活之结束，又为回国以后二十多年学问与事业之开端。"针对当时中国的现实，他指出："这种东抄西袭的教育制度，当然不能适合我们自己的需要。"他希望通过改革试验的推广，建立起"一个适合国情又适合民众需要的民族教育体系"，"以达民族中兴的目的"。雷沛鸿多次说过，他所进行的教育改造运动，同时就是社会改造运动。因为，教育的依附体是社会，改造教育是改造社会的助力，改造教育是改造社会的基础。所以，在他看来，改造教育与改造社会可以相辅而行，相辅而成。

此外，梁漱溟等人的"乡村教育实验"，其性质因与晏阳初实验性质基本相同，此处不再赘述。

纵观上述实验，从18世纪60年代国外裴斯泰洛齐的实验，到20世纪20—30年代国内陶行知等人的实验，尽管实验主持人的国籍不同，世界观不同，但表现出一脉相承的基本精神，即都在一定的社会思想基础上，针对社会时弊，产生某种改造社会的思想，并将这种思想付诸实践，通过教育从事社会改革实验活动。

近年来在我国蓬勃开展的"农村教育综合改革实验"，是一种把教育发展和社会、经济、科技发展相结合的综合性实验。从教育实验性质角度看，这类实验同样企图与社会改革结合起来，是属于宏观的教育实验。

微观的教育实验主要指人们在教育领域里为探索教育事业、教育活动和教育过程的某种较具体的规律而进行的实验。

三百多年来，尽管科学实验的探讨对象、使用仪器、观察方法和数据处理已经有了很大的变化，但科学实验的实质仍与伽利略实验的基本精神一脉相承。教育实验是"设系统，立方法，举凡欲格之物，尽纳之于规范之中。远者近之，微者大之，繁者简之，杂者纯之，合者析之，分者通之，多方以试之，屡试以验之。更较其异同，审其消长，观其动静，察其变化，然后因果可明，而理可究也。"①

① 华中师范学院教育科学研究所主编：《陶行知全集》第1卷，湖南教育出版社1984年版，第59页。

教育实验是在教育领域里所进行的科学实验，由于教育是一种复杂的社会现象，它的对象是人，进行的是精神活动，因而又具有其自身的不同特点。

（二）前人的教育实践

教育实践有古今之分，即有前人的教育实践和经验与今人的教育实践和经验之分，教育实践既是教育学赖以建立的基础，那么，前人的教育实践和经验同样不可忽视。而这里的所谓“前人”又包括中国的和外国的前人，即人类的前人。

与人类社会一样，人类教育也是一种具体的历史现象。作为一种历史的存在，任何时代的教育实践与人们对教育的认识，都内含着一个发生、发展的完整过程，都是以人类思想和创造的所有最高成就作为基础。因而，人类教育的过去便构成了现实存在的前提，并渗透到现实之中，成为影响和制约现实存在及未来发展的实际因素。换言之，现实包含了一切历史的总和。这样，历史与现实就构成了“一个无差别的统一体和无分化的整体”①。

正因为教育的历史与现实之间存在着对立统一的关系，因而，不仅历史影响着现实，而且，现实也作用于历史。

教育既是社会发展的需要，又是历史发展的结果。我们的教育要“面向现代化，面向世界，面向未来”，认真地进行教育改革，以适应经济建设和技术革命的需要，就必须认真总结教育的历史经验。

瑞士思想家、心理学家和教育学家皮亚杰曾经在评论欧美各国1935年的教育发展时指出，教育工作者们如果对教育史知识茫然无知，就会对教育上的许多重大问题，甚至中心问题，“始终无法求得科学上的客观性”，甚至“出现种种不可置信的事情”②。

在教育学体系中，有两门专门研究前人教育实践和经验的分支学科。这就是中国教育史和外国教育史。中外前人的教育实践和经验应当主要反映在这两门学科和有关的著作中。

教育史就是教育思想（或理论）与实践的历史，其任务是要从中外教

---

① ［德］卡西尔著，甘阳译：《人论》，上海译文出版社1985年版，第219页。

② ［瑞士］皮亚杰著，傅统先译：《教育科学与儿童心理学》，文化教育出版社1981年版，第7页。

育思想与实践的历史发展中探索教育发展规律，加深对它们的认识，为我国的教育理论建设和教育事业的现代化服务。

中国历史悠久，文化教育方面的遗产特别丰富。我们的祖先在教育、教学实践中积累了许多行之有效的宝贵经验，使我们拥有了丰富的教育遗产。这在世界教育史中也是首屈一指的。

我国漫长的古代社会曾给我们留下了丰富灿烂的教育遗产。同样，在可歌可泣的近现代史上，教育家们也为我们留下了值得思考、值得借鉴的宝贵经验，其中不少是有中国特色的教育理论、原则和方法。今天的中国，是昨天的中国和前天的中国的继续和发展。历史现象往往有惊人的相似之处。为了正确认识、掌握和运用教育规律，我们必须对教育史进行研究，而不应割断历史。察古可以知今，继往为了开来。为此，我们要研究中国历代的教育，取其精华，去其糟粕，古为今用，批判继承。

教育史学科是教育科学的一个分支，也是一门教育科学与历史科学的交叉学科。从内容上看，它从属于教育学；但从研究方法、认知结构等方面来看，它更多地与历史科学相关。因此，教育史学科应当不断从历史科学的研究成果中吸取养料，以丰富和完善自身。教育史与历史学建立亲密的"联盟"关系，将会促进教育史学科本身的发展。

从目前的情况看，吸取历史学研究的新成果，更主要的是有选择地掌握它的研究方法，尤其是比较历史学的方法，这对于加强教育史学科研究的现实感具有直接的作用，同时也有助于克服教育史学科研究中的方法陈旧、视野狭窄的问题。

（三）外国的教育实践和经验

注意研究我国教育现状和继承历史遗产的同时，还要注意研究、吸收当代外国的教育实践经验。

外国教育是教育科学研究的一个重要领域，是我国社会主义教育建设的一个重要方面，也是教育学不断获得丰富、充实，教育学体系赖以建立的重要基础和源泉。人类文明是人类社会各个历史阶段各个民族共同创造的成果。在这个漫长的历史进程中，各个民族既创造了本民族文明，也互相吸收、互相渗透，为丰富人类文明宝藏作出了各自的贡献。中华民族在创造、形成我们民族的悠久的文明过程中，也曾经吸收了外国文化中的许多优秀成分，从而更加丰富了我们的民族文化。因此，学习和吸收国外各民族文化的优秀成分，就成为发展我们民族文化的一个重要方面。教育科学也应该是这样。其实，不同文化的互相交流、互相影响，这是从奴隶社会以来就存在着的史实。每一民族的文化在不同时期总是受到不同程度的外来文化的影响，民族文化的发展史同时也是文化交流的历史。在西方文化形成、发展中，先后受到东方国家如埃及、阿拉伯文化的影响；东方各国之间的文化交流也一直在进行，如印度对中国的影响，中国对日本、朝鲜等国的影响，等等；再就西方国家之间的文化交流而言，意大利文化曾经是近代欧洲文化的摇篮，德国文化在其形成时期先后受到了英、法等国的影响，美国文化是在宗主国英国文化的模式上形成和发展的。只有深入研究和探讨不同文化之间的互相影响，才可能从广阔的背景下考察各国教育在不同历史时期的发展和演变，才可能逐渐地摆脱欧洲中心论。同时，由于文化交流本身也包括了教育的相互影响，因而，在具体考察某一种学校类型或某一教育制度时，才可能弄清楚它的来龙去脉。从来学术无国界，如今更甚。若对各国教育分析研究，就能互相比较，得到启发，这对我们取长补短，赶超世界先进水平一定会更有帮助。

在教育学体系中，一门称之为“比较教育学”的教育分支学科，就是为此目的而产生和存在的，并均有其理论上、事实上的根据。怎样看待西方文化、西方教育理论，是我国教育理论和实践中的一个重要问题，也是比较教育学存在必先解决的思想认识前提。

比较教育学作为一门以现代世界各国教育为研究对象的学科，其地位和发展状况是与我国是否实行对外开放，以及对外开放的程度密切相关的。19世纪以前，我国处于闭关锁国的状态，对外界的了解很少，也没有所谓比较教育学。鸦片战争特别是19世纪60年代以后到20世纪40年代，开始引进西方教育并有了比较教育学科。至新中国成立后，教育一边倒，全面学习苏联，对西方教育采取排斥的态度，比较教育的科学研究因而中断。“文革”中，凡与外国有关的都视为崇洋媚外，大加批判。因此，比较教育作为一门学科，对20世纪下半叶的中国教育来说，其地位的真正确立并得到重视和发展，是在实行改革开放以后。这一历程表明，比较教育的学科地位是随着我国是否实行改革开放而沉浮的。当我们打开国门，注意向外国学习时，比较教育的学科地位就高；而当我们实行闭关锁国政策，拒绝了解和学习外国时，比较教育就受到贬斥。这并不是一个巧合，而是必然的规律。

比较教育的研究范围非常广泛，世界上各个国家、各个民族的所有教育理论和教育实践问题都属于它的研究对象。尽管各个国家和各个民族的社会制度、历史传统、文化观念不尽相同，但是作为人类的一种有意识地保留和传递文化科学知识以促进人类社会发展与进步的教育活动，其中又有许多共同之处。比较教育的首要任务，就是通过比较各个国家和各个民族的教育理论和教育实践，发现其共同规律，以加深对本国教育的认识，同时也为本国的教育改革提供可资借鉴的有益理论和经验。

三、教育学的理论基础

（一）教育学理论基础的含义

在教育学这一门综合科学中，教育学原理是其中的理论教育学，这就是说，教育学原理是教育学不可否认的理论基础。但是，我们还要认识到，理论基础是相对的，所谓元科学也是多元的、多层次的。比如，相对于教育哲学、教育经济学、教育社会学这些学科来说，教育学原理当然是理论基础。但是，仅以教育学原理为其理论基础还不能建立起教育科学。教育科学的理论依据在，而且主要在哲学、经济学、社会学、心理学、人类学、文化学等科学理论之中。这不仅因为它们比教育学原理要成熟，更由于它们比教育学原理更基本、更具有普遍性，是教育学原理的理论和观点得以建立的基础科学和理论源泉。教育学原理中一些最基本的原理、观点，并不是教育学原理本身原本就有的独特理论，这些理论最先是作为哲学问题提出来，并从哲学角度来认识的，教育学原理所阐述的教育活动，就是以社会学、文化人类学、传播学这些学科的科学成就为基础的。因此，所谓教育学的理论基础，不只是限于教育学原理本身，不只是教育学原理这一门学科，而主要是指教育学原理所阐述的各种理论、观点所来自、所赖以建立的各种元学科。正是依靠了这些基础学科，教育学原理才得以形成，教育学体系才得以建立，同时，教育学体系中的边缘学科和一切其他学科才能在理论上、基本观点上得以建立起来。

（二）教育学理论的知识基础

以往由于对教育学的对象、性质这些重大原则问题缺乏应有的深究和正确的认识，因此人们对待教育学存在着两个明显的偏颇。

第一个偏颇，是把教育科学完全归入社会科学领域，把大学中教育学系作为纯文科来办，这样就割裂了教育学和自然科学之间的联系。许多从事教育学的人缺乏最基本的数学知识和自然科学知识，因而不能在把握自然运动规律和人类认识自然运动规律的基础上，探索和把握社会（包括教育）的运动和人的活动（包括认识活动）的规律，容易把社会与自然，把人与自然以及人的自然性分割开来。在方法论方面，不能受惠于自然科学，在内容上无法向自然科学渗透，就教育论教育，就方法论方法。

教育的对象是人，人既是社会的一分子，又是自然的一部分，这就规定了人的两种属性：社会性和自然性。人既受社会规律的支配，也受自然发展规律的制约，并且此二者之间相互联系、相互制约，在教育过程中同时起作用。

马克思主义摒弃那种把社会现象生物学化的庸俗观点，强调人不同于一般动物的主要标志在于他们生活的社会形式，首先是在劳动中形成的社会关系。马克思在批判费尔巴哈"把许多个人自然地联系起来的普遍性"的"类"的人本主义观点时指出："人的本质不是单个人所固有的抽象物，在其现实性上，它是一切社会关系的总和。"①

但是也要看到，马克思主义并不因为社会性是人之所以为人的主要标志，而把社会人同人本身的自然基础割裂开来。这就是说，虽然社会性是人作为人的主要方面，是人的本质属性，但不能忘记自然性是人的身心发展的前提条件。这就规定了教育学作为一门科学，不可能离开自然科学的研究。有的人只承认心理学同自然科学的联系，而不承认教育学同自然科学的联系，以为教育学接受自然科学的渗透，势必冲淡甚至抹杀教育学的阶级性和政治性。这其实是一种偏见。教育学同自然科学的关系有两个方面：一是通过心理学应用自然科学；二是教育学本身也需要用自然科学来武装，如生物力学、生物电磁学、生物化学中有些内容，不仅搞心理学的人要研究，而且搞教育学的人同样要重视。现代体育学就大量运用力学原理，体育仿生学就是以力学为核心的一门新兴学科。又如，人体微弱电位的存在对教育起什么作用，现在也成为科学家感兴趣的课题。神经生物学已发现人的学习能力，同一定的生物电位波动图像变化有关。人的智力发展有其自然物质基础。美国神经化学家乔

① 《马克思恩格斯选集》第1卷，人民出版社1995年版，第56页。

治·昂加尔和荷兰药理学家戴维德就认为记忆力和理解力是由细小的蛋白质分子——多肽组成的生化物质的特殊作用。人的学习也是如此。你要学美术，得先检查一下有没有色盲；学声乐，也得先检查声带是否正常。现代生物学的发展，给教育学科中未知或知之不详的领域，如遗传、人工控制变异、人工智能等以科学的回答。人对作为分子生物学研究核心的核糖核酸所蕴藏的遗传密码的人为控制，能使新生一代的生理和心理素质得到提高。这将为今后教育科学发展开拓柳暗花明的前景。

自然科学进入教育领域，有其深刻的历史根源。现代教育内容的刷新，教育对象的扩大，教育实际年限的延伸，教学组织形式的改变，以及教学方法的革新，是起因于社会经济和科学技术的发展，特别是由于电子技术的迅速发展。可以预料，整个教育面貌将会随之发生巨大的变化。这不是说，用自然科学武装教育的问题仅限于电子计算机。电影、幻灯、广播、高架投影、电视、录音、录像，整个电化教育工程都需要进一步发展。从电视、录音、录像所引起的教育组织形式的变化，各学科之间的相互渗透，现代化教学手段的使用和操作方法的更新看，从教室到实验室、图书馆的校舍结构如何适应这个新形势的问题来看，就有许多自然科学问题要研究。此外，随着现代科学技术的发展，古典教育学中许多概念也要改变其旧内容。总之，现代教育科学每前进一步，都得靠自然科学扶持。

现代科学发展的特点是：两门或几门学科朝着对立的方向渗透，各自以最新的成就影响着对方，并以批判、扬弃方式修订对方的某些陈旧观点和方法，同时又吸取对方的某些新理论、实验成果和技术成就，来丰富自己的内容，改进自己的思维方法，把本门学科提高到新的水平上来。自然科学中各门学科之间的关系是这样，自然科学同社会科学之间的关系也是这样。它改变了过去那种“尔为尔，我为我”，文不沾理，理不沾文的状态，出现了社会科学自然科学化、自然科学社会科学化的崭新局面。社会科学同自然科学之间你中有我，我中有你。控制论、信息论、系统论又把二者沟通起来，构成一个完整的知识体系。这就促使社会科学家和自然科学家走出自己的“小天地”，带着科学整体化的观念，联合各学科，来进一步探究社会现象和自然现象的奥秘，以及二者之间的内在联系。

当然，我们也必须看到，教育属于社会现象，不管它如何发展，都不能不受社会法则的支配。因此，也要防止用自然规律来解释社会现象的偏向，把教育研究生物学化。要看到社会科学同自然科学之间既有联系，又有本质差别。把科学整体化看作现代科学占主导地位的发展方向，这并不意味着要消除各门学科之间的逻辑界限。强调教育科学接受自然科学的挑战，也并不放弃教育科学本身的独立地位。还要看到，社会存在决定人的意识，而不是相反。人不能离开社会生活而存在。人的智力虽有先天基础，而它的发展却受制于社会环境，即教育熏陶和个人的主观努力，这就决定了教育学总的说来仍是属于社会科学的性质，而不因自然科学的渗透而改变。

第二个偏颇，是把教育学当作基础科学，把它和数、理、化、文、史、哲等基础学科平列起来。教育学作为一门学科在学校里开设，这当然是和其他学科有共同的地方。但是，就教育学研究对象而言，它不同于数、理、化、文、史、哲这些基础学科，而类似于经济学。教育学研究的对象，首先是一种社会活动，一种社会事业。作为社会事业的教育是一种社会实体，是社会的事业部门。经济学研究的对象是人们社会经济活动和社会经济事业。而作为事业和活动的教育与作为事业和活动的经济的区别，在于教育事业是以传授社会文化、科学知识，发展人并促进社会发展与进步的专门活动，它体现在各门学科、各个层次的教育过程之中。而经济事业则是以社会生产、人们社会物质生活为其内容。也正由于这个缘故，教育学和经济学这二者，都属综合性的科学。因此，建立教育学的最佳途径，应该是主动地去吸收各相关学科的研究成果。譬如，教育学在研究智育时，必须依靠心理学、哲学、逻辑学；在研究德育时，必须依靠伦理学、社会学、道德论；在研究体育时，必须依靠生理学、营养学；在研究美育时，必须懂得美学。教育学的这个特点决定了它的成熟必然与其他相关学科的成熟发生着直接的关系。教育学是一门综合的科学，但也是一门专门科学，它有自己的研究对象、研究方法、研究任务和目的，这些内容不能由其他学科来替代。教育学的建立和发展需要更广阔的理论基础，需要以较多的学科知识为基础，这就形成了它的综合的学科性质，但不能说它没有自己单独的研究对象。人类的教育行为有它自己的规律，它是培养人类的智能、提高人类素质并使社会得以生存和发展的一门学问，完全有资格成为一门科学。

和教育学相近的学科主要是依据其围绕着微观的教育和宏观的教育这两个方面来确定的，也就是说，教育学的理论基础是基于微观的和宏观的教育实践的需要。教育学在客观上存在着微观的对象和宏观的对象这两个不同的方面。教育学的微观对象，就是教育活动，主要是为个体的发展服务；教育学的宏观对象，就是教育事业，中心内容是为群体、为社会发展和进步服务。

以教育活动中教育者、学生、学校以及有关教育内容、方法问题为对象的教育学的微观对象的研究，在理论上就需要分别有哲学、人类学、心理学、伦理学、传播学、文化学、解剖学、语言学、信息学、脑科学等科学作为自己立论的基础；而教育事业作为教育学的宏观对象的研究，则应以政治学、社会学、经济学、法学、管理学等科学为其基础，也就是说，研究教育，必须研究社会及各个方面。唯此，才能在最广泛的意义上研究教育的规律，把握教育的机制，制定教育的策略，指导教育实践。教育理论工作者必须从整体上通晓现代科学，包括自然科学、社会科学、人文科学的基础，不应像过去那样只停留在表面的、形式的了解上。只有既在宏观上又在微观上掌握其内容，并且在把握宏观对象、适应宏观要求的前提下，对教育的具体内容进行深入研究，才能理解教育的内涵，把握教育的特点，选择适合的内容，创造科学的教育方法。这不仅需要研究教育的整体，而且需要研究教育的各个部分；不仅需要研究教育的内部规律，而且需要研究教育以外的东西。教育学不仅要形成理论体系，而且要发展技术手段，使之具有可操作性，便于应用。总之，走综合化道路，应是教育学发展的基本方向。教育学的理论基础，过去一直被认为只是心理学，这显然是十分片面的，其根源就在于把教育学只看作是育人之学，没有把教育学看作一切教育现象之学，这是微观教育学局限性的反映和表现。

四、教育学与相关学科

（一）教育学的相关学科

回答教育学与相关学科的关系问题，我们首先需要回答以下有关问题：在当代究竟有哪些学科或科学和教育学具有相关关系？这些相关学科和教育学之间的关系又是如何来确定的？

教育学在当今和许多学科（科学）都发生着密切的关系，这是现代教育学的一个显著的特点。但也不是和一切学科（科学）都有密切的关系，那么，这其中确定的原则和标准是什么呢？

原则和标准只有一个：教育学的性质。这也就是说，我们是以教育学所具有的性质为原则和标准来确定诸不同学科和教育学的相关性的。

教育学的性质是根据教育的本质和特点来决定的，如前所述，如果认为教育是自然现象，性质上就须把教育学划到自然科学中去；如果认为教育是社会现象，就要把教育学归到社会科学中去。现在，我们已经确认教育既是一种社会现象，也是一种认识现象，或称心理现象，也就是一种人的精神文化现象。或者更准确地说，教育只存在于人类社会之中，所以它在总体上说，都属社会现象。但是教育这种社会现象和别的社会现象所不同的，是关于社会个体的精神文化领域的问题，是属于精神文化现象问题。精神文化现象问题对一个个体来说，是认识问题、心理问题，其核心是精神文化的传承和人在精神文化领域的造就问题。从人类学的角度来分析，情况也是如此。教育在本质上是人类认识世代连续的纽带。这就决定了它与人类的所有认识领域相联系。一部教育发展史，就是一部人类认识发展史。正是在实现人类认识世代连续的意义上，作为人类认识世代连续的纽带，教育才确立了自己的永恒性。也正是由于这一点，教育渗透到社会、生活的各个领域、各个处所，并贯穿于人生的始终。

根据以上对教育这种社会现象性质的认识和分析，我们把教育学确认为，它的总体的性质属社会科学，但又不单纯是一门社会科学，而是一门边缘性的科学，其中也有自然科学的性质，特别是心理科学、精神文化等方面的科学性质。而这些，说到底是关于人的问题。

从总体上讲，凡是现代以社会现象为研究对象的学科（科学）和以精神、认识、人文现象为研究对象的学科都属于与教育学有密切关系的学科（或科学），并且也可以把它分为两个不同的种类。

其一，以社会现象为研究对象的学科，及其与教育学具有相关关系所产生的边缘学科。如：

哲学——教育哲学；
政治学——教育政治学；
经济学——教育经济学；
法学——教育法学；
管理学——教育管理学；
社会学——教育社会学；
人类学——教育人类学；
文化学——教育文化学。

其二，以人特别是以人的精神和文化现象为研究对象的学科及其与教育学具有相关关系所产生的边缘学科。如：

心理学——教育心理学；

生理学——教育生理学；

传播学——教育传播学；

语言学——教育语言学；

美学——教育美学；

伦理学——教育伦理学。

前者属教育学与相关学科关系的宏观领域，而后者则相对地属于教育学与相关学科关系的微观领域。教育学与以社会现象为研究对象的学科之间所发生的相关关系，主要是基于教育事业与其他社会现象如政治、经济、社会、法律等所必然发生的关系，所以，如教育政治学、教育经济学之类中的“教育”二字，实际指教育事业而言。而后者的教育学与人的精神、认识和人文现象为研究对象的学科所发生的关系，则主要基于教育活动与这些现象所必然发生的关系，所以，如教育心理学、教育传播学之类边缘学科中的“教育”二字，并不是指教育事业，而主要是指教育活动。因此，同样是教育学的边缘学科，同样有“教育”二字在其中，然而此中的含义并不相同，教育学研究者对此不可不察。

以上这些教育学与相关学科之间所产生的边缘学科，也是教育学的分支学科。教育学大量边缘学科的出现，乃至成为教育学体系的组成部分，其产生的机制即在于此。

从近代到现代，教育科学理论形成了一个庞大的体系。这个体系的形成，就是从旧学科的不断充实和健全，新学科的大量涌现中完成的。这些新产生的边缘学科不仅在量上扩充了教育学的内容与结构，而且使教育学在质上得到新的提高，亦即使教育学通过对相关学科有关理论、学说成就的吸取、借鉴，拓宽、充实了教育学赖以建立的理论基础。

教育学在当代，它在理论上的建设与基础，是绝对不能脱离各相关学科在当代已取得的理论成果和学术成就的，教育学要在理论上保持活力，具有时代的气息和科学性，它必须密切关注各相关学科的理论成就，并善于从中去吸收自己需要的东西，借鉴各方面有益的成分。教育学与相关学科的关系对教育学来说，是吸收、借鉴的关系，这是主要的、根本的关系。当然，这其中也有互相借鉴、互相吸收，即相得益彰的关系。教育学一旦在理论上趋于成熟，也可以为其他学科提供教育学建设的理论成果，为人类精神文明的建设作出自己的贡献。事实上，人文科学的各个对象彼此牵连，交互渗透，不但跨越国界，衔接时代，而且贯穿于不同的学科。

人类历史表明，社会科学的巨大发展是在彼此相互依赖的整体性革命之后实现的。任何一门科学理论离开其他科学的融会贯通，都不能形成、丰富和发展。因为，人们的社会实践和社会生活本来就是相互联系的整体，对它们的反映和调节也不能彼此孤立。因此，各门科学理论之间必然相互联系、相互作用地交织在一起。像任何一门现代科学一样，教育科学总是通过跨学科的方法不断开拓其理论的视野。

（二）教育学与相关学科的关系

这里所列举的若干相关学科，对教育学来说，也都是教育学在理论上的支柱，是教育学特别是教育学原理得以建立的理论基石。

1. 教育学与哲学

古今中外的教育学，和其他学科发生学科间关系的首先是哲学，以至我们可以说，教育学从来就和哲学有着密切的关系。就是在今天，教育学也无不以一定的哲学为指导，可以说没有哲学的教育学是不存在的。不仅如此，我们只要追溯一下教育理论、教育研究的久远历史，就会看到，自古以来，不少哲学家在哲学的理论论述中，都包含着一定的教育思想，许多教育家在实际教育经验的总结中也阐述了自己的哲学观点。严格地说，在西方，教育理论主要包含在哲学家的哲学著作之中。直到18世纪后半期，教育学形成一门学科时，最早的教育学讲座大都是由哲学家讲授的。在西方大学，教育学开始即是和哲学同属一个讲座的。以德国设立教育学科最早的哥尼斯堡大学而论，它所开的这个讲座的名称，便是“哲学与教育”。此一讲座，康德曾经主讲34年，赫尔巴特曾经主讲26年，罗森克兰茨（Rosenkranz）曾经主讲46年。哲学大师们相继主讲同一讲座，先后历一百余年，可见教育与哲学在过去的不解之缘。而19世纪后半期“教育哲学”一词正式使用时，又是作为教育学的别名提出的。西方早期对教育的研究，是从哲学思辨的、规范的方法开始，以求把握教育的一般性质。当时教育学的基础是哲学，教育学本身实际上是一种应用哲学，也就是广义的教育哲学。

后来，西方的一些哲学家、教育家，也都曾从哲学本体论、认识论和价值论推导出各种教育见解。当代西方教育学家，基于要素主义、永恒主义、进步主义、改造主义等哲学体系，解释教育的本质、目的、价值、方法等方面的基本问题，尤其是20世纪60—70年代的存在主义和分析哲学，对教育理论产生了相当大的影响。在欧洲一些国家中，“新马克思主义”哲学通过关于异化、人格和人道主义问题的讨论，也形成了其完整的教育概念。当代教育哲学与各门教育学科的结合这一历史发展，尽管在不同的国家，例如在美国与西欧，或者在苏联与东欧一些国家，经历的阶段不同，各阶段的表现形式也不尽相同，却体现了人们对教育问题进行理论思考不断深化的过程。

今天我们探讨教育学和哲学的关系问题，其最根本的意义是要对教育学作哲学的思考。因此，贯穿其中的主要之点和根本要求是提高教育学的理论思维水平，而不是要求教育学按照哲学的框架去对号入座。

人类社会发展到今天，已经越来越需要高度的理性和智慧的思维。科学来源于实践，也来源于思维，它是动手与动脑的产物。

人类社会的所有成就，来自对客观事物的准确判断与分析，以及高度的理性与智慧的凝练。人在自然界中一方面以高度集中的精神专注于外部世界的形态变化，一方面又以理智的思索在内心世界进行分析和综合。科学就是在这样的主客观统一和内外和谐的过程中向前发展的。

哲学作为科学文化中的一门知识，以其理性思维为标志，而理性又正是科学的特征。全部哲学发展史昭示我们，哲学是时代精神的精华，哲学的发展有着自己内在的逻辑，每个时代的哲学中心问题就发生在时代需要和哲学内在逻辑的交叉点上。

按照这样的思路，当代哲学起码应当把握住以下三点，才能使哲学与教育学的关系真正具有内在的统一性，为教育学奠定理论上的基础。

（1）主体性原则。人的问题是当代哲学的中心问题，历史和现实、理论和实践、经验和教训都向哲学家们呼唤着：必须深入研究人的问题，是否研究人、关心人，这是当代哲学是否具有影响力、感召力和生命力的主要标志及最根本的原因。

马克思在论述运用哲学思维思考社会现象时指出：“就是在理论方法上，主体，即社会，也必须始终作为前提浮现在表象面前。”[①]对人类教育作哲学的思考，首先浮现在哲学思维中的就是人类社会整体性的教

① 《马克思恩格斯选集》第2卷，人民出版社1995年版，第19页。

育。这样的整体性的教育，并不是静态的横断面，而是作为历史主体而活动着的社会。

马克思主义哲学要研究人的问题，首先要坚持哲学研究的主体性原则。哲学的主体性原则包含着丰富的内容。

第一，把人作为主体，研究人的主体性问题。众所周知，人的问题不仅是哲学的研究对象，而且是人文科学乃至自然科学所研究的对象。哲学对于人的研究同其他具体科学的主要不同是，哲学不是把人看作客体，从某一侧面进行研究，而是从整体上把人当作活动主体，研究人作为实践主体、认识主体、价值主体的主体地位、主体能力和主体作用等问题，了解人的主体性是如何获得，怎样发展，又是怎样表现和确证的等一系列问题。

第二，把活动作为人的存在形式，研究各种活动中的主体因素问题。人是一切活动的主体，在活动中居于核心的和主体的地位。

（2）人类精神应有其必要地位。面对着无比丰富而壮丽的人类生活，人类活动的历史画面，黑格尔曾经无比感慨地说："如果一开始没有把思想、理性认识输入世界历史，那么至少也应当输入坚定不移的信念，即坚信其中有理性。或者至少坚信理智和自觉意志的世界不是偶然事件的牺牲品，而是应当显现在自知的观念的光辉之中。"①

显然，坚信人类精神有其必然的历史地位而不是偶然的产物和牺牲品，这是黑格尔的一个坚定信念。为此，黑格尔作出了自己的努力和贡献。他对人类精神历史必然性的信念，无疑是应当予以肯定的。

从理论上讲，唯物主义哲学正确地反映了世界的本质，对精神也应当有一个全面而正确的认识。然而，尽管以往我们对精神的生产及精神对物质的依赖，讲得不少，但从整个物质世界发展的全过程的角度对精神的出现及其在物质世界发展中的合理的历史地位和作用，考察得还远远不足。在不少唯物主义者看来，精神既然不过是物质的产物，在物质世界的发展中没有什么大关系，它的最终结果，也只能是随着人类的灭亡而无谓地消失。因此，仅仅是一件值得欣赏的偶然佳作。不能不承认，这是目前哲学研究中的一大缺陷。

教育是培养人的活动。要发展我国的教育事业，关键在于解决人们对教育重要性问题的认识，并把重视教育作为一个民族现代意识觉

① 转引自列宁著：《哲学笔记》，人民出版社1993年版，第278页。

醒的标志。重教即重人，轻教即轻人，而轻人正是我们几十年来“净化”唯物史观的结果。所以要提高人们对教育的认识，就必须追溯其哲学思想根源，彻底摒除唯物史观中至今尚存的种种见物不见人的历史观念，努力揭示历史发展的主体性质，确立人在历史发展过程中的主体地位。

在一些人的头脑中，唯物史观已“唯”到只见物质生活资料的生产为决定历史发展的最终力量，而对决定这种物质生产的主体力量却视而不见。虽然强调生产力是历史发展的动力，却对此作了庸俗的理解，集中表现在只从财富的增长方面去理解生产力的发展，而忽视了人及人的发展水平这一生产力发展中最活跃，同时也是最宝贵的因素。

其实，这种“唯物史观”恰恰是马克思当年所批评的东西，它把社会当成了与人相对立的抽象物或独立于人之外的存在。事实上，并不存在着一个脱离具体人而独立存在的社会实体。

如果不弄清生产力发展和历史进步的主体性质，我们就不能从理论上深刻理解“百年大计，教育为本”的大政方针，也不能很快改变教育贫困的可悲局面。

（3）未来哲学不能无视系统科学。当代，科学大系统的形成大大地改变了人类的生活和观念，也将深刻地影响着人类理性思维的发展。在新的世界里，未来的哲学会向何方发展呢？

哲学同科学不会继续分离，而会重新接近。只有在新型的系统科学意义上的大科学家才有可能成为现代的和未来的大哲学家。

系统科学已经对学科林立的传统科学作了更高一级的抽象，它比传统科学更接近哲学。它给了人们认识世界的新视角，给哲学增添了一些新的范畴，它发现了并且还将发现更多的新的科学原理。系统论这门崭新的方法论，其诞生和发展，以及它带来的实际社会效果，已成为当代举世瞩目的重大科学事件之一。系统论接近哲学，特别是与马克思主义唯物辩证法直接相通，它具有不可低估的哲学意义。

诚然，系统论不是哲学。我们所强调的系统论原则的普遍性，只是相对于各门科学技术而言的。相对于哲学规律的普遍性来说，它又具有特殊性，因为虽然哲学要研究普遍联系和普遍的运动形式，但系统论只是研究动态系统与其他系统的联系，即只是研究整体与部分之间的关系。因此，相对于哲学来说，系统论的普遍性又具有特殊性，系统论不过是唯物辩证法的辅助工具。

2. 教育学与社会学

社会学是人们使用现代思维方式与技术手段研究社会关系的一门科学，它力求对人类自身社会生活中各种相互关系的发生、运行及其客观机制进行科学的分析与预测。社会学是研究有关社会关系的一种知识体系，它对于个人认识与驾驭社会生活的规律，对于社会关系各种因素的协调发展，都具有普遍的作用。

从社会整体方面来看，教育学是研究其中的一个领域，是作为社会现象的一个组成部分的社会教育现象之学。对教育学作如此界说，既说明了教育学对象的整体性、社会性，并且也和其他社会现象、其他科学区别开了。教育学只有从社会的角度来观察，才能避免就教育论教育，就教育学论教育学的偏颇。

从社会整体视角来看教育，人们也就可以清楚地看到，人类的教育活动，说到底是人类社会存在和发展的需要，教育是社会现象，它的发展同人类社会的进步和发展是一致的。探讨教育的普遍规律，首先要研究教育与社会基本矛盾运动的关系，要弄清楚教育同社会的关系。

教育具有社会性这一事实告诉我们，教育问题的解决有赖于社会学问题的研究，社会学问题的解决有赖于教育问题的研究；社会发展趋势中有教育制度的影响力量，而社会在政治、经济等方面发展，也要求教育制度作出相应的改变以适应社会发展的需要；许多教育问题，实际上也是社会问题，往往起因于家庭、学校与社会关系的相互冲突。这些问题的顺利解决，必须借助于一门专门的教育社会学的深入研究。

教育社会学把教育学和社会学结合起来，研究教育与社会的基本关系和交互影响，教育与社会关系是教育社会学研究的主要范围。就教育学体系而言，除了马克思主义哲学——辩证唯物主义与历史唯物主义是其理论基础外，还必须包括教育社会学在内的其他一些重要学科的研究成果，至少要有这些学科，才能构成完整的教育科学体系。因此，教育学需要教育社会学知识，它不只可作为教育学的一个分支，也能起到丰富教育学并为教育学在基本理论上提供依据。

教育与社会的关系是非常密切的。一般说来，一个社会的教育水平，常常是衡量这个社会进步的标志。教育领域的许多问题往往不是产生于学校教育本身，而有其社会根源。例如，普通中学片面追求升学率，青少年犯罪等问题，这些问题不仅仅是教育问题，而主要是社会问题，只在教育领域里进行研究，是不能从根本上解决的。教育社会学可说是一门应用社会学的基本原理和方法，研究教育与社会之间的各种基本关系，也即研究教育与其他社会现象之间的关系，以及教育在整个社会发展中的地位和作用，探讨如何促进个人全面发展和社会迅速进步的一门学问。据此，应用社会学的基本原理和方法，是一个非常关键的问题。另外，社会学从整体性和综合性方面研究社会生活中人们相互间的社会关系和社会行为，有助于解决教育的社会问题，有助于国家制定教育的方针政策，有助于预测教育的未来发展。

此外，教育学科研究的目的、对象、主要内容、方法等，几乎都和教育社会学所要研究的对象和内容密切相关，它们在各自研究范围进行的开拓工作是一种相辅相成、互相促进的关系。因此，教育社会学研究所取得的每个进展，必将有利于其他各学科研究的深入和发展。

3. 教育学与人类学

教育学需要建立在人类学的基础之上。我们先来认识人类学这门学科的对象和性质，并且有必要简单考察一下人类学的状况。

“人类学”的英文是anthropology，该词来自希腊文anthropos和logos，意思是研究人的学问，后来通称为“人的科学”。一般认为，人类学是在19世纪中期开始成为一门独立的学科。

人类学作为一门科学，其对象是在不断发展的。起初，人类学的含义就是人类动物学及比较解剖学，即从人体解剖上研究人类的体质差异及其演变，以及人类与动物的关系。后来，人类的各种文化现象也逐渐成为人类学的对象，如不同的语言、信仰、艺术、工艺、道德、风俗等。人类学的对象之所以有这番变化，原因在于，人类的体质虽形成种族与种族、人类与动物相区别的一个方面，但文化是更根本的。不同的社会之间，人类与动物之间的区别，关键在于是否有文化，在于文化的不同类型和文化的不同水平，人类的发展主要是文化的发展。因此，研究人类不能不研究这两个方面。

但是，人类是一个整体，对它的认识，除了从各个侧面进行特殊研究之外，还需要把这一切具体方面统一起来，进行综合性的研究。换句话讲，在分门别类研究的同时，是否可以把哲学、自然科学、社会科学有机地结合起来，对人类进行一番总体的考察呢？于是，这就形成了一门关于人类的整体性理论，即“一般人类学”。因此，一般人类学的研究对象，就是作为物质世界进化过程中的一个特殊阶段或一种高级物质形态的人类，就是人类诸方面有机结合的整体的一般情况和问题。这些问题的研究既包含体质、文化等特殊人类学问题，但又不是单纯地作为一门自然科学或社会科学来研究；既包含了关于人的本质的哲学问题，但又不是孤立地抽象地研究这些问题，而是对整体的人类，进行有血有肉的生动的研究。

显然，一般人类学不能代替特殊人类学，但也不能归于特殊人类学。目前的特殊人类学都分属于自然科学和社会科学。但一般人类学是不能划入自然科学或社会科学的，相反，却应该说它渗透着这两大科学门类，贯穿于二者之间。

同时，一般人类学与目前西方流行的哲学人本学也不相同。由于一般人类学是从人类诸方面的有机统一来进行的整体性探索，它就必须把哲学的抽象概念和理论具体化到人类的各特殊领域，以至研究许多具体问题。因此，一般人类学也不能划入传统的哲学。对哲学而言，一般人类学要具体得多，它是特殊的，只适用于反映人类。说它“一般”，那是对各个专门人类学分支而言的。这样看来，一般人类学又渗透着哲学，贯穿于哲学与自然科学、社会科学之间。一句话，一般人类学是由哲学、自然科学、社会科学相互渗透、相互交叉而成的一门综合性学科和理论。实际上，这是由其研究对象决定的，因为人类本身就是一个综合体。它既是自然的，也是社会的；既是一个具体的科学对象，又是一个涉及世界观、认识论的哲学对象。

如果要寻找一般人类学的理论源头，可以说它是哲学中关于人的理论的发展结果。传统哲学中关于人的理论的扩大化，以及它向具体科学的渗透，使它从哲学中分化出来，形成一般人类学的独立学科。

教育学需要建立在人类学研究的基础之上，即一般人类学的基础之上。因为，在这门学科中所需要回答和研究的诸如人类的本质、人类的存在、人类的发展等方面的问题，正是教育学中关于人的发展的理论和实践问题所必需的理论依据和指导原则。

作为特殊人类学之一的教育人类学，其中所阐述的知识理论也是教育学赖以建立的理论基础。

教育人类学与教育社会学有极密切的关系。其共同点是：两者都用社会文化观看待和研究教育；都认为教育不局限于学校，而更多来自校外；学校教育是专门化教育，为教育方式和学校特点所决定，并受社会文化的制约；学校作为社会制度或文化系统的一种存在，不仅属于教育系统，也属于社会和政治系统。教育包括意识和无意识的过程，而学校仅是有意识影响人的一种主要形式。教育包括文化传递和社会化过程，而学校只是一种具体的渠道。因此，这两个学科可以合作，采用某些共同的方法，进行联合研究。但它们仍存在以下根本差异。

第一，主要概念不同，见表2–1。

表2–1 教育人类学与教育社会学的主要概念比较

学科	教育人类学	教育社会学
主要概念	文化与教育	社会与教育
	文化传递与人的发展	人的社会化

第二，目的不同。教育社会学强调的是人的社会化，即个人与社会群体结合的过程，强调个人如何学习各种社会角色。而教育人类学强调的是文化传递，即个人如何学习文化，其方式和效果如何，它包括两种形式：群体内的代代传递和群体间的跨文化传递。教育社会学只承认前一种形式。

第三，侧重点不同。教育社会学强调社会现状对个人的影响，个人对现实社会的适应，现阶段的教育功能；而教育人类学注重社会对个人发展的影响，个人发展与教育的关系，不同社会中个人发展的差异以及历史和民族的比较。

第四，教育过程不同。教育人类学注重文化知识如何传递到群体中去，开始学什么，通过哪些有意义的方法，对发展具有什么影响及种族差异。而教育社会学则强调个人的专业学习和角色培养。同时，教育人类学也关心学习机制的构造和发展，教育与人的进化等。教育社会学不着重或不进行这些方面的研究。

此外，发展心理学和教育心理学中的许多问题也为教育人类学所关心，但心理学仅在揭示发展和教育过程中的心理问题，无力也不可能解决在复杂背景中心理问题的动因、人的发展及文化传递等方面的根本问题。

可见，教育人类学从广泛的学科中吸收营养，把触觉伸进与人发展相关的众多领域，解答了众多领域中的各种难题。其根本的特征是立足于教育，把人放到广阔的社会背景中去研究，又反过来用研究人的理论来研究教育，寻求在文化传递中的社会变迁。产生于20世纪初的教育人类学研究，渗透百科，博取诸家，熔人类学、教育学、社会学、历史学、哲学、文化学、生物学等学科于一炉，倡导从人类发展的宏观高度把握现代教育的本质，打破了那种囿于教育本位的封闭状况，在人类历史上提供了一个全方位考察教育与人的发展的新方法和新维度，并从不少方面补充、丰富了教育学的内容，是教育学理论不可缺少的基础理论学科。这门学科本身科学地位的确立，对许多国家的教育政策和教育规划，甚至国家基本政策的制定都产生了重大影响。

4. 教育学与文化学

文化概念是由英国人类学家 E.B. 泰勒在1871年于其名著《原始文化：对神话、哲学、宗教、艺术和风俗的发展的研究》一书中首先提出的。而文化学则由美国人类学家 L.A. 怀特首倡。

自19世纪以来，文化成为人类学家和社会学家们研究的经久不衰的热门课题。中国学者从20世纪初开始探讨文化问题，后来为迫在眉睫的救亡问题所中断。20世纪80年代中期以来，随着当代中国改革开放的深入，文化问题成为举国关注的热点，也就在这个时候，基于文化学的理念来研究教育学开始了。文化学自1949由怀特创立以来，已成为人文学科的基础，正如物理学是自然科学的基础一样。在今天，教育学在理论上同样要建立在文化学有关文化理论的基础之上。

文化是什么？它是我们这颗星球上人类独特的创造物，文化作为人类创造成果的总称，是人的本质力量的展现，是人的不同形态创造物的多元复合体。人类不断地向前发展，形成由低级到高级的人类历史，如只从生理上观察，人类就没有发展可言，人类的发展是由文化发展构成的。一部人类发展史就是一部文化发展史，文化的来源就是人类的起源，没有文化就没有人类，没有文化的发展就没有人类的发展。这已再清楚不过地表明，文化是人类的不可缺少的组成部分。人的生命力主要是文化生命力，而非动物生命力。文化伴随着人类的诞生而诞生，并随着人类社会的发展而发展。人创造了文化，反过来文化又作用于人，造就了人。没有人，文化既不存在也没有意义；没有文化，人也不成其为人。文化和人之间的这种紧密的关系，使得人们很难截然地说哪一方是主、哪一方是从，哪一方是本、哪一方是末，哪一方是纲、哪一方是目，而只能说此二者之间存在着互为本末、互为目的与手段、互为因果的关系。站在文化一端来说，文化是人造成的，则文化便是目的便是果，而人就是创造文化的手段与工具，便是因了；站在人的一端来说，一切文化又是为人的需要服务的，则文化便成为工具和手段，便是因了。总之，文化与人对于对方是各自有其需要的，两者之间正基于这种彼此对于对方的有所需求而统一起来、一致起来，以至于使得人中有文化，文化又离不开人，人又离不开文化，而人一旦具有了文化装备之后，又不会停留在一点上，而必然会反过来创造文化、发展文化。人既需要文化，又创造发展文化，文化既需要由人来创造和发展，又需要由人来一代代传承下去，便使得文化的创造与传承成为以人为中心的人类社会的最本质的存在、最根本的内容。正是在这里，使人们看到，对文化的研究，不仅是研究人类、社会的关键与核心，也是研究教育问题的关键与核心。因此，为了能从宏观上把握和认识教育，我们既需要研究人类、社会，尤需要研究文化。只有把人研究透了，把文化研究透了，把人性研究透了，人类才会真正懂得自己所处的社会以及自己开创的历史，也才能真正懂得有关宏观的教育理论问题。教育学家，从现在起，应当把研究的重点放到人身上，更加注意研究人，研究人性、研究人心、研究文化，发展人学和文化学；只有把人、人性、人心和文化研究透了，建立起科学的人学和文化学，然后才能建立起科学的教育学。

5. 教育学与经济学

教育学发展到现代阶段，与经济学发生着十分密切的关系。现代教育学在宏观上需要经济学为教育提供理论和实践上的依据。

教育学和经济学之间密切关系的出现和存在，基于在事实上作为一种社会事业的教育的运行和发展，需要社会为它提供必要的物质经济条件。而教育事业运行的结果，则又大大促进了经济、社会的发展与进步，教育和经济、社会发展之间所客观存在的这种相互依赖、相互促进的辩证关系，是教育和经济、社会发展到现时代的结果，是存在于它们之间的因果关系和规律性得到不断认识的反映。而教育经济学便是存在于教育和经济之间这种密切关系的表现和理论形式。教育学需要经济学为教育实践和教育理论提供理论上的依据。

教育经济学是介于教育学和经济学之间的一门新兴边缘学科，是研究教育在经济增长以及经济和社会发展中的作用，研究智力投资的经济效果的科学。它产生于20世纪50年代，发展于60年代，到70年代以后有了更大的发展。它是现代教育和现代经济飞速发展的产物。它和其他边缘学科的共同点，是都属于跨门类的学科，其特点是从教育学与经济学这两门学科中分化出来，但又在内容上使教育学的知识与经济学的知识综合起来，互相渗透，互相交叉，成为边缘性质的社会科学。

6. 教育学与心理学

心理学是研究人的重要科学之一。心理学研究人的心理现象的发生、发展及其规律，是一门基础理论科学。普通心理学所揭示的一般心理形式和规律，就是心理学的基本理论。在此基础上，研究人类各个生活领域中的心理规律，就是各种应用心理学。因此，心理学是一门在理论和实践上具有重大意义的科学，它对人的一切实践领域都是必要的。因为一切实践活动都是人的实践，而人的任何实践活动都是在心理调节之下进行的，所以，如何按照人的心理活动的规律以提高人的实践活动的效率，就成了人类各个实践领域共同面临的课题。心理学正是以提供人的心理活动的规律性知识来为人类各个实践领域服务的。

教育工作是人的工作，是以人为对象的活动和社会事业。研究教育，必须研究人，既要研究受教育的人，也要研究施教的人，研究管教育的人。我们无论做哪一种工作，都必须清楚地了解自己的工作对象，这是不言自明的道理。汽车司机必须了解汽车，骑手必须了解马，园艺家必须了解植物，教育工作者当然必须了解学生。其实，了解儿童、青少年比了解车、马、植物要难得多。若偏偏把教育人的工作看作是人人会做的事，不进行了解，不钻研，那是很大的错误。教育学之所以需要心理学，主要在于心理学可以为教育者对自己教育的对象的规律性认识和教育、教学内容及方法等手段的确定和选择提供心理学知识方面的理论依据。

心理学是教育科学的一门基础理论学科，为教育理论和教育实践、为培养教育人提供科学的理论根据。学校教育是使学生掌握知识、技能，发展智力、才能，形成个性品德的过程。学生对知识、技能的掌握，智力、才能的发展和个性品德的形成都是通过学生的感觉、知觉、记忆、思维、想象、情感、意志等心理活动实现的。心理学研究学生感知、记忆、思维、想象等心理活动的规律，研究气质、性格、兴趣、能力等个性特征形成的途径和方法。所有这些，对教育、教学内容的确定和方法的选择都是必不可少的。只有掌握学生这些心理活动的规律，才有可能富有成效地对学生进行教育和教学，提高教育和教学工作的效率，出色地完成教学的任务。

由于心理学研究的范围涉及人的生活的各个领域，许多问题不是心理学一门学科所能解决的。教育工作者也必须具有广博的科学知识的训练，具有正确的哲学观点和必需的高级神经活动以及脑科学等方面的知识，才能学好心理学，并以之指导教育实践。

教育学所需要的心理学，既包括揭示一般心理形式和规律的心理学基本理论，也包括揭示人的发展规律的应用心理学，如发展心理学、教育心理学等。

教育心理学是研究教育过程中受教育者的心理事实和规律的科学，它是跨教育学和心理学两门科学之间的学科。教育心理学在心理学体系中属应用心理学，而在教育学体系中，则属基础学科之一。

基于教育中的心理问题的特点，教育心理学要研究教育领域内各方面的心理学问题，也要阐明各方面问题的相互关系。它一方面把心理现象的普遍规律运用于教育实践，一方面也揭示这种具体实践过程中的特殊的心理规律。

从事教育工作不仅要善于从心理学的角度去看待和分析教育过程，认识教育过程中的心理活动的实质、规律和作用，也要善于从心理学的角度去分析和认识受教育者的心理特点和智能的发展状况。教育心理学工作者只有善于从心理学的角度去分析教育中的许多实际问题，才可能在复杂的教育实践中把自己已有的教育心理学知识灵活运用于新的情况，并在自己的工作中丰富和发展教育心理学理论。因此，教育工作者和教育心理学工作者在学习教育心理学时，不仅要掌握有关的心理学知识，更要注意培养自己正确的心理学观点。

7. 教育学与传播学

传播学，就是研究人类一切传播行为的学问。而所谓传播，就是指人与人之间信息的传递与分享。广义的传播学的研究对象包括人类社会、生物界乃至整个自然界的一切信息传播现象；狭义的传播学就是指大众传播学，即通过大众传播媒介，将大量的信息系统地传送给群众的过程。大众传播学是研究大众传播事业的发生、发展及其与社会的关系，大众传播的功能、方式、内容、过程及效果的一门学问。它的具体研究对象就是报纸、广播、电视、电影、图书、期刊、广告等传播媒介。

大众传播学起源于美国，20世纪40年代末开始迅速发展起来。它虽然还是一门新兴学科，但随着大众传播学理论的深化，这门学科的研究已从美国推向欧洲，波及全世界。今天，大众传播学的基本概念已经不仅仅是个别学者专用的冷僻术语了，从联合国教科文组织近几十年来的活动可以看出，大众传播学的许多基本概念已被普遍承认和接受。20世纪70年代以来，西方传播学中经常出现“跨文化传播”或“跨文化沟通”，它讲的是不同民族、不同地区、不同社会共同体的文化或亚文化之间的传播和沟通，即运用传播学和文化学的一般原理来研究横向的文化传播问题。

传播的概念包含以下几层基本意思。

第一，传播是人类为维持社会生活而进行的一种必不可少的社会行为。这种社会行为无处不在，无时不有。大凡传播信息，宣传政策，传授知识，推广技术，推销产品等，无一不需要传播。

第二，人与人之间的传播是依靠“符号交流”来进行的。无论是传递信息或交流思想都需要借助于符号。所谓符号，包括语言、文字、图像等。传递过程中，一方制作传递符号，另一方接受、还原符号。

第三，传播的目的就是要建立某种共同性。“传播”一词源于拉丁文communis，意即共同分享。因此，有人说，传播就是人与人共享信息、观念和立场的过程。

西方传播学的基本理论，从教育的手段方面揭示了教育传递信息的本质，这对教育学来说，具有不容忽视的理论意义。所谓传播，就是指人与人之间信息（消息、思想等）的传递与分享。信息理论认为，信息，既不是物质，也不是能量，它是事物运动的存在或表达形式，亦即事物内部联系的存在或表达形式。物质、能量和信息三者密切相关，缺一不可。只要有物质和能量，就必然有信息；没有信息，事物的运动便无从谈起，而没有运动的物质和能量是不存在的。物质与能量的相互转化，只有依靠信息的媒介作用才得以实现。所以，物质、能量和信息都是不以人的意志为转移的客观存在。最广义的信息包含了物质世界和精神世界运动的信息。世界处于无限的运动之中，这就决定了信息的无限性。物质和能量是无限的，信息同样取之不尽，用之不竭。人类将依靠这三大资源生存、发展，永无止息。

信息又是主观世界和客观世界之间的桥梁，客观世界之作用于主观世界，主观世界之反作用于客观世界，都必须依靠信息的媒介作用。人的大脑是一个信息处理中心，在不断地接收、处理、储存来自人体内部和外部的种种信息，并利用这些信息来指挥人们改造客观世界。人类在生存和发展的斗争中，积累了丰富的经验和知识，信息就是人类智慧的结晶。经过人脑“处理”过的那一部分信息，也就是人的精神产品的外化和内储，所以信息实质上是充分利用人类创造的全部精神财富，即文化和知识。

用符号记录下来的书籍、文献、资料等都是人的精神产品的外化形式。信息的口头传播尽管不一定被记录下来，但仍然属于一种外化形式，只是没有留下痕迹罢了。还有一部分信息是暂时或长久地储存在人的大脑中的，它们是人的内向交流不可缺少的材料，所以被称作人的精神产物的“内储”。

从信息理论的角度来看教育活动，则教育活动也就是信息的传递过程；从传播理论的角度来看教育活动，则教育活动也就是人类文化和知识的传播过程。

文化的本质是什么？一言以蔽之：传播。人的社会交往是人的社会关系的实现。在传播学的视野中，最广义的传播包含了人的社会交往。因此，传播便是人的社会关系的实现，或者说是它实现的机制。“传播”一词的英文 communication 不仅含有“传出、播开”的意思，且还兼指“交流、交往、沟通、流传”等含义。正是从这一点出发，我们说传播乃是文化的本质。没有传播，就没有文化，传播就是文化的实现。

每一种文化现象都是属于世界性的。在世界范围内，文化变迁是文化进化与文化传播相结合的过程。当一种文化现象传播到另一个民族的时候，发生了本民族文化与外来文化之间的文化冲突与文化适应，文化冲突与文化适应相结合推动本民族文化的进化，从而扩大了世界文化的传播，最终促进世界文化的进化。这是文化的内在矛盾运动，是文化发展的一个规律。

既然文化的本质是传播，那么我们也可以从传播的角度来给文化下定义。

一般认为，文化的定义有狭义和广义之分。狭义的文化，是人类精神活动的产物，是一种观念形态；广义的文化，是人类一切精神文明和物质文明的总和，亦即人类自身的一切延伸。

考虑到文化的传播本质，我们把文化定义为人类在物质生产和精神活动中抽象出来的原则体系以及这一体系的现实化。

以上这些理论观点，不仅是可信的，并且有着极大的教育理论价值。因为它从教育活动的手段上以及教育活动的功能上说明了教育传递社会文化的本质，使人们对什么是教育活动的认识，提高到一个新的和更为深刻的阶段，从而使教育学开始建立在一个新的传播学理论的基础之上。

第三章 教育学发展的历史过程

一、研究教育学发展历史过程的意义

（一）教育学的历史渊源和教育学在中国的出现

西学思潮是近代中国社会的主要思潮之一。西学的兴起，一方面与西方侵略有关，另一方面与中国人向西方寻求真理有关。无论如何，西学运动对中国是一次极为有益的思想开放。它急剧地促成了中国与世界的思想文化交流，促使中国人惊醒、反思，告别并更新传统。一般认为西学思潮起于鸦片战争后，盛于辛亥革命前，至辛亥革命后达到顶峰。西方的重要思潮在辛亥革命前后涌入中国。

教育学在我国作为一门学科出现，是由西方传入的，是在清末西学东渐的文化潮流中产生的结果。在西方教育学传入中国之前，我国没有教育学。因此，存在于当代中国社会的教育学并不是由历史上中国的古代教育思想演化而来，它本质上是现代教育的产物。这种情况，不仅在中国是如此，在许多国家也莫不是这样。从横向上看，当今世界各国各民族的教育学，其结构与内容，肯定是会各具特点，各具不同的面貌的；但是，从纵的方面来看，教育学在当今世界各国的出现和存在，则是一种共同的普遍的国际现象，是世界各国进行教育学术交流的结果。这就是说，各国的教育学彼此之间都存在着共同的历史渊源关系。这种情况的出现，有其深刻的历史原因。

我们纵观历史，可以说自18世纪下半叶开始的英国工业革命，揭开了世界历史新的一页，世界多中心的文明发展历程就被打断了，而开始形成世界统一的文明。在最先进的科学技术文明水平上的一体化，就是这个世界统一的文明的基本内涵之一。

所谓现代化，就是在这样一种历史背景下发展起来的世界性历史运动。现代化意味着用现代科学技术武装国民经济的一切部门。为了保证现代化的顺利进行，必须尽可能地利用一切可以利用的外部条件，密切地观察世界的发展和变化趋势，及时地捕捉一切对自己有用的信息。现代化是不能离开国际的政治、经济、文化环境孤立地进行的。搞现代化仅仅依靠一个民族的知识积累是绝对不行的，它需要全人类的知识作为自己的基础。

现代教育也是如此。不论是基础教育、高等教育，还是成人教育、职业教育，各国都是通过互相学习、互相模仿而逐步建立和不断完善起来的。世界教育发展的历史还表明，各国教育发展的程度越高，各国教育之间相似之处就越多，差别性就越少。总之，当代社会发展的一个重大特征是社会问题的全球性。教育学在世界上出现于近代，在中国于20世纪初被移植、介绍过来，至今已逾百年的历史。

回顾一百多年来中国移植西方现代教育制度、介绍西方的教育思想和引进西方教育理论的过程，不管人们主观上是否意识到，它们客观上都是受世界现代化潮流的驱动所致。我们今天来考察、认识教育学发展的历史过程，不能不首先看到教育学自身普遍存在的这种特点与事实。

(二)研究教育学发展历史过程的作用

我们今天研究教育学发展的历史，就是要找出世界各国教育学在理论上共同的渊源关系，并且需要揭示教育学发展的总体面貌和各阶段的主要特点。当然，也需要阐明教育学在本国存在、发展的特殊表现和基本线索。研究并明确这些问题，可以增强研究者的自觉的主体意识，并加深对教育学自身理论的认识。

像任何事物不仅具有横向系统状态而且具有纵向的过程状态一样，科学理论也是系统与过程的统一。我们以前各章所探讨的，主要是关于教育科学理论的系统状态，包括教育科学理论的结构与功能两个侧面。

从通常的情况来看，人们大多只注重教育科学理论的系统状态，似乎它只有这么一个系统状态，或者说只有系统状态才是教育科学理论。其实，教育科学理论的过程状态也十分重要。所谓过程状态，说到底就是指教育科学理论的孕育、产生、发展过程。任何科学理论都不是一下子出现在世界上的，不经历一个孕育的过程是不可能的，所以任何科学理论的系统状态都是处于过程中的系统，它不能离开这个过程而存在。我们只认识教育科学理论的系统状态是极不全面的，同时，也不可能真正认识教育科学理论的系统状态。在教育科学理论孕育、产生、发展的过程中，存在着教育科学理论生命的全部机制，只有弄清这个过程，才能真正把握教育理论的系统现状。当然，教育科学理论之所以作为过程而不断演变，究其原因也在于它作为系统的各个方面的相互作用，所以要弄清教育科学理论过程也必须认识它的系统状态。从当前人们对教育科学理论的认识看，教育科学理论过程作为教育科学存在的一种状态，并未被人们所普遍接受，原因主要在于我们没有坚持把运动的观点贯彻到教育科学理论观中去。当然，这并不是说人们否认教育科学理论有一个演变过程，而是说忽视了教育科学理论的过程状态，只把重点放到了它的相对稳定的系统状态，对于这个片面性必须克服。黑格尔说得好：研究哲学史就是研究哲学。我们研究教育理论史、教育学史也就是研究教育理论、教育学。理论和历史历来是密切结合在一起的。社会科学中任何一门学科中的新理论，总是在研究、总结前人和同时代人研究成果的基础上产生的。

卡西尔（E.Cassirer）在《人论》中写道：历史学并不是关于外部事实或事件的知识，而是自我认识的一种形式。这是十分精深的论断。

每一门科学都有自己的形成史，对这一形成史的反思就成为这一门科学的自我认识的重要组成部分。而反思的深刻程度则是科学成熟程度的标志之一。

从严格的意义上来说，教育科学还缺乏对自己发展历史的科学认识。把教育科学与其他科学相比，这个问题就显得更为突出。不用说自然科学中的各门学科以及哲学、文学、经济学、历史学等社会科学都有以自身发展的历史为研究对象的专门学科（如自然科学史、哲学史、文学史等），就是比教育学还要年轻的心理学，在对自身发展历史的研究方面也超过教育学。在国内外师范院校的心理学系中，心理学史已普遍成为学生的必修课程，而教育学史在我国至今还未成为一门独立的课程。目前，我们对教育科学发展历史的分析，主要还只体现在两个方面：一是教育科学每门学科的教科书中的某些阐述科学发展历史的章节；二是教育史中有关教育思想的演变，对历史上代表人物的教育思想的评述。显然，这两方面的内容远远不能代替对教育科学发展历史全面的、系统的研究。对教育科学发展史全面的、系统的研究，应该揭示教育科学自身的发展逻辑和教育科学发展的规律，总结教育科学发展的经验和教训，研究教育科学的发展与整个社会发展关系的历史演变过程，从而更深刻地认识教育科学的现状，预测它继续发展的方向与路线，把历史的分析与现状的研究、未来的规划紧密地联系起来。

二、教育学发展阶段划分的一种可资借鉴的理论

教育作为人类社会生活的一种活动形态，属于社会现象的范畴；教育学作为研究这种活动与现象的理论形式与结果，属于知识、理论的范畴。这正如人们所参与的社会经济活动与经济生活，属于社会生活与社会现象，而研究经济生活、经济现象的经济学，则属于知识、理论范畴一样。世界上总是先有社会生活、社会现象，才有对这些社会生活、社会现象的理论研究及其结果。生活与活动在先，知识与学问在后，现象在先，理论在后，普遍如此，历来如此。人类有教育活动和教育生活，至今已有三百万年之久，而对教育活动、教育生活和教育现象的考察与研究，乃至使之成为一门专门的学问和科学，为时甚晚。正如曾有植物而无植物学，有动物而无动物学，有历史而无历史学等情况的存在一样，都属寻常普遍之事。

人类教育理论的出现与萌芽是以学校教育为基础的，是在学校教育实践的基础上得以产生和获得发展的。与教育作为人类一种最古老、最普遍的社会现象存在的情况相比，教育学是一门十分年轻的学科。在近代，教育学从古代哲学中分化出来进入独立发展的阶段，成为独立的学科，是以学校教育在一些早期资本主义国家开始普遍发展为实践基础的。在此时代背景下刚刚独立的教育学，还是一个包罗万象的“教育知识总汇”，并容纳于只有一个学科的教育学之中。人们的教育视野仍然严重局限于学校教育范围之内。教育学的对象主要是关于儿童的教育、教学的学问，仍仅限于对年轻人的学校教学活动之中。教育学发展到今天，情况的确已今非昔比，它已经成为一门内容丰富的学科，除了作为它的主体或基础的教育学原理以外，还包括在历史发展过程中逐渐被分化出来的种类繁多的分科，如教育史、教育心理学、儿童心理学、教育社会学、教育文化学、教育经济学、教育政治学、教育评论学、家庭教育学、社会教育学、初等教育学、中等教育学、高等教育学、教育未来学、教育管理学等。它们在教育科学领域中，都反映和解决着某些理论的或实践的问题，发挥着各自特有的作用，并形成了一个规模空前庞大的教育科学体系。

教育是“一切有益人类的事业中，首要的一件”①。正因为这样，历来，

---

① ［法］卢梭著，李平沤译：《爱弥儿——论教育》，人民教育出版社2001年版，第2页。

特别自近代以来不少思想家、教育家，他们不惜付出巨大的精力或奉献自己的一生，从事教育理论的探索和实践。一部教育学术史就是一些著名的思想家、教育家在不同时代里对教育事业和人类教育问题所提出的种种理论相互交织起来的一幅历史画卷的集中展现。

据有关资料记载，大约在公元前1000年，人类文化圈开始出现某种理性化的苗头。但是，就在这个时候，人类的祖先就运用自己的理智对教育作了富有理性的观察与思考，以至我们在今天来面对这幅教育学理论的历史画卷时，不能不对人类往昔的智者表示由衷的叹服。如同任何其他的历史一样，教育学的历史，是有着不同的发展阶段的。

对于教育学从其产生、发展至今的历史过程，我们有必要对它作出适当的阶段划分，并将其各个发展阶段的主要特点和背景作必要的说明。教育学从产生到今天，仍一直处于发展之中，并没有进入只有变化而无发展的地步。我们对于教育学的描述，原则上只能是对历史上的教育学的描述，而这就必然使“教育学发展的历史过程”本身也是历史的。不仅不同的学者会有不同的“教育学发展历史”观，而且，人们对“教育学发展的历史过程”的理解和思考必将随着时代的发展而不断地深化、丰富。因为，一个事物只要它存在着、发展着，我们对它的认识就不会完结，对教育也好，对教育学也好，都需要认识，再认识。社会科学不能像自然科学那样准确、精当，原因也就在这里。何况，对历史上的教育学的描述本身就非易事。如此，对教育学发展历史阶段的划分，客观上很需要一种可资借鉴的理论作为依据。这种理论就是关于科学理论过程的理论。

关于科学理论过程的研究，在国内学术界已有不少论述，尽管具体说法不一，但基本上可以归结为这样一个过程：准科学—前科学—常规科学—后科学。前两个阶段又可称为“潜科学”阶段，后两个阶段又可称作“显科学”阶段。这种划分方法，基本上可以把握住科学理论的演变过程。实际上可以再简略一点，把科学理论归结为三个阶段：潜科学—科学—后科学。“潜科学”不完全与“准科学”、“前科学”相一致，因为后两个概念并不十分准确。“准科学”实际上是“亚科学”，即不合格的科学，或曰非正规科学，这种概念所表述的对象并不一定都能进化为真正的科学，也就是说，它并不一定能成为科学理论过程中的一个阶段。“前科学”的概念也并不准确，因为可以理解为科学之前的所有非科学认识，包括永远不可能发展成为科学的认识。也就是说，它的外延太宽，内涵不确定。由于这些原因，这里则以“潜科学”来指称科学以前的阶段。

潜科学阶段，顾名思义，就是潜在的科学，是尚未成为真正的标准科学的阶段，是科学的理论孕育、产生的阶段。大量的事实表明，一个学说，一种科学理论，一门学科，都要经历一个从无到有、由小到大的阶段，只有经过了这个阶段之后，才会形成严格的学科与理论体系。但是，并非一切非科学的认识都可列为潜科学。只有包含科学因素，并将逐渐成长为严格科学理论的那些尚不成熟的观点、思想，才能列为潜科学。它的突出特点之一是“潜”，即潜在的、正在形成中的、孕育中的。这就充分显示了这些处在“潜”阶段、“潜”形态的观点、思想的大趋势——严格的科学的必然性。尽管它是“潜”的，但也是科学的，只不过这种科学认识尚不成熟而已，并不是非科学的观点、思想。所以，潜科学的特点之二是“科学”，以此来区别于其他非科学的观点和思想。

关于潜科学与常规科学的区别，有的学说提出模糊性、反常性、创造性、易变性、有待性等特征，这基本是可取的。其中，尤其是模糊性、易变性最为重要。模糊性，表现出潜科学思想的不准确、不精细，尚不具备清晰的概念、定律和原理；易变性，则表现出它的不成熟、不稳定，尚不能以严整的面貌作为一种学说或学科存在于世。除了这些特征外，还有一些特征也很突出，例如，缺乏条理，结构不完整，功能不齐全等。

当潜科学在进化中，逐步具备了必要的要素和结构条理，完整地形成了有机整体功能，潜科学阶段就进入了科学阶段。科学阶段或曰常规阶段，也就是严格意义上的成熟的科学思想和学科。这个阶段的科学，具有较为清晰的概念、定律和原理，具有基本的、齐备的理论要素，具有条理化、稳定化的体系，具有基本的、特有的认识与指导功能。在这个阶段，科学理论进入了一个持续期，不再轻易发生变化，而且不断地在排斥反证中获得持久的存在。作为社会性教育的科学理论，也是这个阶段所形成的概念和原理。有时也会产生一些不同意见的争执，但在基本理论上还是保持一致的，其根基不会也不能动摇。

科学理论在经过一段较长时期的稳定发展、充实之后，由于新的经验事实、思想疑难的出现，开始形成对它的新冲击，它开始进入新的科学阶段，也叫后科学阶段。这个后科学阶段的情况较为复杂。在这个阶段，科学理论开始出现分化，大体有三种结果。第一种结果是，原有的科学理论基本可以经受冲击，但新的理论也开始产生了，它们之间可以并存，但前者的势力范围明显缩小，这使它成为传统科学。第二种结果是，原有的科学理论被加以解析，有的因素被抛弃，有的被吸收到新的理论之中，旧的理论不再具有整体的面目，而是以新的要素存在。第三种结果是，整个原有体系被新的理论所冲垮，被完全地抛弃了，不再在科学理论的发展中存在下去。所以，后科学阶段并不是单一的状态。

不论是一种理论学说还是一个学科，大体都要以潜科学、科学、后科学三个阶段来形成其理论发展的过程。

三、教育学形成以前人类教育思想概况

把科学理论发展过程的理论作为划分教育学发展历史阶段的一种可资借鉴的理论依据，并非说教育学发展的基本历程没有自己的特点而可完全对号入座。事实上，教育学的发展过程是颇具自身的特点的，既要从自身的情况、特点出发，也要参照有关发展过程的理论来描述、划分教育学发展的不同阶段，也就是"可资借鉴"四字的基本含义。

从科学的起源看，科学文化的形成即是以科学理论的形成为标志的。在科学未有理论化的成果出现之前，只能说是科学的萌芽。

(一)教育学的潜在时期

如前所述，人类教育理论的出现与萌芽，是以学校教育为基础的。教育学从此时起就以萌芽也即以潜在的形式存在着。就西方国家来说，中世纪以前的漫长时期都是教育学的潜在阶段。在中国本土，自20世纪初引进西方教育学以前并无自己的教育学，但有各种教育思想和教育观点。这些不同的教育思想和教育观点，相对于以后从西方引进的教育学来说，也是教育学的潜在形式。

对于教育，教育思想家们从不同层面作过不同的论述。在古代，这些论述多散见于思想家的各种论著中，在近现代则多集中于思想家的专著中。在古代，由于教育对于人类社会生活的广泛影响，特别由于教育与社会科学、人文科学一直有着十分密切的联系，古今中外的学者、研究者对教育经常有自己的态度和看法，并通过一定的理论形式表现出来，形成各自的教育观。但总体来说，这些人对教育的看法和论述，往往是零散的、不系统的，只涉及教育的某一个方面，没有形成一个完整的知识体系。因此，他们的观点和看法，可以说是一种教育思想，而不是教育学。教育思想是关于教育问题的一些比较零散的见解。这些见解可能是

正确的，甚至是十分精辟的，但由于缺乏系统性，缺乏论证，终究不能称之为理论。

教育理论和教育学理论二者同属理论。它们之间的区别突出地表现在系统化的程度上。相对于教育理论而言，教育学理论不是就单个教育问题所作的带有特殊意义的理论阐述，而是对一般教育问题所作的带有普遍意义的论证，并且，教育学理论必须是从教育学的立场出发对教育问题所作的解释性与解决性阐述，而不是从其他学科（如社会学、心理学、人类学等）的立场出发间接地论及教育问题。这些学科的理论，只能算是与教育学相关的理论，而不能称作教育学理论。

另外，历史上某些学者关于教育的某些观点、理论或学说，往往是他们在探讨社会和人生时，作为一种附属品被提出来的。因此，他们的教育观往往散见于哲学的、伦理的、政治的论著和学说之中，而不是一种独立的知识系统，这就严重地妨碍了教育学成为一门独立学说。

（二）中国历史上教育思想存在概况

人类由原始社会进入文明社会，首先是在东方开始的。人类教育的发达也以东方为先。古代东方奴隶制国家早于欧洲出现，学校也首先产生于东方各国。恩格斯曾说过，从原始社会跨入奴隶社会是一大进步，脑力劳动和体力劳动的分工，使人类文化生活和精神文明快速发展，东方国家首先完成这个伟大使命。作为东方一个重要国家的中国，在五千年的发展过程中，创造了丰富灿烂的古代文化。中国是世界上最重视教育的国家之一。由于我们的祖先很早就知道教育的重要性，所以远在四五千年以前，就开始了有组织的教育活动。传说中的伏羲、神农、黄帝、尧、舜，乃至禹、汤、周文王、周武王、周公，可以说都是我国最早的教育家。据《尚书·舜典》载，虞时即设有学官，管理教育事务。如以契为司徒，敬敷五教，负责对人民进行父义、母慈、兄友、弟恭、子孝等五种伦理道德的教育责任；由夔典乐负责对人民进行音乐和诗歌的教育责任。我国古代文化的内涵，也较世界上其他古老的民族更加光辉而充实。在这个长期历史发展过程中，产生了众多闪烁着智慧光芒的教育家。

中国历代教育家的思想，是中国传统教育理论的结晶，反映了中华民族的智慧。我国最早的教育思想是出现在《尚书·周书》中箕子、周公的教育思想。箕子的神道设教思想，周公的敬天明德保民思想，都反映了当时社会的教育实践和教育思想的特色。但是这些教育思想尚未系统化。具有较独立体系的教育思想，是从孔子开始的。自孔子以后，在我国历史上涌现出了许多重要的教育思想家与教育流派。这些教育思想家与教育流派各自体现了时代的精神面貌，代表着教育实践与教育理论发展演变中的各个阶段，既反映了汉民族文化教育的理论水平，也反映了各少数民族文化教育的理论水平。

以儒家教育思想为代表的中国传统教育思想，对中华民族的历史与文化产生了极为深远的影响。儒家以道德为最高价值，在政治上提倡德治，这主要是因为儒家学者都是教育家。儒家哲学就是教育家的哲学。

孔子（前551—前479）是中国历史上第一个创办私学、讲学授徒的人。他弟子众多，在社会上影响巨大；他学而不厌，诲人不倦；他因材施教，并重视启发教育的方法；他既重知识教育，更重道德教育，经常以“仁”、“智”并提；他以“仁”为最高的人生准则，但也肯定“智”的价值。这种仁智并重的价值观，是以教育实践为基础的。孔子也不忽视教育的经济基础。“子适卫，冉有仆。子曰：‘庶矣哉！’冉有曰；‘既庶矣，又何加焉？’曰：‘富之。’曰：‘既富矣，又何加焉？’曰：‘教之。’”[①]这“富”先“教”后的观点，表明孔子对于教育在社会生活中的地位有很实际的认识。

孔子不仅是中国古代最杰出的教育家和拥有很大权威的思想家，同时，他也是世界上很早的一位教育家和思想家。被誉为“西方孔子”的古希腊哲学家苏格拉底（Socrates，前469—前399），生于孔子死后十年。古希腊伟大的唯物主义者德谟克利特（Demokritos，约前460—前370），生于孔子死后约二十年。孔子的人格，他的哲学观点和社会政治观点，他的教育活动和教育观点，长期以来一直影响着中国的知识分子和广大教师。从孔子思想学说中，特别是从孔子教育学说遗产中，的确可以挖掘出许多有益的思想资料和他在教育、教学实践中的宝贵经验，加以科学的分析批判，以丰富科学的教育学内容，并指导我们的教育、教学实践。这不仅有助于中国化的科学的教育学的建立，也将有助于民族自豪感和自尊心的培养。

孟子在政治上宣扬“王道”，批评“霸道”，实际上是以教化为先，反对军事侵略。孟子主张以教育为立国之本，反对急功近利，这是富有远见卓识的。

荀子曾在稷下学宫“三为祭酒”，更是以讲学为务。晚年到楚国任兰

---

① 《论语·子路》。

陵令，仍以著述为事。《荀子》一书中以《劝学》为第一篇，表明荀子主要是教育家。

汉代“为群儒首”的董仲舒，根本上是一个教育家。而传授“六经”的经师，更是一些教育家了。唐代韩愈“以师道自居”，虽然他的主要贡献在文学，但基本上是教育家。到宋代，理学家更都是以教育为业的。理学先驱胡瑗在教育史上有重要贡献。张载讲学关中，二程（程颢、程颐）讲学洛阳，当时关、洛学术之盛，倾动一时。南宋朱熹、吕祖谦、陆九渊等都广收弟子，讲学论道，他们的学说，事实上就是他们教学经验的总结。宋代书院大兴，那是理学家讲学的处所，对于中国文化的发展起了推动的作用。明代情况大致同于宋代。王守仁担当军政重任，但从政之余不废讲学。明清之际，王夫之隐藏于湖南深山之中，仍以讲学、授徒为事。黄宗羲、顾炎武、李颙、吕留良都号称讲学的大师，都是义不仕清，专以讲学著述为业。总之，理学家在不同程度上都是教育家。

儒家学者是教育家，教育家为人师表，必须能够“以身作则”，强调“正己”而后“正人”。因而，儒家学者也非常重视人格的培养，坚持自己的独立人格。儒家教育思想是以道德教育为轴心，不甚追求自然的非宗教体系。孔子始终是一个思想家而不是宗教家，儒家是一学派而没形成一个教派。

在中国古代教育学术史上，最值得注意的有《学记》、《论语》和《大学》等教育著述。

《学记》是公元前4世纪至公元前3世纪战国后期儒家有关我国古代教育和教学理论、方法的论文，在中国教育史上是极为宝贵的教育遗产，值得我们重视。

《学记》是《礼记》49篇中的一篇，共有20节，1 229字。它是中国古代教育文献中最早的比较严谨的一篇教育论文，也是世界教育学术史上最早的教育文献。概括地讲，《学记》在教育的社会作用，学制的体系，教育与教学的原则、方法，教师的作用与地位等方面为中国古代教育奠定了理论基础。

孔子讲德治，孟子讲仁政，荀子讲礼治，他们都重视教育对社会、对国家所发生的作用，他们都把道德教育放在首位。正是《大学》这一重要专著，总结、概括了儒家的这一方面的思想。

“大学之道”是《大学》的精髓。“大学”语义上主要是指所谓“大人”之学，即培养“大人”成为道德上的合格人才的学问。“大学之道”即古代造就道德上的"君子"、"大人"的途径，从根本上来说，就是"内圣外王"之道。"大学"精神，是修己安人的精神，"内圣"是修己，"外王"是安人，在这个意义上，"大学之道"就是成己成人之道。"大学"的体系，是人伦实现与人格提升一体化的体系；"大学"的原理，从根本上体现的是家国一体的社会结构下的文化原理。"大学之道"对现代中国乃至人类的道德教育、道德建设都具有很深的启发意义。

在我国古代教育学术遗产中，关于教师教书育人的方法，家庭教育，社会教育和学者学习、治学方法方面的材料也十分丰富，值得人们注意。

中国历代有许多卓越的教育家，也有其卓越的教育思想。但教育学作为一门独立的学科出现在科学的体系中，还是开始于西欧。西方把教育学作为一门独立的学科，出现在科学体系中，这种思潮在我国引起了注意，并把它引进中国，出现了一些教育学家，这只是20世纪初的事。至于什么时候有教育学家的名称，大概在西欧不会早于19世纪40年代，这是指科学的教育学家而说的。

1840年，惠威尔（Whewell，1794—1866）在他所著的《归纳科学的哲学》（*The Philosophy of the Inductive Sciences*）中，第一次使用了"科学家"这一术语。惠威尔说："对于一般培植科学的人，很需要给他一个名称，我认为可以称呼他为科学家。"教育学被认为是独立的科学，研究科学的教育学并有一定成就的人被称为"教育学家"，这一称呼当出现在"科学家"的称呼之后。我国多年来对"教育学家"、"教育思想家"及"教育事业家"，一般都称呼为"教育家"。其实，在教育家中，应区别其中包含的三种人物，区别教育学家、教育思想家和教育事业家所发挥的不同作用，明确教育学家的专门职能，发挥其科学家的作用。

（三）西方古代历史上的教育思想概况

这里的所谓"西方"主要是指西欧。而古代，主要是指古希腊、古罗马。这是因为，西欧的教育理论最早出现于古希腊。古希腊教育理论发展上的一些重要特征，在后代教育理论的发展中也表现出来了。而古罗马文化是古希腊文化的继续，在西方教育史上，古罗马的教育也占有重要的地位。因为，古罗马对古希腊的文化与教育，在其吸收与消化过程中，也曾经根据自己的情况与需要作过一些重要的调整、修改和补充，而且，古希腊的文化、教育，主要是通过古罗马的改装而影响后代欧洲的。

古希腊的教育实践，孕育了比较系统的教育理论。就其大致而言，反映奴隶主民主派政治利益的是德谟克利特和一部分“智者”，反映奴隶主贵族政治要求的是苏格拉底、色诺芬（Xenophon，约前430—约前352）、柏拉图和亚里士多德等人。

德谟克利特强调教育在人的造就中的作用。他说：天性与教育在某些方面是相似的，后者可以改变人，创造第二天性；大部分天性能干的人，由于练习而变得能干。在身心的关系上，德谟克利特把心智的教育放在身体教育之上，认为灵魂之善，身体之美，若不与聪明才智相结合，是某种动物性的东西；人们比留意身体更多地留意他们的灵魂，是适宜的。因为完善的灵魂可以改善坏的身体，至于身强力壮而不伴随着理性，则丝毫不能改善灵魂。

德谟克利特教导人们，要追求智慧与道德，去指导自己的私人生活和公共生活。在他看来，智慧与道德是不可分的。他指出了理智在教育过程中的重要性，认为人应该多发展理智，而不是多积累知识；很多博学的人是并不智慧的。他劝告人要虚心学习，他自己也非常注意刻苦钻研与勤奋努力。他说：任何艺术，任何科学知识，都不能不经研究而获得。

“智者”大多是博学多识的思想家，“智者”招收学生，征收学费，怀疑传统的宗教，很多人参加政治活动和从事教学工作。在西欧文化史上，奠定“三艺”，即文法、修辞学、逻辑学（当时称辩证法）学科始基的功劳属于他们。他们教得最广泛的是演讲术、辩论术以及为演讲、辩论服务的文法学、修辞学与逻辑学。但他们的主要兴趣还在于政治、法律、道德等问题。这一派的领袖普罗泰戈拉（Protagoras）有一本著作《论神》，怀疑神的存在，因此他受到迫害而逃亡，这部著作亦遭焚毁。

苏格拉底没有留下任何文字著作，后人只能从他的学生们，尤其是柏拉图的著作中知道他的言行。但是，从苏格拉底到柏拉图，从柏拉图到亚里士多德，在哲学、政治、教育思想上，他们是一脉相承的。

苏格拉底用谈话问答的方法，教学生获得他认为是真实的知识（概念）。苏格拉底教导青年要“认识自己”。他把道德修养作为教育的最高目的，并认为“知识就是道德”。他认为，人之所以不能为善，是由于他对于什么是善没有真实的认识。由于知识与道德的关系问题是不容易解决的，在苏格拉底之后，柏拉图与亚里士多德继续讨论这个问题。

柏拉图的著作是他的门人根据他在学园中的讲演论辩记录整理而成的。在《理想国》（*Republic*）和《法律篇》（*Laws*）这两部对话集中，柏拉图阐述了他的系统的教育思想。他的哲学观点、政治主张与教育思想是密切地联系着的。他的《理想国》是一部重要的哲学、政治学著作，同时也是一部重要的教育理论著作。

柏拉图的教育理论曾经为后世提供了一些重要思想资料。他提出了关于政治与教育之间的关系、个人与社会之间的关系等问题。他强调了环境在教育上的影响。此外，他的有关幼儿教育、女子教育的主张，他的关于游戏、音乐、文学在教育中的作用的理论，对后世的影响很大。《理想国》对文艺复兴时期的思想家有相当大的吸引力，它曾经影响过早期空想社会主义者莫尔（T.More）等人，也曾吸引过18世纪的卢梭（J.J.Rousseau,1712—1778）。卢梭甚至把《理想国》说成是一部最好的教育著作。

亚里士多德是古代西方最渊博的学问家，是古希腊哲学与自然科学的集大成者。

他的教育观点，散见于他的《政治学》和《伦理学》两部著作中。他的教育观点，基本上承袭了柏拉图的观点。像柏拉图一样，他肯定了教育与政治之间的紧密关系，教育应该由国家负责，受国家控制。像柏拉图一样，他也把奴隶与劳动人民排除在教育范围之外。亚里士多德对后世欧洲的影响，仅次于柏拉图。在9世纪，他的著作影响了阿拉伯人，从而促进了中世纪大学教育的发展。然而，从13世纪起，他的哲学体系被抽去了其中积极的部分，为教会大学所利用，成为罗马天主教官方哲学（托马斯主义）的理论支柱，起了阻碍科学与理智的发展的消极作用。

在教育思想方面，他以他的"理论理性"的学说，加强了柏拉图"主智主义"的教育思想。他的"文雅教育"（liberal education）思想，把课程区分为两类：有用的与文雅的。"有用的"学科是不高尚的、不文雅的，因为它服务于事功与实用；"文雅的"学科是高尚的、"人性"的，因为它服务于闲暇。这种思想支配了欧美的中等、高等教育两千多年。

亚里士多德指出，教育一要根据国家（政体）的性质，二要根据受教育者的自然（本性）。在他的教育言论中，"自然"这一名词曾被广泛地应用过。他强调教育必须依靠自然，发展儿童天性中的潜在能力。在这个意义上，他的学说开了后代资产阶级的"遵循自然"教育思想的先河。但亚里士多德没有把"自然"绝对化。他指出：一切艺术与教育，着眼于填补自然的缺陷。在亚里士多德的发展学说中已经萌芽着后代资产阶级教育思想中"内发论"（相对于"外铄论"）的倾向。

古希腊的教育理论是为了回答古希腊教育实践中所提出的问题。在教育家提出的理论中，我们又可以看到教育实践的反映（如柏拉图、亚里士多德的有关音乐教育的理论），而教育理论又转而影响教育实践。

古希腊的和谐发展或多方面发展的教育理想，对于后代具有很大的吸引力。这种教育理想是雅典的城邦民主政治的产物，这种政治要求公民参与“无所不包的活动”，从而在一定程度上促进了他们的“无所不包的才能”的发展。

在古罗马教育史上，最有影响的教育家是西塞罗（Cicero，前106—前43）、昆体良（Quintilanus，35—95）和奥古斯丁（Augustinus，354—430）。西塞罗是古罗马共和国后期的雄辩家、教育家的代表，他的教育理论企图解决古希腊文化教育思想与古罗马传统教育思想之间的矛盾。昆体良的教育理论是在帝国初期的政治现实与来自共和国后期的雄辩家教育理想不相适应的历史条件下产生的。奥古斯丁的教育理论则企图解决基督教的教育要求与世俗文化教育之间的矛盾。

当希腊化教育在共和国后期像潮水般涌入古罗马的时候，古罗马的教育家，有的持极端反对的态度，有的则全盘接受。西塞罗采取折中调和的态度。他说：我们要向罗马学习道德，向希腊学习文化。他基本上接受古希腊文化，但要求保存古罗马的道德传统。

西塞罗在其著作《雄辩术》和其他对话录中，论证雄辩政治家的教育理想。他认为教育的最高目的在于培养好的雄辩家——政治活动家。一切学问的学习必须服从培养雄辩家的总目的。

西塞罗把自己的教育理想总结为“人道”（humanitas）一词，这是后代的“人道主义”（humanism）这一名词的词源。但西塞罗赋予这个概念以更加明确的内涵。

所谓“人道”，是指为人之道。而要尽为人之道，第一，必须重视人之所以为人的特点，即那些区别于一般动物，也区别于原始社会中的野蛮人的特点；第二，在人与人的关系上，要以“人道”相处，这是指同情、仁爱、礼让、谦和等品质；第三，只有有文化修养的人才能算作“人”，只有他们才能尽为人之道，才能以“人道”待人。所谓文化修养，西塞罗指的是文法、修辞、逻辑、几何、天文、音乐这些普通文化学科以及文学、历史、哲学、法学这些高级文化学科的修养。因此，他把这些学科称为人文之学（humanities）。西塞罗的意思是说，只有受过雄辩家的教育的人才能配得上“人”的称号，因为只有他们具有人道之学的文化修养。

昆体良是一个西班牙籍的古罗马公民，是古罗马的著名律师和成功的修辞学教师，从事教学工作达二十多年。他的著作《雄辩术原理》是一本修辞学教程，同时也是一部教学法论著。其论述范围包括高等教育、中等教育、初等教育，甚至包括幼儿教育。这部书在教育史上的重要地位，在于它是古代西方第一部以教育为专题的著作。在这里面，昆体良总结了自己成功的教学经验，也总结了古代西方教育实践的成功经验，特别是教学法方面的经验。

比起古希腊来，古罗马人有着更大规模的学校教育实践，所以比较重视课程问题与各种教学方法的研究。这一教育的特征，最明显地反映在昆体良的教育理论体系中。古罗马教育思想对后代欧洲教育的影响主要也在这一方面。古罗马教育思想发展的过程，再一次证明了教育理论与教育实践之间的密切联系，教育理论的目的是为了回答教育实践中所提出的问题。

古罗马为欧洲树立了国家教育制度与教育行政体系的先例。它为各级学校确定了比较一致的课程门类、教学内容与教学方法。古罗马的文学曾经达到很高的发展水平。这一切都对后代欧洲教育有积极影响。

欧洲中世纪教育作为整个人类教育发展史中的一个阶段，特别在中世纪早期，教育的内容确实是相当褊狭的，然而并非整个中世纪都是教育史上的“黑暗时代”。当然，它曾粗暴地否定、歪曲过奴隶社会的灿烂文化，可是随着时间的推移，它毕竟又吸收、改造和利用了古代文化。因而，它比之奴隶社会的教育无疑还是前进了。文艺复兴和资本主义时代的教育，也与中世纪教育具有割不断的历史联系。这便是中世纪教育在历史上的独特地位。

中世纪时期，欧洲的教育可以说是完全由教会所垄断。文艺复兴运动兴起后，情况发生了很大变化，人文主义的教育思想决定了教育的性质，人文学科成为教育的基本内容。

文艺复兴时期，教育领域也是人文主义者反封建、反教会的斗争阵地。人文主义教育以现实的人文学科为主要内容，重视发展人的智慧和才能，追求个性解放，面向大自然和现实社会，所以学习科目十分广泛，除了“七艺”之外，还增加了艺术、政治、历史、医学、物理、地理、天文和新哲学等新学科。这些学科不仅促进了学生学习的兴趣，而且使学生开阔了眼界，增长了知识。

文艺复兴时代的教育家多是才华横溢、成就卓越的学者，他们的人文主义教育思想和教育实践活动十分活跃。

文艺复兴早期最有名的教育家有意大利卓越的人文主义者维多利

诺·达·弗里特(Vittorino da Feltre，1378—1446)。他被人称赞为“第一个新式学校的教师”和“仁爱主义”者。他的教育成就闻名于意大利，他的教育思想和方法为后世所效法。他主张把学校设在环境恬静优美、山水环绕的地带，有涓涓的流水、茂密的树林、绿草如茵的小山丘，附近又是湖泊、公园和宫殿，并称之为理想的“自然学校”。维多利诺认为环境优雅美丽、安静有序是办好学校的一个重要条件。

维多利诺提出把德育放在首位，把体育放在第二位。他注意发展学生的个性，重视实际示范。他要求学生自觉学习，独立创造，要诵读古典作家维吉尔(Virgil，前70—前19)、西塞罗、荷马和昆体良的著作。其中，他特别推崇西塞罗、昆体良的教育思想，并对他的影响也很大。

拉伯雷(Francois Rabelais，1494—1553)是文艺复兴时期法国小说家，又是著名的人文主义教育家。他在巨著《巨人传》中，以辛辣手法有力地讽刺了经院主义教育的荒谬，提出了人文主义的教育主张。

此外，如德国人文主义者和教育家马丁·路德(Martin Luther)，英国文艺复兴时代人文主义者和早期空想社会主义者莫尔，捷克伟大的人文主义者和教育家夸美纽斯等，他们的教育实践和教育思想一直影响到现在。

在欧洲教育史上，文艺复兴运动以后的人文主义和启蒙运动以后的民族主义联合起来，成为欧洲教育思想的主流。这个主流，在启蒙运动发生以后，遭遇到另外一个潮流，即以实利主义为根据的教育思潮的对抗。18世纪以后，在欧洲教育思想中，始终是这两种思潮相持不下的局面。到了19世纪末期，这样对立的两个方面，乃渐渐地归于统一。因此，欧洲的教育科学研究也进入了一个新的阶段。

四、教育学在近代欧洲的形成

近代是教育学理论产生、发展和不断完善的时期。因此，其上限就是教育理论系统化的开端，而其下限则是整个近代教育学理论传统的转换。

所谓近代教育学理论，是指以夸美纽斯、赫尔巴特、杜威为代表的教育学理论。在这一时期发展起来的教育学理论，可称为经典教育学理论，由它建立起来的教育学理论的概念、原理直至理论构架，部分一直沿用到今天。

(一)教育学形成的历史背景

16世纪，是西欧资本主义进行原始积累的重要时期，资本主义生产关系得到了巨大的发展。17世纪，整个欧洲的资本主义得到了发展，欧洲各国的教育也获得了发展。文艺复兴时期，也是各种学科“百花齐放”的时期。文艺复兴以后发展起来的天文学、地理学、气象学、物理学和生物学知识得到程度不同的传播，近代自然科学体系正在形成。以前，由于经验基础薄弱，哲学是作为一门综合性的科学存在着。自古以来，不少哲学家在哲学基本原理的论述中，都包含着一定的教育思想；许多教育家在实际教育经验的总结中，也阐述了自己的哲学观点。其中，培根是很值得重视的人物。他的教育思想开了近代教育的先声，由他所开拓的新时代的哲学，亦为教育学的形成提供了具有时代意义的理论基础。

1. 培根对教育学的贡献

培根（F.Bacon，1561—1626）是文艺复兴时期的精神在英国的体现，也是在哲学、文学、历史、法学、教育学、心理学等方面都有所建树的著名学者。他的历史著作被誉为富有哲学意味的史学著作的楷模，他的散文被认为堪与莎士比亚的诗歌并负盛名，他的教育思想开近代教育的先声，他被称为近代心理学的鼻祖。然而，培根自己最热心的事业还是哲学，他给予世人最大影响，并使他名垂史册的，是他作为哲学家所作出的历史贡献。他是杰出的唯物主义哲学家，他结束了以神学为依归的经院哲学的旧时代，开创了以经验为手段，研究感性自然的经验哲学的新时代；他是新时代哲学的开拓者，是全部经验哲学的首领。马克思对培根在科学史、哲学史上的重要地位给予很高的评价，誉之为英国唯物主义和整个现代实验科学的“真正始祖”。

我们知道，科学的思维方式，在欧洲有着深厚的传统。这个传统给欧洲带来了繁荣昌盛已是历史的事实。欧洲的文明，从古希腊开始，就逐步形成了一种以经验科学为基础，以逻辑思维为工具来观察、实验、理解我们所生活的世界的思维方式。亚里士多德是古代这种科学思维精神的代表人物。亚里士多德这种精神在中世纪受到了歪曲和窒息，为了使这种精神得到恢复和发展，被曲解了的亚里士多德本人倒成了理应被搬开的绊脚石。培根的工作，就是要在新的历史条件下建立一种新的科学方法以替代被认为过了时的旧方法。培根毕生力图在一个变革的时代确立一种科学思维方式。这种思维方式，在近代西方的确产生了“摧陷廓清”的极大作用，促进了近代科学的迅猛发展。培根这个工作所要倡导的精神，是欧洲传统的真正发扬光大，即如何获得确定的、可靠的知识，为人类进步谋福利。

培根对教育学的贡献首先应从他的科学观点和科学方法上去认识。他最早创立了一套科学分类方法，他把人类的精神能力分为记忆力（历史）、想象力（诗）和理解力（哲学）；他又把哲学分为自然科学、人的哲学（人的哲学又产生心理学和人体学）及公民哲学（关于人们在事务、政治方面的联系和关系）；他把自然科学分为理论的（物理学、数学）和实用的（机械学、魔术）科学。教育学被培根理解为“指导阅读”的学问，并被作为单独一门科学提了出来。这就是说，随着生活的发展、社会的进步和科学文化的繁荣，教育科学逐步从哲学和其他学科中分离出来，形成一门独立的学科。

2. 教育学的形成和欧洲“教育心理学化运动”

在西方教育史上，出现于18世纪末和19世纪上半期的“教育心理学化运动”，不管是对教育思想和教育理论的发展，还是对教育实践的发展，都曾产生了深远的影响。研究教育学形成的历史，不能不对此有所注意。

“教育心理学化”是裴斯泰洛齐于19世纪初首先提出来的，并作为他自己从事教育实验和改革的伟大目标之一。随后，则由赫尔巴特、福禄培尔（F.Froebel,1782—1852）和第斯多惠（F.A.W.Diesterweg,1790—1866）等教育家进一步从理论上和实践上加以发展，并广为宣传，从而使它成为19世纪上半期西方教育思想发展和教育实践革新中的一个中心议题。

从思想渊源上看，教育心理学化，是对自然主义教育思想的发展。在中世纪时期，整个教育和教学活动都受制于教会，一切试图摆脱教会的思想和议论都被斥为“异端”。教育要适应自然的思想的提出，应归功于夸美纽斯。在夸美纽斯看来，人是自然的一部分，人以及人的教育都从属于自然界的普遍规律。而他所理解的自然规律，是包罗万象的。虽然他也注意到教育要考虑儿童的年龄特征，但这并不在他的教育思想中占主导的、决定性的地位。而且，他对儿童年龄特征的认识也是粗浅的和感性的。夸美纽斯对教育要适应自然的这种理解，显然反映了文艺复兴以来对人的强调以及在自然科学研究方面的意图，同时又受了当时科学发展水平的限制。

卢梭更进一步论述了教育要适应自然的思想。在卢梭的教育体系中,“自然”一词实际上是指儿童的自然本性及其发展的自然进程,它包括人类的一般特性以及儿童在性别上、年龄上和个性上的差异及其发展。卢梭尖锐地指责了封建制度及其教育违反儿童的自然本性及其发展的自然进程,所以他的自然教育思想更具有强烈的反封建的社会意义,并产生了重大的影响。但是,卢梭并未真正了解儿童的自然本性及其发展的自然进程,他所提出的许多具体的教育建议,都带有牵强附会的性质。

真正从教育实践中,特别是从有计划的教育实验中探讨和研究儿童的心理特点与发展规律,并和教育工作的具体改革结合起来,是由裴斯泰洛齐开始的。随后,在裴斯泰洛齐的直接影响下,赫尔巴特、福禄培尔和第斯多惠尽管在政治上各有倾向,但都对裴斯泰洛齐的教育思想有程度不同的创新。

赫尔巴特在大学任教时,领导了教育学院及附属实验学校的工作。他是最早将心理学与哲学、生理学分开,并明确宣布心理学是一门科学的人;他也是最早明确强调教育学必须以心理学为基础的教育家;他还试图依据心理学的知识来揭示教育和教学的规律。福禄培尔则长期从事幼儿教育的实验和研究,他揭示了许多幼儿的心理特点,提出了不少适合幼儿的教育建议,为幼儿教育奠定了一定的理论基础。第斯多惠则多年卓有成效地主持了师范学校的工作,并亲任实验小学的教师。他在小学生的心理特点以及相应的教学原则和方法方面的研究上,也作出了重要的贡献。正是由于这些教育家在长期的教育实践和实验研究的基础上,对儿童的心理特点和发展进行了大量的观察和研究,才超越了一般的教育适应自然的思想,进一步明确地提出和推动了“教育心理学化运动”。虽然他们当时对心理学规律的认识很不全面,但他们所强调的教育心理学化这一思想,逐渐引起了人们的重视。

教育心理学化,作为当时的一种教育思潮,反映着时代的要求。

首先,教育心理学化,实质上是对文艺复兴以来的所谓人性解放和人的自由发展的思想的进一步实践。在17、18世纪,不少启蒙思想家高举人性解放和人的自由发展的旗帜,强烈地冲击封建专制对人的压抑和禁锢。随着资产阶级革命的发展,如何按照资产阶级的要求,在教育实际工作中,能够较有成效地发展儿童的所谓本性,将他们培养成为适应资产阶级需要的人,这已经不只是思想上和理论上的问题,而已是教育上的实际问题。“教育心理学化运动”的提倡者和推动者一般也是资产阶级人性论者。因此,在当时来说,教育心理学化,也就是要使培养人的教育工作更符合资产阶级的人性观，进一步具体实践资产阶级的人性解放和人的自由发展的理论。它是在教育上要求进一步摆脱封建桎梏的表现。

其次，教育心理学化，也是随着学校教育的发展，反映着如何改进教育和教学的过程和方法，提高教育和教学效率的迫切要求。以当时教育心理学化呼声最高的德国为例，在18世纪末19世纪初，德国的学校教育出现了明显的大发展的趋势，特别是有些邦还先后颁布了初等义务教育法令，从而使小学教育得到了较快的发展，并且对教学内容和教学方法也进行了改革。但是，如何认识和总结这些改革的实践经验，如何继续教育上的革新，迫切需要从心理学和教育学上加以分析和论证。在当时的有些人看来，教育心理学化就是进行这种总结和论证的重要前提。

再次，教育心理学化，是当时教育科学本身发展的趋势。教育学作为一门独立的学科，始于17世纪中叶夸美纽斯的《大教学论》的问世。但是，在此书出版后的近二百年内，它并未受到人们的注意，甚至几乎被人们遗忘了。同时，由于《大教学论》的立论基础，基本上是夸美纽斯包罗万象的所谓自然的普遍规律。诚然，这比引用《圣经》来作为教育立论的依据，是大胆的创新，但严格说来，夸美纽斯的教育学毕竟离科学教育学甚远。随着科学的发展，每门科学都必须有其特有的研究对象和理论基础。从19世纪开始，一些教育家日益认识到，教育学除了必须从哲学上进行论证外，还必须以心理学作为自己的理论基础。只有将教育学同时建立在这两个基础上，才有可能使它成为一门科学。随着心理学作为一门学科从哲学、生理学分化出来，为了更好地促进教育科学的建立和发展，一些教育学家都认为"必须以心理学作为教育科学的基础"（第斯多惠语），开展"教育心理学化运动"。

此外，教育心理学化的呼声之所以在当时的德国特别高，和整个德国的思辨哲学与科学的发展也有密切关系。18世纪末19世纪初的德国，康德、费希特（J.G.Fichte,1762—1814）、黑格尔的思辨哲学盛行。在这种哲学氛围的影响下，德国的教育和科学具有一种根本性和理论性的特色。德国的教育家和科学家一般都比较重视哲学和基础科学的探讨和研究。所以，当英国仍然被只重常识的经验主义所控制时，德国却在科学上进行着有创造性的实验和理论研究。德国当时的教育心理学化思潮，看来也反映了德国当时学术界重视基本理论研究的要求和学风。

（二）夸美纽斯在教育学形成中的作用与时代局限性

在教育学史上，究竟哪一本教育专著是教育学成为独立学科的标志，学者们还有不同的看法。有的把捷克教育家夸美纽斯的《大教学论》（1632）看作是教育学形成的标志（如苏联的教育学家即持此看法），有的把德国教育家赫尔巴特的《普通教育学》（1806）看作是教育学形成的标志。这里仅就17世纪的捷克教育学家夸美纽斯在教育学形成中的作用与其局限作一简要评说。夸美纽斯（J.A.Comenius，1592—1670）生于捷克的尼夫尼茨（Nivnitz），但曾长时期在波兰、匈牙利和瑞典等国从事教育活动。夸美纽斯继承了文艺复兴以来的人文主义思想，吸取了16、17世纪自然科学的研究成果和唯物论思想，概括了学校教育的经验，写了《大教学论》一书。在该书中，他论述了教育在培养人和改良社会中的作用，提出了普及教育和统一学校的问题。他根据幼儿、少年、青年的年龄特点，规划了学校教育制度和教育内容，主张教给学生以广泛的知识，并提出了一系列的教学原则和方法。此外，他还论述了道德教育方法和学校纪律，高度评价了教师的作用。

夸美纽斯生活在欧洲由封建制度向资本主义制度逐渐转变的过渡时期。他进行了长期的教育实践，写出了大量的教育理论著作。他总结了有利于资产阶级的教育经验，揭露与抨击了经院主义教育理论与实践的危害，提出了一系列有利于发展资本主义的教育改革措施和有利于扩大教育范围、促进生产和科技发展的教育见解。他的教育实践与教育理论探索是适应新兴资产阶级要求的。夸美纽斯关于教育原则和教学方法方面的某些概括，反映了教育工作的客观规律，带有普遍指导意义。但是，在夸美纽斯的哲学、政治思想以及教育思想中都充满着矛盾。由于历史条件的局限，他的宗教神学世界观又使他的教育体系仍然保留了一部分中世纪的思想糟粕和唯心主义的论证形式，使它带着浓厚的神秘主义色彩。

由于他比牛顿（I.Newton，1643—1727）早生半个世纪，未能见到牛顿以后的自然科学发展情况，所以，《大教学论》如果可以作为第一本教育学专著，也只能是哲学的教育学，而不是科学的教育学。科学教育学是自然科学发展的产物，虽然它仍不能脱离哲学思想的指导，但运用了探索自然的方法，使教育学成为科学的教育学，使教育学脱离了经院哲学的影响。但夸美纽斯的《大教学论》还没有达到这样的水平。从发展过程看，夸美纽斯的教育著作也仅形成了教育学的雏形。

（三）教育学的形成始于赫尔巴特

作为一门科学的教育学，其产生和早期发展是以德国为中心展开的。

首先，德国人关于科学的观念和认识对其学术发展产生了深刻的影响。与英国或法国学者大多认为只有自然科学才够得上是真正的科学的观念不同，德国学者认为知识的一切领域都能够成为科学的领域。德语中“科学”（wissenschaften）一词含义较广，包括一切有系统的知识，不论是我们所谓的科学也好，还是语言学、历史学与哲学也好，都属于科学的范畴。教育学之所以作为一门独立的科学首先在德国被建构，这与德国对科学的开放观念和认识密切相关。德国教育学就是在德国特殊的科学观念中孕育出的一门科学，其科学性深刻地反映了日耳曼人的文化特色，这是德国教育学第一个也是最重要的学术特点。其次，教育学成为一门学科在欧洲大学里讲授，最早始于德国哲学家康德，他于1776年在德国哥尼斯堡大学的哲学讲座中就讲授教育学。

德国古典哲学的奠基人康德，在哥尼斯堡大学任教授时讲授教育学。他的讲稿后经他的学生们整理，于他逝世前一年出版，书名为《康德论教育学》（1803）。有的西方教育史学家认为这是一本欧洲教育学之祖的名著，因为这本著作组织严密、说理透彻。康德的教育学是以他的《实践理性批判》（1788）和《伦理学的形而上学原理》（1785）两书中所发挥的伦理学理论为基础而建立起来的，是一本以理性的人性论为基础的道德教育学说。他认为教育不应只为儿童的现在计，更重要的是要为儿童的未来计；不应只为一家计和一国计，更重要的是要为世界计。教育的最终目的是实现至善的世界，实现大同的世界。康德的教育学仍然是哲学的教育学，是建立在先验论哲学基础上的教育学，还不是科学的教育学。康德也只能是教育学形成的一位引渡者。

在教育学史上，德国人赫尔巴特对教育学的科学化作出了极大的努力，他著有《普通教育学》（1806）和《教育学讲授纲要》（1835），继康德之后在哥尼斯堡大学讲哲学和教育学课程。赫尔巴特是德国著名的教育家、心理学家和哲学家。赫尔巴特的教育生活与哲学研究是同时进行的。无论在哲学还是教育学上，他都深受康德思想的影响。他又借鉴了裴斯泰洛齐的直观教学理论和洛克（J.Locke）的心理学成果，加上自己的研究，构成了他的教育学体系的方法论基础。赫尔巴特在教育理论上作出的贡献，主要表现在：他第一次在教育学的发展史上，以当时伦理学和心理学研究的成果为基础，明确地提出并论述了教育性教学的原则，划分教学进程的四个阶段，强调将新旧知识的联系作为教学活动的重要要求，把教学、教育和管理作为学校教育的三个范畴而加以系统地论述。赫尔巴特奠定了传统教育学的理论体系，成为西欧近代教育史上传统学派的开山祖师。自从他以伦理学（实践哲学）和心理学为教育学奠定了科学基础，并以此建立了一个完整的理论体系后，教育学得以作为一门独立的学科跻身于科学的殿堂。在西方教育史上，以他的教育理论代表作《普通教育学》作为科学教育学产生的里程碑，称他为科学教育的奠基人。德国杰出的教育史学家鲍尔生（F.Paulsen）认为：在很长的时期里，人们便把"赫尔巴特理论"和"科学教育理论"作为同义语。可以这么说，自19世纪中叶以来，几乎没有一个教育家像他那样对学校教育实践有如此直接、广泛、巨大和深远的影响。

然而，在赫尔巴特生前和死后的19世纪初叶，他的教育学说并没有得到充分的重视，而真正使赫尔巴特学说发扬光大的是他的弟子们，即赫尔巴特学派。

在德国，首先发起"赫尔巴特运动"的是莱比锡大学教育学教授齐勒尔（T.Ziller）。他早年曾旁听过赫尔巴特的教育学讲演。1865年，他发表了标志着"赫尔巴特运动"开始的重要著作《教育性教学原理的基础》。1868年，他发起成立了赫尔巴特研究学会，称之为"科学教育学学会"，入会者遍及全德国，并出版教育年鉴，宣传赫尔巴特的教育思想。从此，赫尔巴特的教育学说风行于整个德国。斯托伊（K.V.Stoy）也是赫尔巴特的主要追随者。他不仅积极宣传赫尔巴特的教育理论，且更注重在实践中修改和补充其理论。齐勒尔的学生莱因（W.Rein），则是德国赫尔巴特学派最主要的代表人物，是赫尔巴特学说的集大成者。他实际应用了赫尔巴特学说，使理论的教育学更加完善，又使教育学的方法更加系统化，特别是他对赫尔巴特的形式阶段理论作了更为清楚通俗和严谨的表述，使之被全世界的教师所接受和运用。1887年，他接替斯托伊在耶拿大学开设教育学讲座，并主持教育研究班，同时还开办了附属实验学校。在他的努力下，耶拿大学成了赫尔巴特研究的世界中心，到这里来学习、研究的学生和学者，分别来自美国、英国、日本、澳大利亚、俄国、罗马尼亚、芬兰、瑞典、希腊、南非、智利、墨西哥等许多国家。这些人回国后，又成为各自国家的"赫尔巴特运动"的倡导人和积极参加者。莱因本人亦曾受聘前往英国、瑞典等国讲学。总之，赫尔巴特学派促成了一个风靡全球的国际性教育学运动。

五、西方近现代的教育学派和教育学家

教育学从17世纪的夸美纽斯到19世纪的赫尔巴特的二百多年里，始终以欧洲为活动舞台。但是，到了19世纪末20世纪初，美国逐渐崭露头角，开始成为世界另一教育学术活动的中心。如果说，19世纪资产阶级教育思潮以德国最为发达，到了20世纪第二次世界大战后，美国则成为资产阶级教育思潮的大本营。

这是因为，教育学虽于19世纪问世，然而和教育事实本身所具有的复杂性相比，教育理论的研究还显得太稚嫩。赫尔巴特曾认为，夸美纽斯的《大教学论》只是一本教学法专著。其实，赫尔巴特的教育学，也只不过是一本教学论著作而已。这种教育学，不论就其形式或内容来说，都远不是完善的。因此，它被视为是一种反映传统教育的教育学理论，必然面临着新的挑战。

近代以来，随着教育科学地位的确定，19世纪德国教育家赫尔巴特系统奠定的以学科为中心的唯理性教育模式，由于其对各学科知识系统性、理论性的重视，对纯粹科学和抽象思维的偏重，对智育训练的片面强调，对学生的强迫和控制，从另一个方面使教育与社会和人生相脱离，妨碍了学生的个性发展。美国教育家杜威在20世纪初发动的对这种传统教育的革新，为现代世界教育的发展、改革提供了一个新的方向。这就是反映资产阶级教育革新运动的“现代教育学思潮”。

资产阶级教育革新运动代表了教育学发展的一个特定的历史时期。在这个时期中，瑞士教育家爱伦·凯（Ellen Key）的《儿童的世纪》（1900）、法国教育家德莫林（E.Demolins）的《新教育》（1898）、美国教育家杜威的《民主主义与教育》（1916）以及意大利教育家蒙台梭利的《童年的秘密》（1936）等，都是这种教育思潮的代表作。

（一）近现代美国主要教育学派和教育学家

1. 美国的进步教育运动

19世纪末20世纪初，欧洲出现了新教育思潮，美国出现了进步教育运动。19世纪末，美国为适应工业化、都市化和大量移民的需要，出现了一个社会改革运动，它的目的是为了通过一个有控制的、合理的社会改

革的过程，维护和发展资本主义。进步教育运动就是这一社会改革运动的一个组成部分。这些教育理论及其主张反对当时美国沿袭欧洲形式主义教育占统治地位的旧传统学校教育，反对传统的以传递知识为中心的教学理论，主张把儿童作为中心，强调儿童学习的独立性和创造性，教育与社会生活的联系，等等。美国教育家帕克（F.W.Parker）于19世纪70年代在马萨诸塞州昆西市首先进行了新教学方法实验，他被认为是进步主义教育运动的奠基人之一。"进步主义教育"一词，在当时美国已散见于报章杂志，泛指不同于传统的教师、学校和教学方法。例如，F.艾德勒在纽约所进行的手工训练和幼儿园的教育；E.亨廷顿在纽约对年龄较大的女幼童采用幼儿园的教学方法，用家庭厨房器具代替幼儿园的"恩物"，并提出一种"家事活动课程"，以及作为示范中心而出现贺拉斯·曼学校；等等。1896年，杜威在芝加哥大学开办实验学校，被认为对进步教育运动是一个重大贡献。20世纪初，约翰逊（M.Johnson）在亚拉巴马州费尔霍普开办了一所与卢梭早期的设想类似的有机教育学校。他认为，在一个理想的学校里，应当有台子和椅子，而不应当有书桌；对于9—10岁以下的儿童不应当教读和写，而应当为儿童的劳动和游戏提供"无限多的题材"；音乐、舞蹈、游戏、手工和讲故事等，应成为早期课程的主要内容。第一次世界大战期间和战后，美国建立了许多新的学校，许多旧的学校也接受了进步主义教育理论的主张。特别在一些大城市学校里，更广泛地采用活动课程和设计教学法，以及核心性质的课程。1919年，进步教育协会成立。1930年，进步教育运动达到全盛时期。到1938年，进步教育协会会员达10 500人。进步教育协会第一任名誉会长是化学家与教育家、哈佛大学的C.W.埃利奥特，1928年由杜威继任。

进步教育协会在成立时宣称，它的目的在于鼓励儿童自由的和自然的发展，以及为了这个目的研究儿童的身体和智力的发展，并以儿童的兴趣作为他们的教育活动的根据。后来，许多进步主义教育的支持者对后一个原则作了修改，即教育应以儿童的兴趣和需要为根据。美国的进步教育协会并不是一个牢固的团体，它的成员对于进步主义教育的理解并不一致。例如，教育家克伯屈（W.H.Kilpatrick）根据杜威关于经验和思维的理论，提出了设计教学法；教育家鲁格（H.O.Rugg）提出了"儿童中心学校"；教育家康茨（G.S.Counts）在20世纪30年代美国经济大萧条时期，主张学校应担负起社会改造的责任，应敢于建立社会新秩序。

杜威认为赫尔巴特的教育理论最大的贡献，在于使教学摆脱了陈规和偶然性，而成为有一定的目的和程序的事情。赫尔巴特比任何教育家都特别注意教材问题。它的弱点在于给儿童所提供的材料是“从外面和上面”所强加的，而不是在儿童活动的基础上产生的。这种教育学把什么都考虑到了，却忽视了最重要的东西，即儿童具有寻找机会、生动地表现自己的生命力的能力。因此，杜威认为，赫尔巴特主义基本上是教师心理学，而不是儿童心理学。他说：教学能不能被接受、被吸收，怎样被接受、被吸收，一般说来，是难定的事情。为减少这种不定的程度，我们须尽我们力量所能做的，在学生身上培养一种有利于教学的心理状态。但是，他以联想心理学为根据的“教学四步骤”的形式，并没有也不可能克服这个弱点。

人们一般把杜威教育哲学看作是进步主义教育的同义词。其实，杜威对这个运动中出现的一些现象一开始便进行批评。他一直反对“非此即彼”的思想方法，他主张一切从经验出发，并详细阐明经验“连续性”和“相互作用”的原则。他认为半个多世纪以来，美国进步教育运动最显著的成就，在于带来了课堂生活的变化，即对于儿童的需要有了更多的认识，师生关系变得更亲切和民主化了。但他指出，这主要是气氛上的改变，旧教育最根本的权威主义还以多种形式继续存在着，他着重地指出，进步主义教育的弱点在于知识性教材的选择和组织问题等。由于这个运动事实上是以杜威教育哲学为指导，它的成就和失败也被看作是杜威教育哲学本身所带来的结果。

第二次世界大战后，进步教育运动由于被认为不能提高知识教学的质量而逐渐衰落。1955年进步教育协会的解体和两年以后它的刊物《进步教育》的停刊，标志着美国教育学的一个时代的终结。但由于美国20世纪60年代全国性的课程改革并没有取得预期的结果，于是70年代起一些学校转而移植在英国流行的“开放课堂”（即“开放教育”）。这种教育，强调儿童个人的兴趣和需要。这一教育思潮，被许多人称为“新进步运动”。进步主义教育作为一种思潮，在当前美国学校中，仍具有一定的影响。

2. 要素主义教育

20世纪30年代美国出现了一个称为要素主义教育的教育思想流派，也被称为传统主义教育或保守主义教育流派。其主要代表人物有巴格莱（W.C.Bagley）、坎德尔（I.L.Kandel）、芬尼（R.Finney）布里格斯（T.Briggs）等。

1938年1月，巴格莱在新泽西州大西洋城组织了一个小团体，即“要素主义者促进美国教育委员会”，并以一篇论文《要素主义者的纲领》作为该团体的宣言。

要素主义者在哲学观点上各不相同，但在教育观点上是一致的。他们都强调“种族经验”或“文化遗产”的重要性，认为经过历史检验的多数人的经验比个人经验有意义，比根本没有经过检验的儿童经验更有意义。他们还认为，在人类遗产中有着“文化上的各式各样最好的东西”，有着“一种知识的基本核心”，即所谓共同的、不变的文化要素，其中包括各种基本知识、各种技艺，以及传统的“态度”、“理想”等，而这些要素是人人都要学习的。学校的主要任务就是要把这些文化的共同要素传授给青年一代。

要素主义者对进步主义教育持批评的态度。巴格莱认为，进步主义教育由于强调学习者的兴趣、自由、目前需要、个人经验、心理体验和学生的主动性，而忽视努力、纪律、长远目标、种族经验、逻辑联系和教师的主动性，完全放弃了以学业成绩的严格标准作为升级的依据。轻视学习的系统性和顺序性，因而不仅降低了教育质量，而且对美国的“民主”起了削弱作用。坎德尔认为，要素主义者和进步主义教育者一样，关心学习必须依据学习者的能力、兴趣和目的这个原则，但那些兴趣和目的必须由富于经验的教师加以改造，因为教师是教材逻辑组织的主宰者，而且懂得教育发展的过程。巴格莱和坎德尔的这些观点，是要素主义者最基本的观点。

要素主义教育家强调以学科为中心和学习的系统性，主张应恢复各门学科在教育过程中的地位，严格按照逻辑系统编写教材。他们还认为，一些对学生心灵的训练具有特殊价值的科目，如拉丁语、代数和几何，应作为中等学校的共同必修科目。要素主义者一般很重视智力的陶冶，认为蕴藏在儿童身上的智力和道德力量的资源不应当被浪费，主张提高智力标准，教育的目标应该是发展人的智慧力量。

由于特别强调系统的学习和智力的陶冶，要素主义者强调教师在教育过程中的主导作用，认为教师属于教育体系的中心，应充分发挥教师的权威作用。如果学生对要素的学习不感兴趣，教师应该强制他们学习。他们认为，在教育过程中，不能把学生的自由当作手段，而应当作为过程的目的和结果。

第二次世界大战后，特别是1957年苏联人造卫星发射成功以后，由于要素主义教育重视系统知识的传授，适应了美国科学技术革新和扩充实力的需要，受到美国各界的支持，成为“当代美国占统治地位的教育哲学”。其中，教育家贝斯特（A.Bestor）、科南特（J.B.Conant）、里科弗（H.G.Rikcover）等是这一时期的主要代表人物。贝斯特于1956年组织了“美国基础教育观点委员会”，主张：中小学应设置更多的基础课程；真正的教育是智慧的训练；中学毕业生必须具有坚实的基础知识和更高的技术操作能力。科南特在A.卡内基财团的支持下，对美国的教育政策、学校制度和课程设置提出了一系列的改革建议。他主张凡中学生都应当学习各门基础学科，包括英语、社会研究、美国历史、数学和自然科学；特别强调，学校应该培养足够数量的科学家和工程师，为工业和国防提供力量；极力主张天才儿童教育，认为学生中具有天才的只是少数，应当在比较年幼的时期鉴别出来，加以精心培养，让他们选学严格的学术性科目。

19世纪末20世纪初，以美国教育家杜威为代表的现代教育学派，反对以德国教育家赫尔巴特为代表的传统教育学派的主张，提出学校教育应以儿童的活动为中心。到了20世纪30年代，以美国教育家巴格莱等人为代表的新传统教育学派，批评现代教育学派忽视系统书本知识的学习，强调读书才是教育过程的核心。在50—60年代的美国中小学课程改革中，科南特等人更加强调让中学生通过读书来掌握各门科目里的“核心”东西。在苏联，也有类似的情况，如在20年代普遍强调学生的生活和劳动是学校教育的基础，而到了30年代以后，却大力加强传授各学科基本知识的教育。

20世纪50年代美国中小学曾进行课程改革，强调“新三艺”（数学、自然科学、外国语），并按学术标准，推行能力分组等。这些方面，主要是以科南特等人关于要素主义教育理论为依据的。但由于要素主义教育片面地注重书本知识和传统的教学方法，加重学生负担，脱离实际，故曾引起广大青年的不满，也没有取得预期的效果。至60年代末，要素主义教育在美国就失去了统治的地位。

3. 永恒主义教育

永恒主义教育流派产生于20世纪30年代初，主要代表人物有美国的赫钦斯（R.M.Hutchins）、阿德勒（M.J.Adler）、英国的利文斯通（R.W.Livingstones）和法国的阿兰（Alam）等人。赫钦斯毕业于耶鲁大学，曾任芝加哥大学校长，著有《美国高等教育》、《为自由而教育》、《民主社会中教育的冲突》等。阿德勒从哥伦比亚大学毕业后，曾在芝加哥大学、圣约翰学院任教，著有《怎样读一本书》等。利文斯通在牛津大学毕业后，曾任贝尔法斯特女王大学副校长、牛津大学三一学院院长以及伦敦古典语言协会主席，著有《保卫古典教育》、《教育的未来》等。阿兰毕业于巴黎高等师范学校，曾在里昂、巴黎的中学任教，著有《教育漫谈》等。

永恒主义教育流派反对适应论，主张永恒论。永恒主义教育流派是在20世纪30年代初反对进步主义教育思潮中出现的。当时，在美国教育界处于统治地位的是进步主义教育观。进步主义的教育原理是适应论，即认为人生活在变动不居的世界里，其观念知识都在不断变化，不是永恒不变的。永恒主义教育家基于古典实在论的哲学观点，认为宇宙存在一种永恒不变的、绝对的、同一的实在，事物的变化被一种永恒的普遍法则所支配，并且总是以其不变的固有本质为基础，而"人是理性的动物"，而理性乃是人性中共同的最主要的不变的特性，正如宇宙中的实在具有永恒不变性一样，因此，他们认为建立在这种永恒不变的人性基础上并为表现和发展这种人性的教育，在本质上也是不变的。每个地方的教育、对每个人的教育，在本质上是一样的。阿德勒曾强调说："如果人是理性动物，在全部历史时代中，其本性是永恒不变的话，那么不管处在什么文化和时代，每一种健全的教育方案中，都必须具有某种永恒不变的特点。"①所以在永恒主义教育家看来，人类社会两千多年来的教育的基本特点也仍适合于我们的时代。

永恒主义教育流派认为教育的目的是要引出我们人类天性中共同的要求。永恒主义教育家认为，既然在人类天性中存在共同要素——以理性为特征的人性，那么，教育的首要目的就应该是引出这种要素，对人施以"人性的教育"，关注那些"属于人之作为人的东西"以及"人与人之间相通的东西"，使人的理性和精神力量得到充分的发展，达到人性的"自我实现"、人的进步和完善。而且，这种教育目的在每个时代、每个社会都是相同的。正如赫钦斯说的："如果教育是被正确地理解的话，关于理智的培养也会被理解。理智的培养对一切社会里的一切人都是同样的好事。"②也正是基于这种"人性的教育"，永恒主义教育家批评进步教育的所谓"适应论"和"直接需要论"，强调教育应该以发展人的理性和智慧为目标，使学生了解人类文化遗产中的精华，了解和实现其价值标准，成为

① 引自陈友松主编：《当代西方教育哲学》，教育科学出版社1982年版，第65页。

② 王承绪、赵祥麟编译：《西方现代教育论著选》，人民教育出版社2001年版，第206页。

有理性和负责精神的公民，以便参加未来的社会生活，而不能只为适应现在的生活。

永恒主义教育流派认为永恒的古典学科应该在学校课程中占有中心地位。永恒主义教育家认为，从“永恒真理”中引申出来的“永恒学科”是发展“理性”的最好途径，赫钦斯强调说：“有一些永恒课程，凡愿意自称受过教育的人应当予以掌握，如果那些课程构成我们理智的传统，那么，那些课程应当成为普通教育的核心”。[①]永恒主义教育家所说的“永恒学科”，就是指历代大思想家的伟大著作，尤其是经历许多世纪的古代名著。在他们看来，古代、中世纪和现代各个时代的名著杰作超越了地域和时间的限制，是人类知识和智慧的宝库。永恒主义教育家还认为，古典语言在学校课程中的消失是一种灾难，会影响到国民精神的塑造，因此，赫钦斯和阿德勒提倡并组织读古典著作运动，利文斯通强调古典的学问是我们各门学科得以生长的土地，阿兰主张回到古人那里去。他们主张大学生必须阅读古代作家的名著，从中汲取那些永恒的东西。在中学课程方面，主张重新开设古典语言课程，把希腊文、拉丁文放在重要的地位上，为学生学习伟大的古典著作打下基础。在小学课程方面，他们强调在进行读、写、算的基本训练的同时，也应要求儿童熟记一些伟大的古典著作中的某些段落。

永恒主义教育对进步教育的批评比要素主义教育更加激进，但从整体上来看，它并未提出什么新的价值判断标准。永恒主义教育与要素主义教育都倾向于传统教育，但也有分歧，特别是在如何对待西方古典名著和现代科学技术知识的问题上存有异议。

作为一种教育哲学思想，永恒主义教育在教育理论上有一定影响，但在教育实践中的影响不大，主要限于大学和上层知识界中的少数人。特别是由于永恒主义教育的复古态度，把学生的学习限于古典著作，因此遭到人们许多批判，认为它把历史的时钟往后拨，脱离了现实社会。

(二)近现代欧洲主要教育学派和教育学家

在这个时期，欧洲出现了一种“新教育学理论”，即主张从社会的观点来研究教育问题。首先提出这种主张的是德国哲学家纳托尔普

---

① 王承绪、赵祥麟编译：《西方现代教育论著选》，人民教育出版社2001年版，第208页。

（Natorp,1854—1924），他的代表作是《社会教育学》。德国的凯兴斯泰纳和纳托尔普是同属这一派的。此外，还有德国的克里克（Krieck）、法国的涂尔干（E.Durkheim）等教育社会学家。

1. 纳托尔普

纳托尔普是德国哲学家、教育学家。他强调学生知、情、意三个方面的和谐发展，尤其注重意志教育、社会教育对集体生活的重要性。他的《社会教育学——立足于社会的意志教育的理论》初版于1899年，同杜威的《学校与社会》初版同年。第四版（1919）吸取了最新研究成果，进行了大量增删。由"基础论"、"伦理学与社会哲学的主要概念"、"意志陶冶的组织与方法"三部分构成。纳托尔普在《社会教育学》里着重指出，教育不仅决定于儿童的心理，而且也决定于儿童的生活条件，从而教育在根本上是受社会制约的。社会中出现的矛盾，根源在于人的意识，主要问题是教育人们具有精神的共同性，克服不良行为。

2. 克里克

克里克不讲究对教育实践是否有用，专以教育的事实规律的认识为目标，提倡教育科学，以代替教育学（padagogik）。不过，他的纯粹教育学并不否定历来的教育学的存在。他认为，历来的规范教育学是一种技术学，应用教育科学是作为纯粹教育科学与现实的教育过程之间的一种媒介存在着。但它的存在只能限于依据纯粹教育科学所确立的合乎规律的部分。他从教育是社会的根本职能这一认识出发，认为教育科学必须同社会学结合起来。不过，他的教育科学是同心理学完全绝缘的，因为他拒绝经验科学的研究方法，把现象学的本质直觉视为有效的方法。

3. 凯兴斯泰纳

凯兴斯泰纳是德国教育家。师范学校毕业后，他先后任小学、中学教师，并多年领导慕尼黑的国民教育工作。他曾获得哲学博士学位。退休后，他以名誉讲座名义在慕尼黑大学主讲教育原理和学校组织等课程约13年。法、英、美等国都曾争聘他讲学。

凯兴斯泰纳一生从事教育活动，形成自己独特的教育思想，即以性格陶冶为主的劳作教育思想，适应了当时德国资产阶级需要培养大批生产上有技术、政治上能服从资产阶级利益的工人的要求。他在主持慕尼黑市教育时，把国民学校改为劳作学校，把劳作教育纳入他的公民教育系统里。他早在1901年发表的《德国青年公民教育》一文中，就论证了如何使国民学校的青年为资本主义社会服务的问题。

凯兴斯泰纳认为，绝大多数国民的特性是自愿从事体力劳动，只有极少数人适宜于精神工作，因而主张对不同阶级的人实施不同的教育。为绝大多数人设立的国民学校，应改为劳作学校，对未来的体力劳动者进行职业训练。给少数特权阶级子弟设立中学，为培养他们成为未来的统治人才进行必要的教育。为此，他竭力维护德国已经形成的双轨学制。

凯兴斯泰纳给公立学校提出了三项基本任务：①进行职业的陶冶或职业陶冶的准备；②职业陶冶的伦理化；③个人所在团体的伦理化。他所说的伦理化，就是由个人内心体验价值的增长而自愿做自己应该做的工作。这三项任务是紧密相连的。劳作教育与公民教育也是紧密相连的，劳作教育是手段，实施劳作教育就是为了完成公民教育的目的。

凯兴斯泰纳把国民学校改为劳作学校的具体措施，就是在每所国民学校制订实际的工作计划，增设学习工场、校园、烹调室、缝纫室、实验室等，以便系统地培养学生体力劳动的兴趣、习惯和技能。在劳作学校里，把劳作教学作为一门独立的学科，聘请受过训练的教师进行具体指导，以收到更好的教学效果。

凯兴斯泰纳认为，过去那种死记书本知识的教育，已不是今天所需要的国民教育。与其让学生学大堆的死知识，还不如让学生获得精神的发展、伦理的适应力和劳作的本领。因而他主张在国民学校里，给学生极少的知识材料，多给以性格的陶冶，使学生养成较好的适应力、工作的兴趣和本领，更好地完成国家公民的义务。

凯兴斯泰纳还在慕尼黑市创办了一些补习学校，招收企业的工人，给予为期2—3年的补习教育，要求企业只允许本企业工人每周用空闲时间学习8—10小时，同时给工人以公民教育的训练，使其安心地为企业主进行生产，给企业主创造更多的利润。在凯兴斯泰纳的影响以及资产阶级的赏识下，德国各地都设立了劳作学校，曾形成一种新的教育运动。

凯兴斯泰纳著有《教育原理》、《劳作学校要义》、《陶冶过程的基本原理》、《性格与性格教育》、《公民教育要义》等著作。

4. 涂尔干

法国社会学家涂尔干一般被认为是教育社会学的开创人。他在《社会劳动分工论》、《社会学方法论》、《教育与社会学》、《道德教育论》等著作中，分析了社会发展与教育作用之间的各种关系。他认为教育是由社会决定的，但教育也是对社会发生作用的一种社会现象。他认为，教育是年长一代给未能适应社会生活的年轻一代所施加的影响，其目的在于发展其生理、智慧和道德三类品质，使其适应政治社会和具体环境对个人提出的要求。“教育”是使年轻一代社会化，学校的任务在于实现儿童的社会化。

1883年，美国沃德（L.F.Ward）在《动态社会学》里，第一次使用了“教育社会学”一词。他认为，人具有足够力量控制自然力，人的各种欲望是一切行动的基础，而“为社会创新”的欲望能改造环境，改变人类本身的行为，促进社会进步。1899年，杜威在《学校与社会》一书中，进一步论述了教育与社会进步的关系、学校与儿童生活的关系以及教育浪费等问题。他认为，学校教育制度的改革要受社会进步历程的制约，儿童在学校的生活应体现自然、社会、个性三者的综合作用，而教育的浪费是由于学校处于孤立境地造成的。

（三）对西方近现代教育学的历史评价和对当代教育学的展望

历史唯物主义要求把历史上的事物置于历史发展的长河中，还历史本来的面目，发展地、辩证地进行客观估量，以求作出符合客观事实的评价。对西方近现代历史上出现的教育学的评价，不论对赫尔巴特还是杜威，都应当是这样。

诚然，赫尔巴特的教育学，是他那个时代的最高成就，是与他那个时代的教育目的、教育制度相适应的。但很明显，教育学的基调也只是基于心理学依据的教学问题之学，即以教学问题为中心的教学论或教学之学。这也可以说是近代教育学所明显具有的基本特色。为什么教育学在近代产生了偏重于教学问题和心理学问题的倾向呢？为什么以教育学之名出现而展现出来的只是一种教学之学或称教学论呢？在这里，只要对其时代背景稍作一番考察，就可发现，除了当时的心理学得到较大发展而外，也因为文艺复兴以来，近代教育深受社会对个人需要的关注和个性发展的重视的影响。因此，不仅教育学家，就是哲学家、社会学家也往往力图从心理学的角度提出了个性发展的理论依据。同时，心理学本身也因对人的重视而得到空前的发展。但是，即使在那时，人的发展也不可能摆脱片面发展的命运。近代教育的目的主要是满足个人发展的需要，而不是满足社会发展，首先是经济发展这个根本的需要。这种局面一直延续到19世纪中叶。

现代教育已经远远超出了个人需要的范围。虽然，人们仍然确信个人的重要性，但个人生活于其中的社会的重要性及其对个人的影响也日益突出。现代教育的一些棘手问题实际上都是社会问题。与此相适应，现代教育科学也向多元化、多层次方向发展。单纯心理学化既不符合现代教育的本质特点，也不符合现代教育科学的发展逻辑。许多教育学家、教育家、政治家开始从广阔的社会背景和理论背景中透视教育问题，重新审视过去的教育观念就成为十分自然和十分迫切的事情了。

人类的教育活动是牵涉到其他人类活动最为广泛的领域之一。在人类教育活动渐渐成为一种社会事业、社会制度之后，教育的研究，就逐渐延伸到对人类活动的各种相关因素的探索和了解。近几十年来，教育科学开始出现了整体化研究的发展趋势。系统论已经开始被引进教育科学各个分支学科的研究领域。人们把现代教育科学的研究分为两类：一类是“纵向整体化”研究，即教育科学理论和实践相结合，基础理论研究与应用研究相衔接；另一类是“横向整体化”研究，即跨学科研究。这两类整体化研究相互作用，相互为用，促使整个教育科学研究向纵深发展。教育学是教育科学的各个学科的总称。它是一门内容十分丰富的科学，情况之所以是如此，其主要原因是：教育结构复杂；教育的种类和类型繁多；教育和人类生活有着多方面的联系；教育研究的目的、角度、方法和原则是多种多样的；等等。这就使教育学的分类愈来愈细，愈来愈多，而且随着社会和科学技术的发展，许多科学都向教育学提出了要求，这就促进教育学不断出现一些新的分支学科。

此外，在这里，还有必要就教育学史上所谓传统教育学派与现代教育学派和教育史上所谓传统教育与现代教育的问题在理论上作一些辨析与说明。

在教育学史上，一般把赫尔巴特的教育理论称为传统教育学或传统教育派，将杜威的教育理论视为现代教育学派或现代教育派，在教育史上也有以时间来划分传统教育和现代教育的。因此，说起来，传统教育本身就是一个十分复杂的范畴。如果以时间来划分，我国历史先后出现过以儒家教育为代表的古代传统教育，它经历了两千余年的历史；20世纪初传入的德国赫尔巴特的教育理论，对我国近代教育曾有相当广泛的影响；20世纪20年代以后，美国杜威实用主义教育学说及设计教学法等自称为“现代教育”的理论和方法，也在一定时期一定范围内流行过；50年代以后，苏联凯洛夫的教育理论对新中国成立以后的教育产生过深刻的影响。这些不同的教育理论是不同时代的产物。它们所揭示的教育规律层次不同，其弊端的表现也各不相同，应作具体分析。例如，有文章说传统教育只重传授知识不注重能力的培养，而英国教育家斯宾塞（H.Spencer）、赫胥黎（T.H.Huxley）就倡导学生在学习中独立探索，杜威更强调通过学生亲身参与探究活动去获得知识，重视培养儿童的首创精神和独立思考能力。在我国古代，早在《礼记·学记》中就提出教师的教学要“导而弗牵，强而弗抑，开而弗达”，强调教师要引导、激励、启发学生，不可牵着学生学习、强制学生学习或代替学生得出学习结论，这里的“导”、“强”、“开”，不正是要发挥学生学习上的主动精神、培养学生的能力吗？所以，笼统地把传统教育作为一个论述对象，用简单的几句话来概括传统教育的特征，是难以揭示传统教育本来面目的。

无论传统教育还是现代教育，都是一个历史的概念。任何传统教育在其形成时，都曾是“现代教育”，都对教育的发展作出过贡献；任何现代教育，随着时间的推移，都将成为传统教育。就以我国古老的孔子教育思想为例，在春秋末期，他创办私学的教育活动，提倡“有教无类”，“性相近，习相远”，“学而优则仕”，对商周时期“学在官府”的传统教育、“世卿世禄”的传统观念和制度，无疑是一种具有“现代”气息的“新教育”。他办私学的模式，对于战国时期私学的繁荣曾作出过极大的贡献。但是随着时代的前进，经过历朝统治者的改造，“尊孔读经”成了封建教育的灵魂，严重地束缚了教育的发展，成为传统教育。近代赫尔巴特教育理论的传入，对当时面临崩溃的传统教育来说，当然是具有“现代”特征的“新教育”理论，它在中国的流行，使学校的教学工作，特别是课堂教学程序化、计划化，与当时班级授课制度相配合，提高了教学效率，在我国学校教育近代化过程中起过重要的作用。而当20世纪20年代杜威实用主义教育理论出现之后，它又被视为“传统教育”而受到批评。在教育史上，几乎每一种教育理论都经历过这个过程。从教育史的角度看，永恒的传统教育固然不存在，永恒的现代教育也是找不到的。因此不能简单地视传统教育为保守、僵化，更不能认为我国传统教育的内核是因袭、守旧、陈腐，这样看待传统教育是不符合辩证法的。

从现代教育与传统教育的关系看，任何现代教育在取代传统教育时，总是在否定中继承，在继承中否定的。每一种传统教育在退出历史舞台时，必然给后人留下一部分正面的或反面的遗产。反面的遗产固然会使继承它的现代教育步履更加艰难，却发人思考，使现代教育的研究更为深入；正面的遗产则融化在继承它的现代教育之中，成为现代教育的组成部分。近现代教学理论发展的历史充分说明了这一点。20世纪初，杜威实用主义教学论在取代赫尔巴特教学论时，曾批评赫尔巴特的教学论使教学与生活脱节，忽视了儿童学习的主动性，教学方式是灌输式的。杜威认为一切学习来自经验，主张“从做中学”，提出“活动课程论”，但在纠正赫尔巴特教学论的弊端时，没有吸取其长处，走到另一极端，只重视学生的生活经验，忽视了系统基础知识的传授，结果降低了学生掌握知识的水平。20世纪30年代苏联教育家凯洛夫在批判这种教学论，总结苏联教育、教学经验基础上建立的教学论，注重知识技能的传授，强调使学生掌握系统的科学知识是教学的基本任务，教科书是学生获得知识的主要来源，教师在教学中起主导作用。这种教学论与赫尔巴特的主张有不少相似之处，但不是赫尔巴特教学论的再现，而是经历了杜威实用主义教学论之后，对赫尔巴特教学论的弊端作了一定程度的纠正，在批判杜威教学论的同时也吸取了杜威教学论中的某些思想。比如，对技能传授的重视，对学生学习主动性、积极性的强调，等等。但凯洛夫教学论对学生的发展较忽视，在这种教学论的指导下，教师向学生灌输知识多，学生独立探索学习少，缺乏思想的灵活性和创造性，不能很好适应科学技术飞速发展的形势。20世纪50年代以来的世界性教学改革的潮流中，出现了许多新的教学理论，如美国布鲁纳（J.S.Bruner）的知识结构理论、斯金纳（B.F.Skinner）的程序教学理论、苏联赞科夫的实验教学论、巴班斯基的“教学过程最优化”理论等。这些教学理论注意研究课程和教材的改革，促进教学内容现代化；强调在教学中发展学生智力，培养科学态度和创造性的思维能力；重视学生自学能力和操作能力的培养，使学生用脑和用手劳动结合起来，从而使教学论的研究进入新的阶段。这些我们今天所说的现代教学理论，是克服杜威、凯洛夫教学论的片面性，同时也吸取杜威、凯洛夫教学论中的某些合理因素而形成的。

近代教学理论发展的这种“否定之否定”的历史告诉我们，在教育发展的历史长河中，传统教育与现代教育是割不断的，它们之间是有所渗透、吸收，并相互补充的。现代教育对传统教育的改革，不是采取“反其道而行之”，更不是不加分析地加以抛弃所能解决的。

任何一种传统教育，其内容都是精华与糟粕共存。在“传统教育”之前冠以“陈腐的”是值得商榷的，因为传统教育并不全是“陈腐的”。特别是由于传统教育形成于封建社会或资本主义社会，深深打着时代和阶级的烙印，很容易使人以此为蔽，看不到它们所揭示的某些带普遍意义的教育规律。我们不能把形成于农业社会、工业社会，而在我国社会主义条件下有利于教育发展的东西，视为封建主义教育、资本主义教育而加以反对和抛弃。我国古代思想家、教育家墨子曾说：古之善者则述之，今之善者则作之，欲善之益多也。全面、客观地认识和评价传统教育，不只是为了给传统教育以一定的历史地位，更重要的是为了丰富现代教育的内涵，推动教育改革的深入。

六、近代西方教育学在中国的传播

（一）近代西方教育学在中国传播的几个阶段

教育学在我国成为一门独立的学科，是从西方教育学输入以后才开始的。从1901年罗振玉在上海创办《教育世界》这本教育杂志算起，或从它被规定为我国师范学堂的一门课程的时间算起，至今，已逾百年。其过程，大体说来是：先抄日本，后袭美国，再学苏联。下面依次分三个阶段作简要的叙述。

第一阶段，1901—1919年，这是西方教育学在我国开始引进的时期。

19世纪中叶以后，由于政治变革的需要，教育改革被提上了重要的日程。迫于内外的压力，清政府不得不于1901年正式下令停武试，废八股，改书院为学堂。1905年设学部，废科举，从而结束了在我国长达1 300年之久的科举制度。1904年清政府颁布的《奏定学堂章程》基本上是照搬日本的学制。

我国近代对西方教育理论、教育学说的翻译介绍，略晚于教育制度方面的介绍，大致是戊戌变法前后开始的。20世纪初，出现了第一个高潮，并具有一定的实际影响。

1902年《钦定高等学堂章程》中，规定京师大学堂的师范馆课程内设有教育学这门课程，其内容要点涉及教育宗旨、教育原理、学校管理等。1904年《奏定学堂章程》载明教育学是高等学堂文科的选修科。优级师范、普通师范及简易师范均应以教育学为重点课程，其内容涉及教育宗旨、教育原理、教育制度、教学法、管理法等。1913年公布的大学课程中，教育学被列为文科的必修课。其中，除上述的内容外，还增加了教育史、学校卫生、教育法令及教育实习等。1921年商务印书馆发行的师范学校新书目中就列有“教育学”。1922年，全部学制进行改革，颁布了《新学制课程标准》，其中也同样有“教育学”这门课程。

最早在我国出现的教育学大都来自日本，而当时日本的教育学是从德国学来的赫尔巴特教育学。20世纪前后，西方一些著名教育家的学说和著作，也大多假手日本介绍到中国来。除此之外，夸美纽斯、卢梭、洛克、斯宾塞、裴斯泰洛齐、福禄培尔、赫尔巴特等人的传记、学说和著作，也曾在各种刊物上出现，尤其是我国最早创办的教育杂志《教育世界》，作了较为系统和全面的介绍，在当时具有很大的影响。另有大量介绍欧美教育学说流派、教育制度及教育现状的文章和著作，也主要是通过日本翻译过来的。进入20世纪，我国就有了专门教育学著作的传入。

随着教育学翻译本的使用，在这个阶段的后期，国内一些学者和师范学校的教员都感到教育学理应以“适于吾国现情为主”，相继也就出版了一些我国学者自编的教育学著作。这些教育学著作与译著相比，有的仅在体系上作了调整。

第二阶段，1919—1949年，这是西方教育学说在我国广泛传播的时期，也是杜威教育学说对我国影响较大的时期。

资产阶级教育革新运动的思潮，1919年五四运动前后开始涌入中国。对中国教育工作者影响较大的是美国的实用主义教育思想。陶行知于1919年3月在《时报》，胡适于1919年4月在《新教育》，分别撰文介绍杜威实用主义教育学说。五四运动前夕，杜威亲自来中国讲学。

杜威在我国着重宣传他的实用主义哲学和教育学。杜威的代表作《民主主义与教育》，在我国曾直接作为教育学或教育哲学的教材。一些留学西方的教育学者通过翻译和亲自著作大量地介绍了西方其他各派的教育思想。

继杜威之后，在我国一些城市的中小学里，还试行了道尔顿制、设计教学法，推行智力测验和教育测验，美国教育家帕克赫斯特（H.Parkhurst）、孟禄、克伯屈等都先后来中国传播他们的教育思想，其中有分团教学法、设计教学法和道尔顿制等，在20世纪20年代对中国教育界曾有一定的影响。在这个时期前后，还出版了一些中国人自编的《教育概论》、《教学法》、《教育行政》、《教育测验》等书籍。

第三阶段，1949—1978年，其中1952—1957年是主要学习苏联教育学的时期，1958—1978年整整20年，在中国，是教育学横遭极“左”思想、极“左”路线摧残，教育学者遭受空前迫害，以致出现了一个“教育无学”、“教育无家”的时期。

新中国成立初期的教育学著作，有的高等师范学校称为《新民主主义教育学》，有的则沿用新中国成立前的名称仍叫《教育概论》，其作者均试图用马克思主义的观点来分析和研究教育问题，指出在阶级社会中教育是有阶级性的，并着重分析教育和政治、经济的关系。教育属于上层建筑，是阶级斗争的工具等观点普遍流行开来。在教育内容和方法上，提倡理论和实际相结合，学习共同纲领，学习共产党的政策法令，介绍一些解放区和东北地区的教育经验，如冬学、扫盲等，也介绍一点陶行知的“生活教育”的主张，内容十分庞杂，体例互异。究竟教育学应该包括哪些方面的内容，它应该是怎样的一个体系和格局，这些问题似乎还没有人提出过。

从1952年起，在当时政治上一边倒、全面学习苏联的形势下，苏联凯洛夫的《教育学》教材普遍在我国高等师范学校采用，苏联专家在我国讲学、组织听课、观摩教学等活动甚为普遍，于是苏联教育学的影响迅速扩大。

在1958年的“教育大革命”中，凯洛夫《教育学》第一次在我国受到批判，认为它的缺点是“三脱离”，即脱离政治、脱离生产劳动、脱离实际。一些师范院校在批判凯洛夫《教育学》的同时，采用“三结合”的方式，以当时发表不久的“教育为无产阶级政治服务，教育与生产劳动相结合”的教育方针为纲目，自己动手编写中国自己的《教育学》。这种主观愿望无可厚非，但其结果完全背离了科学性与思想性统一的要求，充斥其中的只是党的方针政策和领导人的言论，以及随处可感的咄咄逼人的阶级斗争的喧嚣，随处可闻的敌视知识和知识分子的浓烈的火药味，人类优秀的教育遗产被否定得一干二净，同时，也否定了教育规律。当时编出来的《教育学》和当时某些领导人的言论共出一辙。其观点似乎不需要发展生产力，不需要普遍提高教育程度，只要教育同生产劳动结合得好，就能消灭体力劳动与脑力劳动的差别，就能实现共产主义的理想。这样就造成了一种偏向，以为劳动的时间愈多愈好。在实践中，全日制学校的工作常常变成以劳动为主，而不是以教学为主。

1958年“教育大革命”中采用所谓群众路线的方式所编写的《教育学》，实际上是教育方针、政策汇编，枯燥无味，不受欢迎；毫无生命力可言，但也造成了影响，即所谓“无产阶级教育学”只能是这个样子，不是这个样子的统统是“资产阶级教育学”，统统是“封、资、修”。

在“文化大革命”中，以反智、反文化为特点的极“左”思潮、极“左”路线达到了登峰造极的程度，它否定一切，否定一切人类文明，也否定了任何形式和内容的教育学，教育学就再也没有作为一门课程安排过，也没有作为一种学问研究过。"文革"是一个漫长的"教育无学"、"教育无家"的黑暗时期。

新中国成立初期，从苏联引进的凯洛夫和苏联其他学者编写的《教育学》，被认为是一种完全新型的社会主义或称是马克思主义的教育学。其实，它的理论基础，一是乌申斯基的教育学遗产，二是夸美纽斯的教育学遗产，三是赫尔巴特的教育学遗产。从总体上说，它属于传统教育学思想的范畴。它缺乏深刻的理论性，也缺乏对教育现象的总体把握和全面认识，是一种并不全面的教育学思想。这种教育学思想出现于人类历史上和一定的社会国家的教育领域，从一个特定的历史时期来看，是不奇怪的事，甚至可以说是合乎教育学自身发展规律的。但不能对它盲目迷信，胡乱吹捧。对它乱贴政治标签不仅无必要，也显得政治上、科学上太缺乏严肃性。我们这样讲，是经对它作客观的科学分析所得出的结果，和20世纪50年代后期与"文化大革命"中极"左"思潮、极"左"路线对它所施加的挞伐是并无共同之处的。

（二）中国教育学的建设和发展

1978年12月召开的党的十一届三中全会，为我们国家的发展建立了历史功勋。它从根本上冲破了"文化大革命"及其以前极"左"路线所造成的现代迷信、教条主义等严重束缚，为我国在政治、经济、文化发展上重新确立了实事求是的思想路线，实现了国家以经济建设为中心这一战略性转移，重新确立了党的思想路线、政治路线和组织路线。从此，我国教育科学研究进入了一个空前繁荣的时期，教育学建设也是我国历史上发展最快、最好的时期。它的发展大体经历了以下三个阶段。

（1）1978—1981年为"拨乱反正"、解放思想的阶段。"文革"结束，"两个估计"、"两个凡是"被推翻，教育战线开始"拨乱反正"。"实践是检验真理的唯一标准"的讨论，使教育理论界在思想上冲破了禁区。这期间，几乎所有重大教育基本理论问题都被重新认识或反思。1981年中共中央发布的《关于建国以来党的若干历史问题的决议》，对教育理论界的讨论起了正确的导向作用。

（2）1982—1984年为明确目标、积极探索阶段。党的十二大把教育列为经济发展战略重点之一的决策，极大地激励了广大教育理论工作者努力探索新时期教育理论的热情。这期间，明确提出教育科学研究要以马列主义、毛泽东思想为指导，以研究人民教育事业发展与改革过程中的重大现实问题与理论问题为中心，以建立具有中国特色的社会主义教育科学体系为目标的任务。因此，不少学者从不同角度在探讨如何构建新的教育学学科体系方面发表了许多意见，有些分支学科也随之产生。

（3）1985年以后为迅速发展阶段。这期间，国家进入全面深化改革时期，继经济体制改革、科技体制改革的决定之后，党中央又决定进行教育体制改革。1992年在邓小平同志南方谈话发表以后，党的十四大作出了要建立社会主义市场经济体制的决定，党中央又及时颁布了《中国教育改革和发展纲要》。这一切都大大推动了教育改革和实践的发展，出现了我国历史上少有的涉及教育内部和外部各个方面的改革热潮。同时，丰富的教育改革实践推动着教育理论的前进，主要表现为以下几点。①一些传统的理论观点获得新的解释。②一批具有时代特征的论题得到广泛的研讨，不仅在理论上有了一定的进展，并且在实践中也产生了重大影响。例如，关于我国教育发展战略的研究，关于大、中、小学德育大纲的研究，关于基础教育阶段素质教育的研究，关于教育与人的全面发展的研究，等等。③以二级学科的衍生为主流的教育学学科建设加快了步伐，大量二级学科出现，教育学进一步分化，教育重大理论问题的所有层面几乎都在朝向学科分化的方向发展，出现了教育经济学、教育社会学、教育文化学、教育评价学等新学科。我国教育学学科体系已拥有的几十门分支学科中，其中大多数是在这些年创建的。④大量吸收和引进国外教育理论和新的教育研究成果。

党的十一届三中全会以来，我国教育学研究的空前大发展，主要表现为以下五个方面。

（1）各级政府和教育行政部门加强了对教育科学研究事业的领导。首先，各级政府和教育行政部门不断强调要重视教育科研在推动教育改革与发展中的作用。1995年全国人大通过的《中华人民共和国教育法》，明确规定要重视和加强教育科研工作，通过教育科研推动教育事业的繁荣和发展，从而把教育科研工作纳入法制化轨道，予以法律上的保证。其次，加强了对全国教育科研规划工作的领导，使这项工作步入有领导、有组织、有计划的发展轨道。

（2）建立了以国家、省、自治区、直辖市和高等学校两个系统的教育科研机构，科研人员的数量和素质有很大提高。

（3）群众性的科研活动方兴未艾。1979年、1983年、1990年、1991

年相继成立了中国教育学会、中国高等教育学会、中国成人教育学会、中国职业技术教育学会四个全国性的群众学术团体。目前它们分别拥有数十个团体会员，组织、团结了数百万以第一线的教师、校长为主体的群众性学术研究队伍，使扎根于群众之中的教育科学研究事业具有旺盛的生命力。同时，几乎中央所有部委、行业也建立了部门或行业的教育研究学会(协会)。

(4)教育科学研究的领域不断扩大，不仅涉及教育内部各个领域，而且涉及政治、经济、科技、社会等教育外部的各个方面。课题数量和科研经费也在不断增长。

(5)教育科研的国际交流日益加强。

教育学学科发展所取得的成就是多方面的，但其最本质的成就在于发挥了理论的三大功能，即理论的解释功能、指导教育实践的功能和预测未来教育发展趋势的功能，并促使教育学学科建设呈现出许多时代新特点，初步形成了各学科的理论体系，并在逐步规范。

党的十一届三中全会至今的三十多年，是新中国成立以来教育事业发展最快、形势最好的时期，也是教育学学科发展最快、形势最好的时期。实事求是地总结三十多年来的主要经验，对于繁荣教育科学、促进教育改革，将是十分有益的。

第四章　教育科学研究

一、教育科学研究概述

（一）教育科学研究的含义

教育科学研究，在我国，人们也简称之为"教育科研"。其实，它和人们常说的"教育研究"，是一回事。不过，有"科学"二字在其间，在今天，可以表明，对教育的研究也是一种科学研究，乃至还可以进一步表明，对教育和教育学的研究，同样所要坚持的是科学的原则和科学的精神，以求最终得出实事求是的科学结论来，用以指导教育实践。

从字面上讲，所谓教育科学研究，似乎可以从两方面去理解：一是对教育所作的科学研究；二是对教育科学所作的研究。前者的教育似乎是教育实践、教育问题，后者的教育科学则明指教育理论。其实，这种含混性正说明了教育科学研究的对象无非就在教育理论和教育实践这两个方面。

根据马克思主义原理，理论之所以必要，全在于应用。而真正要使理论有效于应用，一方面理论本身必须是正确的，另一方面理论必须与实际相联系、相结合。所以，一切科学理论研究的对象不是一个，而是两个，即理论与实践，或叫理论与应用。一切科学研究无不划分为理论研究与应用研究两个方面。教育科研也大致如此。因此，教育科研必须正确处理理论与实践、基础研究与应用研究的关系，这就是说，必须采取两者兼顾的原则，而不能偏废。

（二）教育科学研究的意义

教育科学研究的意义和科学研究的意义乃至科学活动的意义，都有共同之处。因此，我们可以从认识科学研究的目的和意义入手对此问题进行认识。

"科学"二字有广义与狭义之分。广义的科学，即是科学文化；狭义的科学，则专指科学理论。

科学理论属于意识性文化，它是科学文化中的基石，没有它便没有整个科学文化的大厦。从科学的起源看，科学文化的形成即是以科学理论的形成为标志的。在科学未有理论化的成果出现之前，只能说是科学的萌芽。

历史上最早给科学作出明确规定的是亚里士多德。他认为科学研究是一种从观察上升到一般原理，然后再返回到观察的活动。而科学的重要功能就在于解释，科学解释就是获得有关某种事实的知识以及关于这个事实的原因的知识。

在这里，科学和知识便结下了不解之缘，英文中“科学”（science）一词来源于拉丁文 scientia，意思就是知识、学问。

然而，人类的知识何止科学，科学以外的宗教、艺术等也包含了知识，也可成为学问。

而罗素（B.Russell）则把凡是诉诸人类的理性而不是诉诸权威的一切确切的知识，称为科学。这就把科学知识与宗教知识区别开来了，并且把科学精神、科学原则的中心含义也揭示出来了。

《中国大百科全书·哲学卷》将“科学”规定为：“以范畴、定理、定律等形式反映现实世界多种现象的本质、特性、关系和规律的知识体系。”《辞海》将“科学”定义为：“关于自然、社会和思维的知识体系。”这个定义也是正确的。因为，科学文化作为一种独立的文化形态，占据着当代社会文化的统治地位，具有一个庞大的体系。就教育学来讲也是一样，教育学在当今也是一个庞大的体系。

理论知识是从事物的内在联系和运动的规律性上认识事物的。它是在对经验知识进行去粗取精、去伪存真的加工制作的基础上形成的。理论知识的观念形式是抽象的逻辑体系。理论知识超脱了事物的具体的、生动的、直观的表面，使它能够揭示事物现象背后的本质，这就使理论知识对于被反映的事物具有间接性和相对独立性。但是，这种间接性、抽象性更深刻、更正确、更全面地反映了事物。马克思说理论知识的任务是“把看得见的，只是表面的运动归结为内部的现实的运动”[①]。正是由于这个原因，理论知识具有真正的普遍性，能够提供内容具体的客观真理。所以说，理论知识是知识观念中的高级形态。

理论知识由于自身的普遍性而具有广泛应用的可能性。我们说理论

① 马克思著：《资本论》第3卷，人民出版社2004年版，第348页。

知识以抽象的体系而存在，但这并不等于它的内容是抽象的，相反它必须提供具体的真理，才能成为最有意义的因而也最为重要的知识。

教育科学研究，从其性质上看，只是一种手段，一种方法。它的根本目的是要使教育理论与教育实践（即教育活动）、教育事业建立在可靠的科学的基础之上，使之按客观的规律办事。教育科学研究的根本意义就是为了探索未知的教育规律。教育科学研究如同其他科学研究一样，其最根本的要求在于创新和发现。

创新要从教育科学原有的各种理论派别的理论体系出发，看是否为理论思想库提供新论点；创新要从教育实践在新时代提出的新问题出发，看是否提出解决问题的新思路；创新要从本国的和国际的研究状况出发，看是否提出不同于他人的新观点。总之，科学研究要从教育领域已有的实际出发，提出新问题，得出新结论，指导新实践。

（三）教育科学研究的地位

教育科学研究的地位是由其所具有的意义与作用来定的。

教育科学研究的地位，概括起来讲，具有"战略先行"的地位。这就是说，我们要使教育活动、教育事业得到顺利的发展，教育科研必须先行，教育科研在教育事业的发展和改革中处于科学预见和指导实践的地位。在教育实践中，有不少认识问题需要明确，比如，教育科学、教育理论是制定教育方针、政策的理论依据；教育方针、政策应当符合教育规律；教育科学不是现行教育方针、政策的附属品，研究教育方针、政策是教育科学的重要任务之一。制定正确的方针政策，不仅是党政决策部门的事，也应是教育科学研究部门的事，二者是统一的而不是对立的。

纵观近现代教育思想史，先进的教育理论总是走在教育实践前面的，而它又总是，且仅仅是来自教育改革家和群众性的局部教育改革实践。我国在"左"倾思潮泛滥的时期，办教育往往是不讲"理"的。十年动乱期间，尤其蛮不讲"理"，以致留下的后遗症极其严重。当今时代，许多国家不少重大方针政策的决策，首先征询有关专家学者的意见，请他们献计献策，进行反复论证，避免了不少失误。因此，在我国，党政决策机关和主管教育工作的党政干部，要学习教育科学，掌握教育规律，学会用教育理论指导工作，在制定大政方针或实施重大改革时，要征求教育家、教育科学工作者的意见，尊重他们的建议或批评，发挥他们的积极作用。教育家和教育科学工作者要从实际出发，研究新情况、新问题，独立自主地进行探索，把自己的思考和研究跟党和人民的需要紧密地联系起来，为解决教育实践提出的问题和教育的长远发展，提供理论资源，当好“参谋”，发挥“智囊团”的作用。

二、教育科学研究的分类

对教育科学研究的分类，可以从不同方面去进行，但主要是从以下两个方面来划分。

（一）从教育科学自身内容上来划分

1. 理论上的依据

教育科学研究从自身内容上来作分类，要以科学理论的结构理论为依据。科学理论的结构，指的是作为知识形态上的科学的内部联系，包括科学内部的组成要素及其相互间的联系方式。

科学理论的结构可以区分为宏观结构与微观结构，科学理论整体结构中的这两个层次的亚结构，是以学科为界限而区分开的。在科学理论的宏观结构中，学科是作为不可再分割的知识要素，是最基本的知识单元。科学理论的微观结构，则是把独立的学科作为整体再进一步划分，其结构要素是该学科内的概念、定律、原理等。

从教育科学内容上来为教育科学研究分类，依据的并不是科学理论的宏观结构理论，而是科学理论的微观结构理论，即是以独立学科作为整体作进一步划分的理论。

2. 科学微观结构理论的基本观点

在对学科所作的进一步门类划分中，是按学科的意识特征进行的。现行的划分办法是，把科学的门类划分看作两大块，即基础科学类和技术科学类。

基础科学是关于科学研究对象的基本理论。基础科学研究的目的在于认识事物规律，增长科学认识，不考虑研究结果的实际应用。基础研究形成的科学就是基础科学。

基础科学研究有很深的知识论根源。人类的知识观念，从性质上可简要地划分为两大系统：一是反映性知识观念；二是应用性知识观念。反映性知识观念只对外界事物提供描述性知识，并不联系人的实践活动。应用性知识观念则要在反映性知识观念的基础上联系人的活动。从科学研究的角度上讲，形成关于事物的纯反映性知识观念的研究就是基础研究，尽管它尚未涉及人的实际活动，但它是形成应用知识的基础。没有关于事物的纯知识，就不会形成关于人如何去从事活动以改变事物的应用知识。因此，就两种知识观念讲，纯反映性知识观念居于基础地位。由基础研究形成的成果便是基础科学。这类科学一般由一系列的定理、定律、理论、学说所组成。由于在研究开始时并没有考虑到这些知识的实际应用，因此，这类科学成果还不能直接应用于实践。对于这类科学成果的评价，主要是从其学术价值和理论价值上进行的。

技术科学，是根据基础科学的一般原理，进一步研究通用性技术的理论。技术科学已不是对事物的纯反映性知识，而是开始向应用转化。技术本质上属于实践范畴，是人们实践中的文化，但技术科学还不是应用性技术本身，也不是关于应用技术的简单表述，而是关于技术的理论体系，或者说是关于技术的理论知识。从知识论上讲，技术科学是应用性知识观念。但由于它还不是技术，而是关于技术的理论，所以它还属于知识的范畴，是科学理论的一个组成部分而非技术的组成部分。

技术科学虽然还具有理论的形态，但已不同于基础科学，它提供的并不是关于外界事物的纯认识，而是包含着实践因素的应用知识。"应用"一词，突出了技术科学的最终目的是为了走向实践，是一种关于实践（技术）的知识。因此，技术科学与实践的联系要比技术科学与基础科学的联系更直接和密切，是基础科学与实践的中介，是科学理论向技术转化的开始。技术科学虽比基础科学具体并接近实践，但与应用技术相比，它还是显得较一般和抽象。技术科学的存在与发展，取决于基础科学与实践两方面的制约。但是，基础科学的世界性强一些，可以以理论的形态广泛传播于各个国家和民族。技术科学在各个国家中的发展与传播则更多地受各个国家的实践（生产、科学实验）的制约。应用技术则更直接地表现了一个国家的实践水平。因此，一个国家在发展本国的科学文化时，经常采用的捷径是"技术治国"，即以技术科学和应用技术为重点，而把基础科学研究放在较次要的位置。一旦达到技术先进的水平之后，再把基础研究放在首位。

科学的门类划分，基本上就是基础科学与技术科学这样两个学科类。这种划分，适合于自然科学、社会科学、数学、哲学各个学科域。当然，"基础科学"、"技术科学"的语词表述起源于自然科学，至今也主要是在自然科学的领域中运用。但是，这两种分类法原则上也适用于其他学科域，只是由于其他学科域的内容、发展水平、性质与自然科学不尽相同，所以呈现出自身的许多特点。

学科是科学理论宏观结构中的最小层次，也是最基本层次。所谓学科，是由关于某一特定认识对象的一系列概念、定理、理论等组成的一个相对稳定、相对独立的知识单元。学科具有两个显著特点。其一，每个学科内的知识都是围绕一个相对分开的认识对象而形成的，具有认识对象的限定性和知识范围的独立性。不同的学科之间的区别完全可以从其对象、知识范围上予以确定。其二，每个学科拥有一个较完整的知识体系，作为一个相对独立的知识单元而存在。从科学理论的宏观结构上讲，学科是最基本的知识单元，在宏观结构中作为不再可分的要素而存在。说它不可分，并非它内部不再有结构，而只是从科学理论的宏观组合上讲的。科学理论的宏观结构实际上是学科群。学科群也就是以学科为单元和要素组合成的整体。学科自身的结构则属于科学理论的微观结构范畴。学科之所以成为科学理论宏观结构中的要素，就在于它提供了关于某一类现象的相对完整的知识，具有作为一个独立知识单元存在的条件。

学科虽是科学理论中的单元，具有稳定、独立、完整等特点，但这并不表明学科是简单的。它本身也有复杂的类型问题。一是有大学科与小学科之别。这是因为，作为认识对象的范围、性质、内容并不是具有相等的质和相等的量，比较复杂、庞大的对象，对其认识的难度便大些，学科内容便多些，规模自然也就大些，相反，则学科规模便小些。二是有总学科与分支学科之别。总学科与分支学科是整体与部分的关系，但分支学科仍是学科，并不是低于学科的层次。它是一个总学科分化发展的结果，使该学科的知识愈加精细化、专门化。由分支学科形成的总学科，也仍然是作为学科而存在的，并非是高于学科的层次。所以，总学科与分支学科具有学科与亚学科的特点，都属于学科范畴。三是有主学科与交叉学科之别。在许多基本学科之间，往往形成一些中介学科，它们具有双重性，包含了基本学科的双方或多方的性质，是主学科之间相互渗透的结果。由于它在主学科之间的夹缝中寻找到了自己的生长点并成熟起来，于是取得了生存权，作为一种交叉学科存在下来。四是有传统学科与新兴学科之别。传统学科是以往业已成熟的学科，新兴学科则是在实践与科学研究的基础上新近形成的学科。新兴学科往往具有交叉性，规模也往往比较小。

3. 教育科学研究可分为基础研究、应用研究和开发研究

自然科学有基础科学与技术科学的分类。社会科学的基础科学与技术科学的分类，主要表现为基本理论学科与应用理论学科的分类，“基础科学”与“技术科学”的术语还未引入社会科学的分类中。不仅如此，社会科学中还有一特殊现象，这就是某一学科中既有基本理论的部分，又有应用理论的部分，它们同属于一个总学科，只是作为不同的分支学科而存在。当然，也有基本理论科学与应用理论科学相分离而存在的现象。

关于教育科学研究按内容的分类，参照国内外有关科学研究的各种分类法，大致可分为基础研究、应用研究和开发研究。

所谓基础研究，指在教育本质、功能、规律等基本理论方面提出新学说、新观点、新概念、新方法或开辟新的研究领域。

而应用研究是基础研究成果在教育实践中的延伸，它运用基础研究成果对具体理论问题进行研究或对教育的现实问题进行理论分析，以求获得现实问题的解决方案，并深化和完善基础理论，达到理论与实际相结合。

开发研究是运用基础研究和应用研究成果，为解决教育改革和教育发展中的问题而创造性地提出对策建议、可操作方案。

（二）从教育科学研究活动形式上来划分

从教育科学研究活动形式上来考虑，教育科学研究可划分为集体研究和个人研究。

集体研究和个人研究是科学研究中的两种必要的形式，在这两种形式中又都存在着个人和集体的关系问题。我们在从事教育科学研究工作的时候，为了取得成效，就要恰当地选择和正确地运用集体的或个人的研究形式，而且无论采用什么形式，都应当既十分重视集体的力量，又充分发挥个人的作用。

集体研究在当前教育科学研究中占有重要地位。教育科学发展的趋势和我们国家教育科学研究工作的任务，要求我们组织起来，分工协作，对许多教育问题进行集体研究。

现代科学，无论是自然科学还是社会科学，都已经发展到很高的水平。人们对自然、社会的认识和研究，在深度和广度上超过了前人，科学研究的分工也愈来愈细。在新的科学背景下提出的科学研究的任务和课题，有许多是需要投入大量的劳动，依靠集体的力量，进行紧密的分工合

作才能完成的。这种情况在自然科学方面表现得特别明显。在研究某些新的科学技术，向某些重大的科学堡垒进攻时，或者在解决某些复杂的技术问题时，就需要采取集体研究的形式。因为在这样的研究工作中，对象很复杂，牵涉面很广，不但涉及同一门学科中的各个专业、各个方面，而且还涉及许多门学科。在这样的情况下，就不但需要同一门学科中的许多科学家来参加工作，而且还需要把许多不同学科的科学家联合起来共同进行研究和探索。

在社会科学方面，也有大体类似的情况。例如，编写规模较大的教科书、参考书、辞典、百科全书等，在多数情况下要采用集体研究的形式。因为这类工作任务繁重，涉及问题较多，有些方面还缺乏现成的研究成果可资利用，需要在编写中进行研究和讨论。这样的工作如果由个人来做，往往容易旷日持久，不能满足迫切的需要，也不易达到较好的效果。

但是，说到集体研究的重要性，决不可忽视集体研究中的个人钻研的积极作用。恰恰相反，集体研究要进行得好，必须充分发挥个人钻研的积极作用。这不仅是因为在任何集体活动中个人的作用都是很重要的，特别是因为科学研究是一种高度复杂的精神劳动，和物质生产以及其他工作比较起来有着它不可忽视的特点。这种特点，决定了集体研究必须也只能以个人钻研为基础。

科学的任务在于揭示客观事物的规律。人们必须通过科学实验和调查占有大量资料，并且进行抽象的理性思维，才有可能逐步深入地发现事物内在的本质联系，发现规律。抽象的理性思维，是科学研究的重要环节。而思维活动，是必须由每一个人的头脑来进行的。尽管在科学研究中可以分工，例如，搜集材料的工作可以由别人来帮助完成，研究的问题可以分成若干方面或若干阶段由各人分别去考虑，但是，任何一个人，只要想从事研究，他就必须亲自去掌握、领会这些材料，亲自去思考。他要能在集体研究中贡献一份力量，就必须通过个人的思维活动去探索。正是因为这样，所以科学家钻研问题时在方式上和进行物质生产不同，一般地总是表现为个体的活动。例如，要独立地读书，要独立地考虑问题，要有安静的环境和单独进行活动的时间，等等。虽然科学家在集体活动中互相学习、互相借鉴，但任何互相学习和借鉴都不能代替独立的个人钻研。不论集体研究的任务和课题如何巨大，总是要通过一个个参加研究的科学家的个人钻研和艰苦劳动来完成。

集体研究的主要目的是要通过大家分工协作、切磋琢磨和讨论、争论，以求解决问题。因此，集体研究不是否认个人的作用、个人的创造。相反，它要求每一个人在统一的计划下都充分发挥积极性和创造性，力争作出突出的成绩来。现代科学分工越细，要求每个参加者钻研得越深。个人的创造越多，越突出，集体的研究也就越有成效。在任何科学研究的集体中，都不可能也不应当使每个参加者限制在同一水平上。事实上，总是先有少数比较先进、比较突出的研究人员，带头突破了某些关键问题，从而把整个集体研究的水平普遍向前推进一步，逐步地完成科学研究的任务。杰出的科学人才和科学成果的大量出现，正是集体研究达到了高水平的标志。

以个人钻研为基础的集体研究，是科学研究的一种重要形式，但不是唯一的形式。科学研究所采取的形式可以是多种多样的，个人研究就是一个不可忽视的有效形式。在今天，个人研究仍然是不可缺少的，这是因为，采取个人研究的形式往往更适合于某些科学研究的情况和特点。例如，某些科学理论问题需要长时间的探索，需要持久的知识准备，不宜于一时作出结论；某些科学部门的某些课题，研究范围比较狭窄，不需要很多人共同进行；从研究者方面说，有些科学家在专长、兴趣和学术见解上与众不同，自成一家；等等。在这些情况下一般都可采取个人研究的形式。这种情况在社会科学方面更为明显。

个人钻研和个人研究是科学研究中所采取的劳动形式。这种劳动形式的必要性是由科学研究的特点决定的。肯定个人研究形式的作用，不等于说科学研究可以脱离社会、脱离集体单枪匹马地进行。实际上，科学家的科学研究必须和社会实践保持密切的联系。任何个人研究要取得成就，就必须注意和吸取别人的研究成果，同其他科学家进行必要的协作，把自己的研究成果提交集体，征求批评，虚心吸取他人的意见。

一个科学家在进行研究工作时，虽然在活动方式上可以而且需要个人的独立活动，但是，在他所研究的问题的内容上，不能不和社会发生千丝万缕的联系，不能不依赖于集体。首先，他必须接受前人的遗产，必须了解前人在这方面已经作出了什么成绩，达到了什么水平，有哪些经验和教训，包括他们在漫长的历史时期中所积累起来的资料，他们的正确的见解和研究方法，等等。然后，在这个基础上再去继续研究。同时，还必须从当代的科学研究成果（包括本门学科和邻近学科）中吸取营养，并且同其他科学家相互协作，互相讨论，互相学习，互相借鉴，共同地进行研究。更重要的是，要倾听实践的呼声，了解和参与实际社会生活，从群众的实践经验中吸取科学的养分。所以，科学研究从其内容上来说完全是一种社会性的活动，研究者的研究成果中总是蕴含着别人的劳动。在这方面，科学研究这种精神劳动和物质生产劳动是类似的。因此，马克思说："一般劳动是一切科学劳动，一切发现，一切发明。它部分地以今人的协作为条件，部分地又以对前人劳动的利用为条件。"①

三、教育科学研究活动

（一）教育科学研究活动构成的基本因素

教育科学理论不是静止不动的知识体系，而是一个不断活动的体系，这就是教育科学理论的研究活动。教育科学理论研究活动和一般科学理论研究活动一样，由三方面因素组成。

1. 科学研究活动的主体

在科学研究活动中，最主要的要素是科学研究的主体。在科学研究活动中，科学研究者是作为研究的主体因素出现的，是研究方法的持有者，是研究活动的推动力量。

科学研究者之所以能够作为科学研究的认识主体，关键在于科学研究者是科学理论知识的活的载体。科学理论作为一种科学文化存在于社会之中，可以说有两种状态，一种是"死"的状态，另一种是"活"的状态。所谓死的状态，就是科学理论以书籍、报刊等语言文字形式的存在状态。这时，说它们是科学理论，是因为这些语言载体中包含着科学理论，是先前科学研究成果的凝结。这些语言载体之所以有用，在于可以保存科学研究成果，向人们传递科学理论信息。也就是说，它可以由死变活。这个变活的过程，也就是由语言载体的状态向人尤其是科学研究者的活的意识转化的过程。所以，掌握了科学理论的科学研究者是科学理论的活的载体。

科学研究者之所以是科学理论的活的载体，并不仅仅因为他们通过学习而了解了许多科学理论知识，而主要在于他们在拥有了这些知识后进一步形成了科学研究的能力，从而成为新的科学理论得以增长的能力实体。

① 马克思著：《资本论》第3卷，人民出版社2004年版，第119页。

科学理论的增长有着自身的机制。但是，科学理论的增长离不开科学研究者。科学理论由死变活，实际上就是科学理论由结构要素向科学功能的转变。科学研究者的科研能力并不是与生俱来的，这需要通过学习和掌握以往的科学理论才能获得。所以，原有科学理论是形成科学研究能力的材料源泉。科学理论经由科学研究者的掌握和运用，才形成了新的科学生产能力，最终以新的科学理论成果的形式出现。从这个意义上讲，科学研究者起着从旧的科学理论成果向新的科学理论成果转变的中介作用。

要成为一个称职的科学研究者，并不是一件容易的事，并非所有在科学研究岗位上的人都是真正的科学研究者。要成为一个合格的科学研究者，必须具备基本的也是必要的科学研究者素质。科学研究者的素质可分为两大类，一类是科学研究的能力素质，另一类是科学研究的个性素质。

科学研究不同于其他社会活动，对于人的个体能力要求较为严格，这些能力主要是智力性的。首先，要具备敏锐的科学观察力。观察具有能动性，缺乏主观能动性的观察只是随意感知，并不能形成科学研究能力。在科学研究中，必须善于观察，勤于思索，把研究所需要的各种感性材料尽力搜集到。其次，要具备善于发现问题和提出问题的能力。发现问题是指在生活和实践中善于观察思考，从经验和已知的理论中发现不能解释和不能解决的新问题。发现问题以后经过思考对问题进行分析，把已知和未知的界限划清楚，明确未知是什么，从而指出问题的症结所在，把问题以清晰的语言提出来。再次，要具备较强的解决问题的能力。对已经发现和提出的问题不能置之不理，仅仅具有发现和提出问题的能力，也不能形成完整的科学研究能力。只有在发现和提出问题的基础上，进而具备独立思考能力，能创造性地思维和想象，敢于打破传统观念，才能对新问题形成深刻的新概念、新理论。解决问题的能力是一种综合性的思维能力，这种能力具备广阔性、深刻性、独立性和敏捷性，这是靠长期的学习、工作和锻炼才能获得的。

科学研究的个性素质，指的是科学研究者的个人品格。是否具有较好的品格，对于形成强有力的科学研究能力以及取得理想的科学研究成果是至关重要的。

第一，科学研究者要有对科学研究的热爱和献身精神。爱因斯坦认为，热爱是最好的老师。真正有价值的东西并非出自野心，也不能仅从责任感产生，而是从人们对客观对象的爱与热诚中产生。爱，是一种情感性的因素，是人的生命的集中表现。人的生命活动及文化活动，都集中地表现为一种爱，没有爱就没有人生。但是，爱什么，爱的程度如何，则是因人而异的。科学研究者对科学事业的爱，这就是科学研究者的生命所在。对科学研究的爱是一种高层次的爱，是一种属于自我实现层次的需要。没有这种高层次的需要与爱，仅仅把科学研究当作一种职业和赖以糊口的饭碗，那就不可能持久地推动一个人去从事艰难的科学研究，视科学研究如生命。对科学研究高度的爱，便是对科学的献身精神。事实证明，那些卓有成就的科学家，他们的信念就是：科学 = 生命。他们用生命来换取科学研究的成就。

第二，要有科学的批判精神。科学研究是一种开拓性的活动，这要触及传统的观念和既成的文化成果，这会受到来自传统的激烈反对。因此，科学研究者的困难并不仅仅来自解决新的问题，而来自曾经为人们所坚信的成见。没有善于和勇于批判的科学精神，就难于突破传统的束缚，达到新的科学境界。那些取得了较大突破的科学家，都具备十分突出的批判精神。

第三，要有坚强的意志。科学研究并不是一件消遣的事情，也并不是一帆风顺就可取得成果的。科研成果不能依靠侥幸，不能坐等机遇，大多要经过多次失败、无数挫折。甘于寂寞，坚持不懈奋斗几十年才能获得成功。所以，科学研究者必须有坚忍不拔、不屈不挠的顽强意志。特别要指出的一点是，科学研究只是社会活动中的一种，各种社会活动的特点是不同的。相比之下，从事科学研究往往需要具有坐冷板凳、耐寂寞的功夫，不能甘于寂寞、时刻向往着热闹的社会生活，往往不利于艰苦的科学研究工作，甚至会把一个科学研究者引向歧途。甘于寂寞应该是一个好的科学研究者必备的品格。

2. 科学研究的对象及其主要特征

科学研究是一种对象性活动。只有作为主体的科学研究者而无研究对象，是形不成科学研究活动的。对象也是科学研究活动中的一个重要因素。

不论什么科学研究，都具有客观性、开放性和历史性的特征。对象是客观的，这似乎毋庸置疑。但这里讲的客观性还有更深一层含义，即自在性，对象是关系性范畴，无主体即无对象，对象是对应于主体而言的。客观的也应相对于主观的，但在这里我们赋予它更广的含义，即超主观的。科学研究对象的客观性表明，它们在未进入科学研究者的视野之前也是存在的，是客观自在的事物，人对它们的研究只是一种主观性把握，并不干扰其自身的存在。

科学研究对象的开放性则表明，科学研究可以在不断开拓中前进，使人的研究视野越来越大，但绝不会穷尽对象的范围，对象的开放性是无限度的。科学研究可以不断地开拓新世界。从原则上讲，通过科学研究可以达到对客观世界的认识，但这种认识本身也是开放性的。对象的开放性与科学研究的开放性为人类提供了不断进步的可能性。

科学研究对象的历史性，是一个较为复杂的问题。通常，这个问题被表述为：科学研究的对象是由浅入深、由少到多不断变化的。除了这层通常含义外，还有一层新的含义。所谓对象的历史性是指科学研究的对象基本上是物质形态进化的历史，而不是物质形态进化的未来。从原则上讲，未来是超认识的，为什么这么说呢？这需要分两个层次来分析。先来说自然界。自然界是低于人类的物质存在的总体。自然界存在的物理物质、化学物质、生命物质，都是先于人类而出现的物质形态，也就是说，由这些物质形态组成的自然界并不是新鲜事物，而是人类出现以前的物质形态进化历史的产物。自然界与人类的关系并不是空间上的并存关系，而且还有时间上先后的连接关系。因此，对自然界的科学研究，本质上是对物质形态进化史的研究。

另外，人类对自身的认识原则上也是对历史的认识。我们的社会科学乃至哲学中的历史观，都是对人类以往历史的研究成果。人们以为这些已经获得的成果可以适用于人类的未来，其实这在原则上讲是不行的。这是因为，今天的人类乃是物质形态进化的最高产物，物质形态发展的部分不是自然界而正是今天的人类。从这个意义上讲，人类还远未定型，也就是说，在比人类更为高级的事物出现之前，人类是一直处于发展之中的，它的一切均未成熟，它还没有进入只有变化而无发展的地步。因此，我们关于人类的描述，原则上只是对历史上的人类的描述，这些描述将会在人类的不断发展中变得过时而不再正确。

3. 科学研究的方法

科学研究活动，是一个科研主体与科研对象相互作用的过程。科学研究的方法本质上属于科研主体，表现在科研能力方面，是对科研对象进行研究的特定方式、程序和手段。所以，科学研究的方法，也属于科学研究活动的一个因素。

“方法”一词，希腊文意味着沿着正确的道路前进。因此，可以把它理解为在任何一个领域的行为方式，包括达到各种目的的手段之总和。

方法论则是关于方法的理论。

教育学是一门综合性学科，既有自然科学的内容，又有社会科学的内容，还有思维科学的内容。因此，它的研究方法必然也是综合的。就自然科学而论，它的研究方法自亚里士多德写出《工具论》，阐明演绎推理三段论以来，到德谟克利特的《论逻辑》、笛卡儿(R.Descartes)的《方法论》、培根的《新工具》、希尔伯特(D.Hilbert)的《公理化方法》等，形成了一整套有效的研究方法。社会科学的研究方法有别于自然科学的研究方法。马克思曾以经济学为例，指出：分析经济形式，既不能用显微镜，也不能用化学试剂，二者都必须用抽象力来代替。

自然科学研究方法一般分为三个层次，即特殊方法、一般方法、哲学方法。这是按其普遍性作为划分依据的。教育学研究方法，大致也可划分为三个层次。

最高一个层次为哲学方法。在我国，也就是要坚持和提倡马克思主义的世界观、方法论。辩证唯物主义应是我们一切研究方法的指导思想。强调教育学研究中哲学方法的重要性，并不是主张以此来替代其他具体的研究方法。

第二层次为一般方法。一般方法是从各类研究方法中概括出来的，具有一定程度的通用性，如系统方法等。

第三层次，也就是最低层次的具体方法。这是在前两种方法制约之下的具体操作方法。

这三个层次，由上而下，覆盖面逐渐缩小。但是，缺少哪一个层次也不行。三个层次的有机结合，方能形成一定的研究能力。

(二)教育科学研究活动的过程

任何科学研究都表现为一个研究过程。科学研究是一个有目的、有计划地在接受前人科研成果的基础上，探索一个专门的问题，从而认识客观世界、探索客观真理活动的过程。

具体地说，教育学研究要经历这样一个过程：首先，提出本学科中有待解决的问题；其次，要了解别人或者前人对这一问题研究的情况，包括已有的成就和缺点，在此基础上进行进一步的研究；最后，得出具有一定价值的科学结论。具体包括以下几个方面。

1.研究课题的选择

教育学的科研工作，要取得成就，课题选择是一个重要问题。对选题的要求包括以下几点。一是必须适应客观实际的需要，是经研究者长期观察、积累资料、发现问题后选定的。二是要求理论上有研究价值，对实践具有指导意义的选题。三是要把选题的重要性与个人的条件和能力结合起来。即便一个课题很重要，但客观条件并不具备，或研究能力不具备，我们也不能盲目选择。四是选题要具体明确，不宜太宽泛。当然，如果客观需要题目较大时，则可有计划、分阶段地进行研究。五是选题的确定要与制订计划、资料搜集以及具体指标确定等密切联系起来。人们往往在选题初步确定之后，具体制订计划时会遇到枝节问题，或认为原定题目不太适当，需要及时改变。若经再三考虑决定后，就要坚决完成。初次研究的选题宜于小一点，单纯一点，具体一点。

2. 制订研究计划

研究计划包括：研究的目的和任务，研究的内容提纲，研究的步骤和方法以及时间的分配等。研究提纲在研究过程中往往要经过不断的修改和补充。

3. 资料的搜集、校订与处理

研究必须占有充分的资料，这一步是很重要的。在这里，研究者需要广泛阅读和钻研有关的参考书刊，并加以摘录，分别做成资料索引或内容记录。为了便于排列、分类和整理，可以应用编码，编码过程就是将资料系统化、归类化的过程。有关编码、简录、摘录或摘要，都要求做到精确、简明、具体，便于查找出处。

对搜集来的大量资料，应进行一系列加工处理。首先是核对校订，检查搜集来的资料的准确程度。如发现有个别遗漏处，可重新搜集。或者，由于一时难以找到，也要注明原因，以待补充。

对所搜集的大量资料，应进行全面分析研究，即通过辩证逻辑分析和统计分析，以探索客观事物的发展规律。因为任何事物都是质与量的辩证统一，数量规模是以现象的性质为前提，逻辑分析往往以统计分析为具体内容。对资料的分析处理，既包括定性分析，也包括定量分析，都不能忽视。教育学研究结果的科学性，在很大程度上取决于对材料分析的正确性和深刻性上。必须切实地把分析与综合、归纳与演绎结合起来，对实际材料作出理论概括。

在整个研究过程中，搜集材料是基础工作，当然重要。而继之的科学分析，就更为重要。因为，如果不能从理论上予以分析和概括，而只是罗列事实，记载经验，就不可能深入到事物的本质，就不可能有高质量的科研成果。要做好这一步分析、概括工作，就需要掌握一定的科学研究方法，并且也要具有一定的教育科学的理论知识。

4. 研究报告和论文的撰写

科学研究的结果，经过严格的科学整理之后，用书面报告或论文的形式表达出来，是最重要的环节。因为它将科学中的发现加以公布和推广，有助于理论的发展和推动实际工作。即使没有达到研究者的预期目的或理想，只要是严肃进行的科学研究工作，把研究结果写出来，也有参考价值。

研究报告和论文有区别。所谓研究报告，是指研究工作报告、实验报告、调查报告等。

研究报告的结构一般有下列各个组成部分：①研究问题的提出，简要说明研究目的和研究成果；②对这一课题的过去研究情况及现状的介绍；③对这一课题研究的理论根据及事实根据；④研究设计，包括研究程序、资料来源、搜集资料的方法及分析研究方法，如调查样本、抽样方法和附表、附图等；⑤研究结论和摘要，提出理论上的发现，以及有关建议。在撰写研究报告中，凡可用图表说明的问题，就不需要再以文字叙述，只就图表的运用加以解释。总之，研究报告应力求准确简明，并注意其社会影响及效果。

科学论文，严格地说，应当有新的学术内容，对科学发展有或多或少的推动作用。书面报告是研究工作的一种永久性记录，一般比论文详尽，例如，重复别人的工作也可以在报告中写上。但在论文中就不必写，如果为了比较，至多提一两句。报告中可以不限于新的或创造性的内容，整个研究工作的重要过程、方法和环节，都可以包括进去。

尽管论文和报告有区别，在撰写的基本方法上是一致的。

撰写论文的目的在于说明研究的结果以及让读者了解这些结果是怎样获得的。但论文不是研究过程本身。科学论文一般包括以下几个基本部分。

（1）对研究课题的说明。其中可简要地说明进行本项研究的理由，想解决什么问题，有何目的和意义。也可以扼要地叙述一下前人对本课题曾作过什么研究，取得了什么成绩，尚存在着什么问题，本项研究的特点和范围是什么。

（2）对采用的方法和运用的材料的简述。可包括研究对象及选择研究对象的原因与方法，材料搜集方法（如对实验或调查方法的简要说明），以及选择该方法和对象的理由等。

（3）论文的主体。对研究内容进行阐述和论证是论文的主要部分。

可以按内容的组成部分和性质分为若干章节。如果是调查报告或实验报告，可以包括详细的数据、事实等。但在论文里，必须注意节省篇幅，只需扼要地把典型的、具有代表性的内容包括进去。

(4)结论。扼要地说明此项研究所得出的结论。

以上是科学论文一般的组成部分，但并不是每一篇论文都要一项不缺，应看具体情况而定，体裁不必完全一致，而在于把研究的问题阐述得简明、准确、深刻，把研究的结果向读者通报出去，而又不浪费读者的时间。

论文的写作基本上是在研究获得了结果之后着手进行的。但应当及早开始做论文的准备工作。论文内容的设计应紧接着研究工作计划的制订而开始，并随着研究进程的发展加以修正和补充。论文设计逐渐地发展成为较详细的提纲。论文的内容和它的次序应当反映整个研究的中心思想。

教育科研成果的鉴定难以提出像自然科学那样明确的客观标准。自然科学的科研成果是可以用实验来重复验证，而教育科研成果不完全具有这种可能性，特别是基础研究成果，不可能再通过实验得到。因为在意识形态领域产生的观点、方法具有不可逆性，将来不可能重现过去。有的成果虽然能通过未来的实践来检验，但需要很长的时间，短期内得不到验证。因此，对教育科学研究的不同观点，要贯彻“百花齐放，百家争鸣”的方针，不同观点的成果发表后，要通过一段时间争鸣才能取得学术界及社会的认同。

教育科研成果作用于社会需要通过中间环节，要通过书籍、杂志等传播媒介传播教育思想、教育观念，从而对社会活动产生作用。由于成果的间接性，它对决策的影响和作用，对社会进步、价值观念变化所起的积极作用，很难以精确的“量”来度量，只能以定性为主，定性与定量相结合去鉴定。

四、教育科学研究的基本方法

(一)哲学方法论

哲学是一门智慧之学或称爱智之学，它以客观事物(包括自然、社会和人自身)为对象，其特点是在对客观世界作宏观的全面的统观和对其普遍性与内在本质的深入揭示。理性的思索(思辨、思考和反思)是其根本的手段和方式。哲学的价值在于提高逻辑思维能力，而不在于为某种实践——小到日常生活实践，大到社会政治实践——作论证，也不在于回答或解决实际问题。对于思想家而言，重要的不在于作“唯心”、“唯物”的终极划分，而在于其学说、其哲理、其论断的涵盖性、深刻性与效应性的认定。

任何活动都有个合逻辑的问题。所谓合逻辑的活动就是既同活动方式的规定一致，又同活动对象的规定一致的活动。逻辑思维就是既根据思维方式的规定，又根据思维对象的规定进行的思维。哲学作为一门同其他学问不同的特定学问，它的特定对象恰恰不是任何特定对象，而是对象本身、对象一般；哲学不研究主客观世界中任何特定事物的特定规定、特定规律，而是研究一切事物的共同规定、共同规律。哲学的内容原则上适用于说明一切，这种适用于说明一切的学问就是兼有客观意义的逻辑学；迄今为止的逻辑学所研究的思维形式的规定与规则，由于适用于思考任何对象，实际上也是一切可以想象的对象的共同规定、共同规律；根据一切思维、一切对象共有的规定去思考一个对象，就是对对象的纯逻辑思维。

以哲学为生活方式的人有以下主要特点：一是力求从整体上把握世界和人生；二是除了理性的权威，不承认任何权威；三是关注思想本身而非其实用性，能够从思想本身获得最大的快乐；四是与社会现实保持一定的距离；五是为了精神的自由而安于简朴的物质生活。

哲学作为爱智之学追求的是人生智慧，作为形上之学又必然要有深切的终极关怀，这种智慧与终极关怀构成了哲学真理的主要特征和内涵，体现的则是所谓的人文精神。实际上，人文精神是一切人文学术的内在基础和根据。

（二）横断科学方法

什么是横断科学？横断科学是适应当代科学技术综合发展的需要，研究各类事物之间普遍联系和发展的规律，具有通用性，因而能联结自然科学和人文社会科学的新兴学科群，主要包括系统论、信息论、控制论、耗散结构论、协同学和突变论，也可以叫作系统科学。之所以叫它横断科学，是因为它的六个学科都具有横跨性，就是说，虽然科学家最早是在某一自然科学领域首先提出了其主要原理，但后来发现它们的基本原理和方法可以通用于自然科学和社会人文科学的广泛领域，具有横断性；之所以称它为系统科学，是因为它们都以系统为研究对象，只是研究的角度、层次和具体问题不同。系统论研究系统的各结构要素以一定结构而实现整体化的规律；信息论则重点完成了对系统及其运动状态的描写；控制论主要研究利用信息反馈，使系统实现自控有序的问题；耗散结构论集中探讨系统在开放中实现有序的条件；协同学则进一步研究了系统的无序与有序的转化，以及系统的自组织问题；突变论又把研究的领域拓展到宏观领域中非连续性变化的系统及有序化问题。

为了提高教育学研究的水平，有必要吸收横断科学的通用性方法和原理。系统科学（或横断科学）的总体思想和方法论原则，对于教育学研究是有价值的。首先，因为用横断科学的术语讲，教育学的根本目的就是要通过对教育的整体研究，探索实现教育有序化的优化途径。其次，对前述作为教育学研究对象的三个特点，综合起来造成了教育学的横跨性特征，而横断科学的基本思想和方法的通用性正好适应教育学横跨研究的需要。

（三）全方位研究法

根据对教育特点和教育学基本特征的研究，对马克思主义哲学基本方法论的研究，以及对横断科学基本原理通用性的探讨，我们既看到了教育学采用横跨性研究方法的必要性，也发现了在当代适用这种研究方法的可能性。这种可能性条件，一是马克思主义哲学基本原理指导，二是横断科学的通用性思想和方法。这种横跨性研究方法，我们谓之全方位研究法。

所谓全方位研究法，就是综合运用自然科学和人文科学多种学科对于研究对象交叉研究的成果，进行多维考察，经过综合分析，形成系统认识，再予以实验证明的研究方法。这种研究方法，在总体上有四个关键环节，也可以说总体上分为以下四个步骤。

第一，系统考察，就是要在“事物是有机统一体”的哲学思想指导下，对事物从不同角度和不同层次作全面了解。进行这种考察，首先，必须具备马克思主义哲学修养，具有“事物是普遍联系和发展”的指导思想；其次，还要综合运用观察法、试验法、社会调查法、文献调查法，既注意收集现实感性材料，又注意收集前人和他人的经验材料；再次，还要掌握收集资料、积累卡片、阅读文献、设计问卷、利用档案等具体技术。

第二，全面综合，就是将系统考察所得材料，即对材料的性质、作用进行分析，然后依材料在实际中的位置作出整体安排，将分散材料系统化，努力发展它们的内在联系。

第三，形成系统认识，就是根据全面综合所发现的规律，即教育内部各部分之间的内在联系及其规律，教育与外部环境的联系及其规律，在思维中系统地复制现实，形成关于客观教育现实的模拟图式，提出理论或假说。

第四，验证，就是将前段研究工作所取得的思想成果，如理论、公式、模型、法则、定义等，放诸实践之中加以检验。这步工作，就等于在一定的认识指导下再开始一次新的认识过程。而这个过程，在认识发展的长河中，具有对前一段认识成果进行检验的实践意义，也具有在前一段认识的基础上再认识的意义。

（四）抽象方法

方法是解决各种具体问题的门路、途径、手段和程序的概括，是一种思想工具，要靠思维来把握。抽象方法就是这样一种重要的方法。关于某门学科的起点，黑格尔曾在《逻辑学》一书中，专门探讨了科学应该从何开始的问题，并认为逻辑学应以最抽象的范畴为开端。马克思在《资本论》中采用了从抽象到具体的方法，首先分析资本主义商品社会里最简单、最普通、最基本、最常见的关系——商品交换。这一分析从最简单的现象中揭示出资本主义社会一切矛盾的根源。往后的叙述向我们表明了这些矛盾和这个社会的发展，从这个社会的开始到终结的发展。

马克思在《资本论》序言中讲到他自己对于研究经济这样复杂的社会现象，既不能用显微镜，又不能用化学试剂，只能用抽象法，即从抽象到具体的方法，并对这个方法作了详细的阐明。恩格斯在《政治经济学批判》序言中把它叫作逻辑的方法，并阐述了逻辑的方法与历史的方法基本一致的问题。教育理论研究的对象既有社会现象，也有认识现象。在运用这个方法时，应当注意以下四点。

第一，这个研究方法绝不是从概念出发，从概念到概念，而是从现实出发。教育研究也必须从具体现象中经过多次抽象，找到最简单、最抽象的规定，并以之为研究的逻辑起点。

第二，必须注意中间环节。例如，从感性认识到理性认识必须经过表象、概念、判断，再到推理；从理论到实践，如大工业中科学研究成果的运用，必须经过小试验、中间试验，再到大生产。学生学了基本概念，也必须通过例题、一般习题到综合应用题这样一些中间环节，不能要求学生学了基本概念就一步达到灵活应用或综合应用的程度。

第三，必须善于抽象，从事物的纯粹形态上去研究。马克思在《资本论》中首先专门研究生产过程，然后专门研究流通过程，再研究总过程。教育现象是十分复杂的，在研究时要注意掌握分析它的纯粹形态，然后加以综合的考察。

第四，科学研究的体系应该是辩证逻辑的体系，不是概念或范畴的相互平列，而是有其内在联系的同时性或继时性的矛盾运动的变化和发展。

创造性思维—精神生产—精神文明，是构成人类独有的精神世界的系列。没有创造性思维，就不可能有精神生产，创造性思维是人类从事精神生产的基本手段和方式；没有精神生产，也不会有精神文明，精神文明是精神生产的直接成果及其历史积累，是人类精神世界发展程度的尺码。反过来，精神文明又成为促进人类创造性思维、精神生产向更高阶段发展的起点，成为人类精神世界发展的新的基础。

爱因斯坦曾说过，要创立一门理论，仅仅收集一下记录在案的现象是远远不够的，还必须有能深入事物本质的、大胆的、创造性的思维能力。教育理论研究工作，从本质上讲，是一种创造性的思维活动。这种活动离不开科学的研究方法。先进的、科学的方法论，不仅是教育科学成熟的重要标志，而且是卓有成效地进行理论探讨，创造性地提出新思想、新观念、新理论的必要条件。罗素有言：不要以为有了实证的方法，思辨就不重要了。思想是思辨出来、冥想出来的，不是实证出来的。用实证法不能证出孔子的仁、孟子的义、老子的道，也不能证出黑格尔的辩证法和自由的价值与幸福的内涵。对于教育学宏观理论的研究来说，思辨和抽象方法尤为重要。

（五）比较研究法

比较研究法是今日许多学术研究领域中使用的方法。比较是从对现实现象的观察开始，借助分析和价值评价，得到正确认识的一种方法。

比较教育的主要特征是跨国性或国际性。它研究若干国家的教育，研究若干不同文化国家的教育，也涉及教育的整个领域，包括教育思想、教育制度、教育行政，各级各类学校的目的、课程设置、教学方法、考试制度等，还涉及各个国家教育理论和实践的社会政治、经济、文化生活、哲学的基础和民族的特性等。它对于借鉴国外教育经验，反映世界最新动态，指导本国的教育改革，具有迅速、简便、全面等特点。随着国际交往的日益加深，在教育科学的研究中，比较教育研究越来越受到人们的重视，教育的研究也越来越趋向于国际化。教育科学工作者开始在世界范围内组织起来，对世界共同关心的问题进行合作研究。

（六）定性分析与定量分析相结合的研究法

根据辩证唯物主义观点，任何具体事物都是一定的质和量的统一体，任何事物都是在量变过程中引起质的变化，事物的质变是量变积累到一定阶段的产物。因此，人们在探索事物规律时，必须掌握事物数量的规定性。社会现象中的静态事物和动态事物都可以通过一定数量表现出来，对事物量的分析以把握事物质的规定性，是完全必要的。马克思剖析资本主义社会的矛盾，就是把定性与定量分析有机结合起来，给我们提供了一个范例。目前，在新的技术革命的影响下，信息社会越来越需要文理学科相互渗透，社会科学研究中的定量与定性分析相结合，愈益显得重要。同时，除统计资料外，还有非统计数字的资料问题，如何把这几方面结合起来是研究过程中一项重要的工作。

教育这种现象也有质和量的统一性。教育科学研究中，不仅要研究教育现象和过程的质，还要研究它的量，研究量的关系、量的变化、量的关系的变化、量的变化的关系。例如，不仅要对教育与社会发展的关系进行质的考察，还要具体探讨教育对社会经济发展影响的大小，以及教育对社会生产力发展的作用的大小，探讨社会经济、社会生产力的发展对教育发展提供多大的可能性；不仅要从质的方面讨论教育与人的身心发展的关系，确定教育对人的发展的作用，还要具体测量和评价教育对人的能力、品性等各方面改变的程度的大小等。就教育科学本身的具体研究方法来看，它有理论研究、历史研究、实证研究、实验研究四种，这也是一切经验科学的研究方法。在这些研究方法中，调查的结果、实验的数据等都要最后进行统计处理，找出其中的关系，否则，它们就只是一堆杂乱无章的数据集合。毫无疑问，这些研究如果没有数学和计算机科学的参与是寸步难行的。在教育科学研究中，人们已不满足于传统的定性分析，而开始运用定量分析方法来说明教育现象。运筹学、概率论、统计学、对策论、线性代数等自然科学中常见的方法，开始被教育科学研究工作者自觉或不自觉地运用到了科学研究中，并产生了教育统计学、教育测量学等新学科。尤其是统计学在教育科研中的运用更为广泛，人们不仅对教育现象进行描述性统计、估计和推断，而且假设检验、方差分析、非参数估计等方法已广泛运用到教育科学研究中。有人还提出来要建立一门教育计量学，来研究人才预测、教育发展与科学发展关系中某些系统、教育单位的适度规模、教育投资的社会效益、教育单位投资的社会效益等问题。当然，教育科学的研究对象很多是没有明确外延的，在教育现象和过程中有很多非数值特性，难以用数值进行描述，难以精确化。而概率论、统计数学等是不容纳非数量特性的。但是，当代数学已开始向综合分析方向发展，向克服非实数困难的方向发展，向不连续的方向发展，如分析数学、模糊数学等现代数学分支已跨越出实数界，这为教育科学研究的定量化带来了福音。与此同时，系统论和计算机技术的运用，使教育科学的定量化研究如虎添翼，这必将促进教育科学的迅速发展。

这也就是说，科学发展到了今天，自然科学和哲学、社会科学出现了大汇合。自然科学方法、数学方法像一股强大的潮流正在撞击着传统的哲学、社会科学方法的大门，哲学、社会科学的数学化就是这股巨大潮流中的一股不可忽视的热流。

教育科研成果的分析一般都以定性分析为主，也在力求定性与定量相结合。有人认为，有没有量化，是否对材料进行定量分析，是辨别科研成果的一个标志。这种观点有可取的一面，也有其局限性。因为教育是由多种因素的广泛联系组成的复杂的、开放的系统，而定量分析却往往把教育现象人为地孤立、封闭起来，并切断教育诸因素之间的内在联系。在定量分析中，研究者所操纵、控制的只是与整个教育内涵相比少得多的部分变量，而对未纳入研究的变量则视为不存在、不相干，这样影响了人们对教育问题的本质认识。过分强调以方法引导研究，以数据统计的高难度佐证研究的“精确度”，不管研究问题的性质如何，一律定量，往往把数据本身作为研究目的，造成以精确的统计手段处理并不可靠的基础数据，不仅不能解决所研究的问题，反而使得一些教育现象更费解。

目前在教育科研中，定量分析也确实是一个薄弱环节。强调定量分析，要求科研人员掌握统计方法，研究模糊数学在教育科研中的应用是十分必要的。但是，也不能过分强调定量分析，它毕竟只是一种手段，过于追求量化，很容易否定一些有价值的科研成果。所以，我们既应当重视量化的重要性，又不要把它放到不适当的位置上去。

（七）几种具体的研究方法

科学研究的具体方法，从大的类别上讲，可分为两种，即获得科学材料的方法和形成科学理论的方法。

1. 获得科学材料的方法

为了进行科学研究，首先要获得科学研究的必要材料。这些科学材料主要是感性材料。获得科学材料的方法，主要有观察法和实验法。

观察与实验有其物质性的一面，由于这个原因，人们把它们列为科学实践活动。在这里，我们不是去讨论观察与实验的物质性活动的一面，而是讨论它们的另一面，即科学认识活动的一面。在人们获得科学研究的材料中，观察与实验是两种很重要的手段。

观察作为人们获得科学材料的方法，具有以下几个特征。第一，观察是人们通过感官直接反映外界事物的活动，如果不通过感官对客观事物进行直接的视、听等感性活动，就谈不上观察。第二，观察是有目的、有计划的活动。观察不同于日常生活中的一般感觉、知觉活动，它是出于特定的科研目的而进行的活动。观察对象、观察手段、观察计划等，都是依据人的科学需要来确定的。同时，观察结果也必须依据科研目的进行记录。第三，观察是在自然发生的条件下进行的活动。观察虽有目的性，但对被观察的对象不作人工的变革和控制，而只对在自然状态下所呈现的情况进行考察。

观察主要有质的观察和量的观察两种。所谓质的观察，就是考察事物具有什么特性或不具什么特性，以及事物之间存在什么关系或不存在什么关系。通过质的观察，人们可以对事物的性质以及其中的关系有个大致粗略的认识。所谓量的观察，就是对事物的观测和测量，考察事物具有某种特征的数量状况。通过量的观测，人们能把握事物量的规定性。在科学研究活动中，通过量的观察所积累的材料可以发现一些规律性的联系。事物都是质与量的统一，如果不进行量的观察，那就不能确切地认识事物的规律。所以，质的观察与量的观察是互相联系着的。

实验，本质上也是一种观察，是观察的高级形式。实验是在社会实践的发展已经制造出从事科学实验的条件，而自然观察又不能满足认识的需要时才产生的。在实验中，人们可根据认识的需要，利用仪器和设备人为地控制和变革被研究对象，以便在最有利的条件下去进行观察。实验作为一种获得科学研究材料的方法，具有这样几个特点。首先，实验可以使被研究对象以较为纯粹的状态出现，以便进行认识。任何事物都是多样性的统一，由于这个原因，事物的某些特征被掩盖了，或者受其他因素的干扰而无法被人认识清楚，或者在通常情况下根本就不可能觉察到。在实验中，人们可以利用各种手段把事物从复杂的联系中分离出来，排除偶然的、次要的因素，人为地控制另一些因素。这样一来，事物的变化就以较纯粹的状态出现，便于对它们进行认识。其次，实验可以强化被观察对象的条件。人们可以利用各种实验手段，创造出在自然状态下难以出现的特殊条件，以便观察到在自然状态下不能或不易遇到的新现象。例如，人们在实验中创造的超高温、超高压、超低温、超强磁场等，都是对认识对象的强化，以便进行科学观察。最后，实验还可以使观察对象重复出现。在自然条件下发生的现象，由于受时间、地点等因素的限制，往往无法重复出现。在实验中，人们就可以通过一定的手段，使被观察对象及其结果重复出现，以利于对新发现的事实进行长期的观察和研究。实验的结果重复出现，才可能使新的事实的发现得到确认，这样的研究才具有价值。

实验也有多种不同的类型。可以像观察那样按质与量来分类，这就是定性实验和定量实验。还可以根据实验手段是否直接作用于被认识的对象，把实验分为直接实验和模型实验。不论哪种实验，其活动的基本程序是大体相同的。实验的全部过程可分为三个阶段，即准备阶段、实施阶段、实验结果处理阶段。

观察与实验，是获得科学研究材料的重要途径。科学研究之所以需要观察与实验，就是因为只有这样才能了解到事实，并为科学研究的深化提供必要的认识材料。所以，即使科学研究的问题十分艰深、抽象，也离不开对事实的观察与实验。

2. 形成科学理论的方法

在观察与实验中获得了各种科学材料之后，科学研究便进入了理论加工阶段，即形成科学理论的阶段。在形成科学理论的过程中，同样离不开特定的研究方法。形成科学理论的方法可分为两大类，一类是形成科学理论的微观方法，另一类是形成科学理论的宏观方法。

所谓形成科学理论的微观方法，指的是基本的理论思维方法。由于这些方法在形成科学理论的过程中又参与形成了更高层次的方法，相比之下，才把它们叫作微观方法。形成科学理论的微观方法，包括逻辑思维方法和形象思维方法。

逻辑思维方法，是人类思维的一种基本的方法。它是在概念的基础上进行判断和推理的方法，它为人们获得间接性的知识和探求新知识提供了必要的逻辑工具。逻辑方法，主要包括分析与综合、比较与分类、归纳与演绎、抽象与具体等方法。逻辑方法具有一些共同的特性，其一是抽象性。逻辑方法的抽象性，指的是它们的非形象性，这个特征突出表现在经过概念、判断、推理进行加工并形成新概念、新判断、新推理，从而得到新的结论。其二是个别与一般的统一性。逻辑方法，尽管各有其特点，但在它们的背后有一个起支配作用的统一性，这就是个别与一般相结合的特征。例如，归纳是从个别事实走向一般结论的过程，演绎则是从一般原理走向个别结论的过程。再如，分析是从具体事物中分出构成该事物本质的东西，从而形成关于事物的本质性认识，并从个别的具体事物中得出该事物本质的一般结论；综合则是通过把各种因素组合成一个整体，使一般性的认识逐步具体化，变成与个别的具体事物相联系的东西。其三是推演性、规则性。运用逻辑方法，可以通过严格的逻辑运演，在各种材料的基础上实现新的思维突破。

形象思维方法也是人类思维的一种基本方法。形象思维方法主要包括联想和想象。所谓联想，指的是形象思维中由一个事物而想到另一个事物的思维方法和思维过程。联想主要可分为三种，即接近联想、类比联想和对比联想。想象，则是人脑在原有形象的基础上加工改造，并形成新形象的思维方法。想象的具体类型主要有三种，即再造想象、创造想象和幻想。联想和想象的方法，均依赖于形象，是用形象进行思维加工的方法。它们均具有跳跃性，没有严格的规则，可以通过跳跃的方式形成创造性的新观点。

在形成科学理论的过程中，形象思维方法和逻辑思维方法是不能分离的，它们始终围绕着特定的科研课题而相互联系在一起。由于它们相互联系，协调活动，于是形成了综合性的研究方法。这些方法与形象思维方法、逻辑思维方法相比具有宏观性质，所以把它们称作科学研究中的宏观方法。

形成科学理论的思维是从哪里开始的呢？只能是问题。学习知识可以丰富自己的头脑，从而提高发现问题的能力，但仅仅靠学习还不能把研究引向深入。观察可以发现新的事实，并以此来促使人们发现问题和提出问题，但若停留在观察上也不能形成科学理论。因此，为了把研究推向深入，把认识推向科学理论阶段，必须善于发现问题。从发现问题在理论过程中的作用来讲，它是形成科学理论成果的一种重要手段和方法。

发现问题并不等于一定要进行科学研究，从发现问题到研究问题，还要经过问题的选择。所谓选择问题，对于科学研究来说就是确立课题。课题的选择是科学研究中的重要环节，如何才能确立好研究课题，也是科学研究方法必须包括的内容。课题确立的方法主要有意义方法、可实现性方法、最优方法等。

在形成科学理论的研究过程中，发现问题、选择问题之后便进入了解决问题的阶段。为了解决问题，科学研究采取的主要手段就是提出假说。所谓假说，就是对于问题的一种推测性或可能性的说明。假说具有两个特征：一是具有一定的科学依据；二是具有推测性质。这两个特点表明，假说是科学性与假定性的统一，缺少了任何一个特点，都不是假说。在科学研究中，人们运用假说的目的是为了建立科学的理论，达到对事物的本质把握。从假说到科学理论是科学研究的必由之路，假说必须通过实践的检验与修正，才能逐步向可靠的科学理论转化。

灵感，又称顿悟，是一种特殊的思维过程，也是科学研究中创造性思维的一种特征。灵感作为一种导致创造性科研成果的思维过程，具有间断性、突发性、瞬时性等特征。关于灵感的具体机制，人们至今尚未弄清。人们从其外观上总结出了一些方法，主要有追捕热线法、异想天开法、寻求诱因法、跟踪记录法、梦境法等。正确利用这些方法，会大大提高通过灵感而获得科学研究的创造性成果的机会。

此外，数学、哲学虽是一些大的学科域，但由于它们具有高度的抽象性、一般性，对于具体的科学研究也具有方法上的指导作用，因此，也成为形成科学理论的重要方法。

3. 教育科学研究几种常用的具体方法

（1）经验总结法。教育经验是教育工作者在长期反复的教育实践活动中，对教育现象通过观察、感知而获得的感性知识，是对教育过程中各种教育现象之间表面联系的认识。教育理论则是对教育现象内部本质联系的认识或对教育的规律性认识，是在长期感性认识的基础上所发生的由量变到质变的飞跃。可见，教育经验与教育理论是既有联系又有区别的。

在教育史上，最初的教育研究工作也正是从总结实践经验开始的，并且从中揭示出某些教育规律，对我们现在的教育、教学工作仍具有一定的启发作用。比如，我国古代的《礼记·学记》以及捷克教育家夸美纽斯的《大教学论》的问世，可以说都是长期教育经验的结晶，某些教学思想影响至今。

经验总结法的具体实施步骤是：

——调查研究，筛选经验。深入实际调查研究，选择具有典型性和普遍意义的经验作为总结研究的对象。究竟应把哪方面的典型经验作为研究的对象，要根据学校的具体条件，从解决主要矛盾入手。只有从学校的实际出发抓住主要矛盾，才有可能既调动广大教师从事研究工作的积极性，又达到以科研促教学的目的。

——制订计划，搜集、整理资料。确立了研究的对象和题目以后，为了保证研究工作的顺利进行必须制订相应的研究计划。科研工作必须以确凿、可靠的事实为基础，因此，如何去搜集资料和使用有关资料至关重要。要运用有关的理论对搜集的资料进行研究，从中概括出科学的结论。

（2）教育调查。教育调查是通过各种方法和手段，有目的、有计划地搜集教育对象或现象的材料，从而发现规律性的问题，获得研究成果的方法。它可以对教育对象或现象作比较全面的了解。调查法与实验法不同，是在自然状态下进行的；与观察法也不同，它是一种间接的研究方法；又与历史法相区别，它是对教育的现象和现状进行的研究。教育调查，是教育管理的手段，是科学的决策、预测的基础和前提。通过教育调查获得的信息，可以拟订科学管理的规划和方案，从而进行有效的管理。教育调查要有明确而具体的目的、任务、内容和项目。选择的调查对象必须符合调查的目的、任务，具有典型性。要通过各种可能利用的手段，尽量搜集能全面、客观和正确地反映调查对象的材料，尽可能地进行准确的测量，以保证材料的最大限度的可靠性、客观性和精确性。

教育调查一般分为下述几种：

——普遍调查。这是对研究范围内所有的研究对象进行调查，获得全面的资料。这种调查的范围较大，人力、物力消耗大，如果条件不具备，则无法进行。

——抽样调查。这是从研究的总体中按照一定方法选择部分对象进行调查，并通过对这部分调查结果的总结而获得对总体的认识。被选取的部分对象叫作样本。抽样调查必须保证样本对于总体的代表性，否则就会出现抽样误差。因此，抽样误差要控制在一定的范围之内。实践表明，抽样误差的大小与抽样方法有关系。

——典型调查。这是对所研究的对象有了初步认识或分析的基础上，有计划、有目的地选择一些具有代表性的单位或个人作为典型，进行周密系统的调查，取得第一手材料，然后进行科学分析，概括出该现象的变化和发展的一般规律。

抽样调查或典型调查只要能够准确地选出代表性的点或样本，就可以取得具有科学价值的材料，并相应地节约了人力和物力。

——个案调查。个案调查又称个案研究，是一种定性的研究方式。它是把个别人、个别机构、个别事件或个别地区的教育问题、教育现象作为研究对象，对其中的若干现象、特征和过程作长期的深入调查。个案调查便于追踪、深入了解，只是缺少数量统计，没有一定的量来作为调查结论的依据。

教育调查一般分为选定研究对象、拟订计划、进行调查和总结四个阶段。每一阶段又可分为若干具体步骤，在具体进行调查时经常采用询问、收集问卷、开调查会等方式。

（3）教育实验。教育实验是人工控制教育对象的情况下，有目的、有计划地观察其变化和结果的方法。它是研究者按照自己的设想，有意识地控制或者排除某些因素与研究对象的联系，从而揭示必然产生某些现象或结果的原因。教育实验是教育科学研究的重要方法之一，不搞教育实验，许多教育问题的决策就缺乏科学的依据，不经过实验就推广一种教育制度或教学方法的做法带有盲目性。教育研究人员要把教育实验放在应有的位置，有计划、有步骤地开展教育实验工作。

学校教育实验一般应在自然状态下，即与学校日常工作相近的条件下进行，故又称为自然实验法。一所学校、一个班、一堂课、一次课外活动等，都是教育实验的重要场所。只有在自然状态下进行教育实验，其结果才有科学的实际价值。采用实验法，研究者要详细地拟订实验计划，设计实验方法和组织形式。在实验前，要明确目的，拟订实验题目，准备教具、仪器、记录表格，统一标准，拟订记录方法、符号，设法控制实验因素，使重要因素不变或少变。在实验过程中，要作精确而详尽的记录，为排除偶然性，一般实验可反复多次。处理实验结果，要考虑各种因素的作用，慎重核对结论，尽力排除偶然因素对实验结果的影响。

（4）教育预测法。教育预测法是一种新兴的研究方法。运用这种方法可以对未来的教育工作和教育事业进行预测，以便更好地为未来培养人才。“十年树木，百年树人”，学校教育培养人才的周期是很长的，一个人从小学到大学要经过十几年的培养，才能为社会服务。这就需要应用预测的方法来探求未来社会对人才的需求，以便更好地进行教育改革。

教育预测的方法是很多的，如：从我国社会政治、经济、文化、科技发展的要求，预测未来各级各类学校培养人才的规格；从我国人口的增长率来预测未来学校的师生量、教育经费、校舍、教学设备等各方面增长的需要；从现代科技和教育发展的趋势，预测未来学校的课程设置、学科结构、教学形式、教学手段、教学方法等方面的变化；通过对教学系统各要素，如教师、学生、教材、教学手段等的综合分析，来预测和制订学校教学的最佳方案；应用教学模拟或计算机模型，来预测未来的教学发展和可能发生的情况和问题；从教育、教学的可行性条件的分析，来预测教育、教学中可能发生的错误和偏差；等等。

五、教育科学研究的发展方向

教育科学研究，如同教育科学的形成，经历了一个长期的历史发展过程。如果回顾教育学的历史，就可以看出，这个历史是一个为了寻找教育的特殊方法而不断进行实践的过程。教育科学研究方法的层次性、多样性、综合性，到今天才初步形成，并且仍在不断发展之中。

1979年4月召开的全国教育科学规划会议，在我国教育科学发展史上具有里程碑的意义，标志着我国的教育科学研究从此进入了一个新的发展时期。而综观现状，我们可以看到教育科学研究的发展方向，具体包括以下几点。

(一)教育科学研究的领域向三个方面伸延

一是彻底改变过去那种仅以研究学校教育的理论与实际问题为主要方向的状况，重视教育理论对人的一生发展所具有的重要影响的研究，逐步向研究包括终身教育、社会教育、家庭教育等方面发展。

二是加强对社会政治、经济、文化、科技等与教育的改革与发展密切相关的问题的研究，深入探讨这些因素对教育宏观发展的影响度及其规律，探索其间“联动”“互促”的有效机制。

三是在研究问题的层次上，由过去较多地限于研究一些微观领域的问题向切实加强对教育改革与发展中的宏观、中观问题的研究。教育科研多视角、宽范围的发展趋势，对于建构“大教育观”和教育体系将起到重要的促进作用。

(二)重视科研课题的现实价值

在教育科研课题的价值取向上，将进一步重视处理好总结教育发展的历史经验、研究解决现实教育改革与发展中的重大理论和实际问题、准确预测和把握教育未来发展这三者的关系，努力形成传统教育、现代教育和未来教育三者的有机整合，充分体现出教育科学研究工作的科学性、现实性、时代性和未来性的特点。

（三）更加重视和加强对教育改革中出现的重大现实问题的应用性研究

这将是教育科学发展的一个重要特征，也是国际教育科研发展的潮流。这一趋势将主要表现在两个方面。

一是加强对教育宏观决策有直接影响的实证性研究和政策性研究，重视把研究的成果及时转化为可操作的方案，直接作用于教育改革实践，从而进一步提高教育决策的科学化、民主化程度。

二是重视开展对教育、教学改革的指导性研究，努力做到用科学的理论去指导、规范教育第一线的改革实践。同时，注意把握教育改革实践的最新动向，总结经验，探索规律，在教育实践中吸取丰富营养，用以提高和发展中国特色的社会主义教育理论。

（四）深化教育的宏观研究

对建设中国特色的社会主义教育体系产生重大影响作用的、具有指导意义的一些教育理论问题的研究将得到进一步深化。例如，对建设中国特色社会主义教育体系的基本特征的研究，教育与社会、政治、经济、科技等的关系研究，教育的功能及教育价值观的研究，教育与人的全面发展关系的研究，传统教育、现代教育与中国教育面向现代化的研究，中国当代教育史的研究，国际现代教育思潮与流派的研究，以及元教育学的研究等。

（五）形成完善的教育学学科体系

随着教育改革深入发展和教育现代化建设的需要，教育学学科体系的构建朝着日趋成熟和完善的方向发展。一些老学科，如教育学原理、比较教育学、教育史、教育心理学等将不断开拓研究领域，取得新的研究成果。一些新兴的分支学科建设也将得到进一步发展：一是一些在教育改革实践中创造并发展起来的、具有中国特色的学科将不断完善、成熟，如农村教育学、民族教育学等；二是一些涉及教育宏观问题的研究领域将逐步向学科形态发展，如教育发展战略的研究等。另外，经过衍生与分离之后，分支学科的建设将日趋综合化，学科间的相互渗透和影响将不断加深。

（六）对教育科研方法的研究将有所突破

教育研究将切合实际地引入一些自然科学和心理学的研究与实验方法，进一步提高教育科学研究的水平及研究成果的信度和效度。定性研究与定量研究的有机结合和广泛运用将会进一步加强。对教育实验的再认识和运用将有所发展。在现实中，教育实验既是教育研究的一种方法，也是一种教育变革的实践活动。它所产生的效能必将超出教育研究活动的本身。实证性研究和个案研究将得到重视和广泛的运用。

社会主义教育是为建设高度繁荣、高度民主、高度文明的社会主义国家服务的，在社会主义现代化建设中占有极其重要的战略地位。因此，无论是我国的社会主义教育，还是以这种教育为研究对象的教育学，都应具有中国的特色。

建设中国特色的社会主义教育学是广大教育工作者，尤其是教育理论工作者的奋斗目标。什么是中国特色的社会主义教育学？其基本要求应是：它是符合中国社会主义经济、政治、文化、教育实际的教育学；它是具有中国传统特点的教育学；它是以中华民族为主体创建的教育学。而建设中国特色的社会主义教育学体系的根本原则应是：在强调“中国特色”、“社会主义”的同时，坚决突破传统的封闭型的教育学体系，顺应科学发展的趋势（分化与综合），建立宏观与微观相统一的教育科学体系，并注意吸收、借鉴其他相关学科的研究成果，汇集古今中外一切有价值的理论成就来构造教育科学体系。而要做到这一点，教育学家首先需要具有宏观的眼光、宽广的胸怀、深邃的识见力，群策群力，着力于教育学原理这门在教育科学体系中属主导课程的建设。

第二编　教育基本理论

第五章　教育的起源

一、教育起源问题的含义和研究的意义

教育起源的问题，通常在教育史的著作中进行叙述，在有关教育史的课程里安排讲授，但在教育学原理的理论体系中也不能无此内容。这固然因为教育学原理和教育史课程在内容上本有相通的、一致的方面，两者可以互相促进、互相补充、相得益彰，但这两门课在研究、讲授的目的和意义上并不相同。其根本的不同之点在于：教育史重在交代教育起源史实内容，而教育学原理不仅要做到这点，并且还要首先辨析有关教育起源理论、学说的是非曲直。从先后关系上看，只有通过教育学原理把各种教育起源的理论分析、辨别清楚了，才有教育史课有关内容准确无误的交代和传授。这是我们论述、讲授教育起源问题之前，学习者必须首先明确认识到的一点。在教育学原理中，学习者结合本章和下一章内容，可以在对人类教育从其产生、存在直至发展到今天乃至以后的漫长道路和事实，作一次最宏观、纵向的考察的基础上，获致对人类教育来龙去脉、历史面貌清晰的把握和总体的概括。这不仅是今天人们需要具备的大教育观的重要内涵，并且也是这种大教育观得以牢靠建立的重要基础和必要的手段之一。

什么叫教育起源呢？或者说，教育起源指的是什么意思呢？教育起源，作为一个教育理论问题，它研究的固然是人类的教育，但这种教育并不是指今天人们可以随处看到的教育形态，也不是指历时300万年之久、在原始社会就存在的教育事实，而是指地球上出现人类社会时，与此同时出现的教育这种社会现象是因什么原因才得以产生和出现的问题。它所要探索的，不是地球上业已出现和存在的这种教育现象和事实，而是要追究地球上初民之时的教育究竟因何起源的问题。它研究的不仅是一种人类最古老、最原始的教育形态，而是要探明这种最古老、最原始的教育形态何以能够在人类社会出现与产生的终极原因。

二、教育学术史上三种教育起源理论

教育起源问题，是一个既久远又玄妙的问题。在世界教育学术史上，几百年来已有不少学者对此问题作过思考和论述。在20世纪50年代初，我国从苏联引进的教育史和教育学著作中，曾着重对以下三种不同的教育起源理论作了介绍和评论，即教育的生物起源论、教育的心理起源论和教育的劳动起源论。在苏联的教育史和教育学的著作中，对以上三种教育起源论的介绍和评论并不是等量齐观地作纯客观的评价，它所肯定的是其中的教育的劳动起源论，而另两种教育起源论则被认为是错误的理论观点。

教育起源的问题，是一个重大的教育理论问题。人们对它有不同的看法，在所难免，实属必然，故不同的看法也绝不会仅此三种。但以上所列的三种，无疑是最为重要、最具时代代表性的三种，所以我们还有必要以这三种起源观为主作出分别的介绍和评析。

(一)教育的生物起源论

1. 主要代表人物和基本观点

在教育学术史上主张教育起源于生物之说的学者，不乏其人。这里，我们主要以法国的利托尔诺(C.Letourneau，1831—1902)和英国的沛西·能(Percy Nunn，1870—1944)二人的基本观点为代表。

利托尔诺是法国社会学家、哲学家，他曾赴非洲等地考察有关早期人类社会的特点和发展，搜集原始民族教育资料。19世纪末在其《各人种的教育演化》一书中他认为，教育是一种在人类社会范围以外，远在人类出现之前就已产生的现象。他根据对动物生活的观察，认为在动物世界里存在着如大猫教小猫捕鼠、大鸭教小鸭游水之类的教育，而且不仅在脊椎动物里，甚至在无脊椎动物里都有。他认为，后来出现的人类教育，不过是继承了业已存在的教育形式而已：教育在人类社会中只是不断改变和演进，获得某些新的性质，人类教育的本质则依然如同动物界。

作为一个教育的生物起源论者，利托尔诺力主生存竞争的本能是教育的基础。在他看来，动物正是基于天赋它们固有的保存自己种类的本能才把“知识”、“技巧”传授给幼小的动物。

沛西·能是英国教育学家，《教育原理》一书是他的主要著作。把教育生物学化，是该书内容显著特征所在，从中可见，他是一位极端的教育生物学化论者。

1923年，沛西·能在不列颠协会教育科学组的大会上所作的报告中说："教育从它的起源来说，是一个生物学的过程，不仅一切人类社会有教育，不管这个社会如何原始，甚至在高等动物中也有低级形式的教育。我之所以把教育称为生物学的过程，意思就是说，教育是与种族需要相适应的种族生活，是天生的，而不是获得的表现形式；教育既无待周密的考虑使它产生，也无需科学予以指导，它是扎根于本能的不可避免的行为。"他又说："生物的冲动是教育的主要动力。"①

2. 对其理论观点的批评

教育的生物起源论认为教育是一种源于本能的生物现象，与我们把教育视为人类社会特有的现象，是存在着根本分歧的。故教育的生物起源论不能为我们所赞同。

所谓本能，就是指动物在进化过程中形成而由遗传固定下来的不学而能的行为。例如，鸡孵蛋，鸟筑巢，蜂酿蜜等，表现为与生俱来的无条件反射。本能正是动物生活的基础，生物以改变自己的生理性状并消极地适应环境为其本质。与此不同，人类历史进化的主要信息，并不是体内的遗传基因，而是体外的文化传统。人并不以改变自己的生理性状并消极地适应环境为其本质。人的本质是：在生理性状相对稳定的条件下，改造体外生态环境并使体外生态环境尽可能如意遂愿。人的历史进化，主要反映在体外，反映在人类的文化成果之上。

哲学人本学认为，人之为人，其发生虽然有其生物进化的基础，但是人的诞生，只是在生物进化基础上，由"文明进化"之更高层次的进化系统所产生的结果。因为人不仅是生物的人，而且是文化的人。此文化的人，是人类本质中更为重要的一个方面。"先天获得性"，使人能成为一个生物的人；"后天获得性"，则使人成为一个文化的人。保证人类"先天获得性"的，是体内遗传基因；保证人类"后天获得性"的，则是体外文化传播。人的"先天获得性"和"后天获得性"两相比较，则"后天获得性"更为重要。"先天获得性"仅仅是人的生物性，而"后天获得性"才使人超越于生物之上。因此，"后天获得性"是人的真正的本质。

---

① 《沛西·能其人其书》，载［英］沛西·能著，王承绪、赵端瑛译：《教育原理》，人民教育出版社2005年版，第36页。

马克思主义经典作家多次批判过那些企图用生物学的范畴来解释社会现象的一些代表人物。因为这样做的结果，社会生活所固有的规律性就被否定了，社会现象的特点就会被抛弃了，而生命的现象，如繁殖、生长、生存选择与竞争就可以随心所欲地解释成社会生活中的主要因素。列宁讲过这样的两段话，他说："马克思对朗格的批判的基础，不在于朗格特意把马尔萨斯主义硬搬进社会学，而在于把生物学的概念，笼统地搬用于社会科学的领域，就变成空话。不论这样的搬用是出于'善良的'目的或者是为了巩固错误的社会学结论，空话始终是空话。"①他又说："波格丹诺夫所从事的绝不是马克思主义的研究，而是给这种研究早已获得的成果换上一件生物学术语和唯能论术语的新装。这全部企图自始至终都是无济于事的，因为像'选择'、能量的'同化和异化'、能量的平衡等概念，如果应用于社会科学的领域，就成为空洞的词句。事实上，依靠这些概念是不能对社会现象作任何研究，不能对社会科学的方法作任何说明的。"②毫无疑义，这两段话在方法论上，对于指导我们对教育起源于生物一说的分析研究具有重要的意义。总之，生物起源论，只见动物世界，不辨其与人类社会质的区别，只见教育的形式，不见人类教育质的飞跃，可谓蔽于天而不知人。教育是人类社会特有的现象，动物界是没有教育的。大猫教小猫捕鼠、大鸭教小鸭游水之类的"教育"，毕竟是跟人类的教育根本不同的。

（二）教育的心理起源论

教育的心理起源论可以美国著名教育史专家孟禄作为代表。

孟禄首先表示不同意利托尔诺的教育起源于生物本能之说，认为利托尔诺没有揭示人的心理与动物心理的本质区别。他从心理学的观点去解释教育起源问题，认为教育起源于无意识的模仿。

我们应该怎样来看待其理论观点呢？

教育是以人为对象，而人是有心理活动的。孟禄因此而立论，应该说不无道理。但此说认为教育起源于心理的原因，尤起源于无意识的模仿，则显然只见内因而不见外因，只见个体的需要而不见社会群体的需要，只见人的无意识的模仿，而不懂得人之所以成为人是有意识的自我规定，从事着有意识的能动活动，这种活动使他能够从大自然给他规定

---

①② 列宁著：《唯物主义和经验批判主义》，人民出版社1998年版，第344、343页。

的范围之内超越出来，从而成为历史发展的基础。

心理起源论不仅不能正确说明教育起源问题，其理论观点也不足以揭示人的心理与动物心理的本质区别。因为所谓无意识的模仿，在理论上并非属于人的心理学理论范畴，它实际上只是一种动物的“准智能”，主要仍属于动物学范畴。人是只有寄生于社会的人，没有孤立生存和生活于社会之外的人，人的心理能力的发展要依赖于社会生活，人是社会的产物。

教育的心理起源论同教育的生物起源论一样，脱离开作为人类存在和发展的社会条件，孤立地看待教育现象，因此，不可能正确说明教育的起源问题。

（三）教育的劳动起源论

教育起源于劳动的理论，其基本观点可以从苏联的教育史、教育学之类的书籍中见到。

苏联教育史专家麦丁斯基在其《世界教育史》一书中谈到关于教育的起源问题时写道：只有从恩格斯“劳动创造了人本身”这个著名原则出发，才能了解教育的起源，教育也是在劳动过程中产生出来的。

20世纪50年代曾在华东师大讲过学的苏联教育专家杰普莉茨卡娅在她的讲稿中写道：苏维埃的学者们依据马克思列宁主义的学说创立了与一切唯心主义的教育起源论不同的教育起源于劳动的理论。

苏联巴拉诺夫等人于1976年编写的《教育学》更加明白地指出：教育是在人类发展的什么阶段上和什么原因的影响下出现的呢？这不是一个无所谓的问题，因为关于教育的兴起，资产阶级科学创造了一系列的理论，对于这些理论我们不能听之任之。这本书又进一步写道：苏维埃教育学是站在恩格斯在《家庭、私有制和国家的起源》和《劳动在从猿到人转变过程中的作用》等著作中所阐述的教育起源于劳动这一理论的立场上。马列主义教育学认为，只有当人认为在自己和自然界之间需要劳动工具和劳动手段时，只有当人学会使用它们时，只有当人面临着制作劳动工具和劳动手段的任务时，只有在这时才会在人类社会中产生老一辈向晚一辈传授劳动经验、知识和技巧的需要。为了使年轻一代在与大自然的可怕威力的斗争中不致牺牲，为了使人不变为野兽，便产生了进行教育的必要性。

在20世纪30年代，苏联教育理论界对教育的生物起源论和心理起源论就已展开了批判，以恩格斯的《家庭、私有制和国家的起源》和《劳动在从猿到人转变过程中的作用》等著作为基本武器，肯定了教育是人类特有的社会现象。认为从猿转变为人的根本原因是劳动，劳动创造了人，因而劳动必然是教育产生的最初的本原。在此理论基础上，苏联教育学界建立了教育起源于劳动的新理论。

从20世纪30年代以来，几乎所有的苏联教育理论著述均持此说，并于50年代初被介绍到我国。我国教育理论界曾一直把它认为是无可置疑的马克思主义的教育起源观，而没有表示何种歧异之见。其实，此说在理论上的不能成立，也是显然的。因为对任何一个人来说，一生中的受教学习，并非开始于生产劳动，而是从日常生活中起步的。个人首先学习的是生活而不是生产，首先接触的是生活文化而不是生产劳动经验，一个人能参与生产劳动生活在年龄上少说也有十岁左右。此前，他就已在生活中接受教育和学习，受到社会文化的熏染和影响，而且，也只有此前的学习和教育，才使他具有此时的从事生产劳动的条件。

教育起源于劳动的理论反复申明它以恩格斯的《家庭、私有制和国家的起源》和《劳动在从猿到人转变过程中的作用》等著作为立论的根据。其实，其直接的主要论据，只是"劳动创造了人本身"这一句话，教育起源于劳动之说正是以这句话为前提进行逻辑推理的结果。

19世纪中叶，以达尔文（C.R.Darwin）为代表的进化论者第一次将人类放在了进化的序列之中，使人们惊奇地知道，人是由猿发展而来。"劳动创造了人"这个命题是同这种进化学说一脉相承的，它的基本依据也就是用进废退，获得性状遗传。

对于"劳动创造了人"这一命题，从20世纪50年代开始至今都有很大争议。人们正确地指出，劳动在从猿到人的演化过程中是起了一定作用的，但不是唯一的因素，因为人类起源是一个非常复杂的问题。按照遗传学的观点，不是劳动创造了人，而是劳动选择了人，保留了人。而且，人类远祖在演化过程中发挥了自己的潜能，在某种意义上讲，人也创造了劳动本身。

劳动在人类起源中的作用无疑是极其重要的。但是，我们在研究恩格斯的有关论述中，可以看到，他强调的始终是劳动作为"推动力"的作用，没有和从猿到人过渡阶段中的内在矛盾联系在一起。而内因却指的是事物内部的矛盾性。显然不能说它就是人类起源的内因。劳动只是一种特殊的适应手段、适应方式，它适应外界条件的变化，推动古猿的内部矛盾性的发展和转化。在人类起源过程中，是以自然环境改变作为外因条件，通过劳动的推动作用，使这一过程的内部矛盾，就是古猿原有的生物性和刚萌发的社会性的矛盾不断地运动发展，生物性逐渐减弱，社会性逐渐增长，终于社会性战胜了生物性，发生了质变，猿变成了人。猿的生物性和人的社会性，生物进化规律和社会发展规律，这就是从猿到人转变过程中这一事物内部矛盾的两个方面。正是这两个方面的矛盾和斗争，成为从猿到人转变的根本原因，是人类起源的内因。

恩格斯在《劳动在从猿到人转变过程中的作用》一文中，从纠正某些政治经济学家说的“劳动是一切财富的源泉”这句话开始，接着进一步肯定劳动是整个人类生活的第一个基本条件。这实在也就是这一段话的要旨。对于“劳动创造了人本身”的命题，我们只有从恩格斯肯定劳动是区别于动物的本质特征，肯定劳动是整个人类生活的第一个基本条件的意义上去理解才是正确的。

肯定劳动是区别人和动物的本质特征，肯定劳动是整个人类生活的第一个基本条件，是否可以直接推导出劳动是教育的起源呢？回答是否定的。因为劳动和教育各有其特定的对象、不同领域和社会功能，此二者均为人类社会所需要，它们之间并不存在谁是第一性的、本原的，谁是第二性的、派生的从属关系。教育的劳动起源论者在对恩格斯原著的有关论点没有真正吃透的基础上，未顾及教育产生的社会需要的特殊性，而又囿于自以为无可置疑的立场和原则，不能不令人有阉割和生吞活剥马克思主义、一叶障目、以偏概全之嫌，故教育起源于劳动的立论也不是真正毋庸置疑的。

以上各派教育起源观，各有不同的着眼点，也各有其理论和事实为立论的根据，并反映了不同的时代背景。真理是一个过程，各种不同教育起源的理论都是这个过程链条上的一环，因而可以说不同的理论观点可以为我们提供不同的思想材料，有助于我们对问题的分析和认识。因此，我们对其各自理论上的见解还须作实事求是的评价，乃至对之须有一定的理解。事实上，恩格斯对厄斯皮那斯的《论动物的社会》一书，就给了较高的评价，认为动物社会对于人类社会的推动确有若干价值。德国的倍倍尔（A.Bebel）也曾主张要从儿童喜爱群居生活和具有很大的模仿性这些特点去研究教育的性质等问题。

但是，作为关于教育起源的理论，不论生物起源论、心理起源论和劳动起源论，因都各有其理论上显著的局限而难以令人信服。生物起源论只见动物世界，不辨其与人类社会质的区别；只见教育的量变，不见教育质的飞跃。可谓蔽于天而不知人。心理起源论则惑于教育活动中人的心理的模仿的因素而对人的生活需要这种动因认识不足，忽视教育的社会性、实践性，而只注意教育的心理因素，更不知教育的心理因素和教育起源问题并不具有必然的相关关系，同样不能正确解释教育的起源问题。

至于教育起源于劳动的理论，它在理论上的偏颇并不比前两种起源的理论少些。和前两种理论观点不同的是，其所坚持的教育起源于劳动的观点，恰恰又对教育的社会性作了极端狭隘和片面的理解。以至在探索知识真理的过程中迈出了多余的步伐。所以，笔者对以上三种教育起源的理论均不表赞同。还应当在这里指出的是，20世纪50年代初，我国从苏联引进的有关教育学著作，不论是外国教育史的著作还是教育学的著作，对历史上有关教育起源理论的介绍，一般都只列了生物的、心理的、劳动的三种理论观点，这其实是并不完整的概括和表述。事实上，中外学者对教育起源问题思考过、研究过的不乏其人，其见解也不同，法国的卢梭、中国的杨贤江等就都进行过研究和论述。对于这些，在有关著作中有所介绍和反映。

三、教育起源于人类社会生活的需要

教育起源于人类社会生活的需要。这是笔者一贯坚持的根本见解，并且认为，此一见解应当首先在教育学原理著作中得到明确的表述。

但是，应当申明的是：笔者固然著文表述了对教育起源于劳动理论的不能同意和力主教育起源于人类社会生活的需要，但并非历史上主此说的第一人。在我国历史上，认真思考过、表述过教育起源问题，最早对劳动起源说表示不赞同，并力主社会生活需要说的第一人是著名的马克思主义教育理论家杨贤江，其次应属同样是马克思主义学者的钱亦石。现将他们的有关论点介绍如下。

（一）杨贤江、钱亦石的有关见解

早在20世纪20年代，我国马克思主义教育理论家杨贤江在翻译了恩格斯的《家族，私有制及国家的起源》（署名李膺扬），又研究了摩尔根（L.H.Morgan）的《古代社会》和纳森·米勒（Nathen Miller）的《原始社会中的儿童》(*The Child in Primitive Society*)等著作之后，他在自己的专著《教育史ABC》和《新教育大纲》中，坚持用马克思主义的观点来考察人类社会、人类教育现象，研究教育起源问题，表述了自己的教育起源观。他的基本观点大致如下。

第一，“自有人生，便有教育。”

第二，“教育的发生就植根于当时、当地的人民实际生活需要”，教育起源于实用，它是帮助人营谋社会生活的一种手段。自有人生，便有实际生活的需要，于是也就有了教育的发生。

在我国，另一位用马克思主义观点来研究并发表过有关教育起源问题的学者是钱亦石。他在20世纪40年代出版的《现代教育原理》一书中曾发表过如下一些见解。

他说，归纳起来，教育只能起源于人和环境互相作用的需要。教育起源于这种需要，主要是引起人的变化的需要，它不同于劳动，劳动也起源于这种需要，但那主要是引起物的变化的需要。如果说，环境改变人，同时人也改变环境，那么，教育在这种改变过程中就起着中介和桥梁的作用。

他说，我们要认识到环境对人的作用。

第一，这个环境从最初的时候起，从广义的范畴来说是包括教育在内的。例如，第一批人生下来的孩子，就是以母亲的怀抱作为自己的第一个环境的，而母亲和原始群体或氏族长老，实际上从历史一开始就担负着孩子的教育者的责任和义务了。不管他们是否意识到这一点，或许是只管生不管教的成分还占主要地位……广义的环境本来就包括教育，原始人的自觉的教育活动是从环境的自发影响过程中逐步分化出来的。

第二，环境作用于人，人去认识环境，去适应环境，到最后去改造环境，除必须由人直接接触环境之外，无一不需要教育在其中起主导作用，这是教育起源于人与环境相互作用的需要的又一个很重要的方面。

人认识环境，要掌握语言工具，就依赖教育，从原始时代到现在都一样。处在牙牙学语阶段的儿童，如不接触实际说话的声音，就不可能在后来具备说话的能力。初生的婴儿本能地追随那个能满足其吃、喝之欲，即满足其口腹等感觉器官的需要的客体，其实倒不限于亲生与否，即不是本能地追随母亲，而会喊自己的母亲叫“娘”或“妈”，或“mother”，则是后来教育的结果。可见，小孩机体的感觉本能是使他和世界接触的第一个纽带。

环境作用于人，人要适应环境才能生存下去。但是，怎样才能适应它呢？除了那些自然适应性，如人的肤色的黄、白、黑等自然地适应着温带、热带等气候变化之外，人主要是通过模仿、教育去自觉地适应环境。例如，原始人为了避免兽害，在外出活动时常常把新生的婴儿托于巢上，我国西汉刘安编撰的《淮南子》一书中有此记载。

他说，人在认识环境和适应环境的基础上，更重要的是改造环境，要改造环境就要通过劳动制造生产工具才能进行，而工具的出现只是标志着人类社会和动物社会的本质区别，但不是说这是唯一的区别。工具意味着人特有的活动，意味着人对自然界进行改造的反作用，意味着生产。人学会制造工具是长期教育的结果，而不是教育的起源。人们有了制造工具的知识和经验，这只能说是大大丰富了教育的内容，增加了教育上的生产知识，是教育与生产劳动相结合的开端，而不能说这就是教育的开端或教育的起源，更不能认为人类社会在传授制造工具的知识和经验以前的任何其他方面的活动都等于零，都不能算作教育。正如法国的爱尔维修说的，儿童获得运动和生命的时刻，就是获得最初的教育的时刻。

他借用恩格斯在《自然辩证法》中的话说，相互作用是事物真正的、终极的原因，我们不能追溯到比对这个相互作用的认识更远的地方，因为在它背后没有什么要认识的东西。只有从这个普遍的相互作用出发，我们才能了解现实的因果关系。他认为，人们把遗传、环境和教育看成人的发展的三大要素，又把教育看成遗传与环境相互作用的产物，其实这也正好说明了教育起源于人与环境相互作用的需要这种辩证唯物主义的教育原理。

钱亦石所说的“人和环境互相作用的需要”，是一种什么“需要”呢？不是别的，正是人的营谋社会生活的需要。由于历史时代的限制、文化背景的不同，钱亦石对教育起源观点的表述尽管和我们今日所惯用的名词术语以及在文字表述上有所不同，但应该看到，二者的意思实际上是一致的。

总之，教育起源于人类社会生活的需要的观点，在我国并不是近些年来才出现的观点，而是早在20世纪上半叶就有人已经明白表述过。并且，他们（如钱亦石）在当时并不是不知道有人认为教育起源于劳动，但这并不能使钱亦石感到可以信服，而是觉得“牵强”。

以上所表述的有关见解，无疑对从20世纪20年代起至20世纪末中国教育学家们有关教育起源于人类社会生活的需要的观点具有重要的代表意义。从此也可见，中国的教育学家们对于教育起源于人类社会生活需要的观点，可以说从20世纪20年代起就一以贯之的了。

（二）理论上的依据

科学研究中科学结论的产生，一般说来，都有其事实上和理论上的依据。然而关于教育起源的问题，对于生活在现时代的人来说，得出有关教育起源的结论和见解，不是主要依据实地考察和亲眼目睹大量教育现象、教育事实的结果，而是主要依赖于一定的科学理论，并据此进行分析思索的结果。生物的教育起源论是这样，心理的教育起源论是这样，劳动的教育起源论也是这样。当然，社会生活需要的教育起源论也是如此。在教育起源论的历史论坛上，我们可以看到各种不同教育起源的理论都有其立论的理论依据。譬如，生物起源论以生物科学为其理论基础；心理起源论以心理科学为其理论基础；劳动起源论企图用社会科学为其理论基础，特别是用马克思主义理论为其立论作根据。这些不同的教育起源理论不仅反映了不同的时代背景，而且从总体上看，它们均可在理论、真理发展的链条中找到各自相应时代的位置。因而，可以说不同的理论观点为我们提供了不同的思想材料，有助于我们对问题的相互比较、总体分析和全面认识。

起源于社会生活需要的教育起源观所依据的理论是什么呢？概括起来讲，有以下三个方面。

1. 哲学上的需要理论

需要，作为一般范畴，并非人类社会所独有。整个生物界都存在需要的问题。动植物要生存，必须从外界摄取营养。如果这种摄取活动由于条件的变化而停止，那么这类生物就要被淘汰。这是一般意义上的需要。人的需要是对自身生存和发展的一切条件的依赖和要求，反映人和世界的实际联系，是人活动的前提。那么，人的需要究竟具有何等重要的意义呢？

（1）历史唯物主义的深层范畴。马克思、恩格斯把人的需要作为考察社会的起点。他们从历史的角度指出："一切人类生存的第一个前提，也就是一切历史的第一个前提，这个前提就是：人们为了能够'创造历史'，必须能够生活。但是为了生活，首先就需要吃喝住穿以及其他一些东西。因此，第一个历史活动就是生产满足这些需要的资料，即生产物质生活本身。”[1]这段论述的中心意思是说，人们由于对衣、食、住等有需要，才有了生产满足这些需要的资料的生产活动。原来，生产是为了满足需要，需要引起生产。用马克思的话来说，就是没有需要，就没有生产。“消费作为必需，作为需要，本身就是生产活动的一个内在要素。”[2]总之，人们在一定的条件下形成一定的需要，一定的需要引起一定的活动（首先是劳动）；通过一定的活动来满足一定的需要。这是把握人类社会及活动的基本线索。这里有一个马克思主义认识社会的基本方法原理，即任何人如果不同时为了自己的某种需要和为了这种需要的器官而做事，他就什么也不能做。必须用需要来解释人们各种各样的社会活动及人们在活动中结成的相互关系。可以这样说，人的历史就是需要产生、发展的历史，是否从人的需要出发来考察社会、考察人生，是历史唯物主义和历史唯心主义的区别之一。

（2）人的一切活动的出发点和归宿。人生活在世界上，每天都在忙忙碌碌地从事各自丰富多彩而又千差万别的活动。这些活动都有一定的目的，都是为了满足某种需要。人的任何一种需要都可以成为动机，人们在动机指导下从事某种活动。可以这样说，无论是认识世界的活动，还是改造世界的活动，都是人的一种实践需要。这种需要在实践中产生，在实践中得到满足。人们旧的需要满足了，又会产生新的需要。需要的产生、满足，再产生、再满足，推动着人们的实践活动向前发展，从而推动了社会的发展进程。

在我国，人们曾经普遍地接受了如下一些观点：生产是社会发展的动力；在阶级社会中，阶级斗争也是社会发展的动力；等等。继续深化下去，应研究这样一个问题，即生产与阶级斗争动因是什么。这个动因就是个人、社会集团以及整个社会的需要。换言之，需要是个人、社会集团与整个社会生存发展的动因，是人们种种活动积极性的来源。

人的需要决定了人与人之间的复杂联系，满足需要的复杂活动形成了社会的复杂现象。马克思认为，“人的存在”是一个起码的前提，“历史逻辑”的真正起点是“人的需要”。

需要在人们的社会活动中是一个决定的因素，具有积极的性质。离开需要就不能正确说明社会现象。每遇到一种社会现象，人们总是试图

---

① 《马克思恩格斯选集》第1卷，人民出版社1995年版，第78—79页。

② ［德］黑格尔著，范扬、张企泰译：《法哲学原理》，商务印书馆1979年版，第209页。

从个人的思维与意志方面来说明问题，列宁称之为主观社会学。马克思、恩格斯则说得更明确，人们已经习惯于以他们的思维而不是以他们的需要来解释他们的行为，这种习惯必须改变。人为之奋斗的一切，都与他已经认识到的需要（包括他所需的那个阶级、民族、国家的需要）有关。而对自身需要的正确认识，是通过思维的有限形式达成的，就是与社会现实一致的那部分思维的结果。因此，人的行为的出发点是需要，而不是思维，也不是感性活动。

对人的能动性，马克思、恩格斯是从两方面说明的：一是人怎么能动，即能动的表现是什么；二是为什么能动，即能动的原因是什么。能动的表现，用行动、实践作基本的概括；能动的原因，用需要、利益作基本的概括。因此，需要与行动（或利益与实践）是一对范畴，是打开社会现实与历史奥秘的一把钥匙。需要、利益是人类活动的动因，推动人们去从事生产和一切其他活动。生产、实践等行动，是社会发展的动力，推动着历史前进。人如果没有需要，社会就灭亡了。需要是生命的火焰，生产等人类活动为需要加柴添薪。如果不是为了生命之火永不熄灭，那么人类的一切活动就成为多余的了。列宁指出，必须把社会现象的根源"归结为利益"。

（3）体现人性、人的本质。人的需要和动物的需要有着本质区别。人的需要内在、必然、全面地规定着人们的活动。现实世界中，人们的需要是多方面的，它们从不同侧面体现人的本性，构成人的本质。人的自然需要、社会需要、精神需要分别体现人的自然属性、社会属性和精神属性。从广义上讲，人的需要都是社会的需要，"一个人的需要可以用另一个人的产品来满足"①。动物就不是这样，"不可能发生大象为老虎生产，或者一些动物为另一些动物生产的情况。例如，一窝蜜蜂实质上只是一只蜜蜂，它们都生产同一种东西。"②人的需要产生真正的社会联系，这种真正的社会联系就是人的本质。"真正的社会联系并不是由反思产生的，它是由于有了个人的需要和利己主义才出现的，也就是个人在积极实现其存在的直接产物"③。

人的需要构成人的本质还表现在人具有实践需要。实践活动是人类特有的一种需要，也是满足需要的过程。人们在满足需要的同时，又创

---

①② 《马克思恩格斯全集》第46卷（上册），人民出版社1979年版，第195页。

③ 《马克思恩格斯全集》第42卷，人民出版社1979年版，第24页。

造出新的需要。人们对认识、生产、社会、艺术创造以及科学研究等活动需要的产生和满足，体现人的内在本质的规定性。如果人们的实践需要及其满足不能体现人的本质力量，那么人的一切活动与动物的本能活动将没有差别。人也不再是人，降低为动物了。

以往的学者谈论需要的问题，一般都是从心理学的角度来谈的，需要一般均被认为是心理学范畴的内容。美国社会心理学家马斯洛（A.H.Maslow）曾经对人的需要进行过分析，这是大家都知道的。按他的观点，人的需要是一个多层次的上升结构，其顺序为：①生理需要，即食欲、性欲之类的欲求；②安全需要；③归属和爱的需要，即与他人亲近的欲望以及与他们做朋友的欲望；④尊重的需要；⑤自我实现的需要。由于他的理论来源于实际观察，综合了他人的研究成果，因而比较接近于实际，并达到了一定的高度。他首先强调生理需要以及对于物质的欲求的观点，与马克思主义是一致的。但他的需要理论并未首先着眼于对人的存在结构与基本要求的分析，也未着眼于对社会生活、社会现象的本质的分析与认识，更没有从对社会个体与群体之间相互关系的分析与认识出发，指出人的最根本的意义和最根本的需要是什么。一句话，他考察人类的需要问题，只是基于心理学的理论和角度，而不是基于人类学、文化学、马克思主义哲学的高度，他所解释的需要不能不说还有较大的片面性，这是不能不顺便在这里指出的。

2. 人类学、文化学的理论及有关的基本结论

教育起源问题，并不是一个孤立的问题。它首先是和教育是什么，即对教育现象和本质的认识乃至和社会是什么等重大理论问题相联系着的。它们之间具有一定的内在逻辑联系的关系，教育起源和教育本质的问题，它们都要寻找教育现象产生的历史起点。科学地解释教育的起源，有助于我们更深入地把握教育活动的特点、本质和作用。而这个问题只有在诸如文化学、人类学等学科获得今天这样发展的水平和条件下，才有可能获得较合理的解释。

在西方，其实自“生物进化论”创立以来，很早便有人提出了“文化进化”的概念，如英国考古学家皮特·里弗斯（Pitt Rivers）在1875年便发表了《文化的进化》一文。

20世纪中期，怀特（L.A.White）于1943年在美国《人类学家》杂志上，发表了其《能量与文化进化》一文，在此之后，在1949年出版的专著《文化的科学》中，他再度阐述了“能源决定论”的“文化进化”思想。1959年，

也就是达尔文《物种的起源》一书出版100周年之际，怀特的《文化的进化》一书出版了。

1936年奇尔德（V.G.Childe）在《人创造自己》（中译名《远古文化史》）一书中第一次指出：在我们这个种族中，人类为自身所作成之设备的改良，即文化的改良，已经代替了身体上的改变；文化上的进步，确已代替了人类家族中进一步的生物进化。

奇尔德的这个重要思想，并没有立即引起文化人类学家的重视。倒是在生物遗传学，特别是分子生物学的领域，遗传学家们得到了与其相同的结论。美国遗传学家杜布赞斯基（T.Dobzhansky）便于1953年在《遗传学与物种起源》一书中明确指出，人类生物学和人类文化，乃是同一个系统的两部分；现今文化上的进化过程，比生物学上的进化更为迅速和更为有效。在此之后，他又于1963年在《进化中的人类》一书中更进一步地指出：在人类进化中，人类的基因已经放弃了它们的首席地位而让位于一种全新的或曰超机体的力量，这就是文化。这些人类之"超生物机体"的"文化进化"的概念，已为遗传学家们普遍接受，但尚未成为一种全新意义的"文化学"的理论基础。

在生物遗传学家有关"超生物机体"的"文化进化"的认识基础上，一些自然科学家们如波普尔（K.R.Popper），提出了人类"通过发展人体或人身之外的新器官"，诸如"工具、武器、机器或房子"之类，"外体地"或"人身外地"进行进化的理论①。

中国的一些生物学家对国外同行有关"超生物机体"的"文化进化"的新观点，在"文化大革命"的特殊历史条件下仍予以密切注视，并提出了自己的见解。方宗熙、江乃萼于1976年出版的《生命发展的辩证法》一书，不仅开始泛化达尔文的"生物进化论"，提出了"社会进化"的新概念②，而且明确指出："真正的劳动一开始，生物的进化史就进入一个崭新的阶段：人类的进化史。"③"人类是动物进化的产物之一，而且是一个比较不寻常的产物之一。由于这个飞跃，出现了新的进化——社会进

① ［英］卡尔·波普尔著，舒炜光等译：《客观知识——一个进化论的研究》，上海译文出版社1987年版，第250页。

②③ 参见方宗熙、江乃萼著：《生命发展的辩证法》，人民出版社1976年版，第68、187页。

化。”[①]“动物和植物的进化就是依靠自己身体的变化来适应变化的环境的。人类则不然。人类的进化，特别是智人的进化不是依靠天然器官的变化，而是主要依靠人造器官——工具的变化。”[②]

方宗熙、江乃萼还指出：“语言的出现不仅意味着脑子的发达和意识的发展，而且意味着人类学习能力的进步和新的遗传方式的出现。”[③]

什么是社会现象？对于这个问题，人们可以从不同的学科理论作出各种不同的回答和解释。然而从文化学的角度来看，所谓社会现象说到底是文化现象，社会也无非是文化的总体。而所谓教育，就其实质来说，它是人类文化的一种传承手段。人类文化是人类社会、人类社会生活的本质。人与非人动物（如灵长目中的大猩猩等）的本质差别以及人类社会与动物社会（如蜜蜂等昆虫社会）的本质差别都在于“文化”。人类文化的延续、积累和发展，从全社会的角度来看，正因为有了教育活动才成为可能。因此，要懂得教育是什么和教育起源问题，都必须首先对社会的文化实质有足够的认识。在文化人类学看来，文化为人类所专有，人猿揖别之际，即文化产生之时，人类以有文化而把自己同自然界区别开来。文化发展的程度，即标志人和自然分离的程度，文化正是人类社会的本质属性之所在。

人类已经走过了漫长的历史道路，在改造自然环境、创造物质财富和创造自己的社会生活方面，已经取得了巨大的进步。而且，这种进步是以加速运动的形式出现的。如果我们依靠想象而将过去的50万年缩减为50年，那么，根据这个假设，人类需要49年才懂得完全放弃长期形成的游猎习惯而定居在村落里。在第49个年头的前半年里，出现了书写，这只是在有限的地区内，从而提供了保存和传播文化的一个重要手段。希腊人取得的成就仅仅是后三个月的事情。基督教盛行于世是在后两个月，印刷术的发明约有两周之久。人类使用蒸汽机不到一个星期。而形成我们现在生活的特殊环境，直到第50年的12月31日才出现。人类之所以在大自然中获得如此无与伦比的巨大进步，就在于出现了“文化”这一人类所独有的现象。文化是人对自身生物性和大自然的加工，它将人的生物特性和自然界都作出了一定程度的改造和调整。在其他动物界，只有靠遗传、变异的无穷反复才能获得能够适应生存环境的各种

①②③ 参见方宗熙、江乃萼著：《生命发展的辩证法》，人民出版社1976年版，第218、202、204页。

器官和习性，而人类却是靠日益发达起来的文化来适应生存环境并创造新的环境的。其实，生物界对自身的“遗传系统”加以补充，并非始于人类。在石炭纪出现的爬行动物中，进化已达到这样的地步，其脑内贮存的来自外界的信息开始超过由遗传基因赋予的信息。这就是说，在这类生物中，体外信息的数量首次超过了体内信息的数量，因而使其在适应外界环境方面又前进了一步。当生物进化到人类时，这种由大脑处理的体外信息已经浓密到如此地步，以至人工制造的环境即文化开始取代自然环境，成为人类活动的主要媒介，并对人类的延续起着决定性的作用，而人的生物本能也开始受到由体外信息所组成的意义、价值与象征符号的支配。在人类文化中，由发明工具开始的技术方面越发达，社会的物质经济基础就越丰富，社会结合的范围也随之扩大，构成这个结合的人们之间的社会关系也就越加复杂起来。与此同时，在各个社会集团中，从风俗习惯到道德、法律、宗教、艺术等，一种规定属于该集团每个人的行为、价值观念的方向的统治现象也越来越明显，处于文化两极的这种价值体系和技术体系，以语言和社会结构作为媒介而形成了一个叫作文化的结构体。这种结构体相对于个人来说，是不以他的意志为转移的客观外界环境。从技术的方面来看，文化乃是个体的生物器官，能够离开遗传限制而在肉体以外的地方延长和扩大，并以价值以外的力量来规范人们行为的第二天性。

在文化结构体这一所谓“超有机物”中，个人不仅全面接受着他所处的那个时代的文化，而且在各个方面都受到这一时代文化状况的制约。这就是说，个人总是他那个时代的文明的产儿。但是，在另一方面，无论文化是怎样“超个人的”，由于它总是产生于人类之中，只有与人类活动结合才能继续延续下去，所以个人在一定的历史条件下，也能够为新的文化和文明的创造作出有益的贡献。人类的历史，人类的文明，人类的生活，正是在这一过程中被人类创造出来的。

文化的本质是什么？一言以蔽之曰：传播。就是说，文化必须在横向上得到传播，在纵向上得到传递。不然，社会就不能存在与发展，而教育正是人类文化活动中最重要的一环；教育活动是与人类社会同时出现的，教育在人类社会中之所以必要，就在于人类社会的文化只能依靠教育才能得到传递和发展。教育不但绵延了人类的文化，而且，文化透过教育的活动予以创新。教育不仅借由文化的运用，“使人能成为人”，而且，社会的生存与发达，也经由教育的实施而使社会的生命维持下去。

初民之时，虽无教育之名，但有教育之实，这种情况，便足以说明教育正是基于社会文化传递、发展的实际需要而产生的。

而社会是由人构成的，是因人而形成的，社会和社会上所有的人可以说是相依为命的关系，社会文化生活的维系和发展只能是具有一定文化水平的社会成员共同所起作用的结果，而社会文化的传递也只能以每一个社会个体为目标。这就是说，作为一种社会文化，它必然要依靠教育影响着每个社会个体，传递到生活在社会中的每个个体那里去。正是在这里，我们可以看到教育起源的一个方面：社会文化的传递和发展需要教育。

3. 人类个体的社会化理论

教育起源的另一个方面的原因是社会个体的社会化需要教育。中国古代思想家荀子曾说过，“人不能无群”，说的是人不能离开社会群体而单独生活，人类必须在社会中方能生存，离开了社会便不能生存。所以，人之所以不能离开社会，说到底就是为了求生存。

人类自身的生产是一种不以人的意志为转移的客观必然过程。全部人类社会漫长曲折的发展道路，从最简单、最原始的劳动生产到现代化的大工业生产，始终伴随着人类自身的生产。人类自身的生产一方面以物质资料的生产为基础，另一方面又必须以教育为条件。人类不仅要求自己能生活下去，而且繁衍下一代所需的营谋社会生活的经验、知识、技能、生活规范等人情世故，并不是先天的、与生俱来的，而是经过后天学习，接受前辈的传、帮、带的结果。年轻的一代如果不经历人类社会的文化传递，即以社会化为内容的教育过程，如果没有年长者对自己的传授、影响、教育活动，他们就不能具有社会性这个人的本质特性，他们就难以适应人类社会特有的正常生活。人们世代积累起来的经验、知识、技能、生活规范等精神文明就会因而终止，社会生活将必然最后停滞而不能进步。人来到社会仅仅是一个生物个体，尽管这个生物个体的生理机构与其他生物个体构造不同，具有了社会性的“基因”，但是要使潜在于生物个体中的社会性“基因”发生作用，必须进行连续不断的社会化，通过社会化去改变人的生物性，使生物的人具有社会性的内容，使生物个体的人成为社会的人。

人生下来，作为一个人，他尚未完成，他带着一堆潜能来到这个世界。这些潜能可能半途流产，也可能在一些有利的或不利的生存条件下成熟起来。他的生存是一个无止境的学习过程和完善过程。

人迈向社会的第一步是通过学习社会文化并促使其内化来实现的。每个人从胚胎时期到参与社会的生活，都需要一个发育、成长的过程。一个人从不知不识的生物个体，成为一个社会成员，必须学习那个社会长久积累起来的知识、技能和规范，发展自己的社会性。社会化就是指个人学习知识、技能和规范，取得社会生活的资格，发展自己的社会性的过程。

社会化的对象，是社会中未成年的个人。一般地说，人主要有两种需要：一种是人类在种族发展过程中，因维持生命和延续种族，形成对某些事物的基本需要，如对营养、自卫、繁殖后代的需要；一种是在社会中，为了提高物质和精神生活水平，形成高一级的需要。人的需要是在社会实践中得到满足和发展的，它表现为愿望、意向、兴趣、理想、信念等，是推动和指导行为的直接因素。

个人的需要是个人积极活动的内因，是个人生理和心理的内部要求，是个人行为不断向前发展的动力。环境和教育是个人发展的外因。环境和教育结合了个人需要的积极活动，对个人的心理发展起到决定性的作用。而个人需要所引起的积极活动，反过来也促进环境和教育的改变和发展。这个内外因素的矛盾的辩证统一，个人需要与环境和教育的结合，就是人的社会化的实质。人从来不是消极地、被动地接受社会化的。环境和教育对个人的影响，如果不通过个人的积极活动，便一事无成。正像马克思所说：人创造了环境，同样，环境也创造了人。一定的社会要求人类个体按社会认可的行为方式去行动，由此改变着人的自然属性。而人类个体在接受这种改变时也积极地把所获得的社会文化外现出来，去完成社会对人类个体的改造，并在这一外现过程中去改造社会。因此，人的客体性体现了人内化既定社会文化的过程，而人的主体性则体现了人通过积极的活动，外化所获得社会文化的过程，这两个过程的有机统一使人成为社会的人。在这一有机统一过程中，社会求得发展，并展示出丰富的内涵。由此可知，人的社会化过程，也就是形成和发展对于社会的认识过程，人们在一定的历史环境中生活，进行实践活动，接触到社会环境中的各种事物，以及人与人的关系，这些事物和关系也就必然以这样或那样的方式，反映到他们的头脑中，他们逐渐在不同程度上学会做人做事。

总之，社会作为一个整体，它要存在和发展下去，不能不持续地预备新一代人去接替老一代人的退位和死亡所发生的缺位。作为社会的新一代人中的个人，他如何才能取得社会成员的身份，来逐步接替老一代人的工作，这就发生了社会化的问题。正是在这里，我们可以窥视到教育之所以产生的根本原因。教育起源于人类社会生活的需要，这句话讲得具体一些，就是：教育起源于社会群体传递、发展文化和社会个体社会化这两个方面的共同需要。我们只有既从社会群体又从社会个体这两个方面的结合上，才能理解社会文化的传承关系，从而正确认识教育产生的原因，并同时懂得教育本质之所在。

第六章　教育的存在和发展

一、教育历史发展阶段的划分

(一)研究教育发展阶段的意义

研究教育的存在和发展及其规律，需要阐明人类社会自古及今三百万年来教育发展和变化的基本概况，使我们可以从这条历史线索中得到教育演变的规律性认识。研究这个问题，不仅是教育学原理题中应有之义，也可以说是举世空前重视教育的今天，人们所迫切要求的，也是唯有到今天才能解决的问题。

教育的来龙去脉是一个统一的问题。很好地认识教育的存在和发展，也是更准确地认识教育起源问题的重要一环。对教育存在和发展的认识，不能依照零星的材料，只有建立在对教育全面系统了解的基础上，在认识教育发展的规律之后，再来观察教育的存在会更加清晰和深刻。

教育的存在和教育的发展此二者的含义是不同的。教育的存在是指教育现象，首先是指教育活动在社会生活中的存在。而所谓活动，是事物与环境及其内部诸种要素的相互联系和相互作用及其运动，表现的是事物所处的横向关系。所谓发展，则是指事物在时间上的演变过程。事物在发展中经历若干不同发展阶段，彼此形成前后相继的历史，这是事物所处的纵向关系。教育的发展，是教育自身进化演变的历史，其中也包括教育不同形态的活动方式的变化发展。

教育所处的横向关系与纵向关系相互联系，相互包含。事实表明，事物所处的横向关系造成事物处于彼此相互作用的多重矛盾之中，这些矛盾的相互作用和相互制约，才形成事物的发展，这是一切事物发展的规律。教育的发展也不例外。研究教育的发展，包括教育的产生和发展过程。研究以往的人类教育发展历史，目的在于从中寻找出教育发展的规律，以此循着规律去探求教育的未来发展。教育发展的规律存在于教育的发展过程之中，但是，要清晰地认识教育发展的过程，又必须首先把握教育的发展规律，这似乎是自相矛盾的。其实不然，事物之所以有纵向的发展过程，归根到底取决于事物的横向联系与作用。对事物的横向关系进行详尽的分析，就可以揭示事物发展的方向、内容、途径等规律性。

教育的发展，就是教育存在形式由低级向高级不断上升的发展和变化，它覆盖着人类社会自古及今三百万年来的一切教育现象，对这样漫长的教育历史作概括，必须启动理论思维，进行深入的逻辑思考。现代人的假说理论，在本质上就属于这一类积极思维的成果。在理论上推测，在不足的材料上靠想象去形成假说和理论，已成为今天的反映活动之必需。只是要记住，这不是实证的，是带有猜测和想象成分的，需要利用各种材料去进一步核实。而为了避免和教育史教科书内容的重复，同时也限于篇幅，本书也只能进行基本线索的描绘。

（二）对教育历史阶段划分的意见

叙述教育的发展，要涉及人类历史的阶段划分。关于这个问题，笔者的认识和意见如下。

关于人类历史的阶段划分，早已为人们所注意。由于看问题的角度不同，形成了许多不同的划分方法。有的按社会关系（特别是经济关系）的变更来划分，提出原始氏族社会—奴隶社会—封建社会—资本主义社会—社会主义社会—共产主义社会等社会发展阶段。有的按生产活动的发展来划分，提出采集社会—农业社会—工业社会—信息社会的发展序列。也有按工具的发展来划分，提出石器时代—铁器时代—合成材料时代（或手工工具时代）—机械化时代—自动化时代等发展阶段。还有按意识和文化的发展来划分的，提出原始时代、文明时代等发展阶段。

总的来讲，上述关于人类历史的划分，原则上都是允许的，都从不同的角度把握了人类历史的发展。当然，这也不是说已经很完美。一般来讲，划分人类历史的方式应该是多元的，不应该只限于一种视角。以前人们从不同角度对人类历史的划分，主要不足还在于没有相互协调起来，彼此是孤立的，甚至是冲突的。我们在这里对人类历史的划分，按人类改造自然活动的发展，即把人类历史划分成四个时代，即采集时代、农业时代、工业时代、信息时代。采集时代，指的是主要靠采集天然物（植物、动物）进行生活的时代。在这个时代，人们虽有创造，但能动性很差，工具的作用主要在于获取野生的植物和小动物。农业时代，人类开始从事增加天然物数量的活动。各种农作物本来是自然产生的，人们运用工具进行耕种播收，增加了农作物产量，驯养牲畜，这都是农业时代的活动。工业时代，是真正的人类创造时代。人们开采天然物，进行加工制作，生产出各种生产、生活用品，大量的物质财富被工业活动创造出来，极大丰富了人类的生活，使人类真正成为一种区别于动物的高级物质形态。信息时代，则是高智能的时代。工具的自动化、智能化，对空间、海洋的征服，社会活动的信息化，充分体现了人类自由的本性，人类对自然的改造达到一个新的水平。从人的思维来看，人类历史可以划分为原始思维和文明思维两大阶段。原始思维与使用石器和采集活动相对应，文明思维则和使用铁器手工工具、机械、自动化机器相对应。从细节上看，文明思维可以区分为一些更小的类型，如经验型思维、现实型思维和目标型思维。经验型思维是农业时代的思维，现实型思维是工业时代的思维，目标型思维是信息时代的思维。不论原始思维还是文明思维，都是意识性思维，是人类思维发展的一个较大阶段。社会的发展与实践，工具、思维的发展都有对应关系。例如，氏族社会与石器，原始思维和采集活动相一致；奴隶制、封建制社会与铁器手工工具，经验型思维和农业活动相一致；资本主义社会与机械化，现实型思维和工业活动相一致；未来社会则与自动化，目标型思维和信息活动相一致。

以往，我们往往重点强调的是社会形态或社会关系的发展阶段性，甚至以为唯有这种划分才是可取的，其他的划分的必要性均被忽视了。重视社会关系发展的阶段性，有深刻的历史原因。马克思从创立唯物史观开始，到研究资本主义社会的生产关系，最后得出科学社会主义的结论，主要研究对象是人类的群体形式和社会关系，即社会结构、社会制度。无产阶级所进行的社会主义革命，主要是社会关系的革命，包括经济关系和政治法律关系以及相关的社会意识。为了推翻资本主义制度和指导无产阶级的革命运动，唯物史观及整个马克思主义理论，重点强调社会关系的变革是必要和正确的。但是，今天我们从物质形态进化的角度全面研究人类的发展，若仍然单单强调社会关系的变革就不行了。综合地探讨人类各个侧面的发展及其阶段性，已成为当代科学研究所必须做到的。

从人类发展的历史看，对自然改造实践的发展是人类发展的实质。因此，改造自然的发展是最为重要的，应该列为人类发展诸方面之首。首先应从它的发展中划分人类历史的阶段。从实质上看，社会革命不过是具有新的实践特性（掌握新的生产力）的人，其社会化过程达到取代旧人的程度之标志。

工具与实践活动的结合，形成人的发展阶段，这就是原始采集人、农业人、工业人、信息人。人的发展，表明人类在不断地发生量的变化和局部质变。不同阶段的人，运用的工具不同，掌握的知识不同，拥有的技能不同，从事的实践活动也不同，而这些都和不同层次的文化水平相适应，与实践能力的提高相适应，与教育发展的不同层次相一致。

二、教育在人类社会存在和发展的基本过程

纵观人类自古及今教育演变的过程，其基本线索有二。第一，人类历史上存在着自在教育和自为教育这样两种不同层次、不同体系、不同形式、不同特点的教育。在人类三百万年发展的历史上，绝大部分时间内的教育均为自发的“自在之物”，人类自觉进行的“为我之物”的教育到现在还不到一万年，时间还很短。第二，人类教育总的发展趋势是由教育的自在状态向自为状态发展的，教育从“自在之物”向“为我之物”的发展，是历史的必然。人既然是自觉能动的存在物，为什么在人类历史上，教育活动长期处于不知而行的自在状态呢？这里，需要明确一点必要的认识。

人优越于其他自然物的本质特征之一，就在于有意识和有自我意识，是自觉能动的存在物。人类认识和改造自然的历史，就是不断地把自己同自然界之间未知的、自在的关系转化为已知的、自为的关系的过程。这个道理同样适用于人和自己的社会生存环境的关系。但人的社会环境作为人的认识客体，不同于自然客体，它是人的有意识活动的产物。在这里，我们不能笼统地说社会环境不依赖于人而存在。人的活动和人的认识，是实际地参加到客体的形成和发展的过程中的。这种容易被发现的现象，掩盖着一个不易被发现的事实：一定的社会生活形式及其在观念上的反映，在人们还没有来得及弄清它的本质和规律时，就已经在世代相承的人们的活动中取得了自己客观、固定的形式。对于它的起源和发展过程，人们起初是不记得、不明白的。人们的有意识的活动形成了无意识的、起初是作为和自然规律一样盲目地支配着人的自然法则。人对这个客体的关系首先是“被动”的，是受制约的关系。人类形成已有三百万年，也就是说，人类教育已有三百万年的历史。然而，人类对自己作为一个相对于自然的类的存在物的认识，以前是朴素的，甚至是模糊的、混沌的。人类教育长期处于不知而行的自在状态。人的自觉能动性

的发挥，人的自由，在于认识这种制约，并且一步一步地将这种制约置于自己的控制之下。

教育存在和发展的基本过程可陈述如下。

（一）人类历史上的自在教育

人猿揖别后，人类所经历的是漫长的采集时代。这个时代的教育有如下一些主要特点。

第一，普遍性、永恒性、平等性。就是说，这个时代的教育活动普遍地、永恒地存在于任何有人群的社会群体之中，并实施于社会的一切个体而无例外。其形式为通过语言的口耳相传。

第二，教育活动是为了社会生活的需要。生活即教育，教育即生活，教育与生活紧密结合在一起，人们就在实际的生活之中受到影响，增长知识经验与文化，完成社会化。

第三，无专业和专职的教师，能者为师。父母、兄弟姐妹、社会长老、亲戚朋友都可以是教育者。而且，人们主要是在共同生活的过程中进行学习和模仿，并不全是被人教会的。

第四，无文字教材，无专门的教育场所，无一定的制度和形式。

第五，无专门用于这种教育活动的经费。

第六，具有简单、自发、分散、随机等特点。

历时三百万年之久的采集时代有教育活动存在，这是事实。但由于这种教育活动和生活打成一片，教育即生活，生活即教育，世代如此，到处如此，人们生活在其中，习焉不察，并不知道社会生活中还有什么教育存在。教育活动在人们的“不知”之中“而行”，并在人们不知不觉之中起着传递社会文化的重要作用。

这个时代的教育，是一种什么教育呢？应该说，这是一种自在状态的教育，即教育还是一种“自在之物”。这种教育在人类历史上出现得最早，层次最低，形式最简单，但作为一种体系和形式，长期、广泛地存在着，而并不以采集时代为限。如果我们细细考察一下，随之而来的农业时代的教育情况，就可以发现农业时代的绝大部分地区也仍存在着自在教育，绝大多数人民仍处于教育的自在状态。采集时代和农业时代是两个不同阶段、不同层次的历史时代，使用的工具和人的思维状态都有质的区分，但也有其共同点，即都属于自然经济，而自在教育是和自然经济互相适应、互相依存的，人类社会只要有自然经济大量存在，教育活动往往难于从自在状态中走出来。自在，或曰客观存在，是世界的一种最基本存在形态。人类及其意识是自在世界进化的产物。我们这里所说的自在教育，即是指一种客观存在的教育，尤其指一种未受到人们注意和认识，未注入人的客观能动精神的自然的教育存在。

有人以为人类教育活动从一开始就具有明确的目的性，从一开始就是有意识的、自觉的活动。其实，这是不符合人类历史情况的，从历史总体看，人类教育长期处于不知而行的自在状态，在极其漫长的历史阶段里，人们并不具备把教育现象、教育活动从社会总体现象、总体活动中离析出来，并进行认识和控制的能力和条件。其主要根据是因为其教育形态太简单，加之自然经济生产力不发展，它严重地限制着人对客观事物和对社会现象的认识能力，也包括对教育的认识和把握能力。“鱼不知水”和“不识庐山真面目，只缘身在此山中”这两句话有助于我们认识这种情况。《中庸》说“人莫不饮食也，鲜能知味也”，即是说人没有不吃饭的，但很少能知道其味。《易经》曰：“百姓日用而不知。”孟子说：“行之而不著焉，习矣而不察焉，终身由之，而不知其通者众也。”这些说的都是人的自然境界（即自在状态）这个意思。

以经验为基础的自然经济和手工生产是自在教育的经济社会根源，它本质上不存在自为教育的内在要求。今天在我国某些老、少、边、穷地区仍然存在的不愿送子女入学、学生入学率低的问题，究其实质，就是这样一个问题。因此，自在教育在我国和世界许多不发达国家和地区，目前仍然存在。那些世世代代目不识丁，不知学校、教师、书本、学习、教育为何物，只知日出而作、日落而息的人们，他们所接受的就是生活教育，或者说是与生活经验结合在一起的自在教育。

自在教育在采集时代的存在，可如图6–1所示。

美国著名教育史家孟禄，在1923年出版的《教育史教科书》中把原始教育称为一种“非进取性的适应性的教育”（education as nonprogressive adjustment）。这里所谓的“适应性的教育”是指人通过自发的活动，发展自身以达到适应自然环境和社会生活的目的。文化在其最初的意义上就是一种适应机制，它“使人调整自己的反应方式，即创造一种比以反射和本能适应更为灵活有效的、新的习惯和再

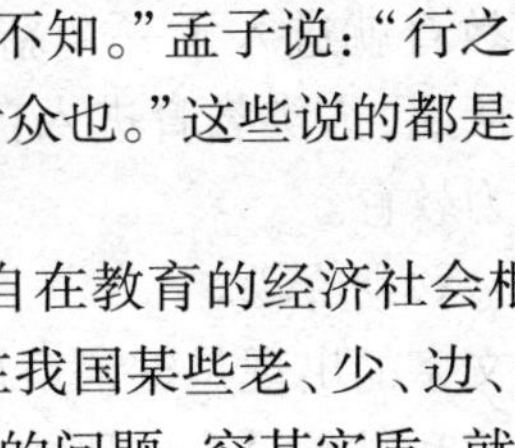

图6–1　教育在采集时代的存在

适应的方式”。孟禄在这里所讲的“适应性教育”和我们讲的“自在教育”尽管说法不一，但其意思实是相通的、一致的。因为在生产力低下的原始社会，人的主体能力还处在历史生成的初级阶段，适应性在人的教育中仍占据主导地位，教育与社会生活融为一体，人类教育行为的自觉水平很低。随着生产力水平的提高和人的主体能力的增强，教育的进取性逐渐占据主导地位，适应性则逐渐减弱，教育在表现形态上分化出许多层次，并且产生了今天的有目的、有组织、有计划的学校教育这样一种具有高度自觉性和高度进取性的教育形态。

（二）人类自为教育及其三个发展阶段

采集时代末期，随着社会生产力有了一定程度的发展，社会财富相对地有所增加，人们在长期劳动和社会生活中不知不觉地积累、创造，需要传播和传递的经验、知识、文化多起来了，文字也创造出来了，于是，人类教育就进入了一个新的发展阶段——自觉地从事教育活动的新阶段。从此，人类教育进入自为状态、自为阶段，出现了以学校教育为标志的自为教育。

1. 初期阶段

文字的出现是继语言出现之后的一次重大技术发明。这项特殊技术对保留和继承过去的历史和文化，开拓创造将来的历史和文化都有不可估量的作用和意义。

文化是物质生产和精神生产的总和，文字对物质生产和精神生产的作用是十分明显的。最初，人类的社会生活并不需要文字，只要有语言就够用了。文字的需要是出现在以后，是在语言的基础上产生的一种新的需要，这种需要比产生语言的需要复杂得多，是一种更高级的需要。虽然这种需要也可以说是交际需要，但这两种需要之间是有很大差别的，形成这两种需要的社会背景也是完全不同的。形成语言的需要的社会背景，只是由于人们生产和生活的交往，建立起口耳之间的信息传递就可以了。形成文字的需要的社会背景与此不同，是在人们的生产劳动已经有了一定规模的发展，人和人的关系在实际生活中出现了许多前所未有的新情况，提出了许多必须解决的新情况和新问题。比如，在渔猎业的基础上出现了农业，人们不得不定居下来，出现了私有财产，出现了国家，等等。这种新的社会背景，使人们觉得只靠语言这种交际手段是难以应付下去了，要求有一种既能准确地记录语言，又具有比语言更优越性质的手段。于是形成了一种新的需要，其结果是人们终于找到了这种手段，那就是文字。

文字和语言在形式和内容上是各不相同的。文字的形式是字形，这一点是语言所没有的。语言有了文字就有了新的存在方式，这就使人类的智慧在语言的基础上，又增加了有力的翅膀，可以飞翔到广大的新领域。

如果说语言是一种记号或信息载体，那么文字就是记号的记号、信息载体的载体。文字使语言由听觉符号转化为视觉符号，这一转化的结果，不仅在一定程度上弥补了语言的时间和空间的局限性，并因此可以把易于消逝的声波转化为光波——视觉符号而长期储存起来，把流动性很大的语言固定下来，便于进行整理和加工。在这里同时也找到了一个帮助记忆的新方法，这实际上等于大大增加了记忆能力和思维能力，在这个意义上我们说，文字的出现是大脑的延长或扩大。不仅如此，还由于有了文字，就有可能使语言易于统一起来，形成某种规范。语言的统一和规范化又加强了语言的社会作用，极大地开拓了语言的交际职能和范围，极大地扩充了人类的交际领域，并使人类历史进入有文献记载的阶段，出现了文书、碑铭、典籍，而进入文明阶段。众所周知，在历史上文献的作用又是大大超过文字本身的。

依照社会发展史的一般规律，文字的出现大概在氏族社会的末期，即将进入阶级社会的时期。文字的创造虽和其他事物一样，同为劳动的结果，但这种劳动已经是脑力劳动而不是体力劳动，必须在有人能够从体力劳动中完全解放或半解放出来的时期，才有发明文字的可能。而氏族社会末期，即家长奴隶制时期，已有条件把极少数的人从体力劳动中半解放出来，因而具备了产生文字的条件。

中华民族是世界上最早进入文明的民族之一，创造了让人惊叹的独特而美丽的象形文字，创造了简帛，然后又创造了纸和印刷术。这一切，都为学校教育在中国这块土地上的出现、存在和发展提供了基本的条件。

我国现存已经释读的最古汉字叫作甲骨文，是三千多年前殷商时代的遗物。山东莒县陵阳河遗址出土的陶器上的象形符号，当是原始文字，属于距今四千多年的大汶口文化晚期。西安半坡仰韶文化遗址（距今六千年左右）和青海乐都柳湾马家窑文化遗址（略晚于仰韶文化）出土的陶器上也刻有一些文字性的符号。由于甲骨文已经是相当成熟的文字，推算汉字的起源应再上溯一两千年。因此，汉字的历史可能有五千年以上。在西方，公元前4000年的美索不达米亚的楔形文字泥版，是留传至今的最早的图书。根据一些古文献如《尚书》、《孟子》、《礼记》等典籍的记载，就在夏商时期，已出现了类似学校性质的教育活动场所，即所谓“设为庠、序、学、校以教之”的学校雏形。

英语school一词，来自拉丁语schola（闲暇），后来转义为趁闲暇用功学习的地方，也就是“学校”的意思。我国古代的学校，通称为“学”。清代办起近代教育，最初还叫作“学堂”。辛亥革命以后，1912年颁布《普通教育暂行办法》才正式采用“学校”这一名称。所以，学校就在名称上也在变迁发展，我们自然不能拿今天的学校和学校教育的概念去理解四千多年前的“庠”、“序”一类学校。那时的学校，处于初期阶段，形式上、制度上都很不完善。但是，作为学校所具备的基本要求，在甲骨文字中已有了不同程度的反映。

学校这种教育机构从教育历史上考察，一方面是在国家出现之后适应统治阶级的需要而产生的，同时也因为进入奴隶社会之后，脑力劳动和体力劳动分家，促进了文化知识的发展，从而给学校的建立提供了前提。有的史籍肯定人类在极古远的时期已有学校，譬如称希伯来的游牧民族在摩西时代（公元前14世纪至公元前13世纪）曾建立了人类最早的学校，那是不正确的论断。因为学校是专职的教育场所，须有比较固定的场地，须有专职的教育人员，须有专力于学习的教育对象，须有计划、有组织地安排教育活动，须有丰富的和比较系统的教学内容，从而使教育不再从属于一般的生活过程，而分化成为独立存在的社会事业部门。原始社会生活简单，不具备这种条件，只有到了奴隶社会，奴隶主阶级才能适应当时社会政治、经济的需要，利用当时文化发展的条件，开设这种专职的教育场所——学校。另一方面，学校既是奴隶社会的产物，当然进入奴隶社会最早的国家，才能是最早产生学校的国家。在人类社会发展史中，古代亚述、巴比伦、埃及、印度等东方国家，先于西方的古希腊、古罗马而建成了奴隶制国家，因而东方国家产生了人类最早的学校。我国自殷代起，农业社会业已发展，殷代学校也是相当发达的。恩格斯说，从原始社会跨入奴隶社会是一大进步，脑力劳动和体力劳动的分工，使人类文化生活和精神文明快速发展。东方国家首先完成了这个伟大使命。

学校，这个标志着人类自觉从事教育活动的崭新机构，它使人类远古时代的教育活动从无形到有形，从自发到自觉，从分散到集中，从低层次进入一个高层次，从对人的无计划的、随机性的影响到有计划、有目的的培养和造就。无疑，这说明了人类教育开始进入一个新质阶段。至此，人类社会不仅有口耳相传的以语言为传播介质和个体单一对话式的教育，还有以文字为传播介质的间接知识的传授。它传递人类文化的作用更久远，推进人类文化进步和历史发展的作用更大、更深远，这时的学校教育和人类原始阶段的教育活动比较起来，又有如下一些特点。

（1）学校是一种专门的教育场所，需要一定的专职的教育工作人员，需要一定的教材，需要一定的校舍设备，因此也需要一定的经费。这些条件都是人类自为教育的基础，它反过来又会制约和限制教育的发展。于是，学校又有学校本身存在和发展的条件和规律出现。这就是：人类的学校教育的发展只能由小到大，由简到繁，由低层次到高层次。开始时能进入学校就读求学的，只能是社会上的少数人，随着以后学校规模的扩大和发展，才容纳得下较多的人进来。因此，学校教育在其初期阶段并不具有普遍性、广泛性、平等性这些特点的。相反，它一开始时倒是只为社会中的少部分人服务。但是，人类既已创造出学校这种自为教育的形式，它绝不会停留在一点，而必然要随着社会的发展而发展，随着社会文化的进步而进步，并随着社会生产力的发展、科学技术的进步，学校教育必然会不断得到普及和提高。

（2）学校教育以文字教育为主，教师以教书为主，学生以读书为主，这样，也会出现一种学校教育容易和社会生活脱节的偏颇。

学校是什么？它是人类自为教育的一种重要形式、渠道和基本手段。在学校里传递的也是文化，但这种文化和社会生活整体文化相比，它只是流而不是源。流不能脱离源，因此才有不竭的清流，这是学校和社会生活、社会文化关系的常理。然而，在实际上，关门办学，学校与社会生活、社会需要脱节，理论脱离实际的情况是必然会出现的。

（3）学校教育是一种社会教育事业。人类初期社会的教育是一种自发的活动，这种自发活动也就是自在教育的主要特点，自在教育在人类教育史上曾经以其特有的形式存在，我们不能无视它的存在，但这种教育只能称为教育活动、教育行为或教育现象，而不能称为一种社会的教育事业。学校则不然，它表现了人类对教育活动的能动行为和自为自觉的态度。办学校，不论是官办或民办，不论办什么学校，不论其规模大小，不论其经费来源如何，它都是一种社会事业。通过办学校教育这种社会事业，必然会产生一种期望得到的社会效果，同时，办教育的人必然要求达到一定的社会目的。学校教育会产生什么样的社会效果和赋予什么样的社会目的呢？一般地说，不外乎两条：一是传播一定社会的文化影响；二是造就所需的一定的人才。所以，办学校教育，既要有办教育所需的人、财、物等客观物质条件，也要有办教育者主观上的认识条件。办教育者主观上的认识条件，反映着人类自为教育的能力和深度，历史上一些著名的思想家、哲学家、教育家就是人类自为教育的最杰出的代表。

人类自为教育对自在教育来说是一个新的教育阶段，但学校教育从其产生到以后的发展过程，它同样要遵循从简单到复杂、从低级到高级、从自发到自觉的发展规律。在学校产生、发展的初期，我们甚至可以说，它仍然要在人们无意识状态中自发地发展着、存在着。自然经济的生产力既不可能为发展学校教育提供充足的财力，它在本质上也并不需要学校培养出来的读书人。所以，学校教育在农业时代出现，它标志着人类教育进入了一个新质阶段，但这个时代的学校教育，处于初级发展阶段。农业时代的学校教育就是人类自为教育的童年时期。

从整个农业时代教育的存在情况来看，学校教育的规模非常狭小，形式、层次均属简单，能够被吸收到学校里去求学受教育的，只是社会中极少部分人，广大劳动群众，穷乡僻壤的人民，受教育的机会很少，绝大部分地域的教育仍然是和原始社会教育无多大差别的自在教育，即教育仍大面积地处于自在状态。这就是说，这个时期有了自为教育的出现，但人类对教育的自为能力仍很低。这个时期社会上零散出现的师徒传艺之类的教育形式，虽也有较强的自为性、目的性，但主要属于教育活动，是一种自为性的个别的教育活动。它介于自在的教育活动和自为的教育事业之间。

2. 中期阶段

人类自为教育事业的巨大发展和自为教育能力的迅速提高，是资本主义蓬勃兴起和发展的结果。从18世纪中叶起，在欧美一些主要资本主义国家，先后发生了以机器生产代替手工劳动，以机器大工业代替工场手工业的重大变革。这就是资本主义的产业革命，也叫工业革命。产业革命的完成，机器大工业的建立，使资本主义生产方式最终战胜了封建制生产方式，社会生产力得到了迅猛的发展。于是，人类开始进入了一个崭新的工业时代，即真正的人类创造的时代。

从18世纪中叶到20世纪40年代末，这二百年的时间是近代生产力大发展的阶段。在此阶段，人类获得了自己的第二代生产力。这个大阶段也可以细分为蒸汽时代和电力时代等较小的阶段，但整个大阶段同样也有共同的和基本的特征，这就是以效率很高的机械工业为整个生产力的基础。与此相适应，产业结构也一改手工时代的旧观，变为以工业为主导和主体，能源基础已不再是简单的自然力，而是经过再开发的二次能源（特别是具有极大优越性的电能），整个生产力系统找到了当时最优越的劳动方式，即专业化协作的集体劳动方式。一言以蔽之，由于“机器—电力技术体系”取代了“手工—体力技术体系”，实现了飞跃式技术进步，人类的生产力发生了一次巨大的变革，升级为第二代生产力，即机器生产力。于是，在这种社会经济背景之下，学校教育事业发展的规模和速度，发展到了一个空前的高度。普及学校教育的实施，在这种生产力的条件下成为现实的任务。这除了生产本身要求劳动者受教育这个原因外，还由于社会生产力的高度发展创造了巨大的财富，为教育事业的大规模发展提供了人力、物力和财力的保证。

所有这些都说明，人类自为教育的能力大大地提高了，人类自在和半自在教育的领域大大地缩小了，学校教育和人类社会的实际生活有了较紧密的结合。人类办学校的自觉性也空前提高了。于是，人类自为教育发展到一个新的阶段，这个阶段就是人类自为教育的中期阶段。

人类教育在农业和工业时代的存在，可如图6–2所示。

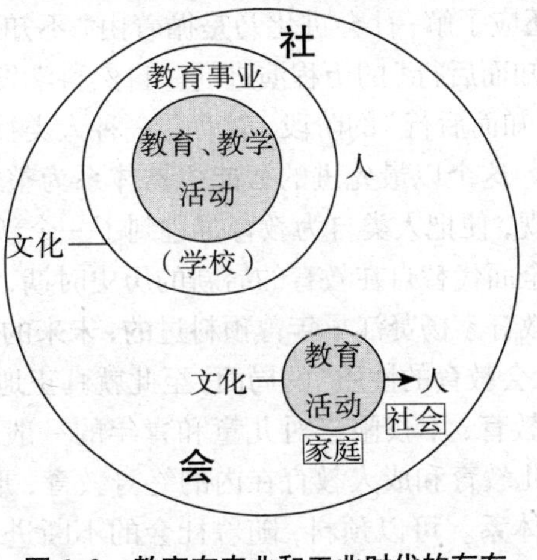

图6–2　教育在农业和工业时代的存在

3. 全面自为的阶段

从20世纪50年代开始，一些发达的国家如美国、日本等，已率先开始了向人类第三代生产力的过渡。由于这个阶段刚刚开始，它的许多基本的特点尚未展现或尚未充分展现，因此，关于它的细小阶段的划分，关于它的本质特征，关于它的未来趋势等，人们都只能作一些肤浅的，甚至多少带有猜测性质的阐述。不过，有一点似乎可以肯定，即这个大阶段的第一个小阶段已经开始并且可以命名为“信息时代”。对比第二代生产力而言，这第三代生产力的基本特征是以最先进的智能机器体系为整个生产力的基础。如果说第一、第二代工业革命是动力革命，那么第三次工业革命就不仅仅是动力革命，更重要的是一场信息革命了。教育是一种社会现象，离开了社会历史，教育是难以被理解的。科学活动与教育的发展密切相关，科学技术的进步不仅改变着世界和教育，也引起了人类对教育的认识和态度的深刻改变。本来，人的本质力量的形成是一个历史过程，人的本质力量的外化是一个历史过程，人对自身本质力量的确认也是一个历史过程，三者统一于生产实践和科学技术的发展过程之中。人类的总体倾向起初是指向客体的，这是与人类童年时期对环境的宿命相适应的。以文艺复兴为转折，人类意识的总体倾向逐渐转向人类自身，这是与主体力量的不断增强相适应的。历史发展到今天，主体意识已由“盲目”变为“自觉”，由“自在”变成“自为”，主体的地位已成为时代的主题。

同时，我们还应了解，社会进化乃是循着由“不知而行”，进而“行而后知”，再进而“知而后行”的历程演进的。自然科学发达以来，人类的社会行为，已进入“知而后行”的阶段，教育是一种人类社会实践活动，自为教育亦不能例外。这个以最先进的智能机器体系为整个生产力基础的第三代生产力的出现，便把人类自为教育推进到了一个新阶段，人类将进入一个以自为教育全面代替自在教育的崭新的历史时期，即全面自为教育的时期。正如我国教育家杨贤江早年曾预料过的，未来的教育是在更高的形式上“回复原始社会教育的性质”的局面，至此就真正地可以出现了。

这个阶段的教育，不仅限于对儿童和青年的一般学校教育，它已经发展到包括婴幼儿教育和成人教育在内的终身教育，形成了家庭、学校、社会的整个教育体系。可以预料，随着社会的不断进步、生产力水平的不断提高，学校教育与社会教育将同步发展，一种有目标、有计划的全民教育将会展现在我们面前。从宏观上讲，教育将成为全社会的事业，整个社会将成为一个学习化社会，而每个社会成员，均将终身受教育。这种光明的教育前景，对我们这个仍处于社会主义初级阶段的国家和人民来说，自然还比较遥远，不是短期内可以达到的，但我们对教育的认识已经从盲目的状态中解放出来。党的十一届三中全会之后，中央反复强调教育在社会主义现代化建设中的战略地位和巨大作用，这实际上标志着全党全国人民的教育观念已开始实现了一个重大转变，整个教育事业领域正在经历着重大的改革和发展。马克思主义把社会的发展看成一个自然的历史过程。其实，人的解放、教育的发展也是与这个自然的历史过程完全相一致、相平行的一个自然历史过程。

三、人类教育存在和发展的基本特点

人类教育从其产生至今，已有三百万年的历史。考察其存在和发展的全过程，我们可以看到，它具有如下基本特点。

（一）教育是一种永恒的社会现象

教育是任何社会都存在着的，从这方面看，教育是人类社会的永恒范畴。教育不是哪一个阶级可得而私的东西，而为整个社会所需要。社会不能一天离开教育，正像不能一天离开生产一样。全人类的生存和进化，都要依赖于教育，依赖于知识的积累和传授。可见，教育具有社会性、民族性乃至人类性。

教育同社会息息相关，可以说是共生存、同命运的。它同其他社会现象一样，依附于社会。不仅如此，教育还是作为与人类共生的社会现象而出现的，并永远与人类社会同在，是一种普遍的永恒存在的社会现象。教育之所以是一种永恒的现象，是因为人类社会永远需要教育这种社会现象。好像人类永远需要阳光、空气、水，永远需要衣、食、住一样，人类永远需要教育。而教育本身又具有满足人类对文化永远需求的功能，即传递文化的功能。人类对文化的需要同其对阳光、空气、水和衣、食、住的需要一样，都是关乎人类自身生存和发展问题的最根本的需要。文化也是作为人类的共生现象而出现的，教育本身不仅是一种文化现象，从根本上讲，它是一种文化手段，具有文化传递的根本功能。人类之所以需要教育，就是由于需要文化的缘故，而文化是人类所永远需要的。所以，教育就必然永恒地在社会中存在。

（二）人类教育的发展是自然历史过程

人类历史经历了如下三个阶段：极度分散的前文明阶段；各民族、各国度独立发展，少有联系的诸文明阶段；由诸文明渐趋统合的普世文明阶段。世界历史从分散走向整体的过程，也是诸民族、诸国度、诸文明开放程度日渐增强、放大的过程。从封闭到开放是世界文明的一个普遍趋势。从产生到现在，教育处于不断变化发展之中，教育的存在空间也是一个不断开放的过程。

教育的存在和发展，受社会历史条件的制约。与人类社会历史发展是一个自然历史过程的情况相适应，人类教育也遵循着一条由自在到自为，由无序到有序，由低级到高级，由简单到复杂，因人类社会生活的发展而发展，因人类社会文化生活的进步而进步的历史法则，并经历着一条全面自为的教育终将替代全面自在教育的否定之否定的历史客观道路。

从教育的产生到现在，人们已经可以看到教育发展的总体结果是：未来的教育将是在更高形式上回复原始社会教育的性质。这便是全面自在的原始社会的教育终将为全面自为的教育所代替。这种情况可如表6–1所示。

表6–1　人类教育发展过程

<table>
<tr><td>采集时代</td><td>全面自在教育</td></tr>
<tr><td>农业时代</td><td rowspan="2">自在教育
自为教育</td></tr>
<tr><td>工业时代</td></tr>
<tr><td>信息时代</td><td>全面自为教育</td></tr>
</table>

四、决定和影响教育存在和发展的主要因素

决定和影响教育存在和发展的因素可分为客观的和主观的两方面。决定教育存在和发展状况的客观因素，是指制约教育的存在和发展变化的社会历史条件。这是我们考察教育从其产生到发展至今三百万年来的历史事实所应得出的一个基本观点。而讨论决定和影响教育存在和发展的主要因素问题，就是要对作用于教育的存在和发展的若干主要因素作进一步具体的考察与分析。

但是，所谓社会历史条件，对教育的存在与发展来说，还仅是一种客观的制约因素。除了社会历史条件这个客观的因素之外，还存在着人的即主观的这个主要因素，这是由于事情都是要人来做的缘故，而在相同的客观因素面前，由于办教育的人的世界观不同，对文化教育事业的认识和态度不同，对教育所产生的作用与影响也迥然相异。法治论者、唯

制度论者强调，办教育在于有好的制度，有好的立法。他们可能不知道，没有好的领导，好的制度也不能充分发挥作用，好的法制也不会产生，即便勉强产生了，或从国外搬来，也未必能维持久远。人治论者强调，关键要有好的领导人。他们可能不知道，没有好的法制作保障，好的领导人就产生不出来，即便勉强产生了，也未必能一代代绵延不衰。所以，既要有好的法制，也要有好的领导人，把法治和人治很好地结合起来，两者缺一不可，而以法治为本。但初始的推动力还是来自于好的领导人，以为社会历史条件优越，教育事业也必然办得兴旺发达，这是一种对人的主观能动性缺少正视的片面之见。

（一）决定和影响教育存在和发展的客观因素

1. 社会生产力与教育

教育作为一种社会文化，往往只是被当作社会的上层建筑，人们重视的也多是它与政治的关系。其实，教育也是一种重要的社会经济存在形式，它既与社会的政治经济制度有着密切的关系，又与社会生产力、科学状况有着密切的联系。

历史唯物主义认为，物质资料的生产方式是社会发展的决定力量。生产方式是由生产力和生产关系两个方面构成的。在这两个方面，生产力是最活跃、最革命、起决定作用的因素。因此，作为人类社会生活一个重要方面的教育，必然要受到社会生产力的影响和制约。

生产力对教育的影响和制约，从纵的方面看，表现为在社会发展的一定历史阶段上，生产力都对教育的存在形态起决定性作用。

原始社会中，之所以只能有自在的教育现象，并不存在专门的教育机构和专职的教师，教育方法只能依赖言传身教，十分简单，说到底是由于生产力水平很低的缘故。而学校教育之所以在尔后的农业社会中出现和发展，也正是由于农业社会使用铁器手工工具进行生产，生产力水平比原始社会有了相对提高的结果。生产的发展、文字的出现、文化的进步，为学校的产生和发展提供了物质前提和精神条件。但是，由于农业社会的生产属于自然经济范畴，生产力水平并不高，因此，在这种社会里的教育，自为的程度仍是很低的。在广大的地区和人群中，自在教育仍占主要地位。

在工业社会，生产力的主要标志是机器生产。与手工生产相比，机器生产是人类社会生产力发展的一次质的飞跃。机器生产必须依据科学技术原理，生产有一定的工艺流程。这时，生产劳动的智力水平大大提高，生产者如不具备一定的文化科学知识，就难以驾驭机器进行生产。这样一来，原始状态的那种教育方式，再也无法满足社会生产发展的需要了，正是在此条件下，使劳动人民子弟获得上学的权利。以上所述，都是教育发展历史显而易见的事实。

生产力对教育的影响、作用，包括科学状况对教育的影响与作用，从横向看，表现在教育的各个方面，而主要决定教育发展的规模、速度和教育结构、教育内容、教育手段等，并决定着教育目的和人才标准。今日各国经济建设，都依赖教育事业的发展，开发人才资源是促进经济发展的要素。

（1）生产力发展水平直接影响教育事业的规模和速度。办教育需要有人力、物力作保证。办多少学校，招收多少学生，只能根据客观的物质基础所能提供的条件来确定。在几千年的农业社会中，教育的发展速度是很缓慢的，规模是很小的，原因是建立在使用简单工具的生产力基础上的整个国民经济，所能提供的财力、物力是十分有限的。到工业社会，生产力大大提高，“资产阶级在它的不到一百年的阶级统治中所创造的生产力，比过去一切世代创造的全部生产力还要多、还要大”，这就使得其国家有可能拿出更多的钱来办教育，使教育的发展规模和速度不断扩大、加快。以日本为例，日本在从1905年至1960年的55年间，整个国民收入增加了977倍，相应地，教育经费增加了2 286倍。

（2）社会生产力的发展引起了社会产业结构和各种产业内部职业结构的变革，与此相呼应，教育事业内部结构也产生了巨大变化。尤其是中等教育和高等教育方面，结构变化尤为显著。

现在，许多发达国家已经普及了普通初中甚至普通高中教育。这是中等教育结构变化的一个特点。变化的第二个特点是第二次世界大战之后，职业教育在高中阶段中的比重日益增长。德国甚至建立了义务职业教育制度，规定接受了普通义务教育而不升学的青年，必须接受义务职业教育到18岁。

高等教育结构的变化，主要表现在层次结构和专业结构的变化上。这些都与社会生产力的发展所引起的产业结构的变化密切相关。而产业结构的变化意味着人才需求的变化。各国高等学校都根据本国科技发展的需要和各行各业对高级人才的需求，调整各种专业的比例和结构。

（3）生产力的发展要求教学内容的改革，科学技术的发展提供教育以新的教学内容。现行中小学的课程体系，包括语文、外语、数学、物理、化学、生物、历史、地理、体育、美术、音乐，是欧洲资产阶级从16世纪开始，经过几个世纪对封建地主阶级和宗教教会的斗争，在19世纪末叶才巩固下来的。它反映了资本主义工业化后生产力发展的要求。到了20世纪，特别是第二次世界大战以后，科学技术飞速发展，生产的自动化程度更高了。这就对劳动者提出了在文化、科学技术方面更高的要求。这套课程体系原先所设置的那些内容，显得远远不能适应当代生产力发展的需要，于是世界各国纷纷开展课程改革，革新教学内容。有的对原有教材删繁就简，如数学中简化欧几里得几何体系；有的在精简原有教材的基础上，逐渐下放教学内容，如把大学数学教材中的函数、解析几何、微积分等内容下放到中学数学中去学习；有的在原有学科体系中加入一些新的科学概念。这一切都反映了当代生产力飞速发展的需要，不这样，教育就会拖科学技术现代化、生产现代化的后腿。

（4）生产力的发展推动教学方法的改进。在农业社会，教育的内容主要是人文学科，属意识形态（上层建筑）的东西，即政治、哲学、道德、文学等方面的知识，所以在教学方法上主要表现为教师讲解书本上的内容，或教师口头论述某一项知识。近代以来，教学内容中逐渐引进了各门自然科学的基础知识，这就要求教学方法上有相应的改变。由近代工业生产中所揭示出来的物理的、化学的、生物的、天文的、地质的现象，仅靠教师口头描述是远远不够的。它们要求教师在教学中直接展示所要研究的事物，最好让学生试一试。这样便出现了演示、实验、实习等教学方法。西方早期教育家夸美纽斯、裴斯泰洛齐都是直观教学的提出者和实践者。

现代化的工农业生产及航天、航海等交通事业的发展，还要求人们必须具备一定的观察问题、分析问题、解决问题的能力。因此，在教育理论中不断有人提出在传授知识的同时，应该发展学生的智力，改进教学方法，培养学生学习的积极性与主动性，并提倡启发式的教学。

生产技术的现代化也直接为教学提供了新式的教学用具，特别是在当前这个时代里，电子设备被广泛地应用到生产的各部门，同时也被应用到教学工作中。很多国家的教学中普遍地实行电化教学，利用幻灯、电影、电视、录音、录像等进行教学，大大提高了教学效果。

根据以上所述，教育这一社会现象不单是受社会的经济基础所制约，同时，它也受生产力的制约。过去认为教育与生产力发生联系的部分是间接的，是通过经济基础的“折光”而实现的，这是片面的。事实上，教育中有很多方面是直接反映生产力的。教育中直接与生产力发生关系的这些方面，是不因经济基础和政治制度的改变而改变的。这些方面并不属于上层建筑的范畴，是没有阶级性的。因此，它不属于政治革命的内容。它也发展，也改变，但这种发展与改变是随着生产力和科学技术的发展而发展和改变的。这种发展是在原有基础上的提高，是对原有的不合理部分的改进，不是全盘抛弃。教育工作中与生产力和科学技术直接联系的部分，有许多从几千年的教育史中遗留下来的宝贵遗产，也有许多由世界各国、各民族教育工作者共同创造的宝贵精神财富，属于人类共有。这些精神财富，值得各国、各民族的教育工作者互相观摩、互相借鉴、互相参考。

2. 社会政治制度与教育

教育制度和政治制度密不可分。当前各国社会制度，无论是专制国家还是民主国家，皆为政治制度之一环。教育（事业）本身即为一种社会制度，教育和其他社会制度之间的关系有三：一是相互适应的关系；二是相互改变的关系；三是相互依存的关系。因此，各国的教育改革模式和理论，受到不同社会政治、经济制度和价值取向的影响。这表现在以下几个方面。

（1）建立教育制度，组织教育行政机构。在任何历史时代，政治对教育事业的影响与制约，首先总要表现在建立教育制度，组织教育行政机构，选拔安排教育行政人员和制定教育政策、法令等方面。

教育制度、教育行政机构和教育行政官员是一国政治经济制度和根本利益的具体体现，而教育政策法令又是统治阶级总的政治、经济政策的组成部分，体现着统治阶级的意志。这实虚两方面的结合，是政治对教育事业控制、管理的基础。中国古籍《尚书·舜典》中记载："帝曰：契，百姓不亲，五品不逊。汝作司徒，敬敷五教，在宽。"这段话，把它译成白话是，舜帝说："契，百姓不亲，父母兄弟子女都不和顺。你作司徒吧，谨慎地施行五常教育，要注意宽厚。"这段话虽然简短，却体现了政治对教育事业首先要办的事：组织教育行政机构，安排教育行政官员，确定方针政策和办事的原则。这些措施可以保证教育事业发展的政治方向，从而维护一定社会的政治经济制度和统治阶级的根本利益。

（2）规定教育目的，确定教育内容。我国清代末年的教育宗旨是"忠君、尊孔、尚公、尚武、尚实"这十个字，是1906年由清王朝学部宣布的。1890年日本颁布的《教育敕语》，它以天皇直接下赐臣民的形式，宣布了国民教育的根本方针，明确指出“教育的渊源”在于“国体的精华”，教育要以实现“臣民克忠克实，亿兆一心”，维护天皇体制为目的。我国古代的文教政策注意到人才的培养和人才的选拔任用的联系，尽量做到培养人才的教育制度和选拔任用人才的官吏制度的统一。我国隋唐开始实行科举考试制度，尽管从科举制度一开始，就暴露出许多弊端，但这种制度的推行既有利于朝廷统一掌握用人大权，又调动了各阶层读书做官的积极性，扩大了统治基础。国家统一考试，实际上统一了全国各种学校的培养目标、教学内容和教学方法。

政治制度是通过政府利用国家权力管理教育事业，对学校的教育和教学计划、课程标准、教科书等都要进行管理、监督与检查。

(3)掌管教育经费。教育事业经费的来源、分配和使用，一般都受到政府部门的控制、管理。

(4)选拔和任免教育行政人员和教师。在不同社会、不同国家，选拔教育行政人员和教师的标准和办法是有所不同的，但对于教师的任用，除去业务的标准外，都还有各自的政治标准。

总之，一个社会、一个国家通过政府和行政官员，以教育制度、教育政策为手段，影响、作用于整个教育事业，在人类教育历史上是必然的，也是客观存在的事实。一些清醒的政治家和教育家对此不仅都有很清楚的认识，而且在思想上和实践上力求把教育与政治的要求紧密结合起来。中国儒家思想的基本精神就是强调文化教育同政治、经济的密切联系。所以中国古代从来没有主张教育脱离政治，主张教育独立的思想，这可以说是中国古代文化教育发展的一个重要特点。从孔子开始，历代教育家都公开申明他们办教育是为政治服务的。从秦汉以来，历代王朝都明确表示文教政策是为实现政治任务服务的。这样，当国家处于上升时期或政治上比较清明的时期，文化教育便得以发展，得以繁荣昌盛。同时，教育事业也对社会发展起着积极的推动作用。而当国家进入衰落时期或政治昏暗时期，文化教育事业也遭受破坏，文化教育对社会发展也就起不到应有的作用。这说明：教育与政治紧密联系，文化教育从属于政治是有二重性的，有积极的一面，也有消极的一面。这是因为，文化教育除了和政治有密切联系之外，还与多方面的社会现象有广泛的联系，而且文化教育本身还有内在的自身发展的规律。这就告诉人们，在政府制定文教政策时，不仅要考虑政治上的需要，还要考虑文化教育同各种社会现象的联系，更要充分考虑和尊重文化教育自身发展的客观规律。

3. 社会文化传统与教育

教育除了受当时社会的政治、经济和科学技术状况的影响之外，还深受社会文化传统的影响。不证明这一点，就很难说明为什么19世纪中叶，资本主义已经得到发展，而英国学校却仍然保持着古典人文学科独霸课程这样一种历史现象。正如人类社会在不同发展阶段，受生产力等因素的影响是不同的一样，教育发展在不同历史时期、不同社会条件下，所受外界影响也不总是一致的，而且，教育发展有其自身的规律，应对具体问题作具体分析，而不应机械地照搬"生产力与生产关系"的模式，这不是坚持历史唯物主义，而是违反了马克思主义的基本原理。

教育的历史是人类文明演化历史的一个有机组成部分。一方面，作为人类文明的一部分，教育的历史发展受到文明本身发展水平的直接制约；另一方面，教育又是保存、传播和重建、创造文明的强大工具。只有牢记教育与人类文明整体的相互联系，并加以深刻、全面的揭示，才可能使我们对教育的研究达到一个更高的水平。

4. 地理、人口与教育

（1）地理与教育。地理环境是社会的依托。地理环境分为自然地理环境与人文地理环境。人类社会总要在地面上占据其存在的空间，没有地面则社会不可能成立。地面是社会得以成立不可缺少的基础条件。

地理要素包括气候、地理位置和地貌。社会的位置简称地位，它与人类社会的发展密切相关。一般认为，地位与文化发源和都市发达有关。古代的文明国家大都建立于地位适当、交通便利的地方。在古代，河流的功能不可忽视，它不仅有利于人类的休养生息，而且便利交通。中国、埃及、印度和巴比伦，被称为世界文明的发源地。其中，中国有黄河和长江，埃及有尼罗河，印度有恒河，巴比伦有幼发拉底河和底格里斯河，这些国家都在温带，土地肥沃，物产丰富，宜于社会的发展。即使在技术发达的现代，地位也影响社会的发展速度。不但国家发展如此，大都市的发展也受地位与交通的影响。世界著名的大都市都处在地位优越、交通便利的地方。我国的北京、上海、天津、广州、武汉等大城市，不是铁路枢纽，便是江河港埠，都处于内外交通的要地。在我国沿海和内地，由于地位的区别，无论是在生产还是在文化教育以及在生活方面，也都存在着较大的差别。河流一般联络内地，海洋则可联络海外各地。它们在繁荣经济、促进社会进步上是起了重要作用的。正如古语所说的：

"水性使人通，山性使人塞；水势使人合，山势使人离。"它形象地说明了地理因素对人的影响和作用。

（2）人口与教育。人是教育的对象，人结成社会群体在一个确定的宏观环境和微观环境中生活。社会环境的变迁会对人的思想、行为产生深刻的影响，形成带有社会倾向性的不同的教育动机和教育期望。在我们选择教育发展方向时，不能不考虑社会群体的意愿，因为这种意愿是社会客观现实在人们头脑中的折射。因此，人口教育学要与社会学、社会心理学结合，从反映人类社会活动、社会关系和社会心理主要特点的社会信息中，寻找开拓本学科研究领域的依据。

人口与教育现象、其他各种社会现象有多方面的复杂联系，只有获得反映这种相互联系着的全貌及其特征的各种社会信息，才能把握人口与教育现象的本质，提出综合解决人口与教育问题的办法。

人口生产同物质资料生产一样，对社会发展有重要影响，是历史存在和发展的基本因素之一。人口再生产类型同物质生产发展相适应，而不同的人口再生产类型又有不同的教育发展阶段与之相一致。

第一种是原始型人口再生产，即高出生率、高死亡率、低增长率类型，主要出现在资本主义社会以前的各个社会，即产业革命以前。这时期的教育表现为古代教育特征：少数人享受教育权，教育与生产劳动相脱离。人口再生产的第二种类型是过渡型，即高出生率、低死亡率、高增长率类型，这是从手工劳动向机器生产过渡的产物，最早出现于最先进入资本主义社会的欧洲国家。在19世纪60年代前后，大多数发展中国家也都进入这个阶段。这时期的教育得到了史无前例的发展，从此进入以量为纲、以质为目的的教育发展时期。第三种人口再生产是现代型，即低出生率、低死亡率、低增长率类型，始于20世纪初的资本主义国家。第二次世界大战后社会生产力出现新的飞跃，相对减少了对劳动力数量的需求，而对质量要求日益提高，在这种形势下，发达国家纷纷对业已形成的教育体制、目的、内容等进行改革，对提高教育质量呼声日紧，形成了向教育深度进军的浩荡气势，促进了教育向进一步现代化发展。

由于经济、社会、文化等因素的影响，今日世界人口再生产类型有很大区别，造成了教育发展程度的巨大差异。这主要表现于以下两个方面。

一是两种循环。世界人口地区分布差异从社会经济和文化的原因上考察，可以归结为发展中国家与发达国家两种。一般说来，发展中国家人口基数庞大，自然增长率高，生育率下降缓慢，人口增长速度很快；而发达国家人口自然增长率低，生育率迅速下降，人口增长速度缓慢甚至停滞。

人口迅速增长，使国民教育发展面临一系列困难。据联合国1977年统计，发达国家的国民生产总值约有6%—8%用在教育投资上，平均分摊到每个人口身上的教育经费为数颇巨。有些发展中国家已把教育投资占国民生产总值的比例提高甚至超过发达国家，如阿尔及利亚、多哥、圭亚那、牙买加、马来西亚和刚果等都高达8.6%，但由于人口数量增长过猛过快，以致人均教育经费仍很少，与发达国家差距甚大。1965年两者之比为1∶17.6，1975年为1∶14.1[①]。据联合国经济和社会事务部人口司估算，1980年亚非拉5—14岁学龄儿童人数为82 200万人，比1970年增长了14 000万人。由于教育机构不能容纳大批学生，仅在东南亚就有7 400万名学龄少年失学，发展中国家的文盲在1970年已达8亿多人[②]。

不难发现，发展中国家由于农业经济落后，工业又很薄弱，加上人口基数大，年龄结构老化而造成巨大的人口压力和落后的人口素质，导致了极其落后的教育发展状况，同时，教育的落后又阻碍了经济发展，加剧了人口的不协调增长，从而形成了一种恶性循环关系。而发达国家的教育是建立在经济发达、技术先进、人口基数小、人口素质高的基础之上的，教育发展与经济发展相互适应、相互促进，形成了良性循环。

二是两种趋势。在未来几十年内，发达国家的生育率将基本不变，死亡率稍有下降。从地区分布看，人数将占世界总人数的比例更小；年龄构成尚不会根本改变，人口老化更趋严重；城市化进一步发展，四分之三的人口居住于城市。

与此相适应的教育发展进入相对稳定时期，向深度追求转变。教育的发展规模将不会有大幅度改变，而教育的各种新形式将大量出现，形成繁荣的局面。为适应需要，发达国家正在对中老年人口进行连续不断的教育，对具有过时技术的中年工人进行再培训，发展退休前教育以缓冲从工作到退休的过渡。为了使教育计划适应人口老化情况，要求“在各级水平上及所有学科中就老龄人口进行人力培训和连续不断的教育”[③]。随着城市进一步发展，城市功能愈益综合化，教育事业也就愈能相应发达。城市学校将对成年人重新接受训练和人们在业余时间的学习需

① 邬沧萍主编：《世界人口》，中国人民大学出版社1983年版，第26页。

② 张志鸿等编著：《人口浪潮与对策》，学林出版社1984年版，第10—11页。

③ 中国对外翻译出版公司编：《老龄问题研究》，中国对外翻译出版公司1983年版，第96页。

求作出反应。

在今后相当长的时间内，发展中国家不可能从人口压力中完全解放出来，教育规模迅速扩大将是最主要目标，为广大青年和儿童提供教育和训练成为当务之急。教育量的方面发展高峰尚未到来，近期内不可能缩短与发达国家教育发展水平间的差距，甚至由于人口增长的加速度等等原因而会在某些时期内拉大这种距离。因此，只能兼顾教育质量。城市化的发展使人口由分散而集中，有利于克服农村人口长期分散、落后、贫困的状态，有利于改善人民物质生活，为教育的兴旺既提出了客观要求又提供了物质可能。发展中国家为了尽快并有效地打破恶性循环，必将以发展多种形式的初、中等教育为基础，同时兼顾高等教育发展的要求；以巩固、扩大规模为基础，同时兼顾教育的适应性和质量。

（二）决定和影响教育存在和发展的主观因素

19世纪德国唯心主义哲学家尼采（F.W. Nietzsche）认为，世界上有一种天才的"超人"，这种人的出现"可以使千百年的历史生色"，而一般民众则不过是一些"残缺不全、鸡毛蒜皮的人"，是"一大堆多余的废品"。法国资产阶级思想家、政论家蒲鲁东（P.J.Proudhon，1809—1865）认为，历史是由学者，即由有本事从上帝那里窃取隐秘思想的人们创造的，平凡的人们只需要应用他们泄露的天机。俄国民粹主义者米海洛夫斯基把天才人物与人民群众的关系比作阿拉伯数字"1"与"0"的关系，认为只有天才人物的"1"带头，人民群众的那一连串的"0"才有意义，没有天才人物，再多的"0"还是0。

以上这些论点，无疑在理论上都是站不住脚的。但是，在历史上杰出人物对教育事业的促进作用则也不能忽视。历史上一些杰出的政治人物，例如，德国的威廉一世、费希特、洪堡，法国的拿破仑一世，美国的杰弗逊，日本的福泽谕吉、森有礼、田中不二麿等对人类教育事业的存在与发展都起了良好的促进作用，是人类自为教育的促进者。这些"好的领导人"尽管所处时代不同，政治立场见解不同，但均有如英国著名史学家汤因比（1889—1975）所说的那种"具有创造性能力的少数人"的共同特点。要成为这样的好领导人，首先要对教育、文化事业的重要性和发展规律有较正确和较深刻的认识。相反，身居高位政要，而对人类教育事业并无正确认识，甚至对知识、文化、科学人才怀有歧见，则其政治威力所及，对教育事业来说，绝无好的作用与影响。决定和影响教育存在和发展的主观因素，的确是一种值得正视的重要因素。

五、人类教育发展的总趋势

综观人类教育发展的历程和趋势，我们可以得出如下诸方面必要的概括和认识。

（一）教育发展史展示着教育形式的曲折变迁

从分散的原始教育发展到集中的学校教育，再趋于分散的多样化教育。这是一个否定之否定的辩证过程，教育的每一步发展，都到达了一个新质阶段。

1. 形式、机构、层次的多样化

函授教育、成人教育、继续教育、回归教育、更新教育、业余教育等教育形式的多样化，无墙大学、开放大学、远距离大学、流动大学、自修大学等机构的多样化，本专科、研究生、博士后等教育层次的多样化，民办学校、公办学校等办学体制的多样化，将交织成一个多样化、网络化的教育世界。

2. 教育的外延空前扩大化

纵的方面，教育不再局限于人的青少年时期，而与成人世界相结合，贯穿人生的各个时期；横的方面，学校教育不再局限于普通教育，而与职业教育和其他教育相结合，不再限于学校教育，而与家庭教育、社会教育融为一体。

3. 教育对象的开放化

一是受教育不再是少数人的特权或某一特定年龄人群的特定活动，而是向大多数直至全体社会成员开放；学生的范围将从牙牙学语、蹒跚学步的小孩到古稀老人，年龄跨度从0岁到80岁以上，一个典型的、完整的学区将对所有的人提供学习条件和训练机会。二是不仅个人需要学习，各种社会团体和组织也要学习，直至整个社会也要学习。

4. 教育时间的终身化

知识激增和人的寿命延长要求提供终身的教育，即从一次教育发展到二次、多次教育，从青少年教育发展到终身教育。有人认为终身教育这个概念的出现可以和哥白尼（N.Copernicus）学说带来的革命相媲美，是教育史上最惊人的事件之一。但要认识到，这是必然要出现的，是教育发展的必然结果，绝不是一种偶然现象。

5. 教育目的的多元化

教育不再单纯是职业的需要，而扩大到发展个性的各个方面，即智力的、情操的、美感的、社会的和政治的修养。把一个人在体力、智力、情绪、伦理各方面的因素综合起来，培养全面发展的新人，新教育体系瞄准就业、生存、发展等。

（二）教育内容综合化的出现

人类教育内容的发展图式是：综合化—分科化—综合化。

作为教育对象的个体，在受教育的过程中，总是先笼统地知道“是什么”（综合），然后穷追一个“为什么”（分析），最后在广泛背景中真正认识事物包含丰富多样的整体性（综合）。作为群体的人类，其认识过程也要经历同样的路线。可以说，人类今天已走到了第二次以综合为起点的新阶段。从古代的综合化到近代的分科化，是一大进步，现代综合化将是更大的进步。今天的综合化是在高度分化基础上的高度综合化，和古代教育的混沌状态和囫囵吞枣的综合化，是截然不同的。没有综合化，就不会产生时代所需的伟大文化和伟大的人物。

宇宙本是个统一的整体，只是在人们对它进行研究时，才分成许多互相独立的学科。德国物理学家普朗克（M.Planck）曾经说过，科学是内在的统一体，它被分解为单独的部分不是由于事物的本质，而是由于人类认识能力的局限性。实际上存在着从物理到化学，通过生物学和人类学到社会科学的连续的链条，这是一个任何一处都不能被打断的链条。

马克思也曾指出，自然科学与社会科学的分化具有受历史制约的暂时性，并预言自然科学将包括关于人的科学。同样，关于人的科学将包括自然科学，这将是一门科学。

古代科学，由于生产力水平的低下，人们还不具备分解对象的条件，所以只能在直观观察的范围内，把宏观事物作为考察的基本层次，从事物的总联系上来把握对象，而这些总联系的细节还不可能得到说明，认识程度还不够精确和严密。因此，这种“整体式”的研究方式是较为原始的。

从哥白尼开始的近代科学，主要运用的是分解的方法。这种方法把自然界分解为各个部分，把自然界的各种事物和过程分成一定门类，对有机体内部其多种多样的解剖形态进行研究，把事物从它们的联系中抽取出来，从它们的特性、原因等方面逐个地加以探索。这种分析的方法，四百多年来使人们对自然的认识达到了空前的广度、深度和精度。这相对于古代科学的整体研究，是一大进步。

然而，科学不断地分化使人们越来越失去了对全局的了解，各学科从不同的领域分别进行探索，并不能达到整体、全面、综合认识世界的目的。物极必反，分化正在走向自己的反面——这是20世纪40年代以来现代科学发展的特征。当前，科学尽管还在继续分化，但综合的趋向更为突出。"合久必分，分久必合"，否定之否定，这是合乎逻辑的发展结果。研究现代科学技术整体化趋势的发展特点，尤其是研究自然科学与社会科学汇流趋势，有着多方面的意义，它对于人们在制定经济、社会发展规划，特别是科技规划、教育规划、人才使用规划时，有着直接的指导作用，并有着深刻的教育学理论上的意义。

第一，要求我们注重跨学科的综合研究。尤其是一些新兴学科，需要组织自然科学和社会科学的科技工作者协同作战。这种"立体作战"的形式，在处理和解决环境、生态、能源、城市建设、人才开发等一系列重大社会问题时，尤为重要。

第二，要求我们在教育上扭转重理轻文、文理分家的传统观念。发达国家在高等院校培养自然科学与社会科学人才的比例，大体上是4∶6；在世界著名的智囊团中，人才的结构也大致相仿，如跨国的国际应用系统分析研究所中，自然科学人才与社会科学人才的比例为4.6∶5.4，美国兰德公司的博士研究员中这个比例为4∶6，日本野村综合研究所为4.8∶5.2，而我国高等学校的学生中该比例为6∶4，与发达国家成倒置关系，亟待改进。与此同时，在教育上必须扩大专业面，使学生对自然科学、社会科学与人文科学这几大领域都有所涉猎。1977年，美国麻省理工学院建立"科学、技术和社会规划"（STS），设置教学中心，它的任务是探索社会政治和文化的力量对科学技术的影响。STS教学中心已开出49门课程，归纳为五个领域：科学史，技术史，当代科技和社会问题，工业社会的科学、技术及其组织，科学和技术的文化标准。这一教学中心是成立"科学、技术和社会学院"的基础。其他如美国斯坦福大学、哈佛大学，日本东京大学、筑波大学都已建立了类似的教学中心。可以预料，不久将会产生更多的"两栖科学家"——他们既能在自然科学的海洋里游泳，又能在社会科学的大地上跳跃，这样的通才可望在更多的领域里取得非凡的成就。

第三，要求我们注意人才流动。既然自然科学与社会科学正在汇流，它们之间的鸿沟正在被填平，那么，这两大门类之间的人才交流就成为十分自然的事了。例如，英国的晶体物理学家贝尔纳（J.D.Bernal）为创立科学家的交流组织作出了贡献；曾在美国加州大学担任过电子计算机教授的西蒙（H.A.Scmon），后来在行政学、政治学、企业管理学、组织理论、社会学、心理学和经济学等方面撰写了十几部著作，获得了1978年诺贝尔经济学奖。为了加速我国现代化建设的进程，这种人才流动应该倍加赞扬，并且可以推而广之。

第四，要求我们有意识地支持和加强出现在人文科学、自然科学与社会科学结合部的新兴学科的发展，建立跨学科的专业和科研组织。跨学科教学与研究可以训练学生全面整体地思考问题，人们称之为"平面思考"，它比集中在一点上，进行专科研究的"垂直思考"，向前跨进了一大步。同时，通过跨学科的教学与研究，还可以发展新兴学科。

第五，开设交叉学科的课程。在高等学校开设大量传统学科课程的同时，为了扩大学生的知识面，可以开设一些交叉学科的课程，包括第一、二、三类型的交叉学科。即便在专业课教材中，也要能反映本学科国内外最新科学技术发展水平，或开设一些专题讲座，介绍一些新兴的交叉学科的性质、对象、目的和研究范围，让学生立足本专业，放眼科学整体。

（三）教育目标的演变

与教育内容综合化—分科化—综合化的发展模式相适应，教育目标也经历着从通才到专才再到通才的辩证发展过程。

20世纪40年代，世界高等教育分为以美国为代表的通才教育和以苏联为代表的专才教育。十月革命后，苏联的专才教育获得了相当的成功，对经济复兴起了巨大作用。由于新的技术革命的发展，综合化和一体化成为现代科学发展的显著趋势，它向人们提出：时代需要通才，教育必须造就一代新人。从美国历年获得诺贝尔奖的科学家的人数变化可说明，在1901—1978年，发展了通才教育的后30年要比前40年多5倍以上，在另一项调查中也得出了同样结论：通才取胜。纵观历史，可以看出：古代通才取胜，近代专才取胜，而现代则是专才基础上的通才方能取胜。

通才教育可向学生提供一个合理的知识结构，学生通过广泛的自然科学、社会科学和专业知识的学习，有助于创造力和综合思维能力的养成，有利于良好品质和正确价值观念的培养，使他们懂科学、有文化、有胆识和有优良品性，还有利于人的全面发展，具备多种能力。

高等教育的综合化是各国教育改革的主要内容，它包括：学科设置的综合化，使不同科学领域、不同学科、不同学派观点交流渗透；课程设置的综合化，理工院校均设立人文学科、社会学科、艺术科目的课程。

（四）教育传递手段的发展

在教育活动中，教育传递的手段和形式，经历了从直接传递到间接传递的产生，再到间接传递和直接传递高度统一这样三个不同的发展阶段。

人类社会初期，发展缓慢，信息量小，教育活动中的信息传递是通过人与人之间的直接联系来进行的，即人与人之间在实际生活中是通过示范、模仿、交往、谈话、接触等方式进行的，不论纵向还是横向的传递都是这种口耳相传的直接传递形式。这种传递形式时间最长，整个采集时代都靠这种传递手段，时间达三百万年之久。

采集时代解体之后，进入了文明时代，以学校和文字的出现为主要标志，教育活动出现了以文字为手段的间接传递形式，于是在整个农业时代，与自在教育和自为教育的社会双轨教育的局面相适应，存在着间接传递与直接传递两种形式。

现在，随着教育和社会经济、科学技术的不断进步，以及信息量的空前增多，教育活动中信息的间接传递形式得到了充分发展。图书、报刊、电影、电视、广播、电教手段等知识媒体的广泛利用，使得人类教育活动空前活跃，实际上它成为了一种通向认识途径和通向生活途径的双通道，并促使教育地点分散化。由于社会的信息化，教育将由集中在城市和学校而趋向于地理和社会空间的分散。一个家庭就可能是一个教育单位。学校这块园地将继续存在的同时，由教育化的社会和社会化的教育所形成的各种不受时间、空间、地点限制的教育形式，将广泛而普遍出现。没有围墙的大学将会组成大学的围墙，分布于整个世界。在社会生活中随时随处都可以得到教育信息，受到教育影响，当前一个间接传递和直接传递高度统一的势态已经初见端倪。纵向传递和横向传播的相互统一和相互促进，教育在社会生活的各个方面、在人的成长的各个时期发挥着越来越大的作用，社会发展、教育发展、人的发展达到和谐一致，这是教育发展的高级阶段。

什么是信息？信息虽然可以简单地理解为通常所说的消息，总的可以这样说，所谓信息也就是被主体反映了的客体属性。认识过程就是信息的运动过程。信息包括信函、指令、情报等，但作为科学的定义还在争论之中。现代信息的概念已经十分广泛，遗传密码是生物信息，人的语言是社会信息，计算机程序是技术信息，等等。总之，由发生源发出的各种信号被吸收体所理解，就构成为信息。

在人类诞生之初，语言的交流就是信息的传递。人类信息的发展大致可以归纳为三个阶段。

第一阶段是个体信息阶段。人们在生产实践活动中感受了大量的自然信息，积累了经验知识，但是这种感受和积累是在个体之间进行的，这些信息的传递也是个体之间通过语言直接进行、代代相传的。每个民族都有自己的神话传说时期，就是证明。以后文字发明了，使信息量的积累加强了，信息的传递也可间接进行。考古学表明，早在3 000多年前，我国殷商时代就已有了甲骨文，但主要用作祭祀和占卜，文字信息的意义是极有限的。以后文字开始记录生产、科学知识，记录社会争斗状况。竹简发明了，图书出现了，使文字信息的作用日益扩大。这个时期，虽然文字和纸的发明已使信息具有广泛的社会性，但总的来讲，它们仍是手抄人传以个体方式进行的。抄书不仅花费巨大的劳动，使信息积累和传递代价昂贵，从而只能在十分有限的范围内进行，所以，这个时期的信息“个体性”特征是明显的。

第二阶段是社会信息阶段。隋唐之际，我国发明了刻版印刷，北宋毕昇发明了活字印刷术，这是信息发展史上的一场革命，使原来的抄书从上层统治阶级少数人的手里解放出来。这样，一方面，一人著作，万人皆受益；另一方面，一人求知，可读万卷书。信息成为广泛的社会信息了。在西方，1665年1月5日，《科学家杂志》创刊号在法国问世。这是世界上第一份学术期刊，它使信息的传递定期化了。人们追求信息的及时化大大提高了社会信息的功能，经过近代几百年的发展，人们进入了大规模社会信息流的时代。

第三阶段是现代信息阶段，即大规模社会信息流阶段。它的基本特点如下。

（1）文字信息急剧增长。以科学期刊而言，据美国科技史家德普赖斯的统计：1750年全世界约10种，19世纪初期达到100种左右，19世纪中期达到1 000种，1900年达10 000种，到1965年突破100 000种，每50年增加10倍。现在仍以每年增加1 500种新的科学技术期刊的速度在发展。

（2）信息的传递手段多样化。除文字传递以外，还有电信、广播、电影。第二次世界大战后增加了电视、录音、录像，现在，卫星通信、电子计算机系统得到普及。这些传递手段的信息，如文字信息一样，也在雪崩般地增加。

（3）信息传递迅速化。现代交通的发达，空间的传递比20世纪也大大地加快。西方科技杂志的航空版，几天之内就可以为中国科技工作者所传阅。美国一个实验室内的新发现，通过电信可以在几小时内传遍整个欧洲。跨国公司的电子计算机信息管理系统，可以使总经理坐在办公室里，在几秒钟内得到世界某地的行情资料或企业内某部门的生产情况统计资料，作出果断的决策。

（4）信息全球化。由于以上原因，现代社会的信息已冲破地区界线，达到全球的范围。一方面，各地的信息向全球广泛传播；另一方面，各地都掌握着全球的信息。现代社会不从全球观点来掌握信息，来理解事物，是无法发展的。

（5）信息综合化。信息量的增加反映了信息的高度分化，同时分化的信息又互相渗透，并具有交叉效应，构成了一个整体化、综合化的图像。当代基础科学已有500个以上的专业，技术科学也有412种专攻领域，学科门类已超过2 000门。但是，这些学科门类不是一个个孤立的，不仅在专业知识和方法论上有着千丝万缕的联系（例如，化学、物理、生物等过去是毫不相干的，但现在在分子层次、量子层次，它们交织在一起了），而且大量的边缘学科填补了它们之间往日的鸿沟。

（6）教育的普及使信息的传递普及化、系统化和集中化。反过来，信息传递的普及化、系统化和集中化又使得教育得到极大的普及和提高。目前，不少科学技术先进的国家已经普及了中等教育，受过高等教育的人也已经占了相当大的比例。更重要的是传授知识的方式有了质的改变，无论从小学到大学，无论从传递信息的范围、质量或数量来看都绝非以前时代所可比拟的了。

总之，现代信息无论从空间到时间，从质量到数量，都是空前的，而且还在加速地增长。一个国家的人民掌握信息的程度是现代化社会的重要标志。这就是预测学专家们所认为的，21世纪的人类社会是“信息社会”。

科学的进步同人类的思维方式是密切相关的。在现代，信息方法已广泛地运用到科学领域，出现了把信息、能源和材料看作“现代科学技术三大支柱”的观点，产生了关于“信息革命时代”的理论。

实际上，信息方法的产生是人类思维方式不断改进的产物。古希腊思想家在古巴比伦和古埃及丰富的生产实践基础上，以抽象概念为基本前提，运用演绎方法推出最后结论，这已成为古代西方重要的思维方式。近代科学由于把抽象思维与对具体物质形态（能量和质量）的经验研究结合起来，获得了科学的巨大进步。现代科学时期出现的信息方法，使人们的思维水平进一步提高：一方面，凭借高度抽象思维能力，提炼出信息概念和创立信息方法；另一方面，不摆脱经验基础去加工、处理信息。这种思维方式，是使自然界中的物质、能量充分发挥效力的人的主观能动性的高度调动。信息方法本身就是对自然力和人的思维能力的一种解放。

（五）教育观念的更新

以往，教育即学校的观念一直禁锢着人们的头脑。原始社会，虽无教育之名，更无学校教育，但有教育活动之实。它广泛存在于人与人之间的交往活动和过程之中，是在生活和生产实践中进行的。但是，随着后来所出现的学校教育制度的日趋严密和完善，人们渐渐地把教育的视野缩小并局限在学校这一特殊的教育形态上，似乎学校是人类教育的唯一场所和仅有的存在形式。例如，《辞海》中，"教育"一词，一般是指学校教育，这是小教育观念的典型反映。教育发展的趋势表明，小教育观念必将为大教育观念所替代。大教育，大就大在：目标大，范围广，途径多。它是一个全民族、全社会、全周期的教育大系统。

现代社会化大生产的结果表明：生产固然是十分重要的经济活动，但不再是唯一重要的经济活动了。现代经济是包括农业、工业、商业、科技、信息、教育等一系列构成的动态大系统。而每一个构成的本身又是一个系统，工业是大工业，科学是大科学，教育是大教育等。各自又由若干个子系统组成。现代经济不再把教育排斥在自身系统之外，而是融于经济之中，当作劳动力再生产的重要手段。社会化大生产，是科学、智力的基础的生产。这种生产，对劳动者文化素质的要求越来越高。这种形势迫使人们把教育的视野扩展到全社会，对开发民族智力进行全方位的观察和思考。成人教育的迅速发展，改变了那种限制时间（规定学龄期）和限制空间（固定在学校）的教育。传统的"小学—中学—大学"的系列在向两头扩展，向前延伸到幼儿，向后延伸到老年，教育在向包括整个社会、人的整个一生的方向发展，即从有限的教育转向终身教育，又从终身教育转向终身学习。当然，学校将仍然是培养人的重要基地，但已经远不是进行教育的唯一机关和场所了。现在，教育对象已扩展到人的一生，教育手段已突破“一块黑板，一支粉笔”，教育范围已延伸到全社会，学校教育在与家庭教育、社会教育连成一体，构成了一个从婴幼儿到老年人的多层次、多规格、多渠道、多形式的教育大系统。这个系统，与现代经济多维度、多变量、多层次、多因素的纵横交错的网络系统交叉，互相促进。这是社会化大生产发展的必然。

大教育既然是在大经济基础上产生的，它的基本特征自然也为大经济特征所决定。

第一，系统化的经济决定了教育的系统化。这就要求突破条块分割，把教育组合成系统工程。现代经济，是系统化的经济。同样，教育也是一项系统工程。只有靠集体的力量、各方面的配合，才能培养出大量的、多层次的各类人才，满足经济发展的需要。

第二，信息化的经济决定了教育的社会化。这就要求教育从“封闭型”走向“开放型”。信息在现代经济中居重要地位，离开了信息，也就没有现代的大经济。当前的世界，是信息的世界、开放的世界，教育社会化是一种发展趋势。教育社会化，就是教育面向社会，社会共办教育。它要求从“封闭型”转变为“开放型”，在开放系统中对受教育者实施教育。学校作为培养人的基地，是有其自身的规律的，既要有稳定的教学秩序，又不能闭门办学。学校应当实行开放式办学，既要十分重视社会实践的教育，与社会紧密联系，努力把学校建设成社会精神文明的摇篮，又要调动各部门、各行各业办学的积极性，关心教育，支持教育，全社会办教育，特别要十分重视社会文化设施的建设，如图书馆、博物馆、展览馆、文化馆、体育馆、广播电视、报刊通信等，形成一个与学校相配套的社会教育网。此外，还要把社会的男女老少吸引、组织到社会教育网中去，使教育普及于全民，贯穿于终身，形成一个人人爱学习、个个争上进的良好社会风尚，潜移默化地影响和提高人民的思想政治觉悟和文化科学水平。

第三，科学化的经济决定了教育的科学化。这就要求教育培养的人从“书生型”走向“创造型”。现代经济靠的是科学技术的进步，“科学技术是第一生产力”。而教育是联结现代生产和科学技术的纽带，它好比一个载体，正是它负荷着科学并使科学进入大生产过程，“科学—教育—技术—生产”已融为一体。因此，现代教育本身应当是科学教育。马克思早在《1857—1858年经济学手稿》中就指出：科学教育是大生产和现代科学的产物。教育从内容到方法都应反映当代科学技术发展的最新成就，以求培养出有高尚的品质、坚实的基础、广博的才干、发达的思维的“开拓型”、“创造型”人才。这是科学化经济对教育提出的新要求。

总之，大教育是适应大经济需要的。现代化的本质，是从小生产、小经济向大生产、大经济的转变。与此相应，也必须实现从小教育向大教育的转变，促使人们教育观念的进步，这是历史的必然。

第七章　教育的形态和本质

一、教育的形态

（一）认识教育形态的意义

教育形态，也就是教育现象，是指可以被人们感知到的教育的外在形态。

唯物辩证法告诉我们，现实中，任何一个事物都有形式和内容这两个侧面，都是形式和内容的统一体。而作为形式和内容统一体的一切事物，又都有现象和本质这两个方面。一切事物都是现象和本质的对立统一，这是事物的客观辩证法。把这种客观的辩证法运用于认识过程，要求人们既不能使认识停留在现象上，也不能脱离现象凭空地去认识事物的本质，而是必须通过现象抓住本质。通过现象认识事物的本质，这是认识的直接任务。如果事先对现象不认识，不知现象为何物，甚至从来就没有思考过这种必要性，则要抓住本质，显然是不可能的。

我们研究教育本质问题之所以不能不事先对教育的现象即其存在形态有较明白的认识，其重要意义就在这里。了解、认识教育形态即教育现象问题，必将有助于教育本质问题的探讨和认识。

多年来，我国教育理论界对教育本质问题展开了热烈的讨论。到目前为止，认识还未能统一。这固然与教育本质问题比较复杂，同时与人们各自的认识深度和认识的视角不同有关，恐怕也与长期以来人们对教育现象问题一向疏于思考和研究，以致对教育存在的形态并不真正明白有关。譬如，在讨论教育本质问题时，常可发现人们因研究对象的不同而带来结论的分歧就是一个明证。因此，我们主张要探索教育本质，必须事先研究教育存在的形态问题。

本来，阐明教育现象或教育存在的形态问题，是正确回答教育是什么这一问题所要求的。因为教育学以教育为对象，这就不仅要研究教育本质问题，并且必须首先阐明教育的存在形态，即教育的现象，这样做才是正确的。然而，翻开任何一本教育学教科书，其中几乎都少不了有“教育本质”一章内容，而对有关教育存在的形态问题，则付之阙如，从未见到有列专章专题阐述者，这不能不说是一种不可忽视的在内容上和结构上的缺陷和不足，值得我们注意补正。

（二）教育形态的存在和种类

“教育”二字并不是一个实物名词。教育并不是一个可以立竿见影的独立实体。这就使得我们对它的存在形态的认识有了一定的困难，尽管教育现象普遍存在于人们的生活之中，与人们发生紧密的联系。但实际上，它对每一个人都遮遮掩掩，藏头盖面，人们不特别关注就有可能对之视而不见，颇有“云深不知处”之感。这就是说，要认识教育现象，看清教育存在的形态，本来就不是一件可以一目了然、轻而易举的事情。于是，人们就只能通过抽象思维对人类教育现象进行各种各样的思考和认识。

关于教育形态的存在问题，首先，我们需要明确，教育是一种社会现象，只有进入社会和人的活动领域才具有功能属性。

所谓社会现象，它主要有如下主要特点。

第一，社会现象既同自然界有天然的联系，即人首先是作为自然界的一部分，但又不同于自然界，是自然现象发展到“自我确证”的高级阶段的产物。人和人类社会从产生的时候起，或者说由自然界分化出来的时候起，就成为和自然界对立的东西，并且在这种对立中发展着。

第二，社会现象是人类社会的产物，它既依附于社会，又作用于社会。一切社会现象都在人类社会中存在和发展，而社会的存在和发展又以种种社会现象作为必要条件，同时，在种种社会现象中必然反映着人和人的关系。正如马克思所说：“人就是人的世界，就是国家、社会。”[①]离开人，离开人和人的关系就无所谓社会现象了。教育存在于人和人的关系之中，存在于社会之中。如果人和人之间什么关系也没有，那就没有人的社会，教育也就没有必要了。

第三，社会现象受社会历史条件所制约，不受自然界发展规律所支配。例如，生产的发展，商品的出现，民族的形成，国家的产生，文化的传播，等等，都受社会历史条件所制约。这些都不能用自然界的发展规律去解释。当然，我们在研究每种社会现象时，既要看到受社会历史制

---

① 《马克思恩格斯文集》第1卷，人民出版社2009年版，第3页。

约的一面，也要看到每种社会现象自身的特点，即每种社会现象均有自己的特殊发展规律，都以自己的特殊功能为社会服务。

上述三点都属于社会现象的特点，教育同样具备上述三个特点。

教育是在自然界基础上发展起来的人类社会的产物，也是利用自然、改造自然的产物。一般认为地球已有45亿年的历史了，有机物和无机物，空气和阳光，化学元素，粒子……这些自然现象早已存在，而人及其教育的产生则只有几百万年的历史。教育关系是在实践中建立起来的。教育现象作为人们所追求的东西，总是同人们的活动相联系。要阐明教育现象的本性，首先要揭示人的实践本质。

实际上，教育作为一种活动或过程，它只存在于人们社会交往的实践活动中，存在于由"人"所造成的两个"方面"之间。人类因为有群的生活，才有教育，而且也只有在群的生活之中，教育才有可能，教育存在于人与人之间，是人与人之间的相互影响。这种特征，不受时空的限制，但教育活动的形式则不一。

社会实践是社会的功能性活动，表现在类外与类内两个方面。社会实践的不断发展，是社会历史的重要侧面。改造自然的实践属社会的外部实践，在外部实践的基础上，社会内部则发生着人们之间相互交往的实践活动。

社会交往实践不是可有可无的活动，它具有自身特殊的作用：一方面，它为人们从事改造自然的活动提供必要的相互结合作用；另一方面，它也是人们所必需的类内生活，是社会生活不可缺少的因素。在社会实践的发展中，社会交往实践的发展是一个很重要的方面。

社会交往实践是社会中个人与个人之间、个人与集体之间、集体与集体之间的相互联系和相互作用。人们在社会中生活不能不彼此发生交往，不然无法生活。同时，人们彼此不发生交往也不会形成社会。社会就是人们相互交往的产物，是人与人交往关系的统一。交往既然泛指人们之间的一切相互关系和作用，那么它的具体形式必然有许多，如生产的、经济的、政治的、法律的、道德的、文化的、血缘的等等。每一种形式包含着多种多样更具体的交往形式。把各种交往加以概括，基本上有两大类，即物质交往与意识交往。物质交往是基础，但它又离不开意识交往，否则，便不是人类的交往而成为自然物质的运动了。意识交往虽以物质交往为基础，但也有其相对的独立性。

意识交往，是整个社会意识活动的一个很重要的方面。没有意识交往，个体意识就得不到发展。其实，不论人类原始意识的产生，还是个体意识的获得，都离不开以群体社会为条件，社会条件除了物质性的一面，还具有意识交往的作用。原始人在集体劳动中的彼此交往，促进了语言的产生和完善，从而获得了形成意识的重要条件。婴儿意识在后天的获得除了自身的积极活动之外，主要靠成人对他的传授。意识交往也促进了人们意识的发展，人们可以通过交往而不需要事事亲自经历就可获得间接知识，用以扩大自己知识的领域和加速意识的发展。若离开意识的交往作用，每个人生下来都要重新经历意识的演化史，那就不会有意识的进步，始终只能原地踏步走。

没有意识交往，也不会形成社会意识。社会意识由个体意识组合而成，个体意识之间不保持彼此的联系和沟通，要形成社会意识根本不可能。社会意识有个体意识沟通的一面，还有在沟通基础上协同活动，进而形成只有在社会规模上才能获得的意识成果的一面。倘若人们不能彼此交往，意识就不能联系起来发生作用，人们就不能通过协同活动而获得社会意识的群体成果。

人类是通过群体和社会交往来满足自己的物质生活、精神生活需要的，交往在人类社会中既是团结个体的方式，也是发展这些个体自身的方式，没有交往的生活不能算是人的生活。

社会交往是人类社会特定的社会现象。马克思说：社会不管其形式，究竟是什么呢？是人们交互作用的产物。没有人们之间的交往，便没有社会。而人们的交往首先是在生产、分配和交换过程中发生的经济交往，经济交往建立生产关系。人们在生产过程中的交往，乃是任何交往的基础。因之，在经济交往的基础上发生政治交往和思想沟通，从而建立与生产相适应的政治关系和意识形态。剖析社会交往这一社会现象，人们看到，从主观方面讲，社会交往是一种“人类机能”；从客观方面讲，社会交往又是人的存在方式。马克思和恩格斯又把社会关系称为“交往形式”、“交往方式”或“交往关系”。

交往，也就是人的整个关系系统的实现。人与人之间的联系的实现必须借助于交往，交往是社会成员的心理需要，是生产实践客观要求的历史产物，而经常的、大量的是意识交往。交往最显著的特征是相互交流。人们在交往中通过语言、思想、感情的交流，彼此影响对方，同时也受对方的影响，交往对象彼此既交流信息，又交换活动（即在交流信息的共同活动中，有可能用一个人头脑中成熟了的计划去调节另一个行动），还交换着彼此的情绪状态。教育形态不仅从一开始就存在于交往活动(或过程)中，并且可以说，人们的这种交往活动或过程本身也便是一种教育活动或过程。

交往的性质分积极的交往和消极的交往。积极的交往是指有助于个体正常社会化，有助于个体实现积极的人生目标的交往；消极的交往则是不利于个体正常社会化，导致个体人格变异或越轨行为的交往。这和教育上有正面教育，也有反面教育，文化上有积极文化和消极不健康的反社会文化的存在状况是完全一致的，彼此存在着内在有机的联系。

可以说，人们的社会交往是一种维护社会关系的重要链条，而人与人之间友好亲善的感情，则是保持社会安定、巩固社会团结的镇静剂和黏合剂。

在交往实践中，历史地形成了两种不同的交往类型，即直接的社会交往与间接的社会交往。不论是在直接的社会交往或间接的社会交往中，又可细分为个体间的相互交往、群体间的相互交往、个体与群体间的相互交往等三种交往形式。在个体间相互交往过程中，还可以细分为以情绪情感为中介的特定个体间的相互交往和偶然相聚的某些个体之间的一般交往。

社会交往是通过两种交往手段进行的，即言语交往手段和非言语交往手段，言语是沟通的万能工具。除此之外，还有面部表情、手势、体态等非言语交往手段。非言语交往手段可分四种形式，即身势、辅助语言、人类空间交往和视觉交往，其中每一种形式都使用自己的符号系统。例如，身势所利用的便是所谓光学——动力符号系统。这些便是教育活动的手段，是人们之间的教育影响活动得以展开和进行的重要条件。同时，还要认识到，人类社会现象，只是人们社会行为的现象。社会的存在，不在此一群人的本身及其存在，而在于此一群人所表现的社会行为，故没有社会行为，便没有社会。同理，人类教育现象，也只是人们教育行为的现象，教育的存在，不在此一群人本身及其存在，而在于此一群人所表现的教育行为，故没有教育行为，也就没有教育。我们要认识教育为何物，明白它的存在形态，只有紧紧把握住人们的教育行为、教育活动、教育过程。由于教育有其多样的规定性，现实生活中的教育现象也是错综复杂的。为了便于研究，可以把复杂的教育现象划分为三类，即教育活动现象、教育事业现象和教育意识现象。所谓教育活动现象是指人类社会生活中环绕着文化传承关系的人们之间的交往行为。它包括两种情形：一是泛指人们之间一切交往所发生和进行的文化信息传承活动和行为；二是特指人们为培养一定社会成员和达到一定教育目标，在人们之间所发生和进行的文化信息传承活动和行为。

这样，各类教育现象，在人类实际生活中，不仅都是客观存在的，而且是紧密关联的。教育活动和教育事业是形成一定教育理论的基础，并能使已经形成的教育理论得以发展、深化和提高。教育理论是在人们一定的教育活动和教育事业的基础上形成和概括的，又往往作为一种教育法则，指导和制约人们的教育活动和教育事业的实践，集中体现着教育理论和教育活动的统一。因此，教育学若不全面地分析、研究教育的各类现象，特别是若不把它们联系起来加以研究，就不能从总体上把握社会的教育关系。

（三）人类社会的教育形态

人类教育现象亦即教育形态是由教育活动、教育制度（或称教育事业）与教育思想这三个因素组成的。

1. 教育活动是人类最基本的教育形态

教育现象作为教育的外部表现，它首先是一种活动、一个过程，这便是教育活动、教育过程。教育活动便是人类社会最初出现的教育行为，也是人类社会始终存在的最基本的教育形态。教育活动，起源甚早，初民时期，虽无教育之名，但有教育之实，此实即为教育活动。教育从来就是社会群体与个体之间彼此依存互为因果、互为目的与手段，各自取得生存与发展的一种文化、信息的传承活动或动态过程。

人类的本质表现为实践。从它与周围世界的相互联系和相互作用上看，人类的存在就是对环境不断进行改造活动的存在。因此，教育活动既是人类社会最初出现并始终存在的最基本的教育形态，也是人类的一种重要的社会实践形式。

实践的基本特性，就是客观物质性和能动改造性。实践的客观物质性，指的是实践活动各个环节都是客观的，可以被感知的。实践的客观物质性表现在它是以一种可以感知的实在力量作用于周围世界，迫使事物发生变化。实践的能动改造性，是实践与其他物质运动的根本区别所在。它是指，人的实践不是像自然界那样凭其物质本性发生着自然决定性的相互作用，人的实践指向一定的方向和目标，是按目的、计划进行的。实践是人对环境的能动进攻，是改造性的作用，它不像生物界那样只能适应环境。在实践中，人们在现有物质条件的基础上，对环境对象发生改造作用，从而创造出自然界本来没有的结果。恩格斯这样说过："动物仅仅利用外部自然界，简单地通过自身的存在在自然界中引起变化；而人则通过他所作出的改变来使自然界为自己的目的服务，来支配自然界。"①实践的能动改造性，是从动物活动的适应性转化而来的，是迄今为止所知道的物质相互作用的最高形式，也是实践之为实践，人类之为人类的最根本特征。

人类的实践有许多类型，基本上可划为两大类：一类是类外实践；一类是类内实践。类外实践主要包括物质生产劳动和科学实验；类内实践则包括管理活动，教育、文化活动，阶级斗争等社会交往活动。作为人类的实践，它们都具备上述特性。但从表现人类的类本质这一点讲，主要是类外实践，类内实践则主要表现着人类内部的个人的社会本质。

教育是一种关系和作用范畴，是一种活动。它不是一个独立的实体。教育活动属人与人之间的社会交往活动。作为一种实践活动，它必须有承担者，有主体，也必须有作用对象。教育活动就是由教育者和受教育者这两个方面所组成，以社会文化为内容，以语言为手段，在人与人之间所进行的一种文化传承活动。构成教育活动的基本要素就是教育者、受教育者、文化、语言这四者。教育活动的使命和目的，是要对受教育者施加一定的教育影响，使之在身心各方面产生一定的教育效果，达到教育者所要求的一定的教育目标。

在人类历史上，是先有无形的教育，然后才发展到有形的教育。无形的教育，自有人类之时起，就天天在实行，从未间断，也不能间断，否则人就无法生存。但人们习而不察，虽然一直在无形中进行教育，却不知道有教育这回事，犹如时刻不停地呼吸着空气，而不知道有空气存在一样。

教育活动的进行，可以是自觉的，也可以是自发的；可以是自在的，也可以是自为的；可以是有目的、有计划的，也可以是无目的、无计划的；可以在所安排的一定的时空条件下进行，也可以是遇事而学，随机而教，在任何时空条件下进行的。历时三百万年之久的教育活动，总的说来均具有自发的、自在的、分散的、随机的、无计划的、无目的的、无统一安排的、无一定的时空条件的等特点。教育活动与人们的实际生活打成一片，世代如此，人人如此，这就使得原始时代的人们，对教育活动、教育影响、

① 《马克思恩格斯选集》第4卷，人民出版社1995年版，第383页。

教育效果不会去另眼看待，乃至视而不见，不知教育与人的密切关系和教育在生活中的存在。教育活动之所以长期在人们的“不知”中“而行”，说到底，是由于教育活动的内容和形式太贫乏、太简单，教育影响、教育效果太不显著的结果。同时，也为原始人思维模式和思维特点所限。然而漫长的原始时代，人们的社会生活之所以能够世代万世一系相继，几百万年来不断出现的新生个体不仅完成了动物性的传宗接代的本能要求，并且都能够成为社会群体中的一员，和社会生活打成一片，达到社会化的要求，就是由于有此教育活动始终在起着传递文化作用的缘故。

原始时代，实行的是最低层次的全民义务普及教育，当时社会在自己的旗帜上写的是“全民教育和教育全民”，这是“一人为集体，集体为一人”的社会原则的教育表现。

在原始社会的人类生活中，从一定意义上看，可以说没有纯粹的教育领域，我们所谓的原始社会教育，是从科学抽象的意义上讲的。

2. 教育事业是人类一种层次较高的教育形态

人类教育总的发展趋势是由教育的自在状态向自为状态发展。自在教育向自为教育的发展，是人类教育发展的必然。人类社会最初出现的教育，从其形态上看，只能称之为教育活动，它存在、产生于人们的社会行动与社会活动的过程之中。教育事业则是人类另一类教育形态。教育事业，不是一种离开了教育活动的教育现象，恰恰相反，它的根本要求是要更有效地开展教育活动，使之有序化、规范化、目的化，并使之与社会生活社会要求联系起来，结合起来，成为一定社会所需要的一种事业。总之，它是人类另一类重要的教育形态，一种人类自觉自为，属于较高层次的教育形态。

低级形态的教育作为较低层次包含于高级形态的教育之中，高级形态不能脱离低级运动形态的教育而单独存在，高级运动形态的教育总要伴随有较低级运动形态的教育才能产生，其实，高级运动正是从低级运动形态转化而来。

什么叫教育？人们往往感到很难回答，因为它的范围很广，而这种范围是可以作一番划分的，可以把教育作为一种活动看，也可以作为一种事业看。人类社会一开始就有教育，但这种教育只是一种以个体为对象的活动，还不能称之为一种社会事业，而只能称之为一种社会现象。教育作为一种社会事业是从学校教育出现开始的，农业社会有教育事业，但大多是教育活动。

教育（作为一种社会事业）之所以需要，是政治、经济、人类社会整体生活正常运行的需要，是历史发展的需要。教育事业和其他事业一样，始终都是按照支配它的客观规律在运行。

教育活动和教育事业不论在理论上还是在实践上，都是紧密联系不可分割的，但是二者又是有区别的。比起教育事业来，教育活动是人类教育的最基本的层次，前者属于教育的微观领域，后者则属于宏观领域，教育活动是人类教育实践活动的中心和基础。但是，教育发展到今天，人们的教育实践已经突破了教育活动的范围并组成教育体制和教育事业。教育事业的功能是管理教育活动、调控教育活动。因此，我们既需要有关于以人为对象的教育活动的教育目的，即微观的培养目标，也需要有关于教育事业的教育目标或称教育方针。

在原始社会趋于解体，人类进入农业社会之际，社会上出现了学校及别具特点的学校教育活动这种前所未有的新生事物，学校和学校教育活动的出现，标志着人类教育进入了一个新的阶段和较高的层次。这在人类教育历史上具有深刻的意义和划时代的性质。作为社会教育机构，学校的产生有其深刻的如下社会背景。

（1）脑力劳动与体力劳动的分离，提供了专门从事教育活动的知识分子。自从人类从动物界分化出来以后，劳动就不是单纯的体力支出。只是在原始社会，脑力劳动和体力劳动还没有分离罢了。脑力劳动和体力劳动分离以后，原来统一的劳动过程和机能分别由不同的人来担当：有的人主要用“脑”来劳动，有的人主要用“手”来劳动。

原始社会是没有脑力劳动和体力劳动的分工的。那时的生产力水平很低，生产品没有剩余，养活不了专门的脑力劳动者。后来，生产力进一步发展，社会产品有了一些剩余，这才使一部分人能够从体力劳动中脱离出来专门从事脑力劳动。分工完全是生产力发展的结果。而这个结果一经出现，又反过来推动生产力迅速发展。脑力劳动者这时得以在体力劳动者的供养下进入专门的领域，从事文化教育、艺术创作。因此，这才产生了灿烂的古代文化。

（2）文字的创造与知识的积累，为学校教育活动提供了新的内容和手段。远古时代生产力和知识文化水平极其低下，没有文字，教育和学习只有在生产中、生活中口耳相传地进行。这种原始的传递方式很落后，只能同时同地进行，知识的积累和发展十分缓慢。文字的产生具有划时代意义，借助于文字可以把前辈的知识经验记载下来，传授给不同时代、不同地域的人们。知识的传播第一次超越时空的局限，人类从此脱离了原始野蛮而进入文明时代。

文字是一个民族文化发达的主要标志之一。它与学校的产生有密切的关系，不仅为学校传授知识提供了最重要的工具，而且为保持其“约定俗成”的基本特性，它本身还要求进行专门传授。知识积累到一定程度，更会进一步强化通过设置专门机构传授文化知识的社会需求。

据考古研究发现，我国夏朝就有着比原始社会更为发达的农业和手工业。我国在进入农业社会前后，文化艺术、科学技术等各方面的知识都有相当的积累。这既为学校准备了必要的教育内容，同时，也提出了专门传授文化知识的社会需要。

（3）国家的产生，需要专门的教育机构培养官吏和知识分子。不论是“建国君民”，还是“化民成俗”，都需要创建学校。学校出现之后，其重要功能有二：一是把学校教育活动进行有效的组织管理，使之程序化、目的化、规范化、制度化，把主要力量用在教学上；二是把学校教育活动和社会的需要联系起来，使之为一定社会的人们，一定时代的政治、经济、宗教、民族各方面的需要和利益服务。这种需要主要是表现在传播一定的文化影响和培养所需的人才等方面，并逐渐形成制度，自成体系，成为一种不可缺少的社会事业。学校的形成也是人类自觉意识的觉醒和主体性增强的标志。

从此，学校教育活动不再如同往昔那样，可以随机出现，而具有了一定的形式和条件，被规定在一个有限的时空中进行。学校教育即通过一定的动态结构而存在和运行。而且，学校一经组织成为一个完整的制度体系后，那它在社会上就固定下来了，到了后来，由于学校及学校教育活动的出现，原始时代那种大一统、清一色的自在、自发、随机、分散的教育形态就被打破了。这时的社会上，不是一种，而是有了两种不同层次的教育。教育作为一种社会事业是从学校教育出现开始的，农业时代有教育事业，但大量的是学校外教育活动。

学校一经产生，就作为一种社会机构存在于社会中。作为一种社会机构，学校的存在、发展、演变，必然受到社会其他机构和组织的影响，这种影响有时表现在学校的制度和结构上，有时则反映在学校本身的组织形式上。欧洲中世纪大学在名称、组织等方面都受到中世纪后期的行会组织和寺院组织的影响。教育体制与政治、行政体制有密切的联系。因此，如果不深入探讨作为一种社会机构的学校的特点及在历史上的演化，就不可能深刻认识学校教育的本质。

3. 教育思想是教育活动和教育事业的理论形式

人类教育活动是牵连到其他人类活动中最为广泛的活动之一。在人类教育的活动渐渐地成为一种社会制度之后，教育的研究就逐渐走向探求此种人类活动的各种相关因素的了解上。人类教育活动的研究，不仅从教育与哲学的相关性上找出互相结合的关联性，而且教育学的研究，也发展到足以影响到人类教育活动的其他有关知识，如心理的、生理的、经济的、政治的、社会的等知识。

教育思想也是人类教育发展历史上客观存在的一种教育现象。它和教育活动、教育事业等教育现象有所不同的是，它是人们有关教育的认识和见解，是一种有关教育的意识形态，它本质上是人类社会已存在和可以预见的教育现象、教育规律在人们主观上直接或间接的反映。教育思想都是在特定的社会生活中发生、发展和形成的，不能不受到传统文化、历史条件、思维方式等方面的限制而被打上时代和阶级的印记。不同的教育思想也反映了人们不同的经历、不同的社会历史观和哲学思想，并且也反映着不同的气质、风貌等个性特点。我们说历史上一些著名的思想家、哲学家和教育家是人类自为教育的促进者，就因为这些人类的贤哲在其生命过程中或曾长期献身教育事业，从事教育工作，在平凡的教育实践中好学不厌，循循善诱；或以身作则，因材施教；或具有丰富的学识、卓越的才能；或怀有非凡的热情，对教育有着执着的追求和献身精神，从而作出了令后人赞叹的工作，留下了光辉的业绩，充分表现了一个教育者最崇高、最完美的品行和形象；或对教育事业与教育活动独具慧眼，见解深刻，在传世的著作中留下了不可磨灭的思想建树。这些传世的教育著作，是人类对教育现象、教育规律认识的记录，标志着人类对教育认识的深度和广度，以及历史的特点，而成为人类社会一份极其宝贵的思想材料和精神财富。

教育是人类社会的一种现象，由于它和社会生活的密切关联，是人们关注和研究的一个领域。历史上不少思想家、哲学家、教育家给教育下过定义，从不同侧面揭示了教育的特性，但受认识水平和时代条件的局限，特别是由于教育这一社会现象在不同历史时期有其不同的表现，对社会所引起的作用不同，给教育下定义带来了困难，以致今天还没有一个令人满意的界说。

可以说，教育思想史就是在各种各样的历史的生活状态下，人们提出教育问题，并不断寻求更深入、更切实的回答和认识的历史，因而也是一部教育观念不断更新、建构的历史。从横的方面来看，教育思想的交流和结合，便构成一定的教育理论，教育理论是基于人们的教育认识、教育思想以一定的合理结构组合而形成的。而这个合理的结构便是由三个散射力、凝聚力很大的问题构成的，即什么是教育，为什么要教育，如何教育。由这三个问题作为"骨架"，而将所有的教育见解、教育思想统筹组合起来，便是教育理论。

教育形态、教育现象是人们教育行为和教育思想的统一，教育思想理论是教育形态的一个不可分割的组成部分。教育思想在人类教育实践中之所以必然出现和它的不可缺少，是因为它是人类教育行为、教育实践的必然的反映，并且最终表现为为实践服务，是人类教育实践所需要的。教育思想、教育理论可以是人类教育活动的理论形式，也可以是人类从事教育事业的经验总结。但教育事业说到底是组织、推动、优化教育活动的自为活动，不管人们主观上的认识如何，其中心任务是在实现教育活动的正常运行并使之更趋优化，如果背离了这个中心，教育制度、教育事业便失去存在的根据。教育活动是人类教育现象、教育形态的核心，而教育思想、教育理论则是教育现象、教育形态最深层的部分。

二、教育的本质

（一）认识教育本质的意义和方法

教育的本质问题，涉及的是对教育的根本认识，是教育学中一个重要的理论问题，有重要的理论价值和实际意义。

"教育"这个词，在人们生活中的应用是极其广泛的。只要稍加注意，就不难看到教育确乎渗透到社会生活的各个领域、各个处所，贯穿于人生的始终。然而，如果认真推究起来，究竟什么是教育，教育的本质是什么，诸如此类的问题，人们的看法就不一定很明确，甚至会感到困惑。教育的本质，应该逻辑地具有统括教育现象的一切方面、一切环节、一切要素之总和的特性。这一特性是由教育所包含的主要矛盾赋予的。

教育的内涵是不断发展的，认识教育的本质是一个复杂的过程，人的认识不断向前推进。不过，对于一定历史时期来说，它毕竟有一个相对稳定的形式，认识的可变性并不能推翻教育的质的规定性。一般说来，任何时代对教育本质的认识都应达到那个时代哲学思想所达到的高度。这既是方法论的要求，也是认识统一的标准。按本质这个概念，是相对于现象、非本质的东西或本质的表现而言的，是这种事物之所以为这种事物，区别于其他事物的根本或最根本的属性。本质是一般，是普遍，是事物外部形态的根据。正确认识教育本质是理解教育理论中一系列概念、范畴、原理和规律的基础，人们把握住教育本质，就会在从事教育活动中获得更大的自由。

"教育的本质"究竟是一个什么问题呢？它的含义是什么呢？说到底，教育的本质所要回答的就是"教育是什么"这样一个问题。本质是事物的基本规定性，教育的本质也就是教育的规定性。

一个人对什么是教育这个问题的回答，可以直接反映出他的教育视野，并从总体上决定着他对教育的外延、内涵和教育的现象与本质问题的认识，是一个属于带根本性的教育理论和教育观问题。一个人的教育观无疑是他的人生观、世界观、社会观的组成部分，是支配人的社会行为特别是教育行为的直接因素。

中外教育史上不少思想家、哲学家、教育家给教育下过定义，从不同侧面揭示了教育的特性，但受认识水平和时代条件的局限，特别是由于教育这一社会现象在不同历史时期有不同的形态和表现，对社会所起的作用不同，这就给教育下定义带来了困难。可以说，人们对教育的本质的认识总在不断发展，任何关于教育本质的学说既有时代的局限，又都有一定的历史合理性。这样看待历史上的学说，即是一种历史主义的态度，或者说是一种历史主义的方法。

运用历史主义的方法研究教育的本质，就是要认真对待前人的认识成果。既要看到以往各种见解的历史局限，又应看到它们的历史原因，不苛求前人，也不拘泥于前人的某些结论。

首先，今天我们认识教育的本质问题，一个重要的前提是必须明确认识到教育是一个外延很大的概念，必须从单纯的学校教育中摆脱出来。从人类历史的发展来看，学校教育只是人类教育的一种形式，一个方面。事实上，在任何社会，在人类历史的任何阶段上，都同时存在着非正规的教育形式，它们在培养当时社会所需的人才方面，同时起着重要作用，所以仅仅以学校教育来看待和认识教育是不能全面反映教育的全貌的。

其次，还必须从根本的意义和原本的、原始的意义上去了解，这就是说，必须从时间上去了解自古及今的一切阶段的教育，而在空间上还要把所有领域的教育都一概置于视野之内，才能对什么是教育的问题作出古今中外概莫能外的科学表述。

再次，认识教育的本质，主要应从它的功能属性上抽象，这更符合教育的特点。对于教育这类极其复杂的非透明的大系统来说，只有从功能角度去把握，才能认识它的目的性联系，探索它的机制和规律。

（二）前人对教育本质的认识

1. 教育的词源和词义

在我国，“教育”二字连用成词，最初见于《孟子·尽心上》篇“得天下英才而教育之，三乐也”一语中，在其他一些古籍里，曾经是把“教育”二字分别开来解释和使用的，含义亦有不同。按《说文解字》：“教，上所施，下所效也；育，养子使作善也。”又《礼记·学记》篇：“教也者，长善而救其失者也。”我国儒家经典之一《中庸》上说：“天命之谓性，率性之谓道，修道之谓教。”《荀子·修身》说：“以善先人者谓之教。”

在西方，“教育”此一名词，英文为 education，法文为 education，德文为 erziehung，皆由拉丁文名词 educare 演变而来。而 educare，则又出于动词 educere。这个动词是由前缀字母 e 和 ducere 两字组成。前缀字母 e 在拉丁文中之意为“出”，ducere 为“引”，合起来是“引出”的意思。这就是说，教育要用引导的方法，来发展学生的身心。

总之，从我国和西方古代对于“教育”一词的解释情况来看，可以得到两个相同之点，这就是：（1）教育目的重在使人为善，教育内容不限于知识，并且包括德育和体育；（2）教育方法注重启发诱导，而非强迫注入，注意人格感化，而非强迫学生服从。

2. 近代教育史上一些著名教育家的看法

随着经济、文化、教育事业的发展，三百多年来，从捷克教育家夸美纽斯开始，风云际会，盛极一时，出现了一批颇有影响的教育家。他们从自己的哲学观、社会观和所生活的具体社会历史条件出发，对什么是教育的问题，在自己的著述里曾表述了各自的见解。

捷克教育家夸美纽斯说：教育在于发展健全的个人；只有受过一种合适的教育之后，才能成为一个人。

英国哲学家洛克说：人类之所以千差万别，便是由于教育之故。

法国启蒙思想家、教育家卢梭说：植物是由栽培而成长，人由于教育而成为人。他还说：我们生而软弱，因而需要力量；生而无能，因而需要他人帮助；生而无知，因而需要理性。所有我们生而缺乏的东西，所有我们赖以成为人的东西，都是教育的赐予。

德国哲学家、教育家康德说：人只有靠教育才能成人，人完全是教育的结果。

被称为近世儿童教育之父的瑞士教育家裴斯泰洛齐认为：教育是人类一切知能和才性的自然的、循序的、和谐的发展。

美国实用主义教育家杜威说：教育即生活，教育即生长，教育乃是社会生活延续的工具。他还说：教育是经验不断的改组或改造，这改组使经验的意义增加，也使控制后来经验的能力增加。

苏联教育家克鲁普斯卡雅说：所谓教育，就是指有计划地感化新一代，以便培养出一定类型的人。

苏联教育家加里宁说：依我看来，教育是对于受教育者心理上所施行的一种确定的、有目的的和有系统的感化作用，以便在受教育者的身心上，养成教育者所希望的品质。

综上所述，我们可以看出，古代的思想家、教育家们在当时历史条件下，不可能为教育这种复杂的社会现象作出完整的界说。随着近代各类学校教育如雨后春笋般涌现，教育形式日益完备，特别是适应经济、科技和社会发展的需要，实行了普及教育，教育实践在客观上已经为教育本质的揭示提供了一定的条件，上述一些教育家就是适应这种时代的需要而涌现出来的。但是，应当看到，当时的教育实践仍然是不充分的，可以说，他们所表述的教育观，除其中个别教育家如杜威外，都有一个共同的特点，他们所理解的教育，视野仍局限于学校教育领域，没有从学校教育的体系里彻底解放出来。他们一般都仅着眼于教育对社会个体发展的作用，而对于教育对社会生活所起的延续和发展的重要作用，则重视不够。正由于他们并没有把人类和一切领域中的教育活动、教育现象尽收眼底，所以他们对教育本质的认识往往有其自身的局限性，不能全面地揭示教育的本质。

(三)我国教育学界关于教育本质问题的争论

从1949年新中国成立到1978年中国共产党第十一届三中全会以前的近三十年里，我国教育学界对什么是教育的认识，总的说，都为如下基本观点所统一，或者说，只有如下这种看法，才被认为是正确的，是马克思主义的教育观。这种观点就是：教育是社会的上层建筑，在阶级社会中，教育具有阶级性，是阶级斗争的工具，在社会主义社会中，学校是无产阶级专政的工具。

1951—1952年，在苏联，由于斯大林的《马克思主义与语言学问题》一文的发表，曾经围绕着教育是否是上层建筑以及它的专门特点问题，展开了讨论。当时，苏联教育界也曾提出种种观点：如教育与生产力有着直接联系；教育一部分不属于上层建筑；教育与语言一样，既不属于生产力也不属于上层建筑；等等。这些新出现的论点，在当时曾经引起过我国教育理论界的关注与兴趣，有人还撰写过文章，提出教育是社会生活永恒的普遍的范畴，教育不属于上层建筑的论点。但是，在当时占绝对优势的仍然是教育是上层建筑的观点，争论并没有继续开展下去。随着党内“左”倾思潮日趋强化，教育是不是属于上层建筑这类问题在实际生活中就因再也无人愿意来讨论而归于寂灭了。

“文革”结束后，特别是在十一届三中全会以后，随着党的正确方针的贯彻执行和人们思想的不断解放，我国教育理论界冲破理论禁区，围绕着教育本质问题，曾经有过几次集中的讨论，在关于教育本质的讨论中，提出了许多不同的观点，归纳起来，大致可以分为四派：上层建筑说；生产力说；多因素多属性说；特殊范畴说。其中，前三派主要是围绕教育在社会结构中的地位和作用而展开的，第四派则重在论证教育区别于其他社会现象的质的特点。现分别概述如下。

1. 教育是上层建筑论

此派主要观点是：教育是培养思想品德、传授知识技能的工作，属于社会意识形态的范畴。它是由政治、经济所决定，又反过来为政治、经济服务的。马克思、恩格斯在《共产党宣言》中所提出的教育决定于社会关系的著名论断，在历史上第一次指明了教育属于社会的上层建筑。列宁也多次批判过教育可以“超阶级”、“超政治”的谎言。毛泽东在《新民主主义论》中提出：一定的文化（当作观念形态的文化）是一定社会的政治和经济的反映，又给予伟大影响和作用于一定社会的政治和经济。而经济是基础，政治则是经济的集中表现。这一论点完全适用于教育与政治、经济的关系。历史上存在着五种主要的经济形态，就有五种不同的教育，教育同其他上层建筑一样，也是随着经济基础的产生而产生，随着经济基础的消灭而消灭。教育在阶级社会中具有鲜明的阶级性，所以教育是阶级斗争的工具。这并不是说教育不与生产力发生联系，而是说教育是通过为政治服务作用于生产力的。教育为政治、经济服务也并不排斥对教育遗产的保留和吸收。这种保留和吸收是上层建筑独立性和继承性的体现，并不是反映教育本质的东西。“上层建筑全面专政”论，是“文革”时期对马克思主义关于经济基础与上层建筑理论和无产阶级专政理论的篡改。从理论上正本清源，只要恢复马克思主义理论的本来面目就可以达到目的，而无须对教育是上层建筑这一本质产生疑虑或有所非议。

2. 教育是生产力论

此派的主要观点是：在教育这种独立的社会实践活动中，某些因素具有上层建筑的特点，但这些因素始终是由生产力决定的，而教育实践的基本方面与生产力却有着客观的本质的联系。它的联系点着重在生产劳动经验的传递和劳动力的再生产方面。随着生产力内在矛盾的发展，特别是在科学技术参与现代化生产过程已成为生产力中的独立因素的历史条件下，教育已由生产的条件发展成为生产过程中的一个独立因素，教育事业已成为国民经济发展的重要组成部分之一。在近代的世界历史上，许多国家都重视发展教育事业以作为科学技术和生产力发展的基础，并取得了显著的和影响深远的效果。因此，教育投资不是消费性的投资，而是一种生产投资。“教育投资”和“人才开发”的观点，在一定程度上揭示了现代教育对于现代生产力发展越来越大的作用。社会主义教育学应该吸取其合理的内核，并给予科学的说明。马克思早在一百多年前就明确指出科学技术是生产力，并指明了教育与生产力的直接联系，不过这些马克思主义的基本原理在片面强调教育是阶级斗争工具的“文革”时期被轻率地忽视罢了。总之，现代教育是国民经济的重要组成部分，是劳动力再生产的必要条件，也是把科学技术这种一般社会生产力转化为直接的物质生产活动的桥梁，教育已间接地或直接地参与了物质生产过程。因此，现代教育是现代生产力的重要因素。

3. 部分是上层建筑，部分是生产力论

此派的主要观点是：教育受生产关系和生产力的制约，从来就有两种社会职能。教育的一种职能是传授一定生产关系所要求的社会思想意识，在阶级社会中，凡与教育、教学的思想政治方向有关的部分都具有鲜明的阶级性，属于社会的上层建筑。教育的另一种职能是传授与一定生产力发展水平相适应的劳动经验和生产知识，为发展生产力服务。教育中凡与生产力直接联系的部分都没有阶级性，都不是社会的上层建筑。把教育诸因素区分为上层建筑部分和生产力部分，不仅可以使我们在理论上保持清醒的头脑，坚持教育的社会主义方向，而且可以使我们从变化了的客观实际出发，深刻理解教育职能着重点转移的客观过程，使教育更好地为实现国家现代化服务。

针对这一派的论点，有人提出以何者为主的不同意见，并展开了争论，有人认为二者中还是以属于上层建筑的部分为主，也有人认为在二者中以属于生产力的部分为主。总之，此说认为教育是一个复杂的社会现象，具有多因素、多属性的特点，教育中的各种因素都不能单独地决定教育的本质，而是平行地、并列地起作用。

4. 教育是特殊范畴论

此派意见把教育当作一个特殊的范畴，不把教育的本质看作是教育的归属问题，如把教育看成是生产力或上层建筑等，力图从教育本身的质的规定性，从教育不同于其他社会现象的特点，从教育的内部矛盾入手来揭示它的本质。这里仅举如下几种主要的观点。

（1）教育是培养人的一种社会实践活动。教育不是观念形态的社会现象，而是一种独立的、基本的社会实践。它具备实践的几个要素，它符合实践的特点，是一种改造世界的活动。在社会现象中，有那么一些社会现象，如民族、家庭、语言等，既不属于上层建筑，也不属于经济基础和生产力。教育就是这样一种社会现象。教育是一种有意识、有目的、有计划的培养人的社会实践活动，它是人类种族繁衍、社会生活延续所必需的活动。因此，列宁把教育子女看作是社会生活普遍的、永恒的范畴。教育就是这样一种特殊的社会实践活动。

（2）教育的本质是传授知识或传递社会经验的工具。人类社会要延续和发展，必须把前人积累起来的生活经验传给下一代，任何社会历史时代，教育所面临的根本矛盾就是人类无知和有知、无社会生活经验和有社会生活经验的矛盾。这种矛盾只有通过教育，即通过传授知识或传递社会生活经验来解决。正是由于解决这种矛盾的社会需要，教育才得以产生、存在和发展。

（3）教育的本质是促使个体社会化。应当从教育与社会以及与人的发展相联系的统一，从教育的内部矛盾入手探讨教育的本质，教育的本质是促使个体社会化。

此外，教育是人类自身的生产实践，教育的本质是培养人的活动，教育是一项重要的社会生活活动，教育是人类选择能力的传递等不同理论观点。

5. 对关于教育本质问题争论的几点看法

（1）这是中国教育学术史上关于什么是教育的一次空前规模的大讨论大学习，这次讨论是在中国的历史进入了一个新时期，并且是在全国关于真理标准问题的讨论之后展开的，这是中国思想解放运动在教育理论界的反映和具体实践。这次讨论大大促进了人们的思想解放，提高了人们的理论水平，开阔了人们的教育视野，对于人们摆脱极"左"思潮的影响、树立正确的教育观产生了积极效果。在讨论中，各派观点鲜明，力图从各方面为自己寻找论据，从而使讨论不断深入发展，发人深省，留下了丰富的思想材料。

（2）讨论中既反映了某些观点的片面性，也反映出我们教育理论工作者思想墨守成规和偏于保守，思想不够解放，在学术上谨慎有余，而勇气不足。多年来人们一谈到教育本质之类问题，便习惯地把自己的思想和视线首先局限于生产力和生产关系、经济基础和上层建筑这些范畴上面，似乎凡是社会现象均无出于这两对基本范畴，教育本质只能在这个范围里找归属、找答案，甚至不惜削足适履，把外延很大、十分复杂的教育现象硬往上层建筑之类范畴里塞。

教育科学发展的历史表明，简单地把教育归入上层建筑或者生产力，或者说一部分是上层建筑一部分不是，都不能确切地反映教育的本质特征。教育这种社会现象是有它的专门特点的，讨论教育的本质问题如果只在教育的归属问题上做文章，如把教育看成是生产力或上层建筑，或社会实践等，这种看法是采用形式逻辑中"种差加属概念"的方法给教育下定义，即抽出教育的某种属性或因素，把它与相应的属性概念相联系，加上种差进行限定，形成关于教育的定义。它不是从发生学的角度而是从分类学的角度对教育的说明，不是对本质的直接表述。诚然，生产力、上层建筑等都是历史唯物主义的基本范畴，这些范畴主要从总体上说明人类社会发展的"自然历史过程"及其一般发展规律。若把它们凝固起来，看成是无所不包的认识体系，一切事物（包括教育）都从属于它们，仿佛只要对号入座就能把握其真谛，这是不科学的，也违背了对具体问题要进行具体分析的马克思主义原则。

（3）探讨教育本质的问题，总的可以分为前后两个不同时期。在前半时期，讨论主要是围绕着教育和其他社会现象的关系展开的。到了后半期，人们认为，讨论不能仅仅停留在教育与其他社会现象的关系之上，而要从教育的质的特点，从教育的内在矛盾来探讨教育的本质。于是，人们在探讨的角度和方法上能动地作了调整，转到了从教育的内在矛盾来探讨教育的本质。尔后，人们不断提出了一些新的观点、新的见解，促使人们对教育本质问题的认识逐步趋于深入与成熟。这种情况的出现完全合乎事物发展的规律，这说明我们对教育本质的探讨，已经完成了正确的转变，已经转变到一个正确的方向上来了。所存在的一些其他如不统一、不协调的问题，必然也会逐渐得到协调和统一。现在讨论仍在继续，对存在的一些问题，还没有取得一致的认识，但这仍然是有积极意义的，通过讨论，大家已愈来愈明确了分歧的症结所在，这无疑有助于求同存异，有助于更加深入地探讨，使我们的结论逐步走向统一。

（四）教育是什么

1. 教育在哪里

至此，我们可以认识到，教育现象广泛、普遍存在于人类社会中，存在于人们相互关系中，存在于人与人之间的教育活动、教育过程中。把教育活动拆开来看，它是由教育者，受教育者，作为教育内容的社会文化，作为教育手段的言语、文字之类这四者所组成。因为，教育活动总要在一定的时间、空间条件下才能展开和进行，而空间条件并无特定要求，随处皆宜。所谓教育过程便是教育活动展开和进行的过程，是教育活动的时间形式。这就是说，只要在教育者和受教育者之间，存在着教育者利用一定的语言、文字等手段有意或无意地将社会文化等教育内容传递、影响、作用于受教育者这种事实，教育活动和教育过程便立刻出现和展开了。而所谓教育者和受教育者都是就一定的教育活动、教育过程中彼此所处的不同地位相对而言的，并没有一个固定的不变的条件和模式。因此，即使是一群互不相关的人们，例如，同一商店里的顾客，同一剧院中的观众，在同一趟列车上的乘客，只要他们之间发生文化传递、信息交流和心理影响关系，应当说，就有了教育活动、教育过程的出现和存在，就有教育者和受教育者之间教育关系的出现和存在。可以说，教育活动、教育过程在人类社会也犹如商品交换关系在商品社会一样，是一种最简单、最普通、最基本、最常见、最平凡的社会现象。所以，《中国大百科全书·教育》对广义教育下了如下定义：从广义上说，凡是增进人们的知识和技能，影响人们的思想品德的活动，都是教育。这个界说原则上应当肯定。

有人不同意这种看法和界说，认为把凡能促进人的身心发展的活动都看作是教育，是抹杀了教育的专门特点，把教育和其他社会活动混同起来，实际上是取消了教育。因为，人的知识、才能、思想、品德以及性格、爱好等，是在教育和环境共同影响下形成的。教育能影响人的思想品德，但影响人的思想品德的不一定是教育。举例来说，在生活中人们建立了各种人际交往关系，在交往中彼此都会发生影响，但不能划入教育领域；有时人们说“听君一席话，胜读十年书”，可能是指的知识增进，也可能指思想品德的启迪。这种谈话如果谈者不是有目的进行的，也不能叫作教育。华中师范学院等五校编的《教育学》对教育所下的定义，认为只有“有目的地增进人的知识和技能，影响人的思想品德的活动，才是教育”，认为这是教育与其他社会活动的根本区别。

其实，上述这种观点倒是不能成立的，它存在着明显的片面性：教育视野狭窄，没有注意到“史前状态”的教育，也没有注意从广义的教育上来看教育的内涵和外延，以为把范围限制在阶级社会以后、学校教育之内，就足以说明什么是教育了。这种情况，正是偏颇之所以产生的根本性原因。

所以，从最根本、最普遍的意义上讲，教育现象客观、永恒地存在于人们一切具有传、帮、带意义的社会活动之中。

2. 教育的本质和其根本特征

在了解了教育的起源、教育形态的发展和古今中外的一切教育现象之后，还要重温一下形式逻辑的要求。弄清楚并把握一个概念，需要明确它的内涵和外延两个方面，而内涵又是根本的，内涵不明确，外延就会混乱。至此，我们对教育的本质就不难得出如下的看法和结论：既然教育形态有教育活动和教育事业或教育制度之别，则必须首先肯定教育活动和教育事业这两种不同的教育现象，教育形态就必然存在着两种不完全相同的本质属性。就教育活动这一教育形态而言，可以认为它是人类一种特有的文化传递的形式、手段和工具。教育的本质属性是传递性、工具性、手段性。传递什么？传递文化，传递人类文明，传递人类劳动和智慧的一切成果和结晶。人类靠生育传递生命，靠教育传递文化、文明，教育的根本作用就在于此。这是教育这种社会现象决定教育的一切属性的属性。无论是认为教育是上层建筑也好，生产力也好，阶级斗争的工具也好，都是因为教育具有传递性，以至可以把生产力、上层建筑、阶级斗争方面的知识文化传递给人。如果教育不具有传递文化、文明的作用，那就不是教育了。教育之所以有这个属性，如马克思所说，是因为人类可以通过语言这个工具来占有他人的思想。

教育活动的这个专门特点决定了它可以为一切社会，为人的各种社会生活服务，也决定了它同社会生活的各个方面都有密切的联系：既同生产力的发展有关，也同生产关系有关；既同经济基础相联系，也同政治、法律、道德等上层建筑相联系。

教育活动的这个专门特点也决定了它既可以为一切正面的优性的文化服务，也可以为一切反面的劣性的文化服务。这就是因为它基于这样一个基本事实和性能：它可以向人传递那些社会提倡的主导性文化（包括人生观、价值观、伦理道德观、文学艺术形式、科学技术知识、生活方式等），也可以向人传递那些与社会提倡的主导性文化完全相背离的文化。

一般来说，在一个多元文化的社会里，社会的文化总体总是由若干不同文化特质的文化因素组成的，除了先进的、健康的文化因素之外，还一定会或多或少地存在着一些落后的腐败的文化因素。后者乃综合成变态负文化。社会负文化是一种畸形的、扭曲的、非从众的反社会文化。它顺应和迎合了那些生理活动、心理活动出现反常状态的青少年的需求，从来都是因为人们利用了教育活动所具有的这个传递性的根本特点和教育这个主要工具，才达到了其反社会的罪恶目的。这种现象在社会生活中从来是普遍、广泛地存在着，我们不仅要在社会生活中重视它，而且应该在理论上予以概括，把这些现象也置于自己的视野之中，并予以理论上的说明。站在教育理论、教育本质的高度来看，应该看到教唆同样是一种教育现象，不管你主观上愿意不愿意，我们都得承认它。只有在理论上予以明白彻底地说明和揭示，我们才能进一步揭露、辨别出教育的进步与反动、优良与恶劣、先进与落后等不同的特性，并且进而从实践上予以正视、研究和进行有效的控制。

我们说教育是人类文化的传递形式、手段或工具，教育的根本属性是传递性、工具性、手段性，这既是站在社会群体的立场说的，也是就社会群体和个体相统一的总体情况所得出的结论。

从社会群体的角度来看，人类营谋的社会生活，说到底都是文化生活，文化是人类所从事各种社会活动的结果，是人类劳动（包括脑力劳动、体力劳动）所创造的一切事物之总和。文化这个概念是与无须人类劳动，由自然给予我们的一切相对立的。因此也可以说，文化是人造的第二自然界。人类社会生活的延续和发展，归根结底是社会文化的延续和发展。人类文化以社会制度、文物、语言文字和在社会生活中的人等为主要载体，在社会生活中存在和发挥着其不同的作用。而文化对人来说，不是先验的，而是后天习得的结果。人类母体只能孕育身躯、大脑，不能遗传意识、文化。教育活动是人类文化活动中最重要的一环。教育不仅绵延了人类的文化，而且，文化透过教育的活动予以创新。虽然维持文化生存与文化传递的不限于教育活动，但在人类文化传递与发展上，教育活动可以说是最有功效的。教育不仅借助文化的运用“使人能成为人”，而且，社会的生存与发达，也经由教育之实践而使社会之生命维持下去，决定了人需要一种特殊的形式和手段，才能获得它，这种特殊的形式、手段和工具便是教育。教育以其所具有的对文化的传递性和作为传递文化的形式、手段和工具，成为人与文化之间的中介。而其结果是，既保证了社会群体文化的延续和发展，也促使社会个体掌握了社会文化，达到了社会化和成人成才的要求。

人类社会之所以需要教育活动，不仅社会文化都要落实到社会的每一个个体、每一个成员身上，而社会个体的文化都是后天习得的结果，不是先天遗传而来的。同时，社会的个体要受着不可抗拒的新陈代谢规律的制约，就是说，社会上的人不能长生不老，总是要死亡的。长江后浪推前浪，世上新人替旧人，这是一种自然规律。这条规律永不停息地在起作用，实际上和人类文化的延续与发展之间存在着直接的、尖锐的矛盾。从消极方面说，为了不致因新陈代谢规律的作用而使文化断绝；从积极方面说，还要把人类文化不断延续下去，发展起来，客观上就成为关乎人类社会生活、社会文化存亡续绝的根本命运的问题了。而解决这种矛盾的手段、形式和工具，不是别的，而是教育，就是说只能依靠教育这种工具、手段、形式，让教育的这个根本特点——传递性起作用，完成文化传递的历史使命。教育正是人类社会生活、人类文化、人类认识世代得以连续的纽带，它是人类群体的“黏合剂”，它担负着人类社会生活、人类文化、人类认识世代承先启后、继往开来的伟大历史使命。没有教育，人类社会便不能维系，不能延续，不能发展。

教育是人类特有的文化传递形式，这种传递形式是由人类的反映特性——意识决定的。人的意识不是先验的，不能靠母体来孕育，而是人们在社会实践过程中获得的，人的意识这种反映特性，决定了人需要一种特殊的传递形式，这种传递形式就是教育，教育是与人类俱来的。

教育作为人类特有的传递形式，传递的内容是人类对客观世界认识的成果，即文化。人类的认识是无限的，但是就一代人来说，就历史发展的阶段说，人们的认识又是有限的，正如庄子说的“生有涯而知无涯”。恩格斯说，这矛盾只能解决于无限的前进运动中，解决于连续的人类世代系列中。那么，人类认识的世代连续是如何实现的呢？我们的回答是：通过人类的传递形式——教育。正是教育，将前代人对客观世界认识的成果，以各种形式传递给后代人，使后代人能够把前代人的认识终点，作为自己的起点，在自己的社会实践中发展对客观世界的认识，取得新的认识成果，用语言文字记载下来，加入人类认识的系列之中。如此世代传递，人们对客观世界的认识不断发展、深化，从而实现人类认识的世代连续。要不是教育，人类对客观世界的认识就会中断，每代人都得从最原始的起点开始，经历巢居血食、钻木取火的生活，哪还会有什么现代文明？

教育在本质上是人类认识世代连续的纽带，这就决定了它与人类的所有认识领域相联系，它与社会的关系是多边的，有生产性、阶级性、生活性，都是教育的社会职能。教育在本质上不属于上层建筑，教育与人类认识相联系，一部教育发展史就是一部人类认识发展史。正是在实现人类认识世代连续的意义上，作为人类认识世代连续的纽带，教育才确立了自己的永恒性。

教育对于人的生存（社会的存在与发展）就如空气一样，是须臾不可缺少的。在探讨教育本质时，一个重要的前提是必须从广义的教育，即广泛多样的教育出发，并须从根本的意义和原本的、原始的意义上去了解，而不能局限于学校教育。只有从教育总体上认识和把握教育的本质，才能作出古今中外概莫能外的科学表述。

教育这种现象在人类社会出现，成为社会生活中不可缺少的东西，是基于这样两个同等重要的原因的，这就是：社会的原因和社会个体的原因。社会的与个体的这两个方面，是我们认识教育这种社会现象的两个基本点、出发点和方法论的根本要求。从社会总体上看，教育是一种社会现象，而且是一种文化范畴的社会现象，它不仅是社会总现象中的一个组成部分，而且是人类文化系统中的一个子系统。这个子系统之所以不可缺少，是因为它担负着传递、传播文化影响的任务，社会文化传递的手段与渠道多种多样，教育者和语言、文字、电视、报刊等都是。从社会个体上看，教育是人的复杂社会生活的一个组成部分，也是人的社会生活系统中的一个子系统，教育这个子系统对人来说之所以不可缺少，就是因为教育帮助个体适应社会生活，使个体的潜能得到挖掘。如果没有教育，则人不能适应社会生活，也不能发展自己。那么，教育怎样帮助个体适应和发展呢？靠传递社会文化。因此，社会文化，从社会总体角度来看，必须传递；不传递，社会生活是维持不下去，发展不起来的。而从社会个体角度来看，必须接受、继承社会文化；不接受、不继承社会文化，个体便适应不了社会生活，也发展不了自己。因此，社会文化，从总体角度来看，是“传”；从个体角度来看，是“承”。教育便是社会整体与个体之间的一种文化传承形式和手段。个体如何继承社会文化？靠教育者，靠书本知识的传授，也靠个人的主观努力，即既靠教也靠学。

社会整体与个体这两个方面，对教育来说，犹如人之两脚、鸟之两翼、车之两轮，不可或缺，互相依存，相得益彰，具有内在的联系性、有机性。社会文化传递得越好，社会个体也就越能迅速适应社会生活，促进自身的发展，并反过来促进社会文化的创造和发展；反之，社会文化传递得不好，社会个体也就不能适应社会生活，不能使自己得到正常的发展，也不能促进社会文化的繁荣与进步。

社会文化对教育来说，它是教育这种形式的内容，教育对文化来说，完全是一种形式、一种手段（社会文化就是少不了教育这种传递文化的手段与形式）。所谓教育，就是教育形式和作为教育内容的社会文化的统一体。

形式和内容同一切矛盾关系一样，是对立的统一。形式是事物存在和表现的方式，内容则是事物存在的基础，形式不是内容，内容也不是形式，二者存在着差别。教育与文化之间的关系，从总体上看，即从全社会、全社会文化角度看，教育是文化传递的形式、手段，而从教育这个总体看，社会文化作为教育内容又是教育的一个组成部分。

内容决定形式，形式依赖于内容，有什么样的内容，就有什么样与之相适应的形式，内容的变化决定着形式或迟或早总要发生变化。一定的形式只有在一定内容的基础上，适合一定内容的需要，它才会产生和出现。历史上不同教育形式之所以先后出现，依次更替，是由不同阶段的教育内容来决定的。既然事物的内容决定事物的形式，那么，我们在观察和处理问题时，在研究教育问题时，就要特别注意教育的内容。

文化是社会控制与个人发展的手段。人为了顺应社会，就必须掌握一定的文化；人为了改造社会，就必须创造一定的文化。文化机制就表现为“接受文化—创造文化—再接受文化—再创造文化”的不断循环往复的过程，从而使千百万人特殊的文化学习与创造活动，形成了具有共同性的社会文化传承过程。

同时，还必须肯定，在阶级社会中各种不同的教育事业、教育制度，都是为了适应一定人、一定民族、一定国家、一定团体，总之是适应一定社会的政治、经济、阶级的需要的。因此，各种不同社会制度下的学校教育事业都必然具有不同的阶级性、民族性。学校教育事业的重要任务之一是为了一定的阶级、民族、社会团体传播其所需要的文化、知识，培养所需要的一定的人才。因此，学校教育的阶级性、民族性以及历史性也集中反映在选取什么样的文化知识等教育内容上和培养什么样规格的人才标准上。因此，学校教育事业也就必然成为一定社会制度基础之上的上层建筑，成为一定社会为其经济、政治服务的不可缺少的一种社会事业。

有人以为教育的本质属性就是培养人的活动，或者说，是培养人的过程。其实，培养人的活动，说是学校教育本质属性则可，说是全人类自古至今的一切教育的本质属性则不可。因为，在人类教育漫长发展的过程中，尽管教育活动都以人为对象，但应该说，在其中绝大部分的时间里，教育活动从来都是目中无“人”的。情况之所以如此，是由于教育发展水平十分低下，教育长期处在自发自在的状态，社会分工尚未出现，以及由原始人思维发展的特点等因素决定的。原始人类关心的只是身外之物，对于人自身则很少关心，人类本身可以说不是原始人的思维对象，“培养人的活动”这种反映教育者对受教育者完全有计划、有目的的能动态度和行为绝不可能在原始时代出现，而只有在阶级出现以后的学校教育中才有了客观的需要和可能。

人类教育在发生以后的漫长时间里，其功能和作用可以说均只从社会群体的需要和利益出发，很少或基本不考虑和照顾社会个体一方的发展的需要。教育越往前发展，教育越进步，对教育对象发展的需要越来越重视。教育对象的发展、社会个体的发展和教育的发展与进步是同步的。社会个体发展的充分、全面的程度是社会与教育进步的标志。但是，这丝毫不影响我们把教育的本质属性作以上的概括和界说，因为只要是教育，都得传递社会文化。教育的传递性是绝不会因越来越重视个体的发展而消失的。事实上，培养人的活动也好，注意个体的发展也好，都非得依靠教育这个工具对受教育者进行文化的传递不可。培养人的活动，既要看到受教育者一方，或者说基于对受教育者一方的研究和考虑，同时又要看到它是基于文化传递的结果。离开了文化的传递，离开了文化的功能，培养人的活动就成了空中楼阁，不能实现。总之，教育领域中培养人的活动只是在有了学校教育之后，而且是越往后才越被认识清楚。学校教育的这一本质属性，究其历史并不长，充其量不过四五千年的历史，而教育的传递性，教育对人类文化的传递作用与功能，则是自始至终一以贯之的本质属性。以仅在四五千年中才出现的属性来概括代替人类三百万年教育的本质属性，不能不说具有十分明显的以偏概全的偏颇。

第八章　自我教育是人类文化另一传承手段

一、文化传承的含义

马克思把人类延续后代的行为称为人的再生产。人的再生产当然主要是指个体生命的诞生与成长，但由此而来，还必然涉及和包括新生个体进入社会的过程，这和人类教育密切地联系起来了。个体进入社会的机制是文化的传承。文化是社会控制与个人发展的手段。人为了顺应社会，就必须掌握一定的文化；人为了改造社会，就必须创造一定的文化。文化机制对人来说，就表现为“接受文化—创造文化—再接受文化”的不断循环往复的过程，从而使千百万人特殊的文化学习与创造活动，汇合成具有种种共同性的文化传承社会。

人类文化的传递与继承，对人类社会来说是个至关重要的大问题，关乎整个人类的生存与发展。人类文化的传承有两个基本的途径与手段，这就是教育和自我教育，即按文化作用于人的形式，可分为两类：教育和自我教育。为明晰起见，这种情况，可用图8-1表示。

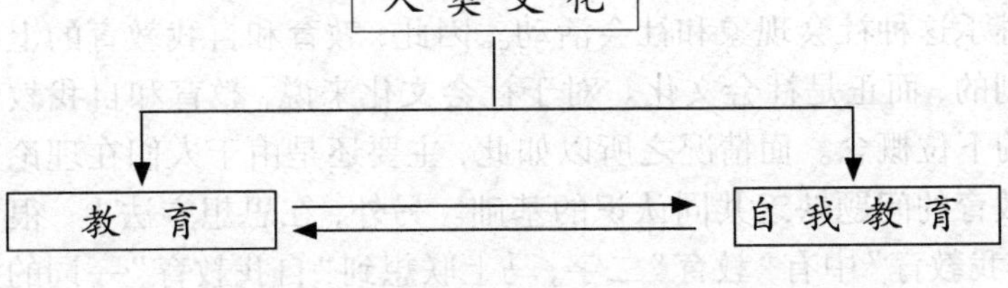

图8-1　人类文化传承的两个基本途径

苏联著名教育家苏霍姆林斯基著有《教育与自我教育》一书，在其中提出了“真正的教育是自我教育”的著名论断。他明确指出：“教育这个概念，在广义上就是对集体的教育和对个人的教育的统一；而在对个人的教育中，自我教育是起主导作用的方法之一。"[①]他还说，只有学会进行自我教育，才可能成为一个真正的人。不然，用长远的眼光去看，我们造就的就只能是一个不幸的人，而"不幸的人是我们社会的大灾祸"[②]。后来又有人著文把教育分为他人教育和自我教育这两个方面，即把教育视为是由他人教育和自我教育构成的统一体[③]。其意即如图8–2所示。

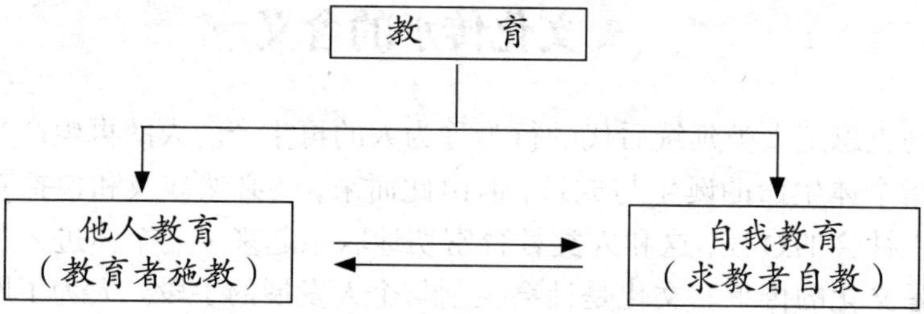

图8–2 教育是他人教育和自我教育的统一体

我们在教育理论上应该怎样来判断以上见解呢？应该说，苏霍姆林斯基提醒人们要十分注意自我教育、自我学习的意思是极其明显并且是很有意义的。但把教育这个概念理解为对集体的教育和对个人的教育的统一，而在对个人的教育中，自我教育是起主导作用的方法之一，这种认识在教育理论上是难以成立的。其文字表述也有欠推敲和不准确的弊病。因为，所谓教育，也就是他人教育，它和自我教育虽各有其特点，但两者是一种并列的关系。人类社会之所以既有教育，又有自我教育，都是由于人类社会文化传承需要所致，两者都共同作用于人类文化的传递和继承这种社会现象和社会活动。因此，教育和自我教育的上位概念不是别的，而正是社会文化。对于社会文化来说，教育和自我教育都是并列的下位概念。而情况之所以如此，主要还是由于人们在理论上对什么是教育的问题缺乏共同认识的基础。另外，在思想方法上，很可能看到"自我教育"中有"教育"二字，马上联想到"自我教育"一词的上位概念必然是"教育"了，所以就对教育和自我教育作了如上划分和理解。但是，应当指明，这种对教育和自我教育的理解是不准确的。

---

① ［苏联］苏霍姆林斯基著，周渠等译：《给教师的一百条建议》，天津人民出版社1981年版，第129页。

② ［苏联］苏霍姆林斯基著，唐其慈等译：《把整个心灵献给孩子》，天津人民出版社1981年版，第203页。

③ 张晓静：《自我教育——当代学校教育的主题》，《教育研究》1994年第10期。

我们不仅有必要在理论上对教育有足够的认识，与此同时，也有必要对自我教育有足够的理论认识。而认识的基础首先是要把人类文化传承的道理弄明白。其次在人类社会生活中，教育和自我教育实际上常常是紧密联系在一起的，很难把它们截然分割开。但在理论上两者并不是一回事，必须对它们分别作出理论的说明，不能只知其一，不知其二，也不能混为一谈。

二、教育和自我教育在理论上的基本区别

教育和自我教育都是人类社会文化的传承手段，这是它们的共同之点，但此二者又各具有其不同的质的规定性，存在着根本的区别。具体来说，教育的根本特点是其在文化传递、继承过程中的师授性、他控性；而自我教育与此不同，其根本特点是人对知识文化继承吸收的自控性、自授性。前者从社会整体出发，而后者则从社会个体着眼。

教育作为一种文化的传承手段，表现为一种活动和过程，它必须有教者和受教者这两个方面。对于受教者来说，他接受社会文化、知识，是通过教育者的“传、帮、带”的结果。而这个活动和过程就是一个外因作用于内因的活动与过程。这种状况决定了教育必然具有他控性、师授性的根本特点。

尽管任何一种教育活动均伴有学习或自我教育在内，但就教育的本义来说，它作为一种培养人的社会活动，它本身并不是自我培养的自控活动。教育作为社会活动，只有通过人际关系、人际交往才能成立和得以进行。这种社会活动，本质上是人类互助的一种形式，没有教育者与受教育者之间的互助互动，就没有教育活动的出现和存在。在这里，出现在受教育者面前的教育者实际上居于社会文化的载体和文化中转站的地位以及具有社会文化代表者的身份和使命。总之，教育离不开师授，这是根本不同于自我教育、自授学习的根本之点。按“教”字在我国古籍中，最早见之于甲骨文，此字形左边表示受教者，右边表示手持木棒的教育者。《说文解字》把它解释为：“教，上所施，下所效也。”“育”字篆书上部为倒“子”，意为不顺之子。《说文解字》解释为：“育，养子使作善也。”在西方，“教育”一词源于拉丁文，本义为引出、发挥，指的是引导儿童得到完美的发展。“教育学”一词是由希腊文“教仆”一词派生出来的，指的是照管儿童的学问。可见，教育从来就被理解为对人进行管教和培养，

缺少不了由此及彼、由人及人的文化传承活动。教育对社会的作用也是通过培养人来实现的。

根据以上所述教育的这种根本特点，可以把学习者（受教育者）和知识、文化之间的关系用图8–3示意。

知识、文化→教育者→受教育者（学习者）

图8–3　从教育的角度看学习者和知识、文化的关系

自我教育则与此相反，它的根本特点是自控性、自授性。

自我教育也可称为学习或自学。此词的英译之一是teach oneself，意为"自教"。这种译法颇能反映自学、自教这一活动的特点。在人的自我教育的活动和过程中，学习者对文化知识的学习、吸收表现为一种自主性、独立性、直接性和排他性，即无需他人在其中作为文化因素的中介和参与。

根据自我教育的这种根本特点，可以把学习者和知识、文化之间的关系用图8–4示意。

知识、文化→学习者

图8–4　从自我教育的角度看学习者和知识、文化的关系

可见，两者的特点显然不同。从人们接受知识文化方面来说，前者具有被动性，后者则有主动性。前者以外因为主，而后者则以内因为主。对接受知识、文化的学习者来说，前者是他授的、他控的，而后者则是自取、自求、自得的。然而，从人们学习和接受知识、文化方面来说，不论是他授的、他控的教育，还是自授的、自控的自我教育，都是不可缺少的，都是十分需要的，而不允许人们在理论上只肯定其中的一种而任意否定另一种，也不容人们在社会生活中只选取其中的一种而拒绝另一种。人非生而知之者，这一人的根本特点首先决定了人类不能没有教育，人必然是他人的学生。然而，完全依赖外因也难以使人成人、成才、成器，人也应该是学习的主人。所以不论从全社会的角度来看，还是从一个具体人的情况来分析，人类既需要教育，也需要自我教育，这是两种各具不同特点的文化传递、继承的途径和手段。总之，人既需要他控、他教、他授，也需要自控、自教、自学，需要双管齐下，同时兼顾而不能偏废。

学者钱钟书曾说："赫拉克利特（Heraclitus）是西方最早提示辩证法的哲学家，据仅存的古希腊《哲学家列传》第九卷第五节记载，他不承认是'任何人的学生'。只说得力于'自己的探讨'。孙悟空怕闯了祸牵累师父，急忙声明：'绝不敢提起师父，只说是我自家会的便罢！'赫拉克利特夸大口，孙悟空赔小心，都把话说过了头，但是都有同一个重点：'自学'是主要的。"[①]

钱钟书这段话的意思是十分清楚的，就是说任何人都需要接受他人的教育，都需要做别人的学生，也更需要主动、独立地去接受、继承、吸收人类知识、文化。教育和自我教育对任何人来说都是重要的。

三、教育和自我教育在实践上的统一性与互补性

教育和自我教育从理论上分析起来，固然有其根本的不同，但是在人的实际生活和人类文化传承活动和过程中，此二者之间又存在着统一性与互补性，并要求我们必须在理论上认识到这一点。这就是说，从理论上看，两者固有不同的特点，而从实践上看，两者又是统一的、互补的。因此我们也必须在理论上肯定其统一性和互补性，而不能有顾此失彼，或者薄此厚彼的偏颇。但是，应当看到，教育学界由于受形而上学外因论的支配已久，根深蒂固，在理论和实践上普遍存在着重教轻学的倾向，这是不可讳言的事实。从理论上说，早自标志教育学诞生的捷克教育家夸美纽斯的《大教学论》(1632)，以及后来德国教育家赫尔巴特的《普通教育学》(1806)都大力宣扬了"教"，同时贬抑了"学"，而未能把此二者结合起来。这些传统的教育学理论，固然有助于传承前人知识文化效率的提高，然而，从此以后，它给人一种错觉，似乎人的知识、文化都只是通过教育这个渠道才获得的。这就必然导致"唯学历"的观点和实践上管教不管学、以教代学、以讲代练等错误现象的出现。在实践中，形式主义教学流行，教师的教表演得很"精彩"，学生却所得甚微。许多教师不注重调动学生的学习积极性、主动性，不注意培养学生的学习能力，而惯于用大量作业和频繁考试，依靠外力逼、压、灌来进行教学，而不知道教育的内容和要求必须通过被教育者认识、接受、反馈、内化，才能提高教学质量。这样会造成学生课业负担过重，学生视学习为苦役，以致厌学

① 参见钱钟书为《自学》杂志的题词，《自学》1986年第1期封二。

情绪滋长，其结果违背了教育的基本原则。须知，教是为了学，学是教的出发点和归宿。教的最终效果，要看学习者学得如何。

教育对人的发展的作用是巨大的，却是间接的，它不仅要以教育者的教为中介，并且必须以学习者的学为中介，教育的作用只有通过学习实践方能实现。教育只是为学生通过学习和自我发展提供必要的条件。任何师授效果皆以学生是否接受、如何接受、接受了多少等自授状况为转移。如果学生不学，教师教得"再好"也是徒劳。许多教师致力于"教会"学生，"教会"的提法被普遍使用，其实这是不科学的，只教是教不会的，只能是"教学生学会"。"教—会"应该改成"教—学—会"。"教会"的思想，实质上是哲学上的外因直接决定论的反映。

重学是对的，但是不应该轻教。有些学者反对重教轻学，可惜又走向另一极端。例如，意大利物理学家伽利略说，人不可被教，只能帮助他发现自己。德国教育家季斯捷尔维格说，不可能把文化修养交给或者传授给任何一个人。任何一个想要获得文化修养和教育的人，他应该亲自参加活动，用自己的力量和自己的努力去获得，从外部只能得到激励而已。强调自己努力、自我发现很正确，否定人的可教性和需教性就不正确了。

可教性是人类独具的特点。动物有可塑性，但是没有可教性。动物的机体特别是后来产生的脑具有某种"功能剩余性"，能够在后天生活中学习获得经验使自身发生变化，因而有一定的可塑性。但是，动物的最重要发展期在胚胎的环境中度过，出生时已经基本定型，可塑性是有限的。人类则具有"超功能剩余性"和高度的可塑性，主要靠学习求生，最重要的发展期在出生后的自然环境中特别是社会环境中度过。而且人类还有动物所没有的可教性。只有人类才有教育这种活动，动物没有教育。动物世界中像母猫"教"小猫捕鼠之类的生物学现象，是本能而非教育。人类从蒙昧到文明，经历了若干万年，而个人从蒙昧到达当代人类水平，只需十几年到二十几年。之所以如此快速高效，就因为人类不但有生物基因的遗传，还有社会文化的"遗传"；不但有动物也有的学习，而且有动物没有的教育，能够把世代积累的种族经验传递下来，把社会经验化为个体经验。如果没有任何教育，像美国心理学家桑代克（E.L.Thorndike）设想的：发生某种奇迹，地球上的成人都到别的星球上去，只留下一代新生婴儿，而且他们活了下来长到成年，那么他们只能成为一群野人。由野兽"养育"的孩子，缺乏人类教育，只能成为"兽孩"。

人的自我发展离不开一定的条件。内因是在外因条件下起作用的。学习也需要有条件。学习由学和习组成，无论是学还是习都不能没有条件。学和习是获得经验的两种途径。“学”的原意是仿效，指获得间接经验；“习”的原意是小鸟频频飞起，指获得直接经验。幼儿摸到热火炉烫哭了，由此知道热火炉不能摸，这是习得的知识；听到妈妈一再叮嘱别摸热火炉，由此知道热火炉不能摸，这是学得的知识。习以环境为条件，在与环境相互作用的过程中习得经验；学以教育为条件，在与教师（成人）相互作用中学得经验，学和习又都以遗传素质为前提，又都离不开后天的教育条件。

动物只能获得个体的直接经验，不能传递和接受种族经验、群体经验和其他个体的经验。有些动物也能借助某种特殊方式传递和接受信息，例如，蜜蜂借助某种“舞蹈”信号传递和接受蜜源地点信息，但那不是教和学，而是本能。只有人类能够借助语言第二信号系统传递和获取间接经验。人类的习可以在日常生活的（非教育的）情境中进行，人类的学则只能在教育的（正规的和非正规的）情境中进行。人类既有教育形式的学习，又有非教育形式的学习。不是教育比学习的含义更广泛，而是学习比教育的含义更广泛。但是，人类学习不同于动物学习的独特性、优越性和高级性，在于教育性学习。就这个意义而言，人类学习是离不开教育的。

不能由于反对重教轻学而过分强调学生的自主学习，因为，在校学习包括大学学习，脱离不开学校教育的培养目标、教学计划、教学大纲、教材、校规制度和教师的主导作用。学生作为学习的主人，是在学校教育管理和教师主导作用下的学习主人。从小学到大学毕业，是一个学习自主性递增，他主性递减，由局部自主学习到全部自主学习的发展过程。学生学习的全部自立、自主，只能在校后或校外的独立自学中才能实现。当然，学校教育应该培养学生的自主学习意识和能力，使学生在学校学习生活中和以后的社会生活中永远成为学习的主人。

校后或校外的独立自学，虽然是完全自主的，但是从纵向看，离开学校不等于离开师授教育。自学成才，总是在受过一定的师授教育的基础上开始的。在自学成才过程中，也还要不时地求师受教。求师受教是广义的，父母是第一任教师，三人行必有我师，交友协作，拜一切内行的人为师等，都是求师受教。

“文革”期间鼓吹由大学生“上大学、管大学、改造大学”，幻想办什么“没有教师的学校”，恣意否定教育事业、教育活动中师授的作用，造成了恶劣后果。学习者如果过分强调自主学习，不求师受教，贬低师授的主导作用，是难以成才的。纵使可以找到个别事例，但为数甚少，也是不经济的。反对外因机械决定论，也不能陷入内因孤立决定论，真理只能恰如其分，再多走半步就是谬误。在把握教育和自我教育此二者的关系和分寸上也是这样。

人的社会化，人的成长、成才，是师塑和自塑的合金，是内外因共同作用的结果。只讲外因的外塑论和只讲内因的内塑论各有其片面性。

外因不是无能为力的。花木生长基于它本身的内因，不以人的意志为转移。但是人可以通过灌溉、施肥、修剪以至育种来改变它，使它向人设定的目标发展。学生的成长，也是基于他本身的内因，不以教育者的意志为转移，但是可以通过教育使之向设定的目标发展。如果教育者以学生自我发展为口实，在教育、教学工作上采取放任自流态度，抱怨学生内因不良，把学习成绩差完全归咎于学生自身，乃至放弃应进行的教育工作，那就是对教育外因作用的否定。学生的内因不是与生俱来的，而是在教育培养下形成的。受教者主体作用的强弱优劣主要是教育者主导作用强弱优劣的反映。但是，要使外因起作用，就要在内因上下功夫。企图外因直接奏效，无异于拔苗助长。拔苗助长式的“教育”是对内因作用的否定。

教育者的主导作用有一个由大到小、由强到弱、由有到无的发展过程，它可以由量变到质变，最后走向自己的反面，自我否定，归于消亡。教育者不断提高受教育者的自授能力，受教育者的主体作用由无到有、由小到大逐渐增强，教育者的师授作用也就相应地逐渐减弱，也就是，教育者的主导作用不断地转化为受教育者的主体作用。受教育者完全能够独立学习，教育者的作用就变成零了。如此，从教到学的转化也就完成了。这正如一个孩子从不会走路到学会了走路之后，母亲为此的帮扶关照都成为多余的了。可以说，教育学生就是使受教育者借以摆脱教师的过程。我国教育家叶圣陶说过，教育的最终目的在于达到不复需要教，而学生能自为研索，自求解决……教是为了不教。这些话，在教育理论上是正确的，因为它符合教育和自我教育之间关系的辩证法。

教育和自我教育之间的这种相互依存、相互消长、循环不已的辩证关系与我国的太极图所表示的阳往阴来、辐辏轮转、循环无穷的辩证发展关系正相符合，如图8–5所示。

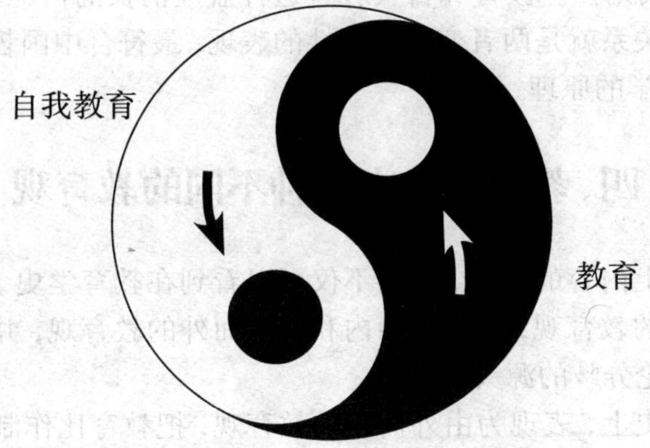

图8–5　教育和自我教育的辩证关系

人类文化的传承活动，始终呈动态变化态势。它对社会的个体来说，先由教育开始，顺时针方向发展，由大、宽、强，至小、细、弱，直到无。而在这个过程中自我教育应运而生，然而却是反时针方向发展，由小、细、弱而走向大、宽、强。总之，在教育处在大、宽、强的状态的状态时，自我教育则处于小、细、弱；而当自我教育是大、宽、强的状态时，教育则是小、细、弱。这种变化关系既表现在人一生求知学习的纵向过程中，也反映在具体求知学习的活动之中。一个人在从小学—中学—大学—毕业后生活的整个过程中，总是从接受他人教育为主，到自我教育的萌生，再到自我教育为主的。也就是说，对他来说，教育是由大、宽、强而逐渐走向小、细、弱，而自我教育则是由小、细、弱而至大、宽、强的。从横向上看，也是如此，在某个具体的教与学的活动中，人们总是由不知到知，由知之不多到知之甚多起来的，但是，正是这个时候，有时人们反而更觉得自己的无知或知之太少，以至有“甘当小学生”的真诚愿望的出现。于是，教育—自我教育—再接受教育（甘当小学生）—进一步地自我教育的连环关系就不断出现，并呈螺旋式上升的发展态势。

如前所述，教育和自我教育在人的一生和在实践中是紧密相连的。正如一枚硬币有正反两面，正面和反面结合在一起，要分也分不开，世上的事莫不如此。没有离开教育的自我教育，也没有脱离自我教育的教育。二者共处一体。但是，也正如图8–5所示，二者在动态中的比重并不是一样的，不是一半对一半的关系，而是有畸轻畸重，以反比例关系存在着的。你大我则小，你宽我则细，你强我则弱，或你小我则大，你细我则宽，你弱我则强。教育和自我教育这种盈虚消长的情况和阴阳互补、互相转化的关系就是两者变化规律性的表现，最符合中国哲学特别是中国《易经》哲学的原理、原则。

四、教育学史上两种不同的教育观

根据以上内容的说明，我们不仅可以看到在教育学史上，历来存在着两种不同的教育观，即由外而内和由内而外的教育观，并且还可以追溯导致其理论分歧的源头所在。

教育学史上，表现为由外而内的教育观，把教育比作制造物品的过程，有“铸人”之意。教育在英语中有“instruction”一词，其含义与此相一致。按 instruction 一词词头的“in”，是“注入”（instill）的意思，再从此义出发，在教育理论上，又自然导致产生“教师本位”或称“教师中心”的教育思想。大家都熟悉的赫尔巴特的教育学理论，就是这种教育观的表现。

由内而外的教育观，把教育比作植树种地，有“树人”之意。教育在英语中有“education”一词，其含义与此相一致。education 的第一个字母“e”是“引出”（elicit）的意思。苏格拉底的“产婆术”思想反映的就是这种教育观。在苏格拉底看来，人是有思想的，知识是一种“自我认识”。他采用问答法（即谈话法）进行教学，其意是让学生自己去寻找答案。所以，苏格拉底的教学原则是教师的“暗示”和学生的“自动”。

夸美纽斯在《大教学论》中讲得更加生动形象。他把学生的“自动性”、“自觉性”作为一条原则提出来。他说：凡是强迫孩子们去学习功课的人，他们便是给孩子们很大的害处。因为他们能够期望着什么呢？假如一个人胃口并不好，却又被迫吃食物，结果便是疾病与呕吐而已，至少，也会不消化，不痛快。反之，假如一个人饿了，急于要吃食物，他就立刻可以把食物加以消化，容易把它变成血肉。夸美纽斯在这里十分强调教师要注意学生的求知欲望和热情。此说被裴斯泰洛齐、福禄培尔发展为“展开说”、“形成说”，并发展为杜威的“儿童中心主义”。

这种情况不仅在西方出现，在中国教育思想史上，也有各执一端的类似表现。其中可以荀子和孟子二人为代表。荀子从唯物主义自然观出发，提出了性恶论。他认为人生来的本性是恶的，人之所以为善全靠后天努力。他说:“人之性恶,其善者伪也。”①在人性中生来就有“好利”、“嫉恶”、“好声色”等不好的情欲。他明确指出“性”是天生的本质。他说:“生之所以然者谓之性。”②由此,荀子非常重视教育的作用。他认为人与禽兽的分别以及人与人之间的区别不决定于天生本性,而决定于人的学习和教育。他说:“为之,人也;舍之,禽兽也。”③他甚至认为人的贵贱、智愚和贫富之分都决定于教育。“我欲贱而贵,愚而智,贫而富,可乎?曰:其唯学乎!”④由此,荀子特别重视教师的地位与作用。他认为师是学习的榜样,他希望学生绝对服从教师,做到“师云而云”、“智若师”。

和荀子的性恶论相反,孟子是一位性善论者。他认为人性生来就是善的,人生而就有不学而能的“良能”和不虑而知的“良知”。仁、义、礼、智等道德都是人原有的本性。他并由此而得出了“人皆可以为尧舜”的结论。孟子从性善论出发,论证了教育在人性发展上的作用,认为人既然生来就有仁、义、礼、智各种善端,所以,教育的第一步功夫就是收回原有的善性。“学问之道无他,求其放心而已矣。”⑤孟子主张:“君子深造之以道,欲其自得之也。”⑥而“自得之,则居之安;居之安,则资之深;资之深,则取之左右逢其源。”⑦这说的是,学生要得到高深的造诣,必须依靠正确的学习方法。这种方法就是自觉地有所得。自觉地有所得,就能牢固地掌握它而不动摇;牢固地掌握它而不动摇,就能积蓄很深;积蓄很深,就能取之不尽,左右逢源,达到自觉地学、灵活地用的境界。

龚自珍在《病梅馆记》一文中,把施教者比作养花人。养花人把长得好好的梅花捆绑起来,“斫其正,养其旁条;删其密,夭其稚枝;锄其直,遏其生气”。这强使梅花按照某种格式生长,以致变得歪歪扭扭,奇形怪状。他买了三百盆,无一不是这种病态。于是他“泣之三日”,发誓治疗,辟病梅馆以贮之,将这些梅花解去捆缚,毁掉花盆,埋之于地下,让梅花自由生长。“以五年为期,必复之,全之。”龚自珍的这种思想实与孟子“学

① 《荀子·性恶》。
② 《荀子·正名》。
③ 《荀子·劝学》。
④ 《荀子·儒效》。
⑤ 《孟子·告子上》。
⑥⑦ 《孟子·离娄下》。

道欲其自得之”的观点完全一致。他对养花人对好端端的梅花所强施的外力所表现的激愤之情，实大有过之。

在日本教育发展史上，不仅有森有礼的国家主义教育思想，也有其含义是“自主学习、自愤学习、自发学习和自动学习”的自学教育论、自动教育论这类主要由内而外的教育观。

应当怎样来判断教育学史上曾出现的这样两种截然不同的教育见解呢？第一，这两种教育见解虽各执一端，但各对其教育一端和自我教育一端所具有的根本特点的把握应该说是准确的。当然，教育活动的主要特点就是由外而内的，这一点毋庸置疑。第二，又各有其片面性，即都有理论上厚此薄彼或厚彼薄此，以致实践上出现顾此失彼的偏颇。但这种片面性和偏颇的出现又是必然的，既有其时代的局限，也反映出以往教育学理论的不成熟性。然而，种种有偏颇的教育观和教育理论又都是人类教育领域宝贵的精神财富，我们今天对之应采取一种理解的同情或同情的理解态度，而不能自认为比以往一切见解都高明。最根本之策是要把由外而内的教育和由内而外的自我教育此二者结合起来，有意识地在教育实践活动中避免有可能出现的种种偏颇。

第九章　教育功能的基本理论

一、有关教育功能问题讨论概况

教育功能的问题，同什么是教育的问题密切相连，彼此存在着内在的有机联系。所以，在阐明了什么是教育的问题之后，紧接着就需要探讨有关教育功能的问题，而对教育功能的正确认识，又有赖于对什么是教育的问题的正确理解。然而，正如人们所已经看到的，在教育学术界，人们对什么是教育的认识并不一致，对教育功能问题的回答也是众说纷纭，莫衷一是，甚至对一些范畴、概念的理解、使用也是混乱不堪的。加之教育功能问题层次结构不一，又涉及诸如功能、价值、主体、客体、个体、群体、先天、后天、教育、自我教育等诸多方面的理论，其本身的问题的确较为复杂，存在不同看法也在所难免，要把各种认识统一起来，的确难度较大。因此，客观上需要有较多的文字篇幅来作详尽、全面的阐述。本章及随后的两章，所要讨论的都是这个问题。

教育功能问题涉及教育的地位、作用，涉及教育与人和社会各方面的联系。自1978年以来国内教育学术界主要研究的内容有：教育功能的界说与分类、教育的育人功能、教育的社会功能、教育育人功能与社会功能的关系以及教育功能的发挥等。从纵的方面看，关于教育功能问题的研讨，经历了“从阶级斗争工具职能到生产斗争工具职能，从工具功能到教育多种功能的综合”的发展过程。现就以下三个方面的内容作简要的概括与介绍，以作借鉴和比较研究。

（一）关于教育功能的分类

大体有如下几种：①从作用对象上分，有育人功能（本体功能）和社会功能（工具功能）；②从作用的层次上分，有基本功能和派生功能；③从作用的方向和表现形式上分，有正向功能和负向功能，显性功能和隐性功能，其中还含有正负、显隐功能结合在一起而产生的许多变式；④从作用的性质上分，有期望功能和实效功能，自我保存功能和自我更新功能。此外，从作用的时间上，可分为传统导向功能和未来导向功能。

（二）关于教育的育人功能

有论者认为，教育的育人功能亦称本体功能和个体社会化功能。个体社会化功能，即教育通过将社会文化行为规范传递给新生一代，使他们获得未来社会结构中的相应角色，以维持社会运行机制和延续社会结构。教育对人的社会化的作用体现在生产指导功能、角色培养功能、传递社会规范功能三个方面。

（三）关于教育的社会功能

教育的社会功能也称为工具功能，大致说来包括经济功能、政治功能、文化功能、社会成层与变迁功能等。

1. 教育的经济功能

对其研究主要集中在以下几个方面：第一，从教育对劳动力再生产的作用上分析，教育如何使人由一个潜在的劳动力变为实在的劳动力；第二，从教育对提高劳动生产率的作用上分析，认为影响劳动生产率的若干因素，无不与具有一定文化科学知识和劳动技能的劳动力有关；第三，从教育与科学技术的关系上来分析，认为教育和科学技术已成为互相联系、互相促进和推动社会经济发展的重要因素；第四，从教育在经济增长和经济稳定中的作用上来分析，认为教育已成为促进现代经济稳定与发展的关键因素。

2. 教育的政治功能

有论者认为，教育的政治功能，在阶级社会就在于教育要为阶级斗争服务，在无产阶级专政的国家就成为无产阶级专政的工具之一。也有论者认为，教育具有为建立、发展、巩固一定的国家制度及法律和有关的政治活动服务的客观必然性。关于教育政治功能可归纳为：传播一定的政治观点、意识形态和法律规范，使受教育者达到政治社会化；根据一定社会政治需要，培养一批符合一定价值标准的、本阶级政治需要的政治人才，产生进步的政治观念，促进社会的发展与革新；等等。

3. 教育的文化功能

从纵向和横向两个维度来分析：一是教育在文化发展历程中的作用，即从文化选择、文化传播、文化融合、文化变迁等方面分析教育的作用；二是教育在文化不同形态中的作用，即分析教育在文化传统、文化构成中所起的作用。

4. 教育的社会成层与变迁功能

最初的社会成层功能研究，是从教育特别是学校教育的筛选功能的分析开始的。有论者指出：教育的筛选功能是教育的政治、经济功能之外的第三个社会职能；它根据学生的特长给予不同的教育，为社会输送不同的人才；要承认社会分层的客观性和人们力图提高自己社会地位的合理性。因此，必须加强我国学校教育的社会筛选功能。有论者指出，教育作为社会有机体的一个特殊组织，在社会变革中承担着其他子系统无法取代的重要作用。

以上所述情况表明，我国教育学术工作者在思想理论上对教育功能逐渐摆脱了仅作阶级斗争工具和生产斗争工具的狭隘片面理解，不断转向对教育自身功能的探讨，认识越趋深入和接近，成绩是明显的，值得肯定。以下所述，则为笔者的基本见解。其中有某些一致之处，也有不尽相同的地方，见仁见智，目的还是为了共同探讨与发展教育学术事业。

二、教育功能的含义

（一）“功能”、“价值”、“作用”诸范畴及其辨析

教育功能，也有称之为教育职能、教育效能、教育性能、教育功效、教育作用、教育意义和教育价值的，各种表述，不一而足。应当看到，这些称谓，其中大都有其相通和一致之处。其含义，如果从根本上来推究，即从哲学和科学的角度来考察，功能，或曰性能、职能，指的是一个事物系统所具备的对周围其他事物发生作用的能力或根本属性。功能（性能）是物质存在的一个最重要的特性。由于不同质的物质形态具有不相同的物质性能，这就使不同的性能成为不同物质形态相区别的一个标志。物质形态的上升发展，一个重要方面，就是物质性能的不断高级化。物质形态的进化，说到底就是活动功能即性能的进化，即与环境的作用方式的进化。性能的发展（或相互作用的方式的发展）是物质形态发展的根本标志，否则，物质形态就无所谓发展。功能虽是事物固有的，但必须在与其他事物的相互联系与相互作用中才能表现出来。因此，相互联系与相互作用是事物功能的表现方式，离开这种与其他事物发生联系的方式，事物功能的存在就无法确

定。进一步讲，功能及其活动也是事物之所以存在的主要表现方式。假若一事物对周围其他事物一点作用也没有，也表现不出它的功能，那么，它的存在就很难表现和确定。不仅如此，不同事物具有不同的功能，从而在与外界事物的关系中表现出自身的特殊性，以区别于别的事物。

但仔细分析起来，“功能”与“作用”、“价值”在含义上并不等同，不可混为一谈。

“功能”是科学范畴，其外延所及既包括自然界，也包括社会界；而“作用”、“价值”则为社会范畴，主要是对作为社会主体的人和社会来说的，其外延并不包括自然界。

“作用”、“价值”这两个词，是一种社会现象，它本身也是一个有着广泛意义的社会范畴。这就是说，价值现象是地球上出现了人类之后才出现的。随着人类的出现，客观世界就有了自然与社会的划分、主体与客体的区别，并有了自然与社会、主体与客体之间复杂关系的出现。“价值”就是在此历史背景下出现的社会范畴。

“价值”是一个反映主体对客体属性的肯定或否定关系的范畴，它是由主体的需要和客体的属性两个方面构成的。客体自身的属性成为主体需要的价值对象，而主体的需要则使客体属性得到价值认可。正如马克思所说：“‘价值’这个普遍的概念是从人们对待满足他们需要的外界物的关系中产生的”①，“是人们所利用的并表现了对人的需要的关系的物的属性”②，“表示物的对人有用或使人愉快等的属性”，“实际上是表示物为人而存在”③。

“意义”一词指的是某一客体对主体活动所起的作用。客体之所以能对主体的活动起作用，首先是由客体本身的性质决定的。就是说，客体所起的是合乎它的本性的作用。同时，这种作用是对主体而言的，因而和主体的状况、需要有着直接的关系。从主体方面来说，意义是客体的功能对主体的价值。教育意义也就是作为客体的教育所具有的功能对作为主体的人的价值。

---

① 《马克思恩格斯全集》第19卷，人民出版社1963年版，第406页。

②③ 《马克思恩格斯全集》第26卷（第3册），人民出版社1974年版，第139、326页

（二）教育功能和教育价值

以上对“功能”、“价值”、“作用”诸范畴作了辨析。现在回过头来对教育功能这个概念进行界定，回答什么是教育功能的问题。

1. 什么叫教育功能

教育功能，简言之，就是指我们所研究的教育究竟具有何种作用的问题。

这里所说的“何种作用”，是对什么来说的呢？首先它是对文化来说的，其次是对人类（包括个人和社会）来说的。这就是说，教育不仅对人类的个体和群体有作用，它对社会文化尤有重大的作用。教育之所以对人类有作用是它对文化产生了作用。离开了教育对文化所起的传递、传播的作用，就谈不上个人与社会的生存和发展，所以，讲教育价值和教育功能，如果仅仅讲教育对作为社会主体的个人和社会群体的作用，而根本不讲教育对社会文化所起的传递、传播的本质功能，在理论上是存在着根本的缺陷的。正是由于上述的缘故，本书用“教育功能”而未用“教育价值”这个称谓。

2. 教育对人类具有价值和作用的根本原因

教育对人类是具有价值和作用的。那么，教育对人类之所以具有价值和作用，其根本原因究竟在哪里呢？对于这个问题，我们要联系教育本质问题来认识，而不能就教育功能谈教育功能、就教育价值谈教育价值问题。因为功能是本质属性作用的展示，在不同条件下，可以发展，可以变化，而本质属性则是内涵的、固有的。

根据对教育本质问题的认识，即对于教育是人类社会进行文化传承的一种手段的理解，那么，我们就可以说，教育对人类来说之所以具有功能和价值，首先是由于人类社会有客观存在的对文化传承活动和事业的需要。其次，则是由于教育价值深藏于文化的价值之中，所以说到底是因为文化对人具有作用和价值的缘故。人类社会如果没有文化的存在和对文化的需要，则在人类社会进行文化的传递和传播，就没有必要了。不仅教育毫无价值可言，而且根本不需要教育的出现和存在。教育所传递、传播的社会文化，如果对人类不具有真正的作用与意义，教育功能与作用、价值问题也就无从谈起了。因此，教育的功能，主要表现在对文化和对人这两个方面。而对人的这个方面，又是基于对文化作用的结果，并且是借助于文化功能的结果。

在社会实践过程中，教育对个人、对社会来说，是物与人的关系、客体与主体的关系。但是，教育与物的价值有明显的不同：物的价值仅仅表现为物对人的一种有用的属性，而教育并不是一种实体的物，它本质上是传播、传递社会文化的手段，所以，它对人所具有的有用的属性主要并不在教育本身，而是来源于它所传播、传递的社会文化和知识。这正如医院的护士要给病人输液、打针，需要借助于手中的针头、针管等注射器一样。但真正能对病体起作用的，并不是针头、针管等注射器，而是装在其中的药水。所以，所谓教育价值就是作为客体的教育，特别是社会文化、知识对个体与社会所客观具有的意义、作用、功能和效用问题。

3. 教育存在着正向功能和负向功能

根据以上内容的表述，我们可以逻辑地得出以下理论认识，即教育特别是教育活动，并不必然只有一种正向的功能而无负向的功能。事实上，教育功能不仅有正向功能，也有负向功能。

首先，应当明确，功能本来就是一个中性的概念，它泛指构成某一社会系统的要素对系统的维持与发展所产生的一切作用或影响。既然是作用，那么就可能是促进作用，也可能是阻碍作用；既然是影响，则既包括积极影响，也包括消极影响。这就是说，作用或影响的性质，并非只限于"贡献"，而是包括"贡献"与"损害"两种可能，具体为何种性质，需要根据要素对于系统的功能输出实际状况而定。

在社会学理论中，所谓功能只是就客观结果而言，并非指主观愿望（尽管客观结果有时会与主观愿望相符）。换言之，作为科学概念的功能所涵盖的并非主观企求的应当发挥的作用，而是客观呈现的实际所产生的作用。

其次，教育的价值、功能既然从根本上讲取决于文化、知识的价值和文化、知识对人的发展的作用，而文化、知识就其存在来说是多种多样的，就其性质来说，也是千差万别的。它起码存在着三种不同的情况：一是具有正面作用的文化、知识；二是中性的文化、知识；三是具有负面作用的文化、知识。因此，也就有可能出现三种不同功能的教育：正面的、积极的教育；居于中性地位的教育；负面的、消极的教育。

教育的正、负面效应，从教育活动的方面来说，是由于观念性文化、知识本身存在着不同质的必然表现，教育良性、正面效应的出现，教育内容实际起着十分重要的作用。教育的负向功能同正向功能一样，乃是教育客观存在的普遍现象，尽管在较多情况下，教育的负向功能常常具有隐蔽性与延时性的特征。作为教育者来说，应当明确的是：第一，教育出现负向功能不足为怪；第二，要加强科学的预见性，努力强化正向功能，尽可能弄清负向功能的作用程度及其对正向功能的影响程度，并借此而对教育目标的达成作出现状评价与预期估测。

教育的负向效应与教育病理虽有一致之处，却是两个不同的概念，有其不同之处。教育病理当然也由于教育功能的紊乱所致，但教育病理所指的范围要更为广泛，它由包括教育事业、教育活动中一切不协调因素的作用所致，也包括教育与人和社会之间一切恶性循环的表现和原因条件。

（三）教育价值与教育评价的关系及不同的教育价值观

明确了教育功能、教育价值的含义以后，再来考察教育评价就比较容易了。教育评价与教育价值虽然密不可分，却不容混淆。如上所说，教育价值是一种客观的关系，即作为客体的教育对作为主体的人的需要的肯定或否定的关系；而教育价值观与教育评价则是主观形态的东西，是教育价值即主客体之间需要的关系在人们意识中的反映，是对客观的教育价值的主观判断。教育价值是客观的，不以人的意志为转移的，而一个人的教育价值观与教育评价则有主观随意性。例如，历史上的教育价值是客观存在的，然而历史上的教育学家对教育的作用的观点和对教育的评价则有种种不一致。

教育价值观是教育这一客观社会现象在人的主观意识中的反映。由于它所反映的不是教育本身的属性，而是这种属性与人的需要之间的关系，所以它因人的需要的总体趋势不同而异。教育价值观体现着人的价值导向，并由此外现为教育的功效目的，从而对教育活动的诸方面都起着定向的作用。不同的教育价值观必然导致不同的教育结果，建立正确的教育价值观就是为了使教育结果能够更有效地与历史发展、社会制度、文化变迁以及人本身的发展需要相适应。

自人类的教育活动进入学校教育领域之后，有关教育价值观的争辩便愈演愈烈，至今仍然不绝于耳。从教育发展的历史来看，围绕着教育究竟是为了满足个人发展的需要，还是为了满足国家的需要这一中心论题，逐步形成了性质与方向截然不同的两种教育价值观，即“国家中心价值观”和“个人中心价值观”。国家中心价值观强调教育活动的根本目的应是培养国家所需人才，为国家的政治、经济、文化等社会事业服务。个人中心价值观则认为教育的直接目的是为了促进个人在人性或理性方面得到自由发展，使其成为在心理和体格方面都完善、自由发展的人。

个人中心价值观的产生可以上溯到古希腊雅典的学园。随着历史的发展，出现了文艺复兴运动中的人文主义教育，以卢梭为代表的自然主义教育，以至裴斯泰洛齐、福禄培尔等人把个人的自由发展作为教育的根本目的。尽管不同时期其偏重有所不同，但迄今为止，个人中心价值观仍在英美各国广泛流行。在英国，个人中心价值观可以不加遮掩，淋漓尽致地体现。在老牌的牛津大学和剑桥大学，教育本身就是衡量个人价值的一种尺度，这些大学所培养的多是“绅士”型人才。在美国，个人中心价值观则是间接被动地迁就社会的需要，把教育当作学生日后在社会中实现自我价值的手段。

国家中心价值观在世界史上是伴随着普法战争的枪炮而渐露端倪。交战双方都在各自败北之时呼吁国家利益应成为教育的首要目的，从而使国家主义思潮在德法两国一度膨胀，几难遏止。世界进入19世纪末期，国家中心价值观开始扎根于日俄两国。当时日本的教育大臣森有礼曾宣称：学校的目的不是为了学生，而是为了国家。沙皇俄国也在此价值观念的基础上建立了其教育体系。后来的苏联教育也与此传统教育价值观念完全一致，甚至有所发展。人们可从其教育体系中找到国家中心教育价值观的显著特色。苏联是一直把统一、有计划地为国家办学作为其指导思想的。新中国成立以来，尽管马克思关于人的全面发展的学说在中国得到了传播，但由于历史上的封建文化的影响，现实政治上的某种急功近利的需要，以及对苏联教育模式的模仿和照搬，中国的教育体制从一开始就在某种程度上带上了国家中心价值观的印记。“文革”期间，教育更成了少数政治野心家玩弄的权术和政治工具。改革开放以后，教育开始逐步走上正轨。但是，随着国家的工作重点逐步向经济工作的转移，尤其是当新技术革命的汹涌浪潮猛烈地拍击着我国的东海岸之际，人们对教育价值的认识也逐步由政治转向经济，然而，实践上“重物轻人”的现象仍然十分严重。

三、教育功能的研究意义

在教育基本理论中，教育形态、教育本质、教育功能与教育目标之间存在着彼此依存的内在有机联系，是人们解决对教育的理性认识到实践活动的主要依据，而教育功能问题既与有关教育本质的理性认识问题有联系，也与教育实践有关的教育目的问题有紧密联系，所以，它具有重要的理论意义，也具有重要的实践作用。

（一）研究教育功能的理论意义

研究教育功能所具有的理论意义，可以从教育功能与教育本质问题二者的关系得到明确的认识。

教育功能与教育本质问题是两个不同的教育理论问题，二者之间既存在着区别，又存在着内在联系。正由于此，教育功能问题在教育理论中有其重要的地位与作用。我们先考察此二者的主要区别所在。

第一，从反映目的来看，人们为了反映教育事实、教育现象本身，给自己提出的任务是要弄清教育是什么，因而研究教育本质主要同人的抽象思维相联系。在认识教育本质过程中，人们运用抽象思维的能力将丰富的感性材料进行理性加工，提取有关教育的属性和规律，使主体能够从周围现象的内部联系上去把握教育。而教育价值，人们给自己提出的任务是要弄清楚教育究竟在人类社会生活中有什么用和人对教育持什么态度，即解决教育“能如何”，以及作为活动主体的人“怎么办”的问题。它同人的价值观念相联系。

第二，从反映的具体关系上看，教育本质的探讨以教育现象或教育之间的关系作为自己反映的对象。一般说来，主体获得的信息内容是客观的。教育功能信息的产生不仅要有客观前提（教育及其属性），而且要有主观前提（主体的一定需要）；教育功能活动是以主体对客体（即教育）之间的价值关系作为自己反映的对象。它向主体提供的不是纯粹客观的信息，而是主体与客体关系的信息。由于反映的具体对象不同，解决主客观矛盾的方式也不同，一般说来，在对教育本质的认识过程中，为了精确把握教育的本质和规律性，主体应当力求排除主观因素的干扰。教育功能问题与此相反，主体为了估价对象的功能及其大小，总是把自身的需要作为评价的指标。在对教育本质的认识过程中，主体与客体的相互作用表现为客体向主体的运动，认识正确与否及其程度的标准主要是主观是否符合客体及其程度。在对教育功能评价过程中，主体与客体的相互作用的趋向是由主体到客体（主体依据需要来评价对象），教育的价值性质及其大小的判断标准主要是客体适应主体的需要及其程度。这样，人反映教育的过程，不仅表现为主观符合客观（本质），而且表现为客观适应主观（评价）的过程。从反映的结果来看，教育本质是反映教育的属性和运动规律，其结果是形成有关教育的科学知识和理论系统。教育功能是反映教育的属性和规律可能具有的社会意义，其结果是形成一定的价值系统。

在人们的教育生活中，人总是从两个方面来反映和把握教育，即不仅要反映教育固有的属性和规律，而且要从需要出发确认教育对人对社会的价值。严格说来，人们的教育实践活动并非起因于对教育的理论认识，而往往起因于对教育的价值意义所作出的肯定性评价，正如马克思所指出的，人对自然界的独立规律的理论认识，其目的是使自然界服从人的需要。

教育本质和教育功能此二者也不是相互独立，以纯粹独立的形态存在和发展的。它们总是相互渗透、相互制约的。两者之间存在着内在有机的联系，它们的相互制约具体表现在如下几个方面。

（1）此二者都以教育为共同对象。教育被纳入人的实践领域时，主体不仅把它看作科学认识的对象，而且把它看作满足人的需要、实现自己价值目标的对象。

（2）教育本质是教育功能的直接基础。评价总是依据认识内容的客观性和对象性，人们对客观现象的正确评价首先取决于对它的正确认识。与此同时，认识的客观内容总是作为评价活动的必要因素进入主体所确定的价值目标中，在这个意义上，人们对教育本质认识的性质和程度直接制约着教育功能目标的实现程度。

（3）教育功能因素是探讨教育本质过程的内在要素。人们对教育本质的认识总是受到对教育价值、教育功能的观点的制约。实际上，无论教育本质还是价值观念都是人对教育某种功能属性的反映，这些属性在人类世代的实践中呈现出稳定性（重复性）。

总之，在教育学原理中，我们不仅需要有关于教育本质的理论内容和层次，也需要有关于教育功能的理论内容和层次。从以上所阐述的内容可见，教育功能问题在教育学原理中不是可有可无的，它客观上具有不可替代的作用和理论地位，并使这两部分不同内容彼此呼应，相互协调，从而使其结构安排更加合理。

（二）研究教育功能的实践意义

研究教育功能所具有的实践意义，我们主要可以从教育功能与教育目标问题的相互关系中得到认识。

教育目标问题在教育理论和实践中是一个十分重要的问题。目的首先是主体活动的内在动机，反映了人们的价值意识、价值观念，目的还作为规律决定着人们活动的方式和方法。教育目标是和人们对教育本质、教育价值的观念紧密联系在一起的，是人们对教育的认识和教育观念合乎逻辑发展的结果。从教育理论上看，教育目标深深植根于教育本质与教育功能的理论之中。要知道什么是教育目的，必须要弄清楚教育目标与教育本质、教育功能之间所存在的内在联系。实践活动本质上是实现主体所确定的价值目标的活动。

我们首先从教育目标的形成来看，它跟其他目的一样，包括认识和评价两个环节。教育适应社会需要，是通过培养人这个中介来实现的。从认识方面看，教育目标是对教育对象和教育现实的反映。不过，教育目标不是反映现有的人和教育的实在，而是反映在现实中"成熟着的那个因素"，是未来的现实。这种未来的现实虽然在目前还不存在，但它以潜在的状态包含在现实之中。从这个意义说，教育目标是对教育发展的可能性的认识。同时，教育目标还反映主体的需要和利益。"实际上，只有有益于人们的东西，才是'理想的东西'，而任何社会在制定自己的理想时，仅仅是以自己的需要为指导。"[①]总之，对教育本质和教育价值的理论认识对教育实践的反作用是通过教育目标实现的，而教育目标对教育活动动机的调节主要与它自身所包含的价值评定相联系，而教育目标对人的教育行为、教育活动的调节则主要与教育目标中的认识因素相关联。

教育实践活动，本质上是实现人们所确定的价值目的的活动。教育本质、教育功能和教育目标展示着人们与教育之间关系的层次性及其相互关系。弄清楚这种内在的联系性和层次性，不仅有理论意义，而且有着重要的实践意义。

四、教育功能的层次性与教育的本体功能

(一)教育功能的层次性

教育的功能、价值、作用、意义是分层次存在的，之所以有此情况，乃是由于教育现象就是分层次存在的，而并不存在囫囵的教育现象。教

① ［俄］普列汉诺夫著，博古译：《论一元论历史观之发展》，三联书店1965年版，第212页。

育有本体功能和社会功能之分。教育的本体功能是教育功能的第一层次，教育的本质与教育的本体功能，实际是从不同的视角对同一对象的不同表述：前者是从教育这个客观存在是什么来说的，后者是从教育对主体发展的作用来说的。教育的本体功能实际是教育本质的表现形式，是教育的特有功能。教育的功能与教育本质问题紧密联系着，它和教育本质问题是同一个问题的两个不同的侧面。教育本质问题是要说明教育是什么的问题，而教育的功能问题是要回答教育有什么作用的问题。而回答教育是什么这个问题，实际上只能从教育对人类社会具有什么作用这个根本问题来回答才有可能，也即只有从教育的本体功能上去回答才是唯一正确的。马克思对"劳动"、"生产"等概念的界说，就是从其对人的功用性角度来着眼的。除了教育的本体功能外，教育还有两个基本的社会功能，比起教育的本体功能来，教育的两个基本的社会功能不仅层次较低，而且都是教育的本体功能所派生的结果。就是在教育的两个主要社会功能中，其中第二个主要功能也同样是由于第一个主要功能派生的结果。没有教育的本体功能，就没有教育的社会功能；没有教育的第一个社会功能，也就没有教育的第二个社会功能的出现。教育的社会功能从教育的本体功能而来，由于教育的社会功能可分为两个基本方面，即个人与社会这两个方面，所以，又可称之为教育的两个基本功能。严格地说，教育的基本功能应表述为教育的基本的社会功能。

(二)教育与人及社会的关系

教育、人、社会三者发展的关系问题，是一个很重要的理论问题，涉及许多学科领域和多方面的知识理论。它作为一个教育学上的理论问题，是一个关于教育的作用、功能、意义、用途、价值诸方面的问题，旨在阐明教育和人的成长、发展以及社会发展、进步的关系。

因为教育的对象是人，而人分为个体和群体两种基本形式，即个人与社会，所以，教育的功能不仅及于个人，还必然作用于社会。这就是说，教育不论对于个人还是对于社会在客观上都是具有意义、价值和作用的。因此，历来人们考虑、研究教育的功能、价值这些问题，无不总要在人和社会这两个方面进行考察。

关于教育、人、社会三者的关系，可以概括为以下三点。

第一，教育对人的成长与发展来说是一种手段、工具，而人的成长与发展对教育来说则是一种目的。

第二，教育对社会的发展与进步来说是一种手段、工具，社会的发展与进步对教育来说是一种目的。所不同的是，教育作为促进社会发展与进步的手段和工具，是促进人的成长与发展的结果。在这里，人的成长与发展是社会发展与进步的条件、手段与基础，没有人的成长与发展，社会无法存在与发展，但同时还要看到，人的成长与发展对社会来说也是目的。

第三，社会的发展与进步对人的成长与发展来说，既是目的，也是手段。我们办教育，即出于促使人的成长与发展、社会的进步这两个根本目的，而人的成长与发展和社会的进步之间相互依赖、相互渗透、相互促进，彼此之间存在着互为目的、手段的密切关系。据此，对教育、人、社会三者关系问题的解决，或者说，对于教育作用、功能、意义、价值问题的认识，即对于教育该怎么办的问题，我们可以用“以个体发展为基础，以社会进步为主导”这十六个字来概括。这就是说：①我们的教育工作、教育事业，必须明确地、理直气壮地树立为促使社会发展与进步服务的宗旨，在我国就是要为我国社会主义建设、改革事业服务，教育的生命力在于能有效地适应社会、服务社会，并推动社会前进，这一点绝对不应含糊；②我们的教育工作必须扎扎实实地做好学生的工作，从促使他们得到健康成长与发展入手。要使教育为社会发展与进步服务，发展个体是根本，是基础。而从个体立场看来，这也是目的。

关于教育的功能、价值问题还有不少问题需要继续阐明。以上谈及的，应属于其中基本层次的问题。如果对于个体发展和社会进步的关系问题，在理论上都不能确认，在思想上不能取得共识，其结果只能是仍然停留在“内在价值”、“外在价值”、“个体功能”、“工具功能”这些概念基础上争论不休，不可能取得什么积极成果。

（三）教育的本体功能及其两个基本属性

我们已经知道教育形态有教育活动和教育事业、教育制度之别，而肯定教育活动和教育事业这两种不同的教育现象、教育形态，就必然存在着两种不完全相同但又具有共同特点的本质属性。就教育活动这一教育形态而言，可以认为它是人类一种特有的文化传递形式、手段和工具。其实，教育的基本属性就是它的传递性。传递什么？传递文化，传递知识、经验、科学、道德、风俗，传递人类文明，传递人类劳动和智慧的一切成果。当然也可以向人传递一切反面的、劣性的、有害的思想和文化影响。教育的根本作用就在于它的传递性。无论认为教育是上层建筑也好，生产力也好，阶级斗争的工具也好，都是因为教育具有对精神文化的传递性，以至可以把生产力、上层建筑、阶级斗争方面的知识文化、精神影响传递给人。如果教育不具有传递人类精神文化的功能与作用，那就不是教育了。教育活动的各个专门特点决定了它可以为一切社会活动、为人的各种社会生活服务，也决定了它同社会生活的各个方面都有密切的联系：既同生产力的发展有关，也同生产关系有关；既同经济基础相联系，也同政治、法律、道德等上层建筑相联系。教育活动的这个专门特点也决定了它既可以为一切正面的文化服务，也可以为一切反面的文化服务。

20世纪40年代以来，在美、日及欧洲的苏联发展起来的传播学，从一开始就涉及人类基本的传播行为发生和发展的过程及其对于社会生存和发展的意义。从传播学的角度讲，教育也是一种传播现象。传播学把传播过程分为五个组成部分，即所谓五个“W”，也就是英文的五个单词：who（谁）、what（说了什么）、how（通过什么渠道）、whom（对谁说的）、why（要达到什么效果）。换一种说法也就是说传播过程有传播者、信息、媒体、受传者和效果（目的）五个要素。这五个要素包含在一切传播行为之中，这是无一例外的。教育过程、教育活动也包含这五个要素。因而，教育就是丰富多彩的人类传播活动的一种具体表现形式。我们完全可以运用传播学的原理来认识和研究教育功能，从而使之建立在传播学原理的基础之上。

从教育传递性这个基本属性而来，教育活动的另一基本特性是它的培养性或称教化性。教育的培养性、教化性实际从文化对人所内在具有的感染、影响、说服作用而来，教育具有培养人、造就人、影响人、感化人的作用，其根子都在文化上面。也就是说，文化源于生活，它具有培养人、影响人、教化人的根本作用，而文化的这种性质和力量是依靠教育的传递性而得以实现的。

总之，教育的本体功能即在传递社会文化、信息，把社会文化传递给人，其结果也就必然会使人得到培养和造就，以至使个人得以在社会上生存和健康发展。在此基础上，社会当然也就得到了绵延和发展。所以说，人的发展也好，社会的发展也好，对文化和教育这种社会形态来说，都只是果而不是因。

第十章　教育对人的作用

一、教育对人的作用的表现与特点

教育对人的作用所表现的是教育的第二个层次的功能。它居于教育三个功能层次的中间地位，上承传递、传播人类知识、文化的教育本体功能，下启教育作用所及的人类群体、国家或社会这个功能层次。教育的本体功能是相对于教育的社会功能来说的。教育的第二、三层次的功能都是教育的社会功能，指的是教育的本体功能作用于人类社会所出现的社会功能。但是，教育对人的作用是教育对社会作用的基础。在教育功能的三个层次中，其地位与意义尤为重大。

（一）教育在成人和成才两个方面的作用

教育活动作为人类世代创造积累起来的知识、文化的一种传递、传播的工具和手段，是直接以人类的个体为对象的。这样，教育所传递、传播的社会知识、文化必然首先作用于社会的个人。社会上受到教育活动影响和作用的个人会集而成的众人，其情况是千差万别的。而概括起来讲，即表现为人的生存与发展所根本要求的成人和成才这两个方面。

生存与发展，应该说是基于人的本质，对人的生活道路即人生过程内涵的极抽象的概括。古今中外的历史说明，任何人的一生，都是以生存与发展为中心而展开与演变的。人最可宝贵的是生命，生命属于人只有一次。所以，所谓生存，对任何有生命的物质来说，其第一位的含义就是指活着。有生命，就是指人的生命的存在。但是，由于人不是单一的存在物，而是身心统一体，是动物性与社会性的统一体，是由动物与文化双重因素构成的复合体。人的生命存在，并不只是一种纯自然、纯动物性的生命存在，而是既有自然的动物性所决定的人的生存，也有由社会性的人类文化所决定的人的生存。而且，生存也并非人生的唯一的目的，人除了生存，还要发展。人的生存与发展是密切联系、不可分割的。

生存中有发展，发展中有生存；人要在生存中求发展，在发展中求生存。教育对人的生存功能的概念并非自然的，而是社会的，并非肉体的，而是文化的。总之，它不是一个生物学概念，而是一个文化学、教育学概念。

在以往的教育学理论中，教育和人的发展的关系谈得多，而对人的生存问题谈得少。其实，教育和人的关系问题，即人之所以需要教育，第一位的原因是为了人自身的生存，其次才是为了人的发展。并且，就教育和人的发展关系问题来说，中心的问题也不是一个，而是两个，即成人和成才这两个方面的问题。

（二）人的发展的教育学含义及其主要特点

从纵向看，在西方思想史上，人的发展概念最初是作为一个教育学理想提出来的。早在古罗马时期，著名演说家就曾用 humanitas 一词来指称使个人才能最大限度发展的一系列教育。16世纪小说家、教育思想家拉伯雷（F.Rabelais）在批判经院主义教育时指出，要从智育、德育、体育、美育和劳动教育几个方面去发展人的个性。18世纪瑞士教育家裴斯泰洛齐则明确指出，除了体力与智力的和谐发展以外，教育没有其他的目的。马克思主义教育理论继承了思想史上这些教育家们提出的合理思想，也把培养全面发展的人规定为教育的根本目的和任务。这些都表明，人的发展问题是教育学的一个最基本的理论问题。许多教育家和教育工作者关注这一问题，并在教育学范围内进行了大量深入细致的理论探索。

或许由于概念本身的灵活性、丰富性，或许由于语言在表征对象时不可避免的相对性、模糊性，或许由于人们的思维方式在把握客体时具有的多样性、互斥性，目前关于人的发展概念究竟包括哪些规定性，人们没有形成统一的、明确的看法。不同学科研究问题的角度不同，提出的定义就不同，甚至同一学科内部也往往存在着互不相同的定义。例如，有的人认为，人的发展是指作为个体的人从出生到生命终止在生理和心理结构两方面有规律进行的量变和质变的过程。简言之，就是人的身心的发展，这是一种意见。另一种与此不尽相同的意见认为，人的发展是指肉体和精神的结合，是体力和智力的结合，其本质特征乃是脑力劳动和体力劳动相结合。这两种意见似乎都是针对旧式分工给人造成的片面发展而言的，着重强调的是人的发展的全面性，但并没有对全面发展本身作进一步的规定。

近些年来，我国理论界愈来愈多的人不满意上述传统见解，提出了一些新的富有建设性的观点。有人认为，人的全面发展的马克思主义学说，并不是一个教育学概念，而是一个内在地凝聚着马克思主义哲学思想的精华，统御着社会活动各个方面的哲学原理。还有人进一步指出，人的自由、和谐、全面发展学说既不仅仅是教育学说，也不仅仅是哲学原理，它贯通了马克思主义哲学、政治经济学、科学社会主义三个组成部分，是马克思主义科学理论的基本内容之一，是共产主义的理想目标和基本原则之一，和教育学并无直接的关系。

现在研究人的发展的学问、学科不少，关于人的躯体发展的就有发展生理学、体育卫生学、营养保健学等。关于人的精神方面的学问、科学就有发展心理学、社会学、人类学、哲学，还有教育学，以及人才学等。这些学科由于其性质不同，着眼点不同，对发展的理解与认识不能统一。比如：心理学主要是研究人从生到死的身心发展过程与规律的科学；社会学把人的发展理解为人的社会化；人才学是研究人的成才规律，也即研究人是怎样在成才的道路上发展的；人类学主要研究人的智力和能力。

那么，教育学也研究人的发展，它是怎样理解发展，并从教育学的角度对发展进行界定的呢？

首先，我们说这些研究人类发展的科学、学问、知识、理论对教育学在这个问题上作出理论界说和指导以后的教育实践活动都是有用处的，都可以为我所用。因为教育学从来就把这些学科看作自己的理论基础，我们当然应该把它们的理论成果吸收过来，以丰富自己的理论与实践。

其次，我们说教育学对人的发展还必须作出自己的界说，而不可依样画葫芦，照搬照抄别的学科的东西。

但是，很遗憾，由于教育理论的肤浅、不深透，我们的教育学家可以说至今未作出这方面的概括和界说，大部分书是照搬照抄心理学的。为什么不能作出这种界说呢？这主要是对教育的作用、功能没有科学的、系统的研究。人的发展从教育学原理的角度看，是指人的成人、成才问题的发展，中心是成人、成才这两个范围内的事。从教育学的角度来看，我们谈人的发展，乃至我们一切教育工作者对一切教育对象，我们所做的事无非是成人、成才这两方面的工作。对人的所谓发展也只能从这两个方面来考虑，所以，尽管说别的学科对人的发展的定义、范围、界说我们可以借鉴、吸收，但决不能照搬。比如，在我们看来，发展心理学谈从人出生到死的身心发展过程和规律，对教育学来说，显然太泛，即范围太宽泛。而哲学、人类学谈人的发展，主要指人的能力的发展，显然又太窄。社会学呢，如果指人的社会化仅在十几岁时就已完成，那仅仅是与成人这一时段相对应。人才学仅仅指人的成才的发展过程，显然又只是人的后一阶段的事。

所以，从教育学的立场来界定人的发展，具有如下主要特点。

第一，它与心理学把人的发展理解为从生到死的整个生命进程中所发生的一系列身心变化不同。它指的人的发展是围绕着人的成人、成才这两个中心来说的。它指的是成人、成才的教育过程中，教育对象的有关素质的发展。在这里，人的发展，实际上是指人的文化素质的发展。除此之外，再无别的什么发展。所谓人的全面发展，从教育学的角度看，不是指解决脑体分裂的那种意义上的全面发展，而是指成人、成才活动中所应具有的文化素质的全面发展，具体说是德、智、体诸方面的全面发展。教育交往的根本目的在于促进人的发展，所谓促进人的发展，即使学生在德、智、体、美等方面获得全面发展，以使之成为合格的人才。

第二，它与有些科学把人的发展仅仅理解为道德的发展和能力的发展不同。人的道德的发展和人的能力的发展，对教育学无疑是有启发的，但是，教育学所说的人的发展不能仅限于能力和道德。除了道德、能力之外，还包括一个人成人、成才中所必须包括的其他素质。

教育学所定义的人的发展是指人的成人、成才中所包容的德、智、体三方面或德、智、体、美等方面的素质的培养与发展。德、智、体或德、智、体、美等方面的素质的确立，主要根据人的结构与本质这个哲学原理。具体讲，人是由身（肉体）心（精神）这两个方面构成的，所以这两个方面都要得到发展，其情况可反映如下：

- 人的素质
  - 身体
  - 精神（文化）
    - 智——求真
    - 德——求善
    - 美——求美

总之，它不像心理学这么泛，也不像其他学科这么窄，但又必须以其他学科所提供的有关理论为基础。

二、教育的成人作用

（一）“成人”一词的含义

“成人”一词，在现实生活中被人们经常使用，也可以作各种不同的界说。现在把它作为一个关于教育功能的教育学概念，其根本含义是“文化成人”或“文而化之”。其要旨是人类进化是文化进化，任何个人的人生，一开始就是并且不断是一个“文化成人”的动态过程。把“成人”作为教育可以作用于人的首要功能，是立足于人为了自身的生存与发展对文化极端需要这个基础上的。因为，人只有在后天获得文化才能获得禀赋的发展，才能成为社会的人，而这就是一个人的社会化过程。“成人”一词的根本含义即在此。人之所以需要文化，需要社会化过程，需要成为“人”，归根结底是由人的本质和人生的本质所决定的，说到底是由其生存与自我发展的根本需要而来的。人的生存与发展是人在社会条件下的生存与发展，而不是离开社会环境的孤立的个人的生存与发展。因此，人的生存与发展的根本要求，对任何人来说，首先是求得与社会的适应，能成为社会中合格的一个成员，而这就叫社会化。因此，社会化对任何个人来说，都是第一位重要的事，而教育对个体由于进行了文化传递，这就保证了人的社会化，而社会化对人来说就成了教育的最基本的、第一位的功能。所谓教育是一种永恒范畴，即指此教育功能而言。

卢梭说，植物由于栽培而成长，人由于教育而成为人。他又说，我们生而软弱，因而需要力量；生而无能，因而需要他人帮助；生而无知，因而需要理性。所有我们生而缺乏的东西，所有我们赖以成为人的东西，都是教育的赐予。卢梭的这些话为教育的成人功能，为人的社会化作了具体、生动的揭示。

社会化从社会的角度看，实际是文化知识的普及化，是社会对个体文化素质的基本要求，它要求把文化落实到每一个个体头上去，而不能遗漏。因为，从物质进化和人类诞生与发展的事实表明，人是一个肉体与文化的复合体。在物质世界中，人类不是以纯动物的面目存在着，而是以“动物”与“文化”的统一整体存在着。每个人降生下来，都只是一个赤裸裸的动物机体。这时，他的结构并不是复合的，即一个纯粹的生理机体。随着进入家庭，走入学校，迈向社会诸个阶段的文化培养，最后形成一个具有文化装备的人。到这时，个体的结构就不那么简单了，而是一个复杂的肉体与文化的综合体了。

社会学和文化学的理论都认为，每个人生下来的时候可以说只是一个血肉之躯，既一无所知，也一无所能，只有种种生理机能。他要成为一个人，成为万物之灵，必然要经过一个复杂的发展过程，这个发展过程就是社会化过程，就是社会文化对个体的人的装备过程，也就是个体接受社会文化的影响过程。

人之所以成为人，不仅是指生物性机体的成熟，而且还要在与社会文化相互作用的过程中，在学习、消化世世代代积累起来的经验的过程中，在吸收文化的过程中实现社会化。从“自然人”变为“社会人”，是个人认识与适应既定环境的结果，是社会教化的结果。人的社会化不是先天的、遗传的，而是后天的、习得的。古人说，“饱食暖衣逸居而无教，则近于禽兽”，“养不教，父之过”，这和上述意思是一致的。康德说的人完全是教育的结果，人是唯一需要教育的动物，也就是指任何人都不能不经历后天的社会化这一过程。而人之所以需要社会化，说到底是由于对文化的需要：社会使新生的人类个体逐步接受文化传统、群体生活准则，获得社会生活的种种能力。换言之，社会化就是一定的社会特性在相互联系的个人中间延伸与发展的过程。因此，社会化是个人与社会的一致化，是个人被社会的同化。社会化是一种标准化评估与改造，即按照整个社会或社会集团的规范统一要求与矫正人们的行动方式，这是社会化标准原理。

“成人”一词不仅与社会学、文化学中的社会化含义相同，也与“成年”及我国古代弱冠礼的精神相一致。

根据史料记载，距今两千多年前的中国周朝，汉族就有成人的冠巾之礼。这种风俗在《礼记·曲礼》和《仪礼·士冠礼》中都有记载，男子满20岁举行成年人加冠礼，礼仪十分隆重。这就是说，从儿童时的“总角”（把头发扎成一对像牛角一样的小髻），到十五六岁时的“束发”（把头发束成髻盘在头顶），再到20岁“加冠”（戴上成年人的帽子），就标志着这个人体质成熟，已从“自然孩童”过渡到“社会成人”，社会予以承认，并要予以管理和约束，已行冠礼者也可以择偶婚配了。女子则是15岁行“及笄”礼。“笄”是古代妇女盘头发用的簪子，“及笄”，即够资格用这种簪子，也是女子已经成年的标志。

在“文明古国、礼仪之邦”的汉民族中，曾存在着人生四大礼仪：诞生礼、成年礼、婚礼、丧礼。为什么要在人生的不同阶段举行各种专门的礼仪呢？因为在古代的人们看来，在不同的生活场合举行这样有见证性的仪式，是他们对某种事物加以肯定的唯一方式。成年礼的重要意义也在于此。

随着生理发育的成熟和社会阅历的增加，一个昔日的少年进入青年时期，他要从父母家庭的庇护下走出来，开始像一个成人那样独立面对世界，履行义务，承担责任。然而，他必须得到部族的承认，才能以一个成人的身份步入社会大家庭。古老的成年礼就是远古人们通过这一过程和仪式表明对一个社会新成员的鉴定和认可，是一个人已经成年的标志，是人生道路上第一块重要的界碑。《礼记》和《仪礼》中所记载的汉族男女的冠礼、笄礼，是当时贵族和士人阶级的一种礼节。这种礼节缘起于远古社会的成年礼，到了周代成为被上层社会普遍认可的固定仪式。周代以后，成年礼形成三种演变趋向：仪式逐步简化，行礼年龄提前，逐渐流入民间。

不过，由于儒家传统文化对汉族成年礼影响很大，成年礼中重视个人道德修养的传统一直延续下来。孔子对冠礼尤为重视，又特别注重行礼时对“谕志”的关系。照孔子的说法，这里“谕”是“知道”、“理解”的意思，因为儒家对道德修养的第一要求，就是立志，确定人生目的和理想，从此就有明确的努力方向。

外国也有类似的情况。在哈列克思·哈利的小说《根》中，就有一段描写曼丁哥部落时期的教育。曼丁哥人中10—15岁的男孩，受4个月的集中训练就算作成人了。在训练之前跟着妈妈学种田，跟着年长的孩子学放牧，还有一定时间学习识字和算术。在这段儿童生活时期还由家长进行严格的敬长和礼貌教育。成长训练主要是锻炼孩子们的胆量和狩猎技术。头半个月让孩子们学会依靠星座辨别方向，练习密林行军，然后搬到丛林去住，实地练习打猎，学习灵活的动作和弹弓射击。从第二个月开始就让孩子们以狩猎独立生活，教练员给予严格的体力和组织纪律性的训练。

青年礼，亦称“成丁礼”或“成年礼”，是原始氏族社会中考验青少年身心成长状况和确认其氏族成员地位的仪式。根据人种学家和社会学家的考察，在美洲印第安人和非洲的氏族社会中，对接近成年的男女要进行体力、精神、道德品质、劳动能力、军事技术等多方面的考验。合格者可参加由氏族中最有威望的长者主持的隆重典礼。自此，这些青年男女开始被认为是氏族的正式成员，享受其应有的权利，履行其应尽的职责。

有学者认为，成年礼仪之所以被人类学家称为“公民教育”，就在于它是一项综合的社会教育。一个人可以通过成年礼仪获取各种社会资格，如经济的资格、法律的资格、性生活的资格、宗教的资格，而取得了这些资格便基本上具备了真正成人的自主权。其实，这不仅是一种“公民教育”，更是对人类教育中一种最普通、最重要的客观功能的自然揭示和肯定。

（二）人的发展和人的存在状态

研究人的问题，离不开研究人的存在状态，而人的存在又是极其复杂的现象，其中还有许多至今用科学无法解释的奥秘。但是，人的存在包括自然存在和社会存在这两种存在则是十分明显的。说人是自然存在，首先说人也是物质，只不过是社会化了的物质罢了。在广漠的宇宙天体中，人是其中的一个构成要素，宇宙体系的任何变化都会对他产生影响。其次，人的躯体构成也是物质的，因此，他本身也存在着与外界的物质、信息、能量的变换。所谓物质应该是物质、信息、能量三大要素的统一。物质为信息和能量提供载体，物质占据空间；信息是物质的表征，物质通过信息表征自己并与外界发生关系；能量是物质运动的原动力，物质通过能量来获得时间。时间是物质运动的尺度。物质、信息、能量三者的有机结合是对物质的完整认识。这样，我们可以看到，人的躯体亦是生物物质、生物信息、生物能量的统一。人就是在与外界的自然物质、自然信息、自然能量的变换中，实现了自身的生物进化，这种变换状态的好坏决定了人的存在状态的好坏。与自然物质变换，发展了人的躯体；与自然信息变换，发展了人的智力；与自然能量变换，加强了人对外部环境的承受力以及它的扩大形式，即伸张力。

所谓营养是为了人自身的存在、发展和完善，在与外界（自然、社会）进行交换中所必需的物质、能量、信息。它分为物质营养和文化（精神）营养。物质营养是保证人的生理应力的发展与完善所必需的营养物质和能量的供给。文化营养则是保证人的社会预应力的补建、发展与完善所必需的信息的提供。

人体素质状况取决于后天的物质营养。营养物质主要包括蛋白质、淀粉、脂肪、维生素、无机盐和水等。

在人的这个复合体中，除了饮食这种物质营养之外，还需要文化或精神营养，人是主要靠吸收以文化思想信息为主体的社会信息而得到发展和成熟起来的。通过社会信息与人体生物信息的沟通变换，把人的社会要素与自然要素融为一体，形成一种内在物化力，它对人们的行为发生直接支配和决定作用，使人的生命活动越来越社会化，越具有社会意义。青少年时期，集中接受社会教育，把人类历史积累起来的文化精粹输入到人的结构中去，成为人的结构因素中的稳定成分，并形成社会实践能力的阶段。就是在这个过程中对儿童和青少年进行社会意识影响（包括人文科学、自然科学和社会科学知识及各种社会智能结构的基本框架），使之能更加适应新的技术革命带来的崭新环境，我们将这些通过教育所得的精神文化称为文化营养。文化营养对于造就一个社会的人来说，比物质营养更重要，因为没有文化营养的供给，就无法进行后天的补建工作，社会预应力的补建最终的目的是提高人的素质，使儿童接受良好的社会意识和科学技术知识的教育而健康地成长，并反过来促进社会的进一步发展。

（三）实现人的社会化和成人的具体途径

人的社会化和成人的实现，都是教育活动的结果，都无一例外地要通过教育过程。具体说来，即要通过家庭教育、学校教育和社会教育这三种途径。有些人没有接受过学校教育，其社会化和得以成人，主要是在接受家庭教育和社会教育的过程中实现的。

1. 家庭教育

家庭是人类生活中最基本、最主要的一种社会组织。人们曾把家庭比作社会的细胞。家庭与人们的生活休戚相关，家庭史与人类社会发展史并行不悖，而且是社会发展史不可分割的组成部分。

人类产生和出现是以“群”为存在形式的，社群是人类共同生活的特有的形式。我国古代思想家荀况说过：“人生不能无群。”[①]其意即人类生活是群体性质的，个人为了求得生存与发展，为了满足物质和精神文化生活的需要，必须生活在一定的集体之中。原始人有“原始人群”，由于物质水平的低下、劳动工具的落后，他们不得不成群结队地采集果实，捕

① 《荀子·王制》。

猎动物，以求生存。随着社会的发展和进步，人类群体结合的形式已经变化。但是，人类生活的群体性质这一点并没有改变。过去是这样，现在是这样，将来也仍然是这样。这是因为没有群体生活，人类就不能生存，社会就不会进步。可以说，群体生活是人类的习性。

群体生活并非为人类所独有，它是生物界的一种普遍现象。但是，人类的群体生活与一般昆虫动物的群体生活是性质不同的两种现象。动物的群体生活是完全出自于本能的行为，是一种自然现象。而人类的集体生活是后天习得的，是按照一定要求、一定模式进行的，是一种社会现象。

群体生活演变为人类的习性、人类的集体生活，有许多形式，家庭是人类社会群体的一个基本类型。每一个家庭是人类群体生活的一个最基本、最主要的社会群体。组成家庭的基本分子是夫妇及其子女。此外，也还可能包括其他一些分子，如他们的旁系、直系亲属，甚至无血缘关系的收养者之类。但家庭成员主要是由婚姻与有血统关系的人组成。家庭的主要特征是：家庭成员之间关系密切，空间距离接近，结合的时间较长。这具体表现在父母与子女，以及兄弟姐妹之间的关系上，它是一种彼此相爱，情感上依恋，思想上牵挂，利益上一致的关系。人们在这种关系中得到了精神和情绪上的满足。因此，家庭是朝夕相处、共同生活的小团体，同时也是一个有组织的基本的社会单位。从原始社会起，家庭这个社会组织细胞就有着维护、延续由血缘关系结合的家庭组织和改进、提高人们生产生活两大作用。家庭教育就是它的派生物。为了维护、延续家庭组织，就有教养子女、传递文化于后代的需要；为了改进、提高社会生产生活，就有传授知识、经验，交流思想的需要。

家庭教育是人类全部教育活动的重要组成部分，它同学校教育、社会教育一并构成一个国家教育的有机整体。家庭是社会的天然细胞，是新生一代成长的摇篮；父母则是孩子天然的第一任教师，是启蒙教育的引路人。一个孩子，从降生到走入社会，有三分之二的时间是在家庭里度过的，尤其是在婴幼儿时期，主要是在家庭中接受父母及其他长辈的启蒙教育。孩子的生理素质是在父母培育下发育的，智慧的幼芽是父母正确诱导并精心培育的，最初的语言是由父母教给的，最初的行为表现主要是从父母那里模仿来的，最初的生活本领是父母传授的，赖以生活的物质生活条件是由父母提供的。因此，父母的一言一行，无时无刻不对孩子直接产生潜移默化的影响。

马卡连柯曾说，家庭是最重要的地方，在家庭里面，人初次向社会生活迈进。父母与子女的血缘关系决定了父母对子女的正确教育是义不容辞的义务，子女接受父母的教育也就成为天经地义的事情。从而形成了人世间父母对子女最亲密的爱，子女对父母由衷尊敬的特殊情感。这种特殊的情感，就使得家庭教育成为最直接、最有力、最有权威的教育力量。

德国教育家福禄培尔曾说过，国民的命运，与其说是操在掌权者手中，倒不如说是握在母亲手中。因此，我们必须启发父母亲——人类的教育者。家庭对孩子的教育责任是十分重大的，家庭教育在儿童成长中的作用是不言而喻的。

当然，正如摩尔根所说，家庭是个能动的要素，它从来不是静止不动的，而是随着社会从较低阶段向较高阶段的发展，从较低的形式发展到较高的形式。同样，随着家庭的逐渐进化，家庭的结构与作用也相应发生着变化。四世同堂或一个村落这样一个家族的家庭，逐渐让位于一夫一妻与孩子所组成的小家庭。家庭本来所具有的生产作用、消费作用、生儿育女的作用与培养教育子女的作用，现在也有了不同程度的变化。在现阶段的中国社会，农村由于实行了生产责任制，所以农民家庭作为一个生产单位仍然发挥着作用，只是它已有别于历史上作为生产单位的小农家庭了。而在城市，绝大多数家庭都已失去了作为生产单位的作用。同时，随着社会教育事业的发展，家庭教育子女的任务一部分转由社会所承担了。今后，随着社会的日益进步，家庭的作用必然还会不断变化，旧的作用可能会消失，新的作用逐渐产生。因此，我们必须正视家庭的存在，重视家庭的作用，并关注家庭及家庭教育发展的情况和趋势。

21世纪的家庭结构更为简单，人际关系趋于平等，生活方式不断改进，对外交流越来越多，这已成为现代家庭的重要特征。因此，21世纪家庭教育的趋势具体表现在以下几个方面。

一是素质教育成为家庭教育的主旋律。“学会求知、学会做事、学会共处、学会做人”是教育的四大支柱，其核心是学会做人，这是21世纪家庭教育的新理念。

二是道德教育成为家庭教育的主要内容。在体系上，除了注重调整人与人之间关系的“社会道德”，而且要新增调节人与自然之间关系的“生态道德”；在内容上，将向健康心理、较强的社会适应能力、文明的社会生活方式、自觉的生态环保意识等方面延伸。

三是社区家庭教育是家庭教育新的增长点。家长将会带领独生子女走出家门，融入社区，借助社区同辈群体的作用，实施家庭教育，特别是0—3岁儿童社区家庭教育是新的发展趋势。

四是家庭教育文化呈现多元化。家庭教育中更注重个性化。新世纪家庭教育以德育为核心，以培育创新精神和实践能力为重点，注重因材施教，实行个性化教育。

五是儿童参与是家庭教育的关注点。让儿童参与到经济和社会生活中来，平等、尊重、倾听儿童的声音，会贯穿家庭教育的全过程。

六是重视女童的生存、保护、参与和发展。从全过程、全方位关注女童的发展，从性别意识、男女平等的基本国策的高度认识女童工作。

2. 学校教育

学校是人类一种专门的教育机构，是人类自为教育的重要形式。学校教育比起家庭教育和社会教育来，具有规范性、目的性、计划性、有序性等主要特点，因此也具有更好的功效与优越性。正因为这个缘故，现代社会家庭教育出现了学校化，社会教育也出现了学校化的趋势。社会虽然是个大“学校”，但社会不能代替学校。现代学校教育，是古代自然经济条件下的家庭教育的外化和强化的形成，是社会分工、信息生产分工发展的结果，正如现代工业是古代自然经济条件下的家庭手工业的外化和强化的形式，是材料生产分工发展的结果一样。现代的教育，分小学、中学、中专、大专、本科、硕士和博士等不同阶段的教育，反映了社会预应力不同的补建程度，人的社会化程度，以及成人、成才的效率和人的素质的不断提高。

3. 社会教育

社会本身就是一所大学校，它有一种超种族、超阶级、超国家的大跨度传播信息的教育功能。社会本身就是一个信息源，其中有取之不尽而又不具有价格即经济价值的表现形式的信息（当然也不排除有一部分有价格的信息产品，如图书馆中的大量著作和其他资料等），只要人生不终止与社会系统的信息变换，人生就可以获得文化水平的提高。高尔基把社会称为“我的大学”，就是因为他是通过在社会中与人们接触交往以及通过自学途径完成自身社会化和成人、成才的。

中国的儒家学说，实质上就是关于社会教化的学说，它的最终目的在于“化民成俗”，也就是使人们养成良好的道德习惯，自觉地接受儒家的伦理规范并体现在日常生活之中，以形成良好的社会风气。

儒家的教化并不局限于学校教育的范围，也不一定要由教师或儒家来承担。它通常指整个的社会教育而言。并且，国家的政治措施在这方面起着更为重要的作用，所谓“人君之治，莫大于道，莫盛于德，莫美于教，莫善于化”[①]。学校教育不过是整个社会教育的一个组成部分，或者说，学校教育只是整个社会教育的集中体现和典型反映。

中国文化的特征，表明了儒家对教育功能把握的准确性，也表明了其教化的成功。家庭教育、社会教育中的成人，指的是一个人生理、心理上基本成熟，可以作为社会一分子单独起作用了。这正如社会学中关于人的社会化的含义，一个人已从自然人完成了社会人的转化。其中心问题是“自立”二字，也就是说，他可以自立于社会了，可以独立生活，起作为社会一分子的作用了。

（四）脱离文化环境所造成严重恶果的事例

“人完全是教育的结果”，康德的这句名言正可用来说明教育对人的生存与发展的作用，是一个很深刻的关于教育功能的见解。为了进一步说明这个论点的正确性，下面引述几个在人类社会中因各种不同原因失去了正常的社会化影响和过程，失去了人类社会的文化环境，从而造成严重后果的典型事例。

在人类社会，曾经出现过与世隔绝，完全脱离“他人”以孤立的“自我”形式而活着的“人”。一是兽孩，即从小就被野兽叼去，在兽群中成长的孩子，兽孩由于完全离开了人群，他们的情感、智力、语言、体态、习惯等，都已失去了人的基本特征。1875年，瑞典的生物学家林奈在创立生物学分类法时，就指出了地球上有被野兽抚育长大的小孩存在，记载有1344年在德国里森发现的由狼哺育大的孩子，1661年在立陶宛发现的和熊一起长大的小孩，1672年在伊朗发现的由绵羊哺育的小孩。从那时起到1956年为止，已经知道约有30个小孩是在野地里长大的，其中20个是由猛兽哺育的：熊哺育的5个，豹哺育的1个，狼哺育的14个。他们虽然不是完全意义上的人，但由于这种特殊情况的偶然出现，倒正可以从反面说明教育对人的发展的作用，即“人完全是教育的结果”。下面就让我们看看这些具有教育理论意义的诸多事例。

最有名的狼孩是1920年在印度加尔各答东北的一个名叫米德纳普尔的小城附近发现的。当时，那里的森林里经常有“神秘的生物”跟狼一

---

① 王符：《潜夫论·德化》。

起出现，当地居民晚上常看到三只大狼带着两只小狼，后面跟着两个用四肢爬的像人的怪物。人们后来打死了大狼，才发现是两个小孩，大的七八岁，小的约五岁。人们把这两个小女孩送进米德纳普尔孤儿院，还给她们取了名字，大的叫卡玛拉，小的叫阿玛拉。一年后，阿玛拉死了，卡玛拉一直活到1929年。

研究人员对她们在孤儿院的生活作了观察和研究。她们刚进院的时候用四肢爬行，慢走的时候用膝盖和手着地，快跑的时候用手掌和脚板着地。她们总是喜欢单个人活动，白天躲藏起来，夜间悄悄地潜行。她们怕光和火，也怕水，不让人们替她们洗澡。她们不吃素食，吃生肉，不用手拿，只是把放在地上的肉用牙齿撕开吃。每晚从午夜到凌晨3点，常像狼一样引颈长嚎。她们缺乏情感，只知道饥时觅食，饱了休息。不过她们很快学会了向人要食物和水，如同家犬一样。只是一年之后，阿玛拉死的时候，人们看到卡玛拉"流了眼泪"。

人们作了不少努力，但是不能使卡玛拉很快学会适应人类的生活方式。1922年才会直立，1926年才会独立走路，但是快跑的时候还得使用四肢。她到死没有能学会说话，4年里只学会6个词，听懂几句简单的问话，7年以后才学会45个词，勉强地学会几句话。在最后的两三年里，她终于学会晚上睡觉，甚至也害怕黑暗了。但是，她的智力发展还是远远落后于普通儿童。不幸的是就在她开始朝人的方向前进的时候死去了。估计她死的时候已经17岁，但是只有4岁小孩所具有的智力。她被发现的时候只相当于一般6个月婴孩的智力水平。

古埃及有个皇帝，为了知道人的语言能力是与生俱来的还是后天学来的，曾残酷地将两个新生儿置于地下室。孩子只能得到衣食而不能与人接触，长大之后，均不会说话，只会怪叫。19世纪初，外国有个王子幼年被人囚禁在一个直不起腰的黑屋里，除了面包与水之外，他什么也接触不到。17岁那年，他获释了，可是智力极为低下，不会讲话，不会走路，虽经多方教育，也远远难比"凡人"。从他死后的解剖结果看，大脑沟回简单，体积小，连小脑也没能遮住，大脑发达程度不如类人猿。明朝建文帝之子朱文圭，2岁作为"人质"被关押，57岁时放出，结果也是变成了不识牛马的白痴。

人类儿童和动物共同生活及弃儿的意外事例，直接提供了少有的机会，使人们通过观察和研究，得到非常有价值的资料。这些资料证明了人类的意识、智慧、语言并不是生来就有的，而是人类社会实践的产物。脱离了人类的社会环境，脱离了人类的集体生活，就无法形成人所固有的特点。

古今中外，曾有多少人想离群索居或寻找“世外桃源”！然而，这一切都是虚无飘缈的幻想。《鲁滨孙漂流记》中的鲁滨孙，虽然离开了原来生活过的人群，但这位从破船上抢救出表、账簿、墨水和笔的鲁滨孙，马上就作为一个地道的英国人开始记起账来。他使用的这些物品，则都是从陆地上带走的，是由他人制作的。他的智慧，是在文明的群体生活中发展起来的。他的漂流历程与孤岛生涯，只是与社会某些联系的中断以及某些间接联系的淡化。马克思指出，鲁滨孙式的故事，完全是一种“属于18世纪的缺乏想象力的虚构”，“仅仅表示对过度文明的反动和要回到被误解了的自然生活中去”[①]。

兽孩和弃孩，接受了某种动物性或者片面发展了人的生物性，而失掉了人类群体性。没有人类群体约束的生物性，等于兽性。鲁滨孙则跟兽孩和弃孩不同，在生物性和人类群体性两个方面都曾得到了正常的结合与发展。他暂时所失去的，只是原来外在的社会环境。而已经获得的那部分人类群体性，即内化的社会价值观念、经验等尚有所保留。他的孤岛生活和社会上人们的生活，有许多相近之处。他从事各种有用的劳动，他要祈祷，还让一个人(土人“星期五”)服从他。他还有殖民者的意识，当荒岛上还未有人出现的时候，他踌躇满志地说：“这一切都是我的！”

总之，个人存在于群体的文化环境之中，这在人类世界是一种普遍现象。新生个体从他诞生的第一天起，就来到了一定的群体文化之中。人类在前进过程中，不断变换着群体存在的具体形式。在未来世界，也许人们越来越多地利用信息等手段间接地发生联系，然而，人们仍然要以这样或那样的方式共处于一定的群体之中。一个人“自我”的种种需要的满足，必须依赖“他人”的活动。正如我国的古人所云：“农有常事，女有常业，一农不耕，民有为之饥者；一女不织，民有为之寒者。”[②]马克思、恩格斯指出，离群索居的人，是幻想的人、抽象的人，因而实际上是不存在的人。现实的人、真正存在的人都不是离群索居的。群体作为人类生存与发展的构成形式，是人类历史上一种永恒的现象。

① 《马克思恩格斯文集》第8卷，人民出版社2009年版，第5页。

② 《管子》。

三、教育对人成才的作用

（一）"成才"的教育学含义与意义

1. "成才"的教育学含义

教育的对象是人，是生存生活于社会中的一切个人，是全社会的人口。

教育对人的发展的作用，以优化人的素质、提高人的质量为基础。在教育对人发生普遍的第一个社会作用即成人的基础上，教育还必然继续作用于人，使人的文化素质不断得到发展与提高：使人不仅能够适应社会生活，而且能够以自身具有的内在素质为条件去创造、发展社会生活；使人不仅能够享受、消费社会文化，而且能够去创造社会文化。教育对人所能起的这种作用，即为教育对人所具有的发展的功能，把这个意思概括起来说，也就是教育对人的成才作用。而所谓成才，从个人来说，是指通过教育的造就和培养，以及自觉地进行文化内化，具有谋生的本领，有了得以自立的条件和参与社会活动的能力；而从社会来说，有了一个可用之才，获得了可以推进社会生活发展与进步的人力资源。

关于什么是人才的问题，历来学者见解不一。通常，人们把有才识学问的人、德才兼备的人或有某种特长的人叫作人才。列宁说，人才就是精明强干的人。有人认为，人才就是为社会发展和人类进步进行了创造性劳动，在某一领域、某一行业或某一工作中作出较大贡献的人[①]。"根据马克思主义的观点，人才就是能够集中注意力于学问、事业，并取得相当成就的人。"[②]也有学者认为正确的人才概念应是道德高尚，才能出众，对社会和人类的进步已经作出和将要作出创造性贡献的人。也有人说，所谓人才，必须是在他们所处的时代是堪称有为、有守、有学、有艺的人物。所谓有为，是指有志、有胆、有识、有谋、有勇、有专长的干练才能；所谓有守，是指有操守、有修养、有气量、有恒心、有毅力、负责任、顾大局的严肃品格；所谓有学，是指有经验、有学问、有技术、有智慧的内在才能；所谓有艺，是指有艺术、有文艺、擅语言、有热情的表现才能。这四个条件，能够完全兼备的，自然是难得的人才。就是能具备一种或两种，也算是一时的人才了。以上诸种说法都是有道理的。教育学原理必

---

①② 参见王通迅编著：《人才学通论》，天津人民出版社1985年版，第1—2页，序言。

须正视“人才高下，不能均同”的客观事实，把人才学近些年来不少学者探索研究的有关积极成果引进教育学领域，开阔教育学视野。那种认为有了教育学，就不需要人才学的观点是狭隘的、片面的，也是一种有害的观点。事实上人才学是教育学的一门兄弟学科，人才学的人才理论为教育学原理关于教育功能问题提供了有益的启示和借鉴。只是需要在这里指出，辨别人才和非人才的标准，从教育学原理的观点看来，只能是文化素质，即根据其实际的文化知识水平和为创造社会文化、发展人类社会生活的能力所具备的心理品质等。总之，是视其是否具有良好的真才实学。

2. 成人和成才的关系及其意义

在一个较高的立足点，即站在人类社会和历史的立场来看教育对人的“成人”和“成才”这两种功能，我们就会发现此二者之间存在着内在的相辅相成、彼此依存的紧密关系。

文化是社会控制与发展个人的手段。人为了顺应社会，就必须掌握一定的文化；人为了改造社会，就必须创造一定的文化。文化机制就表现为接受文化—创造文化—再接受文化—再创造文化的不断循环往复的过程，从而使千百万人特殊的文化学习与创造活动，会合成具有种种共同性的传承社会。教育对人的成人、成才作用正与人类社会文化生活的这种传承和创造的相互关系相适应，并且是使接受文化—创造文化—再接受文化—再创造文化这种文化机制得以不断运行的根本动力所在。

当代教育学，是人类对自己基本存在方式之自觉的产物。当代人类已经认识到，人类的基本存在方式，乃是“人的本质的对象化”。所谓“人生”，乃是一个不断“文化成人”的动态过程。在这个过程之中，个体必须认同族类文明，并在社会实践中解析、重构人类文化传统，不断地把自己的“本质力量”异化、外化、对象化为客体的文化成果，从而实现和确证自我的本体。而所谓“个体”，则不过只是整个人类“文化成人”全部历史过程中的一个瞬间的参与者。任何一个来到世间的个人，都必然是一个“未完成”的存在（特别是就其“文而化之”的状态而言）。他必须使自己置身于人类“文而化之”的动态过程之中。换言之，他必须学会在文化水平上生存，而且必须继续在文化的水平上生存。他不仅必须达到以往人类“文而化之”的水平，而且必须作出努力保持与当代人“文而化之”的运动处于同步的状态。而这一切，则必须通过教育，而且是终身的教育。因此，教育的自觉便是文化的自觉，而文化的自觉即“人化的自觉”。

正是当代教育学“学会生存”的命题，揭示了人类的生存并不是自然状态的存在，而是“文而化之”的存在的秘密。人必须“学会生存”，而且必须“继续生存”。人不仅必须超越自身物种的局限，超越自然状态之存在的局限，而且必须不断超越以往人类“文而化之”的水平的局限。所谓“继续生存”，不仅不是指单纯自然状态的生存，也不是在以往人类“文而化之”水平上的滞存。所谓“继续生存”，对模仿、学习、重复、因循者来说，是要与人类“文而化之”的动态过程同步，而对真正的创造者而言，则是要超越当代一般人的文化水平，开拓人类文化的新境。

所谓终身教育、终身学习的过程，便是社会对个体不断进行教育，不断发出人类历史进化信息指令，个体不断参与人类文化的历史进程，不断接受人类历史进化信息指令，特别是接受人类历史进化最新信息指令的过程。一个停止接受教育、停止进行学习的人，便是一个不再接受人类历史进化最新信息指令的人，因而也就将成为一个落后于当代人文化水平的人。而一个终身进行学习、终身接受教育的人，则不仅可以成为一个继承人类以往文化成果，因而已经达到人类以往体外非生物进化，即人文进化和文明进化水平的人，而且可以成为一个因不断接受人文进化之最新信息指令而不断进化，因而保持与当代人类历史进化即“文而化之”的运动处于同步状态的人。只有这样的人，才能在社会实践中解析、重构人类文化传统，从而在把自己的本质力量异化、外化、对象化为客体文化成果的过程中，作出真正超越人类已达到的“文而化之”水平的创造。只有这样的人的创造性成果，才可称为人类体外非生物进化即人文进化的最新信息指令。更进一步地说，只有整个人类对于终身教育、终身学习的自觉，才能使创造性人才辈出，并使创造性人才之间，以及创造性人才与广大人群之间处于互相激励、互相促进的良性循环的文化生态环境之中，从而使人类从“英雄的时代”走向“英雄辈出的时代”，并真正结束教育学的史前状态。

（二）教育学人才概念的主要特点及人才的层次和素质结构

在现代教育学理论中，既要看到出色人才，也需要看到一般人才的作用，人才观从狭义发展到广义这是有必然性的。在长期的中国封建社会中，人才主要指官人、学人、闻人这三类人。严格的等级思想给小农经济造成一个顽固观念，即农工医商、三教九流中的出类拔萃者都不算是人才。“万般皆下品，唯有读书高”，只有通过读书，参加科举考试，为官为宦的才算人才，才算国家栋梁。古人的所谓“贤才”大多是指这些人。这种陈旧观念显然早已过时了。所以，我们今天所认识的教育功能所育成之才，主要是指广义的人才，而不是指狭义的人才。作为教育基本理论中谈及教育作用所要造就出来的人才，它必然是一个宽泛的概念。它既包括那些在历史上著名的立德、立功、立言者，那些力挽狂澜、转危为安、造福人类的政治、军事人物，有创造、有发明的诺贝尔奖获得者，发明家，科学家，写出了巨著的世界文豪，好学深思、富有远见卓识的学者这些众所公认的杰出人才，也包括那些在求学过程中善于学习，努力学习，有专长，有创造性，能为社会的物质文明、精神文明作出较大贡献的人，甚至就是具有一技之长，堪为社会需要，甘为社会尽职尽力的人力，也都包括在此人才范围之内。概括说来，它包括经过教育训练，各方面素质均已达到要求和可用的人力、专门人才和优异人才这三个层次。而人力和人才还可进一步分出不同层次和类别，如专门人才可分出高级、中级、初级等。

不容否认，培养人才绝非仅限于学校教育，家庭教育、社会教育也都是必要途径。但是，应当肯定在现代社会，学校教育是造就各种人才的主要途径。

教育和人才之所以必然发生密切的关系，就因为任何为社会所需的人才都是通过教育这个渠道内化了一定的质和一定的量的知识、文化的结果。没有教育，不可能造就大量的各种人才。不同的历史时代，不同的国家、民族、地域，不同的政治、经济制度，对人才的需要是不同的，表现为对人才需求的差别性。但社会要存在和发展，没有为社会需用的人才是不行的。社会需要的人才是大量的、广泛的，而且这些人才不能划一，其层次、类别、水平、素质是并不相同的。而这些人才统统要靠教育才能造就出来。于是，开启民智，提高人民的文化知识水平和培养各类人才就成为教育对社会的重要功能。而学校就是社会文化传承和育才的重要基地。北宋学者胡瑗说：“致天下之治者在人才，成天下之才者在教化，职教化者在师儒，弘教化而致之，民者在郡邑之任，而教化之所本者在学校。”胡瑗的这段话正确说明了教育对人所具有的这种育才功能。清末洋务派首领张之洞认为：“中国不贫于财，而贫于人才。”“人才日多，国势日强。”然而，人才从何处来？他的回答是：“人才之成出于学”，“舍学校更无下手处”。学校是培养和造就人才的主要场所，特别是那些层次较低的人力和专业人才，更是学校教育直接造就的结果，而至于杰出人才的出现和某些高级专门人才的造就则又有其自身特殊的条件和规律，不可一概而论。兴学育才不仅仅是传授知识的问题，更重要的是要培养健全的公民，培养可以为社会、国家的存在与发展起积极作用的各种人才，并且通过传授知识、技术，开发民智，提高全民文化素质。

教育对人的发展的作用首先表现在人才个体素质结构方面。人才是德、智、体、美诸方面得到和谐发展的人。人才从素质修养方面分析可分为合格人才和优秀人才。一般地讲，专门人才和优秀人才是普通人才和合格人才中的优秀者，是对国家、社会有贡献的人。教育作为一种国家的事业，其对人才队伍结构的功能表现为它始终不渝的目标是扩大人才队伍阵容，同时扩大优异人才在人才队伍中的比重。在我国这样的大国需要数以亿计的人才队伍。人才队伍基数越大，优异人才数量才能越多，从而整个社会人口的质量也会随之提高。

四、人可以接受教育的基本原因和人成才的因素

(一)人可以接受教育的基本原因

环顾周围的生物世界，人类不是唯一过着社会生活的动物，蜜蜂、蚂蚁、大雁都建立了井然有序的"社会"。但是，生物学家告诉我们，它们的行为与其他一切非社会性动物一样，是被生理机制决定的。特定的生理机制注定了大马哈鱼能长途溯江河洄游；同样也决定了具有不同器官的蜜蜂分别完成工蜂、雄蜂、蜂王的职能，彼此相依协作构成了蜜蜂的"社会"。正因为蜜蜂、蚂蚁的"社会"是直接建立在生理机制的基础之上的，所以其生理结构的变异和进化极为缓慢，它们的"社会"严格、刻板、单一，在几万年间无所变化，不经大的自然骚扰，不会失调。

人类的社会不是直接地建立在人的生理机制之上的。没有一种生理结构上的差别注定了某人只能是奴隶而不是奴隶主，是农民而不是地主，"王侯将相，宁有种乎"！更没有一种生理机制决定了人类的行为方式。因此，人类社会比其他的动物社会有更大的多样性、更多的选择性。在短短几千年的时间里经历了迅猛的发展和变化，使得人类社会井然有序的不是生理机制，而是道德、习俗、法律、制度等各种社会规范以及知识、技术——广义的文化。

我们把一个人从内心适应、接受这样或那样一种文化规范，称为"人的社会化"。社会化即是一种社会规范在个人心中的内化。社会化是靠

社会环境作用于个人而完成的。社会化是人们终生的活动，当然它更集中地发生在人的发育期。

人类社会之所以采取了这样一个社会化过程，并能够将它有效地在形态各异的人类社会中实行，使得一种文化、习俗、社会规范一代代传下去，这也与人类的一些生理特征有直接的关系。这些特征构成了人的社会化的生理基础。

第一，人类具有超越本能的能力。动物在进化过程中，形成并可以遗传的固定行为叫本能。本能包括与生俱来的欲望、动力和满足这类欲望的生来就会的行为方式，如鸟筑巢，蜂酿蜜之类。人类不能只靠本能生活。人类是有欲望的动物，但又不能将满足欲望的行为指向预先确定的方式上。人类满足欲望的行为方式主要靠后天的学习来确定。

第二，人类有较长的幼年依赖期。与其他灵长类动物相比，人类生活上依赖父母，性机能不成熟的幼年期更长。在这期间儿童被迫与其家庭成员保持密切的接触，耳濡目染地接受家庭教育，学习着社会生活。人类生理发育期较长的这一特征，为它更持久、深入地接受社会化提供了前提条件。

第三，学习能力。人类生理上先天具有较高的潜在的学习能力，并且在婴儿期就日益发展。有些动物，如黑猩猩，虽然某些方面的学习能力在最初几年并不比人类差，但随着年岁的增长，差距就逐渐显露出来了，而且越来越大。

第四，语言。语言是人类独具的能力，同时语言与人的学习能力有直接的联系。虽然一些研究显示出黑猩猩也可以学会用手势表示一些意念，但是它们仍然不能独立地发展起一套系统的传递信息的手段。语言不仅用来表示情绪（这一点动物也可以在一定程度上表现出来），更可以用来传达知识、价值、态度。因此，语言在人类社会生活和社会化的过程中，起着至关重要的作用。

幽默大师萧伯纳曾经有一个富有启发性的比喻：你我是朋友，各拿一个苹果彼此交换，交换后仍然是各自有一个苹果；倘若你有一种思想，我也有一种思想，而朋友间互相交流思想，那么我们每个人就有两种思想了。这个比喻不仅说明，要成为人，须靠语言的传承方能达到，因为精神遗产只有通过语言才能传给我们。而且，学习语言，通过语言可以在无形中扩大个人的精神领域。俗话说得好，语言替我而思。因此，为了我们精神生活的不断完善，通过学习富于语言创造力的思想家和文学家的作品，以掌握丰富的语言是十分必要的。

在有的学者看来，“语言是社会的最根本的制度，同时，甚至可以说，它是个人生涯中遇到的第一个制度。语言是根本的因素。因为，尽管它的目的与特点有种种差异，其他制度全以语言规范的范型为基础才得以构成。国家、经济、教育系统，不管你作出怎样的解释，无一不依赖于对个人行为作出的分类、概念、命令等的语言体系。亦即国家、经济、教育系统等，依存于凭借语言所构筑的意义的世界，而且只有借助语言才能存续。”①这不能不说是很确切很深刻的洞见。事实上，也正是这样，我们每一个人，生来就处在一定的语言—文化体系之中。确切地说。正因为我们被降生、养育在这样的语言体系中，才使我们有别于其他的动物而成为人。而这种语言体系，通常是看不见，摸不着的，却又势必制约我们每一个人对于事物的意义与价值作出某种判断、领会和表述。

语言，作为人们表情达意的传递手段，其本身就是一种文化，在形成人和维护社会正常活动方面是不可缺的。从这个意义上说，它是社会文化的结晶，因而也可以说是构成社会各种制度的根基。

为什么语言可以起这种作用呢？因为社会成员借助语言，可以给语言共同约定一种意义，即依靠各自的文化，语言被人为地赋予了一定的意义。人们通过掌握语言，可以理解语言的意义。借助于它，可以形成既定的认识、观念、情感和价值。所谓意义，就是同语言的声音相联系的人们的知识经验的总体。在具体情境中反复使用语言，人们共同约定一种意义，用它可以向别人传递这种意义。

教育对人的第一个社会作用是成人，即使人成为人，而不使之沦为兽，不使之返回到野兽、动物的状态。不仅如此，而且还要以此为起点，使之肩负起发展今日人类的高度文明。一个人波澜壮阔的一生，也是作为一种从出生（或者受胎）至死亡的生命过程而展开的。在这一点上，同别的动物没有丝毫差别。唯其如此，他不能逃脱这一生物学上的规律。不过，同样是生命的过程，就其具体的内涵说，人类与动物之间存在着显著差异。运用语言、技术而发展的高度文明社会的人类，从生命起始，就是一种远比动物孱弱无力的存在。人类特有的直立步行与言语活动，要在出生后一年才有可能。就是说，人的出生，一般是提早了大约一年的

---

① ［日］筑波大学教育学研究会编，钟启泉译：《现代教育学基础》，上海教育出版社1986年版，第94页。

"生理性早产"。以一岁儿童跟动物作比较，似乎也不能说明他优于动物。那么不能独自营生的新生婴儿，为什么终究能够成为万物之灵呢？这里隐含着人的发展的独特性。人的基本特点就在于素质未被"特殊化"这一点。动物则不然，在生存中直接起作用的特殊器官和能力，是先天具备了的。即便需要学习，也不过是略作微不足道的学习就可以适应了。例如，跟人类最相近的类人猿，生来就长有毛皮以抵御寒冷，长有利爪和尖齿，具备爬树登高的能力，可以防天敌的攻击。

但是对人来说，这种生存武器在人类进化的漫长过程中，已逐渐退化，许多先天的特殊能力业已消失。初生婴儿的孱弱性，便是这一历史演变的结果。相反，同样在进化过程中，大脑在演进，这种进化特征替代了具有特殊的本能与器官，构成为人的特质。据说，在人脑中多种多样的神经元多达100亿至150亿个。各个神经元，靠它的突起组织跟别的神经元形成一万个以上的联结。一般所谓的学习，就是凭借了这种神经系统中的无数的联结线路才成立的。从脑生理学而言，人脑组织的复杂性，表明了人的学习的可能性，亦即人的巨大的可塑性。这说明人不同于别的动物。人是具有多种发展可能性的存在，也是一种业已从素质上获得了发展潜在力的存在。新生儿的外表的孱弱性，其实正是其发展方向未以特殊方式预先固定，表现着人的丰富的潜在力和可能性。

但是，这种发展可能性是并无定向的，具体的发展过程依存于出生后对其长期的发展与教育。忽略了这方面的重要性将会出现什么后果呢？这就是不少兽孩和弃孩所业已表明了的严重情况。在这种意义上可以说，人实现人类的特质的只有靠自身的努力。康德在《论教育》中说：人完全是教育的结果，人是唯一需要教育的动物。这些话，无一不源于人类的这一特质。

（二）人的成才的基本因素

1. 人的成才是先天和后天、素质和实践的统一

思维能力的主要物质基础就是大脑，这就有先天的因素。大脑表现出思维能力是在后天，后天的学习、实践、锻炼对于思维能力的发展具有决定意义。但思维作为大脑的机能，大脑作为思维的承担物质，先天的因素和后天的构造状况对思维的影响也是重要的，不是可以忽略不计的。

强调"天才在于勤奋"，但不能由此推出靠勤奋就一定会发展成为天

才。勤奋是天才的必要条件，不是充分条件。能够成为天才靠勤奋，是体现一种坚忍不拔的精神，而不是那种一般意义上的循规蹈矩，伏案读书，读死书，死读书。人们坚忍不拔地进行探索的结果，是其创造性成就，同时也锻炼了思维能力，掌握了科学方法。这后一点，虽然不是具有实体的成果，却是根本的收获。所谓坚忍不拔的探索精神，对一个人来说，在其少年、青年、成年诸阶段上表现不同，在每一个阶段上与同龄人比，也大多有其独特之处。勤奋和思维能力是两个相互促进的因素，勤奋能发展和锻炼人的思维，思维能力的发展又能使人更善于勤奋。古今中外的“神童”，大概都可说是其大脑状况的优越，但有些后来不“神”了，共同的原因大概是没有刻苦地学习、锻炼和受到及时的、必要的教育。宋朝王安石写过一篇《伤仲永》的短文，说江西金溪有个名叫方仲永的少年，小时比较聪明，5岁就能作诗，但由于缺乏良好的生活条件和及时的教育培养，十二三岁时写的诗已不如以前的那么好了。到了20岁左右，则“泯然众人矣”。这说明了后天的生活条件和教育对人发展的重要意义。美国斯坦福大学心理学教授推孟（L.M.Terman）对智商在130以上的1 528名超常儿童，进行了历时50多年（1921—1972年）的追踪观察与系统研究，得出的结论是：早年智力测验并不能正确地预测晚年工作的成就，一个人的成就同智力的高低并非密切相关，有成就的人并不都是家长、教师认为非常聪明的人，而是有恒心，做事求好、求精的人。体力活动可以在一定范围内改变体质，实践中思维能力的发挥也同样在一定范围内改变大脑。后天的主观努力可以在一定程度上改变后天的状况，也可以补充先天的某些不足。先天条件是重要的因素，后天的实践锻炼是决定性因素。天才是先天和后天的统一、素质与实践的统一。作为教育者自然应当鼓励和提倡人们刻苦努力，勇于实践，而不能随意说哪些人就注定成不了人才或天才（病态者例外）。但是，我们也要实事求是，总不能说任何人只要努力就可以成为人才或天才，反过来，成不了人才或天才就都归为后天不努力或客观条件不好。一个人，成才或者成不了才，其原因是复杂的，先天和后天的因素都有，先天和后天，素质和勤奋，是对立统一的。

那么后天实践中，对人的成才和对人的思维能力有影响的因素有哪些呢？

一个人的发展变化是受多种因素影响的，有促进的，也有干扰的，有必然的，也有偶然的，多种因素影响的代数总和就是社会对一个人的造就，也可叫作社会选择。一个人的成长与发展，不是靠脱离社会的个人奋斗，而是社会选择与个人主观能动性的结合。先天只给提供一种物质基础，提供一种可能性，并不是一种必然性，后天才是将可能性变为现实性的阶段。

一个人在后天的发展变化，首先决定于历史条件。马克思早在中学毕业的作文中就精辟地说过："我们并不总是能够选择我们自认为合适的职业。我们在社会上的关系，还在我们能够对它们发生决定的影响之前，就已经在某种程度上被规定了。"①

任何人都不能超越时代条件的限制，而成为你所想象的那样的人才。这些限制，总的说是历史进程的限制，具体又可分为：生产力发展水平的限制，人类所获取的知识总量的限制，个人获取的知识量的限制，以及个人世界观的限制。一个人只有认清时代给你的条件与限制，才能知道自己在这个具体的时代条件下能够做什么，不能够做什么。

在时代条件里，文化背景是一项重要内容。一定的文化背景，会提出相应的时代课题，催生解决此类课题的人才。

在时代条件里，社会经济背景也是一项重要的内容。人才类型无不与一定的生产力水平相联系。

恩格斯说得对，我们只能在我们时代的条件下进行认识，而且这些条件达到什么程度，我们便认识到什么程度。每一个立志成才者，都应该学会正确认识时代条件，这是改造、利用、驾驭时代条件的前提，而对于时代条件的认识正确与否，与人才的认识有关。

不同社会发展时期，会有不同的社会需要。社会需要对人才的催生作用是巨大的。马克思说过，社会一旦有技术上的需要，则这种需要就会比十所大学更能把科学推向前进。同样，社会上一旦有某种客观需要，则这种需要比十所大学更能造就人才。社会需要可以分为社会技术需要、社会经济需要、社会政治需要、社会军事需要等。一般而论，在社会大变革时代，由于旧的国家机器被打碎，需要新的政治力量的填充，对政治人才、军事人才的需要是大量的；在社会比较安定，历史发展趋于平稳的时代，需要建设经济、发展文化，对科学技术、经济管理、文化艺术、教育人才的需要显得突出。列宁说过，伟大的斗争会造成伟大的人才。这是正确的。而历史上伟大的斗争常常发生在社会大变革的时期。

---

① 转引自［德］弗·梅林著，樊集译：《马克思传》，人民出版社1972年版，第12页。

社会需要和优越的历史环境可以促成人才辈出。黑暗的历史环境固然也能锤炼出一批人才，但更多的是摧残人才，毁灭人才。

一个人的发展又与自己周围的具体环境有密切关系。在人们的现实生活中，多数人在中小学阶段往往受家庭和教师的影响很大，有正面引导，也有反面的激发；在大学阶段，又往往受主要培养人的思维特点的影响。任何一个基层单位或集体，如果在研究问题中思想活跃，气氛健康，可以诱发创造力；如果思想僵滞，就会抑制创造力。有些学者脱离了自己所受的系统教育，在其他领域作出了重大贡献；有些学者在正规教育中是“劣等生”，但取得了重大成就；有的人只受过某一方面的正规教育，却在多方面取得了突破。所有这些都说明：科学探索需要自由，即符合自己的兴趣和特长，这是个重要条件。归根结底是人的思维需要自由，思维有它自己的特点和规律，在思维领域里也必须按客观规律办事。

人们的思维是分类型的，人们所处环境也各不相同，造成了每个人的兴趣、爱好、治学作风各不相同。历史对一个人的制约，首要的表现是：是否允许个人选择用武之地。科学探索，就是要充分发挥思维创造性的自由，对任何领域的问题有了兴趣，就应自由地追踪探索。爱因斯坦、达尔文、李时珍，这些作出重大贡献的科学家，都是传统习惯的叛逆者，是思想解放的伟大先驱。他们的共同特点都是热爱自己学习，自己实践，自由探索，自由地闯入大自然的奥秘之中，让思维之花自由开放。我们一方面承认人的思维能力、兴趣爱好、治学方法和作风是可塑的，另一方面又要承认那些因素在一定的人身上、在一定阶段又有相对稳定性。这些因素在每一个人身上都是可塑性与稳定性的统一。

一个国家、一个民族、一个人如无个性特点，很难有独特的成就。爱因斯坦说，学校“应当发展青年人中那些有益于公共福利的品质和才能。但这并不是意味着个性应当消灭，而个人只变成一只蜜蜂或蚂蚁那样仅仅是社会的一种工具。因为一个由没有个人独创性和个人志愿的规格统一的个人所组成的社会，将是一个没有发展可能的不幸的社会。相反地，学校的目标应当是培养有独立行动和独立思考的个人。不过他们要把为社会服务看作是自己人生的最高目的。”[①]

历史对一个人的制约还表现在，科学探索中不管你想象力多么丰

---

① ［美］爱因斯坦著，许良英等编译：《爱因斯坦文集》第3卷，商务印书馆1979年版，第143页。

富，要想有创造发明，必须适应生产和科学技术发展提出的要求，反过来生产和科技又给创造发明提供物质条件。总之，人的成才、思维的自由，不是绝对的、无条件的，而是有其规律可循的，是在个人与历史条件、环境状况、学科特点等方面的对立统一之中实现的。

人的一生总是处在复杂的矛盾之中，这一点是永恒的。关键在于妥善处理好各种矛盾。要想实现思维的自由，应做到：第一，要有比较宽的知识面，知识面宽了，就有了转移学科的主动权；第二，选择职业时要兼顾兴趣，二者水乳交融，互相促进，力避偏废。

2. 个人的成才是接受他人教育和进行自我教育的统一

康德说，人完全是教育的结果。可是对于人才和天才来说，又不能这么说。这是因为成人和成才并不是一个概念，也不是同一回事。成人是将人与动物对比，说明教育是人兽区别的标志，而成才是指在成人的基础上，将人与人对比，说明人们在后天文化素质、能力上的区别并达到更为优越的水平。无疑，任何人成才，都离不开教育的培养，都必然要有接受必要的教育过程，但不能说仅是教育的结果，特别是对于那些卓有成就的杰出人才和天才来说更是这样。而应当说，任何人的成才，都要有一个接受教育的阶段，也还必然有一个更漫长、更艰苦的自我教育的过程。正确地说，人的成才是教育与自我教育的统一，人才的层次越高，其自我教育的作用更是主要的、起决定作用的。而所谓自我教育也就是自学。

在更广泛的意义上，任何人要想多少有所作为，都离不开自学。古今中外的思想家、科学家、文学家、政治家、军事家，没有经过正规学校训练而作出卓越成就的，简直难以统计。因蒸汽机的发明和改良而开辟了"蒸汽动力时代"的瓦特，原是一个机器修理工；因电磁理论的创立而开辟了"电气时代"的法拉第，是一家书籍装订厂的钉书匠；因发明了车床而开辟了用机器生产机器的"机械文明时代"的莫兹利，原是一个铁匠；蒸汽轮船的发明人富尔顿，年轻时是一家珠宝商店的学徒；蒸汽机车（火车）的发明人史蒂芬逊，原是一个乡间的放牛娃，17岁以后才在夜校接受了扫盲教育；被称为"宇航之父"的齐奥尔科夫斯基中学时代便失学，后在图书馆自学一些知识，因而自称上了"图书馆大学"。19世纪自然科学三大发现之一进化论的创始人达尔文说，他得到的任何有价值的知识都是从自学得来的。只上过三个月小学的爱迪生是列车上的一个报童，靠自学取得了多项发明的成功，成为世界闻名的大发明家。青年时代的高尔基曾经梦想进喀山大学，生活使他在实践中刻苦读书、写作，接受了另一所“大学”的教育。马克思、恩格斯正是主要通过在实际斗争中自学，成为人类历史上最渊博的学者和卓越的思想家。马克思曾经就读于波恩大学法律系，博士论文却选择了哲学方面的题目。在这以后，像列宁说的，凡是人类思想所建树的一切，他都重新探讨过，批判过，在工人运动中检验过。恩格斯中学没毕业，被迫经商，通过自学掌握了哲学、经济学、政治学、军事学、文学等各门学科的知识和二十多种语言，被马克思称为“百科全书”。

中国古代许多有“高学历”、高资格的学者都有真才实学，但许多有真才实学的学者未必有“高学历”、高资格。唐代著名诗人李白、杜甫都没有考上进士，宋代郑樵也全靠自学。明代大医药家李时珍三次乡试都未考中。明清时期的大学问家、大思想家有黄宗羲、顾炎武、王夫之、颜元等。但黄、顾、颜只是秀才，王也只是举人。这些人还算是有功名的。清末民国时期的章太炎，号称有学问的革命家、国学大师，但他自述：“余生亡清之末，少惎异族，未尝应举。”“故得研精学术，忝为人师。”“学问只在自修，事事要先生讲，讲不了许多。予小时多病，因弃八股，治小学，后乃涉猎经史，大概自求者为多。”[①]科举取士时代，进士是资格最高的一个等级。近人朱彭寿著有《旧典备征》一书，他统计清朝从顺治到光绪二百多年中全国共殿试112科，状元140人，乡、会、殿试三次第一者2人，二次第一者34人，而有真学问的大家却寥寥无几。

一个人一生中所取得的成就，决不能划定在中学毕业、大学毕业、研究生毕业的线上，决不能局限于取得某一学衔或学术职称，在这以后的路更长，而这条路主要是靠自学走过来的。没有受过正规教育的人要自学，受过正规教育的也要自学；知识少的要自学，知识多的也要自学；没有成就或成就不大的要自学，已经作出点成绩甚至成就很大的也要自学。“学然后知不足”，“师傅引进门，修行在个人”——我们民族的这些古老格言，就是催人在自学中不断成长的座右铭。“活到老，学到老”，这是一个根本性的结论。

一般认为，一个人从小学读到大学，并有成就的，便不是自学成才，而把没有受过学校教育而有成就的，才认为是自学成才。显然，这是对自学的狭义理解，也是一种偏颇的认识。

① 《章太炎先生家书·章太炎先生答客问》。

自学应该从广泛的含义上去理解。鲁迅学过矿业，学过医学，郭沫若也学过医学，但他们之所以成为著名的文学家，靠的是自学。俄国的契诃夫也是这样，他的职业是医生，自学成长为著名作家。就是已经有所成就的人，也一刻不能离开自学。实践在发展，人们对于自然界、对于社会的认识日益深化，现代社会科学文化的更新比过去快得多，如果停滞于旧的知识，那就势必成为时代的落伍者。没完没了地上大学，这种事情毕竟太少太少了。一个人一生中在学校的时间是有限的，而更多的时间是在实践中学习，这就必须自学。何况在社会实践和现代科学技术日新月异发展的今天，光是几年的大学学习是不够的。如果有了文凭就不再继续学习，知识就会老化，能力就会萎缩，在社会生活中就会落伍。自学的意义是不可估量的。学校教育固然很重要，但不能代替自学，也不能排斥自学，职工通过自学可以成才，学生通过自学可以丰富知识。应当说，社会越发展，科学技术越发展，自学的意义就越大。

一个人能力的发展，不是在单纯的学校生活中实现的，而是在广泛的社会生活（包括自学）中实现的。任何专家、学者、名流，仅在课堂上是培养不出来的，要靠社会实践，靠自学。因此，可以这样说，有志者都在不断地自学，自学是贯穿其一生的事。

随着自学的深入，并取得一定的成绩后，书籍就逐渐增多起来。但是，就任何个人来说，个人的图书资料毕竟是有限的，因此，有志于成才者，必须把自己的视线转向图书馆。因为图书馆，特别是一些大图书馆，是文化遗产的所在，是人类文明的中心之一，是老师的老师，是大学的大学，它益人最大。检验一个国家、一个地方、一个学校的文明程度的一个重要标尺，就是看它的图书馆藏书量大不大，质量高不高。任何私人的藏书都无法超过公家大图书馆的藏书。一个立志成才者要力求博学，真要多读点书，最好的一个办法就是到图书馆去。充分利用图书馆，这是一切成才者、好学者的共识。一个人可能上了大学成不了才，也可能不上大学而成了才，关键在于自己对学习，对不断用知识、文化来充实自己的态度。从这个意义上说，自学是根本，一个人的成才是教育和自我教育的统一。

3. 一个人要成才，必须懂得勤于读书、善于读书

人的认识活动，既是集体的、社会的，也是个人的，二者是相互依存、相互促进的辩证统一。

一个人从胚胎发育到呱呱坠地，早在母体中重复了从单细胞动物到

人类这样一个生理过程。那么，从婴儿到大学毕业，或取得相当于大学的学历，则是重复了从原始人到现代文明人这样一个生理、心理，尤其是智力发展过程。第一个过程是十个月跨过了几十亿年，第二个过程则是二十多年跨过了几十万年。人的认识怎么会在二十多年中跨过了几十万年呢？

（1）人脑经过几十万年的发展，已经积累了实现这样跨越的物质条件。现代人脑是高度完善、高度发达的，每一个人的大脑都是一个巨大的智力资源库。据估计，现代人脑大约有几百亿个神经元，相当于一台100万亿个开关的电子计算机。但是，这么巨大的智力资源库需要开发，如果不开发，那这个人就跟动物差不多了。世界上发生的好几起狼孩的事件，是很能够说明这一点的。

（2）一个人在社会中长到二十多岁，对人类在几十万年中积累起来的物质文明已经有了相当的接触，参加了一定的实践活动，具备了一定的直接经验。这种直接经验的获得，对于个体认识的形成和发展，意义是重大的。但由于个体实践的狭隘性，也就决定了人在这种实践中所获得的直接经验的狭隘性。也就是说，直接实践对于个体智力的开发是重要的，但是，这种开发还仅仅是初步的、不充分的。

（3）要使个体的智力得到充分的开发，就必须把个体狭隘的实践和丰富的人类实践相结合，把个人的直接经验和丰富的人类间接经验相结合。而要获得几十万年以来人类所创造的知识，其主要途径是读书。所以，一个人在二十多岁以前必须集中地、系统地、大量地读书学习，接受教育。首先，通过书本的学习，借助于初步的直接经验，才能掌握人类几十万年以来所创造的知识。这一过程也就是个体的智力得到充分开发的过程。在这一过程中，必须有起码的直接经验作为基础，否则书本上的知识是不能被理解和掌握的，当然更谈不上得到检验、修正和发展。但如果只有直接经验，而不去从书本上获得大量的间接经验，那就不可避免地会目光短浅、孤陋寡闻、知识褊狭。愚昧往往是由无知产生的。相反，智慧则和知识联系在一起，而大量读书才能获得丰富的知识。也就是说，只有大量读书，才能在认识上赶上前人，才能避免前人经过的那些漫长的、艰难的摸索过程。其次，只有大量读书，才能在认识上超过前人，这可从三个方面来说。第一，人们只有借助于对书本知识的掌握，才有助于在实践中获得新的感性知识。感性认识是理性认识的基础，但理性认识一旦形成，又会对获得新的感性认识发挥指导作用和中介作用。

例如，具有天体运动方面知识的人比不具备这方面知识的人，在天文观察中，获得新发现的可能性要大得多。又如，听一首好的曲子，有音乐知识的人比没有音乐知识的人，所感受到的内容的丰富程度是不一样的。这是因为，原有的知识，其中主要是通过读书获得的书本知识，为新的感性认识的获得提供了理解基础。只有理解了的东西才是深刻的。第二，本质是在现象的共同性中概括起来的，规律是从现象的重复性中抽象出来的。要研究一个问题，特别是要研究一个较为复杂的问题，要获得新的见解，如果只有自己的实践经验，而很少间接经验，特别是不从书本上获得间接经验，那么也就难于掌握十分丰富的事实材料，就难于发现现象的共同性和重复性，也就难于抽象出事物的本质和规律，也就难于实现认识的第一个飞跃。泰勒说，具有丰富知识和经验的人，比只有一种知识和经验的人更容易产生新的联想和独到的见解。这话是很对的。第三，任何新学说，就其内容来说，是深深根植于现实生活的土壤之中的，而就其理论形式来说，则表现为对原有理论的继承和发展。人类的认识是一股不断的流水，温故才能知新，继往方可开来。科学思想是科学以前思想的一种发展。牛顿说他的见解能超越前人，是因为他站在前辈巨人肩上的缘故。这是对历史发展中一切超越前人的后来者的成功经验的集中说明。

《天体运行论》的作者哥白尼，1494—1506年曾求学于意大利，到过罗马、维也纳等五六个城市，几乎读完了这些地方所收藏的全部数学和天文学书籍。《本草纲目》的作者李时珍，在35岁以前就几乎读遍了前人的医书。达尔文的进化论就是在吸取此前许多科学家的研究成果的基础上创立的。马克思主义也是对德国古典哲学、英国古典经济学和法国社会主义的批判继承和进一步发展。

据统计，从600年到1960年，共有1 243位科学家和发明家作出了1 911项重大科学发明创造。大多数人在30岁左右即开始作出重大发明创造。40岁以前即作出第一项发明的创造者占三分之二，有60%的重大发明也是在40岁以前作出的。这就是说，中年是科学家发明家取得成果的黄金时代。之所以是这样，是因为人到中年，除了在经验的积累方面，同时在书本知识的积累方面趋于比较成熟的状态。有人把接受前人知识的时期称为“继承期”，而把创造发明的时期称为“创造期”。那么可以说，科学家发明家在少年、青年时代，读书学习，接受教育，到了中年正是“继承期”进入后期，“创造期”进入最盛的时期。可以说，“继承期”是“创造期”的必要准备，“创造期”则是“继承期”的必然趋势。诚然，继承并不等于创造，但是要创造必须要继承。

总之，读书是个体获得间接经验的主要来源，是个体认识赶上前人的一个主要途径。同时也是个体认识超越前人的一个必不可少的重要条件。因此，一切有志者，要成就事业，就要勤于实践，同时也要勤于读书，二者不可偏废。尤其是青少年，正处于长知识的时期，更应该珍惜大好时光，勤奋读书，为将来建功立业打下一个坚实的知识基础。

如果说读书是个人认识发展和成才的重要条件，那么读书风气的形成与否，则是一个关系到民族、国家以至整个人类的认识发展和社会进步的大问题。在人类历史上，某一民族、某一国家在某一时期内文化的勃兴，虽然都以一定经济、政治为条件，但就其表现形式来说，大致都是以读书风气的形成为先导。相反，文化的衰落也都是以焚书、禁书、坑儒等为征候。

4. 个人的成才也取决于诸多非智力的精神因素

一个人的成才与其聪明、智慧有密切关系，但两者之间不能画等号。这就是说，一个人的成才并不是仅仅依靠智力这个条件所能奏效的，也必须有赖于诸非智力的精神因素。非智力的精神因素，从大的方面说，主要指人的情感、意志以及人格特征，包括动机、兴趣、情绪、毅力、独立性、主体性等，也包括德、识、学等许多素质。概括地说，就是在做人的基础上成才，依靠对事业的热爱，对理想的追求，对高尚、正直人格的向往等。而这不仅是成才的一种途径，也是对人才应有的素质要求。

第十一章　教育对社会的作用及教育的地位

一、教育对社会作用的含义

（一）“社会”的含义和社会系统

社会是什么？简言之，社会就是人类的群体存在形式。人类群体存在形式是相对于人类个体的存在形式这一事实而言的。人类有两种存在形式：一为个体；二为群体。个体即个人，它是人类存在的一种基本形式，只要有人类存在，就会有个人存在，没有个人，没有人的独立性，便没有人类及其群体的社会。社会作为人类存在的群体存在形式，对于个人的存在和发展极为重要。没有社会就没有个人，个人是社会的产物。社会是个人存在和发展的不可缺少的客观环境。社会作为人类存在的群体形式，其内部是分层次的。社会是人类最大层次上的群体系统。说它是最大层次上的群体系统，也并不是把整个人类都包括在内。在古代，地球上的人类居住在不同的地理区域，没有实现什么全球联系，根本谈不上全球社会，只是随着人类的发展，群体形式在不断演变，所以，人类的群体形式有一个发展过程。人类在群体关系上脱离动物是以氏族公社（社会关系）的形成为标志的。氏族公社的出现，是人类社会形成的标志。我们在这里讲的社会系统主要是指现代社会系统。其范围限制在国家的层次上，即把社会视作国家社会。这是因为，今天的人类尚未能真正建成全球社会，全球人类并没有形成统一联系，国与国之间是并存的独立关系，尚无内在的统一关系。社会的有效范围是在国家这个层次之内。社会系统，实际上就是国家系统，或曰国家社会系统。在国家社会之前，还曾有过氏族社会、部落社会等，它们所具有的特征和水平与国家社会有很大不同。

“社会”一词在今天即是国家社会。国家范围内的人类群体形式，都是比社会层次更小的群体层次，主要有民族、阶级、职业团体、家庭等层次。社会内部的这些不同的群体层次，是人们生活于其中的大小不等的群体。人与人之间不是直接联系，一下子构成社会的，而是一个层次一个层次地逐级联合，最后才在最大层次上组成社会系统。研究社会内部的各种群体层次，是认识社会系统的重要环节。

在所谓群体中，国家是最大的社会群体。可以把现代人类社会称为国家社会阶段。

“国家”的含义是多重的。从人类群体生活的方式上讲，国家具有统一的、政治的、经济的、文化的、心理的、地域的特征，所以，不能只简单地把国家理解为阶级统治的机器，而应理解为一种人类活动的最大层次群体。作为阶级统治工具的“国家”，只是国家这个人类群体层次中的政治上层建筑，是国家的一部分。不同国家之间的人们，在经济上、政治上、思想文化上都是互相分离的，尽管这种分离不是绝对的，却是严格的。国家内部的人们，在经济上、政治上、思想文化上的联系较为密切和统一。国家拥有国家机器，具有政治上的特殊力量，通过政治、法律、武装而维系整个国家社会生活的稳定、协调和独立。

国家作为人类群体的最大层次，把诸如民族、阶级、职业团体、学校、家庭等各层次包含在自身之中。国家的特点不仅仅在于大，而且在于它是一个完整的社会系统。社会系统，在今天指的就是国家这个大群体。国家内部的层次，都是社会系统的子系统。国家社会系统具有突出的统一性，使它与不同国家区别开来，形成不同的社会结构和社会形态。国家社会的结构，是以民族、阶级、职业团体、家庭的层层关系为基础而进一步形成的社会大厦。社会大厦的各个层次是自上而下排列的，不是层层相套的。历史上，社会大厦各层次的内容不断变换，形成不同的社会形态，但这些不同社会形态中的基本层次都是大致相同的。

按由下而上的次序看，社会大厦的最基层是社会生产力层，或曰技术层，是社会与自然界的直接关系层；社会大厦的第二层是社会经济层，或曰经济关系层，是社会经济结构和经济制度，是直接为社会生产力服务的；社会大厦的第三层是社会政治层，或曰政治关系层，是社会的政治制度，是由经济关系决定并为其服务的；社会大厦的第四层，也是最顶层，是社会意识层，是人们的心理、文化、科学层，它是社会诸层次的反映，又为诸层次服务。

如果把社会大厦的一种相对稳定状态叫作一种社会形态，那么上述的诸层次也可相应地叫作社会的技术(生产)形态、经济形态、政治形态、意识形态。

研究社会系统，除了弄清社会内部各个大小不同的群体层次，还应弄清社会大厦的主体结构层次。技术形态或生产力层次，是人类与自然界的实践活动，除此之外，人类还有交往实践，可以把社会实践列一项。

另外，经济、政治的形态可作为社会关系去研究，而社会意识则需要由社会心理与社会科学来探讨。

（二）教育是一种社会实践

教育在社会系统中是一种子系统，也是一种社会实践。社会实践是社会赖以存在和发展的实际活动。没有必要的社会实践，人们难以存活，正常的社会关系难以维持。社会实践是社会系统第一等重要的因素，也是社会系统表示自己存在的标志。社会生产实践是各种社会实践中最为基本的一种实践活动。科学实践，在现代社会中也是一种主要的社会实践。通常有“科学实验”的说法。科学实验是科学实践的主要内容，科学实践比科学实验的面要广一些。文教活动，也是一种社会实践活动。文教活动包括文艺、教育、体育、卫生等活动。这些活动，在社会生活中同样是不可缺少的。特别是随着人类文明的发展，文教活动的比例在人类活动中急剧提高。

教育实践，从人类诞生就开始产生了。在古代已有专门的教育活动。到了近代，系统性的教育活动产生了。在现代社会中，没有教育活动是不可思议的。19世纪以后，欧美各国把教育列为国家事业之一，把教育和经济、军事当作建国的三大要素。之所以把教育称作实践，是因为教育活动的要素均是可以感知的实际事物。传授观念形态的知识是在教与学的过程中实现的。而在教与学的过程中充满着大量的实际操作活动。社会实践的各个方面，不是彼此分离的，文教实践是生产实践，是科学实践的重要推动力量和必要的基础性因素，它们交织在一起共同构成社会的文明。

社会实践是社会系统中的活跃因素。不论何种实践，都在人的参与下不停地活动着，没有活动就没有实践。不论哪类实践，归根到底都是为了提高社会系统的力量，壮大社会系统的阵容，最终实现人类的种系进步。一句话，就是要为社会的存在和发展服务。

二、教育对社会作用的基本特点和具体表现

（一）教育对社会作用所表现的基本特点

首先，教育对社会的作用，从根本上来说，是教育对人的作用所产生的结果及其集中的、综合的表现。离开了教育对人所产生的作用，教育

对国家、民族、社会的作用就无从谈起。这可以说是教育在社会领域表现其功能与作用的一个显著的基本特点。

其次，既然教育对国家、社会的作用以教育对人的作用为基础，则教育的国家、社会功能或称国家、社会的教育功能必然只能直接反映在人的身上，而并非反映在“物”或“事”的方面。因此，应该把教育对国家、社会的作用概括为“提高人口质量”和“培养社会人才”这两个方面，而不能作诸如经济功能、政治功能、科技功能、国防功能这类表述。这并非无视教育对国家、社会的经济、政治、科技、国防等重要社会事业领域所产生的重大作用，而是因为这些作用都只表现在“事”和“物”的方面，并不在“人”身上。严格地讲，这些并非教育对国家、社会的作用或功能的直接结果，反映的只是一种间接的成效或者说是教育对社会的作用所造就的人作用于“事”和“物”的结果，是一种结果的结果、作用的作用。如果把教育造就的人作用于“事”与“物”所产生的结果与作用，统统视为教育对社会的作用或功能，则教育对国家、社会的作用就会不胜其多，并且必然也难于把握了。教育所造就的人必然作用于“事”与“物”，但教育与客观的“事”与“物”之间，并非直接相通，而是以教育所造就的“人”为中介的。因此，教育对社会的作用只能表现在“人”的身上，而不能再涉及由人所作用的“事”与“物”的方面。这是教育对社会的作用的又一个显著特点，也是本书就教育对社会作用所持的基本见解。

为了说明以上两点，我们首先有必要重温人学理论的有关个体和群体之间关系的基本见解。

人学理论告诉我们，人类的存在有个体和群体两种形式，个体也就是个人，而国家、社会就是人类存在的一种重要的，也是最高层次的群体形式。因此，人类的发展，也呈现出个体和群体两条线索。这就是说，人类的发展，要表现为个人的发展，也要表现为国家、社会的发展。人与社会的发展，相互依赖，相互渗透，相互促进。但是，如同任何其他物质形态的个体具有决定该类物质的性质的地位一样，人类的个体也具有决定人类这一类物质性质的地位。社会作为人类的群体存在形式，它不是超人类个体的物质存在方式。在这里，群体不过是个体的量的扩大，并不是比个体更高级的物质形态。人类的规定性是从个体上确定的，而不是从社会上确定的。我们不仅不能把人类和社会等同，相反，只有个体才表征人类的本质。

其一，由于个体决定人类本质，社会只是人类的群体形式，所以，人类的发展归根结底总要落实并表现在个体的发展上。社会是由单个的人组成的，人是社会赖以形成和存在的前提，没有人就不会有社会，人的发展是社会发展的实质，离开个体发展的社会发展是不存在的。任何社会事业的发展与进步，归根结底都是人的发展与进步的表现和结果。马克思说得好，正像社会本身生产人一样，人也生产社会。社会的发展，包括物质和精神因素的发展，并造就一代又一代的新人，与此同时，这一代又一代的新人又推动社会从一种状态发展到另一种状态，所以，在社会进步的标志系统中，最高层次的标志是人的发展和人的进步。社会的进步最终应归结为人的素质的提高和人的全面而健康的发展。人的发展和进步，在社会中需要教育去培养、激发和锻炼。可见，人的发展和进步是首要条件。教育对人的发展的直接作用在于提高人的文化素养。教育的发展也将带来社会文化的繁荣和社会事业的发展。但这相对于文化的作用和人的发展来说，都是作为结果出现的。

其二，人是一切社会活动的主体。凡是社会活动都是要由人来推动的，而不存在不由人为主体的社会活动。

人一旦成为人，从根本上讲，他就处于和自然界相对立的主体地位。现代社会中，人的基本特征是其独立性或主体性。

主体，从认识论的意义上来说，主要是指有目的的认识活动和实践活动的承担者。正如马克思所指出的那样，作为认识世界和改造世界的主体，是现实的人和现实的人类。

主体是在实践中建立起来的概念。人既是主体，又是客体，人作为存在是客体，而人在实践中，在行动时则是主体。人具有二重属性：一是受动性；二是能动性。人作为一种客体存在，表现为受动性，即受制于一定的自然关系和社会关系。人作为行动着的人、实践着的人，则表现出能动性，即按照自己的意志、能力、创造性在行动，在支配着外部世界。

人的主体性包括两个方面：首先人是实践主体；其次人又是精神主体。所谓实践主体指的是人在实践过程中，与实践对象建立主客体的关系，人作为主体而存在，是按照自己的方式去行动的，这时人是实践的主体；所谓精神主体，指的是人在认识过程中与认识对象建立主客体关系，人作为主体而存在，是按照自己的方式去思考、去认识的，这时人是精神的主体。总之，人在实践和认识中，在行动和思考过程中，都处于主体的地位，表现出主体的力量和价值。

（二）教育对社会作用的具体表现

教育对社会所能发生的作用，如果站在社会全局的和历史的高度，并且主要从教育的正面功能这个角度来考察的话，它主要表现在民族人口素质的提高和社会所需人才的造就这两个方面。

在人类社会，教育从一开始，就是以全民族的所有人为对象的。教育对国家、民族和社会来说，其首要的功能和作用表现在提高全民族人口的质量上面。因此，教育的社会作用必须首先从全民族的文化素质的提高着眼，即从提高国家、社会的人口的质量的角度进行考察和予以肯定。其次，就是培养造就社会所需的各类人才。民族人口素质的提高，具有根本的意义，社会所需的人才就是在此基础上产生的。人才的造就相对于普遍的人口素质状况来说，是一种提高，但这种提高一般说离不开原来人口素质的基础状况，人口的普遍素质越高，一般说来，各类人才也更多更优秀。这是一种水涨船高的关系。反过来，各类人才越多、越优秀，又将会促使社会的进步与发展，两者之间具有一种相辅相成、相得益彰的紧密关系。

关于教育对社会究竟具有什么作用的问题，历史上不少思想家、教育家作过论述。这里不作太多的引述，仅介绍《礼记·学记》和我国17世纪思想家王夫之的有关见解。

《礼记·学记》综合了春秋战国时期儒家的思想成果，把教育的社会作用明确地概括为“建国君民”、“化民成俗”八个字。这可以说是儒家关于教育的社会作用的最经典的结论。这种观点应该说是准确的。而我国17世纪思想家王夫之提出的有关见解，尤其值得注意。

王夫之认为，在一个国家中，除了政事以外，教育是最重要的，是治国之本。他说：“王者之治天下，不外乎政教之二端，语其本末，则教本也，政末也。语其先后，则政立而后教可施焉。”教育对社会有什么作用呢？他认为，一是“牧民”，二是“造士”。所谓“牧民”是说对百姓除了“宽养”以外，还要施以“教化”，“牧民之道，教养合而成道”。“民不富，不足以容游惰之民；国无教，不足以化犷戾之俗。”所谓“造士”，就是通过学校等教育，培养士人，这些人从政以后，将成为“国之桢干”，他们是贪是廉，是仁是暴，关系至为重大。

应当看到，王夫之把教育对社会的作用概括为“牧民”和“造士”这两个方面，同样是准确的，见解是深刻的。“牧民”与“提高民族人口的素质”,“造士”与“培养社会所需的人才”,虽然在文字表述和思想内涵上有所不同,但考察问题的思路是一致的、相通的。1985年《中共中央关于教育体制改革的决定》指出:“教育体制改革的根本目的是提高民族素质,多出人才,出好人才。”这同样正确地把握并指明“提高民族素质”和“培养人才”是教育对社会的作用的基本内涵。教育改革的目的正是为了正确地、充分地发挥教育对社会所客观具有的这种功能。

三、教育与民族人口素质的提高

提高全民族人口的素质,这是教育根本性的功能。教育的这种功能,从来都客观存在。而随着世界在近代科学文化的出现和不断发展,知识的作用不断增加,教育对于提高民族人口素质的作用愈明显,并愈益重要。过去主要以体力为基础的生产劳动,现在则主要取决于科学技术、知识、智力的积累和发展;过去生产的资本主要是货币和物质生产资料,而现在科学技术、知识信息越来越占有重要地位。经济的发展越来越依赖于智力开发,教育投资越来越成为重要的生产投资,智力竞争成了经济竞争的焦点。现代生产已经把科技、知识、信息直接并入了生产过程,使教育成为现代生产力发展生死攸关的大事。人口是生活在特定社会制度、特定地域、特定时期,具有一定数量和质量的人的总称。它是社会存在的前提,是社会发展的基础。社会是一个庞大的复杂机体,人类社会要存在和发展下去,就必须进行一方面是生活资料即食物、衣服、住房以及为此所必需的工具的生产,另一方面是人类自身的生产,即种的繁衍。两种生产是缺一不可的,而人类则是这两种生产的主体。社会生活和社会发展是不能离开人口的,人口是一切社会问题的中心。可以说,凡社会现象都是离不开人口的。保持良好的人口状况,是社会的生产和生活赖以持续进行的重要因素,也是社会存在与发展的基础。

所谓人口状况,即人口数量的多少、质量的高低、增长的快慢、聚居的密度等,这些都对社会的发展起加速或延缓的作用。

人口发展数量的主要意思是:社会发展要求人口生产和物质生产要协调一致,两者之间要保持一定的比例关系。两个生产的比例基本相适应,有助于促进社会发展的进程。两者比例关系失调,就会延缓或阻滞社会发展和进步。比如,在人口过于稀少、生产力水平较低、自然资源较丰富的国家和地区,由于人口发展缓慢,就会造成劳动力供应不足,影响到对自然资源的开发和利用，限制了社会经济的发展。同样，在人口过于稠密、人均自然资源较少、生产力水平较低、劳动力已过剩的国家或地区，继续增加人口，会给社会发展起延缓作用。相反，前者鼓励人口发展，后者控制人口发展，就会促进社会的发展和进步。

人口质量的高低，更直接影响社会的发展与进步。人口质量是指人口的素质，即人的身体素质、文化科学素质和思想素质。一个国家和民族的盛衰兴亡，与其人口的素质有很大的关系。随着现代科学技术的发展，人口质量的变化对社会生产的发展影响愈来愈有重要意义。社会现代化对人口质量的要求也越来越高。可以说，一个国家或民族的人民健康水平高低，是衡量该国家或民族经济、文化发达程度的标志之一。国民的文化教育水平和科技水平的高低，是衡量一个国家现代化水平的重要指标。思想道德素质的高低，是反映精神文明的重要标志。注意人口质量，意味着文明与进步。在我国，随着现代化建设的深入，人口质量问题也日益提到了议事日程上来。

“控制人口数量，提高人口素质”是我国人口政策的两个方面，也是计划生育基本国策的两项任务，不仅在实际工作中证明是正确的，而且从教育理论上也是言之有据的。控制人口数量与提高人口素质的目的是一致的，都是为了国家的富强、民族的昌盛、人民的幸福。

提高全民族人口的素质，在今天对任何一个国家、社会来说，都是一项最重要、最根本的伟大使命，也是一项最艰巨的系统工程。

人口质量是个历史概念，它受社会生产力发展水平和生产关系性质的制约。

在人类社会发展的各个不同时期，人口质量的作用是不同的。在社会发展的低级阶段，人类自身的消费水平很低，个人从被抚养者到劳动者的周期也很短，在劳动者参加劳动以后，如果他创造的物质财富大于他自己生存的需要，人口增加就对经济发展有好处。但是，到了产业革命以后，随着机器大生产的发展、劳动复杂程度的提高，对劳动者具有科学知识和劳动技能的要求也相应提高。今天，生产的发展主要依靠劳动者的技术装备程度和受教育水平的提高，而不是依靠劳动者数量的增加。一般说来，随着生产机械化、自动化水平的提高，对劳动者数量的需求就相对下降，而对劳动者质量的要求，特别是劳动者科学文化水平的要求就会提高。因此，人口质量问题是社会经济发展中非常重要的问题。不断提高人口质量是现代科学技术和经济发展提出的要求，是社会进步的必然趋势。

影响人口质量的主要因素是：遗传素质所决定的生理特点和心理特征，人所处的社会环境，物质生活消费水平，学校教育水平等。在其他条件基本相同的情况下，人口质量主要由教育来决定，即在于提高社会人口总体所反映的思想觉悟、道德修养、文化水平和身体素质等方面的一般状况。提高人口的质量，优化人口素质，这便是教育对社会的发展的根本职能所在。

人的后天素质都是从社会教育、学校教育、家庭教育诸方面获得的，这是人口智能发育和固有天赋的发挥之关键所在。因此，人口的德、智、体全面发展的教育，必须从婴幼儿时期做起，强化家庭、学校、社会的教育，而基础教育在奠定民族素质方面，更具有决定性的意义。从提高国民素质的立场来看，国家的基础教育，具有国家之本、民族之本和人生之本的重要地位。

基础教育是一个国家对公民进行科学文化、生产技能和思想道德教育的基础。它是一个国家民族文明程度和素质高低的标志。一个国家的经济、文化、科学技术的发展，有赖于基础教育的普及与提高。因此，世界各国都把办好基础教育作为治理国家的根本。越是发达的国家，其基础教育的水平就越高。

国外许多有名的教育科学理论家，他们的教育理论都是在研究基础教育中逐渐形成的。因为基础教育的许多规律和原则对整个教育来说，具有普遍的意义和价值。不研究基础教育，也就不可能建立中国特色的教育理论体系。

四、教育与社会人才的培养

人是生产者和消费者的统一，这是马克思主义人口理论的一个基本观点。这个理论观点的主要意思是：人有其作为物质财富消费者的一面，又有其作为物质财富生产者的一面。其实，不只在物质财富方面是如此，这个理论观点同样可以用来说明人在精神领域的情况。这就是说，人既有作为知识、文化等精神财富消费者的一面，又有作为精神财富生产者的一面，即人也是精神财富生产者和消费者的统一。如果说，人的成人、成才过程是人对社会精神财富的享受和消费的过程的话，则人才的培养就是为了发展知识、文化、创造社会的物质、精神文明。人才归根到底是在能促进社会政治、经济、文化的发展，为社会增加了有益的文化。

历史是按照其固有的规律，不断由低级向高级发展，由一种生产方式推进到更先进的生产方式，永远向着更进步、更文明、更美好的未来前进的。一部文明发展史，积累了琳琅满目、绚丽多彩的物质文明和精神文明的珍品。

任何一个国家、社会，应当既有高度发展的物质文明，又有高度丰富的精神文明。物质文明和精神文明相互依存，相互促进。物质财富、物质文明为精神财富、精神文明奠定基础，提供保障。而精神财富、精神文明反过来促进物质财富、物质文明的生产和发展。高度的物质文明是社会进步的一个重要特征，高度的精神文明是社会进步的另一个重要特征，是推动社会进步与发展的一个重要因素。

在现实中，物质生产和精神生产是相互依存、相辅相成的。物质和精神是哲学的一对基本范畴，二者的关系问题是哲学的基本问题。生产力就包括物质的生产力和精神的生产力这两部分。

不论在物质财富还是在精神财富方面，人都既是享受者、消费者，又是生产者、创造者。而不能只具有消费者的一面而无生产者的一面，也不能只具有生产者的一面而无消费者的一面，人是一切工作的主体，也是一切工作的目的。一切为了人，一切物质和精神产品都来自于人。

教育为经济建设服务的说法在义理方面原本就是有偏颇的。因为教育不单是物质文明建设的基地，更重要的是社会主义精神文明建设的一个最重要的组成部分。从长远看，教育又是社会的精神文明建设的最初发源地，两个文明都发源于教育。

人离开狭义的动物愈远，人的精神世界也就愈加开阔广大，其内容与形式也就愈加丰富多彩。同样，社会愈发展，人类精神世界对于推动历史发展的作用也愈加重大。就个人来讲，人在社会上生活，不只有适应社会的问题，个人要生存要发展，社会也要生存要发展。因此，就个人来说，还要认识世界、改造世界，即在社会文化普及基础上从事职业化、专业化的活动。在对人社会化的基础上，教育活动要为人在社会上从事职业，进行专业活动作准备，这对个人来讲，是自食其力，依靠自己的能力、学力以求生、自立，也是参与人类共同建设，发展人类文化、文明事业的活动。在原始社会，尚无社会分工，谈不上职业化、专业化，仅存在自然的分工，如性别间的分工。到了文明社会，社会有了分工，这种分工，虽然有明显的阶级性质，却是人类创造、发展文化文明所必需和必然之事。任何社会的成员，从事一定社会生活所需的职业、专业活动，从不会到会，从不熟练到能胜任，而其一开始就存在着教育活动，则是无疑的事。而这种专业的职业教育，一般都在家庭条件下，或由师傅带徒弟，口耳相传。科学文化发展后，随着资本主义的兴起，社会分工进一步加剧，有工、农、商、学等各领域很细密的职业分工和各种不同专业活动。这些职业分工和专业活动就是社会文化得以进一步发展创造的必由之路和源头活水，而个人就是以这种普遍的职业化、专业化的活动方式参与其中。

正是基于以上所述的道理和客观法则，可以说明教育对人类的个体不仅有成人的作用，而且必然还有成才的功能；教育对人类的群体，不仅有提高其人口素质的作用，也必然还有为其造就社会所需的各类人才的功能。我们必须看到这种个体、群体之间所存在的深刻的逻辑对应关系。

不同的历史时期人才的社会性也是变化的。不同的社会形态下，不仅人才本质的内涵以及社会对人才的要求不同，而且人才的本质特点也不尽相同。在当代，人才问题，是关系到国家盛衰、强弱的一个重大问题，是关系到国家、社会事业能否兴旺发达的大事。许多国家的实践证明，使国家迅速强盛的关键在教育，在于人才的培养。因为今天的科学成就决定着明天的生产水平，而今天的教育，又决定着明天的科学发展和后天的生产水平。当前世界经济竞争的焦点是科学技术，而教育在科学技术竞争中具有基础地位。谁能认清这个问题，把教育提到优先发展的地位，谁就能在这场竞争中赢得主动权。

我们今天应该做的事，首要的、关键的是提高人的质量。因为未来掌握在有质量的人手中，希望在有质量的青年人身上。

是什么促使了时代的前进？是人类的智慧，是由人的劳动所创造的才能、思想、文化。

为了就教育对国家、社会所具有造就人才的作用有更进一步认识，教育理论中不仅应有人才理论的一席之地，而且需要把人才理论和教育理论有机地结合起来进行论述。

人才问题，在今天，对于国家、民族的发展来说，都是第一个重大而迫切需要解决的课题。这是由其客观具有的重要的历史地位和社会作用决定的。

与教育对人的成才作用的宽泛含义相对应，从国家、社会的角度看各类社会所需人才的培养，主要就是为了适应社会文明发展的要求。国家、社会需要培养各类高级人才和管理人才。但教育的根本功能是提高民族的思想道德素质和科学文化素质。整个民族素质的提高不仅是产生高级科学技术人才和管理人才的基础，而且是搞好两个文明建设、进行现代化建设的基础。

社会人才的要求是多层次、多方面的，而人的才能也是多种多样的。如何因材施教，最大限度地发挥每个人的特长，给多种人才的发展开辟渠道，这是教育理论和教育实践所根本要求的。所以，不能认为只有当科学家，从事研究工作的才是人才，别的都不算人才。正确的人才观既要看到出类拔萃人才的作用，同时又不能使人有产生轻视建设者，轻视普通人力的偏颇。在判断人才时，教育者也不能只看分数不看人，把分数高低作为评价一个人有无发展前途的唯一依据；不能只重视尖子学生，忽视或厌恶"差生"。爱因斯坦的事例，就可以说明这一点。

爱因斯坦在科学史上作出过杰出贡献是众所周知的。他一生在六大领域进行了探索工作，有两项尚无定论，有四项已完全肯定（六大领域是分子运动论、狭义相对论、量子论、广义相对论、宇宙和统一场论，前四项已完全肯定，后两项尚无定论）。这四项工作的主要部分是在半年中基本由他完成的。当时，他既不在学术机关里工作，又无名师指导，利用业余时间，却创造了一个奇迹——勾画了20世纪理论物理的主要方向。他的相对论发表时，据说全世界只有12人能理解。1918年他发表的引力波理论，直到60年后的1978年才从实验上间接地获得肯定。他为原子物理、光电技术以及激光技术的发展，建立了基本的理论基础。有人认为他应获五次诺贝尔奖。

就是这样一位奇特人物，从小学到大学却没有一位教师发现他的奇才。有一位中学教师认为爱因斯坦永远不会有出息，另一位教师干脆建议他离开学校，认为他有损于学校的尊严。而他也正好厌烦学校的呆板机械作风，便愉快地接受了那位教师的建议，毅然离开了学校。他是不是学生时代没有显露才能呢？不是的。他12岁就自学了欧氏几何，16岁就自学了微积分。他这种很强的自学能力和数学才能显示了他从事科学探索的潜力。为什么教师就没有发现他的才能呢？这是教育史上的一个悲剧，也是教育学上发人深省的问题。

旧教育制度下的差等生，却在科学上创造了奇迹。正是爱因斯坦的这一奇特的经历，使这位伟大的科学家在教育上也提出了许多深刻的思想。这些思想比较集中地体现在1936年的一篇讲话稿《论教育》里。这是教育学、人才学、哲学应该挖掘的宝贵财富。因此，作为肩负培养人才重任的教育者，一定要树立正确的人才观，为各级各类人才的成长创造条件，使人尽其才，人才辈出。

现在，对待教育的态度，人们正面临着考验。我们应当认真重视教育作为精神生产的基础和精神文明建设的基础作用。

教育的最直接、最根本的作用在于启迪、促进和发展人的精神。教育之所以产生、存在并延续，就在于它能促进人类社会的发展，而人类社会的发展就是人的个体的发展，所以教育的根本职能就是促进人的个体的发展。这里的个体的发展又主要指人的精神的发展，即智力、情感、社会意识、自我意识、个性心理品质等的发展，因为这些乃是人之为人而不是动物的根本所在。因此，人类今天在体力上并不强于古人，而在智力上却远远超过古人。作为生产力的首要因素的劳动力的发展，主要的就是其智力的发展，更广泛一点讲就是其精神水平的提高，亦即作为过程来看的精神生产的扩张与增强。总之，教育的最终的根本功能就是发展人的精神世界。

精神生产力是人类征服、改造和发展其自身精神世界的能力，教育就是这样一种能力。

历史上，有许多国家曾依靠教育的力量，建设国家，复兴民族。例如，普鲁士于1806年耶那一战，大败于法国之后，普鲁士哲学家费希特（1762—1814）于1807—1808年在柏林对德意志国民作了十四次公开讲演，号召全德民族统一团结。他主张以教育的力量来复兴德国。他认为德国的复兴，要从教育上着手。他的《告德意志国民书》（演讲）、《大学改革计划书》等著作和他的教育思想为德意志的国家教育打下理论基础。后来普鲁士教育当局采取了他的计划，积极振兴教育，终于在1866年，一战胜奥，在1870年，再战胜法，而完成了德意志帝国的统一。当时普鲁士大将毛奇（Moltke）就把战胜奥、法的功劳归之于学校教师。我们当然不能说德国的复兴，完全是由于费希特的教育计划的结果，但无疑费希特以教育作为救国之方，也是不可否认的事情。

以武力著称的拿破仑也十分重视教育积蓄智力资源。拿破仑年轻的时候，就受到过著名科学家蒙日和拉普拉斯的熏陶，因而他深知学校的智力价值。他说过：在我们的一切制度中，公共教育是最重要的。现在和未来，一切都得依靠它。他曾要求议员们仔细了解在初等、中等学校和国立中学的公共教育情况，查明为什么有些学校成功，有些学校松懈。

拿破仑极为重视教师和学者的作用，尊重教育本身的客观规律。对于在大革命处于生死关头创建起来并发挥重大作用的巴黎理工学院，他更有着特殊的感情。

1804年12月2日拿破仑称帝，第二天就在战神广场上亲授理工学院一面旗帜，上写："为了祖国的科学和荣誉！"当时的领旗人，学校首届毕业生阿拉戈，后来成为著名的天文学家。1814年，俄、奥、普联军兵临巴黎城下，理工学院学生要求参战。面临灭顶之灾的拿破仑却说："我不愿为取金蛋杀掉我的老母鸡！"后来，这句名言被刻在巴黎理工学院梯形大教室的天花板正中心，一直激励着该校师生奋发好学。

1868年开始的日本明治维新，历史学家称之为不彻底的资产阶级革命。尽管革命不彻底，接着进行的发展资本主义经济和文化的过程却是迅速的。

19世纪70年代开始的日本明治维新运动，其重要特点，就在于发展科技，重视教育与人才建设。日本把教育作为文明开化政策的重点，提到确保国家未来前途的战略地位，以教育立国。这一政策使日本的启蒙维新思潮得以转化为变革社会的巨大物质力量，取得显著成效。

与以上事例恰成鲜明对照的是，从20世纪50年代中期开始，我国教育曾长期极大地受到以反知识、反文化为主要特征的极"左"路线的干扰和破坏，教育在人才培养和国家建设中无法发挥其正常作用。"文革"十年，由于坚持"以阶级斗争为纲"的路线，学校成了"阶级斗争的阵地"。政策的矛头直接指向知识和知识分子，给民族、国家、社会发展造成严重的内伤。在极左思想占统治地位的年代，尽管有时也喊要培养建设人才，要发展教育事业，但人才始终不受重视和爱惜，民族的文化道德素质也日趋低落。只是在邓小平关于教育在我国社会主义现代化建设中的战略地位作了深刻论述并得到确立之后，情况才有了根本的改变。

在当代，在今日世界，轻视知识和知识分子可以说无论在哪一个国家都是一个根本性的错误。它在社会主义国家，尤其决定着社会主义和社会主义事业的命运和性质。种种轻视知识和知识分子甚至打击迫害知识分子的言行，不仅直接关乎知识分子的利害得失，并且是对教育事业的干扰，也是发展我国教育事业必须克服的第一个思想障碍。

总之，人是世界上最宝贵的，人才则是宝中之宝。哪个国家、民族、地区人才多，质量高，哪个国家、民族、地区就兴旺发达。哪个国家、民族、地区人才少，质量低，其经济文化和社会发展就必然缓慢。中国两千多年来的教育史告诉我们，什么时候教育文化发达，人才就兴旺，天下也就兴旺，反之亦然。人们为此得出的结论性的认识就是：教育之盛衰关系人才之盛衰，人才之盛衰关系天下之盛衰。当今，经济、科技竞争更加激烈。经济、科技的竞争，说到底是教育的竞争、人才的竞争。所以，重视教育，重视人才，应当成为我们今天的共识。

五、教育在社会存在和发展中的地位

（一）教育地位的确定原则

确定教育作为国家、社会的一项事业，它在国家、社会的生存与发展中具有什么地位的问题，依据的是以下两个原则。

一是应该首先考察清楚教育对国家、社会的作用，也就是说，先要了解教育对国家、社会的存在与发展所具有的作用。因为教育的地位是依据教育的作用确定的。

二是应该把教育对国家、社会的作用与国家、社会存在和发展中的其他基本因素，作出客观的分析、比较，而不能只见教育不及其余。因为教育对国家、社会的作用作为一种基本事实和结果的出现，也只是国家、社会存在和发展诸条件诸因素中的一个条件、一种因素。国家、社会的存在和发展以人的生命活动为基础，具有十分丰富和复杂的内涵，包括政治、经济、科学技术、文化等多方面的因素和条件。教育只是其中的一个因素和条件。概括起来讲，一个国家、民族、社会走向兴旺发达必须具备人口兴旺、经济富裕、教育发达这三个基本条件。

（二）教育的基础和战略地位

经过以上的叙述，在这里，我们就可以顺理成章地说，教育在现代国家、社会系统中并不是可有可无的社会事业，而是具有基础和战略地位。在今天，我们之所以能够得出以上的结论，其根本原因有二。

其一是，社会的存在和发展，人是决定的因素。高素质的人口和人才，是影响社会存在和发展的根本条件。这也是古今中外一切有远见卓识的政治家、思想家的共识。在社会进步的标志系统中，最高层次是人的发展和人的进步。社会的进步和发展，最终应归结为人的素质的提高和人的全面而健康的发展。人的素质和技能的提高，人的内在能力的发展，需要通过教育去培养、激发和锻炼。可见，教育的发展，是人的进步的首要条件。教育对人的进步的直接作用又在于提高人的文化素养，使人成人、成才，成德达才。所以，教育在今天，它是国家、社会生存和发展的决定性因素。

其二是，教育是精神生产的基础。发展精神生产，不仅需要以物质生产的发展作为物质基础，而且还需要以教育的发展作为智力和劳动者生产能力的基础。

就精神生产而言，教育不仅是它的一个重要部类，而且精神生产的各个部类，精神文明的各个方面——科学技术、文化艺术、道德伦理、思想理论、民主法制、社会风尚、人际关系等，都要靠教育（广义的）来培植和支持。

综合国力是一个国家物质实力（即物质力）与精神实力（即精神力）的总和，以往那种把精神力排除在综合国力之外的认识是非常片面而有害的。

精神力是综合国力的一个重要组成部分。任何一个民族，如果仅靠物质力的支撑而没有坚固的精神力作保证，那就迟早要导致民族大厦倾斜、道德行为颓废、价值观念扭曲、精神生活空虚和行为方式变态。

总之，教育的真正的社会作用和地位就在于，没有它就没有人类文明的出现和存在，也没有人类文明的发展，因而也就没有人类的生存和发展。

教育的作用与地位是由必然性决定了的事情，是否能认识到它，是否能正确对待它，则是另一回事。

纵观古今中外教育史，情况大致可分两个不同方面。一个方面的情况是：对教育的作用和地位没有正确认识，对教育事业不能正确对待。中国十年“文革”时期表现出来的情况就是如此的。另一方面的情况则是：对教育所具有的客观价值、地位有正确的认识。有些国家，如日本、德国早就确立了教育立国、教育为本的思想，长期坚持，毫不动摇。

“世界之中，有一民族，她极能始终信仰教育的效力，这个民族就是德意志民族。因此之故，德国历代哲学家，随时随地，都以推究教育后生的理论为急务。到了现代，帝政崩溃，民治代兴，德意志民族思想正在急剧变动之际，全国人民对于教育的信仰更为普遍而又坚决。”[①]

---

① 转引自韦善美、马清和主编：《雷沛鸿文集》（上册），广西教育出版社1989年版，第223页。

众所周知，德国在历史上是一个后起的资本主义国家，在19世纪初，德国的工业差不多落后于英国一个世纪。1806年，普法战争的彻底失败使德国人遭受了一次丧权失地的奇耻大辱。以著名哲学家费希特为代表的许多有识之士都把改革和发展教育作为挽救国家、重振民族精神的唯一方法和希望。1810年，任普鲁士教育部长的威廉·冯·洪堡在费希特等人的协助下创立的柏林大学，其主旨就是“要用脑力来补偿普鲁士在物质方面所遭受的失败”①。国家准备“把它发展成为德国科学与艺术中心，成为从废墟上重建国家的力量与信心的不朽的纪念碑”②。

从19世纪20年代起，德国大力发展教育事业，教育投资逐年以较高的比率增加，不久便超过了欧洲其他国家。据统计，教育经费占国民生产总值的比率，1880年德国为1.6%，英、法两国为0.9%；1900年，德国为1.9%，英、法两国为1.3%；1930年，德国为3.3%（有的文献记载为4.1%），英国为2.8%。德国高于欧洲其他国家的教育投资率，使学龄儿童入学率，国民的读、写、算等方面的能力，工人的技巧，工程师和科学家的培养质量，乃至高水平的科学研究都居于欧洲各国的前列。这一切对联邦德国在第二次世界大战后经济的迅速恢复和发展都起了决定性的作用。联邦德国在第二次世界大战后，在战争的废墟上，以非常惊人的速度得到重建，取得高速度的经济增长，在相当大的程度上要归功于教育的超前发展。教育的超前发展为经济部门培养了一支有教养的和训练有素的劳动力（包括科技人员）队伍。

日本在19世纪60年代末的“明治维新”，提出了“富国强兵”、“殖产兴业”、“文明开化”三项政策，非常重视改革日本的教育制度，大力振兴初等教育，重视科学教育，并迅速发展师范教育和高等教育。同时，积极输入欧美的科学技术和派遣留学生，积极培养自己的科学技术人才。结果，日本用了大约50年的时间，便走完了英国从资产阶级革命到实现资本主义工业化大约200年的路程。

日本文部省调查局于1962年为纪念日本学制颁布90周年而编写的一份报告中曾提出：教育在社会发展中起着重要的作用，是人所共知的。特别是最近，不论国内国外都一致认为，教育是促进经济发展的强有力的重要因素。这种观点，是从一种新的经济理论引申来的。它认为，在

①② ［德］鲍尔生著，滕大春等译：《德国教育史》，人民教育出版社1990年版，第125、124页。

激烈的国际竞争中，科学的创见、技术的熟练、生产者的才能等重要因素，对于经济发展所起的作用，不亚于增加物的资本和劳动力的数量。这些新引起人们注意的各种重要因素，统称为“人的能力”。大力开发人的能力，是促进将来的经济发展的重要条件，而人的能力开发，则依赖教育的普及和提高。这是日本官方的意见书，其中提出的“教育投资”的观点，就是从投资的角度来着重研究教育的发展和经济发展的关系，并认为日本战后经济迅速地恢复，首先应归功于明治以来教育所储备的力量。另一方面，还主张制订长期的综合的教育规划，不仅要从教育促进经济发展的观点，而且要从为了培养生活在将来社会中的理想的人这一长远观点出发，来考虑教育的使命。

在19世纪末到20世纪40年代，我国一部分有觉悟、忧国忧民的爱国志士，从德、日等国的先例中受到鼓舞，其中有一些人认为，中国之所以积贫积弱，备受列强的欺凌和剥削，主要是由于教育不普及，人民愚昧无知，文化科学技术不发达，造成劳动生产率和生产力水平低下。只要普及和发展教育，就可以提高人民的文化科学水平，提高生产力，国家就能转弱为强。这种观点或思想被称为“教育救国论”。

教育救国论在我国曾受到长期的批判，其主要观点是说，解决中国的富强和出路问题，根本问题不在教育而是首先解决政权或制度问题，教育救国论否认革命，起了缓和和消除阶级斗争的作用，从而成为帝国主义和国内反动派的工具。因此，“教育救国论是反动的”。当时还把中国近代历史上一切热心提倡和从事民族国家教育事业的人士统统归于教育救国论的行列，而使他们在心理上产生了强烈的负罪感。

其实，近代中国的所谓教育救国论，主张发展新式教育文化事业，实际上是百年大计、教育为本的教育理念。

早在我国古代的文献中，就有对教育在社会发展中重要作用和地位的论述。例如，《礼记·学记》中就提出：“古之王者，建国君民，教学为先。”“三王之祭川也，皆先河而后海，或源也，或委也，此之谓务本。”实际上，在这里就已经提出“教育为本”的思想。

改革开放以来，党和政府把教育提到了一个相当高的地位：教育是社会主义现代化建设的基础，是国民经济发展的战略重点之一；科技进步、经济繁荣和社会发展，从根本上说取决于提高劳动者的素质，培养大批人才；今后事情成败的一个重要关键在于人才，而要解决人才问题，就必须使教育事业在经济发展的基础上有一个大的发展；发展教育是实现我国现代化的根本大计，百年大计，教育为本。实践证明，教育对社会的进步、国家的兴衰，确有相当大的作用，有时甚至是决定性的作用。而关于教育在我国社会主义事业中的战略地位问题，是邓小平首先提出的。在党的十一届三中全会之前，他就指出："我们要实现四化，关键是科学技术要能上去。发展科学技术，不抓教育不行。"①

邓小平说："我们国家，国力的强弱，经济发展后劲的大小，越来越取决于劳动者的素质，取决于知识分子的数量和质量。一个十亿人口的大国，教育搞上去了，人才资源的巨大优势是任何国家比不了的。有了人才优势，再加上先进的社会主义制度，我们的目标就有把握达到。"②

关于教育在我国社会主义现代化建设中的战略地位，邓小平曾作了深刻的论述。他说：我们要赶上世界先进水平，要从科学和教育着手；四个现代化，关键是科学技术现代化；科学技术人才的培养，基础在教育。在邓小平正确思想指导下，在1982年中共十二大的报告中，把教育、科学确定为经济建设的战略重点之一。在1987年中共十三大的报告中，对教育在经济和社会发展中的地位又有了进一步的阐述，"把发展科学技术和教育事业放在首要位置，使经济建设转到依靠科技进步和提高劳动者素质的轨道上来"。"从根本上说，科技的发展，经济的振兴，乃至整个社会的进步，都取决于劳动者素质的提高和大量合格人才的培养。"教育由战略重点之一，提高到首要的战略位置，并且提出了"百年大计，教育为本"的思想。

在邓小平的教育思想中，最着力思考的问题就是人才，而且这种思考不是泛泛的、一般化的，而是结合时代特点，结合中国这样一个大国的实际，并作出了新的、特殊的强调。

邓小平在人才的认定标准中所强调的是人的智育素质。他强调的人才，首先是知识型人才，与此同时，他否定的是当年那种文化根底很浅，只会在空头政治中和胡乱"斗争"中恣肆表演的"人才"。应当说，这是中国现代史上人才观的一次大匡正、大建树。

"文革"中那种既霸道又荒诞地将知识分子列为改造对象（甚而是"斗争对象"）的做法，就是那种皇权、专制主义世界观在惯性运动中所产生的悲剧。

在邓小平教育思想指导下，中国文化教育事业最为显著的深层变化

①② 邓小平著：《邓小平文选》第2卷，人民出版社1994年版，第40、120页。

就是：①将德育对智育的压迫、排斥、主宰局面改变成德育、智育互融局面；②空前地强调了智育的地位及其在人才形成中的重要作用。

邓小平说："教育事业，绝不只是教育部门的事。"[①]教育战略地位的落实，也就不只是教育部门一家的事情，必须通过全党、全国人民的共同努力，才能全方位地落实教育的战略地位。

在我国，虽然有重视教育的悠久历史，但人们对教育的认识从未达到现在这样的高度，这是历史发展的必然趋势。然而，在我国，这种认识来之不易，付出了巨大的代价。即便在今后的若干年内，进一步端正和深化对教育重要性的认识，使教育的优先发展深入到每个人的心中，成为国家民族的意志，化为持久的实际行动，仍甚为重要。

① 邓小平著：《邓小平文选》第2卷，人民出版社1994年版，第95页。

第三编　教育活动

第十二章　教育者

一、教育者在教育活动中的地位与作用

（一）教育活动及其结构与功能

人类社会教育现象的存在，可以概括为两种：一是教育活动；二是教育事业。而教育活动又是其最基本的教育存在形态。这是因为，人的活动，是人的存在和发展的唯一可能的方式。世界上一切存在着的事物，无不在运动着。人也不例外，人是活动着的人，活动即因人而出现，教育也就首先以此为其存在形态。

教育活动可称为教育现象，或社会的教育现象。这种自古就有的教育现象，因为是自然地出现的，也可称之为自然的教育现象。所谓自然的教育现象，就是说，它是与人类同时地、自然地出现的现象。我们之所以也称之为社会的教育现象，乃是因为这种自然的教育现象，其实都是社会的，只有人类社会才有的。这种既自然存在又具有社会性质的教育现象是人类教育活动的极其重要的内容和形式，是人类教育的极其重要的组成部分。

所谓活动，是事物与环境及事物内部诸种要素的相互联系和相互作用的运动，表现着事物所处的横向关系。活动可分为认识活动和实践活动两种。教育就是一种认识活动，教育在本质上就是人类认识世代延续的纽带。教育在本质上不属于上层建筑，也不属于经济基础，而是属于认识范畴。教育与人类认识相联系，一部人类教育发展史就是一部人类认识发展史。正是在实现人类认识世代延续的意义上，教育作为人类认识，世代连续的纽带才确立了自己的永恒性。

教育活动作为一种认识活动、一种存在形态和社会现象，它必须有主体，也必须有作用的对象。教育活动就是由教育者和受教育者这两个方面组成，并以文化为内容，以语言为手段所进行的一种文化交流、传承活动。因此，就教育活动构成的基本要素来说，就是指教育者、受教育

者、教育内容——文化、教育手段——语言这四者。而作为教育活动，传递、传播社会文化，是其最根本的使命，也是其最基本的功能和作用。所以，教育活动，就其功能来说，乃是一种传递、传播一定社会文化的工具、手段。而所谓教学活动，乃是主要在学校教育的环境条件下所实施和体现的教育活动形式，教学论则是其理论形式。由于学校教育环境和条件的特殊性，教学活动和教学过程也有其特点，因此，教学论或教学理论就以这些特殊矛盾为研究对象，并在这个基础上产生了分支的研究学科和领域。

（二）教育者的含义及其作用与地位

1. 教育者一词的含义

教育者一词是相对于受教育者来说的，在人类社会中的含义有广义与狭义之别。广义的理解是：凡是对受教育者能传输、施加任何社会文化影响的人都是教育者。所以，教师是教育者，父母、社会长老及宗教团体中的说教者乃至社会中的教唆犯，事实上也都是教育者。他们的共同点是向人们，即受教育者、受影响者传递、传播一定的社会文化、影响。这也就是说，教育者在向受教育者传递、传播、施加文化影响的教育活动和教育过程中，其最基本的作用就是向受教育者传递、传播一定的社会文化。一个简单而普通的道理：不仅“善”在教育人，“恶”也在教育人。这条十分简单的生活哲理早在两千多年前就曾被孟子的母亲发现了。而狭义的理解，教育者则是指那些确定以教书育人为社会职业的人，即教师。

在人类社会，教育者是与教育活动同时出现和并存的。这也就是说，广义的教育者的出现和存在，乃是一种从来就有的事实。而专业教育者的出现，则只能是有了学校教育这种社会事业出现之后才能出现。

我们以前提到过的古希腊时代的教仆和智者，也就是人类最初的教师。在我国，教师的产生可以追溯到殷商以前。据史书记载，我国最初的教师也不是专业的，一般都兼有巫、史、乐工等其他职业。《礼记·明堂位》中是这样说的：“半廪有虞氏（舜）之庠也。”“庠”是舜帝时代的学校名称。“庠”的意思是“养”，即把老人供养在那里，让他们从事教育孩子的工作。那些被养着的老人，大概就是我国最早的教师。然而，真正自收门生，私人设馆施教是从孔子开始的。此后，在漫长的封建社会里，私塾、公学并行，皇宫太学中有达官显贵讲学，社会上也有名流儒士授业，讲学授业者即为教师。他们都属履行教育、教学职责的专业人员。

2. 教育者的作用与地位

教育者在教育活动中具有什么作用与地位呢？应该说，教育者在教育活动中具有首要的、推动的作用；也可以说，其处在没有教育者便没有教育活动的关键地位。依教育活动的本质只能作这样的概括：教育者就是教育活动本质特征的体现者。

在人类社会中，人与人之间进行文化传输和发生文化影响是普遍、广泛存在的事实。这也就是说，教育者和受教育者这两者从来都是客观存在着的。而情况之所以这样，从横向看，人是生活在彼此交往的社会环境里，而交往就意味着社会中个人与个人、个人与集体之间的相互联系和相互作用。这样，人与人之间也就必然要出现彼此间的文化影响，即文化传播。而从文化流传的时间特点上看，文化的流传具有连续性，而个体的人则是必死的。这样，人类文化的存在和流传，只能是世代繁衍所形成的一代接一代的绵延过程。后人继前人，新人替旧人。个体的人在文化时间中一代一代地、不断地死去，而另外一些个体的人在文化时间中又一代接一代地成长起来。个体的人，生而又死，但作为文化生命存在的族类的人，却绵延不断，与时间同行，正是他们把文化"充满"于时间之中。也正由于这个缘故，老一辈和后一辈人也就自然地、相对地被置于教育者和受教育者的不同的文化地位，而有了教育者和受教育者两者之间的区别。

那么，前辈为什么"要"把文化向下"传"给后辈呢？这并不是一个单纯的愿望问题，而是前辈作为文化持有者的生命存在的一种需要。作为生命存在，老一辈人持有社会的文化，这文化就是他们生存的价值和意义。人总想延续自己的生命存在，总想从事自己的文化事业。这是生命存在的基本的文化意向，而不只是简单生命体（如动物、植物）的生存本能。但是，生命存在的必死性，生的有限性，是任何人都必须面对的严峻现实。在这种情况下，人看到了自己与下一代之间的生命的时间差，即下一代将比自己活到更晚的时间，因而，他们便把继续自己的文化事业，实现自己的更高的文化价值的理想，寄托于下一代身上。为了使得自己的文化价值和意义不但在自己的有生之年取得现实的成果，而且还应该在死后仍然得到继续和发展，于是，具有文化教养和文化精神的人，把自己的后代不只看作因生育而造成的具有血缘关系的存在者，而且更重要的是把后代看作自己文化价值的继承者，或者说，看作自己的文化生命的再生和延续，从而相信自己的文化精神的不死性。通过对世代关系的这种“文化式”的确认，人使自己从文化生命存在上来说是“不死者”。而要实现这种代际的文化关系，前辈必须把自己的后辈（子女等）不但作为自然生命存在而喂养、抚养，而且更重要的是要把他们作为与自己类似的文化生命存在而教养，从而使得后辈在文化上向前辈人认同，接受前辈人的文化为自己的文化。在这种情况下，当后辈长成之后，他们便自然而然地成为前辈文化事业的助手，或者文化事业的合作者。随着时间的流逝，当前辈老了之后，后辈就成为前辈的文化事业的承接者、接班人。当前辈眼看后辈继承了自己的文化事业而按着前辈的意愿继续把它向前推进的时候，前辈就获得一种精神上的安慰，似乎自己的文化事业成为一种随时间“自动”推进的事业，他们似乎在这种事业的可能的“永恒”进展中获得生命存在的“永生”。从这个意义上来看，前辈总想把后辈作为继续推进和实现自己的文化事业和文化理想的“替身”。因此，前辈对后辈的要求，就是“肖”。“肖”不仅是指骨肉上的相似，而且是指文化精神上的相似；作为文化行为，“肖”就应该成为“效”，即后辈对前辈的仿效；而作为前辈与后辈之间的文化关系，“肖”就应该是“孝”，只有“肖”才能谈得上“孝”，“不肖”是最大的“不孝”。

在这里，教育具有广泛的意义，是指前辈对后辈所作的全部文化传输工作。而且，这种工作可以是有形式的，也可以是无形式的；可以是有意的，也可以是无意的；可以是有组织的、有直接目的的，也可以是无组织的、无直接目的的；既可以是教育者主动的，也可以是学习者主动的。可见，教育的本质，就是全部文化的传输和习得，即文化的传承。为了使得文化在时间流程中成为永久的“持存”，对前辈即教育者来说，主要任务是传输或传授；对于后辈即受教育者来说，主要任务是习得，即学习。教育是对文化传承起内部驱动作用的文化活动，在一定意义上来说，它也是维持后辈同前辈之间取得认同的中介或桥梁。教育状况如何，标志着文化传承过程的进行是否顺利，标志着文化的传者、教育者（前辈）同承者、受教育者（后辈）之间的关系是否融洽，标志着一种文化（如某一个民族的文化）继续存在的可能性前景。因此，教育危机直接表现着文化传承的可能性的危机，其实质则是文化存在的必要性的危机。

文化传承之所以能够形成，不但从前辈的传输愿望来看有其理由，而且从后辈的承接活动来看，也有其理由。后辈为什么要“承”？直接的原因是，他们作为“出生”于这个文化世界的生命存在，他们要能生活并保持自己的生命存在，就必须首先处于前辈的喂养和抚养之下。他们生的可能与成长的可能最初完全是前辈为他们劳作的结果。因此，他们必然承认前辈对他们的义务和责任，对他们的某种权利。当他们经过了幼年期之后，从童年期开始，他们就必须在前辈的教育和引导下学习日后独立生活的能力，即获得作为一个独立的生命存在所必须具备的文化能力和各种文化条件。只有首先具备这样的文化素质，他们才可能在既定的文化时代中维持并发展自己的生命存在。也就是说，在他们出生于其中的文化环境中，他们只有使自己成为文化的存在，他们才能是现实的生命存在。而为此，他们就必须接受前辈的教导，承接前辈的文化事实、文化条件、文化环境和文化精神的价值、意义和理想。可见，承接前辈的文化，是后辈得以存活的基本条件，只有“肖”于前辈，才能成为“人”，即成为具有合规格的文化存在。因而，通过习得而承接前辈的文化，这便是任何一代后辈进行自己的文化生命活动的起点。

当然，也可以从相反的思路来说明这个问题。如果一个人在来到这个世界上之后，拒绝前辈的喂养和抚养，他必然无法活下去，必死无疑；如果他不学习前辈的语言，他就不可能另外有“自己的”某种语言，即使可能有，他也无法同抚养他的人进行交流和对话；同时，如果他拒绝以其他任何方式学习前辈的文化，拒绝承认周围的文化世界对他来说具有先在的合法性，那么，他也就无法接受并学会任何知识和任何思想方式，无法了解和辨别他人的思想、情感，无法去参与任何与其他人共同进行的文化活动。因而，他必然处于以文化的方式生活着的人们的文化世界之外，是无任何文化教养的人，人们就必然地视他为“异类”。他如果不想妨碍他人的文化生活，就只好离世索居，如鸟兽那样；他如果要在文化世界中坚持他的“不认同”的立场，而形成对这个世界的一种破坏性的威胁，他就将遭到维护文化的人们的反对、驱逐以至严厉的惩罚，甚至被“以文化的方式”加上某种罪名而消灭。可见，接受前辈的文化并承认它的合法性，这是任何一个作为后辈的人得以存活的首要条件。

文化总是被理解为“空间的”和“时间的”。也就是说，文化总是在时空的“框架”内存在着。人的生命存在的概念，首先就是一个历时的概念，它的历时性包括在文化的计时系统中，即从人的出生那一刻开始，然后经过对人的身体状况的时段性的描述（各个年龄时期，如婴儿期、儿童期、少年期、青年期、壮年期、中年期、老年期等），最后是对人的死亡时刻的记载。从出生到死亡这一整个阶段，就是人的生活期。在这个时期之内，人就是一个活生生的生命存在。人的一生，就是文化时间概念的一个例子。十分明显，人在时间中“获得”自己的生命，然后，又在时间中“终结”它。时间的范围大于人的生命存在。再从人类的生命存在的情况来看，尽管人类作为一个总体性的生命存在，它的总体性不只在于它是同时代的所有人的总和，而在于它不是某一个同时代人的一生，而是各个时代人们生命的延续和传承，是从最初的“第一批人”的生命到今天的所有的人的生命存在的总和。也就是说，是各个世代的人们的生命。

为此，后辈就必须极力地理解前辈文化的合法性和合理性，只有他们理解并承认了既定文化的合法性和合理性，他们本身才能取得自己生命存在的合法性和合理性。

当然，上面所说的“传”的必然性和“承”的必要性是我们对处于时间性中的文化所具有的世代结构进行理论分析的结果。实际上，在人的文化生活中，这种文化传承行为是在不知不觉，以至于潜意识的情况下按部就班地进行着的。

前一代人向后一代人的“传”，以及后一代人对前一代人的“承”，在世代相继不断的连续性中，“传”就表现为向未来各个世代无限地传，“承”就表现为对过去各个世代无限地承。因此，传承才得以形成“统”，这便是“传统”，便是我们称之为在时间中绵延不断的文化。

通过以上对教育者在教育活动中的基本作用的说明，我们必须肯定教育者在教育活动中具有主导的作用与地位。

所谓教育者的主导作用与地位，主要是指如果没有教育者，就没有教育活动的出现和存在。从时间上看，“传”总在“承”之先出现，没有教育者向受教育者进行文化的传递和传播，就没有受教育者的接受和承续。这个道理其实与前辈对后辈的喂养食物是一样的。没有前辈对后辈的抚养，用食物去喂养新生的后辈，后辈就难以存活。因此，新生的后辈得以存活，身体得以成长起来，固然离不开自己张嘴去吃，而第一位的功劳必须归于前辈对他的主动抚养。这也就是说，对有助于幼小的后辈长身体的饮食活动来说，前辈的喂养是具有主导的作用和居于主动地位的。

应当看到，任何一个从母胎生下的婴幼儿和下一代，他需要“吃”的食物并不只是一种物质的东西，而必须还要“吃”精神的即文化这种食物。人只有既吃物质的食物，又吃精神的食物，即文化食粮，才能成人，所以，人的食粮，从来就是两种，而不是一种。并且每种“食物”的传输活动，从来都是由前辈首先主动地进行的。因此，教育者的主导作用，就是指教育者乃是教育活动的首要推动者、教育活动本质功能的第一体现者和实践者。

教育者这种主导、主动的作用，也就决定了教育者在教育活动中居于同样主导、主动的地位。教育理论必须在这里把这个事实揭示得明明白白。

二、教师是人类社会中专业的教育者

（一）教师的概念

教师是教育者，并且是一种专业的教育者。教师和非专业教育者如父母、长老等的根本区别就在于他具有这样一种社会的职业身份和职责。

什么叫教师？所谓教师，就是学校中承担教育、教学任务，以教书育人为主要职责的教育专业人员（或称专业教育者）。

中国古代，教师一般均兼有其他职业，并且曾经和贵族是二位一体的。“官之掌教者如大司乐、大司徒、师氏、保氏、太师、大胥、分师、州长、党正、族师之属，固皆当时之官吏。”①

在欧洲，一个时期教师不像中国的教师那样尊贵，是由工人、泥水匠、老兵及补靴匠等这些人干的。这些人只不过教教小孩祈祷，唱唱赞美诗罢了，但向来为人所瞧不起②。

但这些到底只是历史上难以避免的一时的现象，而不可能永远如此。随着社会的进一步发展，社会分工更趋细化，教师的职业化、专业化是必然的趋势。这是因为分工正是社会发展的重要机制。教师职业必将成为人类社会中极重要的社会职业。

职业作为一种社会现象，是社会发展到一定历史阶段才出现的，与社会分工和劳动分工相联系。职业对个人来说，是指个人在社会中所从事的作为生活来源的工作。

对每个社会成员来说，职业既是一种义务，也是一种权利。就是说，

① 孟宪承等编：《中国古代教育史资料》，人民教育出版社1980年版，第14页。

② 参见中央教育科学研究所编：《林砺儒教育文选》，北京师范大学出版社1984年版，第186页。

一个人为社会、为他人所尽的义务，主要是通过职业这个渠道来完成。没有职业，人们就不可能很好地为社会、为他人尽义务。人人应当有职业，就是人人应当为社会、为他人尽义务。同时，职业是一个人赖以生活、生存的主要条件。没有职业，或者失去职业，意味着一个人失去了生存和发展的权利和主要条件。一个人生活在社会中，他的义务和权利总是紧密联系在一起的。没有不为社会尽义务的权利，也没有不取得社会权利的义务。群体和个人就是通过职业，在不断为社会尽义务而为自己取得社会生活权利的职业活动中得到和谐、统一的发展。从事一项社会职业，更是每个社会成员天经地义的事。

教师职业是指人们终身或较长时期所从事的，并以此为主要生活资料来源的教育、教学事务。而教师便是从事这样一种职业的人。

（二）教师劳动的性质和主要特点

教师劳动既不生产物质产品，也不创造剩余价值或剩余产品，教师本人不是生产工人，这是确定无疑的，也是应当首先明确的。那么，教师的劳动是一种什么性质的劳动呢？总的说来，教师的劳动既是一种脑力劳动，也是一种精神劳动，但又有其本身的特点。脑力劳动和精神劳动既有联系又有区别。

第一，脑力劳动是和体力劳动相对而言的。任何劳动过程，既要消耗体力，又要消耗脑力，问题在于以哪一种劳动为主。以体力劳动为主的是体力劳动者，以脑力劳动为主的是脑力劳动者。教师在教育工作中要耗费相当的体力，但他是以脑力劳动为主的，所以他是脑力劳动者。

第二，精神劳动是和物质劳动相对而言的。物质劳动的结果生产出各种形式的物质产品，即各种生产资料和消费资料；精神劳动的结果是生产出观念形态的产品，如各种自然科学、社会科学和文学艺术等。教师从事的是精神劳动，特别是大学教师更是如此，他们和其他精神劳动者一样，可以创造出各种科学知识和文学艺术，实现知识的再生产。但是，教师和其他精神劳动者有着一个根本的区别，就是他们劳动的主要目的是教育人、培养人，提高人的劳动能力。教师教书育人，当然是知识、文化领域的工作，但教师主要是担负人类知识、文化的传递、传播的任务，这一点正是在知识、文化领域进行精神劳动的教师和从事科学发明创造和文学创作等精神劳动的科学家、文学家等的根本区别。教师固然和其他精神劳动者一样，可以创造出各种科学知识和文学艺术，但这到底不是教师作为精神劳动、脑力劳动者的主导方面。教师作为精神劳动、脑力劳动者，主要是从事知识、文化等人类精神文明成果的传递和传播工作，是在教书育人，造就人，培养人，而不是主要在精神劳动领域搞发明，搞创造。所以，既不能要求教师像工人一样能做工，像农民一样能种地，也不能要求像科学家那样能搞发明创造，像文学家那样进行文学创作。当然，这并不是说教师就不会做工，不会种地，也并不是说教师中就没有像科学家那样可以搞发明创造的人才，没有像文学家那样可以搞创作的人才，更不是说他们完全不必进行精神领域的创造性劳动，而是就教师的职业看，就教师劳动的根本性质来说，其劳动只能是这样的。

教师这种培养人才的劳动，过去由于"极左"思想以及轻视教育的思想影响，往往有些不正确的看法。有的人认为，教师的劳动只不过是简单的、多次重复的劳动；有的人认为，教师是"孩子王"，没有多大意义；有的人认为，教师的劳动既没有创造物质财富，又与社会物质财富的生产没有直接联系，因而抹杀了教师劳动的社会价值。其实，由于教师的劳动，人类的先进思想和科学文化知识才得以世代相传，长流不息。教师是社会精神财富的传播者，他们的劳动成果就是一代代走向社会的学生。学生是未来社会的生产力，是精神财富和物质财富的创造者。教师在教育、教学的劳动过程中，把科学文化知识、生产经验、劳动技能传授给学生，使他们成为合格的，能为社会创造物质财富和精神财富的，有文化、有技术的劳动者。教师培养出来的学生为社会创造物质财富，就表明教师创造的精神财富转化为物质财富。正如马克思所说的，一般的社会知识、学问，是一种知识形态上的生产力，这种知识形态上的生产力一旦和物质生产条件相结合，就会成为物化的智力，即变成直接的生产力。当今世界上，社会生产力水平越高，科学技术越发达，精神财富转化为物质财富的规模就越大，转化的速度也更快，教师劳动的社会效果和社会价值也就更为显著。可见，教师的劳动是为社会提供合格的劳动者在尽自己的义务。这是教师劳动的主要特点之一。

教师劳动的对象不是无生命的自然物质材料，也不是一般的动物，而是具有一定自觉意识的，有感情、有理智、有个性的，作为社会整体一员的活生生的个体，是年龄特征不同、个性特点各异的一代青少年。他们来自四面八方、千家万户，每个学生就是一个特殊的世界。他们不可能像物质产品那样，可以按固定的工艺流程、统一的型号，用一个模子来铸造。教师既要按统一的要求，又要采取不同的方法，区别对待，因材施教。

教师劳动的对象的复杂性，还表现为影响学生成长因素的差异性。学生天赋及身体条件的差别，家庭与社会环境的不同，原有学习兴趣、习惯、能力的区别，以及与教师和班集体的关系，等等，都对学生的学习和思想发生影响。要知道，学校、教师不是学生的唯一教育者。一切直接的、间接的作用于学生的客观因素，都会给学生以一定影响。学生带着社会的各种影响来到学校，有些影响是有利于教师教育、教学的，有些影响则是不利于教师教育、教学的。教师是代表着一定时代的国家、民族、阶级等社会群体的政治、经济的根本利益，文化的价值取向，从事教育工作的人。而其工作的对象是社会的年轻一代，是社会的个体。这就是说教师介于群体与个体之间，既要对社会、国家等群体的社会事业负责，也要对个体的健康成长负责。他对群体与个体都负有庄严崇高的责任，而不容许他有任何轻忽，更不能把自己承担的任务视为可以任个人意愿，不受社会约束，不承担责任和义务，任其欲为的活动。杜威说：教师总是真正天国的代言者，真正天国的引路人。这句话较准确地说出了教师职业所具有的重要特点，只是两处"天国"二字可分别改为"群体"与"个体"。这就是说，教师一方面是群体的代言人，一方面又是个体的引路人。作为代言人，他要向一定的时代和社会、国家负责；作为引路人，他也要向他的教育对象，即社会个体负责。正因为他一身而二任，所以说，其工作任务具有严肃性与所负责任的重大性这一重要特性。这是教师劳动的主要特点之二。

第三，教师的劳动不能立竿见影地见效。这是因为教师的劳动不是物质生产劳动，不能像生产物质那样，以日、月、时，甚至分、秒来计算劳动成效。教师劳动是对人的身心施加影响的特殊劳动。人是万物之灵，是一切生命中最宝贵的。一个人从幼年成长为一个劳动力，要经过长期复杂的生长、发育、教育、训练过程。我国的教育名言"十年树木，百年树人"，就说明教育的迟效性。教师劳动的效果要在相当长的时期，或数年，或十数年，乃至数十年才能充分显示出来。这是因为一个人的知识体系的获得、思想信念的形成、智力能力的充分发展，是极其复杂的，受到多种因素的制约，不是短时间所能达到的。教师劳动的成效，往往要在学生离校，参加工作后，才能全面展现出来。

但是，受教育者的劳动能力，一经培养提高，就具有长期的社会生产效能，即能长期地创造社会经济效益。这是因为受教育者从教师那里获得的科学知识、思想观点和技术能力，会转化为他们自身的力量。这种力量不会因为在他们所从事的某种劳动中曾被使用，就逐渐减少乃至消耗殆尽。恰恰相反，由于劳动者经常地使用和磨炼，知识的积累会更加丰富，智力和能力的发展更趋成熟，思想认识会更加全面和深刻。社会劳动力的使用期至少有30年。在这30年的劳动过程中，劳动者都是以他在受教育时期所获得的知识和能力作为基础进行的。因此，教师劳动的长效性是显而易见的。这也就是说，教师的劳动具有迟效性和长效性的特点。

第四，教师劳动的又一重要特点是自己在教育活动、教育过程中将知识、文化传授给学生，自身的知识、文化并不因此而减少。相反，自身的知识、文化反而会增多。中国有句老话："己愈予人己愈有，己愈予人己愈多"，正是这个意思。事实也正是这样，只有思想的共振，才能激发新的见解；也只有知识的互补，才能获得高深的学问。教师在教育过程和教学活动中，在传授知识的同时，和学生交流思想、感情，并从学生的提问、意见反馈中受到启发，在传道、授业、解惑的活动中进一步理解教学内容，提高教学水平，通过自修使自己的学业不断取得进步。这就是说，"教学相长"是教师劳动的一个重要特点。这个重要特点表明教师终生都在和知识、文化打交道，并可以促使教师自身的文化内涵不断丰富，使自己在精神上、文化上不断充实和丰富。

总之，教师的劳动不仅具有一般劳动的共同特征，而且具有专门性、知识性、创造性和职业性的特点。教师劳动的生产资料，从物质形态看是校舍、教学仪器和教学设备等，从精神形态看是以语言、文字、符号等形式显示出来的精神资料。教师劳动的对象是具有自然属性和社会属性，历史性和现实性、群体性和个体性、主体性和客体性相统一的活生生的有血有肉的人，所以，这种劳动不同于一般的物质资料的生产活动。教师是用自己丰富的知识、美好的心灵、高尚的人格和无私的情操与行为，塑造一代新人，建设人类文明大厦的人类灵魂工程师。

教师的劳动是直接满足社会成员对于科学知识、文化需要的，也是直接满足社会对于具有各种能力的劳动力需要的极其复杂的劳动。只有通过教师的教育活动，才能把科学技术这一潜在形态的生产力转化为直接的现实的生产力。把知识形态的生产力转化为物质形态的生产力。马克思说：教育会生产劳动能力。通过教育发展人的能力，提高劳动力质量，这是劳动力再生产的核心问题。

（三）教师的作用与地位

1. 教师在人类社会发展中的作用与地位

教师在人类社会发展中的作用大致可概括为以下三个方面。

（1）继承、传递和发展人类文化的优秀成果。前人在长期的社会实践中，积累了丰富的经验，创造了灿烂的科学文化，留下了极为宝贵的精神财富。人类只有在继承前人的优秀科学文化成果的基础上，才能够建设、发展社会，走向更高的文明。要使人类长期积累起来的科学文化成果和宝贵的精神财富世代相传，光靠劳教合一、口耳相传是远远不够的，还必须依靠专门从事教育活动的教师来实现。教师要通过自己的劳动，吸收人类社会所积累起来的社会精神财富，包括科学文化知识和技术、文学艺术，以及思想观点、道德规范等，并加以总结，然后传授给年轻一代，使他们在较短的时间内能够适应现实社会的实践活动，接替老一辈的工作，使社会继续发展。如果没有教师，新一代要事事直接实践，一切从头做起，那么，人类社会就会永远停留在茹毛饮血的原始时代。实践证明，教师把前人积累的知识和间接经验传授给年轻一代，是发展社会生产力、推动社会进步的最佳捷径。因此，教育是人类社会延续和发展的关键，教师是“过去和未来之间的一个活的环节”，对人类社会的发展起着继往开来、承前启后的作用。

总结、传递人类文化成果是教师的基本职能之一。这是由教师职业的特殊性决定的。教师都先于学生受教育，不仅掌握一门或几门专业知识，而且懂得教育科学，了解学生的心理特点。他们有条件对人类浩如烟海、包罗万象的知识加以选择和概括，并通过课堂教学或个别讲授等形式，以最快的速度、最有效的方法传授给学生。例如，人类对机械运动的认识，从古希腊亚里士多德的观点起，到牛顿的力学三大定律和万有引力定律的建立，经历了两千多年漫长的岁月。但是现在，只要通过几十学时的教学，学生就可以掌握牛顿力学定律。又如，小学程度的算术，是人类积累了千万年的经验才归纳出来的科学知识，可是现代儿童在小学只花1 200小时左右就学会了。学校教学工作，不仅是迅速传授知识的活动，也是再生产科学的活动。再生产科学所需要的劳动时间，同最初生产科学的时间，是无法相比的。例如，学生在1小时内就能学会二项式定理。这里所说的科学再生产所节省的劳动时间，就是教师总结、传递人类间接经验的体现。一个国家，一个社会，继承人类优秀文化遗产的多少，不仅取决于生产力的发展水平、统治阶级的旨意，还取决于教师的劳动。

向学生传递间接经验，是教师的主要任务，但不是唯一的任务。向学生传授书本知识，是为社会、为未来培养人才，所以，教师要着眼于全社会，着眼于未来。用现代教育观点来看，衡量教师的教学质量，主要不是看他教给学生多少现成的知识，而是看其是否教会学生自己去获取知识和运用知识。

（2）促进人类个体的发展和完善。人类社会的发展经历了一个漫长的历史过程。在这个历史长河中，人类自身的发展从不成熟逐渐走向成熟，从不完善逐渐发展到比较完善，其决定因素固然很多，但其中人类自从有了专门从事教育和教学活动的教师之后，才大大促进了人类自身的完善，加快了人类走向高度文明的步伐。这一人类社会的重大功绩，不能不归功于教师。

教师是探索人类文明发展方向的先导。人类约在三百万年前就诞生了，经过长期的演化过程，才从野蛮时代逐步进入文明时代，开始了人类文明历史的发展。所谓人类文明就是指人类社会的进步程度与状态。主要表现为物质文明和精神文明的发展状况。人类文明是由人创造和发展的。教师作为培养人的人，不仅自己掌握了知识，还要将知识传授给下一代，同时，还对未来人类规格进行着探讨和设计。这就在客观上决定了教师不仅对人类文明的发展、社会的进步起着推动作用，而且还对探索人类文明发展方向起着重要作用。

教师是按照社会需要来为社会培养各种人才的。由于各个阶段或历史时期的政治、经济制度不同，每个时期所要完成的任务不同，因而每个时期人类文明的发展方向也不同。教师不可能离开社会的需要和文明的发展状况去培养人、塑造人，而是要积极探索整个社会文明的发展状况及发展趋势，并按照这种趋势的要求培养出各种合格的人才，更好地促进人类文明不断向前发展。教师对人类文明发展方向的探求，实际上就是对人才规格的不断探求。这种探求是十分必要的，它关系到学校培养出来的人是否能适应发展变化着的社会要求，也关系到人类社会文明程度的提高。因此，我们说，教师是推动和探索人类文明的先导，造就未来人才的“工程师”。

教师在促进人类自身发展的过程中，具体的工作对象是正在成长变化中的人，而不是一般的物体，这就是教师工作特殊性和复杂性之所在。但是，教师可以通过自己的劳动，改变人们的精神面貌，提高人们的觉悟，启迪人们的心灵。因此，人们把教师尊称为塑造“人类灵魂的工程师”。

教师对学生灵魂的塑造，不仅要通过课堂讲授，正面灌输，更主要的是以身立教。因为教师的世界观、知识水平、品行表现以及对每一事物的态度，都时时刻刻在对学生发生着潜移默化的影响。教师的言行在一个人的成长中起着重要的，甚至是决定性的作用，在青少年时期尤其如此。由于年龄和经历的关系，青少年在生活目的、道德信念、思想觉悟等方面，还没有完全形成较稳定的看法，人生观和世界观还没有完全确立，还处于“染于苍则苍，染于黄则黄”的阶段，教师对他们的影响非常大。苏联教育家苏霍姆林斯基曾把培养下一代比作雕琢大理石。他认为在对这块大理石的雕琢中，谁应当是形成这种和谐一致的、敏锐的、明智的、有经验的、细心和勇敢的指挥者呢？是教师。教师是“创造未来人”的特殊雕塑家。

说教师是人类灵魂工程师、特殊的雕塑家，不仅因为教师自身是一个重要的教育因素，而且还由于教师一般是经过专门训练、具有良好职业道德修养和思想品德修养、有扎实的专业基础知识和良好的身心素质的人。他们掌握着教育人、塑造人的科学，懂得教育理论，有着丰富的实践经验与教学本领，在工作中能够按照教育规律对受教育者施加影响。就像工程师必须严格按照一定的设计方案进行施工一样，教师对不同的教育对象采取不同的方法进行“精雕细刻”，而且必须遵照一定的程序和系统循序渐进地进行。

(3)推动人类社会的发展。社会文明的程度、进步的速度，主要取决于人的素质，而人的素质又取决于一个国家的教育水平。从这一意义上讲，教育是促进社会物质文明和精神文明的重要因素。因此，我们国家明确提出：社会主义建设必须依靠教育，教育是发展国民经济的战略重点。要建设高度物质文明和精神文明的社会主义这一伟大事业，首先要造就大批从事“两个文明”建设的合格人才，才能促进社会物质财富和精神财富的生产，推动人类社会的发展，而正是教师担负着培养社会主义物质财富和精神财富生产者的这一历史重任。

随着社会生产力的发展，整个社会的职能和职业结构都发生了较大的变化。机械化、电气化、自动化程度的不断提高，整个职业结构已从纯体力劳动向半体力、半脑力劳动过渡，已从过去主要依靠体力和经验，依靠增加劳动时间和劳动强度以提高劳动效率，转变为主要采用先进科学技术和提高劳动者的科学文化水平来实现。有人称现代化的劳动是“科学劳动”，这种劳动虽然可以减轻一些体力消耗，但劳动的难度则越来越大，没有经过一定的科学理论教育和技术训练的劳动者是很难适应的。现代生产的发展趋势是人类已从简单劳动向复杂劳动发展，要求劳动者应是“发达劳动者”，即新型的劳动者。而新型劳动者的生产和再生产，必须由教师来承担。

根据马克思主义关于生产劳动与非生产劳动的学说，不仅生产物质财富的劳动是生产劳动，而且许多不直接生产物质资料的劳动，也是生产劳动，教师的劳动就是其中的一种。教师的劳动属于精神生产的范畴。它一般不直接生产物质产品。但教师由于能开发人力资源，生产人的劳动能力，提高劳动者的质量，发展社会知识形态的生产力，为社会培养有相当生产知识和劳动技能的人，使物质财富的生产获得必要的劳动力，从而把潜在的生产力转化为直接生产力，实现科学知识的再生产，推动物质财富的再生产。因此，教师的劳动虽属特殊劳动，但仍是人类总劳动中的一个组成部分。

随着科学技术和生产力的提高，教师的这种劳动的社会作用越来越突出，尤其是在新技术革命时期，知识成为比资本和劳动力更重要的财富资源。教师是精神财富的创造者，这种精神财富直接作用于学生，通过它提高劳动者的水平，从而为社会创造更高的劳动生产率，将精神财富转变为物质财富。可见，教师的劳动同直接进行物质生产的劳动一样，也同样创造了社会物质财富。

教师劳动能够为社会创造物质财富，这是教师劳动的一个重要特点，也是教师的重要社会职能。虽然许多社会部门对人的发展都有一定的影响，如文艺、宣传、科研等部门，它们都从各自特定的宗旨和任务出发，在一定的领域内，从某一方面对人的发展进行规范、引导和研究，但它们毕竟不可能像教师那样，按照社会发展的要求，遵循教学大纲安排，终身地对学生进行周密而系统的教育，为社会专门培养一代又一代的新型劳动者，促进社会物质财富的生产。

教师在培养各种高级专门人才、促进精神财富的生产方面也发挥着重要作用。从事精神财富生产的人，必然是经过多年教育和专门训练的脑力劳动者，如科学家、理论家、文学艺术家、新闻记者以及教育工作者等，都是通过教师培养出来的，没有教师也就不可能有从事精神财富创造的各种专门人才。

所谓精神财富，主要是指人们对主观世界的改造成果，是社会精神生产和精神生活的发展结果。它表现为发达的教育、科学、文化和人们思想、政治、道德水平的提高。社会主义精神财富，大体也分为两个方面：一是教育科学文化建设，具体包括教育、科学、文学艺术、新闻出版、广播电视、卫生体育、图书资料等各项文化事业的发展，以及丰富多彩的群众文艺活动；二是思想道德建设，具体包括人们的理想、道德、信念等方面的内容。要搞好社会主义精神文明建设，创造出发达的精神财富，必须培养各级各类在各条战线上精神财富的生产者。除广大劳动群众外，还必须培养大量专门人才。例如，科学文化教育事业没有教育家、科学家、文学艺术家不行，思想道德建设方面没有马克思主义理论家、思想政治教育工作者也不行，等等。造就一大批具有较高水平的、能够从事精神财富生产的各种专门人才，是搞好精神文明建设的重要条件。虽然从一般意义上说，社会的一切成员都既是物质财富创造者，又是精神财富的创造者，但社会需要一大批直接从事文化、思想建设的专门人才。这些专门人才一般都是具有较高文化素质和思想素质的知识分子。他们的成长不是自然而然的，而是通过教师的辛勤劳动造就出来的。他们在小学、中学直至大学接受着教师的系统教育和培养，具备了从事本职工作的能力以及相应的文化、道德水平。这样，他们才能在精神财富的生产中发挥出应有的作用，推动社会精神生活的健康发展。

教师在造就各种专门人才中，要给受教育者传授生产的科学知识，实现个体知识化，为巩固和维护现存的社会生产关系服务。如果没有教师这个职业，人类长期创造的宝贵的精神财富就得不到继承和发展，更谈不上创造精神财富和灿烂的文化，所以，教师在造就各种人才、促进精神财富生产当中起着十分重要的社会作用。

教师不仅在促进社会物质财富和精神财富的生产中发挥着重要作用，而且也为社会变革提供了科学的理论根据。

教师为社会变革提供科学理论根据，主要是通过科学知识的传播和再生产，并向人民群众提供科学真理和向社会提供科学研究成果来实现的。教师在社会知识再生产方面所发挥的作用，首先表现在它的继承性上。继承性是科学发展的一个特点，任何一个人或一个时代，对于自然和社会的认识总是有限的，要形成真正的科学认识，就必须继承人类长期积累下来的科学知识。而科学知识的积累和继承又必须通过教师来实现。教师把已经发现和创造出来的科学知识不断地再生产出来，为年轻一代所掌握和继承。这种继承和积累客观上又为科学的新发展作了必要准备。科学正是通过教师这一中间环节而不断向前发展的，没有教师所实现的科学知识再生产，科学理论的发展就无从谈起。

教师进行科学知识的再生产，还表现在广泛性上。教师所进行的科学知识再生产是一种扩大了的再生产，教师可以使原来由少数人掌握的科学知识为更多的人所掌握，从而为先进科学理论和技术的普及打下良好基础。

教师进行科学知识再生产的过程，也就是研究和探讨新的科学理论的过程。许多教师在教学实践过程中，取得了不少科研成果，推动了科学的发展。特别是高等院校的教师，是科学研究的一支重要力量。高等院校的科研力量集中，学科比较齐全，资料和设备比较充足，具有开展科学研究的有利条件。目前，不论国内国外，高等院校的科研人员和科研项目在全社会所占的比重越来越大，有许多科研项目是由高等学校教师来完成的，他们为社会提供了许多有价值的科研成果。这些成果不仅加速了科学研究的发展，客观上也为社会变革提供了科学理论。

总之，只要人类在地球上生存，教师这个职业是不会消亡的。

教师，是一个光荣的称号，是人民的文化保姆。古往今来，许多有远见的政治家、思想家都基于教师在人类社会中的作用与地位给予了高度的评价。有的甚至认为，“师”是古今社稷民生、治乱安危、善恶生死的关键。这是我们做教师的人所应当引以为荣耀和自豪的。

2. 教师在学校中的作用与地位

学校是人类自为教育的形式，是有计划、有目的、有组织地施行教育、教学活动，培养人才的机构。学校作为一个系统，其构成因素是多样的。而以人员组成来说，主要是由教师、学生、教学辅助人员、思想政治工作人员、行政工作人员和工勤人员所组成。其中，除教师和学生外，其他人员从广义上讲都可称为管理人员或服务人员。在这些人员中，教师居于中心，处于主导的地位，起着决定性的作用，这是无疑的。因为，学校的教育过程，教育、教学活动正是从教师这里才得以展开的，学校教育质量的好坏归根结底决定于教师，教师是学校全部教育工作的依靠者和真正的主人，是为社会培养合格人才的关键。高等学校的教师，对学校的教育质量和学术水平，乃至学校的声誉、社会的影响，直接起着决定性的作用。对此，原清华大学校长梅贻琦曾说：“大学者，有大师之谓也。”有了大师，它就是大学，没有大师，就不成其为大学。他说：“一个学校，有先生上课，学生听课，这是主要的。为了上课听课，就必须有些教具以及桌椅之类。因此，也需要有人管这方面的事。一个学校的校长就是管这些事的人。”他又说过：“当校长就好像一个唱王帽戏的演员，他坐在那里好像是很重要，其实戏是别人唱的，他并没有很多的戏。”[①]

邓小平说：“一个学校能不能为社会主义建设培养合格的人才，培养德、智、体全面发展，有社会主义觉悟的有文化的劳动者，关键在教师。”[②]列宁也曾明确指出：“在任何学校里，最重要的是讲授的政治方向。这个方向由什么来决定的呢？这完全而且只能由教学人员来决定，一切‘监督’、一切‘领导’、一切‘教学大纲’、‘章程”等等，所有这些，对于教学人员来说都是空谈。任何监督、任何教学大纲等等，绝对不能改变由教学人员所决定的课业方向”[③]；“学校的真正性质和方向不是由地方组织的良好心愿决定的，不是由学生‘委员会’的决议决定的，也不是由‘教学大纲’等决定的，而是由教学人员来决定的。”[④]邓小平和列宁的这些话是对教师在学校中所处地位与作用的极明确也极正确的表述。所以，早就有人说过这样的话：与其说未来社会的命运是掌握在国家首脑、政治家手里，还不如说是掌握在教师手里。

教师之所以在学校中是主人，居于主导的地位，对学校教育、教学工作的质量起着关键的决定性的作用，其最主要的理论上的依据是：学校是培养人的场所，学校教育是培养人的活动，而培养人的工作，本来就是教师的天职，学校就是为此给教师提供的活动场所，学校除了教师、学生之外，当然还有职员、工人、管理人员等，但这些人之所以需要，是由于学校教育、教学工作和培养人这个中心工作还需要一定的辅助因素的结果。需要多少职员、多少工人、多少管理人员，需要什么样的职员、工人、管理人员，统统要由学校的教育、教学和培养人这个中心工作来决定。而学校则天经地义是教师的活动天地，是他们发挥自己聪明才智，以自己的知识文化去进行教育、教学工作，去从事培养人的活动的用武之地。前面提到的梅贻琦说的那些话之所以被人们所肯定，绝对不应视为当时任清华大学校长的梅贻琦故作谦虚之态，而是当时教育界普遍有这样一个思想，即大学的主要工作，是传授和研究学术，学术工作是大学的中心

---

① 参见冯友兰著：《三松堂自序》，生活·读书·新知三联书店1984年版，第339页。

② 邓小平著：《邓小平文选》第2卷，人民出版社1994年版，第108页。

③④ 《列宁论国民教育》，人民教育出版社1958年版，第114、116页。

工作。围绕这个中心工作要有资料，有工具（仪器就是工具，图书就是资料），更需要有传授和研究学术、运用工具、使用资料的人，那就是教授[①]。因此，我们如果既然在理论上肯定了学校是个培养人的场所，学校的工作主要是培养人的工作，它要以教育、教学工作为中心，那么，在学校中居于中心地位的就只能是教师了。这种理所当然、显而易见的道理，是用不着太多的说明的。但在“极左”思想占统治的年代里，由于不能正确看待教师和教师的劳动，由于对知识分子的阶级属性作了错误的估计，教师在学校中的主导地位不仅事实上没有得到体现，而且在理论上也没有得到确认，而把教师在学校应有的地位视为是资产阶级知识分子对学校的“统治”。在“两个估计”的精神枷锁下，教师的劳动和地位得不到应有的尊重，教师反而成了被批判和斗争的对象。这是再也不能容许的严重错误。应该明确指出，在一个搞了几十年“极左”路线的国家里，从教育理论上阐明教师在学校中的重要地位和所起的重大作用，绝不是无所谓的事。并且还要明确认识到，从理论上确认教师在学校中的地位与作用，不仅要从教育学原理的角度进一步明确，而且必须彻底改变“以阶级斗争为纲”、把教师作为异己力量的“左”的错误方针和方法，真正尊重、信任、依靠他们，正确认识学校的职能，准确把握教师劳动的特点和基本职责，真正做到如列宁所指出的：“我们没有关心或者远没有充分关心把国民教师的地位提到应有的高度，而不做到这一点，就谈不上任何文化，既谈不上无产阶级文化，甚至也谈不上资产阶级文化”[②]；“应当把我国国民教师的地位提到在资产阶级社会里从来没有，也不可能有的高度。”[③]

在强调教师在学校中的地位的同时，还必须看到，教师作用的发挥，积极性和主动性的调动，学校人力、物力、财力的调配和使用是否得当合理，学校工作效率和效益的提高，决定于学校管理人员的管理水平和管理艺术，以及是否实现科学化管理。从学校管理的角度看，学校只有依靠教师才能把学校办好，而学校要依靠教师办学，首先就要遵循“尊重知识，尊重人才”这条根本的、最普遍的教育规律。为此，第一，学校领导人必须认真落实党的知识分子政策，克服多年来“左”的思想影响，从社会地位、工作条件、生活待遇等各个方面给予妥善安排和照顾，使教师具

① 参见冯友兰著：《三松堂自序》，生活·读书·新知三联书店1984年版，第339页。

②③ 《列宁选集》第4卷，人民出版社1995年版，第763、764页。

有荣誉感，使他们时常感到生活在一种“尊师重教”的氛围里，使教师职业成为全社会最受尊敬的一种职业。第二，学校领导人要保护教师的积极性，要主动支持教师的教育、教学工作，真正把教师看作学校工作的支柱和骨干力量。在实际行动上而不是在口头上，要切实依靠教师，体现以教学为主，保持学校教学秩序的正常化，树立良好的校风和学风。第三，学校领导人要重视教师的业务进修和提高。任何学校的教师都是由老、中、青三部分人组成，他们的知识结构可能不尽相同，老教师随着知识更新需要提高，中年教师根据教学要求有待于进修，青年教师又要中老年教师传、帮、带，他们在业务上的要求和愿望都是为了积极提高教学质量。学校一定要根据现实条件，尽可能安排妥善，以防挫伤他们的积极性。第四，要建立一支稳定的教师队伍。学校调动教师的积极性，依靠教师办学，是指整个教师集体，而不是指少数教师或所谓“主课”的任课教师。只有动员、组织全体教师队伍，才能使教师成为学校中的一支中坚力量。而教师队伍的形成与稳定，对于建立正常的教学秩序、提高教学质量，至关重要。

现在，阻碍教育事业发展的许多因素已经不存在了。但从认识上看，至少还有两个问题没有完全解决。其一是对知识和知识分子的看法，在教育战线是对教师和教师劳动的看法问题，还没有完全解决。其二是对教育的看法，对教育在振兴经济、推动民主政治和促进社会发展等方面的作用，还没有真正在思想上完全确认，特别是在事实上和实际行动上“左”的错误思想在有些学校仍然根深蒂固地存在着，仍然阻碍着教育事业的发展，是教育界进一步落实知识分子政策的主要障碍。落实知识分子政策的基本出发点和归宿是要合理使用人才，“人尽其才”，在这方面还有大量的工作要做。

3. 教师在教育、教学过程中的作用与地位

教师在学校教育、教学过程中处于什么地位，起着什么作用呢？对此，历史上曾经有过多次争论，概括起来说，存在着“教师中心说”和“学生中心说”这两种不同的理论观点和见解。

“教师中心说”是一种主张教育、教学活动应由教师主宰的学说，由德国教育家赫尔巴特首倡。他抨击18世纪启蒙时期产生的“自然教育”思想，认为学生心智的成长完全依靠教师在教学形式、阶段和方法上的刻意求工和定式指导；认为按照一定方法培养儿童心智的艰巨任务，从总体上讲应留给教师，教师对学生具有绝对权威，学生必须保持一种被

动的接受状态。当代要素主义学派是这一主张的拥护者，他们抨击美国现代派教育理论在“学生主动性—教师主动性”这一对矛盾中片面强调前者，抛掉了纪律与锻炼，认为教育是一种传递民族文化遗产的过程，其主动权在教师，儿童单靠自己是不能理解他必须学习的一切知识的；儿童的智慧、能力的发展也要靠教师引发、教导；教师作为成熟的成年人教导儿童比儿童自己指导自己“有资格得多”；教师是有权威的人物，要“把教师放在教育宇宙的中心”。

“儿童中心说”，亦称“儿童中心主义”，是主张教育应以儿童自然发展的需要及其活动为中心的学说。法国卢梭、美国杜威为其代表。主此说者把儿童的发展看作一种自然过程。卢梭认为，凡是出于造物主之手的东西都是好的，教师只能作为自然的仆人顺应这种发展。杜威把儿童的心理内容看成是以本能为核心的习惯、情绪、冲动、智慧等天生心理机能的不断开展和发展过程，教育是发展儿童本能的工具；教师的作用在于了解儿童的兴趣和需要，以及以什么样的活动可以使之得到有益的表现，并据以提供必要的刺激和材料；教师要放弃向导和指挥官的角色，执行看守及助理者的任务。他批评以教师和教科书为中心，无视儿童内部本能和倾向的主张，提出儿童应成为教育的素材和出发点，教育的一切措施应围绕他们转动。他宣称这是“和哥白尼把天文学的中心从地球转到太阳一样的革命”。20纪50年代以来，人本主义提倡自我实现，认为教师的职责是尽可能满足学生自我的需要，是这一派主张的继续和发展。

应当怎样正确分析上述两种截然相反的观点，正确认识教师在教育教学过程中的作用呢？首先，应当肯定，完全采取儿童中心主义的做法，放弃教师对学生进行教育的责任，经过教育实践，已经证明是有害的，在理论上也有较明显的偏颇。这就是说，原则上必须肯定，教师在教育、教学过程中，对学生的培养、教育，必须采取积极、主动的态度，这是首要条件，教师负有第一位的责任。其次，教师又不能一意孤行，无视学生的主体地位，脱离学生学习的实际而主宰一切。可以说，两种不同的“中心说”，都有其片面性，而又各有其合理的、积极的一面。教师在教育、教学过程中的正确做法，原则上应是尽可能把两者的合理部分结合起来，而避免其各自的片面性。这就是目前教育理论上所主张的教师的主导地位和主导作用的观点。

教师在教育、教学中的主导地位和主导作用，从理论上有如下基本的依据。

（1）学校教育是一种教育事业，教师肩负着一定时代一定社会的政治、思想、文化上的要求，他对学生有一种积极引导和鼓励教化的责任，而这正是学校教育的本质所决定的。教师要把自己肩负的社会责任和时代要求在自己所从事的教育、教学活动中认真履行。

（2）教师有条件发挥自己的主导作用，因为他闻道在先，学有专长，而且是经过严格培训和挑选的专门人才，知识、文化、思想修养具有一定的水平，是国家确认的合格的专业教育者。

而学生比教师年轻，知识、文化相对较欠缺，人生、社会的经验不足，更不成熟，他们正需要向较成熟、较有知识的教师学习；教师对学生负有积极教育和培养的责任，而不可以凭任何借口放弃自己的责任；在学校的教育、教学活动中，教师应担当起组织者与领导者的责任，对学生的学习方向、内容和方法起着主导作用。

不可否认，教师的教育对象是具有主动性的学生，这种主动性主要表现在：学生只有在他自身有目的、有意识的活动中才能获得发展，但绝不能因为学生具有主动性而否定教师的主导作用。要知道，在教育活动和教育过程中。学生既有主动的一面，又有受动的一面，而他的主动性发挥的状况，在相当程度上要取决于受动的状况。教师主导作用的完全实现，其结果也必然是学生主动性的充分发挥。

当然，教师的行动也一定要受到学生身心发展规律的制约和限制，他绝不能以一种纯粹自我规定的活动来施教于对象。但是，这种制约也是在教师能动性活动中的制约，教师绝不会听任自然规律的摆布，而无所作为。教师可以根据对客观规律的认识，去创造条件，作出选择，发挥其主导作用，使学生的身心得到全面而健康的发展。

近年来的一些教育科学实验也进一步证明，教师主导作用是存在于教育过程中的一种客观规律。

心理学家姆森将幼儿园4岁儿童分成人数相等的两组：教师很少接触A组儿童，较少给予他们指导；教师对B组儿童则给予大量指导，为学生提供学习资料，并多方帮助他们。结果是给予较多帮助的B组儿童在求上进的行为方面、在参加社会活动方面、在遇到可能的困难时采取的积极态度方面都较A组为优。

另一实验是两组同样熟练程度的儿童开始学习射箭。指导组从一开始就取得较快进步，而且在整个学习期间保持较为稳定和迅速的进展；而无指导组在入学后不久就停滞不前了，并且在将近一个半月的时间中未取得任何进步。

以上这些都说明，教师在教育、教学过程中的主导作用为一种客观规律，具有它的必然性，而绝不是一种主观自生的产物。

但是，与此同时，还必须进一步指出，肯定教师的主导作用并不意味否定学生在教育过程中的主动性，学生的主动性是构成教师主导作用的主要任务和内容，是衡量这种主导作用的重要标志。离开了学生的主动性，教师的主导作用就失去了它的主要内涵，失去了它的对象和归宿。那种只强调教师的主导作用，并以此否定学生的主动性的“教师中心主义”显然是错误的，这是一种以一方的片面性掩盖另一方的片面性的思想观点。总之，学校中的教与学的活动，对教师来说是一种工作实践，实质是为了完成教学任务，实现培养目标而为学生服务，“教”因为有“学”才存在，因为有“学”才有其存在的价值；对于学生来说，教育、教学是一种特殊条件下的学习活动，这种学习活动的特殊条件主要在于有教师的服务，可以学得比自学省时省力，不走或少走弯路。因此，“教”为“学”而存在，“教”是矛盾的主要方面，二者不能等量齐观。真正承认学生在学习中的主体地位，必然要求教师为这个主体服务，结成服务与被服务的师生关系，教师应当成为学生的益友良师，使教师彻底放下在教育、教学活动中“主宰者”的架子。

此外，教师在学校教育、教学中的主导作用的存在，它作为一种客观规律发生作用也是有条件的。脱离或超越这种作用存在的客观条件，把它作为一种绝对的现象和规律去进行考察，也不能对教育、教学中所出现的许多实际问题作出科学的说明。

首先，教师主导作用的实现，从主观方面来考察，要依赖于教师自身的条件。只有具有了作为一名教师所必备的条件，这样的教师才有可能在教育过程中发挥他的主导作用。那种虽居于教师的行列，却并无真才实学，不具有或不充分具有教师必备条件的人，是难以发挥或充分发挥教师的主导作用的。因为，正确地说，他尚未成为一名教师，或尚未成为完全意义上的一名教师。教师主导作用的发挥与他自身所具备的条件是成正比例关系的。教师本身所具备的条件越优越，他的主导作用就越能得到充分的发挥。正因为这样，不断提高教师本身的素质，使他们完全成为合格的教师，就成为学校教育工作中的关键所在。

其次，教师主导作用的发挥还必须有赖一定的客观因素和客观条件。这也是不可忽视的一个方面。如果由于社会或其他某些原因，使教育过程、教育活动难以正常进行，就如“文革”时期那样，学校教育名存实亡，教师在思想上、政治上遭到歧视和迫害，当然也就根本谈不上发挥教师主导作用的问题了。又如，教师在教育过程中的地位如果得不到应有的肯定，教师的工作条件如果得不到基本的保证，甚至教师的工资都不能按时发放，生活得不到保证，纵然是极优秀的教师，其在教育过程中的主导作用也就必然不能得到正确、充分的发挥。因此，我们对教师的主导作用绝不能孤立地去认识它，既不能离开教师本身所具备的条件，也不能离开社会所提供的条件。

总之，教师的主导作用不仅要看到它的合理性、必然性，还要看到它的条件性。教育事业是一种社会现象、社会事业，教育的客观规律在社会环境中的表现，是不能脱离社会条件的制约的。

教师是介于社会与学生之间的人物，因为他负有社会任务与职责，所以，社会或个人，乃至教师自己，对教师都有一定的认识和要求。社会大众对教师的期望，是教师的公共意象；教师对于自我角色的期望，是教师的自我意象。无论哪一种角色期望，必与社会的价值观以及社会的文化背景密切相关。不同的时代，不同的社会，有关教师角色的形象往往有很大的差别，影响所及，对教学的态度与方法也会发生变化。

在过去，或以为教师是社会道德权威的代表，或以为教师是社会文化的传播者及维护者，或以为教师是以儿童、青年为对象的社会工作者，但时至今日，由于社会的发展、科学文化的进步，教师应具备的条件更高于以往。第一，教师既为社会道德权威的代表，而同时又应是学生的朋友。教师必须重视自身道德行为的涵养及对学生的濡染作用，而同时应为青年人的朋友，设身处地为他们着想，尊重他们的人格和意见，分担其困扰并给予适时的帮助与辅导。这种亦师亦友的统一是教师的基本条件。第二，教师既是社会文化的传播者与维护人，同时也是随时进修以充实自己的学习者。第三，为教师者固当自信自重，不可移于时风，不自恃其贡献，不要求维持其已不能适应时代趋势的“特权”，但亦应履行其社会“导师”的责任，尽职在我，以重建教师的社会地位，重塑合理教师的角色形象。教师并不同于一般的职业角色，其责任之重与条件之苛远甚于其他职业。

我们在理论上重视教师的主导作用，但另一方面，教师在实施自身主导作用的过程中，还要注意淡化教育。

淡化教育中的“淡化”，主要是针对教师对学生进行教育的方式方法而言。教师应淡化过分强调教师中心论的观念，淡化壁垒森严、泾渭分明的师生关系和过于严肃拘谨的教学气氛。

教师应在不知不觉中、在潜移默化中对学生施加影响，而不应处处以教育者的身份出现。如果学生老是认为教师在严肃地教育他，而处于被动受教育的地位，就会产生压抑、拘束和受约束感，会在无形中造成心理屏障，从而教育效果就会违背初衷。久而久之，学生就会感到厌倦、冷淡、消极、不屑、不满，乃至产生对立抗拒情绪。

消除教与学之间的严格界限，使被教育者去掉被动受教的自卑心理，在不知不觉中受到熏陶、感染，在和谐宽松的气氛里接受知识，领悟道理，在地位平等的对话中，在情感融洽的理解中获得启迪，这就是淡化教育的目的。

（四）若干非学校、非教师职业的悖论

学校教育从产生以来就存在教师职业，但是教师职业的合理性还是屡遭非议，直到今天仍然有教师取消论、教师替代论、教师消失论等非教师职业的悖论在产生着一定的影响。盛行于20世纪70年代国际教育理论界的非学校论观点中就包含有教师取消论观点，持此论点者认为学校教育束缚人性发展而主张取消学校，认为学校教师控制着学生的时间、精力而主张取消教师。伴随教育技术高度智能化的进程，也有人认为高智能的电脑网络将替代学校和教师的全部作用，从而出现了颇具影响的教师替代论。还有人认为信息化社会和学习化社会的到来将突破传统教育规定的界限和体系，教学活动将让位于学习活动，作为体制存在的学校教育和体系代言人存在的学校教师将逐渐消失。这些观点，虽然在揭露现代学校教育弊端、反映现代教育发展趋势、强调学习者的主观能动作用等方面有其合理性，但是它得出的整体结论在理论上则是错误的，事实上也是完全站不住脚的。教师取消论曾在发达国家盛行一时，但是在20世纪80年代后其影响力已经日见衰微，因为学校和教师在文化良性传承和学生健全发展中的独特作用无法取消。教师替代论忽视了人的主体性和教师的创造性，因为机器无论怎样发达都不可能替代人的全部活动及其丰富内涵，尤其无法替代人的一切社会关系，包括师生之间的鲜活现实的人际关系。教师消失论将学习与教育对立起来，将学生与教师对立起来，将学校教育与终身教育对立起来，将教师职能与社会教育职能混为一谈，显然也是不切实际的错误观点。两个世纪前，哲学家同时也为教育学家的康德就已阐明了一个千古不易的定理：“人唯有凭

借人，亦即唯有凭借同样受过教育的人才可能受教。”[1]中国有“名师出高徒”这句谚语——它概括地说明了人才培养的一个真理，说明了师生之间所存在的重要师缘关系。

人们常说，教师是人类灵魂的工程师，教师是太阳底下最光辉的职业。教师职业的光辉来自哪里？它的光辉毫无疑问地来自人类社会共同创造的文化文明，特别是其精神文明的成果，而人类社会的文明之光，一旦返照于每一个个人，每个人的身心世界特别是心灵世界，将会变得日益明亮、开阔与深远起来，就像闪烁着灿烂星光的晴朗夜空那样。心灵世界灿烂星光的载体，实际上就是向人们传递文化文明、延续文明的历代教师。

在新的时代里，教师的社会职能应放置在新的时代背景中加以考察，放置在教育事业与当今社会相互联系、相互作用的基础上加以考察，从而发现教师职能稳中有变和变中有稳的特点。

三、教师的基本职责

教师的作用与地位要在其具体承担的职责中得到落实和发挥，而教师的基本职责或称天职就是“教书育人”这四个字。这就是说，教书育人，即是教师之所以为教师的基本内涵。

教师职业是人类社会最古老的职业。教师职业一经产生，教师就承担着教书育人的职责和义务，这是由教育在社会生活中的地位和根本任务所决定的。任何时代的教育总是担负着培育一定社会、一定阶级所需要的人才，因而客观上必然要求教师担负起教书育人的职责和义务，只是不同时代在教书育人的目的、内容和方法上有所不同罢了。

教书育人，是指教师在教学过程中，有目的、有计划地使学生在获得知识、能力的同时，树立正确的人生理想和形成道德观念的过程。

教书育人，在学校里是一个有机的整体，教师不仅要向学生传授科学文化知识，而且必须自觉地承担起育人的任务。教书育人是辩证统一的关系。“教书”乃是育人的手段，而“育人”是教书的目的。从教育学上看，育人的手段是多种多样的。但是，教书是教师育人的主要手段。手

---

① 参见［日］筑波大学教育学研究会编，钟启泉译：《现代教育学基础》，上海教育出版社1986年版，第68页。

段与目的从来是统一的，两者不能分开。没有离开手段的目的，也没有离开目的的手段。如果只教书而不育人，教书就成为无目的的手段，教出来的学生虽然具备科学文化知识，却很难说就是社会主义建设的合格人才；如果只育人而不教书，育人就成了缺乏主要手段的目的，育人的目的也难以达到，或者所培养的是缺乏现代科学文化知识的人，那更不符合我们的教育方针。所以，教书必须育人，而育人也离不开教书。

此外，教书育人不仅体现了德育与智育的统一，而且教书还突出了教师育人的根本途径和特点，即为社会主义现代化建设培育“四有”人才，是家庭、学校和社会的共同任务。就学校本身而言，育人也是教学人员、管理人员、服务人员的共同任务，而只有教师才是真正通过教书这条途径去育人的。

四、教师的条件与素养

教师的条件与素养，这里主要就教师的职业道德和教师的业务素质这两个方面来谈。这两个方面在不同时代、不同国家都有不同要求，具有不同的特点，因而具有民族性和时代性。这是由于不同的民族、国家和不同的时代都存在着各自不同的文化条件的缘故。但普遍的共同点无疑也是存在的。下面提到的教师的条件与素养既是结合中国现实的社会、文化状况提出的，也着眼于作为一个教师在现时代的普遍要求。

（一）教师的职业道德

1. 教师职业道德的含义和中国传统教师职业道德的主要特点

教师职业道德，顾名思义，就是教师这个行业的道德，也就是教师这个行业的人在从事教师的职业活动时的行为规范。职业道德，既要体现社会、时代的道德准则，又要根据各行各业自己的特点，并且具有在较长期社会实践中自然形成的特点。教师职业道德就是反映教师职业特点的社会道德行为准则。

古今中外，凡属杰出的政治家、思想家和教育家都认为，一个国家或一个民族的兴衰成败，同教育事业的好坏息息相关。而教育事业的状况又主要取决于教师的状况。所以，他们对教师的地位与作用都深有所悟，发表过不少精湛的言论。我国战国时期的思想家、教育家荀子就说过:“国将兴,必贵师而重傅……国将衰,必贱师而轻傅。”①他还把师与天、地、君、亲并列起来,给予同样崇高尊贵的地位。荀子是中国历史上最重视教师的。先秦尊师重道或师道尊严的思想代表者正是荀子。但尊师并不以荀子为限,而是中华民族长期的优良传统之一。中国自古就有“务学不如务求师”之说。正因为重视教师的地位与作用,历来对教师的条件和素质要求都是极为严格的。“古者天子诸侯,自国至于乡党皆有学,博置教导之官而严其选。”②这种“严其选”,在古代中国,“‘闾里’之塾为之师者亦必七十致仕之大夫,而佐之以庶老,其非仕焉而已者,皆不能任教事也”③,“以齿兼尊者为教师。”④《礼记·学记》中也指出:“教也者,长善而救其失者也。”“故师也者,所以学为君也,是故择师不可不慎也。”即使是“乡学”,也要“选其耆老有高德者”⑤。这就表明,选择的教师都坚持道德标准第一,要求德高望重者为师。

儒家最重人类精神道德的建设,道德教育最重人格感化、以身作则,以为个人人格高尚,能尽一己之性,别人就会受到感化而臻完善。

概括起来讲,我国自古以来对教师的职业道德方面的要求,主要表现在以下两个方面:①“人师”重于“经师”,把对教师的道德要求放在首要地位;②要求“教者必以正”,即首先要求教师在道德上符合要求,要正人先正己,要成为一个严肃、端庄、正直的人。

中国传统道德中的“正”是一个根本性的思想道德和行为的规范,是对人立身行事的最根本的要求,也是为师的根本条件所在。严格挑选教师,既要求教师有广博的文才、精湛的学业,更要求教师有高尚的德行,正所谓“经师易致,人师难遇”。

荀子认为教师必须具备有尊严、耆艾、诵说、知微四个基本条件才配做人师。他说:“得良师而事之,则所闻者尧舜之道也。”教育家朱熹也说:“学校必选有道德之人,使为学官。”⑥对于德育教师,“德”的要求就更严,如朱熹所说:“国子先生,必求天下贤士真可为人师者,就其中又择其

---

① 《荀子·大略》。

② 王安石:《卜神宗皇帝言事书》。

③④⑤ 孟宪承等编:《中国古代教育史资料》,人民教育出版社1980年版,第15、32、44页。

⑥ 朱熹:《学校贡举私议》。

尤贤者，如胡翼之徒，使专教导规矩之事。”[①]这种“严其选”的择师方法，可说是“教者必以正”的前提。

孟子说：“教者必以正。”这可以说是中国儒家对教师职业道德的根本要求。孔子说：“不能正其身，如正人何？”又说：“子帅以正，孰敢不正？”[②]我们现在来审视古人的这种思想观点，不仅应说有其可取之处，而且必须肯定，它依然是完全正确的。在今天，倡导教者必须“修德”、“正己”，“正人”先“正己’仍然极为重要。

2. 教师职业道德的内容

（1）教师职业道德的主要特点和根本要求。教师职业道德的主要特点是自觉性，即教师所表现出的自觉自为的道德精神。而教师职业道德的中心问题或根本要求即教师的敬业精神。这是因为，纵观古今中外教师生命的全过程，可以用“自立立人，自达达人，自强强人”这12个字来概括。这就是说，任何教师客观上都要走这条共同的为师之道。但作为教师的每一个人，从思想到行为，其为师之道有自为与自在的根本区别。教师的职业道德修养和表现，都要求教师从自在的状态转化到自觉自为的状态，以便自觉地自立、自达、自强，从而更有效地立人、达人、强人，即为国家、社会培养人才。

可以这样说，真正自觉自为的道德精神，不仅是成为一名合格的教师的起点，并且是成为一名成熟的优秀教师的根本条件。在这里，自觉自为的道德精神最为可贵。梁启超非常注重教育家之“自觉”，强调教师应对国家、社会尽道义责任，说教师应抱有一种热忱，视教育为应尽之义务。

应当说，梁启超对教师职业特点和教师职业道德根本要求的见解是很深刻的。而以上所说的特点和要求归根结底是由教师在教育、教学活动过程中的主导、主动地位和作用决定的。教师在教育活动、教育过程中的主导、主动地位，要求教师在职业活动和职业道德修养中必须具有主动、自觉的态度和精神，而这种态度和精神也就是敬业、乐业精神。“敬”在这里是和“怠”相对而言的。荀子说：“敬胜怠则吉，怠胜敬则灭。”[③]教师工作是平凡而艰苦的，却又绝对不能“怠慢”和“怠忽”。相反，却要求

① 朱熹：《学校贡举私议》。

② 《论语·颜渊》。

③ 《荀子·议兵》。

人们乐此不疲，始终不渝，具有一种孜孜不倦的执着精神。因此，敬业也就是乐业，亦即乐此不疲的执著精神。而这正是任何时代和社会对教师职业道德的最具普遍意义的根本要求。因此，我们对于教师职业道德也可以作这样的理解：它是一种以敬业精神为基础或基本要求的教师道德行为规范。

（2）教师职业道德包含的其他方面的主要内容和要求。这里所说的其他方面，包括政治上的，道德上的，对己、对学生、对同事等诸方面的一些行为规范。

政治上要求教师要讲政治，懂政治，具有政治眼光。不问政治，远离政治，是一种自欺欺人的表现，是幼稚甚至愚昧无知的表现。这是一个自觉自为的教师必须引以为戒的。

讲政治就不能不表现政治立场和政治观点，而这些也都首先要求具有辨别是非的能力，坚持真理，不为邪说所惑，做一名具有清醒政治头脑的教育工作者。

道德上要求教师具有高尚的人格。每个自觉自为的教师应努力追求自身道德的完善，把高尚人格作为目标来追求。高尚人格的主要内涵是正直无私，讲正气。在这里，讲正气具有根本的意义，不讲正气，就谈不上正直的品格，也达不到无私的境界。

教师职业道德要求教师自己要讲学习，讲修养，勤奋学习，钻研业务。这是教师“传道、授业、解惑”工作顺利进行的基础，也是以身作则、为人师表的前提条件。

教师职业道德要求教师对学生做到热爱学生，诲人不倦，教书育人，循循善诱。教师在教育活动中的主动、主导地位并不表示教师有特殊的社会地位，教师和学生的社会地位都是平等的，教师在教育活动中的主动、主导地位只意味着教师在教育活动中为学生提供更多的服务，付出更多的心血和努力，而没有任何在肉体上、精神上损害学生的特权。体罚，对教师来说，并非理所当然，而是侵犯人权的非法非道德行为。

教师职业道德要求教师对其他共事者抱团结协作、共同进步的态度。领导要尊重、信任和依靠教师，教师也要服从领导；同事之间要互相尊重，互相配合，互相学习，互相帮助，取长补短，共同提高。

一个教师，从他从事这个神圣事业的第一天起，便和学生、家长及社会发生了千丝万缕的联系。联系双方的纽带，是相互间的信任、尊重和爱护。这个纽带的牢靠程度，决定着学校中合格人才的培养效率，也反映了教师职业道德的水平。

教师的职业道德是促使教师走向成熟、完善的条件。道德的实践性要求教师能切实履行这种有益于教师走向完善、成熟，成为自觉、自为教师的行为规范。而要切实做到这些，不流于徒托空言，关键仍在教师本身的自觉态度。

（二）教师的业务素质

业务素质是人们从事社会活动和职业工作所需的基本知识、技能与某些心理素质的总称。在一定的社会分工条件下，每一个社会成员要参与一定的社会活动，都必须具备与既定的、专属的活动领域相适应的业务素质。教师的业务素质是教师劳动中用以影响学生的主要手段，也是教师能否具备教师资格的首要条件。

教师的业务素质，可从知识结构、能力结构和某些相关的心理素质这三方面来考察。

1. 教师的知识结构

知识结构，指人所掌握的各种具有内在联系的知识的总体状况。知识，是人类的认识成果，作为人类认识成果的知识，已经形成具有层次性的体系。人的知识结构，则反映了人对人类认识成果所形成的巨大体系的认识和把握情况，反映了一个人所具有的知识总体和已达到的知识水平。因而，教师的知识结构，是反映教师业务素质的一个重要方面。教师的业务素质要求教师首先要有一个合理的知识结构。有了合理的知识结构，就可以避免教师在知识量上畸轻畸重，甚至残缺不全的偏颇。同时，有了合理的知识结构，头脑中的知识就会像分门别类的图书馆那样井然有序，有助于知识的记忆、提取和再生。

这个合理的知识结构主要包括如下一些知识内涵。

（1）专业知识。教师一般都负担某一学科或某一专业知识领域的教学工作，掌握这一学科或专业领域的较全面和坚实的知识，是对一个教师的基本要求。

（2）科学文化基础知识。教师在具有一定专业知识的前提下，还应当拥有较广泛的科学文化基础知识，要求有较丰厚的文化修养。第一，作为一个现代人，一定的科学文化基础和人文知识是绝不可少的。比如，任何人都应该知道一点人生的哲理，对本民族优秀的文化遗产、对世界文化不能茫然无知，对文、史、哲等知识也应有涉猎的兴趣，并应有相当的了解。具有自然科学的和社会科学的知识基础，乃至具有音、体、美等艺术方面的知识、技能和审美能力。这种基本的科学文化知识既是生活之必需，具有实用价值，同时又可以使人感到生活充实、精神丰富、人生美好，具有自我享用的功能。这是人的和谐发展所不可缺少的内涵。第二，作为教师工作对象的学生，他们对知识的探求是无止境的，他们企图从教师那里获取源源不断的知识营养。教师丰富的基础知识可以作为满足学生知识需要的条件，通过这些方面知识的沟通和交流，可以使教师与学生在心理上更为接近，教师获得更高的威信，教师的影响也就能更多地渗透到学生生活的各个方面。第三，当代科学日新月异，发展很快。教师原有的知识结构也经常面临更新和挑战。教师广泛获取新知识，不断学习，正是调整自身知识结构，促使教师不断随时代进步，克服知识老化和陈旧分科束缚的重要条件。第四，教师知识结构中拥有较广博、丰厚的文化基础知识，必然会在总体上提高教师知识的质量，使他的知识结构愈趋完善，从而具有一种综合影响的能力，也有助于提高教师授课时的语言表达能力和课外写作能力。而语言贫乏、干瘪，知识面窄，措词不当，文理不通，逻辑混乱，是难以搞好教学和做好教育工作的。

（3）教育学、心理学知识。教师要搞好教学，必须了解教育活动的规律和教育过程中学生的心理活动的规律，这就必须掌握一定的教育科学知识和心理科学知识。

上述的知识结构仅仅是一个框架，有了这个框架，还必须进一步在知识的广度和深度上用力，孜孜不倦，日积月累，才能使教师自身的知识不断趋于完善和深化，真正成为一个有丰厚科学文化素养的教师。

2. 教师的能力结构

“能力”一词的基本含义和性能、机能、功能一样，都是指某一事物系统所具有的对外界事物发生作用的属性和力量。能力也有狭义的理解，这就是专指人的作用机能和本领。教师的能力结构中所讲的“能力”，也是狭义的理解，就是指教师进行教育、教学工作，从事教书育人活动，作为其业务素质的一个重要组成部分，除了其知识结构之外，还应有的一些本领。

任何一个教师在教育、教学活动中，都要面对两种因素：一是其教育对象，即人的因素；二是他用以向学生所施加文化影响的手段，即物的因素。教师所需的能力和能力结构作用的对象主要也就在这两个方面。

从事教师工作不可缺少的特殊能力，诸如思维的条理性、逻辑性，口头表达能力，组织教学活动的能力等，与教学效果均有密切的关系。

比如，孟子对教师提出了这样一条标准，那就是要“以其昭昭，使人昭昭”，而不可“以其昏昏，使人昏昏”。其意即为，你想教导别人，必须先使自己明白，然后才去教别人明白；如果自己还糊里糊涂，怎样使别人明白呢？这话说得是十分深刻的。

3. 教师的个性心理素质

除了这些教育、教学的专业能力之外，教师的个性心理品质又是影响教育、教学效果的一个重要因素。

研究结果和事实告诉我们，一名教师达到了必要的智力、知识水平和具备一定的教育能力之后，其自身的个性品质就是影响学生成长的重要因素。正如哈马切克（D.Hamachek）所说：“我们大概会同意这种说法：两位具有同等智力，受到同等培训，对课题材料达到同等掌握的教师，却很有可能在教学成绩上有很大差异。部分差异是由于教师的个性对学习者的影响造成的。”①

教师的个性心理品质对学生的影响主要表现在哪些方面呢？

（1）教师的个性影响是塑造学生和谐人格的重要途径。作为在教育过程中居主导地位的教师，他的个性在学生性情陶冶这一不可忽视的德育途径中具有举足轻重的作用。著名教育家乌申斯基指出：“教育者个人不直接作用于受教育者，就不可能有真正渗入性格的教育，只有个性才能作用于个性的发展和形成，只有性格才能养成性格。”②

（2）教师的个性品质影响学生非智力因素的发展。非智力因素也称为个性或人格因素，其作用近些年来受到国内外研究者的普遍关注。许多研究结果证明，学生的个性品质是影响他们掌握知识、发展智力和培养创造力的重要因素。大量的理论研究和实验以及教育实践中的事实都说明：具有良好个性品质的教师是学生效法的楷模，教师良好的个性品质是学生优良的个性——有利于知识学习和智力发展的非智力因素生成、发展的不可或缺的“催化剂”。

（3）在教学过程中，教师良好的个性品质有利于造成浓郁活跃的课

① 潘菽编：《教育心理学参考资料选辑》，山东教育出版社1982年版，第425页。

② ［苏联］哈尔拉莫夫著，丁酉成等译：《教育学教程》，教育科学出版社1983年版，第477页。

堂气氛，从而大大提高教学效率。课堂教学过程既是传授、学习知识的过程，同时也是师生间人际交往的过程。这种交往的基础是师生双方的个性特征，情感是交往的主要渠道。教师只有具备循循善诱、激发学生兴趣的科学而民主的教育态度，对学生怀有真诚的爱和尊重，热情关心学生，帮助他们克服困难，才会使学生更热爱、尊敬教师，并激起他们强烈的求知欲望和学习的兴趣，课堂气氛才会活跃。

从上面所述可见，教师的个性不仅是教师自身稳固的异于他人的心理特征的总和，而且还是一种对学生有重要影响的教育因素。苏联学者高纳波林认为："教师的个性……是教育工作成功的有决定意义的因素。"①

正因为教师个性品质是影响教育质量的一个重要因素，所以，有些国家已经把它作为对教师进行考核的重要标准。比如，1983年英国政府在其白皮书《教学质量》(*Teaching Quality*)中把"适宜的个性品质"列为鉴别合格教师的三条标准之首(另外两条标准是"适当的学业水平"和"足够的教育专业方面和实践方面的知识和技能")。

随着现代科学技术的发展，各个国家对高质量人才的需要将愈益迫切。这就必然要求大大提高教师队伍的素质水平。教师个性心理品质也愈来愈重要，并将受到深刻关注。

教师的条件与素养，集中地讲，就是要有道德，讲修养，并且要有真才实学。

(三)教师的教育理念

1. 教育时空观

教育在一定相互连续的时间和空间里进行。但是古代农业社会的教育观念在时间上总体是断裂的，空间上是封闭的，学校各个阶段缺乏衔接与联系，人们学习、生活、工作的环境被截然割裂。工业社会的教育时空观有了长足的进步，但是学校教育仍然被看成是为工作和生活所作的准备，同时把正规教育与非正规教育严格区分，各守其界。新时代的教育时空观建立在信息社会的基础之上，表现为时间上的连续性如终身教育观和终身学习观，空间上的开放性如教育普及观和教育平等观。

---

① ［苏联］高纳波林著，王燕春等译：《苏维埃教师心理概论》，人民教育出版社1953年版，第169页。

2. 教育质量观

教育质量观表现为人才规格的基础厚、知识广、能力强、素质高，全面发展与个性发展相协调。

3. 教育民主观

教育民主观表现为大力弘扬教学双方的主体性，充分发挥师生双方的主观能动作用，努力造成和谐平等、教学相长的良好的师生关系。

4. 教育法制观

教育法制观表现为依法治教，依法兴教，依法促学。

5. 教育科学观

教育科学观表现为教育科学与教育的体制、思想、内容、方法、手段的全面对接，科学理论与教育实践的全面对接，教育科研目的与效果的全面对接，形成以人才培养作为科学研究对象的观念。

第十三章 受教育者

一、受教育者在教育活动中的地位与特点

（一）受教育者一词的含义

受教育者也可称为教育对象，此词和“教育者”一词一样，也有广义和狭义的不同。广义的受教育者是泛指那些接受教育者传递和施加社会文化影响的人。根据这个观点来看，人在社会中生活，在和人交往的过程中，经常会自觉或不自觉地参与和置身于教育活动之中，扮演着教育者或受教育者的角色。在人生的道路上，活到老，学到老，任何他人，都可能是自己的教师。这就是说，人尽可为师，而自己则会是任何他人的学生。同样，基于这种认识，我们说父母是子女的第一任教师。但在家庭生活中，有时子女也可以是父母的教师。甚至就是在专门的教育机构——学校，也是如此。学校里的教师虽具有教育者的身份，学生处于受教育者——学生的位置，但是在某种具体的情况下，学生也会是事实上的教师，而教师倒成为事实上的学生。这不是故作奇论，而是确实存在的情况和事实。这也就是所谓“教学相长”的根本原因所在。所以，从教育学原理的角度来看，在人类社会生活中，教育者和受教育者这两类人虽然广泛存在，而其地位与作用却并不总是固定不变的。教育理论不仅不能无视这种情况的存在，而且还必须在理论上予以承认和说明。

狭义的受教育者在现当代仍主要是指学校中的学生。如同上一章教育者主要指称学校中的教师一样。

（二）学生在教育活动、教育过程中的地位

学生在教育活动、教育过程中的地位并不是单一的，而具有双重性的显著特点。

1. 学生在教育活动、教育过程中的客体地位

学生在教育活动、教育过程中居于客体的地位。这是因为，在教育

活动、教育过程中，教师是教育者，是教育实践活动的主体，处于支配和领导的地位。学生则是在教师教导下以学习为主要任务的受教育者，是教师教育实践活动的对象，是教师进行教育劳动实践的客体，处于被支配和被领导的地位。学生的基本特征就是在教师的指导下，从事学习活动，完成学习任务，促进自身的发展。因此，在教育活动、教育过程中，作为教育对象的学生处于一种客体的地位。儿童中心论，以学生为教育的中心，把教师置于从属地位，颠倒了教育活动、教育过程中的主客体关系，对于教育的本质缺乏正确的理解。还有人把一般自学者的自发的学习过程同教育活动、教育过程中学生的学习活动、学习过程混为一谈，以为学生的学习完全可以"无师自通"，从而否定了教师存在的意义。实际上，教育过程是包括教师教的活动和学生学的活动在内的统一的人类文化的传承活动过程。在学校里，学生的学习过程是整个教育过程的有机组成部分，是在教师的主导作用下，有目的、有计划、有组织地进行的。因此，就完整的教育过程而言，作为教育对象的学生，始终处于一种毋庸置疑的客体的地位。

认识学生在教育过程中所处的客体地位十分重要。因为，作为教育客体的学生是构成教育过程的基本要素之一，明确学生是教育的客体，使教师对自己的工作对象"心中有数"，有利于发挥其主导作用；学生也因此而能理解自己的地位与责任，有利于接受有目的的教育影响；教育内容和手段也因师生双方都各有需求而使其中介作用得以充分发挥。系统论认为，系统内各要素的合理组合是整体力量大于各孤立部分之和的动力。教育过程中各基本要素如果能摆正位置，结构合理，就能互相促进，发挥教育过程的整体功能，促进教育目标的实现。

从心理学的角度来看，学生作为教育的客体，具有"学生感"和"向师性"。这种建立在教育对象自身求知欲望基础上的积极的心理倾向，是学生接受教育的必要前提。学生若能以在教师的教导下进行规范化的学习为己任，就能使自己获得较快的进步，有利于自己身心的发展。

2. 学生在教育活动、教育过程中是学习的主体

明确地把学生作为学习的主体，强调学生在教育活动、教育过程中的主动性，是教育理论和教育实践发展与进步的一个标志。随着科学技术和现代生产的进步，人类知识总量大幅度增长，社会对人的质量要求也不断提高，学生在学校教育过程中的主体地位也就越来越引起重视。学生的学习过程在学校里是教育过程不可分割的组成部分。在教育过程

中，学生既是教育的客体，又是学习的主体。其理由，大致有如下几点。

（1）作为教育对象的学生是具有主观能动性的活生生的人。在教育过程中学生是学习者，他既是教育的对象，又是学习的主人。学生的学习实质上是教师指导下的认识活动、认识过程，学生无疑是这一认识活动的主体。同时，学生对外界的刺激不是像镜子那样消极地产生反映，他对教师传递的知识信息也不是像录音机那样机械地转录和储存，他是用自己的头脑能动地接受来自外界的教育影响的。学生在教育过程中的能动性表现在：第一，学生是教育活动的主动参加者，他是在主动地和其认识客体（教师、教育内容和手段）的交往过程中（也就是学生的学习实践活动中）来获得知识的；第二，学生在认识客体的过程中要通过自己的认识活动对外界信息进行加工处理，从而把握事物的本质，形成自己的经验；第三，学生在认识客观世界的同时也在不断地认识自己，改造自己的主观世界，促进自身的发展；第四，学生在接受教育影响时具有选择性，他受自己意识的支配，可能积极地接受教育影响，也可能消极地抵制教育影响，妨碍教育目标的实现。因此，教师不能把学生视为消极的知识容器，一味进行机械灌输和简单说教，而要把学生当作教育活动的主人，激发其主动性和积极性，培养其自我教育的能力。

（2）作为教育对象的学生，尤其是青少年，是正在成长和发展中的人。而事物发展的根本原因，不是在事物的外部而是在事物的内部，在于事物内部的矛盾性；外因是变化的条件，内因是变化的根据，外因通过内因而起作用。在教育活动、教育过程中，教师以及教育内容等都只是外部的教育影响，它们只有通过学生自身的矛盾斗争，才能促进学生的成长和进步。学生虽然是受教育者，但其受教育的过程不单纯是一个由外向内的传导过程，也是一个由内向外的主动吸收接纳与作用的过程，他一方面在教师的教导下认识客观世界，另一方面也在学习的实践过程中改造自己的主观世界。一切教育活动，一定要与学生的主动活动相联系。在教育过程中，学生必须在教师指导下，通过学生自己的活动去获取知识，形成信念。如果没有学生的自觉性和积极性，那么，再好的教师，再优越的教育条件，都不能使教育活动获得预期的结果。

认识并重视学生在学习过程中的主体地位，并没有否定或削弱教师的主导作用。因为我们在论述学生主体地位的时候，正是以教师的主导作用为前提的，不仅没有否认教师是教育活动的主体，相反的是赋予教师更重要的职责，向教师提出了更高的要求。教师主导作用的发挥在于调动学生的主动性；教师的教不仅仅是传授知识，更重要的是启发思考；教师在教的过程中不是代替学生活动，而是引导学生活动。正如叶圣陶先生所说：教师之主导作用，盖在善于引导启迪，俾使学生自奋其力，自致其知；导者，多方设法，使学生能渐渐自求得之，卒底于不待教师教授之谓也。因此，我们说学生是学习的主体正是从强调教师主导作用出发的。只有在教师充分而又正确地发挥主导作用的条件下，学生的主体作用才能得以正确地发挥和不断地提高；只有学生在教育过程中充分发挥积极性、主动性和创造性，才能使他们的自我教育意识和自我教育能力不断得到提高。随着学生内部的自我教育因素的发展，他能逐步脱离教师的指导和影响，从事独立的学习和自我修养。而学生自我发展的实现就意味着学校教育过程的完成，已经达到教师可以不教的地步了，所以，学生的主体作用与教师的主导作用相结合是教育活动顺利进行并取得成效的基本条件。这就要求教师了解学生，尊重学生，善于启发，长于引导，保护学生的积极性和自尊心，使他们能积极思考，主动参与教育实践活动。

（三）学生在教育活动、教育过程中具有的基本特点

学生在教育活动、教育过程中具有的基本特点和学生在教育活动、教育过程中的地位状况相适应，相一致。学生在教育活动、教育过程中的特点也具有双重性，即一方面具有视接受教师的教育为天经地义的“向师性”，另一方面也具有不接受教师的教育的倾向和与教师的教育活动并不完全协调一致的“背师性”。学生之所以具有向师性，是基于对人类文化知识的趋同意向和求知的需要。学生之所以具有背师性，主要是其自身存在着生理上、心理上和文化上各方面的独立性。而学生之所以具有独立性，原因主要有以下四点。

1. 每个学生都是一个独立的人

每个学生都有自己的性格、自己的意愿、自己的知识储备和思想基础，有自己的思想和行为特点。每个学生都总是用自己的眼睛看，用自己的耳朵听，用自己的脑子思考。正如每个人都只能用自己的器官吸收物质营养一样，每个学生也只能用自己的器官吸收精神营养。这个基本事实决定了教师（及任何其他人）都不能代替学生读书，代替学生感知，代替学生观察。教师只能让学生自己读书，自己去感受事物，自己观察、分析、思考，使他们自己明白事理，得到知识。

2. 每个学生都是独立的、不以教师的意志为转移的客观存在

在教师认识学生之前，学生早就存在了，而且早就形成了学生现在所具有的各自的特征和活动规律。每个学生都有一个独立的生活世界，并且被自己这个生活世界的种种关系所制约。这种关系，包括家庭关系和社会关系，都是客观存在的，经常地影响着、限制着、约束着甚至规定着一个人的生活，形成了他的一整套生活、学习和待人接物的习惯。因此，绝不是教师想让学生怎么样，学生就会怎么样。学生既不是教师的四肢，可以由教师任意支配，也不是泥土或石膏，可以由教师任意捏塑。虽然教师常常是学生心目中最有权威的人物，教师对学生的教导可以产生巨大作用，但是决不可因此而夸大教师的权威和作用，忽视或忘记了学生是有独立性的人。“一呼百应”的事，如让学生起立、坐下、拿出和打开书本之事是有的。但是，“一呼不能百应”，教师讲的话或提出的要求，总有些学生没注意，没听见，没记清，没听懂，不想听或听不进去，听错了或听见又忘记了，听而不从或者想从而从不了，等等。因此，学生总不能完全达到教师的愿望和要求，这倒是更为普遍和经常的事。至于学生久已形成的思想、性格和习惯，当然更不是教师想让学生改变就可以改变的了。教师要想使学生接受自己的教导，首先就要把学生当作不以自己的意志为转移的客观存在，当作具有独立性的人来看待，使自己的教育和教学适应他们的情况、条件、要求和思想认识的发展规律。教师不能把自己的意志强加给学生，而且，连自己的知识也是不能强加给学生的。强加，不但加不进去，而且会挫伤学生的主动性、积极性，扼杀他们的学习兴趣，窒息他们的思想，引起他们自觉不自觉的抵制或抗拒。

3. 每个学生都有一种独立的倾向和独立的要求

这种独立的倾向和要求，是人从一出生开始直到成年的各个发展阶段始终存在的，只是在不同的发展阶段或不同的人身上有不同的表现，或表现在不同的方面罢了。婴儿坠地哇哇叫，就是向母亲发表意见。刚刚学会走路的孩子就不愿再叫大人扶，而且以自己跌倒自己爬起来为荣。这就是独立精神的表现。同样，学生觉得自己能读懂的书，就不想听别人来讲；自己感到自己能明白的事理，就不喜欢别人啰嗦；自己相信自己能想出或解答的问题，就不愿让别人帮助或多嘴。当然，这并不是说，他们没有一点依赖性。但是，如果他们的独立性没有遭到打击和损伤，那么，他们就总是要求独立，总是想获得更多的独立能力，并且每获得一些独立能力就迫切地想要独立地表现和独立地发挥。他们在学校的

整个学习过程就是一个争取独立和日益独立的过程。而且，常常有许多学生喜欢在一些公开场合有意地试验、证明或表现一下自己的某种独立能力，有时甚至以拒绝帮助、不听指挥、违反纪律、对抗家长或教师来强烈地显示自己的独立性。

4. 每个学生都有相当强的独立学习的能力

学生的独立学习能力常常被教师所低估，因而得不到充分发挥。譬如：①学生已有的知识和能力，从饮食起居，辨认事物，说话听话，读书写字，争论辩解，画画唱唱，戏要交游，一直到许多课堂上没有教过的社会生活知识和能力，绝大部分都是他们独立学来的；②即使是教师教给他们的东西，也是靠他们已经具有的基础，运用他们已经具有的独立学习能力，包括听、看、读、想、说、写、练等，才能被他们掌握的。但是，由于教师总是从“学生需要教”这个方面来考虑问题，同时又常常被一些难教之处和学习有困难的学生所吸引，再加上站在高处往下看，就常常会低估学生独立学习的能力。从现象上看，这和教师在学生的心目中的形象往往比实际高大，实质上却是出于同一种原因。简单地说，这就是教师和学生处于相反的地位，各方对对方产生了相反的错觉。教师低估学生的独立学习能力，讲了很多学生不需要教师讲解的东西，实际上是在浪费时间、消耗精力，不但会使学生感到厌烦，丧失学习兴趣，而且会妨碍学生独立学习能力的发展，窒息学生的聪明才智，造成不良后果。

学生有了独立性，他们才能够不断发展自己独立生活、独立学习、独立工作的能力，成长为一个独立的人，具有自己的特长，对国家、社会作出自己的贡献。而且，应该特别指出，学生只有具有独立性，才有可能进一步具有创造性，对国家、社会作出创造性的贡献。忽视、压制、摧残学生的独立性，也就会挫伤乃至扼杀一代新人的创造性。因此，要充分认识到，学生的独立性是非常宝贵的，是教师应该非常珍视的东西。

总之，在教与学、师与生之间，在思想观念上，既存在着统一性，又存在着对立性。教育、教学活动就在既统一、又对立的状态下存在和发展。在学生身上，也就表现为向师性和独立性二者之间的统一和对立的辩证发展过程。但在学生身上，向师性和独立性这二者也不是一半对一半的关系。一般来说，既然存在教育活动、教育过程，在学生身上存在的向师性总是基本的、主要的，独立性总是非基本的、非主要的。不然的话，如果具有排斥教师进行教育性质的独立性占主导地位，教育活动、教育过程就难以正常进行。但是，在具体学生身上也有个别差异。尤其从总体上来考察，向师性和独立性此二者的比重因学生年龄阶段的不同，在他们身上有不同的变化和表现。譬如，在小学阶段，学生的向师性大大多于独立性，小学低年级学生的向师性又要比高年级学生更大些。大学生、研究生参与教师的教育、教学活动，具有向师性的一面。但其思想观念的独立性则显然是常起显著作用的。他们虽表现为耐性地在"听"，其实却在更积极地"想"。应当看到，随着学生年龄的增长、知识的增多、学历的提高、视野的扩大、思想的渐趋成熟，他们在教育、教学活动过程中，虽在接受教师的教育，却也难免出现与教师讲授的内容并不一致的地方，甚至会存在根本的意见分歧。这就是独立性的具体表现，也是他们的独立性发生作用的结果。

在教育活动、教育过程中，存在学生身上的向师性和背师性是客观存在，不同的学生有不同的表现，在同一个学生的身上对不同的教师也会有不同的表现。学生表现的向师性多于背师性，教师自然会觉得学生好教；相反，学生表现的背师性多于向师性，则教师就会觉得学生难教，应对不了。这都是十分常见的事，并且对内涵也相当复杂的向师性和背师性及其表现形式也还需要作具体的辨析，不可一概而论。

"文化大革命"期间，中国的极"左"政治路线鼓动学生"头上长角，身上长刺"，和教师"对着干"，结果，教育、教学活动受到破坏，使教师苦于欲罢不忍、欲教不能。这是一种对教育的有意破坏，和这里所讲的背师性不是一回事。向师性表现的是师生间的趋同，而背师性则表现为师生间的存异。在教育活动中，师生间确有趋同、存异这两种情况同时并存。然而，这二者之间的情况也是变动不居的。表现在学生身上，从总的发展趋势上看，则表现为此消彼长，或此长彼消的关系。如果在学生身上，真正在学业上、思想性格上表现出具有符合要求的独立性时，则正表明这样的学生可以"毕业"了。因此，独立性并不是一种消极因素，而其实是学生趋向发展的一种象征，是促使学生走向成熟和获得进步的积极因素。可以这样说，向师性保证教师教育工作的开展，而独立性则促使学生发展，二者相互为用，都是不可或缺的。作为教师，对此要有较完整的认识和把握，既要欢迎学生身上的这种向师性特点，也要保护学生身上的独立性表现。有的教师只喜欢"听话"的学生，而对桀骜不驯、爱"挑刺"的学生反感。这也是由于对学生在教育活动中所具有的基本特点缺乏根本认识的表现和结果。当然，在学生身上的独立性也不是越多越好。凡事都要有个"度"，即适度。一个人的一生总要有一段较长接受教师严格教育的阶段，具备一定的知识基础，没有这个“基础”，“独立”不起来。只有从教师那里获得的教养相当丰厚之后，才谈得上个人的独立思考和独立见解，才能对教师的教育作出个人的正确分析，形成个人的见解。对教师和教师的所教，需要采取一种如清代学者袁枚所说的“不取亦取，虽师勿师”的有分析、有鉴别的正确态度。

二、人接受教育的必要性和可能性

（一）人接受教育的必要性

“受教育者”一词，不管把它作广义的或狭义的指称，我们都必须看到，其指的是人，具有人的共同特性。因此，对受教育者要有基本的、普遍的理性认识，也首先需要对人的结构与本质问题作一番考察。因为，不论是学龄期学生还是成年人，他们为什么应该接受教育，亦即人接受教育的必要性，首先是由人的结构与本质状态决定的。人的结构与本质，是我们对作为教育对象的人接受教育的必要性问题所应具有的理性认识的一种必要的基础理论认识。

人是什么？我们首先应当肯定，人也是一种物质形态。人类作为一种物质形态，有个体与群体两种存在形态。人类的个体，也就是个人。在传统观点看来，个人就是一个动物体。但是，物质进化和人类诞生与发展的事实表明，人是一个肉体与文化的复合体。下面，让我们对人的生理结构状态作一番考察。

人的生理部分由一系列肉体组织器官所组成，主要包括运动器官、呼吸器官、消化器官、生殖器官、感觉思维器官等。这些组织器官都是客观存在着的自然实体，是人的存在和生命现象的物质基础。

人和动物之间在个体发育、身体结构和器官功能等方面存在着许多同源性。人作为一种生命现象和生命活动，同样具有从动物遗传而来的新陈代谢，生长、发育和繁殖，遗传、变异和进化，感应性和适应性这四种基本特性和由此而来的生命所共同具有的自我更新的代谢能力、自我复制的繁殖能力、自我调节的控制能力。在广阔的宇宙天体中，人作为其中的一个构成要素而存在，宇宙体系的任何变化都会对人产生影响。由于人的躯体构成是物质的，他本身也存在着与外界的物质、信息、能量的交换。人的躯体亦是生物材料、生物信息和生物能的统一，人就是在与外界的自然物质、自然信息和自然能量的交换中，实现了自身的生物进化。这种交换状态的好坏，决定了人的存在状态的好坏。与自然物质交换，发展了人的躯体；与自然信息交换，发展了人的智力；与自然能量交换，加强了人对外部环境的承受力及其扩大形式，即伸张力。

每个人降生下来，都只是一个赤裸裸的机体。这时他的结构并不是复合的，而是一个纯粹的生理机体。

如果把一个人放在一个文化环境之中，那么，就形成了这样一个结构：外围是文化环境，它是开放的，没有明确的边缘；内核部分是一个人的肉体，这是人的先天的生理部分；在人的生理部分之外，文化环境之内是人的文化部分，这是后天获得的，并且处在不断变化之中。人的生理部分最为稳定。在人的一生中，生理躯体在自然法则的支配下不断发生变化，这是人所不能更改的(至少到目前为止还是如此)。随着进入家庭，走入学校，迈向社会诸个阶段的文化培养，最后形成一个具有文化装备的人，到这时，个人的结构就不那么简单了，而是一个复杂的肉体与文化的综合体。

文化是人的组成部分，或者说文化是人的非动物性组成部分。在物质世界中，人类不是以纯动物性的面目存在着，而是以“动物性”与“文化性”的统一整体存在着。自晚期智人后，从人的动物性方面看，变化是微小的，发生巨大变化的是在人的文化性方面。一部人类史实际上是一部文化史，丢开文化史，根本看不见人类的发展。人类发展到今天，已经成为一个庞大的文化性存在物，其动物性方面越来越显得不重要了。至此，对于人的本质，我们可以得出如下基本认识。

第一，人是身心统一体，是动物性与社会性的统一体，是由动物性与文化性双重因素构成的复合体。人既是一个社会实体，又是一个自然实体，即生物体。作为社会成员，人有社会性；作为生物，人又有动物性。社会性与动物性的对立统一，就是人本质中的内部矛盾，从而引起人的心理运动和发展。

第二，人类与动物的区别，文化是最根本的。人与动物(如灵长目中的大猩猩等)的差别以及人类社会与动物“社会”(如蜜蜂等昆虫“社会”)的差别，都在于文化。人类的发展主要是文化的发展，文化是人类的本质所在，是人之所以为人的根本原因。人类与动物的区别，从结构上看，主要就是多了一个文化部分。人的文化部分不属于生理性成分，与人的联系也不是生理性的。一个人降生到世界上，与生俱来的只有一个生理的机体，并无文化相伴随。文化部分的获得是在后天的文化“遗传”机制中实现的。文化的“遗传”方式不是依靠生理手段而是依靠文化手段，这就是教育。教育的过程，是一个人以纯生理机体装备上文化成分的过程。只有经过教育过程之后，一个人才算得上真正形成了。是否有一个教育过程，这决定着人能否成为一个真正的人；否则，只能作为一个动物而存活。因此，人需要接受教育，首先就是由人的结构与本质状态决定的。

（二）人接受教育的可能性

人不仅有接受教育的必要性，而且也具有接受教育的可能性，即接受教育的条件。从生理解剖上与动物作比较，人可以说是相当无能的。讲力气，比不上牛；讲奔跑，比不上鹿；讲嗅觉，比不上狗；讲视力，比不上鹰。小鸡从蛋壳中出来，就能自己觅食，立刻成为一种比较能独立生存、独立生活的动物。而人刚生下时，除了啼哭、吸吮和抓握，什么也不会。人之所以最终优于其他动物，最终能够发展成具有高度理智和丰富情感，成为一个具有文化装备的人，归根结底是由于人具有一个善于思维的大脑，具有一颗能够自我意识的心灵。而这些，并不是人一生下来就完善的，需要一个相当长的发展过程。这个发展过程也就是人以自己的思维和意识为基础，不断接受社会文化装备的过程，而其结果则是使人的主体能力得以形成和发展，所以，正是这个发展过程，象征着并说明人具有接受教育的条件。而这恰恰又是动物所没有的。

一个人生下来，生活上几乎完全不能自理，因而不能不依赖父母或其他养育者的关怀和照顾，正是这种生活上的依赖性，决定了一个人生下来就要在社会中生活，就不能不接受社会规定的生活方式。人类之所以能不断延续并向前发展，与人在依赖期所获得的充分的学习机会是分不开的。正因为如此，社会行为方式通过下一代的学习和实践，能够传递和发展下去，可以说人在依赖期的学习和生活起了历史的桥梁作用。

发展的能力大小与动物幼稚期的长短成正比。幼稚期越长，开始时无能的程度越大，其最终的成就越多。这种无能为力的本身固然不好，但能唤起社会及父母对婴幼儿赋予一种柔情的监护。这种监护，在文明发达的社会里，可以延长至20年或20年以上，将近占全部生活三分之一的时间。

人类的身体禀赋与高等动物比较，没有太显著的差异。但若将人类的神经系统考察一下，便可见人脑的高级神经中枢是异常复杂的。我们若注意人类，即可见人类机体有四种东西：①若干反射本能和先天才能及其相应的需要、欲望和冲动，这些原始的禀赋，有许多在诞生时即已出现，其他一些则是后来才成熟的，而这种成熟，在相当范围内，是一个自然发生的过程，并不需要依赖外界的条件和力量；②一种活动系统，平衡的维持，即由神经系统的作用及改变所致；③对于适应缺乏的感受，个人产生这种感受后，即会设法将平衡重新建立起来；④保存印象的能力，这种印象乃是生理构造的一种机能，将过去的反应记录下来，用以改变有机体。

总之，个人带到世界中来的特性，一是反射，二是本能，三是先天才能。此三者，构成人的行动系统，使他能感受适应的缺乏，使他作出各种反应，使其行动系统永远处于变动之中。

在每一个儿童的适应系统中，因为遗传的关系，都可发现这四种东西。但各种特性在量与质上，人与人之间存在着极大的差别。比如，一些卓越的天才，具有强烈的冲动，能够感觉些微的不适应，他的神经系统能产生各种反应，对于过去的成功所留下的印象具有极强的保存能力。如果是一个白痴，这种人的本能冲动与感受力均甚缺乏，行动系统亦不适应，过去经验的效果极易消失。人的身心发展的因素，按其影响的性质而言，可分为物质的和精神的两个方面。物质方面包括：自然条件，如阳光、空气、山水、树林、气候等；社会物质生活条件，如社会经济和国家制度，生产关系以及由它决定的生活方式等，其中对个性形成有直接影响的主要有国民教育体系中的学校和校外教育机关、文化团体、家庭经济情况以及大众宣传手段，如电影、电视等。精神方面包括：①人与人之间的态度，大众的文化科学素养等；②自身的心理状态，包括智力因素和非智力因素。

如果按个性形成的动力来看，则可分为外部因素和内部因素两个方面。内部因素方面包括：①遗传素质，即人体的解剖生理结构及其成熟阶段，神经系统构造的特点等，如皮肤、眼睛和头发的颜色，体形，神经系统的类型以及人类特有的高级构造和机能，即大脑、言语、直立行走、思维、劳动等素质；②心理特点，如兴趣、爱好、情感、意志及认识能力等。外部因素包括自然环境、社会环境、学校、家庭环境，以及参加各种社会团体、个人交往，等等。

如果按影响的来源分，则又可分为自然的和社会的两个方面。自然方面包括自然环境、遗传素质等，社会方面包括社会物质生活条件、文化影响、社会活动等。

总之，影响个性形成的因素可以分为：物质的和精神的，内部的和外部的，自然的和社会的，生理的和心理的，客观的和主观的，等等。各因素之间又是相互依存、相互制约，构成完整的整体而对个性形成产生影响的。可见，影响儿童身心发展的因素，从整体上看，乃是多元的、多层次的。

教育生理学作为教育学的一门分支学科是教育学与生理学相互结合的产物，同时，涉及其他多门学科，诸如心理学、医学、哲学、社会学、化学、营养学等。它应成为研究教育对象的一门必不可少的基础学科。

另外，我们在批判“教育无用论”时，一般地提出教育在人的成长中起主导作用，强调教育工作者的责任，是有积极意义的。但教育的主导作用或决定作用，不是绝对的、无条件的，而是相对的、有条件的。在形而上学的方法论指导下，在个性形成的因素中，或三因素，或四因素，或五因素中找绝对地起“决定”作用的因素，恐怕是困难的。但如果改变分析的方法，从整体上、系统上、发展阶段上进行分析，那么，还是可以确定主次的。存在决定意识，一般地讲，物质系统的因素与精神系统的因素相比，则物质系统的因素起决定作用；客观系统因素与主观系统的因素相比，则客观系统的因素起主要的决定作用；等等。这是从总的唯物主义原则上看问题。否定了这一点，就是否定了唯物论，同时，在这个前提下，应当承认，在某些特定的条件下，精神系统或主观系统的因素也能起主导作用。否定了这一点，就是否定了辩证法。因此，具体情况要具体分析。

任何一个具体的、现实的人，不管是天才，还是白痴，都是各种因素（物质的、精神的，外部的、内部的，客观的、主观的，生理的、心理的，等等）综合影响的结果。不同的个性特点，乃是各因素之间相互关系和力量对比不同而已。因此，如果一定要提一个什么“决定论”的话，应该说就是“综合因素决定论”，或称“整体系统决定论”。对新生一代的成长，“人人有责”，应该从各个方面，采取“综合保护”，或“综合治理”。社会、学校和家庭要协调一致，全社会都要关心青少年的健康成长。

三、人的发展与先天禀赋

（一）人的先天禀赋

日常生活中所谓的“先天禀赋”就是心理学上所说的“素质”，它是每一个人的种族世系所遗传给他的一定的遗传素质，也就是一个人神经类型所具有的某些先天性特征。它是构成一个人发展的自然条件（听觉器官、视觉器官、发音器官、脑神经等）。

在教育理论上，对于人的发展，围绕着先天禀赋究竟具有什么作用的问题，历来有教育无能论和教育万能论两种截然不同的理论与见解。这两种理论对于人的成才与先天禀赋关系的认识都具有片面性，都不足以正确解释其中的关系。概括来说，教育无能论者所持的是遗传决定论的理论、观点，认为人的发展是由先天的遗传素质决定的，教育只能加速或延缓人的遗传素质的实现，而绝不能改变它。因此，教育对人的发展的作用是极其微弱，甚至可以说是无用的。而教育万能论者又正相反，他们只强调后天环境与教育对人的成才的作用，而否认遗传素质的作用。这种观点出自英国哲学家洛克，他首创“白板说”，认为新生儿是一块“空白的石板”，父母和教师可以在这块石板上书写任何东西，创造出他们所希望的人。美国行为主义心理学家华生（J.B.Watson）是这种观点的典型代表，他声称：给我一打强健无缺陷的婴孩，任我在特殊的天地里将他们培养成长。我深信随意挑一个出来，都可以培养成我所选择的任何类型的专家——医生、律师、艺术家、大商人，甚至可以训练成乞丐、小偷，不管他的天资、爱好、性格、能力、禀赋等如何，也不论他祖先属于哪个种族。在成才问题上的极端的先天论、环境论和教育万能论，已被现代科学所否定。不过，遗传、环境与教育等因素孰轻孰重，仍在争论中。而在我国，长期以来，特别是在20世纪70年代初，在批判唯心论的天才论中，一种貌似唯物，实则更加唯心的观点，就是只强调后天的实践，而不讲大脑素质（从心理学上说，就是大脑的某些解剖和生理的特点、特性）。正是在这种思想指导下，心理学、优生学、遗传学一个时期被打成了“资产阶级伪科学”，实际上也波及神经生物学、脑科学等。自然科学的停滞状态也反过来使哲学日益贫困。不重视思维机能的物质基础，就是唯心主义；过于忽视头脑素质，只强调思维（意识）内容的物质来源，而忽视或实质上否认思维机能的物质基础，这就是一种片面性，就是形而上学。按照过去那种理论，天才固然需要勤奋，却无法回答这样的问题：勤奋者是不是都能成为杰出人才，成为天才？成不了天才的是否都是不勤奋？

理论上出现的问题，导致在政策上影响了量才使用，教学上影响了因材施教，也影响了个人实事求是地根据自己的素质特点妥善地选择学习的方向。

鼓励人们刻苦学习，努力工作，加强实践锻炼是需要的。一个人，脱离世界，脱离实践，思维能力得不到发展，甚至会退化。狼孩的故事，就说明了实践对于人的思维能力的发展是多么重要。现在，我们应该恢复辩证唯物主义的科学面目。辩证唯物主义从来认为意识的本质既是大脑的机能，又是客观世界的反映。应该承认，人的思维能力，既是大脑机能的体现，又是实践锻炼的结果。两者是统一的，是相互联系、相互促进的，不是彼此孤立的。不能认为不论大脑的先天素质如何，只要勤奋，就都可以成为天才或人才；成不了天才或人才的就都归结为不勤奋。比较好的大脑素质是一个人成为天才或人才，在事业上取得成功的前提，是成为天才或人才的一种可能性；而实践、勤奋，在一定的限度之内又能对大脑素质起到促进发展的作用，是变可能性为现实性的决定性环节。

以前之所以忌讳探讨大脑素质对思维能力的影响，与在批判天才论中片面宣传过革命领袖人物的两个观点有密切关系。

第一个观点是曾被大量引用过的马克思的一段论述："搬运夫和哲学家之间的差别要比家犬和猎犬之间的差别小得多，他们之间的鸿沟是分工掘成的。"①对这一段话，当时的普遍理解是，马克思对人类思维能力的原始差别认为是可以忽略不计的，他强调的是后天的社会分工、社会实践造成和扩大了人们之间的差别。我们为了全面理解马克思的论述，不妨再多引一段马克思的话。马克思曾经用历史唯物主义观点批判蒲鲁东的政治经济学思想。就在上一段引文的前面，马克思还说道："亚当·斯密比蒲鲁东先生所想象的要看得远些。他很清楚地看到：'个人之间天赋才能的差异，实际上远没有我们所设想的那么大；这些十分不同的、看来是使从事各种职业的成年人彼此有所区别的天赋，与其说是分工的原因，不如说是分工的结果。'"②不难看出，马克思并不否认人的天赋才能的差异，只是反对过分夸大这种差异。我们应该知道，人的思维能力的先天差异与后天分工是既有联系又有区别的两回事。先天的差异不是注定表现为后天分别发展成脑力劳动者（如哲学家）和简单的体力劳动者（如搬运夫）。由于复杂的社会历史原因，在一定限度之内，先天基础好的人可能成了文盲，成了搬运夫，而先天基础差的可能掌握了科学文化，成了哲学家。我们不能由后天的社会分工、社会实践造成和

---

①② 《马克思恩格斯选集》第1卷，人民出版社1995年版，第158、157页。

扩大了差别而得出先天差别可以忽略不计的结论。有的人，由于各种原因没有学历，从事着简单的社会劳动。但他们有着敏捷的思维，有很多朴素的唯物辩证法思想，处理事情很有见地，工作总比一般人出色。他们之中有的甚至为人类文明作出了贡献。爱迪生只受过3个月的正规教育，却完成了两千多项发明。他的母亲虽然不是什么“名家”，却在培养一个伟大发明家的过程中立了大功。约·狄慈根虽是一个制革工人，但他靠自修成了哲学家，独立地发展了辩证唯物主义世界观。这就说明：人，关键是要有比较好的大脑素质，或者说要有一个好使的头脑。头脑不好使的人，也可以掌握一些文化知识，在他们那里，知识是零散的、没有系统的，或由于思维混乱，想把知识组织起来，也不可能组织得好，永远维持在知识的零散状态；而对于头脑好使的人来说，能把学得的知识很好地组织起来发挥作用，在他们那里，知识可以变成智慧。这类区别，自古就有明显的体现。

随着人类社会的发展，由于遗传、营养等因素的影响，人类的大脑是发展变化的，不是一成不变的：

类人猿大约平均脑重600克；

猿人大约平均脑重900克；

旧石器人平均脑重1 400克；

近代人平均脑重1 600克。

当然，大量统计中体现出来的规律不一定适用于个体。对于个体的人来说，大脑重量与聪明程度没有必然联系。我们应该正视自古以来，统计规律反映出来的人类思维能力的发展与大脑素质发展的密切关系。

第二个观点也是曾经片面宣传过的一种，认为人的知识是后天才有的，而人的才能是属知识的范畴。在批判唯心论的天才论时，一般理解就是才能也仅仅是后天才具有的。

思维能力、知识与才能，三者是有区别、有联系的。思维能力，在有些场合也叫智力。法国心理学家比内（A.Binet）认为智力高低不等于知识多少，有许多人知识丰富，但智力平庸。有的人可把知识转化成智慧，而有的则不善于完成这种转化。思维能力是才能的一个重要表现，才能更主要地反映在能力上，表现在对知识的掌握上以及对客观世界的创造性认识、改造上。思维是大脑的一种机能，在一定程度上体现大脑的基本素质，包括先天的成分；知识只能是后天所得。正如法国启蒙思想家、哲学家爱尔维修说的："人生而无知，并非生而愚蠢。"[①]才能和知识的关系，犹如体质和劳动能力、劳动技巧的关系。我们说一个人体质的好坏，绝不是抽象的，应该表现在他从事体力劳动的能力和技巧上。他劳动的能力和技巧无疑是后天学得的，但它是以一定的身体素质（即体质）为前提，而一定的身体素质是包括先天成分的。同样的，一个人思维能力强弱也不是抽象的，它要表现在对知识的汲取、储存和灵活运用上。一个人的知识不是先天就有的，是生在人世间之后获得的，但汲取知识、储存知识和灵活运用知识的能力与先天大脑的构成和发育状况有着密切联系。

天才既包括先天的因素，也体现了后天勤奋刻苦的学习、实践和锻炼。通常说一个人完成了一种什么样的"天才"事业，既是对他的天赋能力的称颂，更是对他呕心沥血精神的赞誉。只靠后天的实践锻炼而无必要的物质条件——没有先天形成的大脑的一些优点，成不了天才或人才；只有先天形成的大脑的优越条件，而无后天的实践锻炼，思维能力得不到发展，也同样成不了天才或人才。思维离不开实践，也离不开头脑。我们多年来听说过爱迪生"天才就是1%的灵感和99%的汗水"这样一句名言。其实，爱迪生的这句名言全文是："天才就是1%的灵感和99%的汗水。但那1%的灵感是最重要的，甚至比那99%的汗水都重要。"

哲学上的片面性，曾经使得谈论思维能力只能谈后天的实践，而不能谈先天因素，不能谈大脑素质，探讨先天和素质因素（素质和先天不等同，素质属于后天因素，并有变化）成了一个禁区。因此，有关脑科学、优生学、神经生理学等学科在国内没有进展，国外的成果也不能引入进来，连自然科学界，有的也还是停留在早期的一些生理解剖的了解上。的确，早就有人从宏观解剖上作过比较，正如前面讲到的，对于个体来说，大脑重量与聪明状况不具有必然的联系。大脑重量相差悬殊的人，聪明才智可以不相上下。例如，俄国作家屠格涅夫脑重2 010克，法国作家法朗士脑重1 017克，一般人是1 600克左右。他们两人脑重量相差悬殊，一个高于常人，一个又低于常人，但他们在世界文坛上的贡献差不多。现代科学的进展证明，人脑的机能从素质上讲是重量与结构的统一。近年来已知，人的大脑内有如"微型电路"的结构，能敏捷地处理数据，脑内传递的信号是电脉冲和化学信号。人的智力不仅取决于脑重与体重之比，还取决于"微型电路"的复杂程度。有的动物的大脑绝对重量

① 北京大学哲学系编译：《18世纪法国哲学》，商务印书馆1979年版，第480页。

比人脑重，但与其体重比，不及人。人的脑重与体重之比约为1∶50，而猴子的脑重与体重之比为1∶18，超过了人，但猴脑不具备人脑所具有的复杂的信息处理结构。这也如同人的“第二大脑”——计算机一样，世界上第一台计算机的体积是90立方米，重达30吨，每秒钟只能进行5 000次的加法运算。1971年的微型机体积是第一台的1/30 000，重量以克计，运算能力却为第一台的20倍。两种机器差别的关键是由不同结构决定的。

我们现在需要冲破一个多年来的禁区，实事求是地正视先天因素和大脑素质以及后天的实践在发展人的思维能力方面的地位。

脑科学、心理学、神经生物学（包括神经解剖学、神经生理学），在20世纪得到迅速的发展，大体上分为三个阶段：第二次世界大战以前是第一个阶段；从第二次世界大战至20世纪60年代末是第二个阶段；从20世纪70年代开始是第三个阶段。

综合三个阶段的进展，可以发现，在对大脑的了解手段上有了许多进步。①找到了一些颅外探测的办法，能够比较粗略地了解大脑结构。继计算机层析成像仪之后，新出现的核磁共振医疗诊断技术可以看到人的大脑中的灰色和白色组织，能监视婴儿大脑的发育情况等。美国在20世纪70年代末已经初试成功，即用电子技术和脑电波能“阅读”人的思维，也就是用电子技术和脑电波发现被试大脑每想一个不同的词，就有不同的脑波类型（也叫特征波形）。这样，就不需要被试用语言说出他在想什么，而是根据不同的特征波型即可以了解或“阅读”他在想什么。目前科学家已经鉴别了27个词和音节的脑波类型。这是一项初步的但却是惊人的突破。美国核物理学家和化学家梅西奇（P.Mesich）预言，利用电子技术“阅读”思维的下一步发展，将不必用电极接触头皮，而只需像收音机一样，通过调谐，即可以接收遨游在空间的脑波，从而“阅读”人的思维。②利用对病人的手术考察、药物治疗，已发现人的感性认识和理性认识都在大脑皮层里。在部位分工上：左半球，主要承担理性认识，如抽象能力、理解语言的能力等（加拿大女医生麦克格朗对385个病人考察，发现女人的语言中枢分布在两个半球上）；右半球，主要承担感性认识，如记忆、情感、本能、识别图形、情绪等。两半球在初级感觉和初级运动方面与身体外部四肢等是交叉对应的，但在专门化功能上是不对称的，各有分工，并通过胼胝体和前连合把两半球联结起来而进行合作，如果切断中间的联系，就会出现指挥上的混乱。③用动物实验。神经元构成大脑，相当于高大建筑上的砖块，神经元的活动原理从蜗牛到人类都是相似的，所以对大脑的探索，一部分可用动物进行实验。

20世纪60年代初，美国的心理学家和神经化学家已查明大白鼠的记忆力存在于一种化学物质（蛋白质）上，这种物质叫肽。瑞士的神经学家发现受过训练的大白鼠脑细胞中核糖核酸（RNA）含量占脑重的12%，用实验证明了记忆力随核糖核酸和肽的含量和结构而变化，还证明了肽由7—15种氨基酸按不同的方式排列组合，从而形成不同的记忆类型。一个人一生中，大脑可储存一千万亿条信息，可见肽的结构之复杂。这是从分子化学水平上对记忆的研究，可谓“分子记忆说”。澳大利亚的神经生理学家艾克尔斯认为，记忆就是神经细胞之间铺设了传递信息的“专用线”，即“突触”，这叫“突触生长学说”。这种学说也是以实验和观察为基础的，因为随着人们不断的记忆和学习，大脑突触的数目在增加，用电子显微镜和微电极可以测出突触内电位的变化。美国的心理学家罗森茨韦克用实验证明：生活在丰富多彩的环境中的老鼠比单调环境中的老鼠大脑重量增加，脑皮质加厚，化学结构也不同。这就是用科学实验证明了高等动物的大脑素质在一定限度之内是随着环境的刺激、实践的锻炼而有所改变的，说明智力变化与生理变化是相联系的，可塑性是受形态结构控制的。荷兰、比利时、西班牙的科学家还发现一种“加压素”（是人脑里分泌出来的），注射到人体内有助于加快学习和记忆。

通过以上对现代科学的简介说明，大脑确是思维活动的承担物质，思维是大脑的机能，而且实践又会促进大脑本身的变化。“分子记忆说”、“突触生长学说”和罗森茨韦克的实验都共同地证明了，对于人的思维发展来说，实践与素质是统一的。

当然，目前人类对自己大脑的了解还很肤浅。从前面我们看到，脑科学只是对记忆的研究进展比较快，确实找到了储存信息的物质，但对表现理解力和创造力的大脑活动机理还很缺乏了解。当人类对大脑了解越来越多的时候，也就更加感到对它还很不了解，还是很无知。现代科学认为，大脑是一个特大的控制中心，大脑皮层的140亿—150亿个神经元相当于140亿—150亿台微型计算机，且都不是“单干户”，而是组织成网络发挥作用的。大脑还有个特点：一旦把它打开就失去了活脑的功能，这就增加了人们对它探测上的困难，所以，人们称它为“黑箱”。据目前的了解，从大一点的部分来说，人脑是由几百个部分组成的。要搞清一个小部分的机能就需要一两名生理解剖学家用5—10年时间，而且这样的学者要求具有很强的自制力。它的难度是，胜任这项研究工作的生理解剖学家全世界也是不多的，而且还需要其他科学的配合。有人认为大脑目前是宇宙中最复杂的东西。这都说明，人的思维，特别是对大脑的理解能力、创造能力，要从生理机制上彻底揭开它的奥秘，还有一段相当长的路程。最复杂的事物就需要用最复杂的手段对付，对大脑的研究，也需要多学科协同作战。人类凭着有个发达的大脑，认识了千千万万种事物，但至今，大脑本身是如何进行思维的，对它的工作机制还了解得很少。但相信总有一天，人类对自己大脑也会有比较清楚的了解。恩格斯曾经预言过：终有一天我们可以用实验的方法把思维“归结”为大脑中分子和化学的运动。

（二）人的思维存在着差异

在现实生活中，人的思维能力的差别是个客观事实。客观现实表明，人的思维能力作为能力来说，先天和后天的成分都有，是区分为等级的。例如，在小学阶段，思维能力明显参差不齐，中学、大学阶段这种现象逐渐减少，就是因为经过多次筛选，思维能力相对整齐了。按水平区分为不同级别的大、中、小学培养的学生，他们的思维能力大体上是与学校级别的区分相对应的（个别情况例外），这种区分包括读书的多少，整个传统作风、环境气氛的熏染渗透，也包括基础能力的不同。这就是思维能力的等级。

列宁对人的思维能力分为等级这个事实，曾有过以下论述：“当人们说经验和理性证明人不是平等的时候，这里的平等是指才能平等或者指人的体力和智力相同。”①“当然，从这层意义上来讲，人不是平等的。”②“期待社会主义社会的人们在力气和才能上平等是愚蠢的。”③“社会主义者说平等，一向是指社会的平等，指社会地位的平等，绝不是指个人体力和智力的平等。”④

思维能力也表现在不同方面，有的人擅长艺术，有的人擅长数理化，有的人擅长社会科学，等等。这些，在后天的实践中能改变一部分，也有一部分是难以改变的。特别是在体育、艺术方面，先天素质的影响尤为重要。控制论的创始人之一维纳说：“当我听一段音乐时，大部分声音进入我的感官，并到达大脑，但如果我缺乏欣赏音乐的起码能力和必要训练的话，这种信息就不能发生作用；但如果我是一位训练有素的音乐家，

①②③④ 《列宁全集》第24卷，人民出版社1990年版，第390、390、392、394页。

那么这种信息就碰到一种有解释能力的结构或组织，它就能将音乐的模式表现成一种有意义的形式，并导致审美的鉴赏和深入的理解。"[①]这种看法是正确的。

人的思维能力表现为不同类型：

——有的人思考问题周全细致，但抓不住重点，抓不住关键，抓不住症结点（这当然跟对一个事物的认识程度也有关系）；有的人考虑问题周全细致，又善于在纷乱中抓住重点。

——有的人非常善于从战略上、宏观上着眼，抓住主要矛盾；有的人则大事糊涂，小事聪明精细。

——有的人反应敏捷，接受新事物快；有的人反应迟钝，接受新事物慢。

——有的人再现能力强，自己掌握了较多的知识，能很好地进行组织，以深入浅出、通俗易懂的方式再现出来，能以居高临下的姿态对知识驾驭自如，并对听众的心理状态揣摩透彻，使自己的全部思维活动与听众融为一体。这是一种艺术，是一种创造性劳动，也是一种思维能力的表现。

——有的人善于发现新问题，但不一定有很深的创见。这种"新发现的意义只是给别人锦上添花"，不是自己的重要突破。

——有的人反应不是很快，但能进行深入的探索。所谓"善写"不"善讲"者大体归入这一类。写起来可以从容地进行深入思考，"写"就比"讲"自然得多。嘴巴是"电台"，大脑是"司令部"，"司令部"不能迅速拿出"决断"供"电台"播出去。这是"善写"不"善讲"的原因。当然，这里所谓反应不是很快，仅是相对而言的。

——有的人"善讲"不"善写"，说明"司令部"可以迅速拿出"决断"，"广播"出去，但"决断"很粗糙，写出来毛病很多。

——有的人搞学问，知识面未必很广，但善于精读多思，能够"单点深入"。

——有的人思考问题非常清晰，其思路就像蚕吐丝一样，一线出来，条理分明；有的就多线头交叉外出，条理性很差，甚至有的人的思维难以理出什么头绪来。

——有的人善于记忆，有的善于创造、构思。如此等等。

---

① ［美］维纳著，钟韧译：《维纳著作选》，上海译文出版社1978年版，第81页。

同一个人的思维发展在各个阶段上也常出现很大的差别。一般说来，初中以下，擅长记忆、循规蹈矩、伏案读书的学生成绩好；高中以上，抽象思维能力强的学生成绩好。这大概与主观努力以及对学习内容特点的适应性都有关系。有的学生在小学阶段学习很突出，到了中学阶段，虽然还是很刻苦，但除了外文以外，各科成绩显著下降，主要就是因为只发挥了记忆力的作用，而单靠记忆已经不适应中学课程的特点要求；有的在大学低年级成绩还不突出，在高年级成绩开始上升，研究生阶段就出了比较好的科研成果。德国哲学家谢林15岁上大学，23岁当教授，才华横溢，著述浩繁，比他大5岁的黑格尔像对待老师一样尊重他。但他30岁以后就再无创造性著述了，而黑格尔却是在30岁以后才建立他那宏伟的辩证法体系的。

从大量的社会统计来看，智力超常的儿童在未来的成就方面比一般人的成就大。在每一个科学家有创见的阶段，他的思维能力也不是平直发展的，而是常常呈现出几个高峰。人们在体力活动中，常常因受到某种鼓舞、鞭策或某种逼迫，表现出超过平时限度的惊人力量，致使自己事后很难相信当时的那股力量。在思维活动中也有类似的情况，有些重要的科学创见也是思维能力达到高峰时而完成的，致使自己也难相信是如何突破的。出现这种思维能力的超限状态，有主观上的勤想、多思，也有客观环境的提示、促成。

一个人的思维能力好不好，有它的绝对性与相对性，是绝对与相对的统一。其绝对性在于，一个人只要有比较好的大脑机能，它就往往不只在一个方面表现出来，而有着广泛的适应性。即使他从事最简单的体力劳动，都可能比一般人出色——只要他确实是认真工作的。其相对性在于，又不容易在所有方面都好，不是做任何工作都可以很出色——尽管也是认真工作的。这就是说，多面手是常有的，全面手是罕见的；有多方面的适应性，不等于在各方面都适应。同样，一个人思维能力差，也往往在多方面有所表现，但又不是在所有方面。

第十四章　教育目标和教育内容

一、教育目标

（一）教育目标的含义、作用及制定依据

1. 教育目标的概念

目标和目的具有一致性，从哲学的角度来看，都是指被意识到了的人的需要，是主体对价值的自觉追求。因此，在教育学上，既然有教育价值、教育作用问题的内容，也就应有教育目标问题的理论阐述。

教育对人的发展总的说是成人、成才二事，这就是教育对个体的人的价值与作用。不过，成人、成才也可说是教育目标问题的第一个层次，而这个层次是由教育的价值观直接衍化过渡而来的，是以教育的价值观为理论基础的。不懂得教育的价值问题，就根本不懂得教育的培养目标。

但是，谈人的发展就其总体来说，并不是一个教育的价值问题，而是一个教育的培养目标问题，即成为什么样的"人"，成为什么样的"才"的问题。为什么说它是一个目标问题呢？因为它涉及人如何成人，如何成才，就是说教育的实践意义更强了，人的教育自为性更强了。而教育目标也就是指教育者所要培养、造就的人的质量规格和原则要求。也就是如苏联教育家加里宁所说的，在受教育者的身心上，养成教育者所希望的品质。

教育对人的成才的意义有二：一是在教育理论上对人的成才条件和诸因素进行研究分析，对培养目标进行研究、确定，对成才的内涵进行设计；二是在教育实践上进行切实的培养造就（依据培养目标和人才内涵及人才素质）。从理论上对教育培养目标的研究和规定，表明了教育工作者对教育对象的一种能动的态度和教育自为度的增加：一方面，教育工作者要尽可能地遵照科学规律及教育规律办事，而不是随心所欲或一厢情愿；另一方面，对培养目标的确定越来越体现个人主观成分的增大。教育目标的确定，常常跟主体本人的社会观、政治观、文化水平和基本素

质分不开。

在人类教育活动中，教育者对受教育者是不是必然要有一个培养目标呢？对这个问题的认识应该是这样的：如果这种教育活动是一种自在性的教育活动，是谈不上有什么教育目标的，自在教育活动的构成因素中并不包含教育目标；如果这种教育活动是指人类自为教育事业中的教育活动，则教育目标是非有不可的。教育目标不仅是自为教育活动构成的重要因素，而且有无教育目标，正是判别教育自为性与自在性的根本条件和唯一标准，因为教育目标本身才明显地反映出教育者对受教育者的主观能动精神，即自为的教育态度。

2. 教育目标的作用

（1）对教育者的教育活动有导向的作用。教育目标是对受教育者的培养目标和规格要求，它要通过教育者的具体的教育活动来实施和完成。因此，它必然成为具有自觉目标意识的教育者从事教育活动的出发点和归宿，而具有以此为依归的统一性和导向作用，即统一学校、家庭、社会中诸种教育因素，集中起来使之趋于协调，并一致对受教育者施加教育影响。

（2）对教育活动和教育事业提供了最基本的评价标准。评价教育活动和教育事业成败优劣的标准是多种多样的，但最根本，也是最基本的标准，是视其实现教育目标的程度和水平。

（3）对受教育者有指明前进方向的教育作用。受教育者一旦明白教育者对自己的培养目标和规格要求，这也会成为受教育者严格要求自己，师生走向同一目标的动力，即会成为学生立志上进的促进力量，对受教育者具有十分明显的启示和教育作用。

（4）对选择、取舍教育的内容、方法和手段具有调节、制约的作用。教育目标是选择、取舍教育内容、方法和手段的主要依据和标准。教育、教学内容和方法与教育目标直接相关。可以说，有什么样的教育目标，就会有什么样的教育、教学内容和方法。

（5）教育目标是教育目的得以实现的基础。教育目的是就人们与教育事业的关系而言的，指的是人们为什么要办教育事业；教育目标是就人们在教育活动中与教育对象之间的关系而言的，指的是教育者要把受教育者培养成什么样的人的问题。教育事业以教育活动为中心，教育目的的实现是建立在教育目标的落实和实现的基础之上的。

3. 制定教育目标的基本依据

教育目标从根本上说，它反映的是教育者对受教育者主观上的一种要求和愿望，具有主观性的根本特点。但是，作为一个国家的教育目标的确定，意义重大，应当郑重其事，不是人们随心所欲、任意设想的结果，而须以下述三个层次为基本依据。

(1)要兼顾社会、国家的需要和个人身心发展的需要。具体来说，制定教育目标必须依据社会、国家的政治、经济、文化和生产力发展的需要，同时也要依据受教育者生理、心理和文化发展的需要，并且把个体与国家、社会群体两个方面的需要和条件结合起来。而其中个体身心发展的需要和条件又应居于主导的、基础的地位。

首先，从理论上看，应当明确，在教育工作中尊重人的自我发展的需要是社会主义事业本身应有之义。建设社会主义的根本目的就是为了满足广大人民群众日益增长的物质和文化的需要，使其能够比从前生活得更加美好和幸福。马克思、恩格斯对共产主义的描述是一个“以每个人的全面而自由的发展为基本原则的社会形式”，是“自由人的联合体”。马克思主义为后人树立了“自由人的联合体”的理想奋斗目标。

其次，还应当看到，尊重人的自我发展的需要也是当代世界教育发展的共同趋势。联合国教科文组织在《学会生存：教育世界的今天和明天》一书中明确强调，应把培养人的自我生存能力作为当代教育的基本宗旨之一。人才资源开发不仅是经济发展的手段和先决条件，而且被视为发展目的本身。这就是说，人们应该有机会应用自己的全部技能和能力，满足自己的愿望，实现自己的理想，并为改善社会生活作出贡献。一些国家的学者也已明确提出“个性化教育”的主张。

从实践方面看，单方面地根据社会需要确定培养目标，必然造成单一化、齐一化的教育模式。具有不同天赋潜能的学生，为了适应统一的要求，达到统一的规格，不得不牺牲自己的特长、爱好去勉强培养自己并不擅长的能力。结果无论本人怎样努力，也不能达到第一流的水平。这种做法已经造成了无可挽回的损失。我们的民族素质提高不快，出类拔萃的杰出人才不多，教育目标制定得不够合理是其重要原因之一。

长期以来我们强调：个人不能脱离社会而存在；个人利益要服从国家、民族的利益；个人的发展是以社会的发展为前提的。这些无疑都是正确的。但是另一方面也要看到：社会是由个人组成的；社会利益之所以重要，归根结底是因为个人需要社会代表和维护自己的利益；社会的发展是通过每个社会成员的发展来实现的。社会与个人不是根本对立的矛盾关系，而是互为前提、相互依赖、相互促进的辩证关系。过去我们强调社会的需要，但是由于忽略了个人的需要，结果社会的发展也受到影响。事实上，重视个人的需要，不但不会影响社会的发展，而且会大大促进社会的发展。

过去我们在制定培养目标时主要依据的是社会的需要，不同程度地忽视了个人发展的需要。长期以来，我们对受教育者个人自我发展的需要是重视不够的。在我们的教科书中，虽然一般也研究青少年身心发展的需要，但不作为制定教育目标的根据之一，而是作为一种更好地实现社会需要的必要条件来对待的。

（2）教育目标说到底是关于人的发展问题。人的发展，在理论上包含着三个不同的层次。其中的第一个层次即上面已指出的成人和成才问题。这既是教育功能与作用揭示的内容，也属培养目标的第一个层次。第二个层次是人的肉体与精神、个体与群体两个方面的统一的全面发展。人的发展的第三个层次是德、智、体、美的全面发展。

所谓个体发展的需要是属第二个层次的问题，主要是指受教育者的身体、心理这两个方面发展的需要。因为作为人类的个体主要是由这两种因素构成的。教育活动以人的身体为对象，即为体育；教育活动以人的精神、心理为对象，即为心育。人的发展即以这两个方面的发展为基础。人的心育又可以进一步划分为智育、德育、美育诸方面的内涵，说到底又是由于人心有求真、向善、爱美，即追求真、善、美的内在要求的缘故。人的发展的最根本的意义在求得身体、精神上的自立、自强，并在此基础上去立人、强人，为社会服务。

（3）制定教育目标要坚持统一性和多样性相结合的原则，即既要有统一的培养目标，又要有各级各类学校具体的培养目标，二者不能互相代替。统一的目标多是原则上的，能从宏观上起指导作用。具体的目标要根据社会和个人两方面的需要而定，注意因地制宜，因校制宜，因材施教。

（4）教育者的教育目标应与受教育者的志向相结合。前面已经提到，教育目标只是教者之志，只是教育活动、教育工作中教育者一方面的事。如果受教育者和教育者的培养目标，在思想、情感上并不一致，则这个目标就难以实现。所以，学生在受教育过程中，还应该有自己求学、求知的目标，这叫“志”，或叫“志向”。《礼记·学记》中说：“善歌者使人继其声，善教者使人继其志。”这是非常正确而深刻的见解。它应成为一种原则要求而受到重视。

（二）关于人的全面发展

1. 人的全面发展在历史上体现的是人文思想和人文教育理念

人的全面发展，从历史上看，体现的是人文思想和人文教育理念。学校教育活动是前人向后人施加知识、文化和思想影响的活动，最能体现一个社会对人的认识和对人的发展的构想。所以，人文思想作为一种理念，也就最集中地体现在社会对人的培养教育观念上。

人文教育历史悠久，人文教育体现的是一种全面发展的教育思想。其目的在于通过教育使人成为一个真正意义上的人，成为一个名副其实的自由人，精神高尚，知识丰富，情趣高雅，人性完美。

人文教育起源于古希腊，那时，人文学科是专为古希腊自由民开设的课程。人文学科的范围十分广泛，包括文法、修辞、数学、音乐等。人文教育的目的不是培养从事某种职业的专门人才，而在于使人趋于文明和高雅，趋向完善和完美。所以，古希腊的人文教育具有强烈的生动性、丰富性和完美性。一切有利于人性完善和精神升华的课程都被认为是人文学科，它包括社会科学和自然科学。

在中世纪，教会控制了社会生活的一切领域，教会当局对古希腊、古罗马文化采取排斥态度。教会统治初期，那时占统治地位的神学理论是“教父哲学”，其代表人物是奥古斯丁。中世纪后期，取代“教父哲学”的是以托马斯·阿奎那为代表的“经院哲学”。他的《神学大全》至今仍是罗马教廷所属大学的教学内容，可见他在西方的影响。

在中世纪的教育中，很多人文学科依然保留着，虽然难免有神学的渗透。那时学校基本上由教士任教，小学教授拉丁语、祈祷和礼拜仪式；中学则教授“七艺”，即文法、修辞、逻辑、算术、几何、天文、音乐。

文艺复兴时期，人文主义运动打碎了教会强加给人文学科的种种枷锁，还人文学科以本来面目。那时的人们十分强调古希腊、古罗马古典名著的阅读与研究，所以，人文学科带上了明显的“复古”色彩，被人们看作是古希腊、古罗马文化的“复兴”。但实际上，“复古”只是它的外衣，而贬低神性弘扬人性，以理性代替蒙昧，才是文艺复兴的真正宗旨。

在声势浩大的资产阶级启蒙运动中，许多思想家、教育家如洛克、卢梭、伏尔泰等都十分重视人文教育，重视人的全面发展。

2. 历史上一些教育家对人的发展的论述

德、智、体、美全面发展并不是我们今天才提出来的，在历史上，许多思想家和教育家的著作中早已有过关于德、智、体、美全面发展的论述。

古希腊的思想家苏格拉底就很重视人生观教育和道德的完善。他要求人要自我认识，自我深造，并主张用体育锻炼身体，用音乐陶冶心灵。亚里士多德认为，在人身上，自然所赋予的是能力的胚芽，实现这一发展的能力全靠教育。他主张把体育、德育、智育紧密结合起来，以实现人的全面发展。

古代雅典十分重视教育的各方面的联系和配合。当时雅典的教育分为体操教育和缪斯（缪斯是希腊神话中管科学和艺术的女神）教育，即智育和美育，并把优美而有内容的说话能力当作智育的特殊要求。当时统治阶级的上层还把雄辩术看作是影响群众的有力武器。在雅典的体操教育中，也崇尚人体的健美和柔美的动作。雅典学校对于发展文艺教育，尤其是对古希腊史诗（如荷马史诗）和赫西奥德等人的作品是很重视的。哲学和政治学在高一级的智育体系中起着极重要的作用。雅典对道德教育也很重视，通过道德教育使儿童和青年养成遵守纪律、崇尚礼貌的习惯和谦逊、勇敢、自制、自尊以及抑制情绪的精神。正因为雅典很重视教育各方面的相互联系和密切配合，才给雅典带来了文化艺术的繁荣。恩格斯在评价雅典人的文化时说："我们在哲学上以及在其他许多领域中不得不一再回到这个小民族的成就上来的原因之一，这个民族的无所不包的才能和活动使他们在人类发展史上享有任何其他民族都不能企求的地位。"①

古罗马帝国的崩溃和文艺复兴带来的新文化繁荣，也从正反两个方面进一步证明了注重人的全面发展的重要性。古罗马帝国的专制统治，把古代文明一扫而光，使知识水平降低，造成中世纪欧洲文化低落和思想创作的停滞状态，也加速了它的彻底崩溃。而文艺复兴却带来了新的文化繁荣，产生了许多著名的文学家、思想家、科学家、艺术家，其原因是文艺复兴时期比较重视人的全面发展。

文艺复兴时期法国的人文主义教育家拉伯雷很重视德育。同时，他又主张要有良好的体育、广泛的智育，并提高美育。

英国新兴资产阶级思想家、哲学家洛克强调"健全的精神寓于健康的身体"。他还认为，培养性格，锻炼意志，养成遵守纪律的道德习惯，这就是教育的最重要任务。洛克率先提出了"绅士教育"的主张，他认为，

① 《马克思恩格斯文集》第9卷，人民出版社2009年版，第439页。

作为一个绅士应该拥有德行、智慧、学问、礼仪和勇敢等品质。他首次把教育内容划分为体育、德育和智育三部分，主张人要全面发展。

德国的第斯多惠认为，教学的任务不仅是用知识来充实学生的头脑，而且要发展他们的智力和才能，教学应当促进人的全面发展。

俄国民主主义思想家综合了前人的优秀成果，也批评了其中的消极方面，进一步从社会进步角度论述了人的全面发展。他们认为，人应当是完美的，应当在体力、智力和道德上和谐地发展。大自然创造了人，但是发展人与形成人的是社会。他们认为教育所培养的人应当具有崇高的思想，应当是体力与精神方面全面发展的人。他们把人的协调发展的思想作为他们教育理论的基础，认为体育、德育和智育应该互相结合起来实施，强调教育的任何一个方面都应该有助于人的全面发展。

在我国历史上许多思想家、教育家的思想和理论中，也包含有德、智、体、美全面发展的合理因素。

3. 人的全面发展的文化内涵与精神意义

人的全面发展体现的是人文思想和人文教育理念，其所首先反映的文化内涵，用西方人的话来说，“人是万物的尺度”，用中国人的话来说，“人为万物之灵”，表达的都是一个意思：以人为本。

以人为本有两个层次的含义：一是在大自然与超自然的神面前，作为集合概念的人类，必须拥有人类的尊严；二是在人类社会之中，作为独立的个人应该拥有个人的尊严。前者是后者的前提，后者是前者的根本体现，没有人类的尊严，也就谈不上个体的尊严，而离开了个体的尊严，人类的尊严就是空洞的和虚假的，人的尊严的获得过程是人类不断觉醒和解放的过程。

人类的觉醒和解放是一个漫长而曲折的历程。

人类的觉醒，首先是从野蛮的自然状态进化到自觉的“人类状态”。在远古时代，人类没有明确的“自我意识”和“对象意识”，世间万物一片混沌。在西方，神的统治又持续了很长时间，其权威一直到文艺复兴时期才受到根本的怀疑。人文主义者公开宣称，人活着不是为了“赎罪”，而是为了获取现世的幸福，人终于从上帝奴仆的位置上站了起来，尊严得到前所未有的高扬。这是人类文明史上的一次巨大的进步。

人文精神意味着人既不是自然界的奴隶，也不是神的奴仆；既不是机器，也不是机器的附庸。相应地，在社会结构中，个人也不是法律、权力和社会制度的附属品和被动产物，而是创造社会历史的真正主人。在一个正常社会里，每一个人都有权利追求幸福生活，保有自己的尊严，维护自己的价值。

在个人与社会的关系上，个人有着法律赋予的生存权、自主权，有选举权和被选举权，有自由表达思想、自由抒发感情的权利；在人与人的关系上，则尊重人与人之间的差别，承认每个人都是独特的、不可替代的。人与人之间应该尊重、理解、宽容，反对强求一致，蔑视人身依附，倡导人格平等。个人既不能妨碍正常的社会秩序和他人的生活方式，社会和他人亦无权干涉个人的生活选择和偏好。

人与自然、人与神、人与金钱、人与技术、人文精神的每一次呐喊，回荡的都是关心人，把人当作人的声音。在人文主义看来，社会的进步、科学的发展、技术的完备、体制的改进，如果不能向人本身的幸福更迈进一步，那么，这种所谓的进步就是值得怀疑的，至少是不完全的。

人文主义关怀人的全面需要，鼓吹人的全面发展，但是，人类之所以拥有尊严的价值，还在于人类拥有精神和文化内涵，所以，人文主义更看重人的文化品格和精神意义。

任何社会都有一些人沉迷于物质、金钱享受，以达到感官满足为人生的追求。人文主义并不一般地反对享乐，但更主张以精神追求来确定人的价值。西方文化历来强调对理性和知识的追求，而中国人素来强调人兽之别，讲究人伦和道德，强调责任和义务，这些都说明，人的精神、理性、道德和良心才是判断人生价值的关键因素。

作为人文思想和人文教育理念的人的全面和谐的发展，所表现的是一种“完人”理想。这是不奇怪的。古今中外在对人的发展的要求上都有“完人”理想。尽管各个时代人们对“完人”的理解不同，但追求“完人”理想的社会心理普遍存在。“养天地正气，法古今完人”、“圣贤气象”、“成为圣贤”就反映了我国人民的这种社会心理。

今天，我们的教育也接受人文教育的理念，提倡人的全面、自由、和谐的发展，这同样表明了我们的社会对人的发展也有一个同样的理想模式，这正如体育追求更快、更高、更强一样。并同样表明了我们的教育对人的发展的巨大热情和期待。

人的全面发展提供了一个坐标、一个方向，也给学生的发展提供了一个自由发展的机会和条件。但人与人是不一样的，人们可以根据不同的状况，使自己不断接近完人的目标，人们可以因不同的身心条件、兴趣、爱好走不断完善、不断充实、不断提高的发展之路。这也就是说，在关于人的全面发展的共同目标之下，可以因材施教，因人而异。

4. 马克思主义关于人的全面发展的学说

马克思、恩格斯在批判地继承人类优秀文化成果的基础上，分析了资本主义大工业生产条件下物质生产过程与人的发展的关系，揭示了人本身发展的规律，指出了人的全面发展的客观必然性。

马克思、恩格斯的分析告诉我们：生产力的高度发展是人的全面发展的物质基础；先进的社会生产关系是人的全面发展的基本条件；教育与生产劳动相结合是人的全面发展的手段。因此，随着人类社会的进步、社会生产力和教育科学技术的发展，人的全面发展就成为不以人们意志为转移的普遍的规律。其客观必然性的主要表现是：①人的全面发展是社会生产力发展的需要，是一定社会经济和政治的客观要求，是历史发展的必然趋势；②人的全面发展也是人的发展和完善的必然要求，随着社会的进步，人全面发展自己的要求越强烈，实现的条件也越来越充分。

马克思、恩格斯对共产主义的描述一直把自由放在显著的地位，强调共产主义社会是一个“以每个人的全面而自由的发展为基本原则的社会形式”，是“自由人的联合体”①。

马克思、恩格斯设计的共产主义社会其本质是“自由人的联合体”。中外几乎所有马克思主义研究者都推崇“自由人的联合体”的思想，认为人的全面发展的理论是马克思学说中最有吸引力和生命力的部分。多年前，英国曾经把马克思评为世界十大思想家之一，入选的理由就是他对人类有着崇高的人文关怀。

5. 促进人的全面发展的三层含义

概括以上所述内容和结合我国目前的社会状况，应该认识到，我们主张促进人的全面发展的理论依据包括以下三层含义。

（1）人的全面发展的价值规定：确认这是未来理想社会的一种价值目标。这是从价值角度提出来的，主要回答“未来人应当怎样存在”的问题。一切为人的发展，为一切人的发展，这是时代的要求，也是我国社会和教育的目标。

（2）人的全面发展的历史—现实规定：作为现实社会主义的人文价值取向来追求的一种不断推进的历史—现实过程。这是从科学角度，针对实现人的全面发展所需要的社会物质生活条件而提出来的，主要回答

① 《马克思恩格斯全集》第23卷，人民出版社1972年版，第649页。

"现实中的人应当做什么"的问题。人们最关注的是我国社会主义初级阶段中的人的全面发展。过去，社会主义初级阶段要不要追求人的全面发展，是理论上没有解决的一个问题。现在，人的全面发展作为社会主义初级阶段的历史任务，已被看作我国现实社会主义的人文价值取向。

人的全面发展程度是一个逐步提高、不断推进的历史过程，在不同的历史阶段，具有不同的实现形式和具体内容。在我国全面建设小康社会的新阶段，人的全面发展的实现形式和具体内容主要表现为促进人民整体素质的提高和全面实现人的现代化。人的现代化是走向人的全面发展的必由途径。具体说就是：在思想素质上实现向能力本位转变；在能力素质上，实现向思想型、管理型的人才转变；在道德素质上，实现向以个人独立自主并承担社会责任的道德转变；在交往素质上，实现由封闭短视的狭隘性交往向具有世界眼光、战略思维的开放型交往转变；在心理素质上，实现由注重人情关系向恪守制度规范转变。

（3）人的全面发展的内容规定：人的平等发展、和谐发展和自由发展。这是从具体内容的角度，针对人的不平等发展、畸形发展和不自由发展提出来的。人的全面发展就是指每个人都能得到平等发展、完整发展、和谐发展和自由发展。人的平等发展，是指每个人都应得到平等发展，这是"人"的全面发展。人的完整发展，是指人的需要、活动、能力、社会交往关系和个性都能得到充分发展，其中，人的能力的发展是核心，这是"人的本质内容"上的全面发展。人的和谐发展，是指人的社会关系的和谐发展，包括个人和人类的和谐发展、个人和集体的和谐发展、个人和他人的和谐发展、个人自身内部各个方面的和谐发展。这是"人在社会关系上"的全面发展。人的自由发展是指作为目的的人的个性自由发展，它包括个人从某种束缚中解放出来和个人可以按照自己的意愿自主地做事两个方面。这是"人在个性上"的全面发展。

（三）我国的教育目标

根据《中华人民共和国教育法》的规定，培养德、智、体等全面发展的社会主义事业的建设者和接班人，是我国教育的培养目标。

这一培养目标包含两层含义。

1. 培养社会主义事业的建设者和接班人是我国各级各类学校总的培养目标，是对培养目标所作的功能分析

把青少年培养成什么样的人的问题，是关系到我国的性质、命运和

前途的核心问题，为了确保我国永远沿着社会主义道路前进，必须把青少年培养成社会主义事业的建设者和接班人。

应当指出："建设者"和"接班人"是对受教育者统一要求的两个方面，而不是说我国培养目标是要把一部分人培养成建设者，把另一部分人培养成接班人。教育目标的这一表述，说明我们培养出来的学生，不仅要掌握现代科学技术和文化知识，能够迎接世界经济竞争和新技术革命的挑战，而且还要具有正确的政治方向、坚定的思想信念，坚持走社会主义道路。

2. 德、智、体等方面全面发展是通过教育所要形成的人的素质及其结构内容

马克思主义关于人的全面发展的学说，确立了科学的人的发展观，指明了人的发展方向，是我们制定社会主义教育培养目标的重要理论基础。但除此之外，制定教育的培养目标还要考虑教育内部各种因素的情况，全面反映和综合运用社会各种因素对人的发展所起作用的规律。这样，在完整理论基础上制定教育的培养目标，就能够体现受教育者在德、智、体等方面全面发展的要求。

社会主义事业的建设者和接班人必须是德、智、体等全面发展的人，这也是培养目标的内在的基本结构。因为对培养目标所作的某种功能分析，总是要伴随一定的结构设计。没有无结构的功能，也没有无功能的结构。受教育者所要担当的社会作用已经规定了他的内部素质构成。

此外，《中华人民共和国教育法》的这一规定也是与我国宪法中有关培养全面发展的人的素质要求相一致的。《中华人民共和国宪法》第四十六条规定："国家培养青年、少年、儿童在品德、智力、体质等方面全面发展。"

德、智、体等方面全面发展的内容包括：

德：不仅指道德品质，还包括政治素质和思想素质。

智：不仅包括掌握丰富的科学文化知识，达到较高的智力水平，而且包括培养各种能力，养成科学态度和探索精神。

体：包括良好的生理素质和心理素质。

此外，全面发展还包括培养受教育者具有一定的美学知识和美学理论修养，具有健康的审美观念、审美情趣和较强的审美能力，陶冶情操，提高道德修养。所谓美育，即美学教育、美学方面的教育，就是美学的教育实践。美育的特定本质，应在于美学与教育融为一体。还要培养受教育者养成正确的劳动观念，掌握必要的劳动知识和技能等。

二、教育内容

(一)教育内容的含义、意义及其与教育目标的关系

1. 教育内容的含义和意义

教育内容，究其实质是关于对受教育者施以什么样的精神影响，给予什么内容的文化的问题。它是构成教育活动的基本要素，是教育者和受教育者在教育、教学活动中进行交往、沟通的中介，是实现教育目标的根本保证，也是选择教育途径、形式和方法的重要依据。

2. 教育内容与教育目标的关系

如同教育活动构成的其他要素一样，教育者、受教育者诸概念都可分别作广义和狭义的界说。“教育内容”一词，也同样存在着广义和狭义的分野，而区别其广义与狭义的原因和标准就集中表现在它与教育目标的关系上。如前所述，在人类自在的教育活动中，没有教育目标这种构成因素，而教育内容则是其必要的构成因素和不可缺少的条件。但如果把教育内容和教育目标的问题直接联系起来，则这里的教育内容就不是指自在教育活动的教育内容，而是指教育事业中教育活动的内容主要是学校中的教学内容了。

在自在与自为的教育活动中的教育内容，二者无疑是有其一致之处的，即不论是自在的或自为的教育，其教育活动的内容从根本上来说，都属于人类所创造的文化，尤其是其中的精神文化。但两种教育活动中的教育内容，又具有很大的不同。其最根本的不同之处在于：作为自在教育活动中的教育内容是一种原本自在的文化，它具有泥沙俱下、鱼龙混杂、优劣共存的特点。而作为自为教育活动的教育内容，则是经过人们选择、过滤，被认为是最符合社会、国家、民族、时代和人类生存、发展需要的优良文化。教育事业中这种被人们认可、选定的文化的出现，是基于人们的主观审定与鉴别，这主观审定与鉴别本身不仅可以反映出教育事业所具有的自为自觉的特点，并且可以从其确定的选择标准中透视出其政治立场、思想观点和所处的时代背景等诸多方面的特征。这样，不同的时代、不同的社会乃至不同性质的国家，所选择的教育内容也就会各具自己的特点，即反映着教育的时代性、民族性、政治性乃至阶级性等。

人类对于自为教育事业及其教育活动内容的选择标准和确定的原则集中反映在其教育目标中。

有明确的教育目标是学校教育的一个重要特点，也是取舍教育内容的一个重要标准。一定的社会观念、思想、知识、习惯、风俗等文化因子，如果与教育目标相一致，教育则会以“拿来”的姿态予以吸收，纳入教育内容之中。所谓吸收，是指对积极的文化因子作出肯定性的判断，进而将这些积极的文化因子纳入教育内容之中。与之相反，一定的社会观念、思想、知识、习惯、风俗等文化因子与教育目标相悖，教育则会以摒弃、拒绝的态度对待。所谓排斥，是指教育事业站在某些文化的对立面，抵制与清除劣性文化对受教育者的侵害，把这些文化因子对学生的消极影响降低到最低程度。所以，教育目标是教育事业对文化进行选择的重要尺度。

另一标准是学生的年龄特征和个性心理特征。

在所有文化因子中，与学校教育目标相一致，又与学生的身心发展水平相一致的那部分文化因子，对教育内容具有最高的价值。一定的科学知识、高尚的道德规范、先进的观念和思想等，一旦与学生身心发展水平相一致，就会对学校教育起重大的作用。但是，这些文化因子的存在，具有自发自在和零散的特点，于是，人们就通过编写教学计划、教学大纲、教材对这些文化因子进行归纳整理，使之规范化、结构化、系统化、程序化。这样的文化因子便从自在的状态转化为自为教育的内容了。

(二)学校中教育、教学内容的结构与功能

1. 学校中教育、教学内容的结构

学校中的教育、教学内容有其结构，是以其特有的结构形式存在的。在这里，结构与存在形式，其含义是一致的。

学校中的教育、教学内容有内在的和外现的两种结构形式。德育、智育、体育、美育、劳动技术教育等就是其内在的存在形式，教学计划、教学大纲、教科书与课程等就是其外现，也即是外在的存在形式。学校中的教育、教学内容就是以其内涵和外现相统一的形式而存在的。所谓内涵或内在的存在形式，就是指其文化的内在属性，是一种属于观念形态的东西，看不见，摸不着，必须借助于物质的外现形态才能为人们接触到，感觉到，从而使人们获得具体的把握；所谓外现，实际上也就是指体现抽象观念的德育、智育、体育、美育、劳动技术教育的文化内涵必须借

助于教学计划、教学大纲、教科书之类外现形式才得以存在。两种存在形式，缺一不可。

苏联的教育学教科书上，曾经把学校教学内容和教学计划、教学大纲、教科书相等同，而没有指出这些只是教学内容的外在表现形式。在美英等国盛行的“课程”(curriculum)一词，诚如美国学者理查德·斯考特所说，是一个用得最普遍的教育术语，也是一个定义最差的教育术语。其实，课程也同样是教学内容的一种外在的表现形式，它依照一定的教育目标把观念形态的教学内容规范化、程序化和具体化。

1968年，美国教育社会学家杰克逊在其专著《班级生活》(*Life in Classroom*)中论及非正规课程，并提出了“隐蔽课程”(hidden curriculum)的概念之后，便有了明显课程与隐蔽课程之分。一般认为，明显课程是学校教学大纲与教学计划中官方指定的，学生通过正式学习所获得的学校经验。而隐蔽课程则是学校经验中隐蔽的、无意识的、隐含的，或完全未被认可的，却又十分有效的学校经验。具体来说，它是形成学生参与非正式学习的各种要素，如师生人际关系、课程规则与程序、教科书对学生的潜在影响、学业成败的奖惩方式等。

隐蔽课程就其内涵来讲，是非学术性的，它不直接指向学科内容，也不直接决定学生学业的成败。它更多地是指以学校或班级为单位的群体在行为过程中而产生的社会准则与行为规范，它属于非实体性的精神文化，是教育过程中的影响因素。隐蔽课程虽不能直接导致学生在学业上的成败，但通过外在的价值判断，可对学生人格的形成产生巨大影响。

隐蔽课程就其所包含的内容来看，它属于课程研究领域，大致代表了学习者受教育的一部分内容，也构成了一个研究领域。隐蔽课程的内容包含学校经验与知识中明显的和硬性的课程所不能包含的方面。作为一个研究领域，它概括了课程内容及其所涉及的范围，研究学校的教学方式，以及以往的教学所缺少的东西。对教育者来说，隐蔽课程之所以重要，是因为它不仅展现了班级、课程中以前未被认可的成分，而且还提醒我们注意对学生起重要作用的各种未被发现的教育、教学方式。

从教育的本质理论来看，隐蔽课程是一种动态的文化传播现象，它的隐蔽性是由文化本身的隐性特征和文化传播的隐性特征所决定的。

2. 学校教育、教学内容的功能

学校教育、教学内容的功能可以从一般与具体这两方面来考察。

(1)学校教育、教学内容的一般功能。学校教育、教学的内容，一般地说或在总体上看，具有培养、提高受教育者为教育目标所要求的文化素质和思想品质的功能。

在这里，首先有必要对“素质”一词作理论上的阐述和界说。

“素质”一词，有心理学和教育学的不同解释。心理学上对“素质”一词的解释是：“素质是指人的先天的解剖生理特点，也指易患某种心理异常疾病的遗传因素。”[①]心理学上的这种看法，在心理学界是一致的、共同的。

教育学上对“素质”一词，在长时期里，没有作过独立的界说。在不少教育学著作中，有关“素质”一词的含义，一般都只引用心理学上的解释和定义。但自20世纪80年代以来，在国内教育期刊上发表讨论有关素质的文章，其主要观点和学科视角倒都是教育学的而非心理学的，实际上也是人们给“素质”一词的教育学界说。但是，如何定义，人们的看法并不一致。不过有一点是共同的，那就是和心理学上的界说不同，“素质”一词不是指人的先天解剖生理特点，不是指人的先天的遗传特点，而具有后天培养、造就的特点，指出素质是人们在后天通过教育和学习的结果，而且主要是就后天的教育结果来说的，即素质也就是质量。

其实，人的素质并不是单一的，既有先天的，也有后天的。我们既应有心理学上的素质概念，也应有教育学上的素质概念，前者可称为先天素质，后者可称为后天素质。先天素质也就是天资、禀赋，后天素质则是指人的文化水平、学问、思想、修养、造诣之类。这是因为人的天资、禀赋有差异，这是无可否认的事实；同样，人的后天文化水平有高低，修养、造诣有深浅，也是客观存在的事实。因此，心理学和教育学各应有其指称，是允许并存的。不过，教育学上的素质也可叫素养，因为素养正是人们通过接受教育、进行学习的结果，是后天培养、造就出来的。素养说到底是指一个人的文化内涵，也就是指一个人通过受教育和进行学习，吸收并实存于个人身上的诸如科学知识、技术、理论思想等文化因素。

“素质”并非心理学术语的移植，它所指的是包括知识、人格乃至能力等诸多成分在内的综合体，亦即受教育者身心发展的总水平。

因此，素养又可称为文化素养、教育素养，即教养。从根本上讲，“素养”一词和“文化素养”、“教养”等词，虽叫法不同，但实质和内涵是完

① 教育大辞典编纂委员会编：《教育大辞典》第5卷，上海教育出版社1990年版，第80页。

全一致的、共同的。

人们通过教育活动和进行学习，之所以会在自身逐渐形成一定的文化素养、教养，这主要是教育内容所起作用的结果，说到底是一种为教育目标所确定了的文化内涵对人陶冶的结果。

“素质”是富有知识的素质，是品德优秀的素质，是人格健全的素质，是修养的素质。这些素质，既为现实社会的进步所需要，又为种族文化的传承所需要。这样，人们也就可以通过教育和学习使自身的文化内涵得到积累并不断丰厚起来。一切教育活动的目的都在提高人的文化素养。而教育活动自身，不过是为此目的服务的一种工具和手段而已。因此，教育内容所客观具有的功能，就在教育活动中具有根本的意义并居于中心的地位。

在教育理论上，人们常说的德、智、体、美和德育、智育、体育、美育之间既有联系，又有区别，甚至有着根本性质的不同。德、智、体、美是教育目标系统的素质概念，是教育目标所确定的受教育者应具有的素质内涵。“智”，是指一个人的才智素质；“德”，是指一个人的道德素质；“体”，是指一个人的身体素质和心理素质；“美”，是指一个人的审美素质。而教育内容包含着不同的文化系统。德育、智育、体育、美育，虽分属于不同的文化系统，但同属于教育内容系统，是学校教育、教学内容的基本组成部分和所包含的各项具体文化内涵。存在人身上的德、智、体、美诸素质内涵，正是通过教育内容和由于具体的德育、智育、体育、美育综合作用于教育对象的结果。

（2）学校教育、教学内容诸组成部分的具体功能及其相互关系。由于德育有着明显的历史性和阶级性，所以，历史上对德育的内容并没有完全一致的看法。大多数人认为，德育主要是道德教育。德育的具体名称在各个历史时期也不相同，严格来说，德育是学校对学生进行品德、思想教育的总称。德育的内容在不同的国家、不同的历史时代是不一样的。

古今中外许多著名的思想家、教育家在论述人的全面发展的问题时，都认为德育尤为重要，应居首位。德育的首要地位，在阶级社会里具有普遍的意义，这是由教育所具有的社会性、阶级性所决定的。尽管不同阶级的道德所含的内容不同，但看待人，选拔接班人，首先重政治标准，这是共同的。就社会来讲，每个人的政治思想和道德修养，对于维护社会秩序同样具有头等重要的意义。

智育是指向学生系统地传授现代科学文化知识，并在此基础上发展学生的认识能力和创造能力，使学生掌握为自身和社会、国家生存、发展所需要的才能和本领。智育的内容很广泛，各级各类学校的要求不完全相同。智育是解决人的知识才能和本领的问题，是学校“四育”的主体和中心。

体育指传授体育的知识和技能，以发展学生的体魄，增强体质为主要目的，也是发展智力，陶冶情操，锻炼意志，增强组织性、纪律性的重要途径。它是“四育”的物质基础。

美育就是向学生传授美学理论和美学基础知识，对学生进行审美教育。

德、智、体、美是个整体，它们之间是相互联系、相互促进的。如果不能正确处理它们的关系，往往会使它们之间相互碰撞，并造成各育自己对自己的破坏。

在实际的教育过程中，不应把德、智、体、美的关系加以割裂或平列起来。应当把德、智、体、美在一个人身上的全面发展，看作是一个长期的总体目标。在一个人的各个不同发展阶段中进行德、智、体、美的教育时，应该有所侧重，有主有从。比如，在儿童阶段，应该侧重于体育方面，以增强儿童的健康，促进身体的成长和发育，并在这个基础上进行德育和智育，发展他们的智力，培养他们的道德观念和行为。到了中学阶段，一般地说，在正常情况下侧重点应该放在智育上。只有抓住智育，才能更好地进行德育和体育。因为学生只有掌握文化科学的基础知识，才容易理解政治和道德方面的概念和准则，他们才能更自觉地提高思想觉悟，培养良好行为。同样，只有抓好智育，让学生进一步掌握有关生理卫生方面的知识，懂得体育锻炼的目的要求，才能进一步搞好体育。

对每个学生，要在德、智、体、美全面发展的前提下，注意学生的不同特点，注意他们不同的兴趣与爱好，注意因材施教。

然而，在学校教育中，仅仅注意全面发展，并不一定能出人才，还必须特别重视发挥每个学生的个人特长，才有助于出人才。德、智、体、美全面发展是对全体学生的统一要求，是共性，而每个具体的学生都有其各自的个性、各自的特长，我们不能离开共性去讲个性。同样，也不能避开个性去谈培养德、智、体、美全面发展的人才。两者应该具体地、辩证地统一起来。

第十五章　教育形式和教育手段

一、教育形式

(一)教育形式的含义

教育形式是指教育活动的存在与教育活动得以运行的表现形式。因为教育现象有自在与自为的不同，教育活动形式也有自在与自为的不同。自在的教育活动存在于人与人之间自然的交往、接触和其间自发的信息传递、传播之中。尽管在这里，人与人之间的交往、接触具有自然自发的特点，但人们既然有了交往、接触，教育活动也就存在了。正是因为有了人们之间这种交往形式，教育活动才得以出现和存在。所以，我们在这里，首先对“交往”须有必要的注意和认识。

交往是社会中个人与个人、个人与集体、集体与集体之间的相互联系和相互作用。一般来说，大千世界中的万事万物都处在普遍的联系之中。人与人之间的联系必须借助于交往，并表现在交往之中。没有人们之间的交往，便没有社会，也便没有教育活动的出现和存在的可能。不仅如此，交往实际上也就是人类教育活动最基本的形式，人类自在教育的活动即存在于人们彼此间的这种原始的交往形式之中。以后在自为教育中先后出现的个别教育和班级授课等教育活动的形式，都是基于不同的条件和需要而发展的，并且不论哪种教育形式，说到底都是人们之间的一种交往形式而已。

交往按内容分，有经济交往、政治交往、文化交往、思想交往等；按形式分，有个人间的交往、小团体间的交往等。每一种交往形式又包含多种更具体的形式。如果加以概括，各种交往基本上可以分为两大类，即物质交往与文化或意识交往。所谓文化交往，就是以交往为形式、以文化为内容的交往活动。同样，所谓思想、意识交往，也就是以交往为形式，以思想、意识为内容的交往活动。而教育按其根本含义来说，也就是人们之间的一种以文化、思想、意识等为内容的交往、交流活动。

（二）自为教育的两种主要形式

人类自为教育有两种主要的教育形式：一为个别教育形式；二为集体教育形式。

所谓个别教育形式，是指教育者与受教育者之间文化、意识的传递、传播活动都是单个地进行的，即由教育者把文化和意识传递、传播给作为教育对象的个体；而所谓集体教育形式，是指教育者与受教育者（众人）之间文化、意识的传递、传播活动。显然，前者是一对一的交往、接触关系，而后者则是一对多的交往、接触关系。

由于学校的教育活动主要是教学活动，因此，个别教育形式也主要是指个别化教学，而集体教育形式则主要指课堂教学。

个别化教学（individualized instruction）是教师对个别学生进行传授与指导的教学组织形式。古代教学基本采用这种形式。中国春秋时期的私学，汉代以后的书院和私塾，对集于一处的学生逐个进行教学。欧洲中世纪末，开始班级授课制。1905年清政府宣布废科举，兴学堂，实施班级授课制。但在一部分教学活动中有时还继续采用个别教学形式，如研究生教育，大学的中医、音乐、美术等专业的教学。

教学是学校工作的中心任务，在近现代，课堂教学是教学基本的形式。课堂教学这一形式，是在社会生产力发展到一定阶段时出现和形成的，是历史上教育发展的客观需要。在资本主义社会形成前的学校里，普遍盛行的是个别教学的形式。随着社会的发展、科学技术的发达，教学内容日益丰富，教育的对象扩大了，学生的人数增多了，过去的个别教学形式就不能适应社会培养大量人才的需要。于是，课堂教学形式就应运而生了。17世纪著名的捷克教育家夸美纽斯在他的《大教学论》等著作中，对这种教学形式进行了总结和倡导，之后，课堂教学就在世界各国学校教育中逐渐得到推广和采用。与个别化教学相比，课堂教学形式无疑是一个进步。它的发展过程虽有过一些曲折，但终究不容否定其作用。

20世纪初，在美国出现的“道尔顿实验室制”否定课堂教学和固定课程表，主张把课堂改为“实验室”，即师生订立“每月包工合同”，由学生在“实验室”里各自单独地去完成“包工合同”所规定的课业。杜威的“设计教学法”，则根据“儿童中心主义”、“从做中学”的实用主义教育原理，主张用学生自己设计、自己负责实行的“单元活动”来代替课堂教学。实践证明，它不利于教学质量的提高，是违反教育规律的。

苏联在20世纪20年代，由于受“道尔顿实验室制”和杜威实用主义教学法的影响，曾经推行过“分组实验室教学法”、“设计的综合教学大纲”、“单元教学法”等，以取代课堂教学，取消统一教材，结果使学生的成绩普遍下降，造成很大损失。为此，苏共中央在1932年8月作出了《关于中小学教学大纲和教学制度的决定》，指出：“中小学教学工作的基本组织形式应当是分班上课。”此后，重新将课堂教学的基本形式肯定下来。

在我国，新中国成立以后，大、中、小学都坚持以课堂教学作为教学的基本形式。1963年在总结学校工作经验的基础上，教育部颁布了《全日制中学和小学暂行工作条例（草案）》，其中明文规定：“课堂教学是教学的基本形式。”但这一规定曾遭到极“左”路线的破坏，其破坏学校工作的一个重要方面，便是否定课堂教学作为教学的基本形式。课堂教学被罗织了“密封罐头”、“违反认识规律”等一大堆罪名，提出“走出课堂”、“小课堂为大课堂服务”等极“左”口号，违背了教学工作的客观规律，结果使学校的教育质量大幅度下降。实践证明，课堂教学是教学的基本形式，否定或者削弱课堂教学都不利于提高教学质量，不利于教育事业的发展。

当然，在重视课堂教学的同时，也应该看到它不是凝固不变的。作为教学形式，它还将随着社会的前进而不断发展。不少国外教育家认为，在生产力高度发展的今天，唯有借助于反映最新科学技术成果的教学手段，才能高效地完成教学任务。现代教学手段为发展教育事业和培养各类人才提供了新的物质基础。美国有些教育家甚至预言，未来的教学工作将全部采用现代化教学手段，到那个时候，班级的划分、面对教师的教学和在大集体中的教学将宣告结束。对于这种论断，现在看来还为时过早。但这些在教育科学上出现的新问题，我们也应认真研究。因为在新的生产条件和物质基础上，课堂教学一定会得到进一步的发展，并出现新的更好的教学形式。

二、教育手段

（一）教育手段的含义

前面已经说到，人们文化、思想、意识的交往，也就是教育交往，是教育活动本身。而这种交往离不开一定的手段，即使是面对面的交谈，语言、手势也是必需的手段。因为意识本身无法被直接感知，要使他人了解自己，意识、文化、思想的输出者就要将自己的头脑中的观念用特定的方式和双方都掌握的物质载体（意识的符号系统）予以编排后反映出来。这种代表一定意识内容的符号系统到达接受者那里，首先要被接受者感知，接受者才能对它进行破译，将它重新转换成观念形态的东西，使自己的头脑中浮现出输出者头脑中的观念。

意识交往的手段是在意识交往中逐渐形成的。随着意识活动的加强，经过自觉的努力，人们又不断创造出新的交往手段，促进了意识交往。

意识交往的基本过程，是由输出者将意识编码，这些编码作用于接受者的感官，接受者对编码进行破译，将其转换成意识的几个构成环节。从本质上讲，所有的意识交往手段都属于物质性符号系统，可以按感觉、知觉进行分类。其中最基本的一类，应该是语言。这里所指的是自然的有声语言（即语言符号系统）。语言是迄今为止意识交往的最佳手段。借助语言进行意识交往，信息量损失最小，但信息内容的真实度也最小。

有声语言属听觉手段。随着科学技术的发展，世界上有了各种录音设备和录音技术，可以对语言进行录制和播放，在空间和时间上大大扩展了语言在交往中的运用范围。属于听觉手段的还有音乐，音乐是以音响为中介进行意识交往的。

以有声语言为蓝本，人类还创造了视觉的光学语言，即文字。文字是书写出来的不能听而能看的语言。文字的创立，对社会意识的生产和交往都起过巨大的推动作用。文字可以书写在木板、树叶、纸张等物体上，具有比有声语言更大的统一性，又可长期保存。自有文字以来，人们的意识活动得到加强，反映控制能力得到提高，从而极大地促进了社会实践。可以说，从有声语言的产生到文字的创立，是一次大飞跃。视觉手段除文字以外，还有其他可见的符号系统，如手势、表情等。但是，这些手段有极大的局限性，作用极其有限。另外，绘画、表演也属视觉手段。绘画可以通过像文字一样的载体而流传，作用比手势和表情大一些。表演是手势、表情的发展，后来又加上了相应的有声语言。起初，表演的交往作用并不大。但是，伴随摄影技术的产生，特别是电影、电视技术的发展，表演的交往作用扩大了。摄影技术还可用来拍摄自然和社会景物，使之广泛流传。这些都是视觉手段的现代化。

听觉、视觉手段是意识交往的基本手段，也是教育活动的基本手段。除此之外，还有触觉手段，如盲文，盲文就是通过触觉感知信息，也是一种教育手段，但有较大的局限性。不论运用何种手段，总要将意识转变为可听、可见、可感知的符号系统，才能达到交往的目的。例如，无线电技术，要把声波转换成电磁波，再转换成声波，才能起到通信作用。

意识交往手段的最高形式，应该能突破空间和时间界限，把所有人的意识最大限度地耦合在一起。实际上，意识交往的手段就是精神产品的物质形式。

意识的交往方式，取决于参加交往的人及其意识内容和交往手段，特别是前两项。如果是一批特定的具备一定知识的人，向一批不具备这些知识的人传授知识，目的在于使后者获得较系统的知识和形成特定的能力，那么，这便是教育。教育是意识交往的一种基本方式，常被用于世代相传的意识交往中。通过教育，前人的意识成果可以传给后人，后人能够不再经历前人的曲折过程而直接获得这些意识成果，并在此基础上推进人类的实践和意识活动。教育的具体形式多种多样，实质是通过意识交往，使人学到一定的知识，增长一定的才干，能承担一定的实际工作。

宣传也是意识交往的一种方式。宣传的具体手段多种多样，如讲话、出书刊、搞画展、演戏、放映电影等。和教育活动相比，宣传是有针对性地施加和扩散意识影响，以感染、驱动人的意向和行动；而教育是基本知识与技能的传授，宣传与教育并无天然鸿沟，可以相互转化。

人们通过意识交往，彼此沟通，交流信息。在不同的人群中，会形成大大小小不同的意识流。各种意识流组合起来，形成社会意识之海，这就是人类的科学文化事业和精神文明。

到此，我们也就可以明白，所谓教育手段实际上也就是所谓教育媒体。

从传播学的观点来看，教育的实质就是教育者运用一定的教育媒体向受教育者传播知识、技能与情感的活动。教育媒体是教育传播过程或系统的三大要素之一。没有媒体，便没有一切形式的教育主客体的相互作用。媒体既是传载信息的物质工具，亦是沟通主客体关系的桥梁。

教育媒体是传载教育信息的物质工具，表现教育信息的物质形态和沟通教育主客体关系的桥梁。从教育传播与技术的角度看，离开了媒体，便不存在信息的传播、接收、加工、处理与反馈。媒体是建构任何形式信息传播过程或系统的三大基本要素之一，对于学校课堂教育来说，则更为明显。所以，媒体研究应当成为任何信息传播研究的核心问题之一。

任何教育或教学活动都离不开媒体，这在传播学看来是最为简单而又直观明显的现象。对于媒体这一术语，我们常与媒介互为换用，并不作任何区分。其实，媒体与媒介，从严格的学术角度上来看，是既有联系又有区别的两个概念。它们在传播活动中所起的作用各自有所偏重。

所谓媒体，是人们用来传载信息或获取信息的物质工具。按照传播学家M.麦克卢汉的观点，“媒体是人的延伸”。例如，笔是手的延伸，轮是足的延伸，书是眼睛的延伸，广播是耳朵的延伸，电视是眼睛与耳朵的延伸。每一种新媒体的出现，便是人体新的延伸，并使人的各种感官受到刺激和作用，产生了一种新的变动，从而使个体或群体在心理上受到影响。

所谓媒介，是指媒体与人相结合而产生的一种传播组织机构，如报社、杂志社、广播站、电视台、电影院等。传播组织机构的关键作用是对信息传播内容与方式进行“把关”。而媒体的作用主要用来充当传载和接收信息的物质工具。例如，不论是有墙的学校，还是无墙的学校（远距离教育形式），都是传播媒介，而学校内各种传统的或电子教育设备、教材、软件等则是传播媒体。

（二）媒体的发展历史

媒体有其自身源远流长的发展历史，并且其发展历史是与教育的发展历史相适应的。媒体的发展历程，是人的思维不断向符号化发展的历程，也是人类不断走向文明化的历程。根据传播学家比较一致的看法，媒体的发展大约经历了四个历史阶段，即非言语阶段、语言阶段、文字媒体阶段和电子媒体阶段。

1. 非言语阶段

在原始时期，人们的信息交流符号与媒体大体是手势、面部表情、体态、动作、喊叫等体态语言和副语言。这种方式虽然方便，却是稍纵即逝，深受时空上的限制。如此，先民们便运用他们模仿和象征的能力，采用物化的形式来作为交流的符号与媒体，如当今世界各地所发现的原始人壁画等。这些自然素朴的图画符号不仅成了象形文字的雏形，更在当时充当着交流情感、思想，传递生活劳作经验，记载部落大事的符号与媒体。这个非言语阶段到底在原始人的生活中持续了多久，没有人可以肯定。不过，我们知道，语言发展到有完整的结构和意义，大约有一万二千年。有些语言学家相信，体态语言等非言语传播符号早于口语和文字至少一百万年。

非言语传播媒体是最古老、最常用而又普遍的媒体，直到今天仍在信息交流舞台上扮演重要角色，甚至还有专门化的非言语传播形式，如舞蹈、哑剧、雕塑等。在学校课堂教学的传播中，时刻都要用到非言语传播。语言学家估计，人类用脸部表情、身体姿势等传情达意的基本姿势有70万种之多，足可构成一种成熟的“现代语言”。他们曾认为，体态语言本来可以成为一种独立的语言，要是当时历史条件允许，几乎可以代替口语，让嘴只管吃饭和呼吸，说话完全用手足来进行；甚至认为，有了体态语言，国际间来往所需要的世界语问题便可以迎刃而解。这些都是饶有趣味的想象。可惜我们的双手要忙于工作，无暇用来说话，那条生在食道旁边的声带当然也不甘寂寞，终于给人类带来一个呢喃喳喋、叫喊嘈杂、人声鼎沸的世界。

2. 语言阶段

人类学家认为，一切生物都有某种心智。心智的发展经历了简单反射、条件反射、工具使用、语言符号四个阶段。使用语言符号与外界进行交流，只有人类才能做到。在长期的生产劳动中，部落或种族成员们的发音逐渐具有相似之处，用声音来表达的意思和方式之间也渐渐有某种一致性。在不断重复和经验积累的基础上，这些口头约定的一致性发音，形成了口头语言。经过多少万年，口头语言日益完善，基本上有了约定的拼音方式，各种音素有了初步的组合方式，音调有了大致规定，并且得以在生活中惯常使用。口头语言媒体是以人的声音器官来发出声音信号的，所以运用起来极其简单、快捷和方便。但声音符号比较抽象，需要用体态语言来辅助，又只能在近距离内传播。更致命的是，它瞬间即逝，难以记录储存，不能脱离人本身而单独存在，难以经受时空的考验。在漫长的历史长河中，人类在继续创造发明新的信息传播媒体，用来弥补已有传播工具的不足。

3. 文字媒体阶段

口头语言产生后又经历了数十万年，人类在象征性的图画、记号和已有的口头语言基础上，渐渐创造出了文字媒体。人们将图画、记号加以简化并逐渐规定简单化规则，再把语音、语义与之联系起来，便形成了形、音、义三者统一的文字。现在世界上的文字不下数百种，但主要的文字体系是表音文字体系和表意文字体系，如拉丁文和汉字。文字的发明约有五千五百年历史。它是人类走向文明过程中的一件有巨大意义的事。在与文字产生的同时，书写文字的方法与工具亦渐产生并日益完善，从用刀、矛等利器在石、木、骨、鱼甲、竹片等物质上刻写，到笔、墨、纸的产生，的确是人类的飞跃。而印刷术的发明则使人类获得了像火一样伟大的发现。若以宋代毕昇发明的胶泥活字印刷术（宋庆历年间，1041—1048年）来说，印刷术距今天不到一千年；若以德国古腾堡设计活动印刷《圣经》（1450—1456年，相当于我国明景泰年间）来说，距今不过五百余年。

有了文字，声音可以和说话人分开，借着符号把本来用声音代表的意义与事物传播得更远更广了。印刷术则使人类的观念、知识、经验可以大量复制，信息不再是特权者的专利品。人们可以拿着用印刷术制造出来的书本这把“知识的钥匙”，来开启智慧的大门，分享过去的经验、现实的描述与未来的想象。在印刷术产生之后的漫长岁月里，人们试探了许多不同的方式、方法来改善文字媒体传播的效率，从而产生了许多与文字传播相关的传播媒体，如黑板、教科书、告示板、磁性板、翻转图、挂图等。

4. 电子媒体阶段

印刷术的发明和广泛应用以后，特别是人类获得了“电”这盏辉煌的“阿拉丁神灯”以来，人类的传媒发展开始以飞快的速度前进。在短短的一个世纪的时间里，人类发明了令人目不暇接的电子媒体。而且这些电子媒体大都以超乎寻常的速度进入人们的实际生活之中，成为文化的一个组成部分。19世纪末至20世纪是电子科学技术迅猛发展的时代，这个时代所诞生的各种电子媒体实在是令人眼花缭乱。1889年，爱迪生发明电影，马可尼发明无线电；1925年，英国贝尔德研究电视成功；1950年，彩电问世。从20世纪50年代到90年代，在这不到半个世纪的时间内，电子计算机、录像机、卫星通信设备、激光视唱盘、计算机网络、闭路电视以及多媒体技术相继问世并迅速进入人们的生活之中。必须承认，这些电子媒体彻底改变了传统的信息传播图景，把偌大的世界变成一个小小的“地球村”。今天，我们每个人都生活在由电子媒体所构建起来的信息网络之中。

国际著名传播学家施拉姆把这种巨大的发展称为“一天中最关键的最后七分钟”。他假设100万年等于1天，1小时等于41 666.67年，1分钟等于694.44年，1秒钟等于11.57年。原始语言产生（公元前10万年）相当于下午9点33分；正式语言的出现（公元前4万年）相当于晚上11点；文字的发明（公元前3500年）相当于晚上11点53分，即午夜前7分钟；古腾堡印刷术的发明（1450年）相当于午夜前46秒；摄影术的发明（1839年）相当于午夜前12秒；电视的发明（1926年）相当于午夜前5秒；20世纪50年代电子计算机、通信卫星等的产生相当于午夜前3秒。他这个比喻是要说明这么多重大发明都集中在相当于一天的最后7分钟，实在不可思议。据此有人认为，今天20岁的人在未来50年见到的传播技术的变化会比过去50万年还要多。

应当看到，这些电子媒体的发明初衷多半不是为了教育。但是，这些电子媒体一经问世，便被人们原原本本地或经再生发明后引进了教育领域，成为教育活动的重要手段，使它们在教育领域中大显神通。从19

世纪末的幻灯到20世纪20年代的无声电影，从30年代的有声电影、录音机到50—60年代的电视程序教学机，从70年代的录像机、计算机教学系统再到今天的激光视唱盘和多媒体技术，我们便可以看到电子媒体进入教育领域后成为电子教育媒体的发展轨迹。我们不知道未来的社会还将诞生多少种电子媒体，但我们知道，只要诞生的电子媒体具有教育功能，它就必然会与教育相融合。

通过考察媒体和教育媒体发展的历史演变，我们对教育媒体的来龙去脉便有了一个基本的认识。若再结合教育实际，我们便可以绘制一张关于当代教育所运用的教育媒体简表（见表15-1）。表15-1可说明当代教育活动中所使用的媒体类型。

表15-1　教育媒体类型

种类		具体的媒体名称
非电子媒体	传统的媒体	1. 各种非言语符号系统
		2. 语言文字符号系统
		3. 黑板（磁性黑板、法兰绒板、粉笔、黑板等）
		4. 各种活页资料（报刊、讲授提纲或补充资料等）
		5. 广告（图片或照片，各种图表、图解或图示等）
		6. 模型（二维的或立体的）
		7. 实物（有生命的或标本等）
简单的电子媒体	单媒体	1. 幻灯
		2. 投影仪
		3. 录音机
		4. 收音机等
	复合媒体	1. 声画同步幻灯
		2. 语言实验室
		3. 电影
		4. 其他专门的教学仪器，如微缩胶片与阅读器等
先进的电子媒体		1. 电视机（广播电视、卫星电视、闭路电视等）
		2. 录像带、电视唱片等
		3. 计算机及计算机网络等
		4. 人机交互的电视唱片等

资料来源：魏奇、钟志贤著：《教育传播学》，江西教育出版社1992年版，第133页。

回顾几千年的学校教育历程，人类主要是运用传统型的教育媒体从事手工劳作般的教育活动，因而教育的对象及其受教育的年限和效率非常有限，其形式也非常单一和稳定。只是到了最近一百年，媒体的巨大变革与发展，才为教育改变其形式提供了有益的物质基础。从幻灯到今天的多媒体技术，我们可以领略和感觉到电子媒体对教育对象、教育信息的表现、加工、存储、提取、处理，以及对教育时空、师生的相互作用和教育效率等多方面的巨大影响。这些影响消除了人们的疑虑，激励了人们的热情，塑造了人们对未来教育形式的憧憬。今天，随着电子媒体的日益发展，外部社会文化的媒体，使得电子媒体比以往任何时候都更为顺利地进入教育领域。我们已经可以清晰地看到学校教育管理与教学媒体化的必然趋势。当然，作为一以贯之的教育信息传播媒体，传统型的教育媒体因其特有的功能和文化内涵也不会退出教育媒体的舞台。明天的教育将是多种教育媒体并存、相互作用、共同传递教育信息和促使教育主客体相互作用的局面。

（三）电子媒体对教育实践的教育学意义

1978年下半年，《美国教学科技》这本小册子传到中国。在这本小册子中有一种非常新颖的观点，曾在我国教育界，特别是电化教育界掀起了一阵波澜，引发了关于电化教育意义与作用的热烈讨论。这种观点的主要思想是这样的：以英国埃里克·阿比希为代表的西方一些教育家认为，到目前为止，教育史上曾经有过三次革命，现在正在进行以电化教育为标志的第四次革命。第一次教育革命是将教育青年人的责任从家庭转移到专业教师身上，第二次是把书写作为与口语同样重要的教育工具，第三次是印刷术和教科书的普遍应用，第四次是现代电子技术、通信技术及信息处理技术在教育过程中的广泛应用。当然，这种观点也引发了不同的主张。有人认为，教育史上有过三次革命，第一次是专业教师的出现，第二次是文字教科书的出现，第三次是电化教育的出现。也有人认为，教育史上的四次革命应当依次是专业教师的出现、文字教科书的应用、班级授课制的出现和电化教育的出现。显然，人们虽然对教育革命的内涵还存在着异议，但对电化教育是一次正在进行的教育革命这一观点还是较为一致的。因而，显而易见的是，电化教育的出现已引起了教育系统各部门的一系列变化，它正在改写一以贯之的教育图景。

1. 从宏观意义上看，电子媒体极大地扩展了教育时空

电子媒体在教育中的应用，彻底改变了学校教育仅能允许有限的学

生在有限的空间里进行学习的教育模式，使学校教育延伸到远离城市和学校的地域和人群，实现了近距离教育向远距离教育的转变，促进了教育的普及。几千年来，学校被看作是学习系统知识的唯一场所或主要基地，知识的传播者是活生生的人——教师，学习者的学习活动必须依靠教师的传授来进行。而今，这种传统的观念正在改变，电子教育媒体可以把知识传至万里之遥。你端坐在家里，通过电视就可以向千里之外的教师学习；有视听媒体的地方就是学习场所；媒体不仅是知识的传播者或信息源，而且是一个不知“疲倦”和“厌烦”的指导者。显然，电子教育媒体为我们每一个人编织了一张无形而巨大的信息之网，每一个愿意学习的人都有信手可及的条件。

由于电子传播媒体具有超越时空的信息传播特点，当前世界各国都十分重视把远距离传播媒体应用于教育之中，大力发展现代远距离教育。根据联合国教科文组织的分析与归纳，当前世界各国利用远距离传播媒体进行教育，有五种不同的类型。

（1）通过广播、电视等传媒系统，把有教育价值的信息传播到社会、学校和家庭，以提高民族的文化素质。各国的电子传媒系统都十分重视办好《科技信息》、《科技与生活》、《文化与经济》等普及科学文化知识的节目。据许多传播学者的调查和研究，这类节目对大众具有积极的潜移默化的作用。在长期接受此类信息传播的过程中，人们不知不觉地形成了一种尊重科学、追求文化知识的态度和行为。

（2）在政府教育部门和学校的帮助下，利用无线电广播和电视等传媒系统，建立各种非正规的教育课程传播制度。这种课程节目往往是系统化、逐渐递进的，用以满足广大社会成员的求知欲和上进心。参加这种课程的学习都是自愿的，学习者不需要经过各种正规的考核，也不用取得相应的学位或资格。这种远距离的课程传播形式，为广大的社会成员提供了一种便利的学习条件，把“学校”和“教师”送至每一个人的身边。在当今电子教育媒体发展如此普及的条件下，我们每一个人都身在一所电子传媒“学校”，在这所学校学得好不好，全靠我们有没有新时代的学习观和通过媒体学习的习惯与技能。

（3）利用无线电广播、电视等传媒系统，把一些先进学校教学课程的有关资料或课程中的某些主要部分、教学方法、评估手段等内容，以节目的形式向广大落后学校播放，以补充和辅助教师的课堂教学或提高教师水平。目前，我国迅猛发展的教育电视台在这些方面作出了积极的探索，积累了丰富的经验。在墨西哥，有一个地区利用无线电教学，克服了小学教师不足的困难。本来要用六个教师来教六个班的小学，现在从教学中心用无线电广播教学，只要四个教师便可以教六个班①。

（4）利用远距离教育传播方式，可以建立类似传统教育的课程体系，履行传统教育体制的教学职能。事实上，这种方式已经成为与面对面教育传播方式相对应的新型教育传播模式。例如，我国自1979年2月6日中央广播电视大学成立以来到现在，已发展了一个由中央电大（包括中国燎原广播电视学校）、省（自治区、直辖市、计划单列市）级电大、地市级电大、县级电大组成的远距离高等教育系统。这是电子教育媒体在延伸和扩展学校教育职能的充分体现。在短短的十几年内，中央电大就开设了360多个专业的500多门课程，培养大专毕业生175万人，非学历教育结业生1 000多万人。

（5）利用远距离电子教育传播系统，建立一种新的教育体制，规定新的教育职责、培养对象、教学目标和方法，从而重新改造教育管理结构，形成了新的教育过程和方法。例如，我国利用卫星电视进行师资培训就是一个典型。在今天迅速发展的社会中，新课程的增设，新教学标准的确定，学生人数的增加，都要求训练更多的师资或者重新训练现有的师资。而现实是，大多数学校很难有力量把师资送回师范院校重新训练。因此，利用广播和电视等传播媒体在课余来训练教师，并辅以函授教育，既提高了教师的素质，又使教师得到较高的学历或顺利晋级，而不影响教学。这实在是兼而得之的好事。又如，化工部、人事部利用电视举办化工工程师继续教育讲座；中国科协、冶金部、人事部在中国教育电视台举办材料应用与发展电视讲座；卫生部、中国科协、人事部在中国教育电视台播出食品卫生电视讲座；等等。目前，中国的电视教育已成为我国运用电子教育媒体进行多层次教育活动的新型教育形式。

显然，运用电子教育媒体进行远距离教育具有许多优越性。这些优越性归总起来是：第一，教育对象的数量增大，教育规模得以扩大；第二，受教育者的层次多样，从普及文化或扫盲、成人教育、学前教育、师资培训、职业技术教育、继续教育到普通学校的辅助教育等多层次、多形式的教育均在远距离教育之列；第三，使学习的时间、地点和方式更加灵活和

① 参见宣韦伯、余也鲁著：《传媒·教育·现代化》，高等教育出版社1988年版，第185页。

个别化，与受教育者的实际工作相结合；第四，用多种符号形式表现教育信息内容，增强了学习内容的趣味性和可理解性；第五，可以把最优秀的教师带到万千学习者面前，延伸和扩展了优秀教师的作用，节省了师资。此外，它还可以及时根据社会的实际需求，培养急需人才，以及有利于教学机构向非建筑化方向发展等。

电子教育媒体使学校功能得到扩大和发展，使学生紧密地与现代社会相联系。目前，一些国家已采取行动，从学龄儿童起到整个中学阶段，重视利用现代媒体，把学校与社会、世界联系起来，把新的传播媒体纳入到学校教育计划中并充分加以利用，其主要措施如下。

（1）有意识地利用无线电广播或电视等现代传播媒体，把当代社会的政治、文化、经济等信息以及最新的科技成果引入学校，让学生接触、分析、了解和思考社会，以促进学生顺利地进入社会生活。

（2）在学校建立视听角（audio-visual corner）或小型视听阅览室，为学生提供丰富、生动、形象的学习资源，改变学生单纯地从教师的讲授中获取知识的局面，培养学生主动学习、独立思考的习惯和能力。在信息化社会时代，一个人若不善于利用传播媒体进行学习，那么他将失去大量宝贵的学习资源，成为一个时代的落伍者。

（3）把传统的图书馆变成多媒体学习资源中心、情报信息中心，使学生学会利用信息资源，锻炼自主学习的能力。这样，教师、教室和教材等传统的教学概念被赋予了新的内涵和意义，教学的方式也因之变得更为新颖和多样化。

以上几方面的宏观意义已经较明显地以物化方式呈现在我们面前。相比而言，利用电子媒体的远距离教育，其变化与发展在我国要相对地迟缓些。其主要原因是，学校教育长期形成一种超稳定的结构，它拥有一种巨大的排他性和封闭的教学习惯势力。而前者则是一种全新媒体系统和教育、教学思想直接结合的产物，相对于后者来说，它的掣肘因素要少一些，探索性的因素要多些。但可以肯定，随着电子媒体的日益普及以及相应的教学观念的更新，这两种教育形式必然形成合力，促进全民教育的发展。

2. 从中观意义来看，电子教育媒体从组织形式上改变了学校教育单一的班级制集体授课模式，使个别化教育成为可能

未来学家认为，学生之间必然存在差异，而这种差异恰恰又是人的个性多样化和创造性的源泉，因而他们特别强调，要更多地运用个别化教育来保护青少年和儿童具有的个性和创造性，而没有必要在一定量的

时间内组织学习，在同一地方起步并在同一地方结束。电化教育则有利于改变传统的教学环境，使学生学习能够从教师的直接控制变为间接控制，甚至实现自我控制，从而满足了他们自我学习的需要，发展了他们具有个性特征的创造性学习的能力。

（1）电子媒体能因教育的需求，用不同的信息表现符号编制各种教育信息内容，提供全方位的视听刺激。不论你是否善于视觉学习、听觉学习，抑或视听学习，你都可以从电子媒体中找到合适的信息刺激或学习内容，施展适合自己个性的学习方式。此外，电子教育信息媒体，因其所使用的符号（声音、图像）特性，特别有利于学生大脑右半球的开发。由于几千年来，学校教育一直以语言文字的媒体方式进行教育，使得人们的左脑成为“主脑”，右脑成为“副脑”，造成长期“偏脑”现象。更糟的是，若因天赋或遗传等因素，而善用右脑的学生在这样的学习条件下，常感不适和吃力，甚至有可能被贴上“差生”的标签。学校教育若引入并使用电子媒体，并与传统的印刷媒体恰当结合，则有可能改变“偏脑”现象，使大脑全面发展，使更多的学生有适合自己个性特点的学习方式和发展个性潜能的可能。脑科学研究业已发现，人的大脑左右半球的功能是不一样的，每个人都有可能偏左或偏右，见表15–2。

表15–2 大脑左右半球功能特性对比

脑半球	左脑	右脑
特性或功能	语言表达能力 逻辑性思考 分析性的知识 连续的或线性的思考过程 数理抽绎作用 时间性的次序 字词的记忆 计算 熟悉的物质 分类 语法 智力 科学	非语言表达能力 创造性思考 形象性感知 同时进行的思考过程 类推作用 意象 具体的事物的记忆 视觉空间的观察 怪异的形状 面孔的辨认 音乐与歌唱 感觉力 艺术

显然，电子教育媒体的功能特性有利于纠正目前学校教育中学生的

“偏脑”现象，促使大脑左右半球的和谐发展，同时，使更多学生的个性潜能得到发挥，学校教育也因此变得更加公平和公正。

（2）电子教育媒体具有可控性的特点，教育软件的开发者们一直非常重视软件的自学性、个别性和连续性，如计算机或程序教学机软件，录音与录像软件，“中华学习机”的学习软件，等等。这些媒体在学生的学习过程中显示出无比的温和、耐心和不知疲倦，而且对学生的个性差异表现出莫大的宽容。在与这些学习媒体的交互作用过程中，学生不仅能选择自己所喜欢的信息刺激方式，如视觉的、听觉的、视听结合的或动手操作的，而且可以自定步调，控制学习速度，反复学习所需内容，使个别化的学习从形式到内容都得到实质性的体现。

数百年来，已有不少教育思想家看到班级授课制对人的个性有铸模化的危险，提出过丰富的个别化教育思想学说。哲学家们更是对忽视人的个性发展的倾向有过尖锐的抨击，呼吁学校教育应切实重视学生的个性发展。但是，这些思想，只有当电子教育媒体进入教育领域时，才能得到实实在在的体现。今天，电子教育媒体的硬件、软件开发以及使用方法，都在朝进一步深化与提高个别化教育效果的方向发展。让今天个别化教育的晨曦变成明日普照大地的光辉，这样，我们的学校教育才有可能避免扼杀学生个性发展的危险，使学校教育真正成为培养学生个性发展的温床，让人类社会变得更加丰富多彩。应该说，这并非是遥远的幻想。丰富的电子教育媒体不仅为实现这一理想提供了切实的物质基础，而且为引发新颖的个别化教学思想创造了一个良好的契机。

“其实，个性不是别的，就是那些使个人成为该个人的独特因素的总和，即人所特有的素质、品格气质、性格、爱好、情感、观念乃至能力的总和。自由个性的特征主要是，其一，全面发展的人；其二，自觉、自愿、自主；其三，创造能力的充分发展；其四，与社会直接统一的普遍性。”①这种关于人的哲学的基本认识，应当成为启迪我们学校教育中个别化教育思想的智慧亮光，成为学校电子教育媒体应用的努力方向。

3. 从微观意义看，电子教育媒体从根本上改变了教师手工劳动的教学方式

一方面，它们改变了教学的劳动条件以及传统的教学方法；另一方面，它们以丰富多样、立体化的视听教学手段，充分适应学生的感知和思

① 陈刚著：《人的哲学》，南京大学出版社1992年版，第44页。

维心理特点，调动学生的学习积极性，培养学生学习的自主性，从而提高教学的效率。

（1）电子教育媒体增强了教学信息的密集性、信息表现的多样性以及信息呈现或传递的自动性，代替了传统教学中那种手工劳作般费时费力的口耳相传的教学方式。从信息论中信道容量的科学研究结果来看，听觉通道的频带（可听声音的频率范围）为20 Hz到20 000 Hz，视觉通道的频带（可见光的频率范围）为3.9×10^{14} Hz到7.5×10^{14} Hz，因而，仅从频率的宽度来看，在相同信噪比的条件下，视觉通道比听觉通道有更高的传信率。因此，图像符号比听觉符号和语言符号的传送率要高。语言符号虽然也是一种视觉符号，但它表现信息是平面的和线性的，不像视觉图像那样是立体和片幅性的。此外，实践证明，视觉媒体比听觉媒体，视听媒体比单通道媒体更能吸引学生的兴趣和注意力，激活学生的感知与思维意识，体现更大的信息量。

（2）视听软件一般是预先精心制作好了的，有一定的结构性、连续性以及相对的独立性，视听媒体的使用一般也是教师在事前就精心设计好了的程序，所以，使用电子教育媒体能省去教师许多手工劳动，如口说与板书，节省更多的时间，教授更多的学习内容或指导个别化学习。此外，视听媒体的化静为动、化小为大、时间跳节等描述客观事物的运动及其状态的特别技巧，容易帮助学生解决学习的难点、重点与疑点，使学生的思维发展有坚实的依托。

（3）使用电子教育媒体能充分发挥师生之间的互动作用，使教学真正建立在教师为主导、学生为主体的教育哲学思想的基础之上。学生通过与媒体的相互作用，容易激发求知欲，调动已有的相关知识经验，理解教学内容，并通过实际的或模拟的训练，以及相应的反馈与评价，了解自己理解与掌握的水平和程度，在教师的指导下，调整自己的努力方向及相应的执行策略。

（4）使用电子教育媒体促进了教学法的变革。这主要是因为现代教育技术媒体为教师提供了一个综合利用多种媒体进行组织教学和辅助教学的有利条件，也为学生的主动学习创设了有利的情境。在这种条件下，新的教学方法也就应运而生，诸如：课堂播放教学法，即采用电子教育媒体播放教学内容的一种教学方法；程序教学法，即依靠程序教学机器和程序教材进行教学的方法；微型教学法，即运用电子教育媒体分小段反复训练学生技能的教学方法；利用机器考查学生成绩的方法，如在课堂上采用提问应答分析器的方法和利用计算机出试题和评阅试卷的方法；等等。

据研究，运用电子教育媒体，教学方法的变革趋势将有以下几个特点。其一，可以使结论式的教学发展为过程式的教学。现代教育技术可以把储存状态的静态知识变为传输状态的动态知识，可以显示科学原理的归纳、演绎或类比的思想活动过程，可以展现历史发展的轨迹和演进模式，可以重视客观事物的发展历程，使学生不仅把握深刻的感性认识，而且把握客观事物运动规律的活动过程。其二，可以变灌注式教学为探究式教学。这主要是通过以下四种方式来实现的：一是通过电子教育媒体，创设情境，师生之间建立相互交流的共同经验；二是让学生通过电子教育媒体分析事物的特征；三是创造环境，让学生通过电子教育媒体进行学习、评估、分析和比较；四是通过电子教育媒体，为学生提供思考情境，使学生深入分析，进行创造与发挥。其三，变外力推动式为激发诱导式的教学。要使学生发挥主动性学习，关键在于激发学生内在的学习动机和需要。电子教育媒体能有效地引起学生的兴趣，激发学习情绪，并用各种特技方式，加强刺激，引起学生的注意和促进其深入的观察。其四，变单向传授式教学为相互作用式的教学。例如，利用电子计算机进行刺激—反应的程序学习，利用电视系统进行自我训练式的教学，利用电子计算机与电视系统、激光视盘进行相互作用的教学，等等。

4. 电子教育媒体与教师角色的转换

20世纪以来，由于信息科学的高度发展、现代技术的不断推广和普及，现代教师的角色先于教育理论的定位而不声不响地发生着变化。这种变化主要表现在教师与教材以物态的形式合二为一，教师由固定的课堂权威演变成生活导师，由“信息源”变成了“控制器”，由带路人变成了铺路人。

（1）导师化。现代教育技术使教师由传统教育中的授业者变成了现代教育中的引导者，由教学活动中的主要“信息源”变成了信息“控制器”。也就是说，现代教育技术的推广使教师的主要任务由“教”变成了“导”。这主要表现在以下几点。

一是情意诱导。认知心理学揭示，认知内趋力是学生学习的有力动机，而真切的探索情境则是诱发认知内趋力的最佳条件。现代教育技术能够超越时空界限，在课堂上再现过去，描绘未来，再现宏观世界与微观世界，模拟生活情境、生产情境和科研情境。教师可以通过设置的情境进行认知导向，激发学生的认知兴趣，实施教学过程中的情意诱导。

二是认知引导。学生的个性特征千差万别，这要求教师进行个性化教学。传统的大班授课难以顾及学生个体的认知要求，教师只能以课堂权威的形象，以统一的认知模式来规范学生。现代教育技术通过程序教学使个性化认知诱导得以实施，不仅能照顾不同智力的学生在认知速度上的差异，同时能满足不同认知方式的学生的认知需要。这样，教师专制或武断的权威形象就直接变成了循循善诱的导师形象。

三是智能辅导。心理学家认为，智慧技能可以概括为概念与规则的获得及其在新情境中的运用。显而易见，现代教育技术可以创设智慧技能迁移训练的情境。在这样的情境中，教师可以更多地担负起训练辅导员的角色。

（2）隐性化。现代教育使教师的形象在很多场合趋于隐性化。由于现代化教育技术的参与，教师大量的工作从课堂上讲授知识变成了课前教学情境的设计、教学软件的制作、教学活动的策划。教师由讲台前"子曰诗云"变成了课前钻研学生、钻研教材、钻研教育技术的研究者、设计者、发明者，由"术业有专攻"的专业教学者变成了必须精通教育学、心理学，精通现代教育技术，了解各类相关学科知识的通才。这样，教师站在讲台前"滔滔不绝"的时间必将越来越少，传统观念中的教师显性形象便日趋隐性化。

（3）物态化。现代教育技术使教师的形象在很多情境下以教学物质手段（如录音机、录像机、计算机）的形式出现，这便是教师形象的物态化。随着教师形象的物态化，学生启动并控制教学过程的主动性便日益增强，而教师对教学活动的引导作用便日益体现于这些物态化教学软件的设计之中。现代教育技术使学校与社会的藩篱不再存在，使终身学习真正得以实施，人们通过卫星电视、各种学习机、计算机网络随时都可以得到学习和辅导。也就是说，教师形象的物态化使教学活动的范围、时间、形式呈现出多样性和灵活性。

在当今，信息作为物质和能量并行的第三类资源，已经成为信息产业的核心和基础。信息技术包括获取、传输、显示、变换、存储、识别、比较、加工和复制等种种工程。人们通常把它视为扩展人类生理器官（包括感觉器官、传导神经网络、思维器官以及效应器官和执行器官）功能的技术。

多媒体和信息高速公路是今天信息时代的主要表现。现代信息技术带来的学习和教育的革命是巨大的。可以说，以多媒体计算机技术为主的现代信息技术，已经形成了学习和教育的新格局。这种格局的主要特点是信息资源丰富，信息的存储、获取、处理方便快捷，自主共享交互，等等。对处在网络时代的学习者来说，不是有没有信息资源的问题，而是怎样利用网络资源，有效地从网上学习的问题。缺乏网上学习的素质，等于是信息时代的文盲。教育如果不能教会学习者网上学习的能力，就不配称为现代教育。因此，为了给人们提供最佳的学习和发展机会，就必须使其成为一个有信息素养的人，亦即能熟练运用计算机获取、传递和处理信息。培养学生的信息素养已成为教育的首要课题，成为教学新的立足点。

面对全球化的计算机信息技术革命，没有哪个国家和教育机构会无动于衷。目前，一场以多媒体信息技术为主的教育革命和学习革命，正席卷全球。

第四编　教育事业

第十六章　教育事业及其目的与结构

一、教育事业概述

（一）“教育事业”一词的主要含义

教育事业是人类教育的一种高级存在形态。它的主要特点是自觉性、自为性，所以可称之为人类自为的教育。教育事业不是一种离开教育活动的教育现象，恰恰相反，它始终以教育活动为中心，要求更加有效地开展教育活动，并使之与人类社会生活、人类文化需要有机地联系起来，使之组织化、制度化、目的化、有序化，成为社会、国家生存和发展所自觉需要且可控制和管理的一种社会事业。

教育事业的出现，以学校教育的产生为标志，是社会生产力发展到一定历史阶段的结果。它以学校教育为中心，不断向家庭、社会教育等横向领域扩展，并随着科学技术、社会生产力和社会经济、文化生活的进步与发展，构建起自身严密的系统和相对独立的领域，成为今日人类社会中存在的一种不可缺少的、主要的教育形态，一种自觉自为度较高的教育现象，也是人类有计划、有目的进行的教育活动。

教育事业既在人类社会中出现和存在，它在实践中必然要与其他社会现象发生直接、间接的联系，涉及多方面的关系问题。而其得以正常存在和健康发展，均有赖于与社会相关问题的协调与解决，并在理论上有赖于与其有关联的交叉学科，即作为教育分支学科，如教育结构学、教育政治学、教育经济学、教育法学、教育社会学、教育管理学等学科理论上的成就与应用。可见，教育既可指教育活动，也应是一项社会事业，它与社会有千丝万缕的联系，并在不断发展之中。教育事业庞大而复杂，应使教育事业的管理变成一门学问。教育的发展既要服务于社会中的个人，还要服务于社会，应使教育、经济、社会协调发展。因此，在本编中所指称的“教育”二字，都是指教育事业而言的。比如，教育和社会的关系，就是指教育事业和社会之间的关系，教育和政治、经济的关系，也就是指教育事业和政治、经济之间的关系，这是需要指出的。

（二）教育事业普遍包含的基本内容

教育事业在现代社会生活中的存在和发展，是一个复杂而呈动态的过程，并因不同的社会制度，国家政治、经济的不同状况和政治家对教育事业的实际认识水平而异。因此，各国、各民族的教育事业大都各有其特色而较少共同性、普遍性。但是，纵观人类教育事业在历史上和现代社会中的存在、发展情况，作为教育学原理组成部分的“教育事业”也有需要阐明和解决的共同的理论问题。概括起来讲，这部分的内容主要包括以下四个方面。

1. 教育事业的目的与其自身的结构问题

教育事业首先是通过结构而存在的。教育事业只是一个抽象的概念，它存在于各级、各层次、各种类、各专业、各种形式的教育结构之中。结构是系统内部各个部分、各个要素相互联系和相对稳定的组合方式，任何系统都有其结构并通过结构而存在，教育事业也不例外。而教育结构又和教育事业自身的目的性相关联。因为，正是办教育事业的主体的目的性本身反映着教育事业自为的特点并决定着教育事业的结构形式，所以，教育事业的结构是由作为教育事业主体的人所确定的有关主张、要求和所要达到的教育目的所决定的。

2. 教育事业与社会的关系问题

“教育结构”一词，指的是组成教育事业的各级各类学校的类别、性质、任务以及它们之间的组合关系，亦即教育事业的内部关系。但是，内部关系是受外部关系制约的，而且最终要由外部关系所决定。所谓外部关系，就是教育同社会的关系。社会不仅对教育施加一定的影响，而且为之提供一定的条件，提出一定的要求。因为，教育事业是在社会中存在和运行的。教育事业与社会的生产力发展水平和政治、经济制度是密切相关的。社会的物质生产水平，必然影响到教育事业发展的规模、速度、规格、结构，以及教学内容、教学方法和教学组织形式的发展与改革，而一定的社会的政治、经济制度更直接决定着教育事业的性质与目的。社会的意识形态，不仅影响着教育思想，而且也影响着一定的教育内容，教育事业不能离开政治思想、哲学思想、道德思想、科学思想等社会意识而存在。

3. 教育事业的立法问题

法律是人类社会文明发展到一定历史阶段的产物。从历史发展的总体上看，法律是保障和促进人类文明发展的手段。所以，人们往往把法律视为人类脱离野蛮，进入文明时代的重要标志。随着社会文明的发展，法律的表现形式以及实施方式也日趋文明。一般来说，社会主义法律是社会主义物质文明和精神文明的产物，反过来它又保障和促进“两个文明”的发展，与之相辅相成。

现代法制是指按照民主原则把国家事务制度化、法律化，并严格地依法办事的一种治国方式，它要求国家必须有法律，人人都应在法律的约束和保护之下，不允许任何人置身于法律之上而不遵守法律。在这个意义上，“法制”、“法治”、“法律化”之间具有一致性，不仅是法律发展的现代化形态，同时，也是衡量社会形态是否实现现代化的重要尺度。

我国教育事业，过去是靠人治，不是靠法治。教育立法在今天的必要性主要有如下几点。

（1）为了保障教育在社会主义建设事业中的战略地位。这就是说，把教育事业当作一项大政来办，不仅要靠思想动员，还必须通过立法来保障教育的战略地位，并在教育投资上体现出来。

（2）为了保证全面贯彻党的教育方针。《中华人民共和国宪法》规定，国家培养青年、少年、儿童在品德、智力、体质等方面全面发展。对此，还须通过立法程序，使教育方针具体化、规范化，保证教育方针的全面贯彻执行，培养出合格的人才和劳动后备力量。

（3）为了保证和促进教育事业的发展。《中华人民共和国宪法》规定，国家要普及初等义务教育，发展中等教育、职业教育和高等教育，并且发展学前教育。这为教育事业的发展奠定了法律基础。在此基础上，又需要从国情出发，制定各种教育法规，使教育事业有法可依，并坚持依法办事。

（4）为了调整教育事业外部和内部的关系。教育事业与社会其他事业，特别是与政治、经济、科学技术有着密切的关系，随着经济体制的改革，教育体制的改革也必须跟上。改革中等教育结构，发展职业技术教育，而劳动制度、教育制度也必须同步改革。从我国的实际出发发展我国教育事业，必须坚持“两条腿走路”的方针，充分调动各级政府和社会各方面办学积极性。这类教育的外部关系，必须有教育法规加以明确规定，才能保证教育事业的发展和教育工作的正常进行。教育的内部关系，如各类学校之间的协调，各种办学层次、形式的比例关系，也需要用教育法规加以规定，使之各得其所，协调发展。

(5)为了正确贯彻党的知识分子政策，提高教师的社会地位，改善他们的工作条件和生活待遇。这是关系我国命运前途的一个重大问题。

(6)为了更好地从中国的实际出发，按照教育规律办事。教育立法要对教育本质、教育目的、教育制度、教育内容、教育方法等在理论上进行科学的阐明，使法规建立在教育科学的基础上，从而更好地按教育规律办事，保障教学活动的正常进行，培养出高质量的人才。

4. 教育事业的管理问题

教育事业的组织、领导和管理，也都深刻反映着教育事业本身所具有的自为性特点。人类社会从总体上来说是一个具有高度组织性的群体。社会的组织本身就是社会管理的表现。

管理是现实世界普遍存在的现象。每个社会成员，都免不了要同管理打交道——或者从事管理，成为管理主体，或者接受管理，成为管理客体。而更多的时候则是一身二任，既是管理主体，又是管理客体。可以说，人在一定意义上就是一个自我组织、自我控制、自我调节、自我管理的系统。整个社会是通过管理而保持正常运行的有机体。

教育事业现在已发展成为一种十分复杂的社会系统，它要求人们对它作切实有效的控制与管理。教育管理学作为教育科学的一个分支，经过了经验管理和行政管理，开始走向科学管理。不论是在实践上，还是在理论上，教育事业都必须面对现实，从理论和实践上切实解决好教育事业所涉及的这个最具重要意义的管理问题。

其实，以上四个方面的内容，也还可进一步概括为两个方面的问题：一是教育事业的内部和外部的关系的问题；二是教育事业的管理问题。为了阐述明白起见，本编分别阐述以上四个方面的内容。

二、教育事业的目的

(一)教育目的与教育目标的区别与联系

教育目的、教育目标此二者之间是既有联系又有区别的。前者是对教育事业来说的，后者则是对教育事业中的教育活动来说的；前者是指人们为什么要办教育事业，后者则指人们进行的教育活动要培养什么样的人；前者以社会为背景，以教育事业为对象，后者以社会和教育事业为背景，直接以人为对象；前者从宏观上着眼，后者则在宏观的基础上，从微观即从作为教育活动对象的人着眼。因此，二者之间存在着密切的联系。这就是说，教育活动的培养目标，要服务于总的教育目的的实现，而教育事业的目的也只有通过教育目标的具体落实才能实现。在我国的实际教育生活中，人们在教育目的、教育目标、教育宗旨、教育方针等概念的使用上，显得较为混乱。这里的相关见解，是根据本书前面所表述的有关理论而来，其意在指出辨别这两个概念的必要性和基本根据。

（二）教育事业的目的与教育结构

1. 教育事业的目的从何而来

教育事业的结构首先是由教育事业的主体所认识和确定的教育的目的所决定的。有什么样的教育目的就会有什么样的教育结构。然而教育目的又是从何而来的呢？概括地说，形成教育的目的观，是人们一方面基于对教育功能、教育作用的明确认识，另一方面则是来自对社会政治、经济、文化等方面国情的深刻分析和对社会需要的认识。它不应是一种主观自生、随心所欲的东西。教育目的当然也有正确的与不正确的分别，而鉴别教育目的的正确与否，即视其对此两方面问题的实际认识与把握。总之，教育目的的确定是主观上对教育所客观具有的功能、作用的认识和对社会政治、经济、文化、科技发展现状及社会需要的认识，把握二者的结合，是表现在人的主观上的一种追求和意志状态。

2. 教育目的决定教育结构的理论依据

教育目的决定教育结构，要明白其在理论上的依据，需要弄清楚物质形态进化理论中，有关性能与结构二者之间关系的理论问题。

物质形态进化理论告诉我们：任何形态的物质体，在外部的相互作用中所体现的基本特征，是物质体的性能。性能（或称机能、功能）是物质体能够与周围世界发生特定形式的相互作用的根本属性。这是物质存在的一个最重要的特性，由于不同质的物质形态具有不同的物质性能，这就使不同的性能成为不同物质形态相区别的一个标志。物质形态的上升发展，一个重要方面，就是物质性能的不断高级化。也可以说，物质形态的进化说到底就是活动性能的进化，即与环境的作用方式的进化。性能的发展（或相互作用的方式的发展）是物质形态发展的根本标志，否则，物质形态就无所谓发展。

任何形态的物质体，其内部的相互联系和相互作用，表现的是物质体的结构。结构是物质体内部诸种成分之间的联结方式，以及这种联结的空间表现。物质体的结构也很重要。没有一定结构的物质体是不存在的，结构使物质体要素联结为一个统一的整体，这才使整体的性能得以形成。

物质体的内外关系本身又是处在相互联系之中的，这表现为物质体的性能与结构的密切关联和有机统一，所以，任何形态的物质体都是特定性能与结构的统一。

在物质形态的进化中，物质体的性能是比较活跃的因素，物质体的结构则比较稳定。物质体在与环境的相互作用中，首先获得变化的是性能，性能在物质体内部结构基础上发展到一定程度后，旧的结构就不能再适应性能的发展。由于物质体性能发展的促进，便在更大范围内建立起更高级的物质结构，在这个新结构基础上，物质体性能也得到进一步发展，形成了新的物质作用方式。由于性能与结构的不断矛盾运动，于是导致物质形态的不断变化。

性能也就是功能、作用。那么，教育目的和教育功能、作用之间又存在着什么样的关系呢？所谓目的，在理论上可以这样来表述：它是对事物本身所具有的功能、作用的一种自觉、能动的追求。目的不仅基于对客观事物具有的功能的认识，并且已经转化为作为主体的人的精神力量。这种主体的精神力量当然不能理解为人们主观自生、随心所欲的结果，而总是客观事物需要在主观上的反映，所以，兴办教育事业，并不是只有教育结构一回事，教育结构也不是无端冒出来的。相反，性能决定结构，目的又是对事物性能的自觉追求。所以说，教育结构是由教育目的所决定并基于教育目的所设计的。

（三）教育事业的基本目的

什么是教育事业的基本目的呢？

基于以上所阐述的理论，我们应当明白：教育事业的目的既然是基于对教育功能、作用的理解与追求，而教育的功能、作用，已如前面有关内容中所指明的，即在成人和成才这两个方面，则教育事业在客观上的基本作用，也就只能从提高全民族、全国人民的科学文化水平和素质培养，造就社会、国家所需的各类人才这两个方面去把握。这两个方面的功能、作用正是教育活动功能、作用的集中表现和总体反映。一旦反映在教育事业的主体身上并成为其主观上的一种精神力量和要追求的东西，这也便是教育事业基本目的之真正含义所在。

概括地说，普遍提高全民族的科学文化水平与素质，有计划、有重点地培养和造就社会、国家所需的各种政治、经济、文化人才，既可认为是教育事业的功能与作用之所在，也可视为教育事业主体所应正确把握和确定的教育事业的基本目的。

关于我国教育事业的目的，在1985年《中共中央关于教育体制改革的决定》中已有明确的表述："教育体制改革的根本目的是提高民族素质，多出人才，出好人才。"

三、教育事业的结构

(一)教育事业结构概述

1. 教育事业结构的含义

教育事业的结构和所谓教育体制、教育制度具有同一个意思，并且是一个非常宽泛的概念。

教育结构与制度作为一个国家各种教育机构的系统，有广义和狭义两种含义：一是泛指有组织的教育和教学的机构体系，包括学校教育制度和教育行政制度；二是专指各级各类学校教育制度，简称学制。教育理论与实践中的宏观问题、战略问题是在一定历史时期内关系全局的问题。研究教育战略问题就要从教育结构问题入手。研究教育的全局问题，研究教育的改革问题，研究教育的管理问题，都需要抓住教育的结构问题。因为任何一个全局都是一个系统，而系统的具体构成形式则是结构。在已往的教育科学研究中，教育结构问题没有得到应有的重视。在传统教育学研究的视野里，没有教育结构问题的位置，这就使得许多教育学、教育管理学的专著和教科书都不可避免地存在着一些弱点。

结构是事物之间的一种关系。如果我们的教育科学，忽视教育的结构问题，不从活生生的客观事物的关系中用定性与定量相结合的方法去研究矛盾，研究矛盾发生、发展的规律性，研究矛盾解决的方法和途径，就必然会使自己的理论存在偏颇，而且也不可避免地使它带有经院色彩，成为一个"注经者"，也很难使理论具备应有的指导性和实践性。

不同的国家有不同的国情，不同的社会有不同的矛盾和关系。如果我们的教育科学研究忽视结构问题，不从实际出发去研究、分析具体的矛盾和关系，就不可能真正建立起中国特色的社会主义的教育科学。

学校及其他教育机构是有计划、有组织、有系统地进行教育、教学活动的场所。教育、教学的专门活动就是由学校及其他教育机构来实施的。所以，学校教育制度是教育体系结构的主体。

现代社会以前的学校教育机构，从组织形式看，其特点是规模小，制度不完善，还没有形成统一有序、分工明确的各级各类学校教育机构网。从学校教育机构内部看，教学活动的组织形式主要是个别教学，没有统一的教学计划、教学大纲、教材和质量标准，其组织是不严密和不系统的。现代社会的发展产生了对人才数量和规格的新要求，从而形成了现代社会特有的学校制度。这种制度同社会的人才需求结构相适应，具有纵横联系，形成一个幼儿、青少年、成人教育相互贯通，家庭、学校、社会密切配合的一体化学校教育机构网。它要求学校及其他教育机构的运行应有一定的行为方式和程序，一切财物的管理和使用也应有一定的规格和使用规范。因此，学校及其他教育机构是我国教育法调整的重要对象，是享有一定权利并承担一定义务的社会组织。法律上的学校及其他教育机构，是指经主管机关批准设立或准予登记注册的实施教育、教学活动的教育机构，如幼儿园、全日制小学、初级中学、高级中学或完全中学、各类中等专业学校、技工学校、职业高中、高等专科学校、高等职业学校，独立设置的学院、大学、具有颁发学历证书资格的成人高等学校等，各种实施非学历教育的教育机构，如各种职业与技术培训机构，以及实施扫盲教育、文化补习教育、干部继续教育、社会文化教育的各种机构等。

2. 研究教育事业结构的意义

现代学校教育是作为一种社会制度和文化系统而存在的。教育为社会服务，是以其整体为条件的，而不是要求它的每一组成部分都担负同等的职责。各级各类学校应有各自的分工，有不同的性质和功能，在整体中发挥不同的作用，并以合理的形式组合起来，形成一个坚实的整体。因此，在研究结构之先，就要恰当地规定各级各类学校的性质和培养目标。现在性质比较稳定的是正规的小学、中学、大学这些学校。

组成整体的各个组成部分的性质要从整体上加以规划，以求有一个能够充分适应社会需求的、合理有效的教育结构。

构成教育结构的各部分、各要素都具有各自的功能，教育结构的整体功能并不等于这些部分、要素功能的简单相加，而是形成有机组合的整体效应。整体效应的大小取决于结构组合是否合理，是否优化。这就需要对教育结构进行研究，以便使教育系统中各个层次纵向与横向结构的组合方式和比例关系趋于合理。这样，才能改变教育事业结构中比例失调的状况，突出基础和主干部分，加强薄弱环节，充分发挥教育事业的整体功能。因此，研究教育结构，既可以促进我国的教育改革，并且也是建立中国特色的社会主义教育体系的前提。

建立中国特色的社会主义教育体系是我国教育事业改革与发展的目标。建立教育体系的问题实质上是研究教育的类型结构、形式结构及其纵横比例关系的问题。建立中国特色的社会主义教育体系，一要符合世界现代教育发展的趋势，二要坚持我国社会主义教育的性质和方向，三要符合我们仍将长期处在社会主义初级阶段的时代特点和基本国情。研究我国的教育事业体系结构应以此为基本的依据。

3. 研究教育事业的结构问题需要“教育结构学”这门学科

教育的结构，是一个庞大的多层次的多维结构系统，是一个牵动全局的战略问题，应该建立起一门以它为研究对象的新学科，即“教育结构学”。

教育结构学是一门研究教育事业内部关系和研究教育事业外部关系，即研究教育事业内部和外部诸关系的本质联系、运动规律及如何应用这些规律去处理各种关系，解决各种矛盾的新学科。教育结构学仅仅以教育结构为特定的研究对象。就教育结构学研究教育事业同社会经济诸方面的关系来说，它同教育学和教育社会学都有密切的联系，以至成为它们的重要组成部分。但是，作为教育结构学主要内容的教育内部的各种关系、各种矛盾、各种结构形式的研究，则无论是教育经济学、教育社会学都是无法包括和代替的。而作为教育结构学的主要内容的教育内部诸关系的研究，恰恰是教育学原理关于教育事业结构问题的理论基础。所以，应该说，教育结构学如同教育经济学、教育政治学、教育管理学等学科一样，都是教育学也即教育科学的一个重要的分支学科。

教育结构学的主要特点是：①它是从结构的角度来研究教育内部与教育外部诸关系的；②教育结构学是用定性和定量相结合的方法来研究教育诸关系的，教育科研数学化的过程很可能是教育研究科学化、现代化的过程；③教育结构学是从教育内外部诸关系来探讨教育的本质及其客观规律的。教育结构学所提供的不仅是一种观点、一种方法，而且可以是一种相对完整的知识体系。它不仅要善于学习和吸收教育经济学、教育社会学等学科的研究成果，还应该善于学习和吸收其他学科的研究成果和方法（比如信息论、控制论、系统论与系统方法等）。总之，要在当代科学技术新成就的基础上来建设和发展这门学科。

（二）教育结构与社会结构

所谓社会结构，主要是指社会的经济结构和职业结构的构成。教育结构主要是指各级各类学校的构成。

主要被生产力和生产关系状况所决定的社会结构和学校教育结构相互制约与促进，经历了一个发展变化的历史过程。历史进入资本主义社会之后，由于科学门类和生产部门的增多以及由此造成的分工发展日趋繁细，社会结构变得极其复杂。社会除了有阶级的划分之外，社会职业结构也日趋多样复杂，而且在同一职业中也要求具有一定的劳动力结构。因此，学校教育的类型越来越多样化，各级各类学校之间的关系也越来越复杂。如果按学校的教育程度划分，有学前教育、初等教育、中等教育、高等教育等；按培养目标和教育内容划分，有普通教育、职业教育、特殊教育等；按教育的时间划分，有全日制、半日制、业余教育等；按主要教育手段和场所划分，有函授教育、巡回教育、广播电视教育（包括卫星教学）等；按受教育者的年龄划分，有学龄期教育、成人教育（终身教育）等；按主办单位划分，有中央办、地方办、企事业办和私人办的教育机构等。这样就构成了一个错综复杂的学校教育网。学校教育的发展历史表明，社会愈发展，社会结构（其中主要是社会职业结构）与学校教育结构愈复杂。

社会结构和学校教育结构，不论多么复杂、多变，它们之间相互制约与促进，主要体现在两个方面：一是社会职业结构、经济结构同学校教育的类别、专业设置相适应；二是劳动力的结构同学校教育的级别相适应。而类与类、级与级之间要有一个恰当的比例关系，并且随着社会的发展需要不断地调整比例关系。这种比例关系，实际上也是一种供求关系。比如，社会职业结构不同，大学文理科的比例，中等专业学校的类别比例和它们的专业设置也不同，而且社会职业结构处在不断变化之中。当代新技术革命的核心是产业结构的调整。以美国为例，1950年，美国农业劳动力在就业人口中占12%，工业劳动力占33%，服务行业（除工农业外其余皆为服务行业）劳动力占55%；到1970年，美国农业劳动力只占全美就业人口的4%，工业劳动力占32%，服务行业劳动力占64%。随着社会职业结构的变化，劳动力市场必然对学校教育结构提出新的要求，带来学校教育类别和专业设置的某些新变化。再比如，劳动力结构不同，各种劳动力所受学校教育的级别也不同。随着科学技术的发展，工厂、企业里的自动化程度不断提高，也就要求劳动者不断提高科学技术水平。据苏联社会学家统计，如果各种类型的传统工业生产需要35%—57%的不熟练和不太熟练的工人、33%—66%的熟练工人、4%—8%受过中等教育的人、1%—2%受过高等教育的工程师，那么，完全自动化的企业就需要40%的熟练工人、40%—60%受过中等教育的人、20%—40%受过高等教育的专家。以美国为例，现代劳动力结构的构成在不断变化，主要是脑力劳动者人数在全部就业人口中所占比重逐渐增大。

可见，社会的发展，要求社会结构与学校教育结构相互协调，相互适应。一定的社会结构决定着一定的学校教育结构；一定的学校教育结构通过培养出一定类型的人加入到社会结构之中去，也起着适应、改变一定的社会结构的作用。

学校教育的类别、专业设置同社会职业结构、经济结构相适应，学校教育的级别同劳动力的结构相适应，确立较为科学的学校教育结构，才能促进社会的发展并提高教育投资的经济效益。而要做到这一点，是一件并不容易的事，因为它受社会发展的客观现实的限制。所以，当代许多国家都出现过供求上的矛盾，即某些系科的毕业生和人才过剩，从而改行或失业，而另一些系科的毕业生和人才又不足。为了解决这一重大现实课题，首先要不断调整、改革学校教育结构；其次要拟定较为科学的教育事业发展规划。由于教育事业的周期比较长，培养什么样的人才，要预测未来社会结构状况，预见各行各业的发展趋向。

教育结构包含于社会结构之中，社会结构直接或间接地制约着教育结构的内部发展变化的趋势，制约着教育结构内部调整改革的方向。如随着社会的发展，产业结构和职业结构发生变化时，就要求教育结构发生相应的变革。特别是我国现阶段的产业结构和职业结构需要大量的中、初级职业技术人才，这就必须调整中等教育结构，大力发展中、初级职业技术教育。社会职业结构的复杂性决定教育结构的多样化，例如，中等专业教育、高等教育和成人教育类别及专业设置的多样性就是这一特点的直接体现。

衡量一个国家的教育结构是否合理，主要看这个国家教育事业的发展规模，以及所培养的人才的数量和质量能否符合社会发展的要求，看教育内部结构及其纵横比例关系是否与复杂多样的社会结构相适应。所以，教育结构必须以社会结构为依据并适合教育对象的特点和需要，教育事业才能充分发挥适应并促进经济和社会发展的作用。

(三)教育事业的基本结构

1.教育事业基本结构的含义及制定的原则

(1)教育事业基本结构的含义。教育事业的主体是学校教育体系及制度，即学制。学制是学校教育制度的简称，是指一个国家各级各类学校的系统，它规定着各级各类学校的性质、任务、培养目标、入学条件、修业年限、领导体制以及各类学校之间的关系。研究学校教育纵横体系结构，有利于把握教育体系的构建及发展，并以此为基础，探讨大教育体系的外延和内涵，逐步形成中国特色的社会主义教育事业的体系结构。所以，我们这里所说的教育事业基本结构的内涵也就是指学制及其纵横结构。

(2)教育事业基本结构制定的原则。根据我国学校教育制度的历史发展，特别是总结新中国成立以来在学制改革上正反两方面的经验，参考当代各国学制发展的情况，建立我国社会主义学制，应注意遵循以下几条主要原则。

第一，统一性与多样性相结合。学制的统一性是指各级各类学校具有统一的教育目的，形成统一的教育，执行统一的指导思想和发展规划。只有保证这种统一，才能使学校教育的各部分之间形成相互衔接、具有内在联系的统一体系，有计划、按比例、协调一致、多快好省地为国家培养不同层次的各种人才。

学制的多样性是指整个教育系统中应该包括多种性质的学校、多种办学形式、多种具体培养目标。在当代，社会结构日趋复杂，单一的学校结构越来越不能满足社会的要求，学校教育多样性的趋势越来越明显。实行普通教育与职业教育并举，学龄期教育与成人教育并举，全日制学校与半工半读、业余学校并举，国家办学与厂矿企业、农村乡镇办学并举，这些都是我国学制多样性的体现。

统一性与多样性相结合，实行多样性要在统一性的指导下来进行，在多样性中体现统一性。绝不能各行其是，相互脱节。

第二，普及与提高相结合。随着社会生产与科学技术的发展，劳动的智力化水平日益提高，必然要求劳动者普遍接受更为充分的基础教育。而且，普及基础教育是现代文明的重要基础和标志，关系到民族素质的提高。因此，基础教育在整个学制系统中居于重要地位。但是重视普及基础教育的同时又要注意提高，因为学校教育要为国家建设事业培养高级专门人才，只有打好普及教育的基础，才能为高等教育和职业教育不断输送合格的新生，才能促进高等教育和职业教育的发展和提高。

中小学教育的主要目标是向受教育者普及已有知识存量的基础部分，使之成为全民“常识”，通常不注重对“常识”提出补充、修正、质疑、挑战，但完善的中小学教育必须培养质疑精神，不能让受教育者盲信“常识”。大学教育具有双重目标，既要向受教育者进一步普及“常识”的纵深部分，又须着重训练受教育者补充、修正、质疑、挑战“常识”的能力，为知识界培养新成员。

实行普及与提高相结合，既有利于普及，也有利于提高；既有利于提高全民族的科学文化水平，也有利于培养社会主义现代化建设所必需的各种人才。

第三，稳定性与灵活性相结合。学制的确定，反映了一定历史阶段政治、经济的客观要求，所以学制有相对稳定性，不能朝令夕改。但由于客观形势变化，学制要随之作出相应的调整和改变；更由于我国幅员辽阔，各个地区的文化、教育、经济的发展极不平衡，所以在制定学制时要考虑到各种具体情况，在保持相对稳定的同时，应具有一定的灵活性。

稳定性与灵活性结合，体现了我国社会主义教育体系的特色。在保持相对稳定的前提下，学校教育制度具有更大的灵活性，才能更好地适应社会的发展，为社会主义建设服务。

2. 教育事业的基本结构

近现代学校教育通常按照受教育者的不同年龄及身心发展的不同阶段施以不同性质的教育。大多数国家都把教育事业分为初等教育、中等教育、高等教育几个不同的阶段，这是符合受教育者身心发展规律的。因此，教育系统的结构是由四种不同性质的“部件”组成的。

一是基础部件，如小学教育，它担负着普及国民教育的任务，使新的一代普遍受到做人、做事的基础教育。小学教育既是教育结构的基础，也是每一个公民一生生活的基础。因此，它在教育结构中居于基础地位，是教育结构中最重要的部件。

二是中间部件，包括初中、高中阶段的中学教育，它在结构中起中坚和支柱的作用。这一年龄阶段的学生处于青春期前后的时期，是人的一生中精力最饱满、兴趣最广泛的时期，也是接受一般科学文化知识，奠定道德观、人生观基础的最佳时期。如果没有坚实的中间教育作支柱，一切高等教育和中等专业教育都不会有好的成绩。

三是顶端部件，包括大学的本科、专科，中专、技校。作为就业前系统的完成阶段，是必须经过各种专门教育的。顶端部件也代表着整个国家教育质量水平，是综合国力的重要组成部分，也是教育为社会，为“两个文明”建设的最终体现。它的重要地位是不言而喻的。

四是顶端补充部件，包括各级各类的职业教育。职业教育是根据社会职业的需要而兴办的相应专业教育。

顶端部件和补充部件覆盖着就业前教育系统。理想的教育结构应当是内部最坚实、覆盖最周密的结构。而各种部件相互联结有其具体形式。小学这块基础是建立在幼儿园和广大的家庭教育环境之上的。因此，幼儿园和家庭的教育条件，又成为小学教育的基础。儿童从六岁入学，经六年学习，既要适应这一年龄阶段发展中的程序性和间歇性的特点，又要为升入初中继续学习打好基础。这一阶段的教育任务是很繁重的，不应有任何专业性的教育内容。小学毕业后，现在初中也是基础教育阶段，初中接受小学毕业生，经过三年普通文化教育，以合格的成绩毕业，它也没有专业教育的任务。但是，初中毕业后，学生就要分流，它所输出的一端或是高中，而大量的要输送到中专、技校和中级职业学校。高中学习三年毕业，为大学本科、专科和高等职业学校输送学生。高中的学生基数应基本与三种学校招生数相适应。大学的本科和专科院校、高等职业学校，中等专业学校、技工学校以及中级、初级职业学校都是从高中或初中接受学生的，经过一定年限的教育，把学生输送到社会的各个部门中去，这类学校的特点就在于教育的专门性，即学习专业知识、技能和相应的基础理论。因此，它们应当非常重视社会生产和生活的实际，为社会培养有用的人才。职业学校尤其应当如此。

（四）我国近代学制的发展和现行学制的构成

中国近代学制始于清末1904年的“癸卯学制”。这个学制将学校教育从纵的方面分为三段六级：小学教育九年，中学教育五年，高等教育六至七年；从横的方面分为普通学堂、师范学堂、实业学堂，分别施行普通、师范和职业教育。虽然由于当时的历史原因，整个学制年限偏长，但它也奠定了我国新学制的基础。辛亥革命后，1912—1913年颁行“壬子癸卯学制”，将小学教育缩短为七年，中学教育缩短为四年。1922年推行学制改革，颁行“壬戌学制”，确定了小学至中学阶段的“六三三学制”，高等教育也缩为四至六年。以后则基本沿用此制。新中国成立后，1951年政务院颁布《关于改革学制的决定》，为了加速教育的发展和扩大劳动人民及其子女受教育的机会，小学教育改为“五年一贯制”，增加了业余的初等和中等教育，建立了工农速成初等和中等学校。此后随着国民经济的发展、教育结构的调整，学制亦有所变更和发展，逐步建立了从幼儿教育到研究生教育的比较完整的学校教育系统。概括起来，包括以下六个分支系统。

一是普通学校教育体系，即从中小学教育到各种层次结构的高等教育。

二是职业技术教育体系，即从乡（镇）级到省级，从厂矿到行业的职业技术教育，包括职业技术培训中心。

三是师范教育体系，即逐步建立起多数县有幼师、中师，一般地、市有师专或师院，省有师范大学的师范教育体系，包括综合大学设立的教育学院或师范学院。

四是工农教育系统，包括：厂矿企业按行业系统分地区建立的各级各类职工学校和培训中心；农村从乡到县的各级各类农民学校和培训中心。

五是二次教育或继续教育系统，包括高级、中级、初级等不同层次的工、农、商、学、兵等不同行业、专业各异的继续教育系统。

六是党政干部教育系统，包括各级党校、各类干部学校和各种管理学院。

上述六大教育体系，各有自己的任务和特点，又是密切联系、相互促进的网络，形成一个彼此交叉、协调发展的社会主义教育体系。在这个大系统中有一个结构的问题，在各个子系统或分系统自身也有一个结构的问题。结构合理就能使系统健康发展，从而充分发挥各种人力的积极作用，保证国家经济建设。科学技术和社会协调发展有一个合理的组织结构，结构如果不合理，一方面会使科学技术力量严重不足，另一方面又会使严重浪费科学技术力量的现象不断出现，造成恶性循环，直接影响社会发展的进程。

《中华人民共和国教育法》（以下简称《教育法》）第十七条规定：“国家实行学前教育、初等教育、中等教育、高等教育的学校教育制度。”这样就构成了不同层次而又互相衔接的学校教育系统。不同层次的教育担负着不同的任务。从教育的不同性质和目标指向上来看，我国教育又分为普通教育和职业教育。普通教育实施一般的文化科学知识教育，其任务是为社会培养劳动后备力量和为高一级学校输送合格新生。职业教育是指有明确的职业目标，实施有关的专业知识和职业技能的教育，其主要任务是为就业作准备。职业教育需要以一定的普通教育为基础。初等教育实施普通教育。中等教育以上阶段既有普通教育，也有职业教育。我国规定小学六年和初中三年为义务教育阶段。公民在受完义务教育之后，一部分人即可就业，另一部分人进入高一级的学校。

我国现行学制系统的阶段划分及其衔接关系如图16-1所示。不同

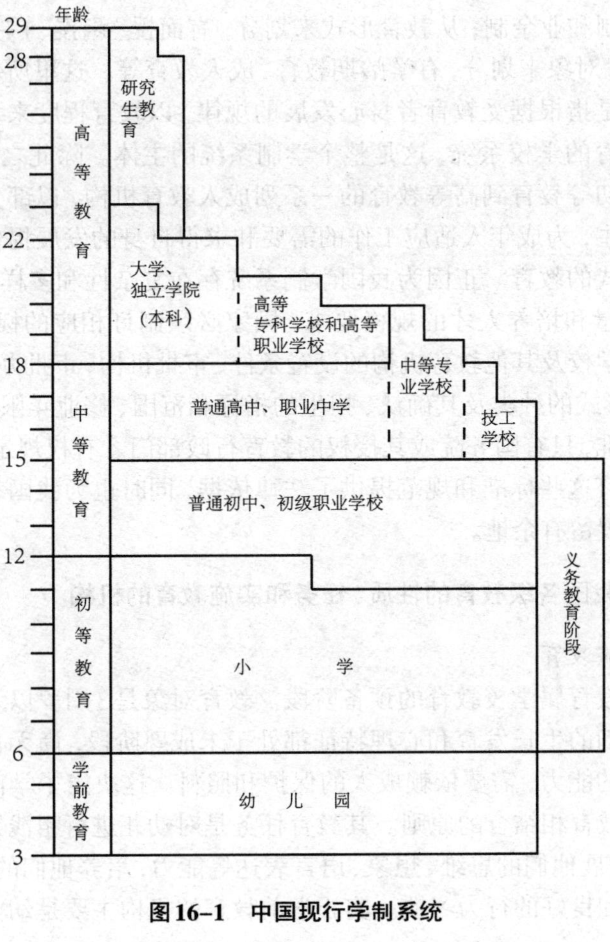

图16-1　中国现行学制系统

教育阶段对应于不同的年龄段。但在实践中对受教育者的年龄限制具有很大的灵活性。除了学前教育和义务教育阶段的年龄特征较强之外，学制系统中的年龄限制已日趋淡化，未来的教育将逐步过渡到终身教育。

学制系统内各级各类教育具体制度的规定权限属于国务院或国务院授权的教育行政部门。

教育首先是国家的事业，要保证教育目标的实现，国家必须对一些有关的重要制度作出明确规定。《教育法》第十七条规定："国家建立科学的学制系统。学制系统内的学校和其他教育机构的设置、教育形式、修业年限、招生对象、培养目标等，由国务院或由国务院授权教育行政部门规定。"

我国现行的学校教育系统是一个复杂的系统，既有阶段和层次的划分，又有教育性质和类型的划分。此外，按教育时间来划分，有全日制、部分时间制和业余制；从教育形式来划分，有面授、函授、广播电视教育等；从教育对象来划分，有学龄期教育、成人教育等。这里所叙述的学校系统主要是指根据受教育者身心发展的规律，以教育程度来划分的实施全日制教育的学校系统，这是整个学制系统的主体。除此之外，我国还建立了从初等教育到高等教育的一系列成人教育机构，以部分时间制和业余制为主，为成年人适应工作的需要和求得自身的发展提供各种不同类型和形式的教育。正因为我国学制系统存在复杂性和多样性，为了保证教育质量和培养人才的规格要求，国家必须制订相应的标准和规范。各级各类学校及其他教育机构的设置条件、审批机构、审批办法、变更程序、教育形式的种类及其确认、招生的指标和范围、修业年限、培养目标和质量标准，只有国务院或其授权的教育行政部门才有权规定。《教育法》为国家制订这些标准和规范提供了法律依据，同时也为我国教育制度的改革和发展留有余地。

（五）我国各级教育的性质、任务和实施教育的机构

1. 学前教育

学前教育属学校教育的预备阶段。教育对象是3周岁以上学龄前的幼儿。他们的生长发育和心理特征都处于未成熟阶段，尚无自我保护和自理生活的能力，需要依赖成人的保护和照料。这决定了学前教育应实行保育和教育相结合的原则。其教育任务是对幼儿进行粗浅知识和技能的教育，发展他们的思维、想象、语言表达等能力，培养他们的学习兴趣、求知欲望和良好的行为习惯。实施学前教育的机构主要是幼儿园。有的

小学附设学前班提供入学前的预备教育，其年限为一至三年不等。

2. 初等教育

初等教育又称小学教育，是国家学制系统中学校教育的第一阶段。其任务是对6—12岁的少年儿童进行德、智、体、美诸方面的基础教育，培养他们具有初步的自我管理及分辨是非的能力，具有阅读、书写、表达、计算的基本知识和基本技能，具有初步的观察、思维、动手操作和学习的能力，养成良好的学习、锻炼身体和讲究卫生的习惯，发展较广泛的兴趣和健康的审美情趣，为接受高一级的教育做好准备。实施初等教育的机构为小学。学习年限为五至六年。

3. 中等教育

中等教育是在初等教育基础上继续实施的中等普通教育和职业教育，在整个学校教育系统中有承上启下的重要作用，分为初级中等教育和高级中等教育两个阶段，学习年限各为三年。教育对象主要是12—18岁的青少年。他们处在由少年向成年的过渡时期。这个时期是人生的一个重要发展阶段。这个时期的教育对受教育者身心的发展和人格的形成具有十分重要的影响。对国家而言，中等教育的数量和质量在很大程度上直接决定一个国家劳动者的素质，对于经济建设和社会发展有着重要的作用。中等教育的任务是培养青少年养成良好的品德和个性品质，具有分辨是非和自我教育的能力，掌握必要的文化、科学、技术知识和某些基本的劳动生产技能。实施普通教育的机构是普通初级中学和普通高级中学，主要担负为高一级学校输送合格新生以及培养劳动后备力量的任务。实施职业教育的机构是初等职业学校、职业高中、中等专业学校、技工学校。这些学校既要进行必要的文化、科学、技术知识教育，也要开展一定的职业技能的训练，担负培养初、中级专业技术人员和技术工人的任务，为公民的劳动就业做好准备。

4. 高等教育

高等教育属学校教育的最高阶段。由于近代学科的分化，在高等教育阶段常局限在某一专门的学科领域，进行该学科领域的高深知识的学习和研究，因此，一般认为高等教育是中等教育基础上的专业教育。但同时，又由于学科也存在综合性以及对人才全面素质的要求，也要进行高层次的文化素质教育。高等教育的任务是培养高级专门人才，发展科学、技术和文化。它体现了一个国家文化、科学、技术及教育的最高发展水平。

我国高等教育分为高等专科教育、本科教育和研究生教育。高等专科教育的修业年限一般为二至三年，培养掌握本专业的基础理论、专门知识和职业技能，具有相应的实践能力，能胜任职业、技术工作的专门人才。实施专科教育的机构主要有高等专科学校和高等职业学校。本科教育的修业年限一般为四至五年，培养掌握本门学科的基础理论知识、基本技能和专业知识，能独立担负与专业有关的实际工作和具有初步的科学研究能力的专门人才。实施本科教育的机构主要是大学和独立设置的学院。研究生教育是在本科教育基础上对知识领域的进一步加深和拓宽，并着重进行科学研究的训练，又分为硕士研究生和博士研究生两个层次；培养能独立从事科学研究工作和担负本专业实际工作，能在本门学科或专门技术上从事创造性工作的高级专门人才。硕士、博士研究生的修业年限各为二至三年，或连续攻读四至五年。大学和独立学院中具有较高学术水平，并经有关机构批准的学科、专业可实施研究生教育。某些专门的科学研究机构经批准也可实施研究生教育或与大学联合培养研究生。

第十七章　教育与社会

一、教育与社会的关系

(一)教育与社会的关系之含义

教育学理论最初是在学校教育实践的基础上初步形成的，而教育学理论的进一步发展，其主要的内容之一却关乎教育与社会的关系。

教育与社会的关系，由于人们对这里的“教育”二字有指教育活动和教育事业的不同，其含义是并不完全相同的。

关于教育与社会之间的关系，本书在前面的有关内容中，曾就教育对社会的作用、功能等问题作了表述，着重指出教育是以社会的个体为对象，并以成人和成才为条件和中介而作用于社会的。显然，那个“教育”是指教育活动而言的。而这里所谈的教育与社会的关系，其中所谈的“教育”，则是指教育事业，所以，这里的教育与社会，确切地说，是关于教育事业与社会的关系问题。不过，由于教育活动与教育事业之间本来就存在着内在的关联性，特别是由于不论何种教育现象都与社会之间发生着密切的关系，这里谈到的与社会之间发生关系的教育，既主要谈教育事业，也有必要相对比地谈到教育活动。

(二)教育与社会的关系之基本内涵

教育与社会之间从来都存在着彼此依存的关系。这里的所谓依存关系，也就是指社会的存在与发展要以教育为条件，而教育的存在与发展不仅要以社会为依托和条件，而且要以社会提供的条件为条件。这种互为手段与条件的关系，也就是彼此间相辅相成、相得益彰的关系，说到底，也就是存在于双方之间的一种相互供求或供需的关系。

教育的产生、存在与发展，均由于社会存在与发展的需要。教育靠什么去满足社会存在与发展的需要呢？靠的是教育自身具有传递文化和成人、成才的功能，这样便构成了教育与社会之间一种客观存在的供求、供需关系。而这里所指称的教育，从关系的源头上去考察，并不是指教育事业，而是指教育活动。因为在人类社会历史上，其源远流长的历史是教育事业无法相比的。当然，教育活动，从其产生、存在到发展，不仅以社会为依托，也离不开社会生活为之提供的各种条件，无视于此是不对的。但是，也应当看到，当人类社会生活中只存在教育活动这种单一的教育形态时，社会对教育活动提供的条件往往是隐性的，不易被人们所觉察。而当社会生活中有了教育事业这种教育形态时，则教育事业所要求社会为之提供的条件，就成为十分具体而显性的了。这是因为，教育活动在社会生活中本来就是一种隐性的存在，而教育事业则因有其结构和规模，就成为具体的实体了。具有了实体性质的教育事业，这时需要社会为其存在和发展提供的条件不仅具体可见，而且复杂多样。它要求社会为之提供人、财、物等物质生活条件，这是因为任何社会实体的生存和发展，第一位的需要总是基本的物质条件的满足。而社会对教育事业的需要也更趋具体和明确，并常常基于社会政治与经济上的需要对教育提出要求。教育与社会的关系便往往表现为了教育与社会的政治、经济、文化之间的关系，以至教育与社会政治、经济之间的关系，实际地成为教育与社会关系的主要方面和基本内涵。

（三）社会系统和社会历史发展概述

社会是人类生存和发展最大的群体形式。作为人类生存、生活的共同体，社会是一个有一定结构、由诸多子系统互相耦合而成的巨型系统，是一个不可分割的整体。整个社会的运动就是这些相互依存、相互制约的子系统共同运动的结果。而构成社会大系统的各个子系统都是大系统的不可分割的组成部分，它们的性质与功能不仅取决于自身的内部结构，而且也与大系统的结构与功能紧密相关，亦取决于它与其他子系统的联系。

人类社会发展的一个普遍趋势是：从农业社会向工业社会的转变；从人治社会向法治社会的转变；从臣民社会向公民社会的转变；从一元社会向多元社会的转变。

这个转变是一个正四面体的四个面：实现从农业社会到工业社会的转变，以建设一个富裕的社会；实现从人治社会到法治社会的转变，以建设一个民主的社会；实现从臣民社会到公民社会的转变，以建设一个自由的社会；实现从一元社会到多元社会的转变，以建设一个文明的社会。

四大转变的基本目标是建设一个富裕、民主、自由、文明的新社会。这既是世界历史发展的趋势，也是人类进步发展的潮流。中华民族要振兴，就必须顺应这一潮流，积极主动地实现这四大转变。从这个意义上说，这四大转变也是中国发展的大趋势。

人类社会发展不平衡。在自然科学领域，在物质生产方面成就显著；在精神领域，在人性的升华方面变化不大。今天人类已经能够登上月球，探测火星，克隆生命，绘制人类基因图谱；人类物质生产如大海涌流，丰富多彩，令人炫目，令人兴奋不已；但人类自己却依然充斥着野蛮和卑劣。

何为人类社会发展？人类社会发展包括哪些内容，有哪些标志物呢？过去，人们偏重于从生产力来谈论这一问题，认为生产力是人类征服自然的能力，代表了人类社会的发展程度。其实，讨论人类社会的发展，应更多地着眼于人类自身。因为生产力是体现人类作用于自然界所取得的成果，而人的发展，德、智、体、美诸方面进步还体现了人类作用于自己和作用于社会所取得的成果。人是生产力的第一要素，是人类社会的主体，是一切文明成果之最集中的载体，人类社会的发展必须着眼于人自身的发展，必须十分重视教育对人和社会发展的作用。

(四)什么是社会

因为上文对“教育”一词的含义已有所交代，这里就对什么是社会的问题作些解释和说明。

如本书以前有关篇章文字中所曾指出的，人类作为一种物质形态，有个体和群体两种存在形式。人类的个体，即指个人；人类的群体形式，从最大的层次上讲，就是社会。对人类的存在关系的认识，除了个体系统外，还应把社会作为一个重要方面。对社会的认识之所以如此重要，一个很重要的原因就是个体根本不能离开社会而存在，人的复杂特性、关系均要在社会中才能得到充分的显示。而教育事业也就存在于这个社会系统之中。

社会是人类最大层次上的群体系统。说它是最大层次上的群体系统，也并不是把整个人类包括在内。在古代，地球上的人类划分在不同的地理区域，没有也不可能实现全球联系，根本谈不上全球社会，只是随着人类的发展，群体形式才不断扩大。时至今日，可以说已开始形成全球社会。因此，人类的群体形式有一个发展过程，有其发展的历史。我们在这里讲的社会系统主要是指现代化的社会系统，其范围限制在国家的层次上，即把社会视作国家社会。这是因为今天的人类尚未能真正建设全球社会，全球人类并没有形成统一联系，国与国之间是并存的独立关系，尚无内在的统一关系，社会的有效范围是在国家这个层次之内。社会系统，实际上就是国家系统，或曰国家社会系统。

国家作为人类群体的最大层次，把民族、阶级、职业团体、家庭等各层次包含在自身之中。国家的特点不仅仅在于大，而且在于它是一个完整的社会系统。国家内部的各层次，都是社会系统的子系统。教育事业作为社会大系统中的一个子系统，它和社会大系统中的其他子系统都有直接或间接的关系。研究教育与社会之间的关系实际上就是研究教育事业这个子系统和其他社会子系统之间所存在的关系。

本书以前有关章节的内容中，也曾指出过，所谓社会现象是相对于自然现象来讲的，它本质上都是文化现象。不仅教育这个子系统是一种社会文化现象、一个社会文化系统，其他子系统的社会现象同样也是社会文化现象，如经济、政治、科学技术、意识形态等都是。

把社会称作"系统"，目的是强调社会内部的关系的有机性。但是应指明一点，社会作为系统与个体作为系统有本质的不同。任何物质形态的个体系统，是一种具有类本质规定性的最基本单位或极限。突破个体系统的界限，即把个体系统肢解开来，其成分就不再是该类物质形态的范围。群体系统则不然。一类物质形态的群体系统，是该类物质形态个体的宏观集团，虽具有一些宏观集合上的特点，但不能形成质的类界限。群体系统界限的解析，并没有触及该类物质形态的质的界限，所以，群体系统性是个体在量上的宏观集合的联系性，属于个体性质的宏观表现。社会作为人类的群体存在形式，正是集合了人的个体性质，形成了宏观上的一些新特点，但并未结合成"超人"的系统。社会系统性不是人类的类本质的规定界限。社会系统的范围、规模以及子系统的数量，均不影响它是否能成为人类的群体形式，更决定不了其中的个体是否属于人类。

社会系统的重要，主要在于它提供了一种类内环境，使个体系统获得最充分发展的可能性。社会系统之所以称为"系统"，也在于它的确是在一定程度上集合了人的力量，发展了个人的潜力，并铸造了个人的特点，使人们发生了分工，形成了协调的集体活动。社会的集体活动规模、结果，都是人的个体所难以达到的。在社会系统中，个体所得到的就是生存和发展的可能。

社会的系统性，还在于它具备自己内部的一些子系统，这些子系统把全体人类成员分划到许多不同的群体层次中，使人们成为社会的不同成员，具有不同的社会性质，起着不同的社会作用。

二、教育事业的存在与发展对社会的依存性

从教育与社会关系的源头上来考察，可以说，社会的存在与发展首先有求于教育活动在传递社会文化和成人、成才方面发挥其作用和功能。教育事业与社会之间明显地存在着彼此间的供求关系，但因为教育事业已成为社会的一个有组织的部门和实体，它的存在与发展首先必须有赖于社会为之提供的各种条件。因之，可以说，教育事业与社会之间存在着一种不同于教育活动与社会关系的关系。

教育事业与包含它的多功能社会系统的关系，犹如子宫与母体的关系——子宫是婴儿机体发育成长的场所，婴儿发育受到母体状况的影响，但子宫环境又具有某种独立性。与此相类似，教育系统，即教育事业系统是新一代社会成员精神发育成熟的场所，受教育者的精神成长受到社会状况的影响，但教育系统本身又有其独立性。二者不同之处在于：子宫本身随着胚胎发育的不同阶段而变化，教育系统则通过托儿所、幼儿园、小学、中学、大学等不同学校教育机构与不同年级来适应受教育者在精神上的不同需求。

与子宫一样，教育系统不仅从其母体系统即社会获得全部新陈代谢所需要的呼吸、营养、排泄条件，而且受到母体系统释放在血液中的“激素”，如教育方针的调节控制。社会系统既提供教育系统所需的能量，又输入一部分信息，正如控制婴儿发育的主要信息荷载在染色体上一样，控制受教育者精神成长的主要信息荷载在任课教师的头脑中。这些信息包括了人类精神在其生发成型的历程中的主要成果，并且使这一历程在受教育者的头脑中“重演”，正如胚胎发育中的重演现象一样。在这个意义上，教育系统也可以被说成是“为了未来而重演过去的现在”。“现在”就是学校，即学习的机构，拥有学校校舍或楼群，拥有相应的服务设施和行政管理与教学人员。“过去”是指前人或同代人所创造的精神财富，即“教学模式是教师‘面对’学生的讲授式”，或幼儿教师的示范，或研究生导师的指导。“未来”是学生们将要面临的人生道路与可能作出的社

会贡献。由于“对入学和毕业有一定的年龄规定”，学生们届满通常都会“呱呱坠地”，走向社会。

培养人才是教育系统的功能，至于培养什么样的人才，则是“横看成岭侧成峰，远近高低各不同”。“子以四教：文、行、忠、信”①，这是以语言文字、处世行为及个人修养为主要的培养目标。“大部分国家的官方教育政策是学校应该为促进人们生活机会的平等作出贡献”，这一方面是“真正的教育目标”（如培养审美趣味和文学鉴赏力），另一方面是“职业竞争环境中很突出的实用目标”②。“为2000年的普通学校毕业生创造一个满足社会要求的教育模式”③，这是侧重社会而不是侧重个人来看待教育目标。其他还有：“跟上国家前进的步伐和科学技术革命的步伐”④，“把教育规划和经济规划结合起来”⑤，“为社会培养建设人才……提高人们的思想觉悟，确定社会、政治原则”⑥，等等。

教育事业从本质上讲是面向未来的，正如妊娠是面向未来的一样。多功能社会系统为了自身的延续与发展，必须有教育系统。长远的社会效益要求完整的教育，即应该使受教育者在精神上重演人类精神财富生发成型的历程中的重要阶段，从而获得良好的生存和发展能力。具备了这些能力，毕业生在任何一种工作岗位上都能很快地“进入角色”，因为任何一种专业性、操作性的知识和技能，不过是有关能力的一次小小的发挥。即使有关知识和技能需要几个月或一两年的熟悉时间，从长远来看，具备这些能力的人也会比单向教育培养出来的“工蜂”式的毕业生带来更大的经济效益。更不用说随着技术与社会的进步，社会需要学校“分娩”的毕业生具有多方面的能力，即：能用系统指令使社会获得稳健、理想的发展；能用科学指令使人类的创造能力不断完善、提高；能用理智指令使社会更为安定，家庭更加和睦。

---

① 《论语·述而》。

② ［瑞典］托斯顿·胡森：《教育的目前趋势》，载《世界教育展望》，教育科学出版社1982年版，第196页。

③④ ［苏联］M.斯卡特金、E.G.柯斯贾什金：《苏联普通教育制度发展的前景》，载《世界教育展望》，教育科学出版社1982年版，第200、209页。

⑤ ［法］米歇尔·德博维：《教育和国际新秩序》，载《世界教育展望》，教育科学出版社1982年版，第80页。

⑥ ［波兰］简·克罗辛斯基：《欧洲社会主义国家的高等教育》，载《世界教育展望》，教育科学出版社1982年版，第161—162页。

事实上,“未来”绝不是“现在”的简单延续,只有注重能力的培养,才可以使新一代获得的精神财富具有较大的社会效益。正如一个未来的母亲,只有注重优生对其各方面的要求,才能使她的婴儿身心健康。因此,学校必须把培养学生的能力放在首位。

“把基础打扎实”是培养学生能力的重要途径。越是基础知识,越具有长远价值。对大学毕业生来说,幼年所培养的语言能力常常能延续到弥留之际。在幼儿园中受到的审美、交往等启蒙教育,将会在一个人意识清醒的生活年代中持续起作用。在小学获得的阅读、书写能力,可以分别保持到理解能力健全和“提笔忘字”的时候。中学学习的各种知识则会较快地遗忘一部分。大学的基础课知识遗忘得更快(除非经常使用),但比专业课知识保留较久。专业课知识在毕业考试之后就会遗忘相当一部分。有关基础知识对未来的效用,很像是以“毕业”为镜面的过去学习的投影——过去的学习越是远离镜面,越是基础,它所投射出的影像在未来的效用也越远;如果镜面前移,即在较早阶段就中断学习或“毕业”,则教育的效用也会缩减。如只读高中的人,则在参加工作之后不久,与所从事工作无关的知识就会遗忘,而只有小学文化程度的人,如果业余不喜爱读书看报或写信、写日记,阅读书写能力甚至保持不到中年。知识具有用进废退的性质,愈是基础知识,愈有可能被重复使用,所以就愈加具有长远的价值。

随着人类知识的增长,基础知识的范围也在不断扩大,怎样把新的基础知识吸收到基本的教学内容之中去,同时对已有的基础知识及专业知识进行扬弃,这是教育系统的“遗传工程”,它直接关系到毕业生知识结构的“遗传性状”。在我国,近年来许多学校把计算机知识列入基本教学内容,在农、林及许多文科院校的基础课中开设数理统计,为理工科大学生开设语言文学课,无疑都是有益的开端。

三、教育事业与社会经济

教育事业与社会经济之间的关系是教育事业与社会的关系中一个十分重要的内容,它涉及教育与社会发展的许多实际问题。

(一)现代社会经济一词的含义、特点和要求

长期以来,人们把经济与生产相混同,抓经济想到的就是如何把生

产抓上去，发展生产就是发展经济。与此相应，只有生产是经济基础，其余都是上层建筑；只有体力劳动才是生产第一线，而一切脑力劳动者都是属于“脱产干部”范畴的，如此等等。这种生产即经济的观念，我们不妨称之为小经济观念。小经济观念与过去小生产的状况是适应的。然而，现代社会已从小生产发展到社会化大生产了。在这种情况下，生产固然仍是十分重要的经济活动，但是，不再是唯一重要的经济活动了。要发展社会化大生产下的经济，必须实行一个观念性的转变：现代经济不只是生产，而且是一个动态的大系统，它包括市场调查、预测规划、科学研究、技术开发、产品研制、工厂生产、储存运输、流通销售、市场服务（包括技术服务）等环节。我们把这种社会经济活动称之为大经济。

大经济的第一个特点是系统化。它是由上述许多环节构成的从市场到市场的经济循环圈。在这个经济循环圈中，每个环节都有它的重要意义，一环脱节，都会导致整个经济活动的中断。从哲学观点来看，生产直接创造财富，当然是最重要的。但是就现实的经济活动与管理而言，市场可能具有更重要的意义：它像“环扣”，是经济循环圈的起点和终点，至于生产，它作为整个大经济圈中的一环，它的重要程度日益相对下降。以产品生产成本与售价来说，据国外研究结果，成品在机器上生产出来的成本，只占它在销售网终端售价的10%—20%，售价的其余部分是由储存、运输、保养、销售等方面的费用构成的。就从业人员来看，随着科学技术进步，工厂生产过程越来越自动化，生产工人数日益减少。国外许多先进企业里在生产一线的人员只占三分之一，从事科技研究的人员占三分之一，管理（包括市场销售服务）人员也占三分之一。据预测，这些企业直接从事生产的人员将会越来越少。日本已经出现完全由机器人工作的无人工厂。可见，现代社会财富的产出将愈来愈靠科研和管理部门决定，而不是在工厂了。这一切表明，原来意义上的生产观念已经不够了，必须用大经济观念来代替它。当然，人们也可以把生产概念的内涵不断扩大，把科研等也包含在内，但这只是术语问题，实质仍然要有观念性的转变。

大经济的第二个特点是信息化。在上述经济循环圈的各个环节内部、各个环节之间，都有大量信息发生与传递。它不仅指市场、科技、生产等情报资料交流，还包括金融、电信、教育等经济活动。没有灵敏而准确的信息传递与处理，就无法有效控制现代经济循环圈，也无法使之充满活力的运动，从而直接影响到经济效益。正因为此，发达各国的经济都在努力提高信息化水平。据美国贝尔实验室统计，自1945年以来，需要储存的信息量大约每七年增长一倍。美国工业劳动力的分布，1950年从事工业生产的占65%，从事信息业务的占17%；而到1980年，从事工业生产的降至30%，从事信息业务的达到55%。因此，可以说没有信息就没有现代经济。

大经济的第三个特点是科学化。这首先是由于科学研究活动——创造新知识、开发新技术、研制新产品，是整个经济圈赖以生存和发展的一环，而且是在市场中进行竞争的最重要的基础。不仅如此，更重要的是，在整个经济循环圈的每一环节中，在每个环节的各个活动中，越来越需要和依靠采取先进的科学理论和方法、技术和装备，才能取得最佳的经济效益。如果科学地进行了市场调研和预测，使产品适销对路，就可避免仓库积压、损坏之弊；如果有先进的科学的包装和储运技术，必然大大减少无谓的损耗。可以毫不夸张地说，在每个经济活动环节中都有大量的科学研究任务：信息的收集、储存、传递和变换也都是重要的科研任务。一句话，科学技术进步渗透于整个经济活动，两者已是不可分离的综合体了。

从以上所述大经济的观念出发，发展现代社会经济，迫切要求人们在以下几个方面进行新探索。

第一，振兴经济的目标，不仅是发展生产去满足人民日益增长的物质和文化的要求，更重要的应该是不断提高人民的经济能力。这就不仅要实现生产各部门的综合平衡，而且必须全面考虑经济圈的每个环节（包括科学研究）的系统协调，发挥经济系统的整体功能。

第二，振兴经济必须依靠科学技术进步。一个被广泛引用的资料称：现代劳动生产率的提高，60%—80%依靠技术进步，可见技术进步对经济发展的作用。但是不要误解技术进步只是狭义地指自然科学和工程技术这类“硬科学”。国外资料在这里所指的技术进步，是指除资本和劳动力两项以外的其他方面。大经济的科学技术进步，不只是指“硬科学”，同时也包括经济科学、经营管理在内的“软科学”。“硬科学”要取得成果，这些成果要在经济圈中转化为生产力，都有赖于“软科学”。而且有资料表明，“软科学”作用所占的比例还稍大一些。总之，只有软硬并用，科学技术才能真正成为振兴经济的依靠力量。

第三，振兴经济必须重视脑力劳动，必须重视教育的作用。人类有史以来，体力劳动一直是生产主力军，但在大经济中这种作用正在变化。

振兴经济越来越直接依靠包括科技、管理人员在内的脑力劳动者。因此，崇尚知识、充分发挥知识分子的作用、干部的知识化与专业化等，都是大经济的必然要求。

（二）教育事业在促进一国经济增长中的作用

对于教育和经济二者之间关系问题的深入认识与把握，很需要教育经济学这门学科。教育经济学是介于教育学与经济学之间的边缘学科，它是研究教育与经济这两者之间关系的一门学科，也就是研究教育在社会经济发展中的地位和作用，以及教育投资的经济效益的一门学科。教育与经济之间关系的论述早见于亚当·斯密的《国民财富的性质和原因的研究》(《国富论》)中有关段落，而且亚当·斯密的某些论述还得到了马克思的肯定。但是，作为一门独立的学科的教育经济学，则是在20世纪50年代后期才出现的，首先兴起于美国，最近几十年来它在西方学术界又得到了迅速发展。目前对于教育经济学的定义和研究对象等问题，尽管国内外学术界看法还不一致，但研究教育在促进一国经济增长中的作用，已成为学术界的共识。而教育在促进一国经济增长中的作用，大体上可以归结为以下五个方面。

一是它向社会提供一支能在科学上有发现、发明，在生产技术上有创新、变革的科学研究和高级设计队伍。如果没有这样一支队伍，在科学技术上至多只能步别国的后尘，很难取得重大的突破。

二是它向社会提供一支能掌握和运用先进生产方法和技术的队伍。如果没有这样一支队伍，即使有了先进生产工具和生产方法，它们也不可能充分发挥作用。

三是它向社会提供一支适应工业化水平的生产技术的管理队伍。如果没有这样一支队伍，就会造成生产过程中人力、物力、财力的巨大浪费，就不能发挥先进生产技术的优越性。

四是它提高全社会的科学文化水平，为新产品的推广使用、先进科学技术知识的普及和提高准备条件，同时也为今后技术力量的成长提供广阔的基础，为源源不断的高质量的科研人员、工程技术人员、管理人员和熟练工人的供给提供保证。

五是它使社会积累起来的科学知识得以保存和传播，这种传播可以不受国界的限制，也不受时间的限制。积累起来的科学知识，作为人类共同财富，通过教育从一个民族传给另一个民族，从这一代传递给下一代。

随着生产和科学之间的关系日益密切，随着技术变革迅速加快，随着生产技术的精密性越来越高和技术要求越来越复杂，教育在促进一国经济增长中的上述五个方面的作用必将越来越明显，越来越突出。

教育在促进社会主义的经济和社会发展中的作用，大体上可以归结为以下两个方面。

一是发展社会主义教育事业，不仅能保证经济以稳定的速度持续增长，而且能在经济增长的同时促使经济和社会的协调发展。这就是说，只有造就一大批有高度政治思想觉悟的、掌握先进科学技术知识的劳动者，才能保证建成具有现代化工业、现代化农业、现代化国防和现代化科学技术，具有高度民主的、高度文明的社会主义国家。

二是发展社会主义教育事业，将使劳动者得到全面的、综合的发展，历史遗留下来的旧式分工所形成的差别将会在经济和社会的协调发展过程中逐步消失。社会主义经济和社会发展目标中包括劳动者自身发展这一内容。只有真正实现了劳动者全面的、综合的发展，才符合社会主义经济和社会发展的最终要求。

教育在经济增长以及在经济和社会发展中的作用就是教育的社会经济功能。教育经济学作为研究教育在经济增长以及经济和社会发展中的作用的科学，也就是研究教育的社会经济功能的科学。

（三）教育系统的社会效益与经济效益

教育经济学理论告诉我们：教育系统的经济效益与人才培养周期成反比，同时又与人才所拥有的有关知识、技能成正比。由于人才培养周期有限，必须根据单功能社会系统的要求来确定一个“有关知识、技能”的范围，不可能把所有“有关”的知识、技能都列入教学大纲。这样，经济效益问题又归结为教育系统的“遗传工程”问题——课程设置与教学安排。其中还具有进一步的相互制约因素，需要人们在短期经济效益与长期经济效益之间作出适当安排，不能走极端，否则，就会“过犹不及”。例如，越是专门的知识、技能，越能较快地收到经济效益，然而，如果用熟练性、工艺性的培训取代本应作为高等院校教学内容的理论、思维等基本训练，取代知识面的扩大，那么，就会使学生缺少“举一反三”与“借花献佛”（用相关领域的知识解决本专业的问题）等灵活应变的能力。再如，传统的基础知识与实验技能确是很有效益的，然而，当一门新兴技术跨着几个学科出现的时候，如果不对原有的基础知识与教学程序加以扬弃，不但学生会顾此失彼，而且教师与学生都可能丧失在新兴学科中进行纵深开拓的机会。另外，新兴技术的采用、推广与有关知识的扬弃、成形，都要有一个过程。在这个过程中，经济效益不显著，甚至是负效益，必须经过具有远见卓识的扶持，才能带来真正的经济效益。又如，培养具有创新精神的人才在许多人看来是最具经济效益的，然而，如果不对创造性本身加以深入了解，就可能舍本求末，忽视常规精神财富的传授，还可能过于偏重对“神童”的投资，而忽视对“大器晚成”者的发现。总之，从长远来看，教育系统的社会效益不仅不与经济效益相矛盾，而且前者可为后者提供一个高屋建瓴的立足点。前者可比拟为“望子成龙”，后者可比拟为“望子发财”。

学校本身通过创收来获取经济效益，可以比拟为让子宫生发出独立的消化吸收系统，或是为胎盘提供一个独立的营养来源，这只能是一个权宜之计。任何学校都不是以营利为目的的单功能社会系统，只是当某些学校因建制不当而确有闲散的人力物力，在社会系统尚不足以完善教育系统的情况下，才可利用学校的某些条件进行一些创收活动，以便缓和教育经费不足与教职员工薪俸偏低的燃眉之急。一般来说，这些活动的代价是降低了学校培养人才的功能：出租或挪用学校的房地产来营利，不仅压缩了师生的活动空间，而且对校园气氛来说往往是弊多利少；把学校的实验设施变为生产资料，就不可能使学生从单一生产的实习劳动中了解基本原理的各种应用与不同的操作技能，更不可能在有关设施（如机床）无故障的情况下停机观测与拆装，不可能使学生了解其结构；对于农田或温室，专业化的耕作或轮作使学生们无法了解不同作物在不同条件下的生长状况，相反，只有使土地不承担经济效益的风险，才能使学生更好地学习和发展先进的生产技术；至于占用教师寒暑假去搞创收，就必然牺牲教职工所必要的身心休息与知识更新时间；最后，按照供求关系出现的“议价班”，既违背了有教无类的教育宗旨，又违背了因材施教的教学原则，还可能诱使主办者为了扩大学生来源和增加创收而见利忘义，其结果是文凭贬值，误人子弟，危及民族、社会和国家的根本利益。

总之，教育系统的经济效益不是体现在以学校为核算单位的经济水平上，而是体现在各个使用人才的单功能社会系统，以及整个社会或国家的经济水平上。因此，学校不应通过直接参与经济活动来改善财政，而应该通过提高教学质量和培养更多的优秀人才来为社会创造财富，从而获得财力支持。

然而，又应该看到，对于一个元气亏损的妊娠母亲来说，必须采取相应的保胎措施。认识到这一点，或许可以使我们以更为现实的目光来看待处在改革时期的学校创收问题：社会的各领域都在提高经济效益，正如虚亏的母亲的五脏六腑都在补充营养，如果不为学校补充相当的营养，那么，社会发展就会失去应有的平衡，不但师资人才留不住，校园环境也会受到破坏，正常的工作则无法维持。于是“子宫”必然萎缩，从而中止“妊娠”——这对于一个母亲或许还是可以接受的方案，但对于一个多功能社会系统来说，则是绝对不可采取的下下策。

（四）知识经济与教育事业

20世纪70年代以来，伴随着世界高科技的蓬勃发展，尤其是计算机、信息技术及其产业化革命的浪潮，一种新型的经济形态——知识经济破土而出，闪现着灼灼的光芒，预示着一个新时代的到来。今天，在一些发达国家，如美国，知识经济已经开始逐渐替代工业经济成为一种新的经济形式，并成为社会发展的巨大推动。

1996年，OECD（Organization for Economic Cooperation and Development，经济合作与发展组织）在《以知识为基础的经济》的报告中，首先明确提出了“知识经济”的概念，并把它定义为建立在知识和信息的生产、分配和使用（消费）之上的经济。1997年2月，美国总统克林顿在一篇报告中也明确提出了“知识经济”概念。由此掀起了全世界研究、发展知识经济的浪潮。

今天我们已被告知来到了知识经济时代。“知识就是力量”这个古老的真理在今天已经被赋予了全新的含义，知识信息已经成为当今世界经济发展的最重要的资本。一方面，这种知识资本和传统的物质资本具有某种相同的属性，也就是说它带来未来收益的源泉，即它是资本；另一方面，它又是一种特殊的资本，是唯一一种在使用过程中不被消耗而且通过不断的应用、不断的创新还不断增值的资本，是全世界可共享的资本。这一点和传统意义上的资本是很不同的，所以说知识正在逐步取代传统资本成为世界经济发展的支配力量。

知识经济的特征，主要有以下六个方面。

第一，新的更高劳动生产率将不在于简单的资本增加和劳动力的量的投入，而是越来越依靠于以高科技为基础的知识创造，依靠于知识信息在生产中的运用。整个社会生产将围绕信息流动来组织实施。因此，获取知识的方式、效率以及所获知识的质量将成为一个国家发展的战略性因素之一。从这个角度说，知识经济和传统经济相比，它从发展的动力、产业内容到效率标准都发生了根本性的变化。它的发展、它的增长在于知识的不断创新。

第二，劳动资料的信息属性将在生活中占据主导地位，生产过程的技术基础和工作方式在知识经济时代将发生结构性的变化。主要的活动将逐渐变成对于知识信号进行加工处理为主的工作。不论在农业、在工业还是在第三产业里，高科技知识产业都表现得逐渐明显。

第三，随着知识经济的发展，生产活动的组织与管理模式都将发生根本性的变化。

第四，知识经济在本质上是国际性的。各项经济工作越来越相互融合，相互交流。

第五，在不同的国家、不同的地区、不同的部门、不同的社会群体之间的知识经济的发展有着明显的不对称性和蛙跳特征，它们的相对位置是经常发生变化的。这导致了社会财富和权力的不断转移和再分配，进而重塑一个国家在世界经济中的地位。

第六，从马克思主义的观点来看，经济基础、生产力的发展会影响上层建筑。因为上层建筑归根结底是由经济基础决定的，意识形态、人们的价值观念取决于生产力的发展水平，而知识经济确实是极大促进了人类文化的发展，知识创新、信息技术革命提供了大量新的文化的表现形式和传播手段，特别是那些大众文化、大众传媒，它们通过特有的形式改变着人类看待自身以及自身在世界上的地位的方式，改变着人们的思想观念和精神面貌，进而改变社会的结构。知识经济时代将有望改变近代以来建立的人与自然、人与人、人与工作、人与自我的竞争和对抗关系，人的多方面需要和价值将得到更多的关注，这不仅是知识经济发展的可能结果，而且也是知识经济发展的重要条件。

总之，所谓知识经济，就是以知识为基础的经济（knowledge-based economy）。用 OECD 的最新说法，就是以知识为基础，直接依赖知识和信息的生产、分配及应用的新型经济，是一种正在形成和发展之中的崭新经济形态。OECD 立论的根据是，人类正在步入一个以知识（智力）资源占有、配置、生产、分配、使用（消费）为最重要因素的经济时代。

概而言之，知识经济是与农业经济、工业经济相对应的一种新的经济形态，是在工业经济基础上发展起来的人类经济发展的最新阶段。

在现代社会，人力资本的形成和积累主要依赖于教育，包括普通教育、成人教育、在职培训、高等教育等。从就业看，1970—1994年，在OECD所有国家整个制造业中，熟练工人的就业数量增加了10%，而非熟练工人的就业数量则下降了70%；与高技术相关的高工资就业增加了20%，中等工资就业下降了20%；按接受教育的程度分，中学毕业以下的失业率是10.5%，而有高等教育学历的失业率仅为3.8%。因此，提高教育的数量和质量，使教育逐步成为一个特殊的产业，努力实现终身教育，就成为势所必然之举。近年来，随着互联网的发展，信息革命已渐渐渗透到社会的方方面面，开始改变着传统的生产方式和社会生活形态，人们获取知识相对容易，甚至可以用网络上的软件来搞项目设计；每个课堂都将与互联网相连，无疑，教育制度也要随之将发生相应改变。因此，发展教育对经济增长有着举足轻重的作用。此外，教育作用不仅表现在经济方面，提高人们的生产技能和社会生产力水平，而且能够改变人们的思维方式和生活方式，提高人们独立获取新知识的能力和创新能力，增强人们的民主意识和综合素质，等等。而这些方面都是现代化不可缺少的重要内容。

总而言之，知识经济对目前的教育事业提出了许多挑战，急迫地呼唤教育改革。在不断的研究和实践中，探索适应知识经济时代需求的教育策略，使教育培养的人才能够在知识经济的社会舞台中得心应手地创造价值。

在知识经济时代，教育的作用将进一步突出。世界发展的格局变了，作为培养人才的教育方式也要跟着变，甚至应当超前行动。否则，教育必然会成为制约人才培养和社会发展的羁绊。

四、教育事业与社会政治

（一）政治是什么

“政治”一词，在中国的古籍中出现得很早，在《尚书》、《周礼》、《论语》诸书中屡见不鲜。西方使用“政治”（politics）一词，比中国要晚一些，始见于柏拉图的《理想国》与亚里士多德的《政治学》。但作为一门专门研究人类社会政治现象的政治学的出现，则是晚近的事，自19世纪开始至今也才二百多年的历史。由于各国学者对政治现象的认知不同，至今国内外还没有一个统一的政治学定义，有的政治学者甚至宣称，对于这个问题的追问，是政治学科的永恒问题，对之不同的回答也构成了不同时代的不同政治学主题。

的确，由于政治现象十分复杂，古今中外的政治现象也有各不相同的特点，对几千年存在于人类社会的政治现象下定义、作界说，确非易事。人们所常见的某些为政治下的定义，就有失之片面或偏激之弊。不过，站在21世纪的今天来考察这个问题，从历史发展的角度来看，它的纵向的发展过程是清晰的，它所具有的内涵和特点是有其现代理念指导下学理上和客观实践上的依据的。

1. 政治是一种历史现象

这句话的意思是：政治并非与人类社会共生，也并不与人类社会永远共存，它在人类社会出现、存在、弱化和消亡是一种历史现象，也是一个历史过程。

人类在史前时期有社会这种共同体，氏族社会便是其最早的社会形式。那时没有政治，政治是人类走出史前时代、进入文明历史时期，随着人类社会出现了国家之后产生的，政治和国家这种政治事物和政治现象具有共生性，社会在前，国家在后，但民间社会仍然存在。国家来自社会，又凌驾在社会和社会的人群之上，是由少数人并按其愿望要求来实施对社会和人群的统一管理和控制的权力机构，而政治便是国家和少数统治者手中实施管理与控制的权力和权威。因此，政治是以国家的产生和存在为其产生和存在的条件的。

政治既然是人类社会进入文明阶段的产物，它固然以权威的形式凌驾于社会之上，运作于社会之中，使人在受压、受管和受限制中感觉到它的存在。但因为它是一种公器，权力私有本非正常，也不能永远如此存在下去。它也必然是人类文明社会的重要组成部分和重要表征之一，而不能象征权威对社会的独断与专行。事实上社会的政治文明和社会的物质文明、精神文明都是人类文明的重要组成部分，它和物质文明、精神文明一样，是一个历史的发展过程。这个历史事实表明，人类政治生活方式，因受历史条件的制约，在某个历史时期固然会受到专制政治的压制而无可奈何，但专制并非人类文明的应有之义，而是政治本质上的一种异化的表现，是人类政治生活处于低级阶段的反映。人类政治生活从纵向看，是必然要由低级到高级、由简单到复杂、由野蛮到文明、由一元到多元。全球各地的人类在人类文明的历史过程中所创造的政治文明成果，必然会普及全世界，为全球人类所共有和共享。

什么叫文明？一般意义上的所谓文明是指行为的合理性。由于政治领域总是以权力、权威为象征和存在前提的，因此，政治文明首先就表现为权力、权威产生和运行的合理性，而这种合理性的标准和人们所持的理由，在古代和近现代是存在着巨大差别的。在古代，权力、权威的产生的合理性是借用"神"和"天意"的名义，所谓"君权神授"、"奉天承运"、"天子"便是此意。而在现代则为"民意"，意谓权力与权威为人民所赋予，是经人民选举而产生的。一般而言，在近代之前，社会的大治，主要靠宗教和道德，至近代，西方各国普遍建立起以法律、宪法的形式进行社会秩序的维持，而这便是人类政治文明进步的表现和结果。

现代社会的政治开始社会化，平民百姓参与政治活动的机会大大提高，实际上，这也促进了政治的民主化，亦即大众化。当整个社会的人们都能在社会中最大限度地发挥政治作用时，政治也就开始衰落。这是因为，所谓政治，从本质上讲，是一种一部分人与另一部分人的斗争，是统治与被统治的关系，甚至可以说是少数人对多数人的支配特权，这在社会发展水平较低的条件下是必然的，也是必要的。当科学文化高度发达之后，科学理论提高了社会的组织管理水平，科学管理提高了社会的有机性，使整个社会政治高度民主化、条理化、协调化、可预测化，人与人之间的关系趋于平等，人与人的作用趋于相等，社会政治发生了人民化的根本转化，那种作为强制力量的政治就会逐渐消失，这是政治发生的巨变。政治非对立化、强制化的转变，最终必将使政治弱化，代之而起的是社会的科学化、民主化管理，科学文化对政治的进步作用将集中体现在政治的弱化乃至消亡的过程之中。

2. 现代政治是法治政治、规范政治、分权政治

现代政治是在现代社会中占主导地位的政治实践、政治制度和政治理念，其核心内容是自由民主政体的出现，就此它与传统政治发生完全的分野。传统政治的权力要求是绝对的、非规范的、集权的。现代政治主张依宪办事，认为民主宪政的目标仅在于对一个共同体的公共生活予以安排，使所有人和平地、平等地享有自由和权利。唯有以此框架所形成的法理程序，不论是君主制还是共和制，才是西塞罗所说的"国家是所有人的共同财富”。

宪政也叫民主宪政、立宪政治、宪法政治，是体现人权保障和有限政府的制度，它表现为宪治，即依宪法治理国家，这也是依法治国的核心。

这样看来，政治是人民群众将自己的权利让出来，委托给一个公共权力机构（也就是政府）来执行、实施符合人民自己利益和意愿的事情。这个公共的权力机构，无疑是被赋予很大的行政的权力的。但此权力和权威的本质不应忽略：①这权力属于人民，人民是权力的主人，执行的机构不过是代行，一切行政人员都是人民的公仆；②行政机构实施的政治措施，要接受人民的监督；③实行宪政民主，人民对被委托的人员有选举权。

3. 政治不是目的

从长远的历史来看，政治不是目的，它主要是实现各个历史时期经济、文化任务的手段。国家存在的价值，从长远来看，就是为了实现组成国家的社会个体的价值。

国家是为人而建立的，人不是为国家而生存的。国家的权力与使命，必须是而且是：第一保护人民，第二协调内部成员。

国家制度的运作艺术，在于将个体的原始冲动转变成后天的创造冲动，以节制人与人、人与社会之间的冲突。

（二）社会政治对教育事业的影响和作用

任何一个国家的教育制度都受其政治、经济制度及生产发展水平的制约，并服务于一定的政治和经济。由于政治对社会有全局性的控制作用，社会政治对于教育有很重要的影响。

从总体上看，教育与政治的关系主要有以下几点。

1. 教育是政治活动和公共政策的一个方面

在当代不论政治制度如何，几乎没有一个国家不把教育当作自己的责任和事业，各国政府都为本国教育的发展制定了一系列的政策、法令、规划，由于这一点，教育与政治发生了直接的联系。

2. 教育制度对政治生活和政治行为的影响

这种影响主要体现在学校和其他教育机构在政治社会化过程中所发挥的重大作用。

3. 政治制度和过程对教育的影响

无论在理论上还是在实践中，政治制度及其性质结构对于教育都具有全面的决定性影响。政治制度决定了制度背景下的教育的基本目的并由此制约教育的内容、课程乃至方法。

（三）教育对社会政治作用影响的主要特点

教育与政治，都是构成社会系统结构的有机组成部分，它们之间具有自转运动与公转运动的结构关系，政教合一是错误的，政教分离同样是错误的，关键是使它们各得其所。正确的做法只能是，在承认各自特殊规律的基础上，同时承认它们之间的互动与互补作用，实现二者的合理结合，即：以教育来推进政治的主张和力量，并以政治来完成教育的功能。

教育影响不同于政治影响、经济影响、军事影响等。教育影响是一种涉及人的身心发展的文化、心理影响，它一经发生便悄无声息地影响着人的身体和心灵，影响到精神进一步发展的现实基础，并且通过受到影响的人进一步影响到其他的人，影响到同时代乃至后世无数代相关的人。它是一种对人来说最为根深蒂固的文化、心理、精神影响。

学习从来就是在人类经验的积累过程与个体经验的积累过程互相交叉中进行的。如果单从人类经验积累方面观察，人类数千年积累起来的经过系统化了的文化科学知识，每时每刻都在同化着新的一代。新生个体的成长实际上是被社会同化的过程。个体取之于社会的知识，比自身的直接经验，要强大得无可比拟。个体的经验实在是微不足道的，归根结底是要归附于强大的社会文化体系和已有的科学体系的，人对社会的适应性本能就是这一归附的条件。所谓按预定的期待进行不断的强化，就反映了这一归附的有意识的社会过程。新行为主义者把他们的方法也称为“行为矫正法”，证明实际上他们也是把个体的发展看作社会归附的过程。

从根本上来讲，文化是一个属于比教育更高的层次。文化也高于政治和国家，文化比国家的历史更悠长、久远。文化作为国家、民族的最宝贵的软实力财富，可以作为国魂辉耀千古，而教育亦随之如此，可以其作用于文化之力作用于世和世上所有的人。

五、教育与科学文化

教育与科学文化的关系十分密切，它们相互联系、相互作用、相互促进，共同促进了社会的发展。

（一）教育对科学文化的作用

现代社会的教育，与科学文化直接相关，从本质上讲，它归属于科学文化的范畴。科学文化的日益发展，使得对科学文化的学习和掌握显得更加重要，也更加艰巨，教育活动相应地也得到长足发展。现代社会发展的事实证明，科学文化活动与教育活动相互依存，教育已高度地科学化。教育的科学化主要表现为：教育内容的科学化，教育手段的科学化，教育设备的科学化，教育方式的科学化，教育事业管理的科学化。整个教育活动和教育过程充斥着科学文化，抽掉了科学文化便无现代教育。从科学文化的角度看，教育不仅是一个庞大的文化体系，而且是一个复杂的文化过程。在科学文化的复杂过程中有一个不可缺少的环节，这就是文化的延续与传承，即教育的环节。因此，现代教育已成为科学文化活动中一个不可缺少的环节。凡重视科学文化的发展，就必然要重视现代教育，否则，重视科学文化便是一句空话。

现代教育对于科学文化的重要作用日益突出。教育的科学功能表现在两个方面：一是教育为社会提供科学研究成果；二是教育为社会培养大批科学技术人才。教育所具有的提供科学成果的作用，已为教育实践所证实。世界著名的大学，都拥有一流的教育专家，同时也拥有一流的研究人才，并创造出一流的科学成果。

教育是科学再生产的基本形式，培养合格的科学文化工作者是它的基本功能。科学技术教育是大工业生产的产物。当大工业生产兴起后，生产的技术实现了科学化，人们要想掌握生产过程就不得不系统地接受科学教育。由于各种生产的劳动者都要由教育来提供，科学物质生产的状况在很大程度上依赖于教育的发展。为了使教育更好地为科学的物化、科学的生产和再生产服务，必须使教育适应生产的发展，力求达到教育发展与经济发展的平衡。教育投资是开发智力资源的投资，它必定要随着经济的发展而增加。经济发达国家的教育投资在国民生产总值中占有较高的比重，就是例证。

（二）新技术革命对现代教育的作用

自从进入20世纪，特别是第二次世界大战以后，新技术革命的浪潮推动科学文化的发展进入了一个新时期，现代教育的发展也进入了一个新时期。新技术革命取得了一系列科学文化的新成果，向教育提出了一系列新问题，为教育革命提供了许多新手段，推动教育革命更加深入地向前发展，新技术革命成为教育革命的强有力的杠杆。

新的科学技术革命，不仅为教育的发展提供了各种有力的新手段，还向传统的教育提出了若干新问题，迫使传统的教育实现变革。传统教育不适应新的科学技术革命，表现在许多方面。

首先，传统教育的知识陈旧，结构不合理。传统教育注重专业划分，各专业的学生往往只熟悉本专业的理论知识，对其他专业知识的学习大都不重视，明显缺乏全面的知识和综合能力。传统教育的内容有许多已经过时。现代科学技术的发展速度快得惊人。科学知识在19世纪每增加一倍需50年，在20世纪中叶则需10年，到70年代只需5年，到80年代仅需3年。专业知识过时的周期缩短了。20世纪60年代工业技术知识已有30%过时，电子技术方面则有50%过时。现代物理学的知识有90%是1950年以后的成果。人类认识的化合物，1950年为100万种，现已达到400万种。20世纪60年代以后的十多年中新的发现、发明的项目数，超过了以往千年的总和。然而，传统教育的内容却变化不大。中学开始增添一点集合论、电子计算机知识、概率论、分子遗传学的知识，但其他大部分内容仍停留在19世纪以前的知识水平。在大学教育中，大学毕业后距现代科学技术发展前沿仍很遥远。此外，在现代科学技术的发展中，各学科相互影响，相互渗透，高度综合，出现了有机化、整合化趋势，形成了大量交叉学科、边缘学科、横断学科。传统的教育内容仍沿用专业分工严格的旧知识体系，显然难以适应科学技术的发展现状。

其次，传统教育忽视对学生智力的培养。教育的目的，最终在于培养和提高学生的智力。而传统的教育注重既成知识的传授，往往只要求学生死记硬背现成的知识，不注重知识的应用。因此，经常出现高分低能的现象。此外，传统教育不重视方法的学习和掌握，学生虽学习了不少现成的知识，但不能转化为自己的认识和实践方法。科学技术在现代的发展，包括现代社会科学的发展，已越来越注重新的科学方法的研究和运用。20世纪兴起的系统论、信息论、控制论，基本上都属于方法科学。正是这些新方法的产生，使人类思维出现了新的转机。由于科学方法的突出作用，人们把掌握方法、注重学生智力的培养摆在了学校教育的显要地位。因此，传统教育方式受到了猛烈的冲击，必须作出新的调整。

再次，传统教育只注重青少年教育，成人的再教育不成体系。科学技术的发展造成了知识不断老化、新知识不断涌现的局面，使人的学习任务大大增加。以往，学习科学知识的时间，主要是在少年、青年时代，一旦大学毕业，便与科学知识教育告别。现在，当一个人从大学走出时，他所掌握的知识离科学技术前沿还相距很远，并且这个距离在不断加大。平日的零星学习，已不能应付科学技术的飞速发展。为了适应科学技术的发展，也是为了在社会实践中跟上时代的步伐，必须开辟成人接受再教育的渠道，并使之系统化、正规化。当然，这种系统化、正规化的教育并不是沿用传统的教育方式，这有待于探索、创造。

科学技术向传统教育提出的这些新课题，正是传统教育实现变革所要完成的任务，也是现代教育所应坚持的发展方向。教育与科学技术之间是相互联系、相互促进的。教育离开了科学技术，便失去了教育的内容、任务与发展方向。从这个意义上讲，教育应为科学技术的发展服务，否则便是失职。表面看来，教育只是培养下一代人，似乎只要传授知识即可。实际上，这种培养在今天已不是简单的知识传授，而是科学技术发展中的一个不可缺少的环节。必须把教育放到科学技术发展的总体之中，才能认清现代教育的发展方向。在科学技术日益社会化的今天，教育也极大地实现了社会化，所以，现代社会既是一个科学化的社会，也是一个教育化的社会。

（三）现代教育应实现的变革

从现代科学技术的发展现状与趋势看，现代教育主要应在这样几个方面实现变革。

首先，处理好知识增长与智能教育的关系，把智能教育搞上去。现代科学技术的发展，已形成了一个"知识大爆炸"的局面，教育不能亦步亦趋地跟在科学成就后面跑，那是永远也不能改变教育的被动局面的。要想争得主动，必须从抓智能教育入手。单纯的知识传授已经不是教育，特别是高等教育的唯一职能，必须在传授基本知识的同时，着重培养学生的智能，培养受教育者具备掌握和运用知识的才能。培养学生的智能，主要包括培养学生的自学能力、研究能力、表达能力、管理能力。在这些能力的培养中，要始终注意培养独立思考问题、解决问题的能力，不论是自学、研究、表达、管理等能力，都要有一种独立自主的能力，只要做到了这一点，就可以自行解决事先无法预测的问题，这才是真正的智能提高。

其次，要处理好学科综合化与通才教育的关系，把通才教育作为重点来抓。现代科学既高度分化，又高度统一。为了尽可能地适应这种局面，必须注意培养通才。目前，通才教育已受到人们的普遍重视。美国为了培养学生的全面能力，提倡一种“百科全书式”的教育。例如，威斯康星大学提出的教育目标是：“不再培养株守一隅的狭隘的专家，而要为全体学生提供关于环境问题的普遍教育。”日本在1971年提出了“第三次教育改革”，决定培养“世界上通明的日本人”。1974年，东京大学提出“综合大学院”的改革方案，建立生命科学、系统科学、环境科学、物质科学等四大学系。在这些通才教育中，都具有这样一些特点：注意设立有利于培养通才的大专业，如系统科学、管理科学；一般专业的设置，力求范围宽广；教学的知识面力求广博，不仅要求掌握相关的边缘学科和横断学科知识，而且要求对各大学科群的基础知识都要有所涉猎，乃至有较高的修养。

再次，处理好知识更新与终身教育的关系，把终身教育搞好。由于科学技术的发展日益加快，知识的增长率与淘汰率都是很高的，所以，一个人的受教育时间已大大地延长，乃至形成了“终身教育”、“终身学习”。一个大学生在校获得工作所需用的知识只占10%，其余90%要在实际的社会工作中学习。因此，现代教育必须适应科学技术发展的现代趋势，大力推行终身教育，把教育扩展到一个人的整个一生。终身教育将在今后的教育发展中成为越来越重要的方向。

（四）重视科学文化教育应与提高人们的人文精神结合起来

关于科学文化与教育的关系，下面还须讲到另外一个方面的问题。现在，人类已经跨入一个新的世纪。回顾过去不久的20世纪，最值得注意的现象之一，就是科学技术突飞猛进的发展，及其对人类社会生活造成的巨大变革和影响。当前，在世界范围内，一场新的科学技术革命正方兴未艾，特别是一系列高科技的出现和迅速成长，无疑地将会在更大程度上改变整个世界和人类社会的面貌。新世纪的这场革命将给人们带来空前的机遇，同时也使人们面临严峻的挑战。如何应对这样的形势，需要认真思考人与科学技术之间的关系，思考科学文化与教育之间的关系。其中很值得注意的一点便是：在高度重视发展科学技术的同时，必须大力发扬人文精神，在重视科学文化教育的同时，必须十分注意提高人们的人文素养，并使两者密切结合起来。

之所以这样提出问题，是由于我们在回顾了近几十年来科学技术发展对社会的影响及其后果，人们不难得出这样三点看法：一是，我们必须认识到科学技术的发展已成为当代世界的不可阻挡的潮流，不管人们喜欢还是不喜欢，它都将按照自身发展的规律加速前进的步伐，这是不以人们的意志为转移的客观历史进程；二是，我们必须充分地肯定科学文化对人类社会发展的巨大影响，承认它是推动历史前进和社会变革的最重要的因素之一；三是，我们也不该忘记，科学技术的发展是一把“双刃剑”，它在给人们带来福祉，起推动社会进步的积极作用的同时，也可能由于应用不当而带来一系列消极的、负面的作用，甚至造成灾难性的后果。

关于这一点，不少科学家是有类似的看法的。例如，被称为“控制论之父”的著名科学家N.维纳早就指出：新工业革命是一把双刃剑，它可以用来为人类造福，但是仅当人类生存的时间足够长时，我们才有可能进入这个为人类造福的时期。新工业革命也可以毁灭人类，如果我们不去理智地利用它，它就有可能很快地发展到这个地步的。所以他提出，一方面应依靠人类智慧去获得更高的技术，另一方面还应寻求通过技术的“人道化”来解决技术带来的危险。另一位著名物理学家戴森也在《宇宙波澜》一书中文版的序言中指出，科学要充满人文关怀。这些科学家都提醒人们，在发展科学技术的同时，绝不能忘记人，不能抛弃人文精神。

人文精神无论在中国或外国都有悠久的历史和传统，对这个概念也有各种不同的理解。但总的来说，人文精神的实质就是意味着以人为本，强调要尊重人，充分肯定人的价值，重视文化教育，优化人性，提高人的素质和精神境界，树立高尚的人格理想和道德追求，使人得到自由的、全面的发展。

关于自然界、社会和人的研究本来都属于广义的科学。自然科学、技术和人文社会科学是应该相互协调、相互渗透和相互统一的，从文艺复兴时期的一些思想文化巨人身上就体现着这种完美的结合。自然科学和技术单独分裂出来还是从19世纪开始的，在当时历史条件下有其合理性，确实有力地推动了自然科学和技术的发展，使自然科学真正成为名副其实的科学，技术有了牢靠的科学基础。经过两个世纪的分离和独立发展，现在是自然科学、技术和人文社会科学重新结合起来的时候了。其实，马克思早在《1844年经济学哲学手稿》中就已指出，自然科学通过工业日益在实践上进入人的生活，改造人的生活，并为人的解放作准备，因此自然科学将成为人的科学的基础。他预言：“自然科学往后将包括关于人的科学，正像关于人的科学包括自然科学一样：这将是一门科学。"①当然，从目前状况来看，自然科学和人的科学的融合并非易事，但这种需要和趋向已经开始显露。在21世纪能否实现马克思的理想呢？人们翘首以待。

六、社会意识形态与教育

社会对教育的影响，还表现在意识形态方面。社会意识形态是一种精神性的力量，它对教育的作用同样不容忽视。社会意识形态对教育的影响，可分为直接影响与间接影响两种。直接影响表现为哲学思想、价值观、伦理道德等，对教育事业和教育活动的直接干预。哲学思想为教育提供世界观和方法论，为教育提供一个大的思想背景。哲学背景有好与不好之分。好的哲学背景，会使教育活动拥有正确的世界观指导，有正确的方法论指引，使教育活动少走弯路，减少失误。价值观直接影响人的行为取向。在一个尊重知识、尊重人才的社会价值观支配下，社会中会形成一种尊师重教的风尚，人们会把教育事业当作最高的价值追求，为教育事业而献身。相反，在那种崇尚金钱、权力的价值观支配下，教育事业会被认为一钱不值，人们会为了争权夺利而全力拼搏，完全不把教育事业放在眼里。社会中的人群是划分为不同的文化圈的，而不同的文化圈的价值观念也不一样，各种不同文化圈往往具有绝缘性，从而形成了一个个封闭的观念王国。人们看不到自己所在观念王国之外的其他文化圈，造成了客观上的不可比性。在一个文化圈看来是有价值的东西，在另一文化圈看来则可能不屑一顾。社会越落后，文化圈越小，视野越狭隘，教育价值观也就越难取得支配地位。这也是许多国家和地区的教育事业长期发展不起来的一个重要思想原因。人们到落后的文化圈去看看，就会发现，抵制教育的力量是巨大的，这股力量的集中体现，便是社会价值观念。因此，为了提高教育的发展速度，必须冲破狭隘的非教育的价值观念。

除此，教育同其他社会现象，如语言、人口、民族、家庭乃至地理环境等都有相互的影响和作用。

语言文字是教育不可缺少的重要工具，语言文字的发展，既对教育

① 《马克思恩格斯文集》第1卷，人民出版社2009年版，第194页。

提出新的要求，也给教育提供有利的条件。教育是语言文字继承和发展的必要条件，离开教育，人类的语言文字就无法传递、保存和继承，更谈不上发展。

人口的数量、增长速度、年龄结构以及分布状况，制约着教育的规模、发展速度、体系结构和布局结构。教育传授有关人口科学的知识，对人口发展有着一定的控制作用，教育对人口素质的提高更是起着决定性的作用。

教育总是在一定的民族中进行的，必然带着民族的特点。民族的文化传统、风俗习惯和语言文字等方面的特点，对教育都有重要影响。教育对继承发扬民族优秀的文化遗产和优良的道德传统习惯，有着重要的作用。教育更是提高民族科学文化水平和精神面貌的重要条件。

家庭是社会的细胞，家庭的影响和教育是年轻一代成长的重要因素，家庭的教育水平对学校教育有着重要的影响和作用。反过来，教育对提高人们的道德水平和文化水平，对家庭结构状况的改善和家庭教育水平的提高，也有一定的影响和作用。

地理环境本是一个自然的因素，但被人们开发和利用的地理环境，便成为社会发展的一个因素，它对教育也是有着一定的影响和作用。例如，河流、山脉和平原的分布，土地的肥沃或贫瘠，影响着人口的分布，因而就影响着学校的布局和办学的形式。一个地区的物产和资源的状况，影响着学校的专业设置和课程门类的开设。但是，当教育事业与地理环境相互适应、相互协调地发展，则又有利于对自然资源的开发和利用。

教育事业的每一环节也都跟生产方式、人们的生活条件和国家安全需要同步发展，相互带动。在所有现代化国家里，教育已成为国家最大最重要的事业。社会对教育事业付出巨大的人力和物力，就要求它有效、有步骤地培养各种各样适合社会建设需要和推动社会进步的人才。

综上所述，教育受到社会各方面的客观条件的制约，教育对社会各方面的发展又起着重要的作用。教育事业与社会这种相互依存、相互作用的关系，就是教育与社会存在和发展相互制约的规律。这是教育发展的宏观规律，我们要根据这个规律，充分认识教育事业在我国社会主义现代化建设中的重要作用。

《国家中长期教育改革和发展规划纲要（2010—2020年）》指出：“强国必先强教。优先发展教育、提高教育现代化水平，对实现全面建设小康社会奋斗目标、建设富强民主文明和谐的社会主义现代化国家具有决定性意义。”[①]这段话正确地反映了教育事业与社会的存在与发展相互依存、相互制约的规律。

① 中共中央、国务院：《国家中长期教育改革和发展规划纲要（2010—2020年）》，人民出版社2010年版，第9页。

第十八章　教育事业的管理

一、管理和教育事业管理

(一)管理的含义和意义

1. 有关学科和学派的诸种见解

管理，从字面上讲，就是管辖、处理的意思。这似乎是非常简明了，然而，由于管理涉及面很广，为许多学科所探讨，一般人也大都按照某种需要，从某种角度来谈论管理，看待管理。

在经济学家看来，管理是生产劳动的一种因素，没有管理就没有生产。在现代社会，如科学技术是生产力一样，管理也是一种生产力。管理出高产，管理出质量，管理出效率。

在社会学家的眼里，管理是一种职权系统。从历史上看，管理最初是由少数上层人物来决定普通成员的一切行动。后来，一些管理部门开始施行家长式的管理方法。再以后便出现了规章管理，以明确一贯的政策和程序来要求劳动群众。伴随着民主制度的发展，管理进一步趋向于采取民主和参与的方法。劳动者既是管理对象，又是管理者。

政治家侧重于把管理看作是一个阶级和地位系统，它同社会生产关系、上层建筑相联系。

在管理科学理论中，各学派对于什么是管理也有不同的看法。

古典管理理论的代表人物之一、法国工程师法约尔(H.Fayol)认为，管理是一种具有特殊职能的活动。他以大企业的整体为研究对象，指出，管理是企业经营的六种活动(技术活动、商业活动、财务活动、安全活动、会计活动和管理活动)之一，它包括计划、组织、指挥、协调和控制五种职能。

行为科学的理论则把管理理解为协调人际关系，激发人的积极性，以求达到共同目标的一种活动。在行为科学看来，人的行为是由动机决定的，动机是由需要引起的，管理就是要解决人的行为、动机和需要三者之间的关系。

决策理论学派的代表人物、1978年度诺贝尔经济学奖获得者、美国卡内基—梅隆大学的西蒙（H.A.Simon）认为，决策贯彻管理的全过程，管理就是决策。

经验主义学派的代表人物、美国的德鲁克（P.F.Drucker，又译杜拉克）对管理作了比较全面的概述。他说，管理是一种工作，因此它有技能，有工具，有技术。管理是一门学术，是一门到处均可运用的系统化的知识。管理也是一种文化，它包含在价值、风格、信仰与传统之中。管理还是一种任务，它主要不在于“知”，而在于“行”。

作业学派的代表、美国加州大学管理学院院长孔茨（H.Koontz）把管理看作一种技能，是一种通过别人，并同别人一道完成工作的技能，是使集体成员互相协作完成工作的技能，是清除障碍和有效地实现目标的技能。

苏联科学院通讯院士、《真理报》总编辑阿法纳西耶夫则把管理看作一个过程。他说，一般来说，管理就是根据一个系统所固有的客观规律，施加影响于这个系统，使这个系统呈现一种新状态的过程。

2. 管理的哲学意义和管理活动的特性

在哲学意义上，管理是人类的一种基本活动。它是管理主体在能动地认识客观对象的本质和规律的基础上，自觉地作出决策、制订计划，然后通过组织、指导和控制等环节，把自己的思想、意志转化为管理客体的人的思想、意志，从而有效地利用人、财、物，特别是统一人们的认识、行动，协调他们的努力，实现决策、计划并达到共同目标的一种社会活动过程。

具体地说，管理是人类的一种普遍的社会活动。它纵贯人类社会的一切发展阶段，起源于社会成员劳动的集体性，以及社会成员在劳动和社会生活过程中相互交往、产品相互交换的必要性。因为，劳动永远是社会的劳动。人们为了有效地利用、改造自然，获取生产资料，就必须共同劳动，结成集体。而集体总是要有组织、有秩序、有分工的，也就是需要管理的。如果没有管理，如果不建立和维持一定的秩序与组织原则，如果没有社会成员之间的相互联系，那么劳动就是不可能的，分配和消费也不可想象。

管理活动实际远不限于生产劳动的范围，而是人类一切有组织的活动的一个必不可少的组成部分。凡是有人类集体活动的地方就必定有管理活动存在。人类活动，无论是实践还是认识，其中都有一个管理的问题。管理活动就附着、融合在实践、认识活动之中。这也就是说，在人们从事实践、认识活动的时候，就同时存在着管理活动，就有一部分人在从事对于实践、认识活动的决策、计划、组织、指挥和控制的工作，以协调实践者、认识者的人际关系，提高实践的效率和认识的水平。任何一个集体的实践、认识活动的成功，同时也意味着管理活动的成功。

人类活动按其对象来分，还可分为社会生产活动、社会政治活动和社会精神活动。与之相应，就有生产管理，即经济（经营）管理，这是一种基本的社会管理；社会政治管理，即对人们的各种共同体（阶级、社会集团、生产集体等）之间的关系和这些共同体内部关系的管理；社会意识管理，即对社会及其成员的精神活动的管理，没有社会提供的组织、影响和监督，人的精神活动也是不可想象的。

管理活动不仅是普遍的，而且是一种特殊的社会活动，主要表现在如下几个方面。

（1）管理主体是指从事管理活动的人，他们必须拥有相应的权力，具备管理知识和技能，具有按预定方式引起他人心理或行为变化的一种能力。

（2）管理客体也有特殊性，管理活动的主要对象不是一般的客观事物，而是活动过程之中作为系统而存在的人、财、物，其中又以人为核心。因为没有人，财、物就失去管理客体的属性，但对财、物的管理也是通过对人的管理实现的，没有对人的管理，就谈不上对财、物的管理。因此，管理从根本的意义上说，是对人以及人的行为的管理。管理的哲学研究也主要是对社会管理中人的研究。

（3）人的活动相对地划分为实践、认识、评价和管理。这是科学研究的需要，是一种理论抽象，在现实社会生活中，它们是不可分割的，人的任何一个活动，都是实践活动、认识活动、评价活动和管理活动的统一体。

（4）在人的行为的诸多因素中最基本的、核心的因素是人的需要。这种因素在人自身中综合了人的内部条件和外部条件，成为驱使人们行为的主要动因。把需要作为人的行为的动因，这是马克思主义的基本观点。需要是人的行为的基本因素，人的全部行为都是为了满足某种需要，需要问题是管理人的关键问题，但需要既是活动的原因，又是行为活动的结果，整个人类社会就是人的需要和行为、活动相互作用，相互促进，不断向前发展的。

（5）人的需要也可分为个人需要、集体需要和社会需要。个人需要只从个人出发，任何需要都是天然合理的，都应无条件地予以满足，而一旦把个人需要同集体需要、社会需要联系起来，个人需要就有一个正当与否的问题。社会主义的管理不能停留在归结为满足个人需要，而是在此基础上，不断扩大、发展个人需要，正确处理个人、集体和社会需要三者之间的关系，也要处理好人们长远需要和眼前需要、局部需要和全局需要的关系。

3. 管理学是关于人的学问

在管理学的整个发展过程中，"人"始终是一个基本的概念。任何一种管理理论，都是依据对人的一定看法而提出来的，各种管理理论的区别，归根到底是对人的理解不同。在管理学的发展过程中，"经济人"、"社会人"、"观念人"、"复杂人"等人性观念的相继提出，表现了人始终是管理的主要对象。从管理的主体来看，管理者是人，他们在管理实践中起着决定性的作用，如果没有管理者，则任何管理行为都不可能发生。管理实质上是"人对人的作用"，即"人们的交互作用"。人是管理的主体，也是管理的客体，有了人才有管理，所以人是理论管理学研究的出发点。管理理论就经历了从"物本"到"人本"的演进。

以物为中心的管理和以组织为中心的管理，是以科学精神为基础的管理，而以人为中心的管理则是以人文精神为基础的管理艺术。管理学从科学管理到文化管理这个重心的转变、转换和发展，反映了人类对管理这门新兴学科由封闭向开放、由局部向系统深入认识的过程，并代表着东西方管理模式的融合。高扬理性、崇尚科学是西方文化的特征，也是西方理性管理模式演变发展的主旋律。与西方理性文化形成鲜明对比的东方非理性文化认为：人与大自然是"天人合一"，没有精神上、技术上统治自然的要求；不主张向外探求扩张，而重视自我修养和内心世界的平衡；强调人与人之间关系融洽和社会稳定。与西方理性文化追求"真"相对应，东方文化追求"善"，强调情感、潜意识和感觉，追求以人为目的的价值关系、行为准则，这一切构成了东方理性文化管理模式的文化基础。

以科学主义为特征的科学管理偏向于"物"，侧重于对外在对象的客观描述与分析；以人文主义为特征的人文管理偏向于"人"，侧重于对人的主观感受与体验的抒发与阐释。任何一种的极端发挥都可能导致人类智力上的内耗，因此，科学管理和人文管理方法的融合将是管理科学研究方法的重要趋势之一。

（二）教育事业管理的含义、性质和特征

1. 教育事业管理的含义

教育事业管理，也就是指人们对教育事业的管理活动。

管理活动作为人类的一项实践活动，与人类的社会实践活动是并存的。然而，管理科学是20世纪初才产生的一门新兴学科。管理科学的发展为社会的进步和发展创造了必要的基础和条件。教育事业的管理是社会生产力发展到一定阶段的产物，它是一种政府管理活动，是全部社会管理活动中一个重要的组成部分。而教育事业管理本身又大体可以分为教育行政和学校管理这两个方面。它不仅涉及教育事业自身的管理，而且还涉及社会生活的各个领域，具有很强的政治性、社会性、群众性和科学性。

教育管理学，既要研究国家教育事业各系统、各部门相互关系及其协调发展的规律，又要为实现教育关系的和谐以及整个教育事业的良性运行和有效管理而服务。教育管理学作为教育科学的一个分支学科，也包括学校管理的内容。从系统论的角度来看，学校是一个多层次、多结构、多因素、多功能的开放系统，是由人、财、物、时间、空间、机构和信息等要素组成的一个实体。学校管理，就是为了实现某一目标或某一任务，最适当地组织人力、物力和财力，对整个工作进行计划、组织、控制和反馈的过程，以最低的消耗、最短的时间，取得最佳的成效。

从近百年的历史发展来看，西方学校管理思想虽然也论及教育行政和学校管理两个方面，但主要还是集中在学校管理这一大的框架中进行理论的探讨，强调将各级各类学校作为一种较为抽象的组织来研究，并偏重于将一般管理理论、组织理论、系统理论等应用于学校管理中。在西方教育管理理论发展的过程中，由于各国的情况不同，以及各个学派研究的理论立足点和角度不同，各种学说对教育管理的认识也有差异，实际上，都是从某一个侧面论述了教育管理的某些内容，虽然各有偏颇，但都为教育管理理论的发展作出了贡献。

2. 教育事业管理的性质

马克思主义认为，任何社会形态下的管理都具有社会属性和自然属性。教育事业的管理，也具有这双重属性。社会属性，即阶级性，反映了不同社会形态中统治阶级的要求，决定于生产关系和上层建筑；自然属性，即科学性，反映了教育事业本身存在和发展的要求，决定于生产力水平。

教育事业管理是一个运动过程，随着生产力和教育事业的发展而建立，随着民主程度的提高而发展。在教育事业组织机构日益增加和分工日益细化的情况下，如果没有严密而科学的管理，教育和社会均将失去控制，也就不可能把教育活动的各要素协调起来以实现自身的目的、任务。因此，在任何社会形态下，都需要管理来协调教育事业组织机构的行为和活动方式，这是不以人们的意志为转移的客观规律。正是这种管理的自然属性，才使得教育事业的存在和发展始终有着方向性、一致性和连续性。因此，教育事业的管理是现代社会的重要职能之一和重要的标志。其目的在于运用国家权力和教育事业自身的制度、力量，对其运行的全过程和重大社会行为进行调控，以保证教育事业自身职能的顺利实现，保证社会有序、健康和高效地发展。

从教育管理的对象和性质可以看出，教育管理不仅涉及生产力、生产关系和上层建筑，而且涉及整个社会领域和各个学科系统，范围非常广泛。它是与经济学、政治学、社会学、心理学等多门学科的内容紧密相连的行政性、社会性工作，是社会行政管理的分支和组成部分。

3. 教育事业管理的特征

现代教育管理工作的性质和对象决定了它固有的本质特征：一方面，它是国家行为在教育领域的体现，具有一定的强制性和规范性；另一方面，也有教育自身存在和发展状况的客观要求。我们可以从以下几个方面来认识其具体特征。

(1)法律、规章的约束性。教育管理的主要特点是依法、照章管理。为了维护广大人民群众的根本利益，国家必须通过立法和法律规范，组织社会活动和调整社会关系，而且也要运用法律手段协调社会运行和监督社会活动。作为教育管理主体——教育行政部门和学校，必须按照国家的法律、法规管理教育事业、教育活动，并应依法行政，照章办事。

(2)广泛的民主性。教育事业管理机关应当全力维护广大人民群众的民主权利，并把他们的积极性、创造性和主动性充分地调动起来，教育事业的发展才具有坚实的基础。

(3)管理的层次性，即实行分级管理。这种管理上的层次性，有利于调动各级主管部门的积极性和主动性，同时也有利于克服官僚主义，提高行政效率，增强各级行政主体的责任感和使命感。

二、国家对教育事业的管理

(一)西方国家对教育事业的管理

在现代社会以前的漫长历史进程中，由于经济生活落后，社会交往隔绝，不同等级之间壁垒森严，教育规模狭小，国家尽管要影响和控制教育，但这种影响和控制一般只具有间接的性质而不是直接介入教育，教育的社会管理基本上并不是由国家组织来行使的。在欧洲，这种非国家组织通常是教会、城市自治体或学校自治体。我国古代虽然很早就设置了国子学和学事司一类的行政组织和行政官吏，但其所管辖的事务主要是以选士为主的行政管理，并不足以称为真正的教育行政。

19世纪下半叶，由于资本主义经济高度发展，经济生活急剧变化，当时的许多资本主义国家对原有的国家管理体制及管理职能作出了相应的变革，以使与社会经济的发展相适应。由于教育向世俗化的过渡和公共国民教育的迅速普及，教育开始成为对社会发展具有举足轻重作用的社会性事业，这就要求扩大国家直接干预和调整文化教育发展的职能，更有效地发挥国家管理教育事业的作用。因此，欧美各资本主义国家纷纷把教育纳入国家事务之中，用立法的手段确立义务性的国民教育制度，用行政手段发展公立学校体系。这在教育史上被称为“教育的国家化”。教育的国家化和国家教育权力的产生标志着教育权结构的一次历史性转换。随着生产力的发展和科技的进步，以及生产和社会生活的高度社会化，教育职能不断扩大，教育内涵日益复杂。教育的国家责任是历史所赋予的。

由于普及教育总是伴随着社会化、国家化的形式才得以发展起来，所以，国家从原分散的地方权威中兴起后，便进一步把过去一直属于私人、地方或教会管辖范围的教育集中到国家手中。

西方资本主义国家普遍是根据三权分立和相互制衡的原理来理解国家权力的。根据这一理论，教育的国家权力体现在以下几个方面。

一是国家的教育立法权。这是由立法机关行使的国家权力，是通过立法手段规定全面的教育政策和教育目标，制订教育发展规划和计划，确定国家的教育制度，筹措教育经费和分配教育资源，规定教育、教学机构的活动以及质量标准等，来实现国家对教育的控制，体现国家意志。

二是国家的教育行政权。这是由行政机关行使的国家权力。随着现代教育规模的不断扩大、教育制度的日益完善以及教育财政开支的迅速增加，教育行政管理的组织化作用也越来越突出。现代世界各国，无论其行政体制多么不同，都必须在全国范围内从物力、财力、人才、内容等方面对教育进行管理，以便提高教育的效率。因此，在教育行政方面施加政府的权力已经成为一种普遍的国际动向。

三是国家的教育司法权。这是由司法机关行使的国家权力，其目的在于处理各种教育纠纷，保证法律规定的教育权利和义务的实施。在许多国家，司法机关对于调整各种教育关系所起的作用越来越重要，法院不仅对行政违宪和违法行为，如学校种族隔离、学校资金分配不均、个人权利受损以及校内发生的其他纠纷进行裁决，而且对如何运用法律具有最终的发言权。

西方国家的三权分立体制形成了一个相互制约、相互依存的控制与调节系统，同时相互间又保持了一定的独立性。教育行政系统直接管理教育的运行，是国家控制和影响教育事业的最重要和最复杂的一个方面。与教育行政系统相平行的立法系统，把握着教育的大政方针，对教育行政系统起着一种规范和制约的作用。司法系统则对教育行政系统起着一种反馈、监督和调节的作用。这样一种政治体制对于建立现代学校教育制度、促进教育普及和发展、实现国家意志、调节教育关系是能起到有效的作用的。

（二）教育事业的行政管理体制

1. 教育行政管理体制的含义

所谓教育行政管理体制，指的是一个国家的教育行政组织系统或可理解为国家对教育的领导管理的组织结构和工作制度的总称。它包括教育行政组织机构的设置、各级教育行政机构的隶属关系以及相互之间的职权划分。

2. 教育行政管理体制的基本类型

教育行政管理体制通常分为中央集权制、地方分权制、中央与地方合作制三种类型。

（1）中央集权制。这种管理体制的主要特点是国家直接干预教育事业，行政权力集中于中央政府或上级机关，学校完全受国家控制，地方政府和下级机关没有或很少有自主权，地方制定的政策，只限于对中央政策的解释和执行。其优点在于便于充分发挥中央的统一领导作用，有利于统筹全局，规划教育事业的发展，协调全国教育发展的整体水平。其缺点是极易导致教育行政管理的官僚主义、命令主义，难于做到因地制宜发展教育，束缚地方办教育的主动性、积极性。法国等国采取的便属这种管理体制。

（2）地方分权制。这种管理体制的主要特点是教育成为地方社区的事务，由地方公共团体自主经营和管理，国家只是通过建议、咨询、财政拨款以及制定法律等手段来影响和监督国家教育事业的推行。其优点是能充分发挥地方办教育的自主权，使教育行政管理具有弹性，因地制宜发展教育事业，体现地方特色、民族特色，适应各地的实际需要，减少国家经济负荷。其缺点在于权力过于分散，易导致各地政令不统一，各行其是，同时造成中央对地方领导权失控，加重教育事业发展的不平衡。美国是典型的采取分权制的国家之一。

（3）中央与地方合作制。集权制与分权制两种制度各有利弊，为此各个国家都试图找到一个更为理想的管理体制。一些国家在实践中逐渐形成了教育行政上的中央与地方合作制。这是介于集权与分权两者之间的制度，它在一定意义上缓解了中央与地方的矛盾。但因为这种体制还只是一种探索，所以需要进一步完善。

总的来看，三种教育行政类型各有其特点，集权制的优势恰好是分权制的劣势，集权制的劣势又正好是分权制的优势，集权与分权合作制在权力分配和制衡及衔接等方面存在诸多问题。因此，近年来各国频繁地进行了教育行政管理体制改革。人们已经认识到，教育行政管理体制是一个国家教育发展的组织和制度的保证，所以，要实现教育目标，完成教育任务，就必须加强教育行政管理体制的建设。

3. 我国教育行政管理的基本体制

（1）我国的教育行政管理体制的历史沿革。新中国成立之后，围绕着中央与地方教育行政权力、职责的划分问题，我国的教育行政管理体制几经变迁。

1958—1959年进行的教育行政体制改革是第一次尝试。在我国第一个五年计划开始实施时，对教育事业实行了“中央集中统一领导”的行政体制，一切事务由中央统一管理。1958年，毛泽东发表了《论十大关系》，于是在全国范围内开始解决中央与地方的关系问题。在教育方面，主要解决中央向地方放权问题。为此，1958年4月4日，中共中央颁布《关于高等学校和中等技术学校下放问题的意见》。同年8月4日，中共中央、国务院发布了《关于教育事业管理权力下放问题的规定》。在这之后，各级教育行政组织的管理权限有了一些具体的变化，当时的229所大专院校中的187所院校就交由地方管理了。对中等专业学校的管理权限也大幅度地移交给地方，以前由中央直接管理的中等专业学校有252所，其中154所移交给地方管理。这次改革的中心是强调地方政府对教育事业负有全面的领导、管理的责任。但由于中央政府缺乏对我国教育发展的宏观控制，加之地方政府和地方教育行政组织缺乏对教育，特别是对高等教育的管理经验等，产生了地方盲目发展教育的问题，主要反映在高等教育的发展上。1957年，我国高等教育机构（包括大学和高等专业院校）中的在校人数为44万人，到1959年，增加到81万人。再有，1956年高等院校数有229所，1958年又新建800余所，同年全国高等院校数已达1 000余所。教育的快速发展脱离了我国社会主义发展的实际，特别是脱离了经济发展的实际。因此，随之而来的必然是对教育发展速度的调整，也就是减速。可以说，这次尝试并未成功。

为了纠正教育行政管理上出现的这些问题，1961年初，中央批转了中央文教小组的《关于1961年和今后一个时期文化教育工作安排的报告》，提出："当前文化教育工作必须贯彻执行调整、巩固、充实、提高的方针。"同年制定的《高教六十条》，也开始纠正1958年以来许多不切实际的"左"的做法。为了加强对教育的领导与管理，1963年，中共中央、国务院颁发了《关于加强高等学校统一领导、分级管理的决定（试行草案）》，指出：对教育事业问题的处理，各地方、各业务部门必须贯彻实施中央统一规定的指导方针和政策，必须实行中央确定的全国统一的重要规定和教育计划。这个决定表明，中央再一次对教育事业，特别是高等教育，实行集中统一的领导。这就是我们所说的教育行政管理体制的第二次改革。

随着经济体制改革的深入发展，这种管理体制已经在很大程度上影响了我国教育管理的效率。市场经济的冲击已经明显地暴露了这种过分集中的管理体制的不适应性。因此，正如1985年《中共中央关于教育体制改革的决定》中指出的："必须从教育体制入手，有系统地进行改革。改革管理体制，在加强宏观管理的同时，坚决实行简政放权，扩大学校办学的自主权，调整教育机构，相应地改革劳动人事制度。还要改革同社会主义现代化不相适应的教育思想、教育内容、教育方法。"1993年2月，中共中央、国务院颁布《中国教育改革和发展纲要》，也明确提到了要进行教育行政管理体制改革的问题，并认为：当前的教育体制改革，主要是解决政府与学校、中央与地方、国家教委与中央各部门之间的关系；逐步建立政府宏观管理，学校面向社会自主办学的体制。这是第三次教育行政管理体制改革的基本思路，目前这项改革还在日益深化。

无论是权力上移，还是权力下放，中央都应该与地方保持良好的沟通与连接，既要加强中央的宏观调控，又要保证地方积极性的发挥，把集权与分权有效地结合起来。这也正是当今世界教育行政管理体制改革总的趋势：实行集权制的国家强调地方和学校的管理；实行分权制的国家强调中央的统一管理。只有有效发挥二者相结合的优势，才能保证教育事业的健康发展。

（2）我国现行的教育行政管理基本体制。作为第三次教育体制改革的阶段性成果,《中华人民共和国教育法》明确规定:“国务院和地方各级人民政府根据分级管理、分工负责的原则，领导和管理教育工作。中等及中等以下教育在国务院领导下，由地方人民政府管理。高等教育由国务院和省、自治区、直辖市人民政府管理。”概括起来就是，我国现行的教育行政管理体制是中央统一领导下的分级管理，也就是在中央统一的方针政策指导下，对教育事业实行中央教育行政与地方各级教育行政的分级管理。其突出特点有二。①国务院的统一领导。这是我国教育行政管理体制的一个最基本的特征，也是行政机关代表人民意志，沿着正确的方针路线实现教育行政管理的根本保证。我国的教育方针、政策、宏观规划等大政方针都是由国务院制定或批准的。②统一领导下的分级管理。这是民主集中制原则在中央教育行政与地方教育行政职权划分上的体现，是反映我国教育行政体制基本特征的根本所在，也是决定我国教育行政体制类型的主要依据。

综观我国现行的教育行政管理体制，尽管人们已经注意到集权与分权各有利弊，也试图正确处理好二者的关系，但是，并没有取得预期的效果。这其中的关键就在于，权力下放后，还必须加强中央的宏观调控。从客观上说，这也正是中央与地方的关系问题。不该管的不要管，该管的一定要管好。比如，必须对教育事业发展的规模、速度以及结构、布局等，加强统筹规划，使之协调发展，切实保证教育政策的灵活性与稳定性，不能大起大落；加强教育法制建设，这是适应市场经济与民主政治的前提和保障；此外，还要逐步建立健全我国的教育督导与评价制度，使中央教育行政机构与地方教育行政机构之间保持沟通，紧密联系。只有这样，才能充分发挥我国教育行政管理体制统一领导与分级管理相结合的优越性，保证我国教育事业的协调发展。

三、教育行政管理的职能和责任

（一）教育行政管理的基本职能

教育行政管理是指国家各级教育行政部门对各类教育事业和学校的

领导与管理。教育事业的发展水平与速度，教育质量的提高，很大程度上取决于教育行政管理机关的工作状况。而教育行政管理的基本职能是调整教育结构，理顺内外、上下关系。

一些国家由于历史的原因，长期以来没有将管理教育事业列入国家权力范围之内。例如，美国和德国，管理教育过去被视为州的事务，联邦政府不予干预，联邦政府管理教育的机构也不健全。美国长期只有一个隶属于卫生教育福利部的教育总署，而德国直到1969年还没有联邦级的教育行政机构。20世纪中期以后，这些国家认识到，国家不管教育是不适宜的，德国学者就抨击教育行政上的绝对自主权是教育灾难的总祸根。将管理教育的职能列入国家职权范围，并建立相应的中央教育行政机构，在这些国家已视为势在必行。德国和美国分别于1969年和1979年相继成立内阁级的教育部，标志着国家直接管理教育事业的开始。

在教育行政实行中央集权制的国家，管理教育传统上被列入国家权力范围之内，如苏联和法国。在这些国家，传统的国家管理教育的体制、办法与20世纪中期以来的教育颇多冲突，集中体现在国家对地方和学校内部事务干预太多，不同程度地阻碍了教育事业的发展。这些国家的政府逐渐认识到了这一点，纷纷调整国家管理教育的职权，以适应变化了的教育形势。法国1968年颁布《高等教育方向指导法案》，将国家管理教育的部分权力交给学校，就是一个明显的迹象。

传统的分权国家，建立起国家管理教育的权力，呈现权力集中化趋势。两股走向相反的趋势，表现的则是同一主题——对国家管理教育的权力的重视。现在看来，摆在各国政府面前的共同问题已经不是应不应该重视国家管理教育的问题，而是国家管理教育究竟应该管什么和怎么管，即具体职能和手段是什么。尤其是前者更为迫切，因为职能决定手段，手段是为职能服务的。

新中国成立后，实行的是高度集中的教育行政体制。从国家管理教育的职权来看，这套体制有两个明显的弊端：职权扩大化和职责片面化。所谓职权扩大化，就是国家把应该属于地方和学校的许多职权包揽过来；所谓职责片面化，就是片面强调行政命令和行政监督等职责，而忽略立法服务等职责。这样，造成一方面地方和学校办学积极性受到束缚；另一方面教育的权利和义务关系长期得不到立法的保证，地方和学校缺乏有效的指导和服务。正如《中共中央关于教育体制改革的决定》所指出的，政府有关部门对学校主要是对高等学校统得过死。使学校缺乏应有的活力，而政府应该加以管理的事情，又没有很好地管起来。教育体制的改革，其中改革和完善国家管理教育的职能是其重要内容之一。从理论上搞清楚国家管理教育的职能，对于改革的实践是有指导意义的。

（二）教育行政管理的基本责任

综观各国教育实践，各国的教育管理是围绕着调整教育结构，理顺内外、上下关系这个根本职能。其所要进行的具体工作，即它担负的基本责任大致有以下六种。

1. 计划责任

这是指国家根据政治、经济、社会发展的需要，对全国教育事业的发展方向、速度、规模作出统一计划，以保证教育事业的稳步、协调发展。各国教育行政体制虽有差别，可是计划的责任在各自的体制中，都占有一定的地位。

计划一般分为指令性计划和指导性计划，因而各国的计划工作也有很大的差异。有些国家以制定指令性计划为主，对基层具有强制性效力；有些国家则主要以制定指导性计划为主，不具强制性，主要作为基层决策时参考。

2. 立法责任

这是指由国家立法机关和教育主管部门制定各项教育法规。通过立法手段对公民的受教育权利和义务、社会与教育的关系、学校设置的标准、教职员的资格待遇等予以法律上的规定，是国家管理教育的最强有力的措施。因此，各国都有加强教育立法工作的趋势。

作为法律，总要有它的稳定性和概括性，因此许多国家都授权教育主管部门制定教育法的实施细则和有关规定，以灵活适应教育实际的变化。由立法机关制定的教育法和教育主管部门制定的有关规定，统称为教育法规。建立完备的教育法规，日益成为国家管理教育的最重要的责任。

3. 经营责任

经营是一个借用于经济学的概念。这里指国家对学校的教育目标、教育内容、课程设置、课时安排、人事聘任、经费使用等方面直接负责。这项工作类似企业的经营权，所以称之为经营职责。在教育行政实行中央集权制的国家，这项责任当然地被列为首位。例如，法国教育部有权就初、中等教育的原则、方针、教学大纲、课时、教法、考试、文凭等方面发布命令，负有统一管理全国初、中等教育的职责。

4. 指导责任

这是指国家对地方教育行政部门和学校，就人才培养的数量、规范，教学内容和方法的选择，课程设置和课时安排等基本属于地方和学校的内部事务，提供非强制性的指导和建议，间接地影响地方和学校的“经营”方向，使之与国家的宏观目标相一致。实行指导型教育行政的国家，对这一职责极为重视。日本的《文部省设置法》，就将关于教育的指导和建议列为文部省五大责任之首。

5. 服务责任

这是指国家为地方和学校提供诸如信息、咨询、协调、资助等方面的服务。许多国家建立了庞大的信息咨询中心，为地方和各级各类学校提供众多的统计数据和丰富的国内外教育资料，接受各种教育咨询。组织地方和地方之间、学校与学校之间的协作，是一些国家中央教育主管部门经常性的职责。为了平衡地方经济发展的不平衡性带来的教育差异，许多国家建立起独立的教育财政，为落后地区提供资助。资助还包括鼓励地方和学校兴办一些国家急需的教育项目。

之所以把服务也列入国家管理教育的职责，是因为从某种意义上说，服务也是管理。服务有间接影响教育发展方向、规模、速度的功能。美国和德国就是以服务作为教育宏观控制的重要手段，所以有的学者也称美国和德国的教育行政为服务型行政。

6. 监督责任

这是指国家对地方和学校的教育实施，依照国家有关法令和中央教育行政机关的命令，实行监督。监督又分为行政监督和法律监督。教育行政集权制的国家更多地强调行政监督的职能，而教育行政分权制的国家则更多地强调法律监督的职能。如法国建立了一套完备的从中央到地方的教育行政监督机构，以保证教育部指令得以贯彻。而德国和美国中央教育行政的监督职能由法律机关履行，即实行法律监督。法律监督虽不如行政监督具体，但更具权威性。

各国政府管理教育的职能，主要由这六种基本职责所构成。强化其中的一些而弱化另一些，就形成一个国家管理教育的特色。比较教育学者把各国教育行政划分为监督型行政和指导型行政（或服务型行政）。从职权上看，这两类教育行政具有鲜明的特点。监督型行政，强调指令性计划、经营责任和行政监督责任；指导型行政，强调指导性计划、服务责任和法律监督责任。

确定一个国家教育行政的职责，必须从该国的国情出发，要与这个国家的政治、经济制度，经济、文化发展水平，历史传统以及人口、地域等因素相适应。新中国成立以来我国基本上是搬用苏联监督型教育行政的管理方法。实践证明，这种管理有很大的弊病，不适合我国的国情。我国是一个经济落后的大国，国家缺乏把全国教育事业全部包揽下来、统一经营的物质基础。我国经济、文化发展很不平衡，沿海与内地、城市与农村、平原与山区以及不同民族地区的经济、文化发展都有差别，客观上要求教育发展多样化。国家统一管理，难以适应不同地区的实际情况。我国人口众多，地域辽阔，教育本身又是一个十分复杂的系统，有它特殊的规律，国家想从微观上管得过多也是不现实的。

我国教育行政改革长期沿用的监督型管理势在必行。可是，照搬美国、德国的指导型管理也是不现实的。我国是一个统一的社会主义国家，政体是民主集中制，不同于美国和德国建立在地方分权基础上的联邦制。共同的政治、经济、文化生活，决定了我国在教育方针、教育内容、教育发展规划和规模等方面，必须加强宏观控制。要有效地实行宏观控制，仅仅靠指导性计划是不够的，也要有适当的指令性计划；仅仅靠非强制性的指导服务也是不够的，必须有适度的强制性行政命令；在我国教育立法不健全的情况下，仅仅靠法律监督显然也是不够的，必须有一定的行政监督。具有中国特色的教育管理。应该以指导性计划为主，指令性计划为辅；以指导服务为主，经营管理为辅；以法律监督为主，以行政监督为辅。我们也可以将这种管理称为“指导—监督”型行政。

从传统的监督型行政向指导—监督型行政转变，当务之急就是要强化教育行政的立法职能和指导服务职能。长期以来，教育立法基本被忽略了。有了完备的教育法规，才能保证地方和学校办学的正确方向，才能为法律监督提供依据，才能在减少指令性计划、行政命令和行政监督的条件下做到活而不乱。领导机关既是领导对象的指挥部，同时也应是参谋部、服务部，后二者则被我们长期忽略了。随着教育行政由监督型向指导—监督型的转化，教育行政的指导服务职责将居于十分突出的地位。而要强化这一职责，首先必须完善教育行政的内部机构，这就是说，教育行政职能的转化，要以行政体制的改革为先决条件。

四、教育行政机构配置和教育管理的原则

(一)教育行政机构配置的基本原则

教育行政机构的配置必须适应管理科学化的要求，实现管理科学化，必须建立和完善如下行政管理的运行机制：信息—咨询—决策—执行—监督，并使之形成序列，前后连贯，配套成龙。这与当今时代的重要特征密切相关。

当今时代的重要特征之一是信息化。信息化是现代化的“助生婆”，是实现行政管理科学化的前提条件和主要标志之一。教育行政部门特别是地方各级教育行政部门，需要开辟许多信息渠道，需要掌握活的信息，在制定政策时，除根据上级文件外，还要掌握实践中反馈的信息，掌握得既要充分又要及时，经济建设和社会发展的重要信息尤为重要。因此，重视和加强信息工作，建立专门的信息机构十分必要。

当今时代的重要特征之二是科学技术知识的复杂化、现代管理知识结构的多元化和综合化，以及管理领域的多维化。在这样的情势下，决策咨询是实现决策科学化和民主化的必要条件，是科学管理过程中一个很重要的环节。教育决策，如果只依靠上级指示和自己的经验来进行，特别是比较重大的决策，不依靠决策咨询机构提建议、拟方案、搞论证，就不可避免地会发生失误。重视决策咨询，依靠智囊团作为教育行政决策的咨询机构十分必要。

当今时代的重要特征之三是行政管理法制化。法制化要求对行政决策进行强有力的监督。因此，监督就成为科学管理过程中的一个很重要的环节，它的重要作用不仅是对“令不行，禁不止”的现象和对决策中发生的偏差现象予以及时纠正，还要对不恰当的决策采取防范措施，避免造成工作上的失误。

教育行政机构的配置必须遵循整体化的原则，因为各级各类学校、各学科，以及德、智、体、美各育之间都既有区别又有联系，是统一的整体。这种整体性要求管理教育事业的行政机构在配置上的整体性。在教育行政机构的配置上要处理好结构性与相关性的问题，这是增强教育行政系统的整体性功能的关键。在一般情况下，结构愈合理，整体性愈强，相关度愈大，其整体性功能就愈好；反之，其整体性功能就愈差。在改革和配置各级政府教育行政机构和各产业部门、企事业单位的教育行政机

构时，都应尽可能地减少按科类分设的专职机构，加强综合管理机构；尽可能地减少按层次分设的专职机构，加强系统管理的机构。

（二）教育行政管理的原则

1. 教育行政管理原则的含义和意义

教育行政管理的原则主要是从宏观角度研究教育行政机关怎样进行有效管理的问题。它是教育行政部门计划决策和办事必须遵循的准则和基本要求，是教育行政机构的组织原则和工作原则，也是改进机关工作作风和工作方法的基础。

在教育行政管理中，无论是教育体制的改革和教育事业的发展，还是教育方针的实施，人、财、物的管理，以及各方面关系的协调和工作效率的提高，都离不开相应的管理原则作指导。教育行政部门只有在正确原则的指导下，才能合乎规律地确定管理的内容和选择管理的方法，适应不断改革的新形势，提高管理水平，把教育事业管理好。

西方不少管理学者把管理原则称为"管理的起点"。管理学者提出知识权力和职位权力之分，并认为知识权力首先来源于掌握管理原则，不懂管理原则，就谈不上知识权力，就不能达到知识权力和职位权力的一致。我国长期忽视教育行政学的研究，许多领导管理干部只是凭上级指示和自己的经验办事，没有多少教育行政管理的理论作指导。有实权的人没有管理知识，有管理知识的人没有实权，仍然是相当普遍的现象。行政实践和管理理论脱节，这是教育管理上出现种种弊端的重要根源。

我国教育行政管理的原则应以马克思主义为指导，以党和国家管理教育的方针政策为依据。它是教育规律和教育管理规律的反映，是我国社会主义教育行政管理实践经验的概括和总结，也是吸收现代管理科学研究成果之后的产物。

2. 我国教育行政管理的基本原则

教育行政管理的原则，常因国家性质和教育性质的不同而有差异。就我国来说，须坚持以下诸项原则。

（1）政治原则。政治原则是指国家教育行政机关和公务人员要讲学习，讲政治，讲正气，识大体，顾大局，站得高，看得远，按照国家的教育方针政策和法规办事。这一原则要求：第一，教育行政部门的负责人要把教育方针政策和现代教育思想的贯彻执行放在第一位；第二，教育行政机关的党政要明确分工；第三，教育行政机关的领导干部要作风正派、公正廉明，行为起表率作用；第四，加强管理，健全各项规章制度，对违纪、违规的人和事，要追究责任，秉公处理。

（2）法规原则。法规是反映统治阶级的意志和利益，经国家制定或认可，以国家的强制力保证实施的行为规则。法规原则是指教育行政机关依照国家制定的法律、法规等规范性文件来指导和调节自己的行政管理活动，依法治教，使教育行政管理规范化、制度化、高效化，以保证和促进教育事业的发展。教育法规是教育政策的具体体现，是现代国家教育行政管理的重要手段之一，是教育行政管理受生产关系制约并具有社会属性的体现。

现代教育行政一般都重视教育立法。为了实现社会主义民主制度化、法制化这一历史任务，使中央和地方政府都能有章可循，有法可依，使教育按规律办事的活动和教育事业的改革与发展得到法律上的保证，必须抓紧立法。同时，教育行政工作，本身就是一种具有组织特性和权力特性的活动。具有行政管理功能的法令和规章制度，是发挥组织作用的一种手段。行政和法规之间，有着本质上的联系。过去由于没有教育立法，在教育工作实践中没有法律的依据和保障，使教育决策决而不行，大起大落，朝令夕改。在教育行政中，加强法制建设，利用法律的手段和形式进行组织领导，使教育行政管理活动有效地、顺利地组织和进行，这也是提高教育行政管理工作效率的关键之一。

（3）系统原则。系统理论是现代化管理的重要指导思想。所谓系统就是由相互联系、相互作用的若干因素组成的，具有特定功能和运动规律的有机整体。用这种观点去分析问题，认识世界，就是系统思想。运用系统思想，把对象置于系统中来加以考察，就是系统方法。运用系统思想和系统方法来研究并进行管理就是系统原则。

教育系统是国家行政系统的一部分。制订教育事业规划，改革教育体制，调整教育结构，改变教育思想、教育内容和教育方法，是十分复杂的系统工程。

首先，要树立整体观念和全局思想，处理好各方面的关系，做好各方面的工作。要求各个部门，既要考虑自己是一个整体，又要考虑自己是一个局部，是更大系统的一个局部。前者叫整体观念，后者叫全局思想。如果没有整体观念，头疼医头，脚疼医脚，这样的管理必然要出毛病。如果没有全局思想，就可能把局部看成整体，只见树木，不见森林，必然影响整体功能。常见的教育管理中存在的畸轻畸重的现象，比如，重城市学校轻农村学校，重高等教育轻基础教育，重重点学校轻一般学校，重普通教育轻职业教育，重中学轻小学，重全日制学校轻业余教育，等等，都是缺乏整体观念和全局思想的表现。因此，在教育行政管理中，应该着眼于整体，加强宏观管理，力争发挥"整体大于部分之和"的整体效应。同时，要求各部门树立全局思想，学会全面地看问题，不但要看到部分，而且要看到全体，局部服从全局，小局服从大局，各部分密切配合，并做好协调统管工作，为实现整体目标而努力。

其次，要有系统结构的思想。系统内部各要素的排列方式，叫系统的结构。结构是系统功能和属性的来源，任何事物都有自己的结构。事物的发展，除了因量变而引起的质变外，还有由于改变了事物内部各因素的排列组合关系，即改变事物的内在结构而引起质变的。这是系统论的一个重要思想。把系统结构的思想运用到管理中去，使教育系统内部各种因素互相配合，比例恰当，组合合理，就能充分发挥各种要素的潜力，提高管理的功能和效率。现在的主要问题是：在教育结构上，基础教育薄弱，学校数量不足，质量不高，合格的师资和必要的设备严重缺乏，经济建设大量急需的职业和技术教育没有得到应有的发展，高等教育内部的科系、层次比例失调。因此，必须切实加强基础教育，努力建设一支有足够数量的、合格而稳定的师资队伍，逐年增加教育投资，改善学校办学条件；切实改变只重普通教育、忽视职业技术教育的倾向，调整中等教育结构，使之比例趋于合理；逐步建立起同普通教育并行而又相互沟通的职业技术教育体系；改变高等教育科类比例不合理的状况，加快薄弱系科和专业以及高等专科教育的发展。只有这样，才能使教育系统内部人、财、物、事各个要素相互配合，协调发展，使各级各类学校培养的人才能够主动适应经济建设和社会发展的多方面需要。其他，如各级教育行政机构的设置、领导班子和教师队伍的调配，也都有一个合理结构问题。例如，一个好的领导班子，需要在专业、年龄、知识、能力和个性素质方面有不同特点的人合理搭配，才能相互取长补短，达到总体最优化。

再次，要讲究管理的层次性。层次性是系统论的一个重要概念。系统的层次就是整体事物中相互区别开来的部分，它具有相对性和独立性。系统之间的运动能否有效以及效率高低，很大程度上取决于能否分清层次。系统管理要求层次间职责分明，权力分工明确。在这方面，现在的主要问题是：在教育事业管理权限的划分上，政府有关部门对学校主要是对高等学校统得过死，使学校缺乏应有的活力；而政府应该管理的事情，又没有很好地管起来。上级教育行政部门权力过于集中，包揽太多，而给予基层的人事权、财权和教改权等太少，使基层失去相对的独立性、积极性和责任感。因此，必须改革管理体制，处理好集权和分权的关系，处理好政府主管部门和学校的关系，在加强宏观管理的同时，改变中央集权过多的情况，坚决实行简政放权，逐步实现校长负责制与集体审议制相结合，扩大学校的办学自主权。同时，要扩大基层的自主管理权，实行分级办学、分级管理，把基层教育的管理权交给地方，使教育系统各层次职、责、权相合并达到最佳结合，使教育系统的潜力和活力得到充分的发挥。

（4）合力原则。合力原则是指在教育事业的发展和管理上，实行中央和地方合作，国家办学与各种社会力量办学或支援教育相结合，充分调动地方和部门办教育和管理教育的积极性。换言之，即实行“两条腿走路”的办学方针。这是一条适合中国国情，具有中国特色，多快好省地发展教育事业的正确道路。改革教育体制，把发展基础教育的责任和管理权交给地方，地方教育行政部门的权力和责任更大了，主动性和积极性也更高了。

首先，要进一步提高认识，打破教育只实行“国办”、“国包”的老观念和教育管理上“一刀切”的做法。

其次，要实行多渠道集资和鼓励社会力量办学。我国财力、物力有限，国家不可能把教育所需经费完全包下来。因此，必须更好地调动各方面的积极性，充分挖掘地方潜力，开辟多种渠道，筹措学校办学经费，并积极支持、鼓励社会力量办学。各级教育行政部门要加强对社会力量办学的领导和管理，在政治上一视同仁，并在可能条件下提供人力、物力的帮助；同时，要制定相应管理办法，对应具备的师资、设备条件提出具体要求，加强业务指导，以保证教学质量。

再次，改革教育管理体制，实行“分级办学，分级管理”。现在，中央决定，实行九年义务教育，实行基础教育由地方负责，确定分级管理的原则，并明确规定基础教育管理权属于地方。除大政方针和宏观规划由中央决定外，具体政策、制度的制定和实施，以及对学校的领导、管理和检查，其责任和权力都交给地方。许多省、自治区、直辖市从本地实际出发，从有利于调动各方面的积极性、有利于稳定教师队伍、有利于提高教学质量出发，确定了分级办学，分级管理的新体制，对人事、财务、教育业务等分别实行县、乡共管、分管，调动了各方面办学的积极性，教育事业出现了蓬勃发展的好势头。

（5）服务原则。行政组织产生于社会，高于社会，又服务于社会。从根本意义上说，教育管理活动就是一种社会服务。服务原则贯穿于教育管理活动的始终，体现在教育管理的各个环节。根据马克思主义关于经济基础与上层建筑关系的原理，作为上层建筑的教育管理，应该为经济建设服务，为发展生产服务，为基层服务。从教育管理机关属于国家机关的职能部门的性质看，教育管理应该为国家服务，即执行权力机关制定的法规和政策。教育管理应该把为人民服务的方针落实到为学校、为教师、为学生、为家长办实事上。

现代教育行政的本质，既包含了教育管理的权力职能，也包含了教育管理的服务职能。邓小平曾指出，领导就是服务。服务原则就是指教育行政机关的领导要少讲空话，多干实事，踏踏实实为学校广大师生服务，为教育事业服务，为提高民族素质、多出人才、出好人才服务。

首先，要树立正确的领导观。领导者的完整概念，不仅包括权力和责任，而且还意味着服务。教育行政领导要经常深入基层，倾听师生的意见和呼声，为他们排忧解难。领导者必须多干实事，改变那种只发指示、说空话的坏作风。

其次，教育人事管理要把教师作为自己的服务重点。教育行政管理的核心是对人的管理，人事管理绝不是单纯的“管”人，而是通过科学管理，更好地为教育事业服务。要牢固树立依靠教师办学的思想，最重要的是要调动教师的积极性，提高教师的社会地位和物质生活待遇；要加强师资队伍建设，把师资培训作为发展教育事业的战略措施来抓；根据正确的用人原则，搞好教师的调配、使用、考核、奖惩和工资福利等工作。

再次，教育行政中的后勤工作要坚持为教学服务，为师生生活服务、促进学生德、智、体等全面发展。“后勤工作的任务，就是要为科研工作、教育工作服务，要为科研工作者和教育工作者创造条件，使他们能够专心致志地从事科研、教育工作。”①教育行政部门的领导要认真抓好下列工作：为学校筹集办学经费，解决校舍和教学设备不足的问题，保证做到“校校无危房，班班有教室，学生人人有课桌凳”；办好师生伙食，搞好集体福利和卫生保健工作；等等。这些绝不是单纯的事务工作，而是实实在在地为教育事业服务，为多出人才、出好人才服务。

（6）高效原则。高效原则是指在教育行政管理中，合理地组织和利

① 邓小平著：《邓小平文选》第2卷，人民出版社1994年版，第56页。

用人力、财力、物力，从而提高工作效率，取得较高的效益。可见，高效原则的含义包括提高工作效率和提高教育投资效益两个方面。教育行政管理要求高效益，这是管理本质特征的反映，也是管理工作的基本目标和最终归宿。不讲究工作的效率和效益，就不是好的管理。

提高教育行政工作效率，应做到以下几点。

第一，合理设置组织机构，减少层次，精兵简政，加强统筹协调，这是提高工作效率的基础。

第二，搞好行政人员管理。加强行政人员的选拔和配备，提高行政干部的素质。当前世界各国教育行政管理改革的趋势之一，是在行政管理人员的配备上起用教育专家，由教育专家来掌权。我国各级教育行政干部要加速向专业化、知识化和管理内行的方向发展。要科学地安排干部，用人之长，容人之短，使不同素质和水平的行政人员以最合理的结构方式组织起来。建立岗位责任制，包括局长负责制，实行严格的考核制，使每个人都有明确的权限、职务和责任，都能发挥各自的长处和主动性。加强思想政治工作，调动每个人的积极性。行政人员对工作的态度、热情、能动性，人与人之间和人与物之间关系的协调，都对行政管理活动的质量有直接的影响。因此，要重视发挥人的因素，注意协调人际关系，激励士气，调动人的积极性、能动性，提高行政效率。

第三，加强计划决策。强调工作计划，建立工作秩序，提高行政工作的方向性、预见性、科学性和有效性。没有计划，就谈不上管理，也不可能取得预期的成效。好的决策是工作取得成效的关键，一个领导作出一项关系全局的正确决策，其价值不知要比他干好一件具体的工作大多少倍。如果决策错误而造成全局性失误，必然会造成人、财、物和时间的最大浪费。要缩小决策面，对经常性的例行性事件，不必反复研究决策，要建立规章制度，加强常规管理和程序管理，以减少处理事务的工作量。领导者的主要精力应放在例外事件即非常规型决策上。

第四，建立灵敏、准确、有力的反馈机制，保证流程畅通。行政管理工作是一个不间断的流通过程：一个是人、财、物的流通过程，称为物流；另一个是信息的产生、传递和处理过程，如情况汇报、意见交换、命令或指示下达，称为信息流。两个流程密切相关。如果信息传递不及时、不准确，信息反馈系统不畅通，一个行政措施实施以后，不能及时获得有关实施效果的情报，特别是收不到有关消极的信息，整个物流就会受到阻塞，而且可能会造成行政工作上的失误。保证流程畅通，就要简化行政程序。例如，建立统一的信息和公文处理制度，简化不必要的周转环节，消除滥发文件和文件“旅行”的弊端，消除遇事互相“踢皮球”的现象等。

第五，提高时间利用率。时间是管理的要素，时间是管理效率高低的重要标志和尺度。国外现代管理的新观念是“时间就是效率”、“时间就是金钱”。时间具有不可逆性。管理者信息获取的及时性、决策的迅速性、办事的果断性等，都是与时间成正比例的。因此，必须增强时间观念，珍惜时间，科学地支配时间，最大限度地提高时间利用率。除了以上所说的加强工作计划性、建立最佳行政流程等以外，领导者还必须善于管理时间，合理地控制和使用时间。一是领导者必须干领导者的事。注意授权分责，避免事必躬亲、包揽一切、整天陷于事务圈子。二是善于运筹时间，做时间的主人。领导者要经常记录和分析时间的使用情况，善于设计工作日，编排每天的工作时间表。遇事分清主次和轻重缓急，善于排除干扰，尽量避免处事用时的随意性。三是按照精简原则，建立合理的会议制度，提高会议效率。取消过多的会议和马拉松式的会议，不开没有明确议题的会，不开无准备的会，不开可开可不开的会，不要让关系不大的人参加，不要作离题的发言，不要作重复性发言，不要议而不决。总之，开会要解决问题，讲求实效。

要提高教育投资效益，应做到以下几点。

第一，要从宏观上考虑提高效益。例如，教育的比例结构问题，现在大学、中专的比例、结构、布局不合理，专科、本科、研究生教育以及学科比例失调，要求各地区、各行业要做好人才需求预测和教育发展的规划，找出最合理的教育结构，力求避免人才培养的盲目性。再如办学形式问题，要充分利用并大力发展函授、夜大、自学考试和广播、电视等既省钱又收效快的办学形式和教学手段。又如学校规模问题，要采用多种形式联合办学，把重点放在老校改造、扩建、挖潜上，充分利用学校的设施和教师，扩大学生名额，提高师生比例，减少人头费，这样，教育投资效益就会显著提高。

第二，人尽其才。学校内部要通过人事制度、工资制度的改革和人员、机构的合理配置，充分发挥潜力，整顿教师队伍，建立严格的考核制度，搞好定编定员，防止人员超编、人浮于事和学非所用、用非所学等积压浪费人才的现象。学校教职员工要按一定比例配套，高校后勤要逐步走向社会化，改变教师大量做非教师的事情和忙于家务，浪费时间、精力等情况。

第三，财尽其利，物尽其用。教育行政部门要管理大量的财和物，如何减少浪费，使它们得到充分利用，如何以最少的资金占用和最小的人力、物力消耗，去获取最大的教育效益和社会效益，是衡量教育行政管理有效性的标志之一。要逐步运用经济核算制，开展对学校经济活动的分析，包括事业费核算、财产物资资金核算和每个学生的平均培养费核算等，以考核教育经费使用的效益和学校管理水平的高低。要管好、用好各种物资设备。校舍建筑要选择恰当的校址，确保基建质量，注意配套和定期检修，提高利用率。积极建设农村初中实验中心，提高理化实验开出率和仪器利用率，注意学校间多余仪器设备的调剂和逐步开放实验室，以充分发挥设备的作用。

五、我国社会主义教育事业的管理

（一）国家机关职权和责任的分工

同西方国家的政治体制不同，《中华人民共和国宪法》第十九条规定：发展和管理教育是统一的国家权力的一部分；国家发展社会主义教育事业，提高全国人民的科学文化水平；国家举办各种学校，普及初等义务教育，发展中等教育、职业教育和高等教育，并且发展学前教育、特殊教育、少数民族教育、师范教育、成人教育；国家发展各种教育设施，扫除文盲，对工人、农民、国家工作人员和劳动者进行政治、文化、科学、技术、业务的教育。但是，统一的国家权力必须通过明确的责任制，通过不同国家机关的分工合作才能实现。其中，国家权力机关具有全权性质，对于教育事业具有最终的决定权。在教育方面，它的主要职权是：制定有关教育的法律；决定和罢免教育行政机关的主要领导；决定各项重大的教育问题，如教育发展规划、教育经费预算等；监督法律、法令的遵守和执行。国家行政机关中的司法机关是从属于国家权力机关的执行机关，执行国家权力机关所制定的路线、方针、政策，遵守国家权力机关所制定的宪法、各项法律和法令，对国家权力机关负责，接受国家权力机关监督。国家行政机关在教育方面的主要职权是：实施国家有关教育的政策和法律；发布有关教育工作的行政法规、规章、命令和指示；制订教育事业的发展规划和计划；指导教育改革工作；统筹和监督国家机关各部门的教育工作。国家司法机关在教育方面的主要职权是：审判有关教育的案件；对应承当民事责任的行为人，依法追究其民事责任；对情节严重构成犯罪者，依法追究其刑事责任。此外，我国于1982年开始建立行政诉讼制度，人民法院有权受理法律规定可以起诉的行政案件，特别是1990年10月1日生效的《中华人民共和国行政诉讼法》，统一规定了我国行政诉讼制度，这就使法院的受案范围除了民事案件和刑事案件外，还包括了行政诉讼案件，从而扩大了司法机关对于教育管理的职能。

除了以上各项权力，为了保证国家教育权力得到有效行使，我国的国家教育权还应包括对各级各类教育事业和教育行政机关、学校教育机关的监督权。为了实施国家对于教育事业的监督权，我国形成了一个包括内部监督和外部监督、职能部门监督、执政党监督和人民群众监督相结合的监督体制。表现在权力机关对教育的法律监督和工作监督，行政机关对教育的行政监督，司法机关对教育的司法监督以及执政党和人民群众对于教育的社会监督。近些年来，国家对于教育的这种监督体制和监督作用都进一步加强，对我国教育事业的健康发展起了重要的作用。

（二）今后改革与进一步完善的任务

目前，我国在教育行政管理过程中，基本上只有决策、执行和监督这三个环节的活动，缺乏信息、咨询这两个环节的配套活动，因而不可避免地会出现某些决策的科学性较差，执行效果不理想的情况。因此，今后面临着改革与进一步完善的任务，需要进一步做好以下诸方面的工作。

1. 强化决策机构

这是由于：①当前社会化的大教育所涉及的方面多，领域广，工作繁，难度大；②由于长期以来行业分割的管理体系未得到很好的解决，不能及时地建立起教育与经济良性循环的机制，严重地影响了教育与经济、社会的协调发展。

2. 组建信息机构

信息机构是决策机构的"耳目"。为了克服教育行政部门，特别是地方教育行政部门存在的封闭或半封闭现象，要下决心把信息机构组建起来。这个机构所要掌握的信息是大量的、多方面的，大致可分为：①先导信息，上级党和政府部门制定、下达的方针、政策、法规、指示等；②反馈信息，下级教育行政部门和学校贯彻执行上级各项指示的情况、经验、问题和意见，以及有关的其他情况；③经济信息，生产力发展资料，经济发展战略、规划和实施的资料等；④劳动者的素质资料，人才的现状及预测资料、人口变化资料等；⑤社会信息，政治、思想、文化和科学技术等方面的资料；⑥外域信息，县外、市（地、州）外、省（自治区、直辖市）外、国外的教育和科学技术资料等。由于教育信息量大，内容复杂，并且不是一般的材料搜集和整理工作，而是具有科研性质的任务，所以，建立专门的教育情报机构势在必行。

3. 确定咨询机构

咨询机构是决策机构的“外脑”，是为教育决策作咨询、拟方案、搞论证的咨询机构。它应该是由一批各科知识水平高、教育行政管理经验丰富的专家学者组成的智囊团。

4. 调整和加强执行机构

执行机构是各级教育行政部门中的骨干机构，是行政管理体系中的重要组成部分。目前，各级教育行政部门中的执行机构包括司（局）、处、科、股、室等行政和事业机构（不含学校）。在机构改革和设置过程中，要理顺关系，进行适当调整。调整不是削弱，而是为了有利于增强机构的效能，调整的主要对象是中央和省（自治区、直辖市）这两级机构。

5. 建立和加强监督机构

这个机构履行的主要职能是对决策的执行进行强有力的监督。

第十九章　教育事业管理的法制化

一、教育事业管理法制化的含义、意义与特点

（一）教育事业管理法制化的含义与意义

“法制”是个多义词，有法律、法规的制定和法律、法规制度的含义，也有法律、法规被严格遵守的含义。一般认为，“法制”一词包含立法、执法、守法三方面的含义。

教育管理法制化的含义，主要是指：一是教育行政机关的依法行政、依法管理；二是行政机关的依法行政、依法管理。前者强调“无法律即无行政”，后者则强调“无行政即无法律”。因为，现代教育法律关系的产生是伴随着现代教育立法的产生而产生的。现代教育立法实践始于国家对教育的干预。现代国家对教育的干预主要是通过立法的形式，借助于国家行政对教育的介入而实现的。没有现代教育立法就没有现代教育行政，而没有现代教育行政，也就不存在现代意义上的教育立法。教育行政是统一的国家行政的组成部分，是国家教育行政机关依法管理教育事业的活动。“从某种意义上我们可以说，现代教育行政管理就是一种法律管理。”①教育行政法律关系是现代国家教育管理活动中发生的一种最基本的行政关系，它代表着教育行政关系的主要特征，也是现代国家教育行政的主要标志。随着现代国家依靠教育立法对教育行政干预的逐步增强，国家教育行政法制化的色彩将日益浓厚，由此而形成的教育行政法律的地位也将进一步提高。

有法可依，有法必依，执法必严，违法必究，是法制建设的基本任务，也是教育管理法制化的基本要求。

有法可依是教育管理法制化的前提。有法才能依法办事。要健全法制，首先要完备法律，有了教育法规，才能使人们有统一的行为规范和准

---

① 劳凯声著：《教育法论》，江苏教育出版社1993年版，第139页。

则。因此，所谓法制化，也就是要把国家的教育事业纳入法制化的轨道，要利用法律的方法和手段来管理教育事业。

有法必依是教育管理法制化的关键。教育法规制定以后，要严格遵照执行，不折不扣地依法办事，使教育法规成为国家机关、社会教育机构、学校、公职人员、教师行动的准则。

教育法制是现代社会对教育的一种新型的调控组织形式，是伴随着教育的普及和发展而形成的一个法律调节领域。自19世纪中叶至今的一百多年来，教育在世界各国已逐步发展成为一项大规模的社会性事业，对社会的发展起着举足轻重的作用。这就从客观上要求扩大国家直接干预和调整教育事业发展的职能，更有效地发挥国家管理教育事业的作用。教育法制化不仅是实现教育国家化的重要手段，并且，凭借法律制度来实现国家对教育的计划、指挥、协调和控制，这也是教育走上现代化的一个标志。

长期以来，我国对如何发展社会主义民主探索得不够，对于民主的制度化和法制化重视不够。不仅如此，某些制度和法律制定之后，由于人们缺乏法制观念，只重人治，不重法治，再加上其他原因，对于制度和法律尊重不够，常常发生“以言代法”、“以权代法”的现象，甚至有时发展到“无法无天”的地步。“文化大革命”就是这种情况的极端表现。鉴于此，党中央不仅提出了发展社会主义民主的任务，而且提出了要使民主制度化、法制化的任务，健全社会主义法制是全局性的工作，是建设社会主义的基本方针之一。今天，中国的教育法制化即是以此为其社会历史背景的。

教育事业是我国社会主义建设事业中的一项重要内容。但如果没有法律保证，教育事业就不能顺利发展。教育无“法”乃至在教育领域“无法无天”的专制暴政，曾经给中国人民以深重的灾难，并在思想上、政治上留下了深刻的教训。历史已经证明，只有加强教育立法，才能克服个人随意性，使教育有法可依，依法办事，以免出现人在政举，人去政息以及政出多门，无所适从的现象。而正确的教育立法，既要体现在法制化、制度化上，也要体现在科学化上。

（二）教育事业管理法制化的特点

1. 教育事业管理法制化的主要特点

教育事业管理法制化特点，实际上就是法律的基本特征在教育领域的特殊表现。而法律的特征，是可以从不同的角度来认识的。这里所说的法律的基本特征，是将法律与上层建筑的其他组成部分相比较而言的特征。从这一角度出发，法律的基本特征有下述四个方面：其一，法律由国家制定或认可，体现国家意志；其二，法律是一种社会规范；其三，法律规定了人们的权利和义务；其四，法律是由国家强制力保证实施的，具有普遍的约束力。

概括起来说，教育事业管理法制化有如下主要特点。

（1）严肃性。法律和法规的制定一般都很慎重，并严格按照法律规定的程序进行，一旦制定和颁布，就必须严格执行，也就是有法必依，执法必严，违法必究。法律决不能因人而异，滥加修改，任意解释，必须保持其严肃性。

（2）稳定性。法律和法规一旦生效，能够在较长的时间内适用。为了使法律和法规真正起到促进经济发展、维护社会秩序的作用，必须注意法律和法规的稳定性，这是维护社会主义法制权威性的重要方面。当然，稳定性不是绝对的，由于客观形势的不断变化，国家政治、经济形势的不断发展，有些法规不可避免地要进行修改、补充和完善，其目的在于维护法律的尊严和更好地贯彻执行法律。一般说来，它要求保持相对稳定。

（3）强制性。法律、法规是由国家强制实施的。因此，任何组织和个人都不允许违反，不得进行阻挠和抵抗。

（4）规范性。法律、法规是社会或有关组织和个人行动的统一准则。因此，法律、法规具有普遍的约束力。所有管理组织和个人，在法律面前都是平等的。法律和法规都有极其严格的语言表述，并且只允许对它作出同一种意义上的解释。目前，我国的教育法律、法规正在逐步建立和完善，随着教育法律体系的建立，必将促进对教育的规范化管理。

2. 党的领导和法律及政策和法律的关系

在我国谈法律方法的特点问题，还需要正确认识党的领导和法律以及政策和法律的关系问题。

（1）党的领导和法律的关系。要正确解决党的领导和法律的关系问题，首先必须明确，党的领导主要是政治、思想和组织上的领导。党通过这种领导监督和保证法律的制定和实施，但不应直接由党来制定和实施法律。法律是由国家的相应机关根据人民的意志制定和实施的。党必须在宪法和法律的范围内活动，并没有超越宪法和法律的特权。党必须保证国家的立法、司法机关积极主动地、独立负责地、协调一致地工作。只有这样，才能促进民主的制度化、法制化，才能保证宪法和法律的稳定性和权威性。

（2）政策和法律之间的关系。国家一定时期施行的政策，是为实现这一时期的路线、任务而规定的行动准则。在通常情况下，政策和法律是一致的。有一个简明生动的说法：政策是法律的灵魂，法律是政策的具体化、条文化。这个说法是比较确切的。列宁说过："法律是一种政治措施，是一种政治。"[①]这就表明了两者的一致性。

但是，政策和法律毕竟不完全是一回事，二者是有区别的。简要地说，首先，政策是带有指导性的，一个政策性的文件往往要说明制定政策的情况和根据。有时还要作必要的理论阐述；虽然也订出一些政策界限，来指导人们的行动，但它的伸缩性比较大，有时只是说明一个政策的精神。而法律则有很强的规范性，它不能阐述很多的道理，在规范人们的行动上，伸缩性也比较小。其次，政策的实施主要靠说服教育，虽然有时也具有强制性；而法律则主要表现为命令，强制人们遵守，虽然也要伴之以说服教育。

政策和法律虽然有上述区别，但有的时候，特别在某些方面法律还不完备的时候，政策也直接起法律的作用。比如，新中国成立初期，还来不及制定完备的法律，党中央为此作出规定："在人民的法律还不完备的情况下，司法机关办事的原则应该是：有纲领、法律、命令、条例、决议规定者，从纲领、法律、命令、条例、决议之规定；无纲领、法律、命令、条例、决议规定者，从新民主主义的政策。"[②]现在，我国的法律比起新中国成立初期，虽然已完备得多，但就是将来有了比较完备的法律，也很难包罗万象，必要时还需要以政策来补充。

二、国外教育立法的历史发展及特点

教育立法是一种历史现象，也是一种时代现象、国际现象。从一开始，行政方法与法律方法就成为近现代世界各主要资本主义国家教育事业管理的主要方法，并且两者是紧密结合在一起的。

教育法律关系从产生之日起，就主要表现为一种国家行政关系。现代各主要资本主义国家于19世纪开始的义务教育运动，可以说是现代教育立法的奠基阶段。在此之前，教育权力主要由教会和私人掌握，国家不参与教育管理。义务教育法的产生及义务教育的强制性、免费性和公

---

① 《列宁全集》第28卷，人民出版社1990年版，第140页。

② 国家教委师范教育司组编：《教育法导读》，北京师范大学出版社1996年版，第9页。

共性三个基本特征，都是国家介入和干预教育的直接结果。虽然这一时期许多国家还没有专门的教育行政机关，但国家利用行政手段干预教育的现象已初步显现出来。义务教育的三个基本特征与其说是对当时义务教育法律特征的概括，不如说是国家行政干预教育的一种体现。

所谓行政，原是"行使政治权威"的意思。行政机关、行政手段、行政命令、行政组织等都是这个含义的具体体现。国家行使政治权力的主要机关是各级政府。

从19世纪中期开始，直到20世纪50年代，教育立法出现了一次高潮，这一时期教育法的发展突出地表现在国家对教育的全面干预和控制。这一切正是通过建立和加强教育行政机关的职能而实现的。这一时期，"各国纷纷建立和健全教育行政部门，对初等教育直至高等教育的整个领域实施行政职能"①。同时，各国行政机关也通过立法机关授权的方式获得了行政立法权，从而使教育立法的数量激增，使行政立法成为教育立法中极为重要的组成部分，行政法律关系成为教育法律关系的主要内容。

第二次世界大战以后，世界范围的教育立法获得了空前的发展，教育立法无论在深度或广度上都取得了前所未有的发展。这一时期的教育立法所表现的重要特征同样是国家利用法律形式对教育干预的进一步增强，而国家行政管理的法律化，构成了国家对教育干预的主要内容，进而成为国家教育管理现代化的一个重要标志。这主要表现在以下几个方面：一是教育法的数量和种类日益增多，有关教育的具体问题的解决逐步纳入到法制的轨道；二是教育法的体系建设获得了较大的发展，由重视单项教育立法转向逐步建立和完善国家教育法律体系；三是进一步加强教育行政机关的职能，强化教育法的作用，把加强教育立法和完善教育管理体制密切地结合起来；四是依靠教育立法，积极推进教育的改革，把教育立法和教育改革有机结合到一起。因此，这一时期实际上是在教育法制化的轨道上，国家行政对教育干预的进一步加强和完善。

从教育立法发展的历史可以看出，教育法制是现代国家教育事业发展的一个重要特征。在许多发达国家，当教育问题关系到国家的根本利益时，它们都无一例外地求诸法律，法律成为保证、巩固、促进和发展教育事业的一项基本措施。当然，由于社会制度和法律制度的不同，各国对法的利用以及所强调的重点是各不相同的。但各国的教育法都体现了国家对教育的干

① 劳凯声著：《教育法论》，江苏教育出版社1993年版，第49页。

预和管理，实践着国家调控教育的原则。这种调控一般都是通过行政行为实现的。因此，一般都把教育法规视为公法，看成是行政法的一个分支。

20世纪50年代以来，教育内部结构日趋复杂，教育与社会相互作用的增强以及教育对社会的全面渗透，不仅使原来已经存在的教育外部关系日益引起社会的关注，而且出现了一系列全新的社会关系。教育的发展不断提出新的法律要求，法律大规模地向教育的各个层次渗透，一些原来不属于法律调节的社会关系，开始运用法律的调节手段。众多的调节教育领域中各种社会关系的法律规范，逐渐构成了若干具体的法律制度，如义务教育制度、职业培训制度、高等教育制度、招生考试制度、教育证书制度、学位制度、教师职务评定和聘任制度、教科书制度、奖学金、助学金、贷学金制度等。这些法律制度之间相互联系、相互协调、相互制约，构成一类以性质相同的社会关系为其调整对象的法律有机体。这是一个以行政法为主体，民法相配合，辅之以必要的刑法手段，并以其他法律手段为适当保障手段的完整的教育法律调控机制。实践证明，这样一个法律机制反映了现代教育组织、运行和管理的本质特征和内在要求，对教育事业的发展起到了保证和促进的作用。

从国外教育法的调整对象看，主要涉及这样一些关系：政府内部（中央与地方、部门与部门之间）的教育职权分配关系，学校与政府的关系，学校与社会的关系，学校与教职员工的关系，学校与学生的关系等。这些关系尽管错综复杂，但依据其特征的不同可以分为两类，即具有纵向隶属性特征的教育行政关系和具有横向对等性特征的教育民事关系。比如，日本一般把教育法所确认和调整的社会关系分为第一法律关系和第二法律关系。第一法律关系是指国家、地方自治体、教育行政机关、教育机构与青少年、学生、父母、国民、研究者、出版社等主体之间矛盾纷争所构成的法律关系，这类关系中的相当一部分属民事法律关系。明确这一点是很重要的，因为它关系到如何确定教育法律关系的不同主体，如何确定这些主体间权利和义务关系的形式等。例如，由于学校处于性质不同的社会关系之中。因此，在许多国家都被赋予双重法律地位。德国的《高等教育总法》规定，“高等学校既是公法团体，同时也是国家机构”，“高等学校以法人的身份处理学校事务，以国家机构的身份履行政府事务”。许多国家在赋予学校充分的办学自主权的同时，对学校法人的权利作出了某种限制，使其符合国家意志和公益性要求。

国外教育法在调整方法上，也有其自身的特点，因为，教育法虽然仍保留了国家强制力的形式，但这种形式的适用范围和强度，与其他法相比有很大的不同。教育法的实施不仅要通过国家强制力的形式，同时还要依靠各种社会力量的维护和各方主体的自律来实现。当然这并不是说教育法不需运用法律制裁的手段，对应予追究的违反教育法的行为，必须依照教育法的规定，追究违法行为人的法律责任，给予一定的法律制裁。国外教育法规定的法律责任主要是一种行政法律责任，这与教育法的行政性质是相一致的。其主要内容有：违反关于学校设置、招生、停办的规定；不按法定手续变更学校举办人；不按规定使用和变更学校名称；招收不符合条件的学生入学；不按规定授予学位；违背规定的教学计划；不能完成法定的教学日；不公开招聘教师；等等。以上列举的主要是违反职责方面的行为。除此之外，还包括侵害他人权利的侵权行为，例如，收取不符合规定的费用，对教师、学生的处理显失公平以及对学生安全、健康方面的保护失当等，都有可能造成对公民合法权益的侵害。对上述违法行为的制裁，一般属于行政制裁。但是，如果以上违法行为同时涉及民事责任或触犯了刑法，那么，除了承担行政责任，受到行政制裁外，还要承担民事责任或刑事责任。

通过对世界各国教育立法情况的粗略考察，可以看出，不同社会制度的国家的教育立法，尽管它们的出发点不完全相同，目的各异，甚至侧重点也不一样，但重视教育，重视教育立法，把教育立法摆在相当重要的地位，这一点基本上是相同的。国外教育立法的历史经验是十分丰富的，应予珍视，很多有价值的宝贵经验，值得参考、借鉴。当然，其中也存在着引以为戒的某些教训。

三、我国教育法制的建设

（一）我国教育法制建设的基本历程

1949年9月，在北京举行的中国人民政治协商会议，制定并通过了《中国人民政治协商会议共同纲领》。其中有关教育的条文为新中国的教育确定了基本的性质、方向和政策。1954年，第一届全国人民代表大会第一次会议通过了《中华人民共和国宪法》（以下简称《宪法》），这部《宪法》是在共同纲领的基础上产生的，同时又是对共同纲领的发展。

但是，在我国，从新中国成立之初就一直存在着一种轻视、忽视法制的倾向。法制观念没有在各级干部和人民群众中植根。在20世纪50年代中期，践踏民主、破坏《宪法》的现象就已经出现。1966年，“文化大革命”爆发，国家的立法工作完全停顿，50年代以来制定的一批法律、法规完全丧失了其权威性，“无法无天”的“人治”成为当时社会的根本特点。

中国教育法制的建设工作，应该说只是在改革开放之后才真正起步的。而邓小平理论是其最具科学与时代意义的思想基础。1982年12月，第五届全国人民代表大会第五次会议通过了新的《宪法》，这是我国法制建设史上最重要的里程碑。《宪法》规定了国家的法制原则，它庄严宣布：“一切国家机关和武装力量、各政党和社会团体、各企业事业组织都必须遵守宪法和法律。一切违反宪法和法律的行为，必须予以追究。任何组织或者个人都不得有超越宪法和法律的特权。”这一规定树立了新《宪法》和法律的权威，反映了人民的愿望与意志，是新中国成立以来法制建设经验和教训的总结。新《宪法》中有关教育的规定，为教育法的制定、为依法治教提供了最高的法律依据。

1980年2月，第五届全国人民代表大会常务委员会第十三次会议通过了《中华人民共和国学位条例》。这是新中国成立以来由最高权力机关制定的第一部有关教育的法律。1986年4月，第六届全国人民代表大会第四次会议通过了《中华人民共和国义务教育法》，它以法律的形式规定国家实施九年义务教育。这一法律对提高民族素质，推进社会主义现代化建设，加强教育法制都有重要的影响。1993年10月，第八届全国人民代表大会常务委员会第四次会议通过了《中华人民共和国教师法》。这部法律明确了教师在我国社会主义现代化建设中的重要地位，对教师的权利、义务、任用、考核、培训和待遇等方面作了全面的规定，是我国教师队伍建设走向规范化、法制化的根本保障。1995年3月，第八届全国人民代表大会第三次会议通过了《中华人民共和国教育法》，这标志着我国教育法制建设进入了一个新的发展时期。它对于确保教育在国民经济和社会发展中的战略地位，落实国家优先发展教育的重大决策，促进教育的改革与发展，实现建立社会主义市场经济体制和社会主义现代化建设的宏伟目标，具有重大的现实意义和深远的历史意义。

除此之外，20世纪80年代以来国务院还制定了十几部教育行政法规，如《中华人民共和国残疾人教育条例》、《中华人民共和国教学成果奖励条例》等。各地方人民代表大会及其常务委员会，也根据自己所辖地区教育发展的需要和可能，颁布了一系列地方性法规，大大丰富了教育法的内容。

目前，我国教育法制建设已经走上正轨，一个以法治教的新局面正在逐步形成。特别是《中华人民共和国教育法》的颁布实施，使立法步伐加快，依法治教的工作也进入了一个新的历史时期。

（二）我国教育法体系的基本框架

现在，我国教育法律体系的基本框架已经初见轮廓。这一法律体系，根据制定机关的不同和法律内容的不同，可以划分为不同的层次。根据法律规范内容的不同，可以划分为不同的部门。具体地说，我国的教育法体系将由纵向4个层次和横向6个法律部门构成，如图19-1所示。

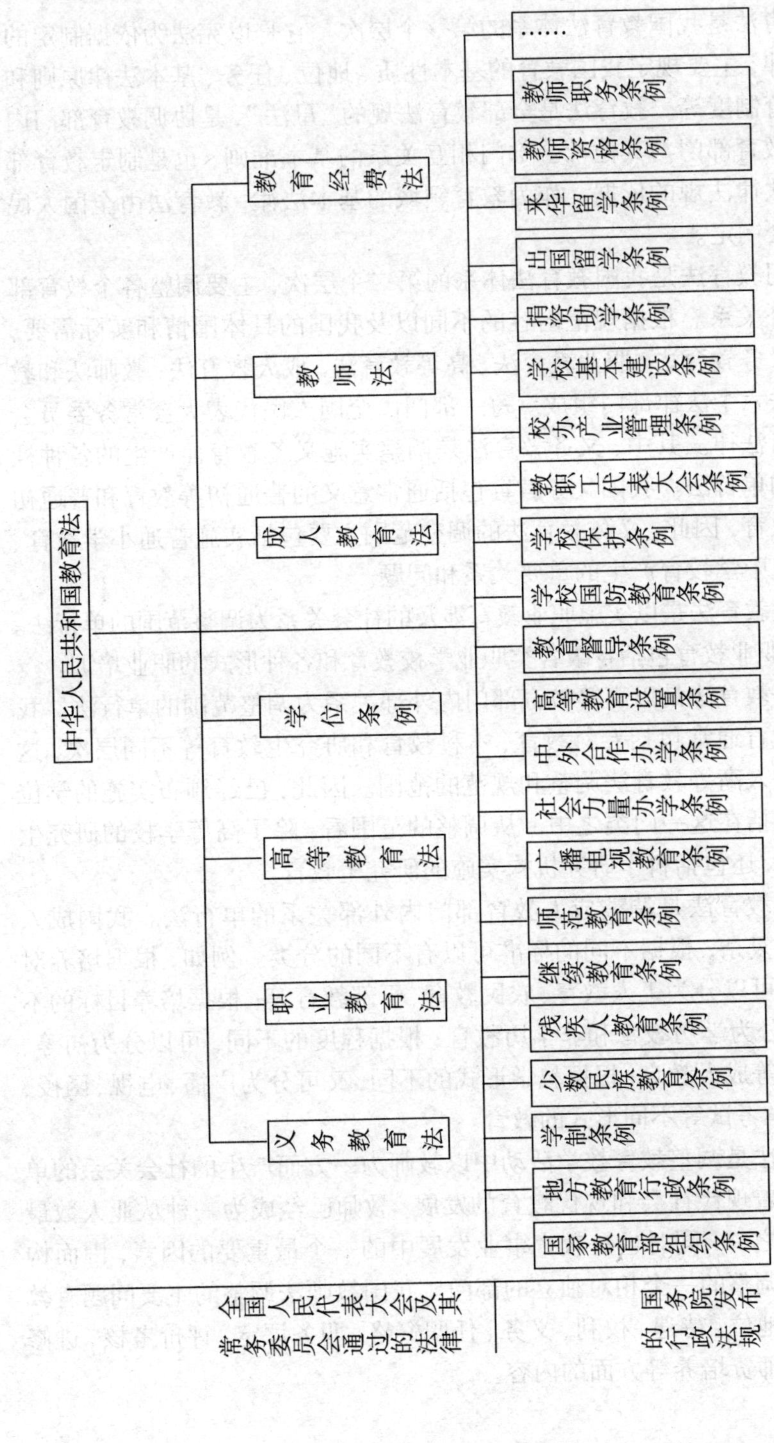

图19–1　我国教育法体系

教育法是我国教育法体系的第一个层次。它是以宪法为依据制定的基本法律，主要规定我国教育的基本性质、地位、任务、基本法律原则和基本教育制度等。教育法是全部教育法规的“母法”，是协调教育部门内部以及教育部门与其他社会部门相互关系的基本准则，也是制定教育部门其他法律法规的依据。作为教育领域的基本法律，教育法由全国人民代表大会制定。

部门教育法是我国教育法体系的第二个层次，主要调整各个教育部门的内外关系。根据规范内容的不同以及我国的具体国情和实际需要，大致由义务教育法、职业教育法、高等教育法、成人教育法、教师法和教育经费法六个法律部门组成。每一部门由全国人民代表大会常务委员会制定单行法律。其中，义务教育法是调整实施义务教育而产生的各种社会关系的单行法。我国义务教育包括通常意义的普通初等教育和普通初级中等教育，因此，义务教育法的调整范围主要包括实施普通小学教育、普通初级中学教育产生的重要关系和问题。

职业教育法是以实施职业教育涉及的社会关系为调整范围的单行法。在我国，职业教育包括各级各类职业学校教育和各种形式的职业培训。

高等教育法是以高等教育部门内外部关系为调整范围的单行法。我国高等教育通常包括专科教育、本科教育和研究生教育等不同层次，这些都应纳入高等教育法调整和规范的范围。因此，已经颁布实施的学位条例也包括在这一门类之中。从调整的范围看，除了高等学校的研究生教育之外，还包括科学研究机构实施的研究生教育。

成人教育法是调整成人教育部门内外部关系的单行法。我国成人教育形式复杂，根据不同的标准可以有不同的分类。例如，根据培养对象的不同可以分为工人教育、农民教育、干部教育等；根据培养目标的不同，可以分为学历教育和非学历教育；根据程度的不同，可以分为初等、中等和高等成人教育；根据教学形式的不同，又可分为广播、电视、函授、面授、自学考试等不同形式的教育。

教师法是调整教育教学活动中以教师为一方而产生的社会关系的单行法。随着现代社会和现代教育的发展，教师已经成为一种从业人数最多的职业之一，同时也是教育事业发展中的一个最重要的因素，因而构成了教育调整的一个相对独立的部门。我国教师法调整的主要问题有教师的法律地位、待遇、权利、义务、任职资格、职务评定、评价考核、进修提高以及师资培养等方面的内容。

教育经费法是就教育经费的来源、分配、使用中产生的种种关系和问题而制定的单行法。由于教育事业规模宏大，教育经费的开支在国家预算中占据着重要的地位。教育经费一般包括教育基本建设费、教师工资和其他费用几个部分。我国的教育经费由于缺乏法律保障，在国民经济中的分配比例一直偏低，成了普及和发展教育事业的掣肘。教育经费来源渠道比较单一，社会力量尚未得到充分调动，现行教育经费管理体制造成经费筹措、分配与作用的脱节，不利于统筹规划教育事业发展。教育经费管理制度不严，资金使用效率较低，甚至发生挤占、挪用教育经费、铺张浪费等现象。鉴于以上情况，我国很有必要对教育经费进行高层次的立法，以法律的形式对教育经费在国民经济中的分配比例、教育经费的来源、分配、使用、监督等作出规定，建立起一个科学、合理的教育经费体系。

教育行政法规是教育法体系的第三个层次，主要是为实施教育法和各单行法而制定的规范性文件。此外，属于较为具体的问题，教育法或各单行法未予规范的问题，也可由行政法规来加以规定。属于这一层次的行政法规由国务院制定和发布，它应是我国教育法的主体。图19-1中列举了20多个方面，还可以根据教育事业发展的需要予以增加。

地方性法规、自治条例、单行条例和规章是教育法体系的第四个层次。其中地方性法规是省、自治区、直辖市和有地方立法权的人民代表大会及其常务委员会为执行国家有关教育的法律、行政法规，根据本行政区域的实际需要而制定的规范性文件。自治条例、单行条例则是民族自治地方的人民代表大会依照当地民族的政治、经济和文化的特点制定的规范性文件。地方性法规和自治条例、单行条例规范着各地方政治、经济和文化等各方面的活动，其中有关教育活动的法律规范是教育法体系的主要组成部分。

教育行政规章，是教育法体系的第五个层次，属于这一层次的行政规章一般由国务院各部、委制定和发布，其效力要低于行政法规。规章的制定主要依据法律和行政法规，并可以因实际工作的需要而变化。此外，省、自治区、直辖市以及省、自治区人民政府所在地和经国务院批准的较大的市人民政府，根据行政需要而制定的规章，也是这一层次不可缺少的一部分内容。由于各地实际情况的差异，因此，这一层次的法规也就因地而异。

以上是我国教育法体系的基本轮廓。

（三）《中华人民共和国教育法》的制定及其意义

《中华人民共和国教育法》（以下简称《教育法》）已于1995年3月经第八届全国人民代表大会第三次会议审议通过并正式颁布。这是新中国成立以来制定的一部教育的根本大法。《教育法》的制定，标志着我国开始进入全面依法治教育的新时期，我国教育工作从长期以来主要依据政策文件的轨道，开始转入主要依据法律法规的轨道。这是我国教育法制建设进程中一件具有里程碑意义的大事。

1.《教育法》的制定

改革开放以来，随着党和国家工作重心的转移和经济建设的发展，教育作为关系社会主义现代化建设全局和社会主义历史命运的一个根本问题，被摆在了突出的位置。党中央、国务院一再强调要把教育摆在优先发展的战略地位，努力提高全民族的思想道德和科学文化水平，并把这一举措视作实现我国现代化的根本大计。这是从我国的国情出发，在经济建设指导思想上的一个重大发展，是加快我国改革开放和现代化建设的迫切要求。为此，党和国家采取了一系列重大的政策措施。1993年2月，党中央、国务院制定了《中国教育改革和发展纲要》，要求“面对改革开放和现代化建设的新形势，各级政府、广大教育工作者和全社会，必须对教育改革和发展具有紧迫感，真正树立社会主义建设必须依靠教育和‘百年大计，教育为本’的思想，采取切实有力的措施，落实教育的战略地位，加快教育的改革和发展，开创教育事业的新局面”。1994年6月，党中央和国务院召开了全国教育工作会议，国务院制定了关于《〈中国教育改革和发展纲要〉的实施意见》，江泽民同志在会上再次强调：“在整个社会主义现代化建设的过程中，教育优先发展的战略地位必须始终坚持，不能动摇。”这些重大决策，对落实教育优先发展的重大决策，推进教育改革和发展起到了重要的作用。同时，各地、各部门也采取了一系列政策措施和实际行动，出现了全党全社会重视教育、宣传教育、支持教育的可喜局面。

但是，我国教育的发展还很不平衡，在实际工作中，由于诸多方面的原因，仍有一些地区和部门未能完全落实教育优先发展的战略地位。教育战线仍存在一些实际问题，如教育投入不足，办学条件有待改善，教师工资、住房等待遇问题远未根本解决，教育内部也存在着中小学乱收费、学生课业负担过重、办学指导思想偏离教育方针、办学质量和办学效益不高等一系列问题。事实说明，仅仅依靠政策和行政手段，靠行政领导的重视，是难以完全解决这些问题的。这仍然是一种“人治”思想，其结果往往是人在政举、人去政息，甚至人在政不举，给所在地区、部门的工作造成损失。社会主义市场经济体制的建立和现代化的实现必须有完备的法制来规范和保障，教育的改革和发展也有赖于教育法制的建立健全。因此，加快教育法制建设，建立起教育法律、法规体系的框架，就成为事关教育改革和发展全局的大事。

改革开放以来，我国在教育体制改革和教育事业发展方面积累了许多有益的经验，深化了对建设中国特色社会主义教育的规律性认识，这些都需要从法律上加以确认和巩固。与此同时，随着我国教育改革的深入发展，一个幼儿、青少年、成人教育纵横贯通，学校、家庭、社会密切配合的一体化的教育体系正在形成。显然，规模如此宏大的教育事业要做到有序运行，仅靠行政管理手段是不够的，它要求各项教育工作必须依据于法。只有充分发挥法律的规范作用和调节作用，才能体现国家的整体利益，才能保证学校教育目标，方向的正确以及教育、教学活动的连续性和稳定性。

改革开放以来，随着社会主义民主与法制建设的加强和教育的改革与发展，教育立法工作也逐步得到重视和加强，在《教育法》通过之前，先后颁布了《中华人民共和国学位条例》、《中华人民共和国义务教育法》、《中华人民共和国教师法》等法律以及《中华人民共和国教学成果奖励条例》、《中华人民共和国残疾人教育条例》等16部教育行政法规；国务院教育行政部门单独或与其他部、委联合发布了数百个有关教育的规章；省、自治区、直辖市以及有地方立法权的城市，也制定了大量的地方性教育法规和规章。这些法律、法规的实施，初步结束了我国教育工作无法可依的局面。但是，这些法律、法规都只是调整和规范某一方面教育关系或某一项教育工作，没有为我国全面依法治教提供完整的、基本的法律依据。教育领域中许多需要法律调整的关系和问题还无法可依，政策和行政手段在相当程度上和相当范围内还在代替法律的功能。在已有的教育法规中，还存在着不协调、不统一的现象，存在着一定的随意性和盲目性，这些问题的存在使教育立法远不能适应全面依法治教的需要。为了使我国的教育立法工作协调发展，为了早日建成符合我国国情的教育法体系，使教育关系的调整、教育资源的配置、教育管理职能的转变以及教育事业的发展同社会主义市场经济体制相适应，我们不仅应有大量的单行法规，更应有一部统御全局的基本法律。

从国际上看，20世纪80年代末90年代初，世界各国为了争取21世纪的主动权，纷纷加强本国的教育立法，以促进其教育的进一步发展，以至形成一股教育立法的国际新浪潮。英国率先于1988年通过《教育改革法》，法国于1989年制定了《教育改革指导法》，日本于1990年制定了《终身学习振兴法》，俄罗斯于1992年通过新的《俄罗斯教育法》，美国于1994年颁布了《2000年教育目标法》，印度尼西亚制定了《国家教育制度法》。如果我们不加快教育立法的步伐，将会使我国的教育再一次处于落后的境地。因此，教育立法，刻不容缓。

我国《教育法》从1985年开始进行前期调研起草工作，到1995年正式审议通过，经十年磨砺，最后提交八届全国人大三次会议的《教育法（草案）》，已是经过十年调查、研究和起草的第十二稿了。整个过程充分发扬民主，在民主的基础上集中集体智慧，具有广泛而扎实的群众基础，集中体现了全党、全社会重视、支持教育的共同意志，最终以较完善和成熟的教育基本法律的面貌出现在人们面前。

2.《教育法》的法律地位与具体意义

《教育法》是由全国人民代表大会审议通过的，在我国法律体系中，《教育法》是宪法之下的国家基本法律，与刑法、民法、农业法、环境保护法、劳动法等基本法律处于同等的法律地位。

在教育法体系中，《教育法》处于"母法"的地位，具有最高的法律权威。《教育法》的颁布，使我国教育工作开始全面置于《教育法》的规范之下，为全面依法治教提供了基本的法律依据，标志着我国教育工作进入了全面依法治教的新时期。《教育法》共10章84条，涉及面很宽，内容非常丰富。作为"母法"和根本大法，《教育法》在全面总结我国教育改革和发展正、反两方面的经验，尽可能作出明确规范的同时，考虑到深化改革的需要，作出了一些具有导向性的原则规定。《教育法》在对关系到我国教育改革和发展全局的一系列重大问题作出原则规定的同时，还明确了法律责任，加强了它的可操作性，以保证顺利实施。

《教育法》的意义，具体地说，它从以下几个方面为我国全面依法治教提供了基本的法律依据。

（1）《教育法》确立了我国教育的社会主义性质、方针和基本原则。

第一，教育的性质和地位是一个关系到我国教育事业的全局性的重大问题，对于发展我国的教育事业具有核心的指导意义。为了确保教育应有的性质和地位，需要以法律的形式对其加以确定。因此，我国教育的性质和地位的规定，是《教育法》的重要内容。

我国《宪法》第十九条第一款规定："国家发展社会主义的教育事业，提高全国人民的科学文化水平。"《教育法》第三条规定："国家坚持以马克思列宁主义、毛泽东思想和建设有中国特色社会主义理论为指导，遵循宪法确定的基本原则，发展社会主义的教育事业。"上述规定，清楚地表明，我国的教育是社会主义性质的教育。

第二，教育方针是国家在一定历史时期，根据政治、经济发展的要求而规定的教育工作的总方向和行动指针。它是制定各项教育政策的基本依据。

综观世界各国有关教育方针的立法，一般都将其载于国家根本大法——宪法或教育基本法中。我国《教育法》根据《宪法》的有关规定和《中国教育改革和发展纲要》的精神，第一次通过立法完整地规定了我国的教育方针，这对我国教育事业的发展具有重要的意义

《教育法》第五条规定："教育必须为社会主义现代化建设服务，必须与生产劳动相结合，培养德、智、体等方面全面发展的社会主义事业的建设者和接班人。"这就是新时期我国的教育方针。

第三，我国教育事业的基本原则，主要有如下一些内容，即：教育机会的均等，教育的终身化，教育的公共性，教育的民主性，继承和吸收优秀文化成果，对少数民族、边远贫困地区和残疾人的特殊扶持和帮助，有关教学语言文字和鼓励教育科学研究等。

一是教育机会均等的原则。《教育法》在借鉴各国教育法关于教育机会均等原则的基础上，规定了既符合我国国情，又具有一定先进性的教育机会均等原则，即："公民不分民族、种族、性别、财产状况、宗教信仰等，依法享有平等的受教育机会。"

二是教育的终身化。《教育法》突破了传统的单一、封闭的学校教育体系，规定了要建立和完善终身教育体系的导向性条款，并且在基本教育制度和受教育者的权利和义务中对终身教育作了明确的规定。《教育法》第十一条第一款规定："国家适应社会主义市场经济发展和社会进步的需要，推进教育改革，促进各级各类教育协调发展，建立和完善终身教育体系。"

三是教育的公共性。教育的公共性，是现代教育的特征。《教育法》第八条规定："教育活动必须符合国家和社会公共利益"，"国家实行教育

与宗教相分离，任何组织和个人不得利用宗教进行妨碍国家教育制度的活动”。这一规定体现了教育的公共性原则。

四是教育的民主性。《教育法》在保障公民享有受教育的平等机会的同时，教育的民主性主要体现在以下一些方面：坚持和完善中国共产党对教育工作的领导，建立健全以教师为主体的教职工代表大会，参与学校的民主管理和监督；尊重学生人格，建立民主平等的师生关系；促进社区及企事业监督；改革教育管理体制，简政放权，扩大学校的办学自主权；等等。

五是继承和吸收优秀文化成果。《教育法》第七条规定：“教育应当继承和弘扬中华民族优秀的历史文化传统，吸收人类文明发展的一切优秀成果。”

六是对少数民族、边远贫困地区和残疾人的特殊扶持和帮助。《教育法》第十条规定，“国家根据各少数民族的特点和需要，帮助各少数民族地区发展教育事业”；“国家扶持边远贫困地区发展教育事业”；“国家扶持和发展残疾人教育事业”。这一规定充分体现了国家对少数民族、边远贫困地区和残疾人的特殊扶持和帮助原则。

七是有关教学语言文字的原则。《教育法》第十二条规定：“汉语言文字为学校及其他教育机构的基本教学语言文字。少数民族学生为主的学校及其他教育机构，可以使用本民族或者当地民族通用的语言文字进行教学。学校及其他教育机构进行教学，应当推广使用全国通用的普通话和规范字。”

八是鼓励教育科学研究。《教育法》第十一条第二款规定：“国家支持、鼓励和组织教育科学研究，推广教育科学研究成果，促进教育质量的提高”。

（2）《教育法》确立了教育在社会主义现代化建设中优先发展的战略地位，规定了国家保障教育事业优先发展的重大措施，突出强调了各级政府在教育投入方面的责任。《教育法》第四条第一款规定：“教育是社会主义现代化建设的基础，国家保障教育事业优先发展。”

（3）《教育法》确立了中国特色的社会主义现代教育制度的法律基础，规定了基本的教育制度，并为建立和完善终身教育体系提供了法律依据。

（4）《教育法》分别确定了各类教育关系主体的法律、地位、权利、义务，把教育关系主体的行为纳入法制化、规范化的轨道。

（5）《教育法》针对确立的义务性规范和禁止性规范，结合我国实际，规定了相应的法律责任、处罚形式，并明确了执法的机关，大大加强了《教育法》的权威性和实效性。

（四）我国完备的教育法制建设的基本目标

《教育法》的制定，只是进入全面依法治教新时期的开始，全面依法治教的实现是一个长期的、艰苦努力的过程。《教育法》颁行之后，还要制定其他配套的法律、法规、规章;《教育法》监督的各项制度还有待逐步建立和完善；人们依法治教的观念还须逐步形成，就是《教育法》本身，也需要随着教育的改革和发展而不断总结经验，逐步充实、完善，依法治教仍然任重道远。

建立完备的教育法制，实现依法治教，这是我国社会主义教育事业发展的客观要求，也是我们总结历史的经验教训得出的深刻结论。从1949年新中国成立一直到"文化大革命"结束为止，教育法制建设经历了一段不应出现的曲折而不平坦的道路。改革开放以来，我国的教育立法才得以真正起步，教育立法有了很大进展，但是对比某些发达国家，我国目前的教育法制建设仍然相当落后。建立健全的教育法制仍是一项艰巨而繁重的任务。完备的教育法制建设还须达到如下基本目标。

一是有完善的法制，保证贯彻国家对于教育的基本方针、政策，明确教育的地位和作用，规定教育的根本任务，使各级各类教育的培养目标、学制，各级各类学校的规格及基本的管理制度规范化，为教育行政管理提供明确的依据和目标。

二是有完善的法制，保障公民的受教育权利和全面发展的权利，使之不受任何机关、组织和个人的侵犯。在公民受教育权利受到损害时，有相应的法律措施予以救济。

三是有完善的法制，保障学校的教育教学环境和教学秩序不受干扰，改善办学条件，保护教师和学生的合法权益。

四是有完善的立法制度和包括法律、行政法规、地方性法规在内的比较完备的教育法体系，保证教育工作的各个方面都有法可依，不同法律效力的法律形式协调发展，真正发挥其调节作用。

五是有明确的法律责任规定，做到执法必严，违法必究，有效地保护教育事业的健康发展，追究并处理违反教育法的行为。

六是有完善的法律监督制度，对教育法的实施情况进行有效的监督，同一切违法与犯罪行为作斗争。

要达到以上目标，不仅要制定完备的法律法规，而且要在执法、守法、监督、普法等各个方面花大力气为之奋斗，可以说这是一项巨大的社会性的法治工程。

四、教育法制建设与教育法学

不论国外或在国内，教育法制化建设，非常需要教育法学这门教育学和法学的边缘学科进行专门的有关理论研究。

教育法学是研究教育领域的法律现象及其发展规律的科学，它的主要研究对象是教育法规。教育法规是国家组织、指导、调节教育活动、教育事业的法律手段，是教育管理的基础和依据。它是我国法律体系中的一个部门，是社会主义教育制度在法律上的集中表现。

（一）建立教育法学的意义

1. 建立教育法学是加强教育立法和健全社会主义法制的需要

党的十一届三中全会提出，发展社会主义民主，健全社会主义法制建设，是我国社会主义法制建设的重要组成部分。中共中央《关于教育体制改革的决定》中进一步提出，“要加强教育立法工作”。教育要靠正确的教育思想、教育理论，有正确的方针、政策，还要有教育的法规。事实证明，教育立法是推动教育事业发展，加强宏观管理和保障教育事业健康发展的有力手段。加强教育立法工作，逐步形成一种既有全国性的法律、法规，又有地方性法规的教育法体系。教育法规是教育法学产生和发展的基础，而它的形成与发展又必然受教育法学理论的指导，教育法学的发展则可以促进教育立法体系的完备，使教育法规更符合教育事业发展的客观规律，从而促进、保障教育事业的健康发展。

2. 建立教育法学是管理社会主义教育事业的需要

教育法规是国家管理教育事业所必须遵循的准则和规范，是实现“以法治教”的前提。为了适应社会主义现代化建设的发展，国家各个方面的管理活动，都将逐步用法律的形式来加以规范。教育事业是有目的、有组织、有系统的社会活动，当然不能没有管理。近些年来，发达国家对教育广泛使用立法手段进行宏观控制。运用法律管理教育、管理学校，也是社会主义国家的重要职能。教育法学是研究教育管理行为怎样实现规范化、制度化，怎样按照教育规律管理教育，提供保障和寻求法律调整教育事业内部和外部关系的合理模式，探讨教育管理中如何控制，调节人、财、物、时间、信息、资料等诸种要素，以及制定部门法规和各项教育制度、领导体制等。

3. 建立教育法学是提高人们的社会主义教育法律意识，培养和造就一代知法、守法的教育管理干部的需要

我国早在1902年《钦定师范学堂章程》规定设置的课程中，就有教育法令的科目。在1913年，当时教育部公布的高等师范学校课程标准中，也有教育法令的科目，作为师范学校学生的必修课程，后来发展成为教育行政一科的部分内容。1985年11月22日，全国人大常委会作出的《关于在公民中基本普及法律常识的决议》中规定，大学、中学、小学以及其他各类学校，都要设置法制教育的课程，或者在有关课程中增加法制教育的内容，列入教育计划。中共中央《关于社会主义精神文明建设指导方针的决议》中也提出，人们必须懂得与自己工作和生活直接有关的法律。今后，国家对各方面的管理，其中也包括教育，将从主要依靠政策，转到既要依靠政策，又要按照法律办事的轨道上来。这样，干部特别是领导干部如果不懂法，就难以适应现代化的教育管理和学校管理的要求。

目前，我国一些师范院校，只是开设有关教育法规方面的讲座，比较零碎，其内容缺乏系统化、专门化，有待充实和提高。应对教育管理专业的学生进行系统的法学理论教育和我国教育法规的业务教育，提高他们的理论水平和业务水平，增强他们的法制观念和法律意识，养成守法和依法办事的良好习惯。

4. 建立教育法学是开展现代教育科学全方位、多层次研究的需要

教育是一种十分复杂的社会现象，它同社会生活的各个方面都有密切的联系，因而，在教育科学的产生和发展过程中，既出现了研究教育一般规律的教育学原理，也出现了与其他学科相结合的各门分支、边缘学科，教育法学就是其中之一。它以马克思主义法学理论为指导，将教育现象、教育过程作为法律现象、法律过程来认识，并以法学所特有的方法分析教育问题。教育法学的出现，是法律科学也是教育科学发展的客观需要和必然结果，开展以确定具有中国特色的教育法学为目的的教育法研究，是现代教育科学面临的一项重大课题。

（二）教育法学的基本内容

教育法学的内容是由这门学科的研究对象决定的。它主要有以下几

个方面。

一是研究教育法的对象、本质、特征和作用，以及它产生、发展、变化的规律。教育法是将体现统治阶级政治、经济利益的教育方针、教育宗旨具体化、法制化，以实现国家对教育事业的领导和监督。它是调整国家机关、企业、事业单位、社会组织，以及公民之间在教育活动中发生的社会关系的行为规范，是一定社会经济基础的产物，是统治阶级教育意志在法律上的集中表现。

二是研究教育立法的理论，包括立法的目的、指导思想和基本原则，教育政策和教育法规、教育立法与教育科学之间的依存和制约关系，教育法的结构、模式，教育立法预测和对未来教育立法的建议。

三是研究教育法律关系的性质、特征和构成要素。社会主义教育法律关系的主体有国家、教育行政机构、学校领导人、教师、学生等；社会主义教育法律关系的客体，是指在教育过程中体现法律权利与义务关系的物、行为和精神财富；社会主义教育法律关系的内容，就是教育法律关系所享有的权利和承担的义务，教育行政部门、校长的职责与权限，企业、事业单位和其他社会团体开展职工教育的责任等。

四是研究教育基本法、部门法的内容。诸如义务教育法律制度、成人教育法律制度、民族教育法律制度、学校制度、考试制度以及社会主义教育体系。

五是研究教育法律的实施，对现行教育法规的分析与评论等。

六是对各国教育法的比较研究。

七是研究教育法学的基础理论，如教育法学的对象、教育法学的科学体系。

近几十年来，随着教育法规的大量制定和实施，发达国家对教育法的研究已进入了大发展时期，于是教育法著作、教育法专业期刊、丛书、教育法协会等纷纷出现。例如，1957年，联邦德国国际教育大学法律系的汉斯·赫克尔教授和希普教授的《学校法学》，赫克尔教授的《学校法与学校政策》，等等。美国在20世纪50年代中期，80%的教师教育大学开设学校法课程，并成立了世界上最早的教育法学会——全美教育法问题研究协会，会员中有教育行政学者、教育行政官员、律师、教育学者以及法学者等。日本自20世纪70年代成立教育法学会以后，以确定教育法学为目的的教育法研究不断加深和扩大，并注重教育学和法学之间的综合研究。

1972年1月，我国法律出版社创刊《教育和法律》季刊，该刊发刊词中指出："教育家要学习法律，法律学家要学习教育。"[①]1984年10月，全国人民代表大会教育科学文化卫生委员会召开了新中国成立以来的第一次教育立法座谈会。2012年3月，我国第一本面向普通高等院校本科教育的国家级规划教材《教育法学》[②]正式出版。相信随着教育立法工作步伐的加快，必然会吸引更多的教育学者、法律学者从事教育法的研究，具有中国特色的教育法学体系将会构建起来。

① 丁胜源、陆进达：《关于建立具有中国特色的教育法学的意见》，《教育研究》1987年第12期。

② 尹力主编：《教育法学》，人民教育出版社2012年版。

第二十章 教育评价

一、教育评价的发展过程

教育评价，作为一种教育思想和理论，曾经历了一个历史的发展过程，我们要为教育评价这个概念作界说，首先须对教育评价的发展过程和呈现出来的主要特点作一番历史考察和分析，才有可能。

（一）教育评价的发展过程及其主要特点

教育评价这个概念，首先出现在美国，教育评价作为一门新兴学科，也首先在美国出现。在美国大学的教育学院内，教育评价学的开设，甚为普遍。它首先是由“美国进步主义教育联盟”于1933年提出，后经泰勒等“八年研究”（1933—1940年）实验，又提出教育评价的指导思想和方法要求。20世纪60年代教育评价理论蓬勃发展并受到世界各国的普遍重视，逐步成为教育科研的重大领域之一。近年来，教育改革成为世界性的潮流，改革方案、实验设计等普遍需要科学的评价。新的教育理论的出现和各种评价技术的进步，以及人民群众对教育民主化的要求，都促进了教育评价的发展。现在，“国际教育成就评价协会”已经成立。联合国教科文组织也十分重视教育评价，把教育评价的技术水平作为评定一个国家教育发达程度的重要标志之一。

纵观教育领域教育评价的历史发展过程，总的可以说，它经历着从传统考试制度到教育测验运动又发展到现代教育评价三个阶段。美国心理学家桑代克曾被称为“教育测验之父”。他对教育测验的建设和发展作出了重要贡献。教育测验在测试学生考试成绩上，具有了客观化、标准化的特点，与传统考试相比确有很大超越，是考试制度的一大进步。几十年来，教育评价技术的巨大进步，不仅是由于教育基本理论的发展和社会对教育评价的需要，还受到了教育学科中其他分支学科，如心理与教育测量、教育统计学、教育经济学等学科的支持，再加上管理科学、系统科学、信息科学和数学的发展，也给教育评价科学的形成创造了良好条件。在这些学科中，教育测量学对教育评价的贡献尤为突出。教育测量学的每一进步，几乎都使得教育评价科学更完善一步，可以说，教育评价是从教育测量学的发展而发展出来的。现在，教育评价即教育测验的思想被许多人所接受。

教育评价之所以成为一门科学，重要的一条就是因为教育测量学等其他学科为教育评价过程中收集评价信息的环节，提供了许多科学的、客观的方法。如果没有这些方法，教育评价仍然会停留在“软评价”的水平上；而如果教育评价的科学性受到怀疑，其评价结果就可想而知了。

从测验到评价的转化，一般认为是美国进步主义教育协会所搞的“八年研究”的结果。20世纪30年代初，美国一些教育家成立了“进步主义教育联盟”，他们在七所大学和三十多所中学进行课程内容改革的实验。他们边实验边评价，还专门成立了以泰勒教授为首的评价委员会。这就是著名的“八年研究”。“八年研究”把研究时设计的一套符合新课程目标的教育成绩考察的原则和方法命名为“教育评价”。40年代教育评价在美国推广，第二次世界大战后逐渐为其他国家所采用。以后，随着教育价值观的变化，现代西方教育评价出现了如下新的特点。

第一，评价对象和范围不断扩大。一方面，评价对象的范围已不限于对学生的学力评价，而是扩展到学生德、智、体的各个方面，并以此作为衡量教育质量好坏的标准；另一方面，现代教育评价又不限于对学生的评价，还包括对其他各个领域的评价。教育评价活动的主体从专门的教育工作者，逐步扩展到各级教育行政部门和广大人民群众，教育评价活动得到了广泛关注。不少国家的各级教育行政部门成立了教育督导机构，教育评价的功能得到了充分、广泛的发挥。

第二，重视自我评价的功能，注意发挥被评价者的作用。这不仅有利于人们发现自己的问题，调整今后的努力方向，而且有利于调整他人评价与自我评价在心理上产生的不平衡状态，以防止对立情绪。

第三，在技术上、方法上力求科学化。探讨各种定量的方法，并作为提高教育评价科学性的重要手段，但又不单纯追求定量的方法，因为有的评价领域很难量化，所以趋向定性与定量相结合的方法。

第四，从评价形态上看，重视形成性评价。以前比较重视总结性评价，而现在多重视形成性评价，力求在评价的过程中及时发现问题，从而调节行为方式。教育评价的功能发生重大转折，教育评价从过去着重评优劣、分等级、排名次的鉴定功能和选拔功能向今天侧重导向、改进、调节和激励的功能转变，为实现教育目标服务。

第五，评价的指导思想从为少数人服务转变为促进所有儿童充分全面的发展。教育评价从过去要“选择适合于教育的儿童”转变为“创造适合于儿童的教育”。随着教育评价活动的普及和教育评价理论的发展，人们先后提出了比较系统的教育质量评价原则、评价方法及评价程序，并试图建立教育质量评价体系。

从教育评价产生、发展的历史过程分析，我们可以看到以下几点。首先，由于不同的哲学思想和方法论基础，人们对价值、价值评价、教育评价的理解并不相同，以至产生了众多对教育评价概念的表述，至今仍没有一个公认的科学定义。其次，人们对教育评价的对象的认识和确定是由小到大，从微观到宏观，由部分到总体，不断扩大的。比如，桑代克和哈根等人认为，教育评价就是教育测验，把教育评价过程容纳入教育测验过程之中。泰勒在教育测验之外，增加了教育目标在评价中的作用，目标是既定的，教育评价要依据教育目标进行。他进一步指出，教育评价不能停留在与教育目标的对照上，更重要的是指导行动，为教育决策提供信息，强调教育评价的反馈、调节作用。再次，教育评价不但包括上述所有内容，而且也可以评价教育目标。1981年，美国12个与教育评价有关的组织的17名成员组成的“评价标准联合委员会”，对教育评价下定义时指出，评价是对教育目标及它们价值的判断的系统调查，是为教育决策提供依据的过程。

（二）教育评价的对象

评价是一个在社会生活中应用得很广泛的概念，泛指人们依据自己的需要和见解，对作为客体的人或事所客观具有的或正面或反面的价值属性的判断和衡量。教育价值评价，就是指作为主体的人形成对作为客体的教育现象的社会价值作出判断和衡量，其结果是使人们形成一定的教育价值观。因为，所谓价值，它包括价值关系和价值属性这两个方面。所谓价值关系，指价值是客体与主体需要之间的一种关系。价值是一种关系范畴，而不是实体范畴。所谓价值属性，指价值是一种客观的社会属性。价值的客观性，既不表现为实体性、客体性，也不表现为主体性，而是表现为客体与主体之间的一种客观关系。这也就是说，价值（价值关系或价值属性）作为实践关系的产物，其属性是客观的，这是价值与价值评价的根本不同点。

相对于价值的客观性来说，价值评价则是主观形态的东西。人们对同一事物会有完全不同的评价，是毫不奇怪的事。价值评价实际上是价值，即客体与主体需要的关系在人的意识中的反映，是对价值的主观判断、情感体验和意志保证及其综合。价值评价作为一种意识反映，当然有主观随意性，有真有假，有对有错，但不应将它与价值本身混同起来。

毫无疑问，教育评价和价值评价此二者是有其共同之处的，其共同之处主要表现在：教育评价也属于价值评价范畴，在性质上，它也同样属于主观形态的东西，也容易出现主观随意性，甚至有真有假，有对有错。

但是，必须明确指出，教育评价并不是指人们的教育价值评价，它并不要求人对教育现象的社会价值作出判断和衡量，而是指作为主体的人对同样作为主体的其他人所进行的教育活动及其结果作出判断和衡量。简单地说，就是人们对教育活动及其结果的评价。人们的教育活动尽管千差万别，结果不一，但均分属于或宏观或微观这两个不同的层次。于是，大至宏观的教育事业部门、学校机构，小至微观的教育、教学活动领域，上至教育部长、校长的管理工作，下至教师的课堂教学和其他教育工作，都可以是人们进行教育评价活动的对象而被置于教育评价客体的地位。所以，可以说教育评价的发展过程，是教育评价概念的内涵不断缩小，而其外延不断扩大的过程。这种发展特点不仅展示了教育评价的理论思想不断趋于完善，而且也说明了人类自为教育的不断进步与发展。

二、教育评价的分类、性质和作用

（一）教育评价的分类和性质

根据以上对教育评价含义与对象的分析与认识，教育评价大体可分为宏观教育领域的评价和微观教育领域的评价。所谓宏观的教育领域，主要是指国家管理的教育事业；所谓微观的教育领域，主要是指学校教育中的教育、教学活动。宏观教育评价不仅可以对各级各类教育事业进行评价，而且可以评价教育事业的基本制度和基本原则；微观教育评价则主要对学校教育中的教育、教学活动以及其他教育因素进行评价。因为不管是宏观的教育事业，还是微观的教育、教学活动，其现实的存在状况，都是人们活动的结果，都应是教育评价的客体和对象。而作为教育评价主体其构成则尤为广泛，既可以是教育行政的管理人员，也可以是校长、教师；既可以是教育科研人员，也可以是学生家长；既可以是学校其他工作人员，也可以是学生；等等。

教育评价不论是宏观的教育评价，还是微观的教育评价，其根本目的都是为了提高教育工作的质量和教育效率，促使教育事业的目的和教育培养目标的完满实现。因此，教育评价从根本上讲，它具有为实现教育事业的目的、为培养目标服务的手段和工具的性质。从宏观上讲，它有助于教育事业的科学化管理。在整个国家教育事业中，把教育评价制度化，就成为国家教育基本制度中不可缺少的一个组成部分和重要内容。我国的教育督导制度和教育评估制度，都是基于教育评价的思想理论建立起来而成为国家教育基本制度中的重要内容和组成部分的。在教育学领域，把教育评价理论系统化，则可使之成为教育学体系中的一门分支学科。今天，教育评价学事实上在国外大学中已经普遍开设，在国内教育理论领域也已广泛传播，并进行着有益的探讨，这些都推动了我国教育评价在理论上和实践中的发展。

（二）教育评价的作用

教育评价在教育理论上和教育工作中，越来越受到各国教育行政部门、教育理论工作者和广大教师的重视，这是由它在教育中所客观具有的重要作用决定的。教育评价作为促进教育事业和教育活动发展和完善的一种工具和手段，它客观上所能起到的具体作用是多方面的，主要有以下几个方面。

1. 可以全面掌握各级教育行政部门的管理水平和学校教育质量的状况

通过教育评价，各级教育行政部门可以准确了解评价客体的基本情况，从而可以发现新情况、新问题，总结经验教训，及时提出解决问题的措施和方法，以促进下级教育行政部门和学校工作的顺利进行。

2. 可以准确及时收集教育管理的反馈信息

教育评价过程，也是教育管理信息反馈的过程，由于各地区、各学校存在着客观差异性，对于教育方针政策的贯彻，对上级教育行政部门的指示的实施情况就不同。因此，教育评价过程中，通过深入调查研究，通过各种信息反馈渠道，可以及时地收集到有关反馈信息，对带有普遍性、倾向性的重大问题，可以得到较准确的了解。这对有针对性地提出具体措施，提高管理水平，具有重要意义。

3. 目标导向作用

教育评价以国家教育事业的目的和人才培养目标作为一个客观的标准，通过评价，检验教育过程对目的、目标的实现程度。评价目标具有指向性，对评价目标、指标体系的确认可以使评价具有导向作用。

4. 鉴定作用

鉴定作用是指对被评价对象的工作情况和结果作出某种定性、定量的裁定，指明被评价对象工作的优劣，合格或不合格等不同评价层次及所要达到的程度。

5. 诊断、调节作用

通过评价，及时发现在教育、教学工作中存在的问题，并把这些问题进行分析和诊断，找出问题的关键和解决问题的措施，以指导和改进教育、教学工作，实现教育目标。教育评价的最终目的往往是“不在于证明什么，而在于改进现状”。

6. 激励先进，鞭策后进，增强工作的竞争力

通过教育评价，在各地区之间、校际之间、学科之间和学校各项工作中开展各种形式的评比活动，可以起到激励先进、鞭策后进、增强教育工作竞争力的作用。科学的教育评价，为教育管理工作的优劣提供了客观依据，可以克服管理工作中某些形式主义的弊端，有利于提高教育行政管理的功效。

7. 提高教育科学理论研究水平

教育评价被认为是当代世界上教育科学研究的三大领域（教育基础理论研究、教育发展研究和教育评价研究）之一。它既是教育科学研究的对象，同时它本身也具有教育研究的功能，并且是当代教育研究极有成效的方法之一。一方面，它在评价过程中使用科学的测验方法和手段，对所收集的材料进行系统的分析，并由此得到正确的结论，指导教育实践，这些环节本身就具有极大的教育科研的价值；另一方面，通过教育评价所得到的信息可以给予教育的各方面以极大的影响，并作为改进教育、教学工作以及教育行政和学校管理工作的依据。比如，通过教育评价，对教育、教学中存在的问题进行分析、诊断，其目的就在于指导、改进学校的教育、教学工作。教育科学研究的最终目的也在于指导教育实践。正是从这个意义上来说，教育评价具有教育研究的功能，其本身就是教育研究的重要领域之一。

三、教育评价的原则和标准

（一）教育评价的原则

教育评价的原则，是开展教育评价活动的依据，是整个教育评价指导思想的反映，也是教育评价工作规律的体现。目前，由于人们对教育评价的基本概念认识不一，提出的原则是多种多样的。以下所要提出的原则，主要是属带全局性的，并且需要把它们当作一个整体，才能起到切实的指导作用。

1. 方向性原则

方向性原则在我国是指整个教育评价必须体现社会主义的办学方向。我国的教育方针，就是教育评价的方向和原则，不论何种教育评价，都应遵从这个总的方针，并且要贯穿于评价的各个方面和评价过程的始终。

贯彻方向性原则应该端正教育思想，明确培养目标。教育思想的核心是培养人的问题。培养什么样的人，如何培养，是教育思想的具体体现。如果教育思想不正确，必然会产生错误的人才观和质量标准，就会导致评价工作的失误，使教育工作偏离正确的方向。另外，还应该建立正确的评价标准和指标体系，发挥教育评价的导向功能，使教育评价发挥正确的定向、指导作用，把评价与指导结合起来。

2. 客观性原则

客观性原则是指进行教育评价时，必须采取客观公正的、实事求是的态度。不能先入为主，不能主观臆断或凭个人感情用事。要力求真实、客观，避免主观随意性，使评价工作具有可靠性、可信度，保证评价结果的真实准确。

贯彻客观性原则，目的是要使教育评价的结论真实、可靠。而要做到这一点，还要求有科学的态度和科学的方法；在制订评价方案、标准和指标体系时，应有理论和客观的依据，要遵循一定的规律性要求；每个指标项目，要有独立的、准确的科学含义；在计量方法上，要吸收数学，特别是模糊数学的成果，运用教育统计学、教育测量学、概率论等的有关理论和方法，获取信息，处理数据，使评价结果有较高的信度和效度。

评价标准不是固定不变的，要不断地检验和修正。但不能随意确定，也不能在评价过程中脱离既定的教育目标改动评价标准。

3. 一致性原则

一致性原则是指进行教育评价时，必须采用一致的标准。无论是对于集体还是对于个人的评价，不能对甲采用一种标准而对乙采用另一种标准。

遵循一致性原则，才能区分评价对象的等次，使被评价者知道在群体中的位置，从而扬长避短，发扬优点，克服缺点，激励自己，积极进取。

4. 全面性原则

全面性原则是指在确定或运用评价标准时要全面，不可片面。在评价过程中，要听取各方面的意见，不能只听某一方面或某些人的意见。

全面性原则是由教育工作的复杂性决定的。教育工作中所取得的任何成绩都是由各种要素促成的。因而在确定评价标准时，必须包含各个方面的要素。在具体运用评价标准时，切不可片面地强调构成评价标准的某一个要素或某几个要素，而忽视、抛弃其他要素。

当然这也并不是要求在评价时，对构成评价标准的各方面等量齐观。相反，全面性原则要求既要看主要方面，也要看次要方面，而且要求既不能把主要方面当成次要方面，又不能把次要方面当成主要方面。

5. 可行性原则

教育评价的可行性原则集中表现在“可比、可测、简易”三个方面。

可比性是指评价对象之间或是评价对象与标准之间是否能够比较。许多价值判断是在比较中形成的。如果不能比较，则评价不可行。

可测性是指评价信息是否能够尽量客观地采集到。如果一个评价项目，我们无法用量化的方法对评价对象在这个项目上的状态进行描述，甚至不能采用评语等定性的方式形容，则这个项目完全不可测，那么也无法进行评价。现代教育测量学为教育评价提供了许多有效的测量方法，使教育评价越来越成为实际可行的事，但是，仍然有许多评价项目是难以测量和量化的。如果这些项目是评价中最主要的、必需的，那么，就会由于它的不可测性使评价无法进行。

简易性要求评价工作力求简化，简易可行，切忌烦琐，使人们实际上能接受和操作。评价工作的简化可节省大量人、财、物力，否则，还是不可行。

（二）教育评价的标准

所谓教育评价的标准，就是对教育质量与效益的具体规定。教育评价标准要体现评价的原则，并能用来衡量各项教育工作。它是一定的教育价值观、质量观、效益观的具体化或具体体现。

教育评价标准体系由标准内容、标号、标度三个因素构成。三个因素相互依存、相互补充、相互制约，组成一个有机整体，即教育评价的标准体系。

1. 标准内容

标准内容是指标准的强度和频率。强度是指达到指标体系项目要求的程度或各种规范化行为的优劣程度，又称定性标准。例如，在等级评定中，达到什么程度是优等，什么程度是良好，什么程度是合格等。频率又称次数，是指达到指标体系项目要求的数量或各种规范化行为的相对次数，又称定量标准。例如，学生学习成绩优良人次、优良率，及格人次、及格率等。强度和频率是评价标准的具体内容，它由三种不同性质的标准组成。

(1)效能标准。它包括效果的标准和效率标准两类。效果标准是对照评价指标体系中工作效果的指标确定的评价标准，一般用定量标度。例如，评价教师工作时主要考察学生的知识能力、思想品德等方面发展的情况。效率标准是根据产出和投入的比例衡量工作成果的评价标准。它把人力、物力和时间的投入和成果联系在一起考察。效果标准表现为绝对的成绩，效率标准表现为相对的成绩。由于教育效果具有综合性、滞后性等特点，要完全测定教育效果有一定困难，而且容易造成为追求效果而不择手段的弊端。由于教育的根本任务是培养各类人才，提高人的素质，所以，不宜把效率作为最根本的标准。但是，教育作为国家的一项重要事业，还必须考虑投入与产出的关系，即提高教育工作的效率。在教育评价中要从效果和效率两方面考虑，确定评价标准。

(2)职责标准。它主要是从评价对象应承担的责任和完成任务的情况进行评价的标准。比如，在评价教师教学工作时，要看教师在备课、上课、辅导、作业批改、考试等各环节的工作质量或完成任务的情况。职责标准，可使评价对象增强事业心和责任感，关心工作过程，注意工作方法。

(3)素质标准。它是对照评价指标体系中人的素质或完成任务应具备的工作能力等指标所确定的评价标准。比如，在评价教师教学工作时，要看教师的政治素质、教学能力、知识结构、教育科研素养等。素质是评价对象的基础和条件，是一种长期起作用并能决定日后发展方向和程度的因素。

教育评价内容的三种评价标准是基本的、主要的，这三个组成部分的核心是效能标准，特别是效果标准。职责标准和素质标准是围绕着效能标准而提出来的。

2. 标号

标号是不同强度和频率的标记符号。通常用字母（如 A、B、C）、汉字（如甲、乙、丙）或数字（如1、2、3）来表示。标号没有独立的意思，只表示一种分类。只有当我们赋予它某种定义时，才具有意义。

3. 标度

标度是指评价时测定的单位标准。它可以是测量尺度（即类别、顺序、比值尺度），也可以是现代数学的模糊集合尺度；可以是数量化的单位，也可以是非数量化的标号，既可以是定量的，也可以是定性的。

四、教育评价的类型和步骤

（一）教育评价的类型

针对不同的评价目的、不同的评价内容，或从不同的角度，采取不同的划分方法，教育评价可以划分为许多不同的类型。明确各种类型的特点，对于正确进行教育评价具有重要意义。教育评价的类型和教育评价的方法密切相关，有的彼此结合在一起，难分彼此。

1. 按评价基准来划分

（1）相对评价。相对评价是指以评价对象群体中的平均状况为基准，然后把评价对象与基准进行比较，得出这个被评对象相对于基准的位置，也可用某种方法将被评对象排列出等级顺序。

相对评价的相对性就在于，评价的基准产生于被评对象集合之中。不同的被评对象形成的集合之间的基准就可能不同。基准是随不同集合体的变化而变动的。因此，这个评价基准只适合于产生基准的集合体，对于另外的被评集合体未必适用。比如，在几所学校间进行质量评比，按照某种规则排出名次。排出的第一名只能认为在这几所学校中是最为突出的，而在其他地区的另外几所学校中，这所学校是否仍然第一，则不得而知。

相对评价的特点有二。首先，适应性强，应用面广。只要有多个被评对象的集合形成，就可以进行相对评价，而不必考虑被评对象集合的整体情况如何。“矬子里拔高个”，只要这个“高个”相对高就完成了评价，但同时也就产生了一个缺点，这个“高个”在其他集合体中恐怕只是个"矬子"。由于标准的相对性，我们无法知道整体和个体的实际水平。其次，能反映个体的差异。相对评价能比较清晰地反映被评对象间的距离，排出顺序则可明显地看出个体在集体中的位置，能激励竞争意识。但是，竞争并不是在所有场合都需要的，这时要谨慎使用相对评价。

（2）绝对评价（也称达标评价）。绝对评价的评价基准不是在被评对象中产生的，是由评价者根据教育目标制定的，它可以独立地存在，故称为客观标准。在只有一个被评价对象时，相对评价不能存在，而绝对评价仍可进行。一个绝对评价的基准可以适用于许多需要评价的集合体。

例如，成人高等教育自学考试属于绝对评价类型。评价标准是教学大纲规定的教学目标，并明确考试大纲的要求。这个标准，可以在考试前就制定好。这是相对评价办不到的。体育锻炼的达标考核，也是一种绝对评价。

绝对评价的主要目的是了解被评对象是否达到标准和达到的程度。通过绝对评价，可以明确评价对象与客观标准的差距，激励被评者积极上进。绝对评价的缺陷是，标准很难制定，对评价的目标分类及评价标准等难以做到真正合理、客观。比如，以60分为考试的及格标准，但这个标准是否确实反映了教育目标中的基本要求，是否是真实的及格界限，恐怕难以衡量。

（3）个体内差异评价。个体内差异评价是以被评对象的过去为基准，与现在相比较，或者以被评对象具有的几个方面中的一个方面为基准，其他方面与这个方面进行比较。例如，某生期中数学成绩是60分，期末是85分，说明该生数学成绩上升了。再如，一个学生的外语水平有听、说、读、写四个方面，可以通过全面的考察比较其哪些方面好一些，哪些方面差一些。

可以看出，个体内差异评价都是以一定的相对评价或绝对评价为基础的。个体内差异评价的优点是可以根据个体特点，有利于找出薄弱环节，并且，由于评价在个体内进行，可以避免过度的精神压力，鼓励进步，弥补不足，便于自我调控。

2. 按评价的主体来划分

（1）自我评价的对象既是评价的主体，又是评价的客体；既可以是个人，又可以是集体。

（2）他人评价。他人评价是由评价对象以外的人进行的评价。比如，教育行政部门对下属学校的评价，上级对下级、教师对学生的评价等。一般说来，他人评价比自我评价客观、严格。

3. 按评价的功能来划分

（1）诊断性评价。它一般是在教育活动进行之前，通过对评价对象的主要要素进行测验，对他们的问题及发展情况在价值上给予判断，为改进和提高下一步教学活动提供依据。比如，新学期开始，教师对学生的摸底测验就属于这一类。

（2）形成性评价。形成性评价是在一个教育活动阶段的中间进行的教育评价。它具有问题的诊断、信息反馈、计划调节的作用。一般说来，形成性评价不太强调鉴定评定的作用。

（3）总结性评价。又称为终结性评价。它以对一个阶段工作作出总结为目标。主要用途是对被评价对象作出鉴定，区分等级，了解教育目标的实现程度等。

4. 按评价对象的度量方式划分

（1）定量评价。定量评价是指对事物进行全面深入的定量分析后，在量化的基础上制定出量标，按一定的量标来评价的方法。它用一定的数量反映评价对象所处的数值或状态。它能使一些模糊概念精确化，较好地避免评价的主观性和随意性。但也有局限性，因为有些指标甚至无法进行定量评价，不应强求每一项评价或条目都要量化。定量评价与定性评价并用，才能使评价更科学。定量评价常用方法有加权定量评分法、统计分析法、模糊综合评判法等。

（2）定性评价。定性评价是指对评价对象的特性描述和材料分析之后，确定定性的标准，按一定的标准进行评价。对于那些定量有困难的内容，如对学生品德的评价等，比较难以确定量化指标，用定性评价较适宜。定性评价常用的方法有等级评定法、写评语等。

5. 按评价对象的存在状态划分

（1）静态评价。指在评价对象处于相对稳定状态下对其所进行的评价。例如，对学校现有设备、生源情况、师资水平的评价等。

（2）动态评价。指在一定的时间、空间和情境序列上，了解评价对象诸要素变化的结果，对其进行价值评判。动态评价要立足于评价对象的进步、发展、变化，把近期状态和远期变化情况结合起来进行评价。

6. 按评价的范围来划分

（1）分析评价。指预先根据评价的观点，把评价内容分解成若干项目，分别进行评定。例如，评价课堂教学时，可以分为目的、内容、方法、效果等项目进行评定。

（2）综合评价。指对评价内容进行整体性的评价。在教育评价中，综合评价占有十分重要的地位，它可以反映被评客体的整体状况。进行综合评价，应科学地确定评价的层次、结构以及相应的指标体系和方法，并制订相应的实施方案。

7. 其他教育评价类型

（1）伪评价、准评价和真评价。伪评价的目的和效能在于造成对某一评价对象消极或积极的影响而不考虑对象本身的价值；准评价是一种问题倾向型的活动，通常以某个具体问题为评价对象，考虑解决这个问题的合适方法，而不一定作出价值的判断；真评价通过对教育活动作出价值判断，从而促进教育工作的提高。

（2）软评价与硬评价。从教育评价结果的客观性与有效性等级上加以区分，可分为软评价与硬评价。

软评价存在以下三种情况：一项或多项表明相关关系的研究设计；主观的尚未鉴定的资料；缺乏对资料精确的统计。

硬评价则有另外三种情况：一项辨别因果关系的研究设计；客观、可靠的资料；精确的统计分析技术。

软评价的研究设计是非实验的，资料是主观的，分析是定性的。硬评价则有科学的研究设计、客观的资料和定量的分析。但硬评价在实际中并不能完全实现，目前较好的方式是硬、软评价相结合。

（二）教育评价的步骤

教育评价的步骤就是进行教育评价的先后顺序。教育评价一般按以下五个步骤进行。

1. 确定评价的对象和范围

它要解决以下三个方面的问题。①评价的对象是什么，是评价教师、学生还是教育行政人员，是评价办学水平还是教学质量，等等。②评价的类型是什么，是绝对评价还是相对评价，是状况评价还是结果评价，是他评还是自评，等等。③评价的范围，即评价的人员、时间、地理位置，是局部评价还是全面评价等。

2. 确定评价的目的

评价的目的是评价活动的出发点和归宿，它制约着评价活动的整个过程。它解决“为什么而评”的问题。在实际评价中，对任何一种对象领域的评价都是在一定的目的指导下进行的。评价的目的不同，具体的评价的目标和任务就不同，收集资料的范围和工具不同，对资料的处理和利用也就不同。教育评价的目的一般可分为：改善决策的目的；促进学习的目的；加强管理的目的；开发研究的目的；等等。

3. 设定并分解评价目标

设定评价目标就是确定具体的评价对象，解决“评价什么”的问题。分解评价目标是指在目标的指引下，对评价对象加以分解，建立起指标体系的过程。设定评价目标要把握教育的总目的。各级各类学校要根据我国统一的教育目标制定具体的培养目标，然后再确定各门学科的目标。评价目标设定后，要针对评价对象，根据评价目的的要求，将评价目标分解成不同层次或级别，即对目标进行分类，并使之具体化。评价目标从大到小，从粗到细，越具体、明确，反馈结论才能越精细，矫正才能越准确、有效，既便于评价操作，又有利于目标管理。

评价目标分解后，应选择能反映对象的本质因素、有意义且直观的项目作为指标项目。各指标项目要求内涵明确，外延清晰，区分度高，表达简洁、严密、清楚。然后明确各指标项目的测量方法。

4. 收集和处理教育评价的资料

评价资料的收集是进行评价的依据，它是评价工作的一个实质性环节。在评价资料的收集上，最重要的工作是给评价选择符合评价技术要求的最佳评价工具。评价者要根据评价问题的性质、评价的要求和资料的特征选择科学的评价工具和方法。要根据工具有高信度、高效率和可操作的标准衡量工具的适应性。

收集评价资料主要是根据方案确定的评价对象、内容和范围进行。评价者要根据指标体系，按照标准，逐项收集资料，全面掌握评价对象的情况。资料来源愈充分，愈真实可靠，评价的成功率愈高。

对评价资料进行处理主要包括两方面的工作：首先，对评价资料的验证、核实和检查；其次，对评价资料进行过滤和分类。通过各种方法收集到的评价资料，大多是对评价对象现象特征的描述，这种现象或特征常因具体情况的变化而产生一定的偶然波动性。因此，要准确地反映出评价对象的内在本质，就要对这些波动进行过滤筛选，在确认资料的真实性和准确性后，按照问题的性质和技术处理要求进行适当的分类。

5. 分析评价结果，提出改进措施

这是评价过程的最后一个环节。它包括分析资料，对评价对象的价值效用或问题症结作出综合性评断，对结论进行验证确认，并提出下一步工作的改进措施。由于教育是一个多系列、多层次、多因素的动态过程，有许多现象都是由诸多相关因素交织而产生的，因而常有根据相同资料得出不同结论的事。因此，在综合评断中要分清问题主次，辨别现象与本质，发现事物之间的因果关系并归纳出结论。得出评价结论之后，要根据评价中发现的问题制订改进工作的计划和措施，否则评价就失去了意义。

五、我国两种基本的教育评价制度

我国政府对教育评价的思想、理论和实践是十分重视的，把它视为对教育工作进行宏观管理的重要形式和依法治教、实行行政监督的有效手段。1984年8月，我国正式加入“国际教育成就评价协会”。我国在“七五”计划中提出“加强教育立法，逐步建立系统的教育评价和监督制度”。《中共中央关于教育体制改革的决定》也指出：“组织教育界和用人部门定期对高等学校的办学水平进行评估，对成绩卓著的学校给予荣誉和物质上的重点支持，办得不好的学校要整顿以至停办。”不仅如此，我国政府还对两种基本的教育评价制度作了规定，使之成为我国教育基本制度的重要组成部分。两种基本的教育评价制度是：教育督导制度和教育评估制度。它们都是自20世纪90年代初开始被试行的。

（一）教育督导制度

我国关于教育督导制度有如下规定。

我国教育督导的任务是：县以上各级人民政府对下级人民政府的教育工作，下级教育行政部门和学校的工作进行监督、检查、评估、指导，保证国家有关教育方针、政策、法规的贯彻执行和教育目标的实现。教育督导的范围，现阶段主要是中小学教育、幼儿教育及其有关工作。根据需要也可对上述范围之外的教育工作进行督导。

为了组织和实施教育督导工作，县级以上各级人民政府都要设立教育督导机构。

国家教育部行使国家教育督导职权，设立国家教育督导团在国家教育部领导下负责管理全国教育督导工作。国家教育督导团由总督学、副总督学及国家督学组成，总督学由国务院任命。国家教育督导团的职责是：对国家有关教育工作的方针、政策、法规的执行情况进行监督、检查；主要就省、自治区、直辖市人民政府及有关职能部门对中等及中等以下教育及有关工作的管理情况进行监督和评估；向国务院和国家教育部反映情况，提出建议；拟订有关教育督导工作的法规和重要的规章制度；制订有关教育督导工作的方针、计划、办法和指导方案，组织实施全国性的教育督导工作；指导地方各级教育督导工作；指导督导人员的培训和教育督导理论研究工作。

地方县以上教育督导机构的组织形式及其职责，由各省、自治区、直辖市人民政府确定。各级教育督导机构应设专职督学，也可根据工作需要聘请兼职督学。

督导机构或督学根据国家有关方针、政策、法规进行督导，其职权有：列席被督导单位的有关会议，要求被督导单位提供与督学事项有关的文件并汇报工作；对被督导单位进行现场调查。对违反教育方针、政策、法规的行为，督导机构或督学有权予以制止。督导机构或督学完成督导任务后，应向被督导单位通报督导结果，提出意见和建议。被督导单位如无正当理由，应当接受其意见和建议，并采取相应措施改进教育工作。督导机构完成督导任务后，应向本级人民政府、教育行政部门及上级督导机构报告督导结果，提出意见和建议，并可向社会公布。

被督导单位或人员如有阻挠或破坏督导工作的行为，督学如有滥用职权，违反政策和法规的行为，都要视情节轻重给予行政处分。

我国的教育督导制度从20世纪90年代初开始试行，尚需在总结经验的基础上进一步完善。

（二）教育评估制度

我国的教育评估制度，也是基于教育评价思想而产生的，并同样是政府对教育机构实施宏观管理的重要手段。由于现代教育评估是以科学的调查和分析方法为基础的，其评价结果有较高的可信度和有效度，因而对政府的科学决策具有十分重要的意义。同时，它也是推动学校的其他教育机构进行改革，提高教育质量和办学水平的一种有效机制。

所谓教育评估是指各级教育行政部门或经认可的社会组织，对学校及其他教育机构的办学水平、办学条件、教育质量进行综合或单项的考核和评价。

目前我国所进行的教育评估的类型主要包括合格评估、水平评估和选优评估。在评估的内容方面又可分为综合评估和单项评估。在实施评估的方法上又可分为政府机构组织的评估、社会评估以及教育机构的自我评估。

合格评估是国家和教育行政部门对新建学校的基本办学条件和基本教育质量鉴定、认可的制度。一般在批准建校招生五年后，或有第一届毕业生时进行。目前主要对象是普通中等专业学校和普通高等学校。鉴定工作以国家颁布的有关学校设置标准和教育质量标准为依据。鉴定结论分合格、暂缓通过、不合格三种。鉴定合格的学校由教育行政部门规定权限发给合格证书并予公布。鉴定暂缓通过的学校需在规定期限内采取措施，改善办学条件，提高教学质量，并需要重新接受鉴定。经鉴定不合格的学校，区别情况责令其限期整顿，停止招生或停办。

办学水平评估是对已经鉴定合格的学校进行的经常性评估，它分为整个学校办学水平的综合评估和学校中思想政治教育、专业(学科)教学、课程设置及其他教育工作的单项评估。评估结束后应作出结论，肯定成绩，指出不足，提出改进意见，必要时责令限期整顿。对办学成绩突出者应给予表彰。

选优评估是在办学水平评估的基础上，遴选优秀，择优支持，促进竞争，提高水平的评比选拔活动。一般在国家和省(部)两级进行。根据选优评估结果排出名次或确定优选对象名单，予以公布。对成绩卓著的给予表彰、奖励。

以上评估活动主要由各级人民政府及其教育行政部门组织实施，是国家对学校实行监督的重要形式。在国务院和省级人民政府领导下，教育行政部门成立教育评估领导小组，具体负责教育评估工作的领导、组织与实施。其主要职责是：按不同学校类别的管理权限，制定教育评估的基本准则、评估方案(包括评估内容、评估指标体系、评估方法)及实施细则；指导、协调、检查评估工作及组织各种评估试点；审核评估结论；收集、整理和分析教育评估的信息，负责向教育管理决策部门提供；推动教育评估理论和方法的研究，促进教育评估学术交流，组织教育评估骨干培训。根据需要还可在教育评估领导小组下设立由专家组成的学校鉴定委员会，专业(学科)教育评估委员会等进行组织、指导有关的教育评估工作。

各级人民政府和教育行政部门要组织党政有关部门和教育界、知识界以及用人部门参与社会评估，这是加强学校与社会联系、接受社会监督的有效方式。

各学校要努力做好学校的自我评估，这是加强学校管理和学校自身建设的重要手段，也是政府及其教育行政部门组织的教育评估工作的基础。教育管理部门应对学校的自我评估给予鼓励、支持和指导。

经批准设立的专业性行业组织和机构，可受教育行政部门的委托，对学校及其他教育机构进行适当类别的教育评估。

我国有关教育评估的理论和方法还在探索之中，还要通过实践总结经验，加强研究，不断提高评估工作的水平，使教育评估制度趋于完善。

参 考 文 献

1．本书编写组编:《一百五十年大变化》，人民出版社2002年版。

2．曹孚、滕大春等编:《外国古代教育史》，人民教育出版社1987年版。

3．陈友松主编:《当代西方教育哲学》，教育科学出版社1982年版。

4．邓小平著:《邓小平文选》第2卷，人民出版社1994年版。

5．冯友兰著:《中国哲学简史》，北京大学出版社1997年版。

6．顾明远主编:《教育大辞典》(增订合编本)，上海教育出版社1998年版。

7．顾明远主编:《民族文化传统与教育现代化》，北京师范大学出版社1998年版。

8．顾明远主编:《中国教育大百科全书》，上海教育出版社2013年版。

9．顾明远著:《中国教育的文化基础》，山西教育出版社2004年版。

10．韩民青著:《文化的历程》(1—3卷)，广西人民出版社1990年版。

11．胡德海著:《教育理念的沉思与言说》，人民教育出版社2005年版。

12．胡德海著:《雷沛鸿与中国现代教育》，甘肃教育出版社2001年版。

13．胡德海著:《人生与教师修养》，上海教育出版社1996年版。

14．黄济、王策三主编:《现代教育论》(第二版)，人民教育出版社2004年版。

15．劳凯声著:《教育法论》，江苏教育出版社1993年版。

16．李秉德主编:《教学论》(第二版)，人民教育出版社2001年版。

17．李秉德主编:《教育科学研究方法》(第二版)，人民教育出版社2001年版。

18．李世安主编:《世界文明史》，中国发展出版社2000年版。

19. 联合国教科文组织国际教育发展委员会编著，上海师范大学外国教育研究室译:《学会生存：教育世界的今天和明天》，上海译文出版社1979年版。

20. 梁启超著:《中国历史研究法》，河北教育出版社2002年版。

21. 马中著:《中国哲人的大思路》，陕西人民出版社1995年版。

22. 孟宪承等编:《中国古代教育史资料》，人民教育出版社1980年版。

23. 苗力田主编:《古希腊哲学》，中国人民大学出版社1992年版。

24. 南京师范大学教育系编:《教育学》(第三版)，人民教育出版社2005年版。

25. 启良著:《中国文明史》(上、下册)，花城出版社2001年版。

26. 钱穆著:《国史大纲》(上、下册)，商务印书馆2001年版。

27. 钱穆著:《现代中国学术论衡》，生活·读书·新知三联书店2001年版。

28. 瞿葆奎主编，瞿葆奎、沈剑平选编:《教育学文集·教育与教育学》，人民教育出版社1993年版。

29. 滕大春著:《美国教育史》(第二版)，人民教育出版社2001年版。

30. 王策三著:《教学论稿》(第二版)，人民教育出版社2005年版。

31. 王承绪、顾明远主编:《比较教育》(第四版)，人民教育出版社2012年版。

32. 王承绪、赵祥麟编译:《西方现代教育论著选》，人民教育出版社2001年版。

33. 王道俊、郭文安主编:《教育学》(第六版)，人民教育出版社2009年版。

34. 王桂主编:《当代外国教育——教育改革的浪潮与趋势》，人民教育出版社1995年版。

35. 王玉仓著:《科学技术史》，中国人民大学出版社1993年版。

36．韦善美、马清和主编:《雷沛鸿文集》(上册)，广西教育出版社1989年版。

37．吴式颖主编:《外国教育史教程》(缩编本)，人民教育出版社2003年版。

38．吴文侃等主编:《比较教育学》(修订本)，人民教育出版社1999年版。

39．夏曾佑著:《中国古代史》，河北教育出版社2002年版。

40．夏中义主编:《大学人文读本》，广西师范大学出版社2002年版。

41．张岱年著:《中国哲学大纲》，中国社会科学出版社1997年版。

42．张岂之主编:《中国思想史》，西北大学出版社1993年版。

43．赵祥麟、王承绪编译:《杜威教育论著选》，华东师范大学出版社1981年版。

44．中共中央文献研究室编:《邓小平论教育》(第三版)，人民教育出版社2004年版。

45．中共中央、国务院:《国家中长期教育改革和发展规划纲要(2010—2020年)》，人民出版社2010年版。

46．中央教育科学研究所编:《林砺儒教育文选》，北京师范大学出版社1984年版。

47．中央教育科学研究所、厦门大学编:《杨贤江教育文集》，教育科学出版社1982年版。

48．周谷城著:《世界通史》，河北教育出版社2002年版。

49．[德]鲍尔生著，滕大春等译:《德国教育史》，人民教育出版社1990年版。

50．[德]福禄培尔著，孙祖复译:《人的教育》，人民教育出版社2001年版。

51．[德]赫尔巴特著，李其龙译:《普通教育学·教育学讲授纲要》，浙江教育出版社2002年版。

52. [法]卢梭著，李平沤译：《爱弥儿——论教育》，人民教育出版社2001年版。

53. [捷]夸美纽斯著，任钟印译：《大教学论·教学法解析》，人民教育出版社2006年版。

54. [美]杜威著，王承绪译：《民主主义与教育》，人民教育出版社2001年版。

55. [美]杜威著，赵祥麟等译：《学校与社会·明日之学校》，人民教育出版社2005年版。

56. [美]梯利著，葛力译：《西方哲学史》，商务印书馆2004年版。

57. [日]筑波大学教育学研究会编，钟启泉译：《现代教育学基础》，上海教育出版社1986年版。

58. [瑞士]皮亚杰著，傅统先译：《教育科学与儿童心理学》，文化教育出版社1981年版。

59. [英]霍金著，张玉纲译：《宇宙简史》，湖南少年儿童出版社2007年版。

60. [英]霍金等著，吴忠超译：《时间简史》，湖南科学技术出版社2006年版。

61. [英]罗素著，马元德译：《西方哲学史》，商务印书馆1978年版。

62. [英]沛西·能著，王承绪、赵端瑛译：《教育原理》，人民教育出版社2005年版。

63.《教育研究》杂志编辑部编：《党的十一届三中全会以来中国教育科学的回顾与展望》，教育科学出版社1988年版。

后 记

从20世纪80年代初至今的30余年间，我均在西北师范大学教育学院担任为研究生（硕士生、博士生）开设的“教育学原理”课程的教学工作。从那时起，我把自己的教学、科研时间与注意力都作了一些调整，集中在这个方面，并打算在逐年授课讲稿的基础上完成一部教育学原理专著，用以阐述我对教育学问题所作的思考和基本见解，为教育学理论大厦的构建贡献我的一得之愚和一孔之见，也为青年朋友们及广大教育工作者提供一本可读的教育学理论著作。从那时起，我进行的科学研究和在国内教育期刊上发表的文章基本上都围绕着教育学的基本理论（即教育学原理）这个中心，意在积累资料、由点到面、形成系统。因此，可以说，本书从20世纪80年代初开始着手，此后集十多年潜心学习、思考之所得，及在教学、科研过程中的有关资料和文字的积累，全部书稿完成于1997年之末，并于1998年12月在甘肃教育出版社出版，于今已经15年了。

在本书出版问世的15年中，先后印刷6次，并于2006年9月作过一次修订，是为第二版。2008年6月，为应高等学校文科教材之需，作为高等学校文科教材，出过一本“简缩本”。

1999年，本书接连荣获第四届国家图书奖提名奖、第一届全国教育图书奖一等奖和中国教育学会优秀科研成果一等奖。2001年获第四届甘肃省优秀图书奖特别优秀奖。2005年，此书入选教育部学位管理与研究生教育司遴选、推荐的研究生教学用书。多年以来，此书已为国内多所高校用作专业课教材。凡此，也使我想起我在15年前说过的“深信学术的良知和公正，必然会存在于社会的公众之中和悠长的历史之中”，此语，诚哉！信然！因此，我在这里要对社会和公众的厚爱深表谢意！

此前我曾经说过，本书在甘肃出版，在我，主要是考虑到我在甘肃兰州工作、生活了数十年，在甘肃出版这部著作具有纪念意义。而此书在甘肃得以如愿付梓，要感谢甘肃教育出版社慷慨地为我提供了出版条件。如今，此书要在人民教育出版社再版，我在此还要重申对甘肃教育出版社特别是时任本书责任编辑的朱富明的感激之情！

为在人民教育出版社出版此书，我又下功夫对本书作了一次更全面、细致的校阅、修订，除改掉一些错别字外，更对有些方面的内容进行了较大的增删、调整和变动。在本书第三版的修订过程中，我的三位现于西北师范大学教育学院任教的博士弟子李虎林、张永祥和王等等给予了我得力的支持，我在此要对他们三位深表谢意。

2013年，此书要在人民教育出版社印行第三版了，这对本书来说，预示着一番崭新的意义：又进入了一个新的出版面世的时期。而这，同样要在这里对人民教育出版社及该社的郭戈、刘立德、刘捷、曾红梅等编审人员表示由衷的感谢之忱！

胡德海

2013年11月20日

于兰州西北师范大学5–105住所